NomosEinführung

Prof. Dr. Tobias Reinbacher
Julius-Maximilians-Universität Würzburg

Strafrecht Besonderer Teil I

Nicht-Vermögensdelikte

Die Deutsche Nationalbibliothek verzeichnet diese Publikation in
der Deutschen Nationalbibliografie; detaillierte bibliografische
Daten sind im Internet über http://dnb.d-nb.de abrufbar.

ISBN 978-3-8487-3823-6 (Print)
ISBN 978-3-8452-8153-7 (ePDF)

1. Auflage 2024
© Nomos Verlagsgesellschaft, Baden-Baden 2024. Gesamtverantwortung für Druck und
Herstellung bei der Nomos Verlagsgesellschaft mbH & Co. KG. Alle Rechte, auch die des
Nachdrucks von Auszügen, der fotomechanischen Wiedergabe und der Übersetzung,
vorbehalten.

Vorwort

Dieses Buch komplettiert die Einführungsreihe, die mit den Werken von Johannes Kaspar zum Strafrecht Allgemeiner Teil und Edward Schramm zum Strafrecht Besonderer Teil II schon seit einiger Zeit besteht. Es ist mit diesen Bänden im Zusammenhang zu sehen und führt das dort bewährte Konzept einer Konzentration auf die für Studium und Klausur wesentlichen Probleme fort. Wie diese beiden Werke illustriert es die entscheidenden Fragen durch eine Vielzahl an Beispielen, die Originalfällen aus der Rechtsprechung nachgebildet sind. Dabei wird hier jeweils die Lösung des Gerichts präsentiert und diese sodann in einer Anmerkung eingeordnet. Klausurtipps sollen die Anwendung des Gelernten im Gutachten erleichtern. Das Werk basiert auf meinen Vorlesungen in Würzburg und baut insofern auf dem dort Präsentierten und den im Hörsaal erörterten Fragen auf. Zudem habe ich Studierende um ihre Meinung gebeten, was sie für das Lernen als hilfreich empfinden, und die entsprechenden Vorschläge aufgenommen.

Inhaltlich behandelt dieser Band die „Nicht-Vermögensdelikte" und damit zwei meiner Vorlesungen an der Julius-Maximilians-Universität Würzburg: Strafrecht III (Delikte gegen die Person) und Strafrecht V (Delikte gegen Gemeinschaftswerte). Dabei gliedert es sich so, dass zunächst die Delikte gegen die Person aufgegriffen werden, und zwar in Teil 1 Straftaten gegen das Leben, in Teil 2 Straftaten gegen die körperliche Unversehrtheit, in Teil 3 Straftaten gegen die persönliche Freiheit, in Teil 4 Straftaten gegen die Ehre sowie in Teil 5 Straftaten gegen das Hausrecht. Den zweiten Abschnitt des Buchs bilden dann die wichtigsten Delikte gegen Gemeinschaftswerte, wobei in Teil 6 Urkundendelikte, in Teil 7 Brandstiftungsdelikte, in Teil 8 Straßenverkehrsdelikte, in Teil 9 Vollrausch und unterlassene Hilfeleistung, in Teil 10 Straftaten gegen die Rechtspflege und in Teil 11 schließlich die Widerstandsdelikte vorgestellt werden.

Dem Charakter eines einführenden Studienbuchs entsprechend empfehle ich eingangs Aufsätze aus der klassischen Ausbildungsliteratur und Übungsfälle. Insofern beschränken sich auch die Fußnoten meist auf die gängigen Kommentare und Lehrbücher sowie Aufsätze aus den Ausbildungszeitschriften. Den Leserinnen und Lesern sei zudem die Würzburger Online-Zeitschrift „Der Fall des Monats im Strafrecht" (famos) ans Herz gelegt (https://famos.jura.uni-wuerzburg.de), in der Studierende für Studierende die wichtigsten aktuellen Entscheidungen im Strafrecht aufbereiten, auf die auch dieses Lehrbuch an geeigneten Stellen hinweist.

Insbesondere soll in diesem Vorwort aber dem großen Dank Ausdruck verliehen werden, den ich meinem Lehrstuhl-Team schulde, ohne das ich dieses Werk jetzt in dieser Form nicht vorlegen könnte. Ich danke daher meinen derzeitigen und ehemaligen wissenschaftlichen Mitarbeiterinnen und Mitarbeitern in Würzburg Frau Dr. Carolin Coenen, Frau Anna Rappl, Herrn Matthias Rinck, Frau Viola Schoch, Frau Hannah Seligmann, Frau Sonja Seßler, Frau Natalie Thorn und Herrn Gregor Wichmann, sowie meinen derzeitigen und ehemaligen studentischen Hilfskräften Herrn Johannes Eirich, Herrn Linus Greb, Herrn Benjamin Hautmann, Frau Leonie Lindner, Frau Hanna Trautmann und Frau Sandra Weipert, die eine unschätzbare und unverzichtbare Hilfe geleistet haben. Ich danke ferner auch Herrn Dr. Peter Schmidt vom Nomos-Verlag für die wie immer hervorragende Zusammenarbeit. Schließlich danke ich Kristina,

Vorwort

Eleonore und Lorenz für ihre Geduld und ihr Verständnis während der langen Zeit der Entstehung dieses Buchs.

Würzburg, im August 2024 *Tobias Reinbacher*

Inhaltsübersicht

Vorwort	5
Abkürzungsverzeichnis	27
Literaturverzeichnis	31

TEIL 1: STRAFTATEN GEGEN DAS LEBEN

§ 1	Einleitung	33
§ 2	Totschlag, § 212 StGB	40
§ 3	Mord, § 211 StGB	47
§ 4	Tötung auf Verlangen; Suizidhilfe; Sterbehilfe	85
§ 5	Die fahrlässige Tötung, § 222 StGB	101
§ 6	Aussetzung, § 221 StGB	102

TEIL 2: STRAFTATEN GEGEN DIE KÖRPERLICHE UNVERSEHRTHEIT

§ 7	Einleitung	111
§ 8	Die einfache Körperverletzung, § 223 StGB	113
§ 9	Die gefährliche Körperverletzung, § 224 StGB	122
§ 10	Die schwere Körperverletzung, § 226 StGB	134
§ 11	Die Körperverletzung mit Todesfolge, § 227 StGB	144
§ 12	Fahrlässige Körperverletzung, § 229 StGB	150
§ 13	Beteiligung an einer Schlägerei, § 231 StGB	151

TEIL 3: STRAFTATEN GEGEN DIE PERSÖNLICHE FREIHEIT

§ 14	Einleitung	158
§ 15	Freiheitsberaubung, § 239 StGB	159
§ 16	Nötigung, § 240 StGB	166
§ 17	Erpresserischer Menschenraub und Geiselnahme, §§ 239a, 239b StGB	179
§ 18	Bedrohung, § 241 StGB	188

Inhaltsübersicht

TEIL 4: STRAFTATEN GEGEN DIE EHRE

§ 19 Einleitung 192

§ 20 Beleidigung, § 185 StGB 202

§ 21 Üble Nachrede, § 186 StGB 212

§ 22 Verleumdung, § 187 StGB 217

TEIL 5: STRAFTATEN GEGEN DAS HAUSRECHT

§ 23 Einleitung 219

§ 24 Hausfriedensbruch 221

TEIL 6: URKUNDENDELIKTE

§ 25 Einleitung 230

§ 26 Urkundenfälschung, § 267 StGB 232

§ 27 Fälschung technischer Aufzeichnungen, § 268 StGB, und Fälschung beweiserheblicher Daten, § 269 StGB 247

§ 28 Urkundenunterdrückung, § 274 StGB 252

§ 29 Mittelbare Falschbeurkundung, § 271 StGB 257

TEIL 7: BRANDSTIFTUNGSDELIKTE

§ 30 Einleitung 262

§ 31 Die einfache Brandstiftung, § 306 StGB 264

§ 32 Die schwere Brandstiftung, § 306a StGB 270

§ 33 Die besonders schwere Brandstiftung, § 306b StGB 279

§ 34 Die Brandstiftung mit Todesfolge, § 306c StGB 285

TEIL 8: STRASSENVERKEHRSDELIKTE

§ 35 Einleitung 287

§ 36 Trunkenheit im Verkehr, § 316 StGB 288

§ 37 Gefährdung des Straßenverkehrs, § 315c StGB 292

§ 38 Gefährliche Eingriffe in den Straßenverkehr, § 315b StGB 297

Inhaltsübersicht

| § 39 | Verbotene Kraftfahrzeugrennen, § 315d StGB | 302 |
| § 40 | Unerlaubtes Entfernen vom Unfallort, § 142 StGB | 309 |

TEIL 9: VOLLRAUSCH UND UNTERLASSENE HILFELEISTUNG

| § 41 | Vollrausch, § 323a StGB | 317 |
| § 42 | Unterlassene Hilfeleistung und Behinderung hilfeleistender Personen, § 323c StGB | 323 |

TEIL 10: STRAFTATEN GEGEN DIE RECHTSPFLEGE

§ 43	Einleitung	330
§ 44	Falsche uneidliche Aussage, § 153 StGB	332
§ 45	Meineid, § 154 StGB	339
§ 46	Falsche Versicherung an Eides statt, § 156 StGB	343
§ 47	Verleitung zur Falschaussage, § 160 StGB, und versuchte Anstiftung, § 159 StGB	346
§ 48	Falsche Verdächtigung, § 164 StGB	351
§ 49	Vortäuschen einer Straftat, § 145d StGB	357

TEIL 11: WIDERSTANDSDELIKTE

§ 50	Widerstand gegen Vollstreckungsbeamte, § 113 StGB	361
§ 51	Tätlicher Angriff auf Vollstreckungsbeamte, § 114 StGB	366
§ 52	Widerstand gegen oder tätlicher Angriff auf Personen, die Vollstreckungsbeamten gleichstehen, § 115 StGB	369

Stichwortverzeichnis 371

Inhalt

Vorwort 5

Abkürzungsverzeichnis 27

Literaturverzeichnis 31

TEIL 1: STRAFTATEN GEGEN DAS LEBEN

§ 1 Einleitung 33
    I. Rechtsgut 33
    II. Zeitpunkt des Schutzes 33
    III. Exkurs: Die historische Entwicklung des 16. Abschnitts 35
    IV. Systematik 36
        1. Das dreistufige Konzept der vorsätzlichen Tötungsdelikte i.e.S. 36
        2. Das Verhältnis der §§ 211, 212, 216 StGB 37
        WIEDERHOLUNGSFRAGEN 39

§ 2 Totschlag, § 212 StGB 40
    I. Einleitung 40
        1. Grundlagen 40
        2. Prüfungsschema 41
    II. Der einfache Totschlag, § 212 Abs. 1 StGB 41
        1. Objektiver Tatbestand 41
            a) Tatobjekt: ein anderer Mensch 42
            b) Tathandlung und Taterfolg: Tötung eines anderen Menschen 42
        2. Der subjektive Tatbestand 42
    III. Rechtswidrigkeit und Schuld bei den Tötungsdelikten 44
    IV. Exkurs: Der besonders schwere Fall des Totschlags, § 212 Abs. 2 StGB 44
    V. Exkurs: Der minder schwere Fall des Totschlags, § 213 StGB 45
    WIEDERHOLUNGSFRAGEN 46

§ 3 Mord, § 211 StGB 47
    I. Einleitung 47
        1. Grundlagen 47
        2. Prüfungsschema 49
    II. Die einzelnen Mordmerkmale 51
        1. Die tatbezogenen Mordmerkmale der 2. Gruppe 51
            a) Heimtücke 52
                aa) Die objektiven Komponenten der Heimtücke 52
                bb) Die subjektiven Komponenten der Heimtücke 57
                cc) Weitere Ansätze zur restriktiven Auslegung 58
            b) Grausam 61
                aa) Die objektiven Komponenten der grausamen Begehungsweise 61

			bb) Die subjektiven Komponenten der grausamen Begehungsweise	63

                bb) Die subjektiven Komponenten der grausamen
                     Begehungsweise   63
          c) Gemeingefährliches Mittel   63
                aa) Die objektiven Komponenten der Tötung mit einem
                     gemeingefährlichen Mittel   63
                bb) Die subjektive Komponente der Tötung mit einem
                     gemeingefährlichen Mittel   66
      2. Die täterbezogenen Mordmerkmale der 1. Gruppe   66
          a) Mordlust   66
          b) Zur Befriedigung des Geschlechtstriebs   67
          c) Habgier   69
          d) Sonstige niedrige Beweggründe   71
      3. Die täterbezogenen Mordmerkmale der 3. Gruppe   74
          a) Ermöglichungsabsicht   75
          b) Verdeckungsabsicht   76
  III. Beteiligung   79
      1. Tatbezogene Merkmale der 2. Gruppe   80
      2. Täterbezogene Mordmerkmale der 1. und 3. Gruppe   80
      3. Prüfungsschema   83
     WIEDERHOLUNGSFRAGEN   84

§ 4 Tötung auf Verlangen; Suizidhilfe; Sterbehilfe   85
  I. Einleitung   85
      1. Grundlagen   85
      2. Prüfungsschema   87
  II. Tatbestandsvoraussetzungen   87
      1. Objektiver Tatbestand   87
          a) Ausdrückliches und ernstliches Tötungsverlangen   87
                aa) Verlangen   87
                bb) Ausdrücklich   88
                cc) Ernstlich   88
          b) Bestimmtsein des Täters zur Tat   89
      2. Subjektiver Tatbestand   90
  III. Straflose Beteiligung an der Selbsttötung und täterschaftliche
      Fremdtötung   90
      1. Abgrenzung der straflosen Teilnahme an einer Selbsttötung von der
          täterschaftlichen Fremdtötung auf Verlangen   90
      2. Freiverantwortlichkeit der Selbsttötung und Fremdtötung in
          mittelbarer Täterschaft   93
      3. Strafbarkeit des Garanten wegen eines Unterlassens bei einem Suizid   95
  IV. Sterbehilfe   97
      1. Indirekte Sterbehilfe   97
      2. Direkte Sterbehilfe durch Behandlungsabbruch   98
     WIEDERHOLUNGSFRAGEN   100

Inhalt

§ 5	Die fahrlässige Tötung, § 222 StGB	101
§ 6	Aussetzung, § 221 StGB	102
	I. Einleitung	102
	1. Grundlagen	102
	2. Prüfungsschema	102
	II. Tatbestandsvoraussetzungen des Grunddelikts, § 221 Abs. 1 StGB	103
	1. Objektiver Tatbestand	103
	a) Hilflose Lage	103
	b) Versetzen, Abs. 1 Nr. 1	104
	c) Im-Stich-Lassen, Abs. 1 Nr. 2	105
	d) Tatererfolg: konkrete Gefahr des Todes oder einer schweren Gesundheitsschädigung	107
	e) Kausalität und objektive Zurechenbarkeit, insb. spezifischer Gefahrzusammenhang	107
	2. Subjektiver Tatbestand	108
	III. Qualifikation, Abs. 2 Nr. 1, und Erfolgsqualifikationen, Abs. 2 Nr. 2 und Abs. 3	108
	WIEDERHOLUNGSFRAGEN	110

TEIL 2: STRAFTATEN GEGEN DIE KÖRPERLICHE UNVERSEHRTHEIT

§ 7	Einleitung	111
	I. Grundlagen	111
	II. Systematik	111
§ 8	Die einfache Körperverletzung, § 223 StGB	113
	I. Einleitung	113
	1. Grundlagen	113
	2. Prüfungsschema	113
	II. Tatbestandsvoraussetzungen des Grunddelikts, § 223 Abs. 1 StGB	114
	1. Objektiver Tatbestand	114
	a) Tatobjekt: ein anderer Mensch	114
	b) Tathandlung und Taterfolg	115
	aa) Körperliche Misshandlung	115
	bb) Gesundheitsschädigung	116
	cc) Kausalität und objektive Zurechnung	117
	2. Subjektiver Tatbestand	117
	3. Spezialproblem: Ärztliche Heileingriffe	117
	III. Rechtswidrigkeit, insbesondere rechtfertigende Einwilligung	119
	IV. Strafantrag oder besonderes öffentliches Interesse	121
	WIEDERHOLUNGSFRAGEN	121
§ 9	Die gefährliche Körperverletzung, § 224 StGB	122
	I. Einleitung	122
	1. Grundlagen	122
	2. Prüfungsschema	122

II.	Tatbestandsvoraussetzungen der Qualifikation	123
	1. Objektiver Tatbestand	123
	a) Durch Beibringung von Gift und anderen gesundheitsschädlichen Stoffen, Abs. 1 Nr. 1	123
	aa) Gift, Abs. 1 Nr. 1 Alt. 1	123
	bb) Andere gesundheitsschädliche Stoffe, Abs. 1 Nr. 1 Alt. 2	123
	cc) Beibringen	125
	b) Mittels einer Waffe oder eines anderen gefährlichen Werkzeugs, Abs. 1 Nr. 2	125
	aa) Waffe, Abs. 1 Nr. 2 Alt. 1	126
	bb) Gefährliches Werkzeug, Abs. 1 Nr. 2 Alt. 2	126
	c) Mittels eines hinterlistigen Überfalls, Abs. 1 Nr. 3	129
	aa) Überfall	129
	bb) Hinterlist	129
	d) Mit einem anderen Beteiligten gemeinschaftlich, Abs. 1 Nr. 4	130
	e) Mittels einer das Leben gefährdenden Behandlung, Abs. 1 Nr. 5	131
	2. Subjektiver Tatbestand	133
	WIEDERHOLUNGSFRAGEN	133

§ 10 Die schwere Körperverletzung, § 226 StGB 134

I.	Einleitung	134
	1. Grundlagen	134
	2. Prüfungsschema	134
II.	Tatbestandsvoraussetzungen der Erfolgsqualifikation gemäß § 226 Abs. 1 StGB	135
	1. Gemeinsamkeit aller schweren Folgen: Dauerhaftigkeit	135
	2. Die einzelnen schweren Folgen	136
	a) Verlust des Sehvermögens, des Gehörs, des Sprechvermögens oder der Fortpflanzungsfähigkeit, Abs. 1 Nr. 1	136
	aa) Sehvermögen	137
	bb) Gehör	137
	cc) Sprechvermögen	137
	dd) Fortpflanzungsfähigkeit	137
	ee) Verlust	138
	b) Verlust oder Gebrauchsunfähigkeit eines wichtigen Gliedes des Körpers, Abs. 1 Nr. 2	138
	aa) Körperglied	138
	bb) Verlust	139
	cc) Gebrauchsunfähigkeit	140
	c) Dauerhafte Entstellung in erheblicher Weise oder Verfallen in Siechtum, Lähmung oder geistige Krankheit oder Behinderung, Abs. 1 Nr. 3	140
	aa) Entstellung	141
	bb) Siechtum	141
	cc) Lähmung	141
	dd) Geistige Krankheit und geistige Behinderung	142
	ee) Verfallen	142
	3. Mindestens Fahrlässigkeit, § 18 StGB	143

Inhalt

	4. Objektive Zurechnung; der spezifische Gefahrzusammenhang	143
III.	Tatbestandsvoraussetzungen der Qualifikation gemäß § 226 Abs. 2 StGB	143
	WIEDERHOLUNGSFRAGEN	143

§ 11 Die Körperverletzung mit Todesfolge, § 227 StGB 144
- I. Einleitung 144
  - 1. Grundlagen 144
  - 2. Prüfungsschema 144
- II. Besonderheiten des Tatbestandes 145
  - 1. Mindestens Fahrlässigkeit, § 18 StGB 145
  - 2. Objektive Zurechnung, spezifischer Gefahrzusammenhang 145
  - 3. Versuchskonstellationen 148
- WIEDERHOLUNGSFRAGEN 149

§ 12 Fahrlässige Körperverletzung, § 229 StGB 150

§ 13 Beteiligung an einer Schlägerei, § 231 StGB 151
- I. Einleitung 151
  - 1. Grundlagen 151
  - 2. Prüfungsschema 152
- II. Tatbestandsvoraussetzungen 152
  - 1. Objektiver Tatbestand 152
    - a) Tatsituation 152
      - aa) Schlägerei 152
      - bb) Angriff mehrerer 154
    - b) Tathandlung: sich beteiligen 154
  - 2. Subjektiver Tatbestand 155
  - 3. Objektive Bedingung der Strafbarkeit 155
- III. Fehlende Vorwerfbarkeit, § 231 Abs. 2 StGB 157
- WIEDERHOLUNGSFRAGEN 157

TEIL 3: STRAFTATEN GEGEN DIE PERSÖNLICHE FREIHEIT

§ 14 Einleitung 158

§ 15 Freiheitsberaubung, § 239 StGB 159
- I. Einleitung 159
  - 1. Grundlagen 159
  - 2. Prüfungsschema 160
- II. Tatbestandsvoraussetzungen des Grunddelikts 160
  - 1. Objektiver Tatbestand 160
    - a) Tatobjekt 160
    - b) Tathandlungen 161
      - aa) Freiheitsberaubung durch Einsperren 161
      - bb) Freiheitsberaubung auf andere Weise 161
    - c) Taterfolg 163
    - d) Tatbestandsausschließendes Einverständnis 164
  - 2. Subjektiver Tatbestand 165

III. Qualifikation, § 239 Abs. 3 Nr. 1 StGB; Erfolgsqualifikationen, § 239 Abs. 3 Nr. 2 und Abs. 4 StGB ... 165
    WIEDERHOLUNGSFRAGEN ... 165

§ 16 Nötigung, § 240 StGB ... 166
I. Einleitung ... 166
  1. Grundlagen ... 166
  2. Prüfungsschema ... 166
II. Tatbestandsvoraussetzungen ... 167
  1. Objektiver Tatbestand ... 167
    a) Tatobjekt: anderer Mensch ... 167
    b) Tathandlung: Nötigen durch Einsatz eines Nötigungsmittels ... 167
      aa) Gewalt ... 167
      bb) Drohung mit einem empfindlichen Übel ... 171
    c) Taterfolg (Nötigungserfolg): Handlung, Duldung oder Unterlassung des Nötigungsopfers ... 173
    d) Kausalität und objektive Zurechnung ... 175
  2. Subjektiver Tatbestand ... 175
III. Rechtswidrigkeit, Verwerflichkeit gem. § 240 Abs. 2 StGB ... 175
IV. Besonders schwere Fälle der Nötigung, § 240 Abs. 4 StGB ... 178
    WIEDERHOLUNGSFRAGEN ... 178

§ 17 Erpresserischer Menschenraub und Geiselnahme, §§ 239a, 239b StGB ... 179
I. Einleitung ... 179
  1. Grundlagen ... 179
  2. Prüfungsschemata ... 180
II. Tatbestandsvoraussetzungen der Grunddelikte ... 181
  1. Entführungs- und Bemächtigungstatbestände ... 182
    a) Tatobjekt ... 182
    b) Tathandlung ... 182
    c) Subjektiver Tatbestand ... 183
  2. Ausnutzungstatbestände ... 185
III. Erfolgsqualifikation ... 186
    WIEDERHOLUNGSFRAGEN ... 186

§ 18 Bedrohung, § 241 StGB ... 188
I. Einleitung ... 188
  1. Grundlagen ... 188
  2. Prüfungsschema ... 188
II. Tatbestandsvoraussetzungen der Grunddelikte ... 189
  1. Bedrohungstatbestände ... 189
  2. Vortäuschungstatbestand ... 190
  3. Subjektiver Tatbestand ... 190
III. Qualifikation, Abs. 4 ... 191
    WIEDERHOLUNGSFRAGEN ... 191

Inhalt

TEIL 4: STRAFTATEN GEGEN DIE EHRE

§ 19 Einleitung	192
I. Rechtsgut	192
II. Systematik	193
III. Rechtsgutsträger/Tatobjekt	195
IV. Kundgabe und Erfolg	199
WIEDERHOLUNGSFRAGEN	201

§ 20 Beleidigung, § 185 StGB	202
I. Einleitung	202
1. Grundlagen	202
2. Prüfungsschema	203
II. Tatbestandsvoraussetzungen des Grunddelikts, § 185 HS. 1 StGB	203
1. Objektiver Tatbestand	203
a) Tatobjekt: passiv beleidigungsfähiger Ehrträger	203
b) Tathandlung	203
c) Taterfolg	206
2. Subjektiver Tatbestand	207
III. Rechtswidrigkeit, Wahrnehmung berechtigter Interessen, § 193 StGB	207
IV. Qualifikationen	210
WIEDERHOLUNGSFRAGEN	211

§ 21 Üble Nachrede, § 186 StGB	212
I. Einleitung	212
1. Grundlagen	212
2. Prüfungsschema	212
II. Tatbestandsvoraussetzungen des Grunddelikts, § 186 HS. 1 StGB	213
1. Objektiver Tatbestand	213
a) Tatobjekt: passiv beleidigungsfähiger Ehrträger	213
b) Tathandlung	213
c) Taterfolg	214
2. Subjektiver Tatbestand	215
3. Objektive Bedingung der Strafbarkeit: Nicht-Erweislichkeit der Wahrheit	215
III. Rechtswidrigkeit, insb. § 193 StGB	215
IV. Qualifikationen	215
WIEDERHOLUNGSFRAGEN	216

§ 22 Verleumdung, § 187 StGB	217
I. Einleitung	217
1. Grundlagen	217
2. Prüfungsschema	217
II. Tatbestandsvoraussetzungen des Grunddelikts, § 187 HS. 1 StGB	218
III. Rechtswidrigkeit	218
IV. Qualifikationen	218
WIEDERHOLUNGSFRAGEN	218

TEIL 5: STRAFTATEN GEGEN DAS HAUSRECHT

§ 23 Einleitung 219
    I. Rechtsgut 219
    II. Systematik 219
    III. Prüfungsschema 219

§ 24 Hausfriedensbruch 221
    I. Tatbestandsvoraussetzungen des Grunddelikts, § 123 StGB 221
        1. Objektiver Tatbestand 221
            a) Tatobjekte 221
                aa) Wohnung 221
                bb) Geschäftsräume 222
                cc) Befriedetes Besitztum 222
                dd) Abgeschlossene Räume, welche zum öffentlichen Dienst oder zum öffentlichen Verkehr bestimmt sind 223
            b) Tathandlungen/Taterfolg 224
                aa) Eindringen, § 123 Abs. 1 Alt. 1 StGB 224
                bb) Verweilen trotz Aufforderung, § 123 Abs. 1 Alt. 2 StGB 227
        2. Subjektiver Tatbestand 228
    II. Rechtswidrigkeit 228
    III. Qualifikation, § 124 StGB 228
        WIEDERHOLUNGSFRAGEN 228

TEIL 6: URKUNDENDELIKTE

§ 25 Einleitung 230
    I. Rechtsgut 230
    II. Systematik 230

§ 26 Urkundenfälschung, § 267 StGB 232
    I. Einleitung 232
        1. Grundlagen 232
        2. Prüfungsschema 232
    II. Tatbestandsvoraussetzungen des Grunddelikts 233
        1. Objektiver Tatbestand 233
            a) Tatobjekt Urkunde 233
                aa) Die Perpetuierungsfunktion 233
                bb) Die Beweisfunktion 234
                cc) Die Garantiefunktion 235
                dd) Spezialfälle 236
            b) Tathandlungen 240
                aa) Herstellen einer unechten Urkunde, § 267 Abs. 1 Var. 1 StGB 240
                bb) Verfälschen einer echten Urkunde, § 267 Abs. 1 Var. 2 StGB 241
                cc) Gebrauchen einer unechten oder verfälschten Urkunde, § 267 Abs. 1 Var. 3 StGB 243
        2. Subjektiver Tatbestand 244
    III. Besonders schwere Fälle der Urkundenfälschung, § 267 Abs. 3 StGB 245

Inhalt

    IV. Qualifikation, § 267 Abs. 4 StGB   246
        WIEDERHOLUNGSFRAGEN   246

§ 27 Fälschung technischer Aufzeichnungen, § 268 StGB, und Fälschung beweiserheblicher Daten, § 269 StGB   247
    I. Einleitung   247
    II. Tatbestand des § 268 StGB   247
        1. Objektiver Tatbestand   247
            a) Tatobjekt   247
            b) Tathandlungen   249
        2. Subjektiver Tatbestand   250
    III. Tatbestand des § 269 StGB   250
        1. Objektiver Tatbestand   250
            a) Tatobjekt   250
            b) Tathandlungen   251
        2. Subjektiver Tatbestand   251
    IV. Besonders schwere Fälle und Qualifikationen   251
        WIEDERHOLUNGSFRAGEN   251

§ 28 Urkundenunterdrückung, § 274 StGB   252
    I. Einleitung   252
        1. Grundlagen   252
        2. Prüfungsschema   252
    II. Tatbestandsvoraussetzungen   253
        1. Objektiver Tatbestand   253
            a) Tatobjekt   253
            b) Tathandlungen   254
        2. Subjektiver Tatbestand   255
        WIEDERHOLUNGSFRAGEN   256

§ 29 Mittelbare Falschbeurkundung, § 271 StGB   257
    I. Einleitung   257
        1. Grundlagen   257
        2. Prüfungsschema   257
    II. Tatbestandsvoraussetzungen   258
        1. Objektiver Tatbestand   258
            a) Tatobjekt   258
            b) Tathandlungen   259
        2. Subjektiver Tatbestand   260
    III. Qualifikation, § 271 Abs. 3 StGB   261
        WIEDERHOLUNGSFRAGEN   261

TEIL 7: BRANDSTIFTUNGSDELIKTE

§ 30 Einleitung   262
    I. Rechtsgut   262
    II. Systematik   262

Inhalt

§ 31	**Die einfache Brandstiftung, § 306 StGB**	**264**
I.	Einleitung	264
	1. Grundlagen	264
	2. Prüfungsschema	264
II.	Tatbestandsvoraussetzungen	265
	1. Objektiver Tatbestand	265
	a) Tatobjekte	265
	b) Tathandlungen	266
	aa) Inbrandsetzen	266
	bb) Durch Brandlegung ganz oder teilweise Zerstören	267
	2. Subjektiver Tatbestand	268
III.	Rechtswidrigkeit	268
IV.	Tätige Reue, § 306e StGB	269
	WIEDERHOLUNGSFRAGEN	269
§ 32	**Die schwere Brandstiftung, § 306a StGB**	**270**
I.	Einleitung	270
	1. Grundlagen	270
	2. Prüfungsschemata	270
II.	Tatbestandsvoraussetzungen des § 306a Abs. 1 StGB	271
	1. Objektiver Tatbestand	272
	a) Tatobjekte	272
	aa) Gebäude, Schiff, Hütte oder andere Räumlichkeit, die der Wohnung von Menschen dient, § 306a Abs. 1 Nr. 1 StGB	272
	bb) Kirche oder ein anderes der Religionsausübung dienendes Gebäude, § 306a Abs. 1 Nr. 2 StGB	273
	cc) Räumlichkeit, die zeitweise dem Aufenthalt von Menschen dient, zu einer Zeit, in der Menschen sich dort aufzuhalten pflegen, § 306a Abs. 1 Nr. 3 StGB	273
	b) Tathandlungen	273
	c) Teleologische Reduktion	274
	2. Subjektiver Tatbestand	275
III.	Tatbestandsvoraussetzungen des § 306a Abs. 2 StGB	275
	1. Objektiver Tatbestand	275
	a) Tatobjekte	275
	b) Tathandlungen	276
	c) Konkrete Gefährdung eines anderen Menschen	276
	2. Subjektiver Tatbestand	277
IV.	Rechtswidrigkeit	277
V.	Tätige Reue	277
	WIEDERHOLUNGSFRAGEN	278
§ 33	**Die besonders schwere Brandstiftung, § 306b StGB**	**279**
I.	Einleitung	279
	1. Grundlagen	279
	2. Prüfungsschema	279
II.	Tatbestandsvoraussetzungen des § 306b Abs. 1 StGB	279

Inhalt

III. Tatbestandsvoraussetzungen des § 306b Abs. 2 StGB	281
1. Gefahr des Todes eines anderen Menschen, § 306b Abs. 2 Nr. 1 StGB	281
2. Ermöglichungs- und Verdeckungsabsicht, § 306b Abs. 2 Nr. 2 StGB	281
3. Verhindern oder erschweren der Brandlöschung, § 306b Abs. 2 Nr. 3 StGB	282
IV. Tätige Reue, § 306e StGB	283
WIEDERHOLUNGSFRAGEN	283
§ 34 Die Brandstiftung mit Todesfolge, § 306c StGB	**285**
I. Einleitung	285
1. Grundlagen	285
2. Prüfungsschema	285
II. Tatbestandsvoraussetzungen des § 306c StGB	285

TEIL 8: STRASSENVERKEHRSDELIKTE

§ 35 Einleitung	**287**
I. Rechtsgut	287
II. Systematik	287
§ 36 Trunkenheit im Verkehr, § 316 StGB	**288**
I. Einleitung	288
1. Grundlagen	288
2. Prüfungsschema	288
II. Tatbestandsvoraussetzungen	289
1. Objektiver Tatbestand	289
a) Im Verkehr	289
b) Führen eines Fahrzeugs	290
c) Im Zustand der Fahruntüchtigkeit	290
2. Subjektiver Tatbestand	291
III. Rechtswidrigkeit und Schuld	291
WIEDERHOLUNGSFRAGEN	291
§ 37 Gefährdung des Straßenverkehrs, § 315c StGB	**292**
I. Einleitung	292
1. Grundlagen	292
2. Prüfungsschema	292
II. Tatbestandsvoraussetzungen des § 315c Abs. 1 Nr. 1a StGB	293
1. Objektiver Tatbestand	293
a) Führen eines Fahrzeugs im öffentlichen Straßenverkehr im Zustand der Fahruntüchtigkeit	293
b) Konkrete Gefahr für eines der genannten Objekte	294
c) Spezifischer Gefahrzusammenhang	295
2. Subjektiver Tatbestand	295
III. Tatbestandsvoraussetzungen des § 315c Abs. 1 Nr. 2 StGB	296
IV. Rechtswidrigkeit und Schuld	296
WIEDERHOLUNGSFRAGEN	296

§ 38 Gefährliche Eingriffe in den Straßenverkehr, § 315b StGB — 297
  I. Einleitung — 297
    1. Grundlagen — 297
    2. Prüfungsschema — 297
  II. Tatbestandsvoraussetzungen des § 315b Abs. 1 StGB — 298
    1. Objektiver Tatbestand — 298
       a) Tatobjekte und Tathandlungen — 298
          aa) Abs. 1 Nr. 1: Zerstören, beschädigen oder beseitigen von Anlagen oder Fahrzeugen — 298
          bb) Abs. 1 Nr. 2: ein Hindernis bereiten — 299
          cc) Abs. 1 Nr. 3: ähnlicher ebenso gefährlicher Eingriff — 299
          dd) Verkehrsfremde Inneneingriffe — 299
       b) Beeinträchtigung der Sicherheit des Straßenverkehrs — 300
       c) Konkrete Gefahr für eines der genannten Objekte — 301
    2. Subjektiver Tatbestand — 301
  III. Tätige Reue — 301
       WIEDERHOLUNGSFRAGEN — 301

§ 39 Verbotene Kraftfahrzeugrennen, § 315d StGB — 302
  I. Einleitung — 302
    1. Grundlagen — 302
    2. Prüfungsschemata — 302
  II. Tatbestandsvoraussetzungen des Abs. 1 — 303
    1. Objektiver Tatbestand — 303
       a) Tathandlungen des Abs. 1 Nr. 1: Ausrichten oder durchführen eines nicht erlaubten Kraftfahrzeugrennens — 303
       b) Tathandlung des Abs. 1 Nr. 2: als Kraftfahrzeugführer an einem nicht erlaubten Kraftfahrzeugrennen teilnehmen — 304
       c) Tathandlung des Abs. 1 Nr. 3: sich als Kraftfahrzeugführer mit nicht angepasster Geschwindigkeit und grob verkehrswidrig und rücksichtslos fortbewegen — 305
    2. Subjektiver Tatbestand — 305
  III. Tatbestandsvoraussetzungen des § 315d Abs. 2 StGB — 306
  IV. Erfolgsqualifikation nach § 315d Abs. 5 StGB — 307
  V. Rechtswidrigkeit und Schuld — 307
       WIEDERHOLUNGSFRAGEN — 308

§ 40 Unerlaubtes Entfernen vom Unfallort, § 142 StGB — 309
  I. Einleitung — 309
    1. Grundlagen — 309
    2. Prüfungsschema — 309
  II. Tatbestandsvoraussetzungen — 310
    1. Objektiver Tatbestand — 310
       a) Unerlaubtes Entfernen vom Unfallort bei feststellungsbereiten Personen, Abs. 1 Nr. 1 — 310
          aa) Tatsituation: Unfall im Straßenverkehr — 310
          bb) Täter: Unfallbeteiligter — 312
          cc) Tathandlung: Sich-Entfernen vom Unfallort — 312

Inhalt

		b) Unerlaubtes Entfernen vom Unfallort vor Ablauf der Wartezeit, Abs. 1 Nr. 2	313
		2. Subjektiver Tatbestand	314
	III.	Tatbestandsvoraussetzungen nach Abs. 2	314
		1. Objektiver Tatbestand nach Abs. 2 Nr. 1 und 2	314
		2. Subjektiver Tatbestand	315
	IV.	Rechtswidrigkeit und Schuld	316
	V.	Tätige Reue, § 142 Abs. 4 StGB	316
		WIEDERHOLUNGSFRAGEN	316

TEIL 9: VOLLRAUSCH UND UNTERLASSENE HILFELEISTUNG

§ 41 Vollrausch, § 323a StGB — 317
- I. Einleitung — 317
  - 1. Grundlagen — 317
  - 2. Prüfungsschema — 319
- II. Tatbestandsvoraussetzungen — 319
  - 1. Objektiver Tatbestand — 319
  - 2. Subjektiver Tatbestand / Vorwerfbarkeit — 321
  - 3. Objektive Bedingung der Strafbarkeit — 321
- WIEDERHOLUNGSFRAGEN — 322

§ 42 Unterlassene Hilfeleistung und Behinderung hilfeleistender Personen, § 323c StGB — 323
- I. Einleitung — 323
  - 1. Grundlagen — 323
  - 2. Prüfungsschemata — 323
- II. Tatbestandsvoraussetzungen nach Abs. 1 — 324
  - 1. Objektiver Tatbestand — 324
    - a) Tatsituation — 324
    - b) Tathandlung — 326
  - 2. Subjektiver Tatbestand — 328
- III. Tatbestandsvoraussetzungen nach Abs. 2 — 328
  - 1. Objektiver Tatbestand — 328
    - a) Tatsituation — 328
    - b) Tathandlung — 328
  - 2. Subjektiver Tatbestand — 329
- WIEDERHOLUNGSFRAGEN — 329

TEIL 10: STRAFTATEN GEGEN DIE RECHTSPFLEGE

§ 43 Einleitung — 330
- I. Grundlagen — 330
- II. Systematik — 331

§ 44 Falsche uneidliche Aussage, § 153 StGB — 332
- I. Einleitung — 332
  - 1. Grundlagen zu den Aussagedelikten — 332
  - 2. Prüfungsschema — 333
- II. Tatbestandsvoraussetzungen — 333
  - 1. Objektiver Tatbestand — 333
    - a) Täterkreis — 333
    - b) Adressatenkreis — 334
    - c) Tathandlung — 334
  - 2. Subjektiver Tatbestand — 336
- III. Strafaufhebungs- und Strafmilderungsgründe — 336
  - 1. Berichtigung einer falschen Angabe, § 158 StGB — 336
  - 2. Aussagenotstand, § 157 StGB — 337
- WIEDERHOLUNGSFRAGEN — 338

§ 45 Meineid, § 154 StGB — 339
- I. Einleitung — 339
  - 1. Grundlagen — 339
  - 2. Prüfungsschema — 339
- II. Tatbestandsvoraussetzungen — 340
  - 1. Objektiver Tatbestand — 340
    - a) Täterkreis — 340
    - b) Adressatenkreis — 340
    - c) Tathandlung — 341
      - aa) Falsch schwören, § 154 Abs. 1 StGB — 341
      - bb) Eidesgleiche Bekräftigung, § 155 StGB — 342
  - 2. Subjektiver Tatbestand — 342
- III. Strafaufhebungs- und Strafmilderungsgründe — 342
- WIEDERHOLUNGSFRAGEN — 342

§ 46 Falsche Versicherung an Eides statt, § 156 StGB — 343
- I. Einleitung — 343
  - 1. Grundlagen — 343
  - 2. Prüfungsschema — 343
- II. Tatbestandsvoraussetzungen — 343
  - 1. Objektiver Tatbestand — 343
    - a) Täterkreis — 343
    - b) Adressatenkreis — 343
    - c) Tathandlung — 344
      - aa) Falsche Abgabe, Abs. 1 Alt. 1 — 344
      - bb) Falsche Aussage unter Berufung auf eidesstattliche Erklärung, Abs. 1 Alt. 2 — 344
  - 2. Subjektiver Tatbestand — 344
- III. Strafaufhebungs- und Strafmilderungsgründe — 345
- WIEDERHOLUNGSFRAGEN — 345

Inhalt

§ 47	Verleitung zur Falschaussage, § 160 StGB, und versuchte Anstiftung, § 159 StGB	346
	I. Einleitung	346
	II. Verleitung zur Falschaussage, § 160 StGB	346
	III. Versuchte Anstiftung, § 159 StGB	348
	WIEDERHOLUNGSFRAGEN	350
§ 48	Falsche Verdächtigung, § 164 StGB	351
	I. Einleitung	351
	1. Grundlagen	351
	2. Prüfungsschema	351
	II. Tatbestandsvoraussetzungen des Abs. 1	352
	1. Objektiver Tatbestand	352
	a) Adressat / öffentliche Begehungsweise	352
	b) Tathandlung: einen anderen verdächtigen	352
	c) Gegenstand der Verdächtigung: rechtswidrige Tat oder Verletzung einer Dienstpflicht	354
	d) Unwahrheit der Verdächtigung	355
	2. Subjektiver Tatbestand	355
	III. Tatbestandsvoraussetzungen des Abs. 2	355
	IV. Strafaufhebungs- und Strafmilderungsgründe	356
	V. Qualifikation, Abs. 3	356
	WIEDERHOLUNGSFRAGEN	356
§ 49	Vortäuschen einer Straftat, § 145d StGB	357
	I. Einleitung	357
	1. Grundlagen	357
	2. Prüfungsschema	357
	II. Tatbestandsvoraussetzungen	358
	1. Objektiver Tatbestand	358
	a) Adressat	358
	b) Tathandlung	358
	aa) Vortäuschen der Begehung einer rechtswidrigen Tat, Abs. 1 Nr. 1	358
	bb) Über den Beteiligten an einer rechtswidrigen Tat zu täuschen suchen, Abs. 2 Nr. 1	359
	cc) Über das Bevorstehen einer Katalogtat i.S.v. § 126 Abs. 1 StGB täuschen, Abs. 1 Nr. 2	359
	dd) Über den Beteiligten an einer bevorstehenden Tat zu täuschen suchen, Abs. 2 Nr. 2	360
	2. Subjektiver Tatbestand	360
	III. Qualifikation nach Abs. 3 Nr. 1	360
	IV. Tatbestände nach Abs. 3 Nr. 2 und 3	360
	WIEDERHOLUNGSFRAGEN	360

Inhalt

TEIL 11: WIDERSTANDSDELIKTE

§ 50 Widerstand gegen Vollstreckungsbeamte, § 113 StGB — 361
    I. Grundlagen — 361
    II. Prüfungsschema — 361
    III. Tatbestandsvoraussetzungen — 362
        1. Objektiver Tatbestand — 362
            a) Tatobjekt: Vollstreckungsbeamter — 362
            b) Tatsituation: bei einer Vollstreckungshandlung — 362
            c) Tathandlungen — 363
                aa) durch Gewalt — 363
                bb) durch Drohung: hier nur Drohung mit Gewalt — 363
        2. Subjektiver Tatbestand — 364
        3. Rechtswidrigkeit der Diensthandlung — 364
    IV. Besonders schwere Fälle, Abs. 2 — 365
    WIEDERHOLUNGSFRAGEN — 365

§ 51 Tätlicher Angriff auf Vollstreckungsbeamte, § 114 StGB — 366
    I. Grundlagen — 366
    II. Prüfungsschema — 366
    III. Tatbestandsvoraussetzungen — 366
        1. Objektiver Tatbestand — 366
            a) Vollstreckungsbeamter — 366
            b) Tatsituation: Bei einer Vollstreckungshandlung oder sonstigen Diensthandlung — 366
            c) Tathandlung: tätlich angreifen — 367
        2. Subjektiver Tatbestand — 367
        3. Rechtswidrigkeit der Vollstreckungshandlung — 367
    WIEDERHOLUNGSFRAGEN — 368

§ 52 Widerstand gegen oder tätlicher Angriff auf Personen, die Vollstreckungsbeamten gleichstehen, § 115 StGB — 369

Stichwortverzeichnis — 371

Abkürzungsverzeichnis

a.A.	andere Ansicht
abl.	ablehnend
Abs.	Absatz
a.F.	alte Fassung
AG	Amtsgericht
AL	Ad Legendum (Zeitschrift, zitiert nach Jahrgang)
a.l.i.c.	actio libera in causa
Alt.	Alternative
Anm.	Anmerkung
AnwK	AnwaltKommentar
Art.	Artikel
AT	Allgemeiner Teil
Aufl.	Auflage
A/W/H/H	Arzt/Weber/Heinrich/Hilgendorf
BAK	Blutalkoholkonzentration
BayObLG	Bayerisches Oberstes Landesgericht
Bd.	Band
BeckOK	Beck'scher Online-Kommentar zum StGB
BeckRS	Beck-Rechtsprechung (Online-Entscheidungssammlung, zitiert nach Jahrgang)
BGB	Bürgerliches Gesetzbuch
BGBl.	Bundesgesetzblatt
BGH	Bundesgerichtshof
BGHSt	Entscheidungen des Bundesgerichtshofes in Strafsachen (amtliche Sammlung)
Bsp.	Beispiel/e
BT	Besonderer Teil
BT-Drs.	Bundestagsdrucksache
BVerfG	Bundesverfassungsgericht
BVerfGE	Entscheidungen des Bundesverfassungsgerichtes (amtliche Sammlung)
bzgl.	bezüglich
bzw.	beziehungsweise
ca.	circa
CD	Compact Disc
DAR	Deutsches Autorecht (Zeitschrift, zitiert nach Jahrgang)
Dr.	Doktor
ders.	derselbe
d.h.	das heißt
dies.	dieselbe(n)
diesbzgl.	diesbezüglich
ebd.	ebenda
etc.	et cetera
evtl.	eventuell
f.; ff.	folgende

famos	Der Fall des Monats im Strafrecht (Online-Zeitschrift, zitiert nach Monat und Jahrgang, abrufbar unter: https://famos.jura.uni-wuerzburg.de/)
Fn.	Fußnote/n
FS	Festschrift
GA	Goltdammer's Archiv für Strafrecht
gem.	gemäß
GG	Grundgesetz
ggf.	gegebenenfalls
GK	Grundkurs
grds.	grundsätzlich
Hdb.	Handbuch
HK	Handkommentar
h.L.	herrschende Lehre
h.M.	herrschende Meinung
Hrsg.	Herausgeber/-in
hrsg.	herausgegeben
HS.	Halbsatz
HRR	Höchstrichterliche Rechtsprechung (Zeitschrift, zitiert nach Jahrgang)
HRRS	Höchstrichterliche Rechtsprechung im Strafrecht (Zeitschrift, zitiert nach Jahrgang)
i.d.R.	in der Regel
i.E.	im Ergebnis
i.e.S.	im engeren Sinn
i.H.a.	im Hinblick auf
i.H.v.	in Höhe von
insb.	insbesondere
i.S.	im Sinne
i.S.d.	im Sinne des
i.S.v.	im Sinne von
i.Ü.	im Übrigen
i.V.m.	in Verbindung mit
JA	Juristische Arbeitsblätter (Zeitschrift, zitiert nach Jahrgang)
JR	Juristische Rundschau (Zeitschrift, zitiert nach Jahrgang)
JURA	Juristische Ausbildung (Zeitschrift, zitiert nach Jahrgang)
JuS	Juristische Schulung (Zeitschrift, zitiert nach Jahrgang)
JZ	Juristenzeitung (Zeitschrift, zitiert nach Jahrgang)
Kfz	Kraftfahrzeug
KG	Kammergericht
K/H/H	Krey/Hellmann/Heinrich
LG	Landgericht
LK	Leipziger Kommentar zum StGB
L/K/H	Lackner/Kühl/Heger
LPK	Lehr- und Praxiskommentar
MK	Münchener Kommentar zum StGB
M/R	Matt/Renzikowski
M/S/M	Maurach/Schroeder/Maiwald
M/S/M/H/M	Maurach/Schroeder/Maiwald/Hoyer/Momsen

m.w.N.	mit weiteren Nachweisen
NetzDG	Gesetz zur Verbesserung der Rechtsdurchsetzung in sozialen Netzwerken (Netzwerkdurchsetzungsgesetz)
NJW	Neue juristische Wochenschrift (Zeitschrift, zitiert nach Jahrgang)
NK	Nomos Kommentar zum StGB
NK-WSS	Nomos Kommentar Wirtschafts- und Steuerstrafrecht
Nr.	Nummer
NStZ	Neue Zeitschrift für Strafrecht (Zeitschrift, zitiert nach Jahrgang)
NStZ-RR	Neue Zeitschrift für Strafrecht – Rechtsprechungsübersicht (Zeitschrift, zitiert nach Jahrgang)
NZV	Neue Zeitschrift für Verkehrsrecht (Zeitschrift, zitiert nach Jahrgang)
o.ä.	oder ähnliche
o.g.	oben genannt/e
OLG	Oberlandesgericht
OWiG	Gesetz über Ordnungswidrigkeiten
PC	Personal Computer
Pkw	Personenkraftwagen
RG	Reichsgericht
RGSt	Entscheidungen des Reichsgerichts in Strafsachen
Rn.	Randnummer/n
Rspr.	Rechtsprechung
RStGB	Reichsstrafgesetzbuch
S.	Satz/Sätze; Seite/n
Sch/Sch	Schönke/Schröder
SK	Systematischer Kommentar zum StGB
s.o.	siehe oben
sog.	sogenannte/n
S/S/W	Satzger/Schluckebier/Werner
StÄG	Strafrechtsänderungsgesetz
StGB	Strafgesetzbuch
StPO	Strafprozessordnung
str.	streitig
st. Rspr.	ständige Rechtsprechung
StraFo	Strafverteidiger Forum (Zeitschrift, zitiert nach Jahrgang)
StV	Strafverteidiger (Zeitschrift, zitiert nach Jahrgang)
s.u.	siehe unten
Teilbd.	Teilband
TuT	Täterschaft und Tatherrschaft
u.a.	unter anderem
USB	Universal Serial Bus
u.U.	unter Umständen
v.a.	vor allem
Var.	Variante
vgl.	vergleiche
ZIS	Zeitschrift für internationale Strafrechtsdogmatik (Online-Zeitschrift, zitiert nach Jahrgang, abrufbar unter: http://www.zis-online.com)
zit.	zitiert

ZJS	Zeitschrift für das Juristische Studium (Online-Zeitschrift, zitiert nach Jahrgang, abrufbar unter: http://www.zjs-online.com/)
z.B.	zum Beispiel
ZStW	Zeitschrift für die Gesamte Strafrechtswissenschaft
zust.	zustimmend

Literaturverzeichnis

AnwaltKommentar zum Strafgesetzbuch, hrsg. von *Leipold, Klaus/Tsambikakis, Michael/Zöller, Mark* (Hrsg.), 3. Aufl. 2020 (zit.: AnwK-*Bearbeiter*).
Arzt, Gunther/Weber, Ulrich/Heinrich, Bernd/Hilgendorf, Eric, Strafrecht Besonderer Teil, 4. Aufl. 2021 (zit.: A/W/H/H-*Bearbeiter*).
Beck'scher Onlinekommentar Strafgesetzbuch, hrsg. von *v. Heintschel-Heinegg, Bernd/Kudlich, Hans*, 61. Edition, Stand 01.05.2024 (zit.: BeckOK-*Bearbeiter*).
Bendheim, Amelie/Pavlik Jennifer, „Fake News" in Politik und Medien, 2022 (zit.: *Autor*, in Bendheim/Pavlik).
Beulke, Werner/Zimmermann, Frank, Klausurenkurs im Strafrecht I, 9. Aufl. 2024 (zit.: *Beulke/Zimmermann*, Klausurenkurs im Strafrecht I).
Bock, Dennis, Strafrecht Besonderer Teil 1, Nichtvermögensdelikte, 2. Aufl. 2024 (zit.: *Bock*, BT 1).
Bolender, Yanik, Das neue Widerstandsstrafrecht, 2021.
Dölling, Dieter/Duttge, Gunnar/Rössner, Dieter (Hrsg.), Gesamtes Strafrecht, Handkommentar, 5. Aufl. 2022 (zit.: HK-*Bearbeiter*).
Eisele, Jörg, Strafrecht Besonderer Teil I, Straftaten gegen die Person und die Allgemeinheit, 6. Aufl. 2021 (zit.: *Eisele*, BT I).
Eisele, Jörg/Heinrich, Bernd, Strafrecht Besonderer Teil, 2. Aufl. 2024 (zit.: *Eisele/Heinrich*, BT).
Fateh-Moghadam, Bijan/Sellmaier, Stephan/Vossenkuhl, Wilhelm (Hrsg.): Grenzen des Paternalismus, Ethik im Diskurs, Bd. 3, 2010 (zit.: *Verfasser*, in Fateh-Moghadam/Sellmaier/Vossenkuhl, 2010).
Fischer, Thomas, Strafgesetzbuch, 71. Aufl. 2024.
Frank, Reinhard, Das Strafgesetzbuch für das Deutsche Reich nebst dem Einführungsgesetze, 18. Aufl. 1931.
Haft, Fritjof, Strafrecht, Besonderer Teil II, 8. Aufl. 2005 (zit.: *Haft*, BT II).
Heinrich, Bernd, Strafrecht, Allgemeiner Teil, 7. Aufl. 2022 (zit.: *Heinrich*, AT).
Heinrich, Bernd/Reinbacher, Tobias, Examinatorium Strafprozessrecht, 4. Aufl. 2024 (zit.: *Heinrich/Reinbacher*, Examinatorium StPO).
Hilgendorf, Eric/Kudlich, Hans/Valerius, Brian (Hrsg.), Handbuch des Strafrechts, Bd. 3, Strafrecht Allgemeiner Teil II, 2021 (zit.: *Verfasser*, Hdb des StR, Bd. 3).
Hilgendorf, Eric/Valerius, Brian, Strafrecht Besonderer Teil I, Delikte gegen die Person und gegen überindividuelle Rechtsgüter, 1. Aufl. 2021 (zit.: *Hilgendorf/Valerius*, BT I).
Hillenkamp, Thomas/Cornelius, Kai, 40 Probleme aus dem Strafrecht Besonderer Teil, 13. Aufl. 2020 (zit.: *Hillenkamp/Cornelius*, Probleme BT)
Jäger, Christian, Examens-Repetitorium Strafrecht Besonderer Teil, 10. Aufl. 2024 (zit.: *Jäger*, BT)
Joecks, Wolfgang/Jäger, Christian, Studienkommentar StGB, 13. Aufl. 2021 (zit.: *Joecks/Jäger*).
Kaspar, Johannes, Strafrecht Allgemeiner Teil, Einführung, 4. Aufl. 2023 (zit.: *Kaspar*, AT).
Kaspar, Johannes/Reinbacher, Tobias, Casebook Strafrecht Allgemeiner Teil, 2. Aufl. 2023 (zit.: *Kaspar/Reinbacher*, Casebook AT).
Kindhäuser, Urs/Hilgendorf, Eric, Strafgesetzbuch, Lehr- und Praxiskommentar, 9. Aufl. 2022 (zit.: LPK-*Bearbeiter*).
Kindhäuser, Urs/Schramm, Edward, Strafrecht Besonderer Teil I, Straftaten gegen Persönlichkeitsrechte, Staat und Gesellschaft, 11. Aufl. 2023 (zit.: *Kindhäuser/Schramm*, BT I).
Klesczewski, Diethelm, Strafrecht Besonderer Teil, Lehrbuch zum Strafrecht der Bundesrepublik Deutschland, 2016 (zit.: *Klesczewski*, BT).
Krey, Volker/Hellmann, Uwe/Heinrich, Manfred, Strafrecht Besonderer Teil: Bd. 1, Besonderer Teil ohne Vermögensdelikte, 17. Aufl. 2021 (zit.: K/H/H-*Verfasser*).
Küpper, Georg/Börner, René, Strafrecht, Besonderer Teil 1, 4. Auf. 2017 (zit.: *Küpper/Börner*, BT 1).

Literaturverzeichnis

Lackner, Karl/Kühl, Kristian/Heger, Martin et al (Hrsg.): Strafgesetzbuch, Kommentar, 30. Aufl. 2023 (zit.: L/K/H/-*Verfasser*).

Leipziger Kommentar zum Strafgesetzbuch, hrsg. von *Cirener, Gabriele/Radtke, Henning/Rissing-van Saan, Ruth/Rönnau, Thomas/Schluckebier Wilhelm*, 13. Aufl. 2019 ff. (zit.: LK-Bearbeiter)

Matt, Holger/Renzikowski, Joachim (Hrsg.), Strafgesetzbuch, Kommentar, 2. Aufl. 2020 (zit.: M/R-*Verfasser*).

Maurach, Reinhart/Schroeder, Friedrich-Christian/Maiwald, Manfred, Strafrecht Besonderer Teil, Teilbd. 2, Straftaten gegen Gemeinschaftswerte, 10. Aufl. 2012 (zit.: M/S/M-*Verfasser*).

Maurach, Reinhart/Schroeder, Friedrich-Christian/Maiwald, Manfred/Hoyer, Andreas/Momsen, Carsten, Strafrecht Besonderer Teil, Teilbd. 1, Straftaten gegen Persönlichkeits- und Vermögenswerte, 11. Aufl. 2019 (zit.: M/S/M/H/M-*Verfasser*).

Münchener Kommentar zum Strafgesetzbuch, hrsg. von *Erb, Volker/Schäfer, Jürgen*, 4. Aufl. 2020 ff. (zit.: MK-*Verfasser*).

Murmann, Uwe, Grundkurs Strafrecht, 7. Aufl. 2022 (zit.: *Murmann*, GK).

Nomos Kommentar zum Strafgesetzbuch, hrsg. von *Kindhäuser, Urs/Neumann, Ulfried/Paeffgen, Hans-Ullrich/Saliger, Frank*, 6. Aufl. 2023 (zit.: NK-*Verfasser*).

Nomos Kommentar zum Wirtschafts- und Steuerstrafrecht, hrsg. von *Leitner, Werner/Rosenau, Henning*, 2. Aufl. 2022 (zit.: NK-WSS-*Bearbeiter*).

Otto, Harro, Grundkurs Strafrecht, Die einzelnen Delikte, 7. Aufl. 2005 (zit.: Otto, GK BT).

Pohlreich, Erol Rudolf, „Ehrenmorde" im Wandel des Strafrechts, Eine vergleichende Untersuchung unter Berücksichtigung des römischen, französischen, türkischen und deutschen Rechts, 2009.

Rengier, Rudolf, Strafrecht Besonderer Teil II, Delikte gegen die Person und die Allgemeinheit, 25. Aufl. 2024 (zit.: *Rengier*, BT II).

Roxin, Claus, Strafrecht Allgemeiner Teil II, Besondere Erscheinungsformen der Straftat, 2003 (zit.: *Roxin*, AT II).

Roxin, Claus, Täterschaft und Tatherrschaft, 11. Aufl. 2022 (zit.: *Roxin*, TuT).

Roxin, Claus/Greco, Luís, Strafrecht Allgemeiner Teil I, 4. Aufl. 2022 (zit.: *Roxin/Greco*, AT I).

Roxin, Claus/Schroth, Ulrich, Handbuch des Medizinstrafrechts, 4. Aufl. 2010 (zit.: *Verfasser*, in: Roxin/Schroth, Hdb. Medizinstrafrecht).

Satzger, Helmut/Schluckebier, Wilhelm/Werner, Raik, Strafgesetzbuch, 6. Aufl. 2024 (zit.: S/S/W-*Bearbeiter*).

Schönke, Adolf/Schröder, Horst, Strafgesetzbuch, Kommentar, 30. Aufl. 2019 (zit.: Sch/Sch-*Bearbeiter*).

Schramm, Edward, Strafrecht Besonderer Teil II, Eigentums- und Vermögensdelikte, Einführung, 3. Aufl. 2023 (zit.: *Schramm*, BT II).

Systematischer Kommentar zum Strafgesetzbuch, hrsg. von *Rudolphi, Hans-Joachim/Wolter, Jürgen*, 9. Auflage 2016 ff. (zit.: SK-*Bearbeiter*).

Tiz, Eniz, Der Fall Sürücü, Ehrenmorde in Deutschland, 2022.

Valerius, Brian, Kultur und Strafrecht, Die Berücksichtigung kultureller Wertvorstellungen in der deutschen Strafrechtsdogmatik, 2009.

v. Liszt, Franz/Schmidt, Eberhardt, Lehrbuch des deutschen Strafrechts, 23. Aufl. 1921.

Welzel, Hans, Das deutsche Strafrecht, In seinen Grundzügen, 11. Aufl. 1969.

Wessels, Johannes/Beulke, Werner/Satzger, Helmut, Strafrecht Allgemeiner Teil, 53. Aufl. 2023 (zit.: *Wessels/Beulke/Satzger*, AT).

Wessels, Johannes/Hettinger, Michael/Engländer, Armin, Strafrecht Besonderer Teil 1, Delikte gegen die Person und die Allgemeinheit, 47. Aufl. 2023 (zit.: *Wessels/Hettinger/Engländer*, BT 1).

Zieschang, Frank, Strafrecht Besonderer Teil 1, 2022 (zit.: *Zieschang*, BT 1).

TEIL 1: STRAFTATEN GEGEN DAS LEBEN

§ 1 Einleitung

I. Rechtsgut

Der 16. Abschnitt des Strafgesetzbuchs enthält die „Straftaten gegen das Leben". Das menschliche Leben bildet insofern auch das **Schutzgut** der §§ 211 ff. StGB.[1] Bei genauer Betrachtung wird jedoch ersichtlich, dass dabei unterschiedliche Straftatbestände zu verschiedenen Zeitpunkten des menschlichen Lebens greifen, sodass sowohl das werdende als auch das geborene Leben geschützt ist und das Tatobjekt für den jeweiligen Tatbestand getrennt bestimmt werden muss.[2] Die §§ 211–213, 216, 222 StGB sowie der inzwischen für verfassungswidrig erklärte § 217 StGB schützen insofern das Angriffsobjekt geborener „Mensch", wozu auch die Geburtsphase zählt (s.u. Rn. 5), während die §§ 218–219 StGB dem Schutz des ungeborenen menschlichen Lebens, der sog. „Leibesfrucht", dienen.[3]

Aus diesem Grund ist es umstritten, ob den §§ 211 ff. StGB überhaupt ein **einheitliches Schutzgut** Leben,[4] das dann durch verschiedene Straftatbestände in unterschiedlichen Phasen geschützt wird, zugrunde liegt oder ob es sich letztlich um **divergierende Rechtsgüter** (geborenes Leben bei den §§ 211–213, 216, 222 StGB; ungeborenes Leben bei den §§ 218 ff. StGB)[5] handelt. Hinsichtlich der §§ 211–213, 216, 222 StGB spricht man insofern auch von Tötungsdelikten im engeren Sinne (i.e.S.).[6]

II. Zeitpunkt des Schutzes

▶ **Beispielsfall („Zwillinge"):**[7] B ist mit Zwillingen schwanger. Bei einem der beiden Föten wird jedoch eine irreversible schwere Hirnschädigung festgestellt, sodass nach Ansicht mehrerer Ärzte ein Schwangerschaftsabbruch indiziert ist. Da B sich aus diesem Grund dazu entschließt, den schwer geschädigten Fötus entfernen zu lassen, begibt sie sich in die Klinik K. Dort werden solche „selektiven Schwangerschaftsabbrüche" bei Zwillingen jedoch normalerweise nicht durchgeführt, sondern es besteht nur die Möglichkeit, die Abtötung des Fötus mittels einer Injektion in die Nabelvene vorzunehmen. Arzt Dr. A beschließt, diesen Eingriff erst nach der Geburt des gesunden Zwillings durchzuführen, um diesen nicht zu gefährden. Daher wird ein Kaiserschnitt veranlasst, zuerst der gesunde Zwilling entnommen und sodann der schwer geschädigte, aber lebensfähige andere Fötus noch im Mutterleib getötet. Strafbarkeit des A? ◀

Die Tötungsdelikte i.e.S., die dem Schutz des geborenen Lebens dienen, sind von den §§ 218 ff. StGB abzugrenzen, welche das ungeborene Leben, die „Leibesfrucht", schützen (s.u. Rn. 8). Schon der Unterschied im Strafmaß zwischen den §§ 211, 212 StGB auf der einen und § 218 StGB auf der anderen Seite ist gravierend, im Falle des

---

1 MK-*Schneider*, Vor § 211 Rn. 1.
2 LK-*Rosenau*, Vor §§ 211 ff. Rn. 5.
3 Vgl. NK-*Neumann*, Vor § 211 Rn. 1.
4 So etwa Sch/Sch-*Eser/Sternberg-Lieben*, Vor §§ 211 ff. Rn. 1.
5 So etwa *Wessels/Hettinger/Engländer*, BT 1, Rn. 5 ff.
6 Sch/Sch-*Eser/Sternberg-Lieben*, Vor §§ 211 ff. Rn. 1.
7 BGHSt 65, 163; vgl. dazu auch *Eisele*, JuS 2021, 272; *Körfer/Schmitt*, famos 3/2021.

§ 1 Einleitung

Schwangerschaftsabbruchs kommt aber insb. eine Straflosigkeit nach § 218a StGB in Betracht, sodass auch im Beispielsfall die Strafbarkeit des A davon abhängt, ob § 212 StGB oder § 218 StGB einschlägig ist. Zur Abgrenzung ist die Frage nach dem Beginn des „Menschseins" i.S.d. StGB, welche unabhängig von etwaigen philosophischen Erwägungen zu beurteilen ist, entscheidend. Dabei kommt es auf den **Zeitpunkt der Tathandlung** an.[8]

5 Nach der überwiegenden Ansicht ist bereits mit dem Geburtsvorgang von einem Menschen i.S.d. §§ 211 ff. StGB auszugehen, d.h. ab dem **Beginn der Geburt** sind die Tötungsdelikte i.e.S. einschlägig.[9] Nicht erst der vollständig geborene Mensch bildet also ein taugliches Tatobjekt der Tötungsdelikte i.e.S., sondern auch die Tötung während des Geburtsvorgangs ist erfasst. Insofern ist eine Vollendung der Geburt, wie sie § 1 BGB für die Rechtsfähigkeit voraussetzt, im StGB nicht erforderlich.[10] Dies folgt aus dem Wortlaut des bis 1998 geltenden § 217 StGB a.F., der die Kindestötung „in oder nach der Geburt" durch die Mutter unter Strafe stellte und insofern die gesetzgeberische Ansicht dokumentierte, dass auch der Geburtsvorgang selbst von den Tötungsdelikten i.e.S. erfasst sein soll.[11] Vielmehr richtet sich das eigenständige „Menschsein" nach der (sich lösenden) Verbindung zur Mutter. Dieser Trennungsprozess setzt den Beginn der Geburt voraus,[12] welcher seinerseits näher zu bestimmen ist. Bei der „natürlichen" Geburt wird hierfür seit langer Zeit das Einsetzen der Eröffnungswehen als entscheidend angesehen.[13] Beim Kaiserschnitt als künstlichem Eingriff liegt der Geburtsbeginn hingegen in der Öffnung des Uterus, da ab diesem Zeitpunkt der Geburtsvorgang regelmäßig nicht mehr rückgängig zu machen ist.[14] Für ein „Menschsein" i.S.d. §§ 211 ff. StGB ist eine Lebensfähigkeit für längere Dauer nicht erforderlich, das Kind muss nach der Geburt lediglich für kurze Zeit unabhängig von der Mutter leben.[15]

6 ▶ **Lösung des Beispielsfalls („Zwillinge"):**[16] Da hier ein Kaiserschnitt vorgenommen wurde und in diesem Zuge der Uterus bereits geöffnet war, war auch das zweite Zwillingskind im Zeitpunkt der Tötungshandlung bereits als „Mensch" anzusehen, sodass A den objektiven Tatbestand des § 212 Abs. 1 StGB erfüllte. Da der BGH auch den subjektiven Tatbestand als erfüllt ansah und Rechtfertigungs- und Entschuldigungsgründe nicht für einschlägig hielt, bestätigte er die Verurteilung des A wegen eines Totschlages in einem minder schweren Fall gemäß den §§ 212 Abs. 1, 213 StGB. ◀

7 **Anmerkung:** Dass nach den soeben dargestellten Grundsätzen hier die §§ 212, 213 StGB einschlägig waren und nicht etwa § 218 StGB, ist zwar stringent, aus der Sicht des A jedoch fatal, da er sich nach der Ansicht des BGH trotz Einwilligung der B nicht auf eine Rechtfertigung nach § 218a Abs. 2 StGB berufen konnte, der als Ausnahmevorschrift auf

---

8 *Kaspar/Broichmann*, ZJS 2013, 249, 252.
9 RGSt 1, 446, 448; BGHSt 65, 163, 168.
10 BGHSt 65, 163, 170.
11 RGSt 1, 446, 448; BGHSt 65, 163, 168; *Eisele*, JuS 2021, 272, 273.
12 RGSt 1, 446, 448.
13 BGHSt 32, 194, 196 f.; 65, 163, 170; *Eisele/Heinrich*, BT, Rn. 15; *Sch/Sch-Eser/Sternberg-Lieben*, Vor § 211 ff. Rn. 13; S/S/W-*Momsen*, Vor §§ 211 ff. Rn. 13; *Rengier*, BT II, § 3 Rn. 3; *Wessels/Hettinger/Engländer*, BT 1, Rn. 8 – a.A. noch RGSt 1, 446, 448: Das Kind müsse den Schoß der Mutter zum Teil schon verlassen haben.
14 BGHSt 65, 163, 171 f.; Sch/Sch-*Eser/Sternberg-Lieben*, Vor § 211 ff. Rn. 13 – a.A. MK-*Schneider*, Vor § 211 Rn. 12: bereits die Öffnung der Bauchdecke.
15 BGHSt 10, 291, 292; *Joecks/Jäger*, Vor § 211 Rn. 19.
16 BGHSt 65, 163, 167 ff.

den Schwangerschaftsabbruch nach § 218 StGB beschränkt sei und auch für eine Analogie keinen Raum lasse, da es insofern an einer planwidrigen Regelungslücke fehle.[17] Dieses Ergebnis erscheint zwar unbefriedigend, da A sich nur deshalb zu diesem Vorgehen entschloss, weil es für den überlebenden Zwilling sicherer war und er diesen nicht gefährden wollte. Allerdings dürfte ihm als spezialisiertem Mediziner die Rechtslage bekannt gewesen sein, sodass er B durchaus an eine andere Klinik hätte verweisen können, in der andere Techniken zur Verfügung gestanden hätten.

Der strafrechtliche Schutz des menschlichen Lebens im StGB reicht von der **Nidation**, d.h. der Einnistung des befruchteten Eis in der Gebärmutter, ab welcher die „Leibesfrucht" über die §§ 218 ff. StGB geschützt ist (vgl. § 218 Abs. 1 S. 2 StGB),[18] bis zum **Hirntod**, der das Ende des Lebens markiert (vgl. § 3 Abs. 2 Nr. 2 Transplantationsgesetz (TPG)).[19] Vor der Nidation greifen die Strafvorschriften des Embryonenschutzgesetzes (EschG), während nach dem Hirntod (nur noch) an eine Störung der Totenruhe gem. § 168 StGB zu denken ist, wenn der Täter die Leiche unbefugt wegnimmt oder daran „beschimpfenden Unfug" treibt. Zudem sind Organe, Gewebe etc. im TPG strafrechtlich geschützt.

Vor der Nidation	Nidation	Geburtsvorgang	Hirntod
Schutz von Eizellen, Embryonen etc. EschG	Schutz der „Leibesfrucht" §§ 218 ff. StGB	Schutz des „Menschen" §§ 211 ff. StGB	Schutz der Totenruhe § 168 StGB Schutz von Organen etc. §§ 18, 19 TPG

III. Exkurs: Die historische Entwicklung des 16. Abschnitts

Schon im Reichsstrafgesetzbuch (RStGB) aus dem Jahr 1871 betraf der 16. Abschnitt die „Verbrechen und Vergehen wider das Leben", wobei wie heute der Mord in § 211 RStGB, der Totschlag in § 212 RStGB, der minder schwere Fall des Totschlags in § 213 RStGB, die Tötung auf Verlangen in § 216 RStGB, der Schwangerschaftsabbruch in den §§ 218 ff. RStGB, die Aussetzung in § 221 RStGB und die fahrlässige Tötung in § 222 RStGB geregelt waren. Zusätzlich enthielt das RStGB aber noch die §§ 214, 215 RStGB, die eine schärfere Strafe vorsahen, wenn der Täter die Tat im Zusammenhang mit einer anderen strafbaren Handlung oder an einem Verwandten aufsteigender Linie beging. Diese beiden Vorschriften sind inzwischen entfallen und zumindest teilweise in den Mordmerkmalen des § 211 StGB aufgegangen. Im Übrigen ist der Aufbau des Abschnitts über die Jahre gleichgeblieben. Eine entscheidende inhaltliche Neugestaltung hat allerdings der Mordtatbestand erhalten. Die ursprüngliche Abgrenzung zwischen Mord und Totschlag erfolgte danach, ob der Täter die Tötung „mit Überlegung" ausführte (dann Mord) oder nicht (dann Totschlag). Die heutige Unterscheidung nach den Mordmerkmalen, die ein erhöhtes Unrecht gegenüber dem Totschlag beschreiben, wurde im Jahr 1941 eingeführt.[20]

---

17 BGHSt 65, 163, 175 f.
18 Sch/Sch-Eser/Sternberg-Lieben, Vor § 211 ff. Rn. 2.
19 Sch/Sch-Eser/Sternberg-Lieben, Vor § 211 ff. Rn. 19; Rengier, BT II, § 3 Rn. 9; Wessels/Hettinger/Engländer, BT 1, Rn. 20.
20 Durch das Gesetz zur Änderung des Reichsstrafgesetzbuchs v. 4.9.1941, RGBl. 1941 I, S. 549.

10 Gleichwohl wird dem Tatbestand überwiegend nicht in seiner Gesamtheit ein nationalsozialistisches Gedankengut attestiert,[21] sonst hätte er nach dem Krieg auch nicht bestehen bleiben können. Vielmehr reichen die entsprechenden Ideen, eine schwerere Strafe an die besondere Verwerflichkeit oder Gefährlichkeit der Tat anzuknüpfen,[22] weiter zurück.[23] Charakteristisch für das nationalsozialistische Verständnis einer Tätertypenlehre sind jedoch die Formulierungen in § 211 StGB „Mörder ist" sowie in § 212 Abs. 1 StGB „ohne Mörder zu sein". Hierdurch sollte zum Ausdruck kommen, dass „der Mörder" ein bestimmter Tätertyp sei, der von anderen Tätern, die Tötungsdelikte begehen, zu unterscheiden sei.[24] Diese Lehre wird heute zu Recht abgelehnt und spielt für die Auslegung des Tatbestandes daher keine Rolle mehr.[25]

11 Weitere wichtige Änderungen des 16. Abschnitts betrafen u.a. die Streichung der §§ 214, 215 RStGB ebenfalls im Jahr 1941,[26] die mehrfache Umgestaltung der Strafbarkeit des Schwangerschaftsabbruchs,[27] die Einführung der Strafbarkeit der geschäftsmäßigen Förderung der Selbsttötung in § 217 StGB,[28] der jedoch für verfassungswidrig erklärt wurde,[29] sowie die Einfügung des § 220a StGB a.F.,[30] der den Völkermord unter Strafe stellte, später aber in § 6 VStGB überführt wurde.[31] Die Strafrahmen wurden im Jahr 1953 angepasst:[32] Seither wird der Mord nicht mehr mit dem Tode, sondern mit lebenslanger Freiheitsstrafe bestraft, und die lebenslange Freiheitsstrafe ist beim Totschlag jetzt in Abs. 2 nur noch für besonders schwere Fälle vorgesehen.[33]

IV. Systematik

1. Das dreistufige Konzept der vorsätzlichen Tötungsdelikte i.e.S.

12 Den Vorsatztatbeständen nach den §§ 211 ff. StGB liegt ein **dreistufiges Konzept** zugrunde:[34] Den „Normalfall" der vorsätzlichen Tötung bildet der Totschlag, § 212 StGB, einen schweren, da besonders verwerflichen oder gefährlichen, Fall der Tötung stellt der Mord, § 211 StGB, dar, während die Tötung auf Verlangen, § 216 StGB, insofern ein milderer Fall der Tötung ist. Die Einstufung einer Tat als Mord, Totschlag oder Tötung auf Verlangen ist angesichts der Divergenz der Strafrahmen von immenser

---

21 Vgl. LK-*Rissing-van Saan*, Vor § 211 ff. Rn. 118.
22 Es ist umstritten, ob die Mordmerkmale primär oder überwiegend an eine besondere Verwerflichkeit (so etwa *Kindhäuser/Schramm*, BT I, § 2 Rn. 1) oder (auch) an eine besondere Gefährlichkeit (so etwa A/W/H/H-*Hilgendorf*, § 2 Rn. 21) anknüpfen; vgl. ausführlich MK-*Schneider*, Vor § 211 Rn. 8 ff. Darin liegt jedoch kein Gegensatz, sondern beide Aspekte kommen in den einzelnen Mordmerkmalen in unterschiedlicher Intensität zum Tragen; zutreffend NK-*Neumann*, Vor § 211 Rn. 152; vgl. auch BVerfG NJW 2009, 1061, 1063, das auf beide Aspekte abstellt.
23 LK-*Rissing-van Saan*, Vor § 211 ff. Rn. 116.
24 Vgl. dazu *Kindhäuser/Schramm*, BT I, § 2 Rn. 2.
25 LK-*Rissing-van Saan*, Vor § 211 ff. Rn. 119.
26 Durch das Gesetz zur Änderung des Reichsstrafgesetzbuchs v. 4.9.1941, RGBl. 1941 I, S. 549.
27 Vgl. zur Änderungsgeschichte MK-*Gropp/Wörner*, Vor § 218 Rn. 1 ff.
28 Gesetz zur Strafbarkeit der geschäftsmäßigen Förderung der Selbsttötung v. 3.12.2015, BGBl. 2015 I, S. 2177.
29 BVerfGE 153, 182.
30 Durch das Gesetz über den Beitritt der Bundesrepublik Deutschland zu der Konvention vom 9.12.1948 über die Verhütung und Bestrafung des Völkermordes v. 9.8.1954.
31 Durch das Gesetz zur Einführung des Völkerstrafgesetzbuches v. 26.6.2002, BGBl. 2002 I, S. 2254.
32 Drittes Strafrechtsänderungsgesetz v. 4.8.1953, BGBl. 1953 I, S. 735.
33 Die von 1941 bis 1953 gültige Fassung des § 212 StGB a.F. sah grds. lebenslanges Zuchthaus oder Zuchthaus nicht unter fünf Jahren vor.
34 MK-*Schneider*, Vor § 211 Rn. 183.

IV. Systematik

Bedeutung. Der Mord, § 211 StGB, zieht obligatorisch die schärfste Sanktion nach sich, die das deutsche Strafrecht kennt: die lebenslange Freiheitsstrafe. Der Totschlag wird nach § 212 Abs. 1 StGB nicht unter fünf Jahren bestraft, was gem. § 38 Abs. 2 StGB bedeutet, dass das Strafmaß hier bis zu 15 Jahren reicht. In besonders schweren Fällen ist gemäß § 212 Abs. 2 StGB auch hier eine lebenslange Freiheitsstrafe möglich, in minder schweren Fällen gemäß § 213 StGB hingegen auch eine reduzierte Strafe von einem Jahr bis zu zehn Jahren Freiheitsstrafe. Die Tötung auf Verlangen nach § 216 StGB ist grundsätzlich eine privilegierte Form der Tötung, deren Strafmaß von sechs Monaten bis zu fünf Jahren Freiheitsstrafe reicht.

2. Das Verhältnis der §§ 211, 212, 216 StGB

Der entscheidende Unterschied zwischen Totschlag und Mord liegt in der Verwirklichung von **Mordmerkmalen** durch den Täter. Einen Totschlag begeht, wer einen Menschen vorsätzlich tötet; einen Mord begeht, wer einen Menschen vorsätzlich tötet und dabei ein Mordmerkmal aufweist. Für den deutlich milderen § 216 StGB muss der Täter hingegen durch das ausdrückliche und ernstliche Verlangen des Getöteten zur Tötung bestimmt worden sein. Daraus folgt, dass der Mord und die Tötung auf Verlangen jeweils den objektiven Tatbestand eines Totschlags vollständig enthalten, daneben aber weitere zusätzliche qualifizierende bzw. privilegierende Merkmale. Dies ist das klassische Verhältnis von Grundtatbestand und Qualifikation bzw. Privilegierung.[35] Gleichwohl ist das Verhältnis der Tatbestände zueinander bis heute ungeklärt.[36]

Nach der insb. von der Rechtsprechung vertretenen Ansicht handelt es sich bei den §§ 211, 212, 216 StGB jeweils um voneinander **unabhängige Tatbestände** mit verschiedenem Unrechtsgehalt; Mord, Totschlag und Tötung auf Verlangen sind demnach selbstständige „andere Straftaten".[37] Dies ist für das Verhältnis von Mord und Totschlag ausführlich diskutiert worden. Dafür wird zunächst der besagte Wortlaut angeführt, nach dem noch immer zwischen „dem Mörder" und „dem Totschläger" unterschieden wird. Zudem wird vorgebracht, dass Mörder und Totschläger nach dem dargestellten Willen des historischen Gesetzgebers unterschiedliche Tätertypen waren (s.o. Rn. 10), sodass dies selbst dann, wenn man die Tätertypenlehre ablehnt, dafür spreche, dass es sich jedenfalls auch um unterschiedliche Taten handeln sollte. Dies belege auch die obligatorische lebenslange Freiheitsstrafe bei § 211 StGB. Ferner wird angeführt, dass die Systematik dieses Ergebnis trage, denn nirgends sonst findet sich im StGB die Qualifikation vor dem Grundtatbestand.

Die besseren Gründe streiten jedoch für die Gegenansicht, die im Mord eine **Qualifikation** des Totschlages und in der Tötung auf Verlangen eine **Privilegierung** erblickt.[38] Zunächst taugt der Rekurs auf die Unterscheidung im Wortlaut zwischen Mörder und

---

35 Vgl. *Hillenkamp/Cornelius*, Probleme BT, 1. Problem; *Kaspar*, AT, § 11 Rn. 16; *Reinbacher*, Hdb. des StrafR, Bd. 3, § 62 Rn. 23 ff.
36 Ausführliche Darstellung des Streitstandes etwa bei A/W/H/H-*Hilgendorf*, § 2 Rn. 26 ff.; LK-*Rissing-van Saan*, Vor § 211 Rn. 130 ff.; MK-*Schneider*, Vor § 211 Rn. 183 ff.; vgl. ferner *Kindhäuser/Schramm*, BT I, § 1 Rn. 2 f.; *Rengier*, BT II, § 4 Rn. 1.
37 Vgl. BGHSt 1, 368, 370 f., für die §§ 211, 212 StGB, sowie BGHSt 2, 258; 13, 162, 165, für § 216 StGB.
38 So etwa mit den hier angeführten und weiteren Argumenten *Bock*, BT 1, S. 18 f.; A/W/H/H-*Hilgendorf*, § 2 Rn. 40 ff.; *Sch/Sch-Eser/Sternberg-Lieben*, Vor §§ 211 ff. Rn. 5; *Kindhäuser/Schramm*, BT I, § 1 Rn. 2; *Joecks/Jäger*, Vor § 211 Rn. 13 ff.; *Rengier*, BT II, § 4 Rn. 1; § 6 Rn. 3; MK-*Schneider*, Vor § 211 Rn. 189 f.; SK-*Sinn*, § 211 Rn. 2; differenzierend nach den einzelnen Mordmerkmalen *Klesczewski*, BT, § 2 Rn. 8.

Totschläger heute kaum noch als valides Argument, da er auf dem abzulehnenden Gedanken der Tätertypenlehre basiert. Zudem enthalten die Tatbestände der §§ 211, 216 StGB den § 212 StGB vollständig und notwendigerweise, was auch die Rechtsprechung erkennt.[39] Sie weisen daneben zusätzliche qualifizierende bzw. privilegierende Merkmale auf, was der dogmatischen Konstruktion von Qualifikation und Privilegierung entspricht. Allein die lebenslange Strafe beim Mord muss noch nicht dafürsprechen, im Mord einen vollständig eigenständigen Tatbestand zu sehen, denn immerhin ist gemäß § 212 Abs. 2 StGB auch beim Totschlag eine lebenslange Freiheitsstrafe möglich. Ferner kann nach der von der Rechtsprechung angewandten Rechtsfolgenlösung selbst beim Mord die lebenslange Freiheitsstrafe im Einzelfall gemildert werden (s.u. § 3 Rn. 5). Schließlich ist nach der zuerst genannten Ansicht die Bestrafung von weiteren Tatbeteiligten nicht sachgerecht zu lösen (s.u. § 3 Rn. 122 ff.).

16 Das **Verhältnis** des § 216 StGB zu § 211 StGB ist noch weiter erläuterungsbedürftig. Während § 212 StGB wie gesehen den Grundtatbestand zu diesen beiden Normen darstellt, fragt sich, was gelten soll, wenn der Täter sowohl ein Mordmerkmal aufweist als auch durch das Opfer zur Tat bestimmt wurde. Zwar wird teilweise bestritten, dass die Annahme von Mordmerkmalen bei einem Täter, der durch das ernsthafte Verlangen des Opfers zur Tat bestimmt wurde, überhaupt möglich sei.[40] Dies erscheint aber nicht ausgeschlossen. Zu denken ist etwa an einen Täter, der das schwer kranke Opfer, das ihn ernsthaft um diese Erlösung bittet, auch aus Habgier tötet, weil er dann die Erbschaft einstreichen kann.[41] Nach zutreffender Ansicht sperrt § 216 StGB die Anwendung der §§ 211, 212 StGB.[42] Dies war schon der Standpunkt des RG,[43] wobei sich vor der Reform des Mordtatbestandes das Problem umso dringlicher stellte, weil eine aufgrund eines ausdrücklichen Tötungsverlangens des Opfers durchgeführte Tötung regelmäßig „mit Überlegung" geschah und daher auch den Tatbestand des Mordes erfüllt hätte,[44] lässt sich aus der Sicht der Rechtsprechung aber auch heute noch damit begründen, dass § 216 StGB der engere Tatbestand ist.[45] Auch auf dem Boden der Ansicht der Lehre sprechen Sinn und Zweck des § 216 StGB dafür, die §§ 212, 211 StGB auszuschließen.[46]

17 **Klausurtipp:** Achten Sie auf die Zitierweise der Vorschriften. Nach der Lösung des BGH ist nur § 211 StGB anzuführen, nach der Literatur sind die §§ 212 Abs. 1, 211 StGB zusammen zu zitieren, wobei das Grunddelikt des § 212 Abs. 1 StGB zuerst zu nennen ist. In der Klausur ist der Streit nicht näher darzulegen, wenn er sich nicht auswirkt. Schon durch die Zitierweise zeigen Sie jedoch, welcher Ansicht Sie folgen. Auf der Ebene der Konkurrenzen tritt § 212 Abs. 1 StGB nach allen Ansichten hinter den §§ 211 und 216 StGB zurück, da es sich bei diesen in jedem Falle um speziellere Normen handelt (Spezialität). Dies ist jedoch kein rein akademischer Streit, da die dogmatische Einordnung der Tötungsdelikte durchaus praktische Folgen nach sich zieht, soweit es um die Strafbarkeit von Tatbeteiligten geht

---

39 BGHSt 36, 231, 235.
40 So etwa *Herzberg*, JZ 2000, 1093, 1097 ff., der auf der Grundlage der Lehre von der negativen Typenkorrektur (vgl. dazu unten § 3 Rn. 5) in einem solchen Fall Mordmerkmale ablehnt; genau umgekehrt will *Bernsmann*, JZ 1983, 45, 51 f., hingegen § 216 StGB restriktiv auslegen.
41 Vgl. BGHSt 2, 258, 259.
42 BGHSt 2, 258; *Eisele/Heinrich*, BT, Rn. 7; *Reinbacher*, Hdb. StrafR, Bd. 3, § 62 Rn. 32; *Rengier*, BT II, § 6 Rn. 4; *Roxin*, AT 2, § 33 Rn. 180.
43 RGSt 53, 293, 294.
44 BGHSt 2, 258, 259.
45 BGHSt 2, 258.
46 L/K/H-*Heger*, Vor § 211 Rn. 24; *Reinbacher*, Hdb. StrafR, Bd. 3, § 62 Rn. 32.

(s.u. § 3 Rn. 122 ff.).[47] In diesem Fall muss der Streit entschieden werden. Wegen der Sperrwirkung des § 216 StGB sollte in einer Klausur mit der Prüfung dieses Delikts begonnen werden; ist es nicht erfüllt, so kann mit § 211 StGB fortgefahren werden. Ist § 216 StGB hingegen zu bejahen, so erscheint es vertretbar, mit § 211 StGB anzufangen, um sich die Probleme dort nicht abzuschneiden. Dann muss aber spätestens bei den Konkurrenzen auf die Sperrwirkung eingegangen werden.[48]

WIEDERHOLUNGSFRAGEN

1. Gibt es einen einheitlichen Begriff des menschlichen Lebens im StGB und schützen die Vorschriften des 16. Abschnitts insofern ein einheitliches Rechtsgut? (Rn. 1 f.)
2. Ab welchem Zeitpunkt greifen die Tötungsdelikte i.e.S. (§§ 211 ff. StGB)? (Rn. 3)
3. Was besagt das dreistufige Konzept der Tötungsdelikte? (Rn. 12 f.)
4. In welchem Verhältnis stehen die §§ 211, 212 StGB zueinander? (Rn. 13 ff.)
5. In welchem Verhältnis stehen die §§ 211, 216 StGB zueinander? (Rn. 16)

---

47 MK-*Schneider*, Vor § 211 Rn. 186.
48 Vgl. *Rengier*, BT II, § 6 Rn. 5, der diese Reihenfolge sogar für vorzugswürdig hält.

§ 2 Totschlag, § 212 StGB

Literaturempfehlungen:

Engländer, Selbsttötung in „mittelbarer Täterschaft", JURA 2004, 234; *Geppert*, Zur Abgrenzung von Vorsatz und Fahrlässigkeit, insbesondere bei Tötungsdelikten, JURA 2001, 55; *Kaltenhäuser*, Die Bedeutung der strafrechtlichen Fiktion der Menschwerdung für die Fallbearbeitung, JuS 2015, 785; *Kaspar/Broichmann*, Grundprobleme der Tötungsdelikte, ZJS 2013, 249; *Kühl*, „Wer einen Menschen tötet" – Der objektive Tatbestand des Totschlags gemäß § 212 StGB, JA 2009, 321; *Mitsch*, Grundfälle zu den Tötungsdelikten, JuS 1995, 787; 888; JuS 1996, 26; *Otto*, Neue Entwicklungen im Bereich der vorsätzlichen Tötungsdelikte, JURA 2003, 612.

Übungsfälle:

Dessecker, Zwei Tötungsversuche mit glimpflichem Ausgang, JURA 2000, 592; *Eschenbach*, Zündende Ideen, JURA 1999, 88; *Kretschmer*, Ein folgenschweres letztes Bier, JURA 1998, 244; *Scholler*, Tödliche Langeweile, JuS 2021, 1153.

I. Einleitung

1. Grundlagen

1 Der Totschlag, § 212 StGB, bildet wie gesehen das **Grunddelikt** der vorsätzlichen Tötungsdelikte i.e.S., während der Mord, § 211 StGB, eine Qualifikation und die Tötung auf Verlangen, § 216 StGB, eine Privilegierung darstellen (s.o. § 1 Rn. 15). **Rechtsgut** des § 212 StGB ist das Leben (s.o. § 1 Rn. 1) eines anderen Menschen, **Tatobjekt** ist der geborene andere Mensch.[1] In Abgrenzung zu den §§ 218 ff. StGB, die dem Schutz des werdenden menschlichen Lebens dienen, kommt es demnach darauf an, dass der Geburtsvorgang bereits begonnen hat (s.o. § 1 Rn. 5).

2 § 212 StGB ist ein vorsätzlich zu verwirklichendes **Erfolgsdelikt** in der Form eines **Verletzungsdelikts**. Der Erfolg besteht im **Tod eines anderen Menschen**. Die (versuchte) Selbsttötung ist nach deutschem Recht hingegen nicht strafbar, sie ist mangels eines tauglichen Tatobjekts bereits vom Tatbestand nicht erfasst.[2] Zwar folgt dies nicht unmittelbar aus dem Wortlaut der Vorschrift, jedoch aus der Normgeschichte, der Gesetzessystematik und den Grundrechten.[3] Aber selbst die Formulierung weist darauf hin. Denn der Täter („wer") kann nicht gleichzeitig das Opfer („einen Menschen") sein.[4] Auch gibt es zwar ein Recht auf Leben, nicht aber eine entsprechende Pflicht, das eigene Leben zu erhalten.[5] Der Sterbewillige selbst kann also nicht bestraft werden, wobei die Straflosigkeit des Suizids nicht nur für die (versuchte) Selbsttötung in unmittelbarer Täterschaft, sondern auch für eine in mittelbarer Täterschaft des Suizidenten bewirkte Fremdtötung durch ein vorsatzloses menschliches Werkzeug gilt,[6] also etwa bei Ausführung der (versuchten) Tötungshandlung durch einen Vordermann, der gar nicht weiß, dass er dem Sterbewilligen eine tödliche Spritze verabreicht. In diesem Fall scheitert eine Strafbarkeit des Vordermannes am fehlenden Vorsatz, eine mittelbare Täterschaft des Suizidenten an der Straflosigkeit der Selbsttötung; er ist insofern kein tauglicher Täter. In der Praxis (und in der Klausur) wesentlich wichtiger

---
1 *Eisele*, BT I, Rn. 37.
2 *Engländer*, JURA 2004, 234.
3 Sch/Sch-*Eser/Sternberg-Lieben*, Vor §§ 211 ff. Rn. 33; MK-*Schneider*, Vor § 211 Rn. 30.
4 *Kaspar/Broichmann*, ZJS 2013, 249, 251; *Rengier*, BT II, § 3 Rn. 10.
5 Sch/Sch-*Eser/Sternberg-Lieben*, Vor §§ 211 ff. Rn. 33.
6 Sch/Sch-*Eser/Sternberg-Lieben*, Vor §§ 211 ff. Rn. 33.

II. Der einfache Totschlag, § 212 Abs. 1 StGB § 2

ist jedoch die Konsequenz, dass wegen des Fehlens einer tatbestandsmäßigen Haupttat auch eine Teilnahme am Suizid straflos ist.[7] Die Frage, ob eine straflose Teilnahme an einer Selbsttötung oder eine grundsätzlich strafbare Fremdtötung (auf Verlangen) vorliegt, hat daher immense Bedeutung. Sie ist nach der Tatherrschaft im Zeitpunkt des Tötungsakts zu entscheiden, worauf unten noch näher eingegangen wird (s. u. § 4 Rn. 23 ff.). Einen Fremdkörper in dieser Systematik stellte § 217 StGB a.F. dar, der die geschäftsmäßige Förderung der Selbsttötung, und damit eine eigentlich straflose Teilnahme, eigenständig unter Strafe stellte, inzwischen aber vom BVerfG für verfassungswidrig erklärt wurde.[8]

2. Prüfungsschema

Das **Prüfungsschema** des Totschlages ist sehr simpel, da er im objektiven Tatbestand als Taterfolg und Tathandlung nichts weiter voraussetzt als die Tötung eines anderen Menschen. Nach den allgemeinen Regeln ist ferner erforderlich, dass die Handlung des Täters, die unter den Voraussetzungen des § 13 StGB auch in einem Unterlassen bestehen kann, den Todeserfolg kausal und in objektiv zurechenbarer Weise herbeigeführt hat.[9] Da der Schwerpunkt auf der Prüfung von Fragen des AT liegt, welche wiederum nur anhand eines konkreten Delikts erörtert werden können, eignet sich der Tatbestand bestens für Anfängerübungen und ist daher den meisten Studierenden wohlbekannt. Er ist folgendermaßen zu prüfen: 3

▶ I. Tatbestand
    1. Objektiver Tatbestand
        a) Tatobjekt: anderer Mensch
        b) Taterfolg/Tathandlung: „töten"
        c) Kausalität
        d) Objektive Zurechnung
    2. Subjektiver Tatbestand
II. Rechtswidrigkeit
III. Schuld
IV. Strafzumessung
    1. § 212 Abs. 2 StGB: besonders schwerer Fall
    2. § 213 StGB: minder schwerer Fall
V. Ergebnis ◀

II. Der einfache Totschlag, § 212 Abs. 1 StGB

1. Objektiver Tatbestand

Der objektive Tatbestand des einfachen Totschlages gemäß § 212 Abs. 1 StGB verlangt als Tatobjekt einen anderen Menschen, als Tathandlung und Taterfolg das kausale und objektiv zurechenbare Herbeiführen des Taterfolgs, also des Todes dieses anderen Menschen. 4

---

[7] *Rengier*, BT II, § 3 Rn. 11.
[8] BVerfGE 153, 182.
[9] Vgl. zu diesen Merkmalen *Kaspar*, AT, § 5 Rn. 52 ff., 83 ff.

a) Tatobjekt: ein anderer Mensch

5 Ein taugliches **Tatobjekt „Mensch"** erfordert einen bereits geborenen und noch lebenden Menschen. § 212 StGB reicht insofern in zeitlicher Hinsicht wie gesehen vom Beginn der Geburt bis zum Hirntod des Opfers (s.o. § 1 Rn. 8). Hier ist § 212 StGB insb. von den §§ 218 ff. StGB abzugrenzen, die bei der Tötung eines Fötus vor Beginn der Geburt greifen. Es ist noch einmal darauf hinzuweisen, dass es dabei auf den Zeitpunkt der Tötungshandlung ankommt.[10] Da es sich ferner um einen „anderen Menschen" handeln muss (s.o. Rn. 2), ist zudem zu untersuchen, ob eine Selbst- oder eine Fremdtötung vorliegt, wobei nur im letzteren Fall § 212 StGB greift.

b) Tathandlung und Taterfolg: Tötung eines anderen Menschen

6 Die **Tötung** eines anderen Menschen beschreibt gleichermaßen **Taterfolg** und **Tathandlung** des Totschlags.[11] Opfer kann jeder vom Täter zu unterscheidende Mensch sein, es gibt kein „lebensunwertes Leben". Ist der Tod eingetreten, so liegt der Taterfolg vor, ansonsten ist ein Versuch zu prüfen, der beim Totschlag als Verbrechen i.S.v. § 12 Abs. 1 StGB gemäß § 23 Abs. 1 StGB strafbar ist. Die Tötungshandlung kann grds. in jedem Verhalten des Täters bestehen, durch das der Tötungserfolg in objektiv zurechenbarer Weise verursacht wird. Insofern lässt sie sich als zurechenbares Verursachen des Todeserfolges beschreiben. Besondere Anforderungen an die Tathandlung bestehen nicht. Sie kann in jedem aktiven Tun oder unter den Voraussetzungen des § 13 StGB auch in einem Unterlassen im Sinne eines kausalen Nicht-Verhinderns des Tötungserfolges bei Garantenpflicht bestehen.[12] Der Totschlag ist kein eigenhändiges Delikt und kann somit in Allein-, Mit- oder mittelbarer Täterschaft begangen werden. Dies ist u.a. wichtig für die Abgrenzung zur Selbsttötung. Aus dem Bereich des AT werden hier die Fragen der Kausalität und objektiven Zurechnung sowie ggf. die Besonderheiten der Unterlassungsdelikte relevant und sind im Tatbestand zu berücksichtigen.[13] Bzgl. der Kausalität gilt auch hier, dass es keinerlei Relevanz hat, ob das Opfer kurze Zeit später ohnehin gestorben wäre, jede Lebensverkürzung ist tatbestandsmäßig.

2. Der subjektive Tatbestand

7 ▶ **Beispielsfall („Hemmschwelle"):**[14] A und B geraten in der Nacht vor einem Club in einen Streit, der mit gegenseitigen Beleidigungen und Handgreiflichkeiten verbunden ist. B ist dem A dabei physisch überlegen und A zieht sich zurück. Als B mit einigen anderen Personen an einem Taxistand wartet, um nach Hause zu fahren, tritt der erheblich alkoholisierte A (max. 1,58 Promille) plötzlich aus einem Gebüsch hervor und stößt B mit den Worten „Verrecke, du Hurensohn" ein Messer mit einer Klingenlänge von 11 cm so heftig in den Rücken, dass die achte Rippe des Opfers durchtrennt wird und die Klinge in die Lunge eindringt, wobei B in akute Lebensgefahr gerät und nur durch eine Not-operation gerettet werden kann. Strafbarkeit des A gemäß §§ 212 Abs. 1, 22 StGB? ◀

8 Der Totschlag gemäß § 212 StGB ist als **Vorsatzdelikt** ausgestaltet. Eine besondere Form des Vorsatzes ist dabei nicht vorausgesetzt. Daher genügt neben dolus directus

---

10 BGHSt 10, 291.
11 *Eisele*, BT I, Rn. 48.
12 *Fischer*, § 212 Rn. 5; *Hilgendorf/Valerius*, BT I, § 2 Rn. 13.
13 *Rengier*, BT II, § 3 Rn. 12 ff.; zu den Einzelheiten *Kaspar*, AT, § 5 Rn. 52 ff., 83 ff.
14 BGHSt 57, 183.

II. Der einfache Totschlag, § 212 Abs. 1 StGB

I und II auch dolus eventualis.[15] Letzterer erfordert nach st. Rspr. und h.L. als kognitives Element, dass der Täter den Eintritt des tatbestandlichen Erfolgs für möglich und nicht ganz fernliegend hält, und als voluntatives Element, dass er ihn billigt oder sich zumindest mit der Tatbestandsverwirklichung abfindet.[16] Insofern bestehen auch bei Tötungsdelikten keine anderen Anforderungen. Gleichwohl hat der BGH wiederholt darauf hingewiesen, dass bei Tötungsdelikten eine höhere innere Hemmschwelle überschritten werden müsse, sodass nicht ohne weiteres von der Gefährlichkeit einer Handlung auf einen bedingten Vorsatz geschlossen werden könne (sog. „**Hemmschwellentheorie**"[17]).[18] Insofern durften es sich die Tatgerichte auf der einen Seite nicht zu leicht machen und die Annahme eines Eventualvorsatzes schlicht mit der besonders gefährlichen Vorgehensweise des Täters begründen, sondern mussten im Einzelfall prüfen, ob der Täter nicht doch ernsthaft und nicht nur vage auf einen guten Ausgang vertraute.[19] Auf der anderen Seite dürfen sie aber umgekehrt bei besonders gefährlichen Handlungen nicht schematisch auf die Hemmschwellentheorie verweisen und einen Vorsatz verneinen. Maßgebliche Kriterien können hierbei die objektive Gefährlichkeit der Tathandlung, die konkrete Angriffsweise sowie die psychische Verfassung des Täters und seine Motivationslage sein.

▶ **Lösung des Beispielsfalls („Hemmschwelle"):**[20] Ebendies warf der BGH dem LG in obigem Beispielsfall vor. Dieses hatte A nämlich nur wegen einer gefährlichen Körperverletzung verurteilt, nicht aber wegen eines versuchten Tötungsdelikts. Diesbezüglich lehnte es einen Tötungsvorsatz ab. Gegen einen solchen sprächen die Tatsachen, dass A erheblich alkoholisiert war und nur einen Stich geführt habe. „Vor diesem Hintergrund und unter Berücksichtigung der Hemmschwellentheorie" sei in dubio pro reo ein bedingter Vorsatz abzulehnen. Diese Lösung hielt der revisionsrechtlichen Überprüfung nicht stand. Der BGH bemängelte nicht nur, dass das LG nicht genau gesagt habe, ob es am Wissens- oder am Willenselement des Vorsatzes zweifelte und dass es der objektiven Lebensgefährlichkeit nicht genug Bedeutung zugemessen habe, sondern insb. auch den vagen Hinweis auf die „Hemmschwellentheorie". Das LG habe deren Bedeutung für die Beweiswürdigung verkannt. Sie erschöpfe sich nämlich in einem Hinweis auf § 261 StPO und beinhalte insofern lediglich das Postulat einer genauen Prüfung aller objektiven und subjektiven Umstände des Einzelfalls in einer Gesamtschau. Sie habe nie den Zweck gehabt, den Indizcharakter der Lebensgefährlichkeit der Gewalthandlung in Frage zu stellen. Ein bloßer Hinweis auf die Hemmschwellentheorie genügte also nicht. ◀

Anmerkung: Es trifft also nicht zu, wenn gesagt wird, der BGH habe die Hemmschwellentheorie „abgeschafft". Er weist nur zu Recht darauf hin, dass er darunter einen Hinweis darauf versteht, dass das Tatgericht genau prüfen muss, ob der Täter sich wirklich mit dem Tod des Opfers abgefunden hat. Das müsste es allerdings auch ohne die Existenz einer solchen „Theorie". Die Tatgerichte dürfen es sich also in beide Richtungen nicht „zu einfach" machen.

---

15 Sch/Sch-*Eser/Sternberg-Lieben*, § 212 Rn. 5.
16 BGHSt 7, 363; 57, 183, 186; BGH StV 1994, 654; zur Diskussion und zu abweichenden Ansichten *Kaspar*, AT, § 5 Rn. 131 ff.; *Kaspar/Reinbacher*, Casebook AT, Fall 6 Rn. 7 ff.
17 Vgl. zur Hemmschwellentheorie auch *Kaspar*, AT, § 5 Rn. 134.
18 BGH StV 1994, 654.
19 BGH StV 1994, 654.
20 BGHSt 57, 183, 185 ff.

11 Interessant ist in diesem Zusammenhang auch die Entscheidung des BGH im „**Berliner Raserfall**"[21], in welchem zwei Autofahrer ein Rennen auf dem Berliner Kurfürstendamm mit bis zu 170 km/h veranstalteten, bei dem es zu einem Unfall und dem Tod eines anderen Autofahrers durch einen Zusammenstoß auf einer Kreuzung kam, in welche die Täter unter Missachtung der roten Ampel eingefahren waren. Das LG hatte hier einen Mord mit gemeingefährlichen Mitteln in Mittäterschaft angenommen. Der BGH kritisierte nicht unbedingt dieses Ergebnis, aber die Begründung des Vorsatzes. Er bemängelte einerseits, dass das LG den Vorsatz „spätestens" bei der Einfahrt in den Kreuzungsbereich bejaht hatte, da die Täter zu diesem Zeitpunkt keine Möglichkeit mehr hatten, die Kollision zu vermeiden, sodass die eigentlich unfallsursächliche Tätigkeit schon davor lag, zu diesem entscheidenden Zeitpunkt der Vorsatz aber nicht festgestellt war (Simultanitätsprinzip[22]). Andererseits habe das LG bei der notwendigen Gesamtschau aller Umstände nicht berücksichtigt, dass die mögliche Eigengefährdung gegen einen Vorsatz sprechen könnte. Auch hier betonte er also die genaue Prüfung sämtlicher Umstände des Einzelfalls. In der Folgeentscheidung hat das LG erneut einen Mord bejaht und anders begründet, was der BGH zumindest i.H.a. den Tatvorsatz akzeptierte.[23]

III. Rechtswidrigkeit und Schuld bei den Tötungsdelikten

12 Hier ist nicht der Platz, die wiederum im AT angesiedelten vielfältigen Probleme der Rechtswidrigkeit und Schuld zu erörtern. Es gelten die allgemeinen Grundsätze. Besonders hinzuweisen ist aber darauf, dass eine rechtfertigende Einwilligung in die eigene Tötung durch einen Dritten vom Grundsatz her an der Wertung des § 216 StGB scheitert. Zu den Besonderheiten bei der Sterbehilfe s.u. § 4 Rn. 41 ff.

IV. Exkurs: Der besonders schwere Fall des Totschlags, § 212 Abs. 2 StGB

13 In Abs. 2 ist eine Strafzumessungsregel vorgesehen, wonach in besonders schweren Fällen auf eine lebenslange Freiheitsstrafe zu erkennen ist, sodass der besonders schwere Fall des Totschlags vom Strafmaß her dem Mord gleichgestellt ist. Anders als etwa § 243 StGB enthält die Vorschrift jedoch keine Regelbeispiele, sondern verweist einzig auf unbenannte Fälle. Zur Orientierung muss man am Mordtatbestand anknüpfen, d.h. die besonders schweren Fälle des Totschlags müssen in ihrem Unrechts- und Schuldgehalt mit den Mordmerkmalen vergleichbar sein, während eine bloße „Nähe" zu den Mordmerkmalen für sich nicht ausreicht.[24] Das Fehlen einer objektiven oder subjektiven Komponente eines Mordmerkmals darf insofern nicht durch die Annahme des § 212 Abs. 2 StGB umgangen werden, sondern muss dann entsprechend durch ein besonderes Plus „kompensiert" werden.[25] In Betracht kommt etwa ein besonders brutal ausgeführter Totschlag.[26]

---

21 BGHSt 63, 88; vgl. dazu *Arnt/Schmalow*, famos 6/2018; *Eisele/Heinrich*, BT, Rn. 20.
22 Vgl. dazu *Kaspar*, AT, § 5 Rn. 138 ff.
23 Er bemängelte jedoch die Begründung der Mittäterschaft; vgl. BGHSt 65, 42.
24 NK-*Saliger*, § 212 Rn. 43; MK-*Schneider*, § 212 Rn. 111.
25 Sch/Sch-*Eser/Sternberg-Lieben*, § 212 Rn. 12; NK-*Saliger*, § 212 Rn. 43.
26 Sch/Sch-*Eser/Sternberg-Lieben*, § 212 Rn. 12a.

V. Exkurs: Der minder schwere Fall des Totschlags, § 213 StGB

§ 213 StGB ist kein selbstständiger Privilegierungstatbestand, sondern enthält ebenfalls eine Strafzumessungsregel,[27] die sich nur auf § 212 StGB bezieht, nicht aber auf § 211 StGB.[28] Der Hintergrund für die Milderung des Strafrahmens ist darin zu sehen, dass einzelfallbezogene Aspekte so gewichtig sein können, dass die volle Strafe des § 212 Abs. 1 StGB nicht angemessen, sondern bei einer Gesamtbetrachtung aller relevanten Umstände ein geringerer Strafrahmen gerechtfertigt erscheint.[29] § 213 StGB enthält zwei Alternativen: Den Affekttotschlag (Alt. 1) sowie die sonstigen minder schweren Fälle (Alt. 2). Die Alt. 1 setzt voraus, dass der Täter durch das spätere Opfer durch eine ihm oder einem seiner Angehörigen zugefügte Misshandlung oder eine schwere Beleidigung ohne eigene Schuld auf der Stelle zur Tat hingerissen wurde und insofern in „gerechtem Zorn"[30] handelte. Beide Alternativen sind nicht im technischen Maße zu verstehen, sodass etwa die „Misshandlung" nach h.M. keine vollendete strafbare Körperverletzung i.S.d. §§ 223 ff. StGB voraussetzt, sondern sowohl der Versuch als auch eine seelische Beeinträchtigung genügt[31] und auch die Beleidigung nicht nur solche i.S.d. §§ 185 ff. StGB umfasst, sondern jede schwerwiegende Kränkung.[32] In der Vergangenheit haben die Gerichte insb. bei ehelichen Eifersuchtsdramen einen solchen minder schweren Fall angenommen,[33] während aus heutiger Sicht Ehebruch, „Fremdgehen" o.ä. kaum noch ein solches privilegierendes Motiv im Sinne einer schweren Kränkung bilden, sondern vielmehr ein überkommenes patriarchalisches Besitzdenken ausdrücken, das keinen „gerechten Zorn" des Ehemannes rechtfertigt. Liegt eine entsprechende Misshandlung oder Kränkung vor, so ist es ferner erforderlich, dass der Täter „ohne eigene Schuld" zur Tat gereizt wurde. Auch diese Wendung bezieht sich nicht auf die strafrechtliche Kategorie der Schuld, sondern beinhaltet, dass der Täter selbst dem späteren Opfer keine hinreichende Veranlassung zu der seinerseits getätigten Misshandlung oder Kränkung gegeben haben darf.[34] Erforderlich ist schließlich ein Kausalzusammenhang zwischen Provokation und Tat.[35]

Während Alt. 1 also ein konkretes Beispiel beschreibt, enthält Alt. 2 die Möglichkeit, auch in sonstigen unbenannten Fällen eine Privilegierung anzunehmen. Hier ist wiederum eine Gesamtbewertung vorzunehmen. Die schuldmindernden Umstände müssen insofern mit der beschriebenen Affektlage vergleichbar sein.[36]

Klausurtipp: Beachten Sie, dass Fragen der Strafzumessung bei § 212 StGB nach der Schuld zu prüfen sind. Normalerweise ist in Klausuren während des Studiums und im Ersten Staatsexamen keine Strafzumessung zu betreiben, insb. ist die erforderliche Gesamtabwägung mangels ausreichender Sachverhaltsangaben (etwa zur Persönlichkeit des Täters) kaum möglich. Gleichwohl sollten im Einzelfall entsprechende objektive Aspekte geprüft

---

27 NK-*Saliger*, § 213 Rn. 3; Sch/Sch-*Eser/Sternberg-Lieben*, § 213 Rn. 2; MK-*Schneider*, § 213 Rn. 1; vgl. dazu ausführlich *Bock*, BT 1, S. 11 ff.
28 BGHSt 30, 105, 118; LK-*Rissing-van Saan/Zimmermann*, § 213 Rn. 3; MK-*Schneider*, § 213 Rn. 2 – a.A. NK-*Saliger*, § 213 Rn. 4 f.
29 MK-*Schneider*, § 213 Rn. 3.
30 Vgl. nur *Rengier*, BT II, § 3 Rn. 22; LK-*Rissing-van Saan/Zimmermann*, § 213 Rn. 18.
31 BGH NJW 1995, 1910, 1911; Sch/Sch-*Eser/Sternberg-Lieben*, § 213 Rn. 5 – a.A. MK-*Schneider*, § 213 Rn. 12: Auslegung wie § 223 StGB; kritisch auch LK-*Rissing-van Saan/Zimmermann*, § 213 Rn. 9.
32 Sch/Sch-*Eser/Sternberg-Lieben*, § 213 Rn. 5; *Rengier*, BT II, § 3 Rn. 22.
33 Vgl. die Beispiele bei LK-*Rissing-van Saan/Zimmermann*, § 213 Rn. 16.
34 LK-*Rissing-van Saan/Zimmermann*, § 213 Rn. 18.
35 LK-*Rissing-van Saan/Zimmermann*, § 213 Rn. 21 f.
36 *Fischer*, § 213 Rn. 13.

werden. Als Faustregel gilt: Die benannten Fälle ansprechen, die unbenannten nicht. Bei § 243 StGB ist dies sehr häufig der Fall,[37] bei § 213 StGB (nur) i.H.a. die Affekthandlungen i.S.v. Alt. 1, während § 212 Abs. 2 StGB insofern keine Klausurrelevanz hat.

WIEDERHOLUNGSFRAGEN

1. Erfasst § 212 Abs. 1 StGB auch die Selbsttötung? (Rn. 2)
2. Können Tötungsdelikte auch mit Eventualvorsatz begangen werden? (Rn. 8)
3. Was besagt die „Hemmschwellentheorie" des BGH bei Tötungsdelikten? (Rn. 8)

---

37 Vgl. zu § 243 StGB *Schramm*, BT 2, § 2 Rn. 79 ff.

§ 3 Mord, § 211 StGB

Literaturempfehlungen:

Geppert, Zum Begriff der „Verdeckungsabsicht" in § 211 StGB, JURA 2004, 242; *Kaspar*, Das Mordmerkmal der Heimtücke, JA 2007, 699; *Kaspar/Broichmann*, Grundprobleme der Tötungsdelikte, ZJS 2013, 249; 346; *Kett-Straub*, Die Tücken der Heimtücke in der Klausur, JuS 2007, 515; *Köhne*, Die Mordmerkmale „grausam" und „mit gemeingefährlichen Mitteln", JURA 2009, 265; *Kühl*, Die drei speziellen niedrigen Beweggründe des § 211 II StGB, JA 2009, 566; *ders.*, Die sonst niedrigen Beweggründe des § 211 II StGB, JuS 2010, 1041 ff.; *Mitsch*, Grundfälle zu den Tötungsdelikten, JuS 1996, 26; 121; 213.

Übungsfälle:

Dreher, Ende einer Erpressung, JA 2005, 789; *Kühl/Hinderer*, Anfängerklausur – Strafrecht: Verabredung zu Mord und Totschlag – Das Ende einer Ehe, JuS 2010, 697; *Norouzi*, Verdeckungsmord durch Unterlassen, JuS 2005, 914; *Reinbacher*, Übungsklausur Strafrecht: Die belebte einsame Landstraße, JURA-Sonderheft Zwischenprüfungsklausur, 2004, 26; *Rengier/Brand*, Antizipierte Verteidigung, JuS 2008, 514; *Schoch/Seligmann*, Der etwas andere Stadtbummel, AL 2024, 215.

I. Einleitung

1. Grundlagen

§ 211 schützt dasselbe Rechtsgut wie § 212 StGB: das menschliche Leben vom Beginn der Geburt bis zum Hirntod. Nach zutreffender Ansicht ist der Mord eine **Qualifikation** des Totschlags (s.o. § 1 Rn. 15). § 211 StGB enthält sämtliche Merkmale des § 212 StGB und darüber hinaus einige zusätzliche Tatbestandsmerkmale, die sog. Mordmerkmale. Wer also bei einem Totschlag zusätzlich ein Mordmerkmal erfüllt, begeht einen Mord. Dies ergibt sich unzweifelhaft aus dem Wortlaut des § 211 Abs. 2 StGB. Ursprünglich lag der Unterschied zwischen Totschlag und Mord darin, dass der Täter eines Mordes nach § 211 RStGB die Tötung „mit Überlegung" ausgeführt haben musste. Darunter verstand das RG, dass der Täter bei der Ausführung der Tat „in genügend klarer Erwägung über den zur Erreichung seines Zwecks gewollten Erfolg der Tötung, über die zum Handeln drängenden und von diesem abhaltenden Beweggründe sowie über die zur Herbeiführung des gewollten Erfolges erforderliche Tätigkeit handelt."[1] Seit der Reform des Mordtatbestandes im Jahr 1941[2] (s.o. § 1 Rn. 9) liegt er hingegen in der Verwirklichung eines der in § 211 Abs. 2 abschließend aufgezählten **Mordmerkmale**. Das StGB ist ein Sammelsurium unterschiedlicher Epochen der deutschen Geschichte. Dass aber gerade § 211 StGB als das schwerste und bedeutsamste Delikt des StGB auf die NS-Zeit zurückgeht und sein Wortlaut in der heutigen Form seitdem beibehalten wurde, verwundert doch sehr und ist immer wieder Gegenstand berechtigter Kritik gewesen. Es hat über die Jahre diverse Anstöße zur Reform der §§ 211 ff. StGB gegeben, die sich insb. einer Neuformulierung des Mordtatbestandes widmen sollten.[3] Durchsetzen konnte sich bislang keiner der Vorschläge.

1

---

1 RGSt 42, 260, 262. Im Übrigen standen sich aber zwei Ansichten gegenüber, die darüber stritten, ob die Überlegung sich auf das Ob oder auf das Wie der Tatbegehung beziehen musste; vgl. *Frank*, Das Strafgesetzbuch für das Deutsche Reich, 18. Aufl. 1931, § 211 Rn. 2.
2 Durch das Gesetz zur Änderung des Reichsstrafgesetzbuchs v. 4.9.1941, RGBl. 1941 I, S. 549.
3 Vgl. zu den verschiedenen Reformplänen Sch/Sch-*Eser/Sternberg-Lieben*, Vor §§ 211 ff. Rn. 32b; S/S/W-*Momsen*, Vor §§ 211 ff. Rn. 5 ff.; LK-*Rissing-van Saan*, Vor § 211 ff. Rn. 159 ff.

2 Exkurs: Früher stand auf Mord die Todesstrafe, was ihn zu dem „Kapitalverbrechen" schlechthin machte. Mit Art. 102 GG wurde diese nach dem Krieg abgeschafft. Seit der Anpassung des Strafrahmens durch das 3. StÄG[4] im Jahr 1953 wird der Mord daher gemäß § 211 Abs. 1 StGB mit lebenslanger Freiheitsstrafe bestraft. Die weit verbreitete – jedenfalls vom Grundsatz her aber unzutreffende – Annahme, „lebenslang" bedeute letztlich „nur" 15 Jahre Freiheitsstrafe, resultiert aus § 57a StGB, wonach das Gericht die Vollstreckung des Rests der lebenslangen Freiheitsstrafe (nur dann) zur Bewährung aussetzt, wenn 15 Jahre verbüßt sind (Nr. 1), die besondere Schwere der Schuld des Verurteilten die weitere Vollstreckung nicht gebietet (Nr. 2) und die Voraussetzungen des § 57 Abs. 1 Satz 1 Nr. 2 und 3 vorliegen (Nr. 3), also die Aussetzung zur Bewährung unter Berücksichtigung des Sicherheitsinteresses der Allgemeinheit verantwortet werden kann und der Betroffene einwilligt.[5]

3 § 211 Abs. 1 StGB ordnet die **lebenslange Freiheitsstrafe** absolut und obligatorisch, d.h. ohne Spielraum des Gerichts i.H.a. eine im Einzelfall schuldangemessene Strafe, an (wenn ein Mordmerkmal vorliegt, ist stets auf lebenslange Freiheitsstrafe zu erkennen), und beim vollendeten Mord ist im Gegensatz zu den §§ 212, 213 StGB sowie noch zu § 211 Abs. 3 RStGB 1941[6] auch keine Milderungsmöglichkeit vorgesehen. Nicht in allen Fällen erscheint die lebenslange Freiheitsstrafe jedoch angemessen. Hier ist etwa an die Tötung des langjährigen „Haustyrannen" zu denken – sofern hier nicht schon ein Entschuldigungs- oder gesetzlicher Milderungsgrund des AT greift –,[7] oder an einen Täter, der zum vermeintlich Besten des Opfers zu handeln meint, oder an eine Affektsituation wie sie § 213 StGB für § 212 StGB regelt (s.o. § 2 Rn. 14).

4 Dies hat dazu geführt, dass das BVerfG dem Tatbestand im Jahr 1977 nur unter engen Voraussetzungen (gerade noch) eine Verfassungsgemäßheit attestiert hat.[8] Die Strafe müsse nämlich in einem angemessenen Verhältnis zur Schwere der Tat und der Schuld des Täters stehen.[9] Die absolute Androhung der lebenslangen Strafe sei nur dann verhältnismäßig, wenn dem Richter von Gesetzes wegen die Möglichkeit offenbleibe, „bei der Subsumtion konkreter Fälle unter die abstrakte Norm zu einer Strafe zu kommen, die mit dem verfassungsrechtlichen Grundsatz der Verhältnismäßigkeit vereinbar ist"; dies sei jedoch im Wege einer **verfassungskonformen restriktiven Auslegung** des § 211 StGB, insb. der Mordmerkmale „heimtückisch" und „um eine andere Straftat zu verdecken", möglich.[10] Den genauen Weg der verfassungskonformen Auslegung hat das BVerfG jedoch den Fachgerichten überlassen.[11]

5 Aus diesem Grund wurde eine Vielzahl an Theorien entwickelt, um dem Gebot der verfassungskonformen Auslegung gerecht zu werden. Hier lässt sich zunächst danach differenzieren, ob eine allgemeine Lösung für alle Mordmerkmale und den Mordtatbestand insgesamt angestrebt wird oder ob es sich um eine spezielle Restriktion bei einem bestimmten Mordmerkmal handelt. Als eine Allgemeingültigkeit beanspruchen-

---

4 Drittes Strafrechtsänderungsgesetz v. 4.8.1953, BGBl. 1953 I, S. 735.
5 Vor Erlass des § 57a StGB hatte es nur die Möglichkeit der Begnadigung gegeben, von der die zuständigen Träger des Gnadenrechts aber auch zunehmend Gebrauch gemacht hatten, sodass die tatsächliche Verbüßung der lebenslangen Strafe selten war; vgl. BVerfGE 45, 187, 241 ff.
6 In § 211 Abs. 3 RStGB 1941 hieß es noch: „Ist in besonderen Ausnahmefällen die Todesstrafe nicht angemessen, so ist die Strafe lebenslanges Zuchthaus".
7 BGHSt 48, 255, 263; vgl. dazu *Kaspar/Reinbacher*, Casebook AT, Fall 15.
8 BVerfGE 45, 187, 222 ff.; vgl. auch BVerfG NJW 2009, 1061.
9 BVerfGE 45, 187, 260.
10 BVerfGE 45, 187, 261.
11 BVerfGE 45, 187, 267.

I. Einleitung

de Theorie lässt sich insb. die in der Literatur häufig vertretene **Lehre von der (negativen) Typenkorrektur** nennen, wonach jedes Mordmerkmal eine besondere Verwerflichkeit beinhaltet, sodass selbst bei Vorliegen eines Mordmerkmals die lebenslange Freiheitsstrafe nur dann angemessen ist, wenn die Tat – quasi als zusätzliches ungeschriebenes Tatbestandsmerkmal – bei einer Gesamtwürdigung unter Berücksichtigung der Täterpersönlichkeit und aller Tatumstände auch im Einzelfall als verwerflich einzustufen ist.[12] Der BGH hat sich solchen Vorschlägen im Grundsatz zu Recht verwehrt,[13] da hierdurch einer Unbestimmtheit der Norm Vorschub geleistet wird, was gerade bei einer so gewichtigen Rechtsfolge besonders schädlich ist. Stattdessen verfolgt er zuvorderst eine einzelfallbezogene Lösung, die insb. bei den auch schon vom BVerfG problematisierten Mordmerkmalen der Heimtücke und der Verdeckungsabsicht besondere Anforderungen aufstellt (s.u. Rn. 35 und Rn. 118). Im Fall der Heimtücke hat er zudem eine **Rechtsfolgenlösung** vertreten, wonach im Einzelfall eine Strafmilderung (§ 49 Abs. 1 Nr. 1 StGB) möglich sein soll, wenn aufgrund außergewöhnlicher Umstände die Verhängung der lebenslangen Freiheitsstrafe als unverhältnismäßig erscheint (s.u. Rn. 39).[14] Dieser Ansatz hätte das Potenzial zu einer allgemeingültigen Lösung für sämtliche Mordmerkmale, ist vom BGH aber nicht in dieser Weise angewendet worden.[15] Insgesamt stellt (auch) diese Lösung eine Rechtsfortbildung dar,[16] die ihrerseits nicht für Klarheit sorgt und nicht konsequent durchgeführt wird.[17]

Der Gesetzgeber bleibt damit weiterhin angehalten, über eine Reform des Mordtatbestandes nachzusinnen. De lege lata ist nach alledem der Weg einer **restriktiven Auslegung der einzelnen Mordmerkmale** vorzugswürdig, durch die der besonderen Verwerflichkeit oder Gefährlichkeit der Tat Rechnung getragen werden kann.[18] Im Übrigen darf nicht übersehen werden, dass selbstverständlich auch beim Mord gesetzliche Milderungsgründe aus dem AT, etwa nach den §§ 21, 23 Abs. 2, 27 Abs. 2 S. 2, 35 Abs. 2 S. 2 StGB, greifen können.

2. Prüfungsschema

Da es sich beim Mord wie gesehen um eine Qualifikation des Totschlags handelt, können beide Tatbestände sowohl zusammen als auch getrennt geprüft werden.[19] Bei den Mordmerkmalen sind die tatbezogenen Mordmerkmale der 2. Gruppe von den täterbezogenen Mordmerkmalen der 1. und 3. Gruppe zu unterscheiden. Erstere wei-

---

12 Sch/Sch-*Eser/Sternberg-Lieben*, § 211 Rn. 10. Hier lässt sich wiederum danach unterscheiden, ob eine positive Feststellung der Verwerflichkeit der Tat im Einzelfall gefordert wird (positive Typenkorrektur) oder ob das Gericht nach der Feststellung des Mordmerkmals den Mord verneinen darf, wenn aufgrund der Gesamtwürdigung die Tat ausnahmsweise als nicht verwerflich erscheint (negative Typenkorrektur); vgl. dazu auch Sch/Sch-*Eser/Sternberg-Lieben*, § 211 Rn. 10; A/W/H/H-*Hilgendorf*, § 2 Rn. 15; *Kindhäuser/Schramm*, BT I, § 2 Rn. 7.
13 Vgl. etwa BGHSt 9, 385, 389; 11, 139, 143, 145; 30, 105, 115; abl. auch *Eisele*, BT I, Rn. 70; A/W/H/H-*Hilgendorf*, § 2 Rn. 15; NK-*Neumann*, Vor § 211 Rn. 160; kritisch auch *Bock*, BT 1, S. 41; *Küpper/Börner*, BT 1, § 1 Rn. 36.
14 BGHSt 30, 105, 118 ff.
15 Vgl. nur BGHSt 42, 301, 304: Ablehnung der Rechtsfolgenlösung bei der Habgier; dazu allgemein LK-*Rissing-van Saan*, Vor § 211 Rn. 154.
16 MK-*Schneider*, § 211 Rn. 40.
17 Kritisch etwa auch Sch/Sch-*Eser/Sternberg-Lieben*, § 211 Rn. 10b; L/K/H-*Heger*, Vor § 211 Rn. 20; NK-*Neumann*, Vor § 211 Rn. 162. Im Gegensatz dazu fordert MK-*Schneider*, § 211 Rn. 282, die Rechtsfolgenlösung auf alle Mordmerkmale zu übertragen.
18 *Eisele*, BT I, Rn. 70; NK-*Neumann*, Vor § 211 Rn. 160.
19 *Cornelius*, JA 2009, 425, 426; *Eisele*, BT I, Rn. 63 f.

sen (auch) einen objektiven Gehalt auf und sind diesbezüglich letztlich wie „normale" Tatbestandsmerkmale zu behandeln[20] und auch schon im objektiven Tatbestand zu prüfen, auf welchen sich dann aber im subjektiven Tatbestand die innere Tatseite zu beziehen hat, wobei im Einzelfall Besonderheiten bestehen und die Mordmerkmale der 2. Gruppe auch subjektive Bestandteile enthalten können (zur Heimtücke s.u. Rn. 31 ff.).[21] Letztere sind hingegen nur im subjektiven Tatbestand zu untersuchen. Daraus ergeben sich, je nachdem ob die Prüfung gemeinsam oder getrennt erfolgt, folgende **Schemata**:

▶ **Bei gemeinsamer Prüfung:**

A. §§ 212, 211 StGB

I. Tatbestand
   1. Objektiver Tatbestand
      a) Tötung eines anderen Menschen (§ 212 Abs. 1 StGB)
      b) Kausalität
      c) Objektive Zurechnung
      d) Tatbezogene Mordmerkmale (§ 211 Abs. 2, 2. Gr. StGB), objektive Komponenten
   2. Subjektiver Tatbestand
      a) Vorsatz bzgl. der Tötung eines anderen Menschen (§ 212 Abs. 1 StGB)
      b) Vorsatz bzgl. der objektiven Komponenten; subjektiver Komponenten der tatbezogenen Mordmerkmale (§ 211 Abs. 2, 2. Gr. StGB)
      c) Täterbezogene Mordmerkmale (§ 211 Abs. 2, 1. und 3. Gr. StGB)

II. Rechtswidrigkeit

III. Schuld

IV. Strafzumessung (ggf. minder schwerer Fall) ◀

▶ **Bei getrennter Prüfung:**

A. § 212 StGB (s.o.)

I. Tatbestand

II. Rechtswidrigkeit

III. Schuld

B. § 211 StGB

I. Tatbestand
   1. Objektiver Tatbestand: Tatbezogene Mordmerkmale (§ 211 Abs. 2, 2. Gr. StGB), objektive Komponenten
   2. Subjektiver Tatbestand

---

20 Vgl. aber auch A/W/H/H-*Hilgendorf*, § 2 Rn. 42 f., der darauf hinweist, dass es sich nicht um „echte Tatbestandsmerkmale" handelt.
21 *Eisele*, BT I, Rn. 75. Aus diesem Grund sollte lieber auch nicht von „objektiven Mordmerkmalen" gesprochen werden.

II. Die einzelnen Mordmerkmale

§ 3

      a) Vorsatz bzgl. der objektiven Komponenten; subjektive Komponenten der tatbezogenen Mordmerkmale (§ 211 Abs. 2, 2. Gr. StGB)
      b) Täterbezogene subjektive Mordmerkmale (§ 211 Abs. 2, 1. und 3. Gr. StGB)
II. Rechtswidrigkeit
III. Schuld
IV. Strafzumessung (ggf. minder schwerer Fall) ◂

Klausurtipp: Wie stets ist es (auch) eine Zeitfrage, ob Sie sich für eine getrennte oder eine gemeinsame Prüfung der Tatbestände entschließen sollten. Da aber selbst nach der Ansicht des BGH kein Exklusivitätsverhältnis zwischen beiden Normen besteht, weil § 212 StGB vollständig in § 211 StGB enthalten ist, kann § 212 StGB zuerst geprüft werden. Dies empfiehlt sich, wenn bereits im objektiven oder subjektiven Tatbestand des Totschlags Probleme auftreten sowie v.a. in den Anfängerübungen. Ansonsten kann auch gleich mit dem Mord begonnen bzw. können beide Tatbestände zusammen behandelt werden. Letzteres ist insb. dann vorzugswürdig, wenn ansonsten Mordmerkmale nicht geprüft werden könnten, etwa weil die Tat gerechtfertigt ist.[22] Denn es gilt wie stets: Alle aufgeworfenen Probleme sollten in der Klausur angesprochen werden. Soweit die Mordmerkmale der 2. Gruppe auch subjektive Komponenten aufweisen (bei der Heimtücke: Ausnutzungsbewusstsein; bei der Grausamkeit: unbarmherzige Gesinnung), wird überwiegend vorgeschlagen, diese wegen des Sachzusammenhangs ebenfalls im objektiven Tatbestand beim jeweiligen Mordmerkmal zu prüfen (hier also Punkt I. 1. b)), um die Prüfung des Mordmerkmals nicht auseinanderzureißen.[23] Dies ist natürlich ebenso gut vertretbar. Nur wird dadurch dann eben die innere Tatseite aufgespalten.

8

II. Die einzelnen Mordmerkmale

Die dem Prüfungsschema zugrundeliegende dogmatische Verortung der Mordmerkmale im Tatbestand folgt der h.M., nach der es sich bei den Mordmerkmalen um **Unrechtsmerkmale** handelt,[24] während sie nach a.A. die Schuld steigern[25] oder zwischen den einzelnen Mordmerkmalen zu differenzieren sein soll.[26] Dabei sind, wie bereits erwähnt, die tatbezogenen Mordmerkmale der 2. Gruppe und die täterbezogenen Mordmerkmale der 1. und 3. Gruppe zu unterscheiden. Der Katalog der Mordmerkmale des § 211 StGB ist abschließend.[27]

9

1. Die tatbezogenen Mordmerkmale der 2. Gruppe

Da die **tatbezogenen Mordmerkmale** der 2. Gruppe in ihrem objektiven Gehalt wie „normale" Tatbestandsmerkmale auch im objektiven Tatbestand zu prüfen sind, werden sie dem Tataufbau entsprechend hier zuerst behandelt. Der Aufbau dieses Lehrbuchs folgt insofern also dem klausurmäßigen Prüfungsablauf. Die tatbezogenen Mordmerkmale beschreiben eine besonders verwerfliche bzw. besonders gefährliche Begehungsweise der Tat.

10

---

22 Vgl. *Jäger*, BT, § 1 Rn. 15 ff.; *Kaspar/Broichmann*, ZJS 2013, 249.
23 So etwa *Eisele*, BT I, Rn. 75; *Rengier*, BT II, § 4 Rn. 14 – wie hier aber *Cornelius*, JA 2009, 425, 426; *Kett-Straub*, JuS 2007, 515, 517; vgl. zu diesem Aufbauproblem auch *Beulke/Zimmermann*, Klausurenkurs im Strafrecht I, Rn. 360.
24 *Eisele*, BT I, Rn. 74; *Otto*, GK BT, § 4 Rn. 1; *Rengier*, BT II, § 4 Rn. 9 f.
25 *Köhler*, JuS 1984, 762, 763.
26 Sch/Sch-*Eser/Sternberg-Lieben*, § 211 Rn. 6; *Kleszczewski*, BT, § 2 Rn. 35.
27 BGHSt 9, 385, 389; M/R-*Safferling*, § 211 Rn. 8.

a) Heimtücke

11 Einen Mord begeht nach § 211 Abs. 2, 2. Gruppe, Var. 1 StGB, wer sein Opfer heimtückisch tötet. Das Mordmerkmal Heimtücke ist nicht zuletzt wegen der vom BVerfG geforderten restriktiven Auslegung besonders umstritten.

12 **Definition:** Heimtückisch handelt, wer die Arg- und Wehrlosigkeit des Opfers bewusst zur Tötung ausnutzt.[28]

13 Darin, dass der Täter sein Opfer überrascht und dieses sich daher nicht oder nur eingeschränkt verteidigen kann, liegt das gesteigerte Unrecht der Tat, deren besondere **Verwerflichkeit**[29] bzw. **Gefährlichkeit**[30], sodass sie zum Mord qualifiziert wird. Vielfach wird zur Definition noch ein Handeln „in feindlicher Willensrichtung" hinzugenommen (s.u. Rn. 36). Daraus ist bereits ersichtlich, dass die Heimtücke sich aus objektiven und subjektiven Bestandteilen zusammensetzt, sodass sich nicht einfach von einem „objektiven Tatbestandsmerkmal" sprechen lässt. Maßgeblich für die Beurteilung der Arg- und Wehrlosigkeit ist grundsätzlich der **Zeitpunkt der ersten mit Tötungsvorsatz vorgenommenen Tathandlung**,[31] also der Eintritt ins Versuchsstadium. Dabei muss der Täter den Zustand der Arg- und Wehrlosigkeit nicht selbst herbeigeführt oder bestärkt haben, es genügt vielmehr, dass er eine solche Situation „ausnutzt".[32]

aa) Die objektiven Komponenten der Heimtücke

(1) Arglosigkeit

14 ▶ **Beispielsfall („Säugling"):**[33] Weil sie sich dadurch überfordert fühlte, dass sie ihre schreienden Kinder nicht beruhigen konnte, hat A innerhalb von zwei Jahren zuerst ihr zwei Wochen altes Baby C und danach ihren 1 ½-jährigen Sohn D mittels eines in den Mund gestopften Spucktuchs getötet. Da die Ärzte jeweils keinen unnatürlichen Tod feststellen können und einen plötzlichen Kindstod vermuten, verschreiben sie nach der Geburt des dritten Kindes E einen Überwachungsmonitor, der Herzschlag und Atmung des Säuglings während des Schlafs kontrollieren soll und empfehlen A und ihrem Ehemann B, E nachts nicht allein schlafen zu lassen. A schläft mit E im Schlafzimmer, während B am Bett des Kindes wacht. Den Monitor schließen sie nur vier Stunden am Tag an. Am Tattag weckt B die A gegen 5 Uhr morgens und legt sich schlafen, während A mit E ins Nebenzimmer geht. Als E zu schreien beginnt, gerät sie erneut in eine Situation der Überforderung und tötet den Säugling auf dieselbe Art und Weise wie ihre anderen beiden Kinder. Strafbarkeit der A i.H.a. die Tötung des E? ◀

15 **Definition:** Das Opfer ist arglos, wenn es sich im maßgeblichen Zeitpunkt der Tat keines Angriffs auf sein Leben oder seine körperliche Unversehrtheit versieht.[34]

---

[28] BGHSt 2, 251, 254; 9, 385, 389; 11, 139, 143; 18, 87, 88; 19, 321, 322; 20, 301, 301 f.; 23, 119, 120; 32, 382, 383 f.; A/W/H/H-*Hilgendorf*, § 2 Rn. 44; *Rengier*, BT II, § 4 Rn. 48.
[29] *Wessels/Hettinger/Engländer*, BT 1, Rn. 55; vgl. auch BVerfG NJW 2009, 1061, 1063.
[30] BGHSt 11, 139, 143; 30, 105, 116; M/R-*Safferling*, § 211 Rn. 40.
[31] BGHSt 32, 382, 384; SK-*Sinn*, § 211 Rn. 40 – a.A. LK-*Rissing-van Saan/Zimmermann*, § 211 Rn. 100: Zeitpunkt des Angriffs i.S.d. § 32 StGB.
[32] BGHSt 8, 216, 219; 18, 87, 88; 32, 382, 384; BGH NStZ 1985, 216; NStZ 2013, 158, 159; A/W/H/H-*Hilgendorf*, § 2 Rn. 47.
[33] BGH NStZ 2013, 158.
[34] BGHSt 18, 87, 88; 32, 382, 384; *Eisele/Heinrich*, BT, Rn. 43; *Rengier*, BT II, § 4 Rn. 51; LK-*Rissing-van Saan/Zimmermann*, § 211 Rn. 100; M/R-*Safferling*, § 211 Rn. 42; NK-*Saliger*, § 211 Rn. 52.

II. Die einzelnen Mordmerkmale § 3

Insofern ist das Opfer nicht **arglos**, wenn es von dem konkreten Angriff wusste, etwa weil ihm der Angriff zuvor (telefonisch) angekündigt wurde.[35] Arglosigkeit kann aber auch dann bestehen, wenn die **Zeitspanne** zwischen dem Erkennen der konkreten Gefahr und dem unmittelbar bevorstehenden Angriff so kurz ist, dass dem Opfer keine Möglichkeit bleibt, sich zu wehren oder dem Angriff zu entkommen.[36] Ein vorangegangener **Streit** kann die Arglosigkeit ausschließen, insb. wenn der Täter dem Opfer in feindseliger Haltung gegenübersteht, selbst wenn dieses nicht unmittelbar mit einem Angriff auf sein Leben, wohl aber mit weiteren heftigen Attacken auf seine körperliche Unversehrtheit rechnet.[37] Da es jedoch auf den konkreten **Angriffszeitpunkt** ankommt, kann die Arglosigkeit wieder aufleben, wenn das Opfer im entscheidenden Moment nicht mit einem Angriff rechnet, etwa wegen einer zeitlichen Zäsur[38] oder weil es davon ausgeht, es habe sich mit dem Täter wieder vertragen oder dieser habe sich entfernt. Allgemeiner Argwohn oder **latente Angst** genügen noch nicht, weil es auf den Zeitpunkt des konkreten Angriffs ankommt.[39] Die Arglosigkeit bestimmt sich also situativ und individuell. Einige besonders problematische Fallgruppen sind hierbei zu diskutieren. 16

Die erste betrifft die auch im Beispielsfall angesprochene Konstellation der **zum Argwohn unfähigen Personen**. So sind etwa sehr kleine **Kinder** zwar konstitutionell immer arglos- und wehrlos,[40] sodass man annehmen könnte, ihre Tötung sei stets ein Mord. Allerdings können sie von vornherein nicht argwöhnisch sein.[41] Das besonders „Tückische" an der Heimtücke liegt aber gerade darin, dass der Täter seine böse Absicht vor dem Opfer verbirgt.[42] Dies erfordert, dass es überhaupt zum Argwohn fähig ist.[43] Eine solche Fähigkeit wird erst ab einem Alter von drei Jahren angenommen.[44] Zudem ist zu bedenken, dass Kleinkinder stets unfähig sind, dem Angriff seitens des Täters entgegenzutreten,[45] sodass ihre Wehrlosigkeit auch nicht auf einer Arglosigkeit beruht (s.u. Rn. 30). 17

Nach der Rechtsprechung soll aber dennoch selbst bei einem drei Wochen alten **Säugling** eine Arglosigkeit und damit auch ein heimtückisches Vorgehen des Täters dann anzunehmen sein, wenn er ein Schlafmittel in die Babynahrung mischt, weil das Kind das Mittel nur wegen dieser Verschleierung zu sich nehme, während es das tödliche Mittel sonst wegen des Geschmacks ausgespuckt hätte.[46] Dies mag auf den ersten Blick nachvollziehbar sein, weil das Unrecht nicht geringer erscheint als beim Giftmord an einem Erwachsenen,[47] widerspricht jedoch den soeben angeführten 18

---

35 BGH NStZ 2007, 268, 269; NK-*Saliger*, § 211 Rn. 60.
36 BGH NStZ 2006, 167, 169.
37 BGHSt 20, 301, 302.
38 NK-*Saliger*, § 211 Rn. 60.
39 BGH NStZ 2013, 337; dazu *Kaya*, famos 1/2013; ferner *Kindhäuser/Schramm*, BT I, § 2 Rn. 25; *Rengier*, BT II, § 4 Rn. 54.
40 A/W/H/H-*Hilgendorf*, § 2 Rn. 47 („kreatürliche Arglosigkeit"); NK-*Saliger*, § 211 Rn. 54.
41 BGH NStZ 2013, 158, 159.
42 BGHSt 8, 216, 218.
43 BGHSt 3, 330, 332; *Eisele*, BT I, Rn. 95; *Rengier*, BT II, § 4 Rn. 57; LK-*Rissing-van Saan/Zimmermann*, § 211 Rn. 104.
44 BGH NJW 1978, 709; NStZ 1995, 230, 231; *Kindhäuser/Schramm*, BT I, § 2 Rn. 26; NK-*Saliger*, § 211 Rn. 54; *Theile*, ZJS 2013, 307, 308.
45 BGHSt 4, 11, 13; BGH NStZ 2013, 158, 159.
46 BGHSt 8, 216, 218 f.; zust. M/R-*Safferling*, § 211 Rn. 44; MK-*Schneider*, § 211 Rn. 176.
47 LK-*Rissing-van Saan/Zimmermann*, § 211 Rn. 107.

Grundsätzen.[48] Ausgenutzt wird hier nämlich nicht das Vertrauen des Opfers, sondern sein natürlicher **Instinkt** bzw. sein Geschmacksempfinden.

19 In diese Kategorie gehören auch Personen, die aufgrund einer **Krankheit** nicht (mehr) zum Argwohn fähig sind.[49] Ferner sind hier **Bewusstlose**, etwa auf der Intensivstation, zu nennen, da auch diese im Tatzeitpunkt weder zum Argwohn fähig sind noch sich gegen den Angriff wehren könnten, selbst wenn dieser erkennbar wäre.[50] Insofern scheidet auch ihnen gegenüber Heimtücke aus.[51] Anders ist dies aber dann zu beurteilen, wenn der Täter die Bewusstlosigkeit mit Tötungsvorsatz unter Ausnutzung der Arg- und Wehrlosigkeit selbst herbeigeführt hat.[52]

20 Im Gegensatz zu den Bewusstlosen stehen nach h.M. jedoch **Schlafende**.[53] Die Tötung im Schlaf bezeichnet der BGH sogar als das „klassische Beispiel der Heimtücke".[54] Worin liegt der Unterschied zur Bewusstlosigkeit? Der Schlafende kann vorher arglos gewesen sein und diese Arglosigkeit bewusst „mit in den Schlaf genommen" haben, sofern er sich gerade in dem Vertrauen, dass ihm kein Angriff auf seine körperliche Unversehrtheit seitens des Täters droht, zum Schlafen gelegt hat, während der Bewusstlose von diesem Zustand übermannt wird.[55] Hinzukommt, dass die Bewusstlosigkeit ein unnatürlicher Zustand ist, aus welchem das Opfer nicht ohne weiteres – mit der Folge der Verteidigungsbereitschaft – geweckt werden kann,[56] während doch ein Schlafender jederzeit, etwa aufgrund von Geräuschen, aufwachen kann. Nach dem Gesagten gilt aber die Rückausnahme, dass derjenige, der eigentlich einen Angriff erwartet, dann aber vom Schlaf überwältigt wird, nicht arglos ist.[57]

21 Zu beachten ist, dass in den Fällen der Tötung eines Säuglings oder Kleinkindes jedoch das Ausnutzen der Arg- und Wehrlosigkeit eines grundsätzlich **schutzbereiten Dritten**, etwa eines (anderen) Elternteils oder eines Babysitters, in Betracht kommt.[58] Ein solcher schutzbereiter Dritter ist jede Person, die den Schutz des Opfers dauernd oder vorübergehend übernommen hat und ihn im Augenblick der Tat tatsächlich ausübt oder dies deshalb nicht tut, weil sie dem Täter vertraut.[59] Auch hier gilt, dass der Täter die schutzbereite Person nicht selbst gezielt ablenken muss, sondern es genügt, dass er eine Situation ausnutzt, in der die Schutzperson arg- und wehrlos ist, da deren Arg- und Wehrlosigkeit nun an die Stelle derjenigen des nicht zum Argwohn fähigen Opfers tritt.[60]

---

48 Daher zu Recht abl. *Eisele*, BT I, Rn. 95; *Eisele/Heinrich*, BT, Rn. 43; *Rengier*, BT II, § 4 Rn. 58; NK-*Saliger*, § 211 Rn. 58; kritisch auch *Theile*, ZJS 2013, 307, 308.
49 LK-*Rissing-van Saan/Zimmermann*, § 211 Rn. 105; NK-*Saliger*, § 211 Rn. 56.
50 BGHSt 23, 119, 120.
51 BGHSt 23, 119, 120; *Hilgendorf/Valerius*, BT I, § 2 Rn. 41; *Kindhäuser/Schramm*, BT I, § 2 Rn. 26; *Rengier*, BT II, § 4 Rn. 60.
52 BGH NStZ 2008, 569; vgl. aber auch NK-*Saliger*, § 211 Rn. 57: wenn der Täter die Bewusstlosigkeit gezielt zum Zwecke der Tötung herbeigeführt hat.
53 BGHSt 23, 119, 120 f.; *Kindhäuser/Schramm*, BT I, § 2 Rn. 26; *Rengier*, BT II, § 4 Rn. 59; LK-*Rissing-van Saan/Zimmermann*, § 211 Rn. 106.
54 BGHSt 23, 119, 121.
55 BGHSt 23, 119, 120 f.
56 *Rengier*, BT II, § 4 Rn. 60; *Theile*, ZJS 2013, 307, 308.
57 BGH NStZ 2007, 523, 524; noch offen gelassen in BGHSt 23, 119, 121.
58 BGH NStZ 2013, 158, 159; *Eisele*, BT I, Rn. 96; *Kindhäuser/Schramm*, BT I, § 2 Rn. 26; *Rengier*, BT II, § 4 Rn. 62; LK-*Rissing-van Saan/Zimmermann*, § 211 Rn. 104.
59 BGH NStZ 2013, 158, 159; *Eisele/Heinrich*, BT, Rn. 44.
60 *Eisele*, BT I, Rn. 96; *Rengier*, BT II, § 4 Rn. 64 f. – a.A. *Theile*, ZJS 2013, 307, 308.

II. Die einzelnen Mordmerkmale § 3

▶ **Lösung des Beispielsfalls („Säugling"):**[61] Im Sinne der soeben gewonnenen Erkenntnisse hat der BGH im Beispielsfall im Falle der Tötung des Kindes E einen Heimtückemord der A angenommen. Heimtücke gegenüber E selbst schied aus, da es bei ihm an der Fähigkeit zum Argwohn sowie an einer auf einer Arglosigkeit beruhenden Wehrlosigkeit fehlte. A habe jedoch die Arg- und Wehrlosigkeit des schutzbereiten Vaters B bewusst zur Tat ausgenutzt. Dabei ist es, wie ausgeführt, nicht erforderlich, dass A dessen Arg- und Wehrlosigkeit selbst herbeigeführt hat, es genügte das Ausnutzen derselben. Auch die Tatsache, dass B im Tatzeitpunkt schlief, änderte an seiner Arglosigkeit nichts, da er diese insofern mit in den Schlaf genommen habe. Auch habe er sich im Nebenzimmer noch in einer hinreichenden räumlichen Nähe befunden, um den Schutz ausüben zu können. ◀

22

Anmerkung: Diese Lösung wird in der Literatur kritisiert. Einerseits wird moniert, dass A hier nur die Abwesenheit, nicht aber die Arglosigkeit des B ausgenutzt habe.[62] Dem lässt sich aber mit dem BGH wohl noch entgegenhalten, dass sich B im Nebenzimmer und damit durchaus in der Nähe befand, sodass er jederzeit hätte erwachen und den Schutz ausüben können. Andererseits wird gefordert, dass bei schutzbereiten Dritten ein arglistiges Beseitigen der Schutzbereitschaft und nicht ein bloßes Ausnutzen vorliegen müsse.[63] Dies ist aber nicht zwingend, denn es erscheint nicht als zu weit gehend, das gezielte Ausnutzen der Arglosigkeit einer Schutzperson zu erfassen. Sofern hier aber wegen der akuten Überforderung und Spontanität des Tatentschlusses überhaupt das erforderliche Ausnutzungsbewusstsein der A vorlag (s.u. Rn. 32),[64] darf die Frage aufgeworfen werden, ob auch Fälle als „tückische" Tötung erfasst sein sollten, in denen sich die Umstände der Heimtücke nur zufällig ergaben (s.u. Rn. 33). Dies dürfte aber noch zu bejahen sein, sofern A klar war, dass sie die Tötung nur wegen der Arg- und Wehrlosigkeit des B zu diesem Zeitpunkt durchführen konnte.

23

Als zweite Besonderheit sind Fälle in den Blick zu nehmen, bei denen eine Ausnahme von der oben erläuterten Simultanität von Arglosigkeit und Angriff zu machen ist. Zu nennen sind hier zunächst Sachverhalte, in denen der Täter das Opfer vor der Tat in einen **Hinterhalt** gelockt oder ihm eine Falle gestellt hat. Hier kann es nämlich so sein, dass das Opfer im Zeitpunkt des Eintritts in das Versuchsstadium sehr wohl erkennt, dass nun ein Angriff seitens des Täters unmittelbar bevorsteht, sich aber bereits in einem Zustand der Wehrlosigkeit befindet.[65] Hier liegt das „Tückische" des Angriffs gerade darin, dass das Opfer gezielt in die Falle gelockt wurde.[66] Insofern wird also der maßgebliche Zeitpunkt auf das In-die-Falle-Locken des Opfers vorverlagert, worin nach allgemeinen Grundsätzen eigentlich nur eine Vorbereitungshandlung zu sehen wäre, die dem Versuchsbeginn, also dem unmittelbaren Ansetzen zur Tat, vorgelagert ist.[67] So könnte der Täter das Opfer etwa zunächst fesseln, die Tötung dann aber erst viel später ausführen. Voraussetzung für eine solche Ausnahme von dem oben (Rn. 16) festgehaltenen Grundsatz, dass Arglosigkeit im Vorbereitungsstadium normalerweise

24

---

61 BGH NStZ 2013, 158, 159; vgl. dazu auch *Widiker/Young*, famos 9/2013.
62 *Rengier*, BT II, § 4 Rn. 66.
63 *Theile*, ZJS 2013, 307, 309.
64 Vgl. *Widiker/Young*, famos 9/2013.
65 BGHSt 22, 77, 79, BGH NStZ 2008, 569; *Kindhäuser/Schramm*, BT I, § 2 Rn. 29; *Rengier*, BT II, § 4 Rn. 53; LK-*Rissing-van Saan/Zimmermann*, § 211 Rn. 97.
66 BGHSt 22, 77, 79; NK-*Saliger*, § 211 Rn. 66; gegen diese normative Komponente A/W/H-*Hilgendorf*, § 2 Rn. 48.
67 Daher diese Konstruktion abl. A/W/H-*Hilgendorf*, § 2 Rn. 48; ferner MK-*Schneider*, § 211 Rn. 172 f., der stattdessen auf § 212 Abs. 2 StGB verweist.

nicht genügt,[68] ist aber, dass der Täter die Tat schon von Anfang geplant hat, also auch beim Legen des Hinterhalts bereits zur Tötung des Opfers entschlossen war, und dass der Entzug bzw. die Einschränkung der Verteidigungsmöglichkeiten (= die Wehrlosigkeit) des Opfers im Tatzeitpunkt fortwirkt.[69]

25 In ähnlicher Weise genügt es für die Heimtücke, wenn der Täter sein argloses Opfer zunächst nur mit **Verletzungsvorsatz** angreift, der dann aber unmittelbar in einen Tötungsvorsatz umschlägt, und der Täter die entstandene Wehrlosigkeit nun zur Tötung ausnutzt.[70]

26 Drittens stellt sich die Frage, inwieweit die Arglosigkeit nicht nur faktisch nach der tatsächlichen Einsicht des Getöteten, sondern **auch normativ** zu beurteilen ist. Namentlich der BGH hat in zwei Entscheidungen Letzteres für den Fall angenommen, dass der Täter sich als Opfer einer **Erpressung** in einer Notwehrsituation gegen den Erpresser mit dessen Tötung wehrt.[71] Dabei kann es so sein, dass der Erpresser bereits faktisch nicht arglos ist, weil er selbst einen gegenwärtigen Angriff führt und deshalb mit einem Angriff rechnet. Ein solches Ergebnis sei aber jedenfalls normativ zu erzielen, da der Angreifer mit einer Ausübung des Notwehrrechts grundsätzlich rechnen müsse.[72] Insofern sei ein „Wertungsgleichklang mit dem Notwehrrecht zu gewährleisten"[73]. Im Ergebnis meint der BGH also, es fehle auch dann an der Arglosigkeit des Opfers, wenn es im konkreten Tatzeitpunkt zwar nicht mit einem Angriff rechnete, mit diesem aber hätte rechnen müssen. Diese normative Auslegung sei mit dem Wortlaut vereinbar und gründe sich gerade darauf, dass einer solchen Tat das „Tückische" nicht „in dem Maße innewohnt, welches den gesteigerten Unwert des Mordmerkmals kennzeichnet"[74]. Der BGH macht jedoch die Einschränkung, dies gelte nur in Konstellationen, in denen nicht ein bloßes Fortwirken einer erpressungstypischen Dauergefahr vorliegt, sondern eine konkrete „Tathandlung im Angesicht des Opfers, die unmittelbar die Verletzung eines beachtlichen Rechtsguts des Opfers besorgen läßt"[75].

27 Während manche die Entscheidung ablehnen,[76] hat sie in der Literatur – jedenfalls im Ergebnis – zu Recht vielfach Zustimmung erfahren.[77] Die genaue dogmatische Einordnung der Entscheidung ist jedoch umstritten.[78] Richtigerweise sollte die Frage der Arglosigkeit stets faktisch beurteilt werden, zumal ein Angreifer im konkreten Zeitpunkt tatsächlich nicht damit rechnen kann, dass sein Opfer ihm wie in BGHSt 48, 207 von hinten mit einem Messer in den Hals sticht.[79] Es kann in einem solchen Notwehrfall jedoch an einem „tückischen" Vorgehen des Täters fehlen, wenn dieser sich nur verteidigen will (s.u. Rn. 33). Es geht also nicht um eine einschränkende Auslegung des Merkmals der Arglosigkeit des Opfers, sondern um das fehlende „tü-

---

68 Vgl. BGHSt 32, 382, 384.
69 BGH NStZ 2008, 569.
70 BGH NStZ 2006, 502, 503; NK-*Saliger*, § 211 Rn. 60.
71 BGHSt 48, 207; BGH NStZ 2022, 288, vgl. dazu *Eitschberger/Pötzsch*, famos 5/2022, 25.
72 BGHSt 48, 207, 210; BGH NStZ 2022, 288, 290.
73 BGHSt 48, 207, 211.
74 BGHSt 48, 207, 211.
75 BGHSt 48, 207, 210.
76 Ablehnend etwa *Bock*, BT 1, S. 25 f.; *Eisele*, BT I, Rn. 102; LK-*Rissing-van Saan/Zimmermann*, § 211 Rn. 112; *Wessels/Hettinger/Engländer*, BT 1, Rn. 65.
77 I.E. zust. *Eitschberger/Pötzsch*, famos 5/2022, 25, 29 f.; *Joecks/Jäger*, § 211 Rn. 44; *Kaspar/Broichmann*, ZJS 2013, 346, 350; NK-*Neumann/Saliger*, § 211 Rn. 62; *Rengier*, BT II, § 4 Rn. 55; *Roxin*, JZ 2003, 966.
78 Vgl. nur *Kaspar/Broichmann*, ZJS 2013, 346, 350.
79 Insofern heißt es in der Wiedergabe des Sachverhalts in BGHSt 48, 207, 208 auch, dass der Ermordete „keinerlei Angriff erwartete".

ckische" Vorgehen des Täters (s.u. Rn. 33).[80] Einige Stimmen wollen die normative Beschränkung zudem auf Konstellationen erweitern, in denen, wie etwa im Fall der Tötung des schlafenden „Haustyrannen", eine Dauergefahr besteht.[81]

Klausurtipp: Die Darstellung des Problems in der Klausur bereitet Probleme. So fragt sich zum einen, wo es im Rahmen der Heimtücke anzusprechen ist. Mit der hier vertretenen Ansicht wäre das Ausnutzungsbewusstsein (s.u. Rn. 32 f.) der richtige Prüfungsstandort, nach der h.M. hingegen die Arglosigkeit des Opfers. Daher wurde es auch in diesem Lehrbuch an dieser Stelle behandelt. Zum anderen stehen Sie aber vor der Herausforderung, dass eine Notwehrlage inzident im Rahmen der Arglosigkeit zu untersuchen wäre, was Sie vermeiden sollten. Scheidet eine Notwehr gemäß § 32 StGB im Ergebnis aus, weil die Tötung des Erpressers nicht erforderlich war, so erscheint es vorzugswürdig, die § 212 StGB und § 211 StGB getrennt zu prüfen, sodass die Notwehr bereits in der Rechtswidrigkeit beim Totschlag § 32 StGB behandelt werden kann. Bei der Prüfung des Heimtückemordes kann dann darauf verwiesen werden, dass eine Notwehrlage bestand.[82]

(2) Wehrlosigkeit

Definition: Wehrlos ist, wer infolge der Arglosigkeit zur Verteidigung außerstande oder in der Verteidigung stark eingeschränkt ist.[83]

Das bedeutet, dass das Opfer so in einer hilflosen Lage überrascht wird, dass es sich nicht verteidigen, fliehen, Hilfe herbeirufen, den Angreifer umstimmen, in sonstiger Weise dem Angriff begegnen oder dessen Durchführung wenigstens erschweren kann.[84] Es muss dabei aber gerade wegen der Arglosigkeit wehrlos sein, d.h. die Wehrlosigkeit muss **auf der Arglosigkeit beruhen**.[85] Dies ist etwa nicht der Fall, wenn der Täter das Opfer zuvor aus anderem Grund gefesselt hat, sodass es wehrlos ist, und sich erst später zur Tötung entschließt und dem Opfer offen feindselig gegenübertritt.[86] Dieser Fall ist streng von der oben (Rn. 24) geschilderten Ausnahmekonstellation zu unterscheiden, in welcher der Täter das Opfer planmäßig in einen Hinterhalt lockt.[87]

bb) Die subjektiven Komponenten der Heimtücke

(1) Vorsatz

Nach allgemeinen Grundsätzen muss der Täter die einzelnen Komponenten des objektiven Tatbestands auch in seinen **Vorsatz** aufgenommen haben. Im Falle der Heimtücke muss der Vorsatz sich also neben der Tötung des Opfers auch auf dessen Arg- und

---

80 Ebenso *Eitschberger/Pötzsch*, famos 5/2022, 25, 30; NK-*Saliger*, § 211 Rn. 61.
81 Dies erwägend etwa *Joecks/Jäger*, § 211 Rn. 44; *Kaspar*, JA 2007, 699, 701; *Kaspar/Broichmann*, ZJS 2013, 346, 350; *Roxin*, FS Widmaier, 741, 754 ff
82 So etwa *Kaspar*, JA 2007, 699, 702; vgl. auch *Eitschberger/Pötzsch*, famos 5/2022, 25, 29.
83 LK-*Rissing-van Saan/Zimmermann*, § 211 Rn. 113.
84 BGHSt 11, 139, 143; LK-*Rissing-van Saan/Zimmermann*, § 211 Rn. 113.
85 BGHSt 32, 382, 388; BGH NStZ 2006, 167, 169; NStZ 2006, 502, 503; *Eisele/Heinrich*, BT, Rn. 48; *Hilgendorf/Valerius*, BT I, § 2 Rn. 45; *Kindhäuser/Schramm*, BT I, § 2 Rn. 28; M/R-*Safferling*, § 211 Rn. 46; MK-*Schneider*, § 211 Rn. 185; *Wessels/Hettinger/Engländer*, BT 1, Rn. 66.
86 BGHSt 32, 382, 384 f.; *Rengier*, BT II, § 4 Rn. 68.
87 Vgl. auch BGHSt 32, 382, 386 ff.

Wehrlosigkeit beziehen.[88] Der Täter muss also die Umstände kennen, welche die Arg- und Wehrlosigkeit des Opfers ausmachen.[89]

(2) Ausnutzungsbewusstsein

32 Der Täter muss aber nicht nur Kenntnis von den Umständen der Arg- und Wehrlosigkeit des Opfers haben, sondern sich darüber hinaus auch dessen bewusst sein, dass er die Arg- und Wehrlosigkeit des Opfers ausnutzt.[90] Dieses **Ausnutzungsbewusstsein** muss sich dabei kumulativ sowohl auf die Arg- als auch auf die Wehrlosigkeit beziehen.[91] Da hier von einem „Ausnutzen" die Rede ist, muss der Täter die Arg- und Wehrlosigkeit nicht selbst herbeigeführt haben. Ein Ausnutzen ist insb. gegeben, wenn dem Täter bewusst ist, dass die Arg- und Wehrlosigkeit die Tat fördert oder immerhin, dass er einen durch seine Ahnungslosigkeit gegenüber einem Angriff schutzlosen Menschen überrascht.[92] Das Ausnutzungsbewusstsein kann jedoch bei spontanen Entschlüssen oder bei hochgradigen Erregungszuständen fehlen.[93] Nach der Rechtsprechung soll eine Kausalität jedoch nicht erforderlich, sondern Heimtücke selbst dann anzunehmen sein, wenn der Täter die Tat auch in einer Situation begangen haben würde, in der das Opfer nicht arg- und wehrlos war.[94]

33 Dies erscheint als zu weitgehend, zumal sich hier an einem „tückischen" Vorgehen zweifeln lässt.[95] Vielmehr ist zu fordern, dass der Täter die Arg- und Wehrlosigkeit in „tückisch-verschlagener Weise" bewusst zur Tat ausnutzt.[96] Insofern ist im Rahmen der subjektiven Komponente der Heimtücke ein besonders listiges (= hinterhältiges) Vorgehen, jedenfalls aber ein planmäßig bewusstes Sich-zu-Nutze-Machen der Arg- und Wehrlosigkeit des Opfers, erforderlich.[97] Dieses einschränkende Kriterium betont zutreffend das Element der „Tücke" und ist im Wortlaut bereits angelegt. Heimtücke liegt danach z.B. nicht vor, wenn der Täter die Tat auch ohne Arg- und Wehrlosigkeit des Opfers begangen hätte. Ferner können hier Fälle ausscheiden, in denen sich das Opfer in einer Notwehrlage befand (s.o. Rn. 27).

34 Insofern ist zwar auch ein Heimtückemord durch **Unterlassen** grds. möglich,[98] aber nur in sehr eingeschränktem Umfang, weil ein tückisches Ausnutzen erforderlich ist.[99]

cc) Weitere Ansätze zur restriktiven Auslegung

35 Mit Blick auf die Entscheidung des BVerfG (und auch schon im Vorfeld dieser Entscheidung) wurden weitere Ansätze entwickelt, die eine **restriktive Auslegung** des

---

[88] BGHSt 6, 120, 121; LK-*Rissing-van Saan/Zimmermann*, § 211 Rn. 128; MK-*Schneider*, § 211 Rn. 186.
[89] BGHSt 6, 120, 121.
[90] BGH NStZ 2006, 167, 169; *Rengier*, BT II, § 4 Rn. 88; LK-*Rissing-van Saan/Zimmermann*, § 211 Rn. 114; kritisch MK-*Schneider*, § 211 Rn. 187 ff.
[91] BGHSt 19, 321, 322; MK-*Schneider*, § 211 Rn. 150.
[92] BGH NStZ 1985, 216; NStZ 2015, 392, 393; *Eisele*, BT I, Rn. 105.
[93] BGH NStZ 2006, 167, 169; NStZ 2015, 392, 393; *Eisele*, BT I, Rn. 105; *Kindhäuser/Schramm*, BT I, § 2 Rn. 30; LK-*Rissing-van Saan/Zimmermann*, § 211 Rn. 116 f.; *Wessels/Hettinger/Engländer*, BT 1, Rn. 69.
[94] BGH NStZ 1985, 216.
[95] NK-*Neumann/Saliger*, § 211 Rn. 72.
[96] So etwa *Eisele*, BT I, Rn. 105; NK-*Saliger*, § 211 Rn. 72; *Spendel*, StV 1984, 45, 46; *Wessels/Hettinger/Engländer*, BT 1, Rn. 60 f.; 68; vgl. auch *Köhler*, JuS 1984, 762, 765: „normbewusst-überlegtes Ausnutzen der Arg- und Wehrlosigkeit"; ferner *Welzel*, S. 283: „Ausnutzen mit besonderer Falschheit und Verschlagenheit".
[97] *Klesczewski*, BT, § 2 Rn. 55; NK-*Saliger*, § 211 Rn. 72; *Wessels/Hettinger/Engländer*, BT 1, Rn. 68.
[98] LK-*Rissing-van Saan/Zimmermann*, § 211 Rn. 127.
[99] NK-*Saliger*, § 211 Rn. 72a.

II. Die einzelnen Mordmerkmale §3

Mordtatbestandes bzw. eine schuldangemessene Strafe zum Ziel haben. Hierbei lassen sich, wie oben bereits dargestellt (s.o. Rn. 5), solche Ansätze, die für sämtliche Mordmerkmale allgemeine Geltung beanspruchen, wie insb. die Lehre von der **negativen bzw. positiven Typenkorrektur**, nach der ein Verwerflichkeitsurteil im Einzelfall zu fällen ist (s.o. Rn. 5), und solche Ansätze, die nur auf ein bestimmtes Mordmerkmal bezogen sind, unterscheiden.[100] An dieser Stelle darzustellen sind hier Letztere, soweit sie konkret die Heimtücke betreffen. Hierbei lässt sich wiederum danach differenzieren, ob die Ansätze bereits den Tatbestand betreffen oder eine Lösung auf der Rechtsfolgenseite anstreben.

(1) Feindliche Willensrichtung

Als Einschränkung der Heimtücke auf der Ebene des Tatbestandes hat der BGH schon früh das Kriterium der **feindlichen Willensrichtung** entwickelt.[101] In dem der Entscheidung zugrundeliegenden Fall eines „Mitnahmesuizids" wollte der Täter selbst aus dem Leben scheiden, dabei aber auch seine Ehefrau und seine Tochter töten, da er glaubte, dass seine Familie „die Entehrung und die Not, die er über sie gebracht hatte, nicht ertragen könnte" und ihr insofern „eine Wohltat zu erweisen, wenn er sie auslösche".[102] Aus diesem Grund drehte er die Gashähne in der Wohnung auf. Als seine Tochter den Gasgeruch bemerkte, erwürgte er sie. Der BGH führte aus, der Begriff der Heimtücke beinhalte nach dem allgemeinen Sprachgebrauch eine „feindliche Willensrichtung", an der es fehle, wenn der Täter glaubt, „zum Besten des Opfers" zu handeln, sodass Heimtücke im Fall ausschied.[103] Vergleichbar sind die Fälle des sog. „**erweiterten Suizids**", wenn Täter und Opfer beide aus dem Leben scheiden wollen.[104] In ähnlicher Weise ist aber auch eine **Tötung aus Mitleid** behandelt worden, etwa wenn eine Krankenschwester schwerstkranken Patienten eine tödliche Spritze verabreicht, „um ihnen aus Mitleid weiteres von ihr als sinnlos angesehenes Leiden und einen Todeskampf zu ersparen".[105]

36

Das einschränkende Kriterium der feindlichen Willensrichtung hat in der Literatur teilweise Zustimmung erfahren und ist insofern sogar in die Definition der Heimtücke eingeflossen, nach der heimtückisch handelt, „wer in feindlicher Willensrichtung die Arg- und Wehrlosigkeit des Opfers bewusst zur Tötung ausnutzt".[106] Es ist jedoch sehr problematisch, da gerade ein Täter, der meint, seine Frau oder sein Kind könnten ohne ihn nicht leben, durchaus egoistisch denken kann.[107] Auch bei einer Tötung aus „Mitleid" bei schwerstkranken Menschen kann es sein, dass der Täter seine eigenen Vorstellungen über den Wert eines Lebens zum Maßstab erhebt.[108] Inzwischen hat

37

---

100 Vgl. aber auch *Klesczewski*, BT, § 2 Rn. 37, 58 f., der eine negative Typenkorrektur nur bei der Heimtücke vornehmen will; vgl. zu den Theorien insgesamt auch *Hillenkamp/Cornelius*, Probleme BT, 2. Problem, S. 6 ff.
101 BGHSt 9, 385, 390; vgl. aber auch BGHSt 30, 105, 119.
102 BGHSt 9, 385, 386.
103 BGHSt 9, 385, 390.
104 BGH NStZ 1995, 230, 231.
105 BGHSt 37, 376.
106 Vgl. BGHSt 32, 382, 383 f.; BGH NStZ 1985, 216; NStZ 2009, 569, 570; ferner *Eisele/Heinrich*, BT, Rn. 42; L/K/H-*Heger*, § 211 Rn. 6; *Murmann*, GK, § 21 Rn. 44; vgl. auch AnwK-*Mitsch*, § 211 Rn. 57, der sogar eine Ausweitung auf andere Mordmerkmale erwägt.
107 Daher zu Recht kritisch auch Sch/Sch-*Eser/Sternberg-Lieben*, § 211 Rn. 25b; A/W/H/H-*Hilgendorf*, § 2 Rn. 46; *Klesczewski*, BT, § 2 Rn. 58; *Murmann*, GK, § 21 Rn. 51; NK-*Saliger*, § 211 Rn. 73; MK-*Schneider*, § 211 Rn. 201; einschränkend auch LPK-*Hilgendorf*, § 211 Rn. 23; M/R-*Safferling*, § 211 Rn. 49 ff.
108 So auch BGHSt 64, 111, 119 f.

der BGH das Kriterium der feindlichen Willensrichtung **eingeschränkt**. Zunächst hat er auch bei einer **Mitleidstötung** gefordert, dass diese sich „aus einer objektiv nachvollziehbaren Wertung des Täters ableitet, die der Vermeidung schwersten Leidens den Vorrang gibt".[109] Dies ist wiederum eine Normativierung und Verobjektivierung,[110] sodass sich nicht von einem rein subjektiven Merkmal sprechen lässt. Später hat er festgestellt, einer heimtückischen Tötung könne die feindliche Willensrichtung nur dann fehlen, „wenn sie dem ausdrücklichen Willen des Getöteten entspricht oder – aufgrund einer objektiv nachvollziehbaren und anzuerkennenden Wertung – mit dem mutmaßlichen Willen des zu einer autonomen Entscheidung nicht fähigen Opfers geschieht."[111]

(2) Besonders verwerflicher Vertrauensbruch

38 In der Literatur findet sich (daneben) insb. die Ansicht, wonach der Tatbestand der Heimtücke nur bei einem **besonders verwerflichen Vertrauensbruch** vorliegen soll.[112] Dies würde das Mordmerkmal jedoch zu stark auf enge persönliche Beziehungen verengen und den heimlichen Raub- und Meuchelmord an einem Unbekannten, etwa die Tötung aus einem Versteck oder durch das Legen einer Bombe, ausklammern, was nicht angemessen erscheint.[113]

(3) Rechtsfolgenlösung

39 Der Große Senat für Strafsachen hat zudem eine Lösung auf der Ebene der **Rechtsfolgen** verfolgt.[114] In dem der Entscheidung zugrundeliegenden Fall hatte der Onkel des A dessen Ehefrau vergewaltigt und ihn auch in anderer Form gedemütigt. Für A und seine Ehe bedeutete dies eine große Belastung und er sah seine Ehre und die seiner Frau „gröblichst verletzt". Daher begab er sich in die Kneipe, in der sein Onkel Karten spielte und erschoss ihn in dem Bewusstsein, dass dieser keinen Angriff von ihm erwartete. Nach Ansicht des BGH gebiete die **verfassungskonforme Rechtsanwendung** „einen für solche Erwägungen offenen Strafrahmen, wenn die Tatmodalität der heimtückischen Begehungsweise mit Entlastungsmomenten zusammentrifft (…) auf Grund welcher die Verhängung lebenslanger Freiheitsstrafe (…) als mit dem verfassungsrechtlichen Grundsatz der Verhältnismäßigkeit unvereinbar erscheint".[115] Die Entlastungsfaktoren müssen dabei den „Charakter außergewöhnlicher Umstände" haben.[116] In solchen Fällen soll nicht der Strafrahmen des § 213 StGB, der nur für § 212 StGB gilt, sondern § 49 Abs. 1 Nr. 1 StGB, angewendet werden,[117] also ein Strafrahmen von drei bis 15 Jahren (vgl. § 38 Abs. 2 StGB).

40 Als Beispiele für solche **außergewöhnlichen Umstände** nannte der BGH selbst: „Durch eine notstandsnahe, ausweglos erscheinende Situation motivierte, in großer Verzweif-

---

109 BGHSt 37, 376, 377.
110 Vgl. *Roxin*, NStZ 1992, 35, 36.
111 BGHSt 64, 111, 120; vgl. dazu auch *Kampf/Knoche*, famos 2/2020; krit. *Mitsch*, NJW 2019, 2416.
112 Sch/Sch-*Eser/Sternberg-Lieben*, § 211 Rn. 26 f.; *Hassemer*, JuS 1971, 626, 630; *Otto*, GK BT, § 4 Rn. 25; offen gelassen in BVerfGE 45, 187, 267.
113 Daher zu Recht abl. BGHSt 30, 105, 116; *Eisele*, BT I, Rn. 69, 107; *Eisele/Heinrich*, BT, Rn. 51; A/W/H/H-*Hilgendorf*, § 2 Rn. 50; *Hilgendorf/Valerius*, BT I, § 2 Rn. 49; *Kindhäuser/Schramm*, BT § 2 Rn. 33; SK-*Sinn*, § 211 Rn. 44; *Wessels/Hettinger/Engländer*, BT 1, Rn. 72.
114 BGHSt 30, 105; zust. M/R-*Safferling*, § 211 Rn. 54.
115 BGHSt 30, 105, 118.
116 BGHSt 30, 105, 118 f.
117 BGHSt 30, 105, 120.

II. Die einzelnen Mordmerkmale

lung begangene, aus tiefem Mitleid oder aus ‚gerechtem Zorn' (...) auf Grund einer schweren Provokation verübte Taten" sowie „Taten, die in einem vom Opfer verursachten und ständig neu angefachten, zermürbenden Konflikt oder in schweren Kränkungen des Täters durch das Opfer, die das Gemüt immer wieder heftig bewegen, ihren Grund haben."[118] Den geschilderten Fall ordnete der BGH diesen Grenzfällen zu. Insofern können in den Haustyrannen-Fällen solche mildernden Umstände vorliegen, wenn die Täterin von ihrem Ehemann jahrelang gedemütigt und verletzt wurde, bevor sie ihn im Schlaf tötet.[119] Vorrangig sind aber andere Entschuldigungs- bzw. Milderungsgründe aus dem AT zu prüfen, insb. § 35 Abs. 2 S. 2 StGB.[120]

Bereits oben wurde angemerkt, dass es sich bei der Rechtsfolgenlösung um eine **bedenklich weitgehende Rechtsfortbildung** handelt, die sich vom Wortlaut des Gesetzes entfernt und letztlich auch nicht konsequent für alle Mordmerkmale durchgehalten wird[121] (s.o. Rn. 5). Daher ist sie in der Literatur vielfach zu Recht auf Kritik gestoßen.[122]

b) Grausam

Einen Mord begeht ferner nach § 211 Abs. 2, 2. Gruppe, Var. 2 StGB, wer sein Opfer grausam tötet.

Definition: Grausam tötet, wer dem Opfer aus gefühlloser und unbarmherziger Gesinnung besondere Schmerzen oder Qualen physischer oder psychischer Art zufügt.[123]

Wie aus dieser Definition ersichtlich ist, besteht auch dieses tatbezogene Mordmerkmal aus objektiven und subjektiven Komponenten.[124]

aa) Die objektiven Komponenten der grausamen Begehungsweise

▶ **Beispielsfall („Feuertod"):**[125] A lockt die von ihm hochschwangere O in einem einsamen Waldstück in einen Hinterhalt, um sie zu töten, weil er sich seiner Pflichten als Vater des Kindes entziehen will. Sein Kumpel B wirkt an der Tat mit, weil er wissen will, wie es ist, einen Menschen zu töten. B versetzt O drei Messerstiche in den Bauch und hält sie danach fest, während A sie mit Benzin übergießt und dieses anzündet. O erleidet überaus heftige Schmerzen und stirbt nach ca. einer Minute. Strafbarkeit von A und B wegen eines Mordes in grausamer Begehungsweise? ◀

Objektiv erfordert die grausame Begehungsweise das Zufügen von **besonders schweren Schmerzen oder Qualen**. Da die meisten Tötungen mit Schmerzen o.ä. einhergehen,

---

118 BGHSt 30, 105, 119.
119 Vgl. BGHSt 48, 255, 262 f.; vgl. dazu *Marxen/Müller/Piel*, famos 10/2003.
120 BGHSt 48, 255, 263; vgl. dazu *Kaspar/Reinbacher*, Casebook AT, Fall 15.
121 So hat etwa BGHSt 42, 301, 304 die Rechtsfolgenlösung für die Habgier abgelehnt.
122 Zu Recht kritisch etwa HK-*Duttge*, § 211 Rn. 21; Sch/Sch-*Eser/Sternberg-Lieben*, § 211 Rn. 10b; L/K/H-*Heger*, Vor § 211 Rn. 20; A/W/H/*Hilgendorf*, § 2 Rn. 18; *Köhler*, JuS 1984, 762; S/S/W-*Momsen*, § 211 Rn. 5; NK-*Neumann*, Vor § 211 Rn. 161 f.; *Otto*, GK BT, § 4 Rn. 32; *Spendel*, StV 1984, 45. Im Gegensatz dazu fordert MK-*Schneider*, § 211 Rn. 282, die Rechtsfolgenlösung auf alle Mordmerkmale zu übertragen.
123 BGHSt 3, 180, 181; BGH NJW 1971, 1189, 1190; NStZ 1982, 379; NStZ 2008, 29; *Eisele*, BT I, Rn. 109; *Eisele/Heinrich*, BT, Rn. 54; Sch/Sch-*Eser/Sternberg-Lieben*, § 211 Rn. 27; L/K/H-*Heger*, § 211 Rn. 10; A/W/H/H-*Hilgendorf*, § 2 Rn. 51; *Hilgendorf/Valerius*, BT I, § 2 Rn. 52; *Kindhäuser/Schramm*, BT I, § 2 Rn. 34; *Rengier*, BT II, § 4 Rn. 91; LK-*Rissing-van Saan/Zimmermann*, § 211 Rn. 129; *Wessels/Hettinger/Engländer*, BT 1, Rn. 56.
124 BGHSt 3, 180, 181; 49, 189, 196.
125 BGHSt 61, 302.

muss es sich hierbei um solche handeln, die nach Stärke oder Dauer über das für die Tötung erforderliche Maß hinausgehen.[126] Dabei muss allerdings beachtet werden, dass bestimmte Tötungsarten, wie etwa das Verbrennen des Opfers bei lebendigem Leibe, per se ein besonderes Maß an Qualen beinhalten, sodass es hier nicht darauf ankommt, ob die Tötung auch noch dieses Maß überschreitet, sondern in diesen Fällen ist stets das Mordmerkmal erfüllt.[127] Auch seelische Qualen genügen.[128] Dabei kommt es darauf an, dass das Opfer die Qualen auch empfinden kann, sodass ein Mord in grausamer Begehungsweise ausscheidet, wenn das Opfer zum Zeitpunkt der Tathandlung (bereits) bewusstlos ist.[129]

47 Die grausame Begehungsweise muss sich aber als Teil der vom Tötungsvorsatz getragenen **Tötungshandlung** darstellen.[130] Insofern genügt es nicht, wenn der Täter eine grausame Körperverletzung begeht und den Tötungsvorsatz erst zu einem späteren Zeitpunkt bildet.[131] In gleicher Weise ist es nicht ausreichend, wenn das Quälen des Opfers der Tötungshandlung erst nachfolgt.[132] Liegt der Tötungsvorsatz vor, so kann sich die Grausamkeit der Tötung aber auch aus den Umständen ergeben, unter denen sie eingeleitet und durchgeführt wird, wozu auch die Tatvorbereitungsphase zählt.[133] Auch hier ist eine Tatbegehung durch Unterlassen möglich, etwa durch ein Verhungern-Lassen des Opfers durch den Garanten.[134]

48 ▶ **Lösung des Beispielsfalls („Feuertod"):**[135] Der BGH hat im Beispielsfall zutreffend die objektiven Komponenten eines Mordes in grausamer Begehungsweise bejaht. Ein Verbrennen bei lebendigem Leibe stellt, wie gesehen, per se eine grausame Tötungsart dar. Dabei spielt es keine Rolle, ob die Qualen „10, 20 oder 30 Sekunden" anhielten, bevor das Opfer ohnmächtig wurde. Hinzu kam, dass O „durch die vorangegangenen Messerstiche sowie das Festhalten während des Überschüttens mit Benzin in höchste Todesangst versetzt wurde und zugleich die Gewissheit hatte, dass auch das bereits lebensfähige ungeborene Kind versterben würde". ◀

49 **Anmerkung:** Unter den genannten Umständen und den genannten Tatmotiven ist auch an der – noch darzustellenden – subjektiven Komponente der Grausamkeit (Rn. 50 f.) nicht zu zweifeln. Daneben sind bei A und B aber auch noch weitere Mordmerkmale zu prüfen. So liegt beim Locken in einen Hinterhalt, in dem das Opfer dem Angriff wehrlos ausgeliefert ist, auch eine heimtückische Begehungsweise vor (s.o. Rn. 11 ff.). Zudem kommen bei A niedrige Beweggründe (Rn. 89 ff.) und bei B Mordlust (Rn. 65 ff.) in Betracht. In einer Klausur sind stets sämtliche einschlägigen Mordmerkmale zu untersuchen.

---

126 BGH NStZ 1982, 379; NStZ 2008, 29; *Eisele*, BT I, Rn. 109; Sch/Sch-*Eser/Sternberg-Lieben*, § 211 Rn. 27; *Kindhäuser/Schramm*, BT I, § 2 Rn. 35; *Otto*, GK BT, § 4 Rn. 36; *Rengier*, BT II, § 4 Rn. 91; M/R-*Safferling*, § 211 Rn. 56.
127 *Kindhäuser/Schramm*, BT I, § 2 Rn. 35; *Rengier*, BT II, § 4 Rn. 94; LK-*Rissing-van Saan/Zimmermann*, § 211 Rn. 130; NK-*Saliger*, § 211 Rn. 75; *Wessels/Hettinger/Engländer*, BT 1, Rn. 56.
128 *Hilgendorf/Valerius*, BT I, § 2 Rn. 52; LK-*Rissing-van Saan/Zimmermann*, § 211 Rn. 133.
129 BGH NStZ 1986, 265; Sch/Sch-*Eser/Sternberg-Lieben*, § 211 Rn. 27; LK-*Rissing-van Saan/Zimmermann*, § 211 Rn. 134; NK-*Saliger*, § 211 Rn. 76.
130 *Otto*, GK BT, § 4 Rn. 37; *Rengier*, BT II, § 4 Rn. 95.
131 BGH NStZ 1986, 265.
132 BGHSt 37, 40, 41 – a.A. Sch/Sch-*Eser/Sternberg-Lieben*, § 211 Rn. 27.
133 BGHSt 37, 40, 41; BGH NJW 1971, 1189, 1190; Sch/Sch-*Eser/Sternberg-Lieben*, § 211 Rn. 27; LK-*Rissing-van Saan/Zimmermann*, § 211 Rn. 132.
134 Sch/Sch-*Eser/Sternberg-Lieben*, § 211 Rn. 27; LK-*Rissing-van Saan/Zimmermann*, § 211 Rn. 135; M/R-*Safferling*, § 211 Rn. 56.
135 BGHSt 61, 302, 303.

II. Die einzelnen Mordmerkmale § 3

bb) Die subjektiven Komponenten der grausamen Begehungsweise

(1) Vorsatz

Subjektiv erfordert die Grausamkeit zunächst **Vorsatz**, also „Kenntnis und Wollen der Tatumstände, die die dem Opfer zugefügten besonderen Qualen bedingen."[136] Bedingter Vorsatz genügt jedoch.[137]

50

(2) Gefühllose und unbarmherzige Gesinnung

Daneben verlangt die h.M. eine **gefühllose und unbarmherzige Gesinnung** des Täters.[138] Diese muss kein Charaktermerkmal des Täters ein, sie muss ihn jedoch bei der Tat beherrschen.[139] Teilweise wird dieses Erfordernis unter Hinweis darauf, dass der Hintergrund des Mordmerkmals in der besonderen Gefährlichkeit der Tatbegehung liege, abgelehnt und ein Wissen um das Zufügen besonders starker Schmerzen für ausreichend erachtet.[140] Im Ergebnis wirkt sich dieser Streit kaum aus, da bei einem Zufügen besonders starker Schmerzen in voller Kenntnis regelmäßig eine entsprechende Gesinnung vorliegen dürfte.[141] Allerdings soll sie bei hochgradiger Erregung oder Affekten im Einzelfall fehlen können.[142]

51

c) Gemeingefährliches Mittel

Als dritte Variante der tatbezogenen Mordmerkmale nennt § 211 Abs. 2, 2. Gruppe, Var. 3 StGB, die Begehung mit einem gemeingefährlichen Mittel.

52

Definition: Mit gemeingefährlichen Mitteln tötet, wer ein Tötungsmittel einsetzt, das in der konkreten Tatsituation eine Mehrzahl von Menschen an Leib und Leben gefährden kann, weil der Täter die Ausdehnung der Gefahr nicht in seiner Gewalt hat.[143]

53

Wie bei den anderen beiden tatbezogenen Mordmerkmalen lassen sich auch hier objektive und subjektive Komponenten trennen. Die objektiven Komponenten des Mordes mit einem gemeingefährlichen Mittel ergeben sich bereits aus der Definition, die subjektiven hingegen nicht, wobei bzgl. Letzteren auch keine Besonderheiten bestehen.

54

aa) Die objektiven Komponenten der Tötung mit einem gemeingefährlichen Mittel

▶ **Beispielsfall („Amokfahrt"):**[144] A hat nur vier Stunden geschlafen und leidet noch unter den Folgen des Alkoholkonsums des vergangenen Tages. Dennoch trinkt er am Morgen erneut alkoholische Getränke. Als er nun auch noch mit seiner Freundin wegen seines über-

55

---

136 BGHSt 3, 180, 181; BGH NStZ 1982, 379.
137 LK-*Rissing-van Saan*/*Zimmermann*, § 211 Rn. 138; MK-*Schneider*, § 211 Rn. 144.
138 BGHSt 3, 180, 181; 49, 189, 196; BGH NStZ 1982, 379; L/K/H-*Heger*, § 211 Rn. 10; *Otto*, GK BT, § 4 Rn. 36; LK-*Rissing-van Saan*/*Zimmermann*, § 211 Rn. 136; *Wessels/Hettinger/Engländer*, BT 1, Rn. 56.
139 BGHSt 3, 180, 181; L/K/H-*Heger*, § 211 Rn. 10; LK-*Rissing-van Saan*/*Zimmermann*, § 211 Rn. 136; *Wessels/Hettinger/Engländer*, BT 1, Rn. 56.
140 NK-*Saliger*, § 211 Rn. 79; abl. auch M/R-*Safferling*, § 211 Rn. 57; MK-*Schneider*, § 211 Rn. 135, 146 ff.
141 So etwa Sch/Sch-*Eser/Sternberg-Lieben*, § 211 Rn. 27; LK-*Rissing-van Saan*/*Zimmermann*, § 211 Rn. 136; vgl. aber auch BGHSt 49, 189, 196 f.; BGH NStZ 1982, 379.
142 L/K/H-*Heger*, § 211 Rn. 10; LK-*Rissing-van Saan*/*Zimmermann*, § 211 Rn. 137.
143 BGHSt 38, 353, 354; BGH NStZ 2006, 167, 168; NStZ 2019, 607, 608; NStZ 2020, 284; NStZ 2020, 614; NStZ 2023, 288, 289; *Eisele*, BT I, Rn. 111; *Eisele/Heinrich*, BT, Rn. 57; L/K/H-*Heger*, § 211 Rn. 11; *Hilgendorf/Valerius*, BT I, § 2 Rn. 55; *Kindhäuser/Schramm*, BT I, § 2 Rn. 36; *Rengier*, BT II, § 4 Rn. 96; LK-*Rissing-van Saan*/*Zimmermann*, § 211 Rn. 141; *Wessels/Hettinger/Engländer*, BT 1, Rn. 57.
144 BGH NStZ 2006, 167.

mäßigen Alkoholkonsums und seines ungepflegten Aussehens in Streit gerät, steigt er trotz seiner erheblichen Alkoholisierung in sein Auto. Er fasst dabei den spontanen Entschluss, seinen „Aggressionsstau" zu entladen und fährt mit einer Geschwindigkeit von ca. 35 km/h gezielt und unter billigender Inkaufnahme der Tötung von Menschen über den Bürgersteig auf die Außenterrasse eines Straßencafés. Bei der Fahrt werden sieben Menschen verletzt. Strafbarkeit des A wegen eines versuchten Mordes in gemeingefährlicher Begehungsweise? ◄

56 Es kommt in objektiver Hinsicht nicht darauf an, ob ein Tötungsmittel abstrakt gemeingefährlich ist, sondern auf die Wirkung und Eignung zur Gefährdung einer Mehrzahl an Menschen **im konkreten Einzelfall**.[145] Denn auf der einen Seite ist selbst eine Bombe nicht gemeingefährlich, wenn es dem Täter möglich ist, ihre Wirkung auf ein oder mehrere Opfer gezielt zu beschränken,[146] und auf der anderen Seite ist Gift im Essen eines bestimmten Opfers nicht geeignet, eine Mehrzahl an Menschen zu gefährden, in einer Suppenschüssel in einer Großküche hingegen schon.[147] Allerdings müssen Dritte auch nicht tatsächlich konkret gefährdet sein.[148] Entscheidend ist insofern eine Eignung zur Gefährdung in der konkreten Tatsituation (**konkret-abstrakte Beurteilung**). Dabei muss der Täter über das anvisierte Opfer hinaus noch weitere Menschen gefährden, also eine Gefahr für „die Allgemeinheit" begründen.[149] Hierzu genügt es nicht, wenn der Täter einen (!) Schuss auf ein Opfer abgibt, das sich in einer Menschenmenge aufhält, sodass durch ein mögliches Fehlgehen des Schusses auch ein anderer Mensch getroffen werden kann, weil die Wirkung des Schusses hier von vornherein auf ein Opfer beschränkt ist.[150]

57 Da es sich beim anvisierten Opfer aber auch um eine Personenmehrheit handeln kann, ist der Mord mit einem gemeingefährlichen Mittel von der gezielten **Mehrfachtötung** abzugrenzen. Will der Täter gleichzeitig mehrere Menschen töten und visiert insofern mehrere ganz konkrete Personen an, die er sodann auch trifft, so ist dies kein Mord mit einem gemeingefährlichen Mittel, weil nicht „die Allgemeinheit" gefährdet wird.[151] Will der Täter zwar mehrere bestimmte Personen töten, wählt aber ein Tötungsmittel, etwa eine Brandstiftung, sodass darüber hinaus noch weitere Zufallsopfer gefährdet werden, weil er das Ausmaß nicht in der Hand hat, so genügt auch dies für einen Mord mit einem gemeingefährlichen Mittel.[152] Problematisch sind jedoch Fälle, in denen der Täter etwa alle Insassen eines Flugzeugs oder alle Gäste eines Lokals mit einer Bombe treffen will. Hier ließe sich einerseits sagen, dass in einem solchen Fall das

---

145 BGHSt 38, 353, 354; BGH NStZ 2006, 503, 504; NStZ 2019, 607, 608; NStZ 2020, 284; NStZ 2020, 614; BeckOK-*Eschelbach*, § 211 Rn. 71; Sch/Sch-*Eser/Sternberg-Lieben*, § 211 Rn. 29; L/K/H-*Heger*, § 211 Rn. 11; LK-*Rissing-van Saan/Zimmermann*, § 211 Rn. 141 – a.A. *Otto*, GK BT, § 4 Rn. 41: abstrakt gefährliches Tötungsmittel, das der Täter in der konkreten Situation nicht beherrscht; vgl. ausführlich zum Meinungsstand *Zieschang*, FS Puppe, S. 1301, 1306 ff.
146 BGH NJW 1985, 1477, 1478; *Kindhäuser/Schramm*, BT I, § 2 Rn. 37; LK-*Rissing-van Saan/Zimmermann*, § 211 Rn. 141.
147 *Rengier*, BT II, § 4 Rn. 97.
148 L/K/H-*Heger*, § 211 Rn. 11; *Hilgendorf/Valerius*, BT I, § 2 Rn. 55; *Otto*, GK BT, § 4 Rn. 41; NK-*Saliger*, § 211 Rn. 87 – a.A. K/H/H-*Hellmann*, BT 1, § 2 Rn. 32; M/S/M/H-*Hoyer*, BT 1, § 2 Rn. 48.
149 Vgl. auch BGH NJW 1985, 1477, 1478: „allgemeine Gefahr".
150 BGHSt 38, 353, 355 f.; *Eisele*, BT I, Rn. 115; L/K/H-*Heger*, § 211 Rn. 11; *Kindhäuser/Schramm*, BT I, § 2 Rn. 37; *Otto*, GK BT, § 4 Rn. 44; NK-*Saliger*, § 211 Rn. 88.
151 BGH NStZ 2019, 607, 608; NStZ 2020, 284; *Hilgendorf/Valerius*, BT I, § 2 Rn. 55; NK-*Saliger*, § 211 Rn. 88c; MK-*Schneider*, § 211 Rn. 127; *Zieschang*, FS Puppe, S. 1301, 1318 ff.
152 BGH NStZ 2020, 614, 615 mit Anm. *Zieschang*; vgl. dazu auch *Kliment/Mundorff*, famos 8/2021.

II. Die einzelnen Mordmerkmale §3

Mordmerkmal nicht erfüllt ist, weil der Vorsatz sich eben auf alle Personen bezieht.[153] Das würde aber zu dem unbefriedigenden Ergebnis führen, dass derjenige, der eine Bombe in einen Raum wirft, in dem sich mehrere Menschen befinden, nur einen Totschlag begnge, wenn er alle Menschen töten will, während er einen Mord (mit einem gemeingefährlichen Mittel) beginge, wenn er nur einen Menschen töten will.[154] Es lässt sich umgehen, wenn ein Mord zutreffend jedenfalls dann angenommen wird, wenn die anvisierten Personen zufällige **Repräsentanten der Allgemeinheit** sind.[155] Dafür spricht, dass der Täter in einer solchen Situation das Ausmaß nicht kontrollieren kann. Eine Mehrfachtötung (mit der Folge, dass nicht § 211 StGB, sondern höchstens § 212 Abs. 2 StGB vorliegt) ist daher nur dann anzunehmen, wenn der Täter die Opfer konkret individualisiert hat, es ihm also auf ihre Identität ankommt.

Es ist fraglich, ob mit dem Passus der Definition „an Leib und Leben gefährden" tatsächlich gemeint ist, dass auch eine Gefahr für die körperliche Unversehrtheit ausreichen soll. Dies ist zu verneinen: Es ist erforderlich, dass eine **Gefahr für das Leben** von mehreren Menschen besteht.[156] Andernfalls wäre der Sprung zur lebenslangen Freiheitsstrafe kaum zu rechtfertigen.[157] Eine bestimmte Anzahl von Personen lässt sich dabei nicht festlegen.[158] 58

Die wohl überwiegende Ansicht nimmt an, dass das Mordmerkmal nicht durch ein **Unterlassen** erfüllt werden könne, sondern erfordere, dass der Täter in besonderer Rücksichtslosigkeit aktiv eine Gefahr für eine Mehrzahl an Menschen setze.[159] Das Problem liegt bei genauer Betrachtung in der Beurteilung der Entsprechungsklausel des § 13 StGB im Einzelfall.[160] Es ist aber nicht überzeugend, dass die Tat bei einem Täter, der eine Tötung des Opfers mit einem Mittel, das auch Dritte gefährdet, durch sein Nichtstun bewirkt, etwa weil er die Bombe nicht entfernt oder entschärft, obwohl er es könnte, nicht in gleichem Maße gefährlich ist, sodass das Unterlassen sehr wohl auch dem Tun entspricht und der Mord mit einem gemeingefährlichen Mittel grds. auch durch Unterlassen begangen werden kann.[161] 59

▶ **Lösung des Beispielsfalls („Amokfahrt"):**[162] Nach der zutreffenden Ansicht des BGH war im Fall Amokfahrt ein versuchter Mord mit einem gemeingefährlichen Mittel anzunehmen. Auch wenn ein Auto nicht per se ein gemeingefährliches Mittel darstellen mag, hatte A in der konkreten Situation das Ausmaß der Gefährdung nicht im Griff. Unter dem Aspekt der Mehrfachtötung ließe sich an diesem Ergebnis zwar zweifeln, wenn argumentiert wird, A habe den Tod sämtlicher im Straßencafé und auf dem Bürgersteig befindlicher Menschen in 60

---

153 MK-*Schneider*, § 211 Rn. 127.
154 Zu diesem Paradoxon *Rengier*, BT II, § 4 Rn. 101; MK-*Schneider*, § 211 Rn. 127; kritisch auch BGH NStZ 2020, 614, 615 – dagegen aber *Zieschang*, FS Puppe, S. 1301, 1320.
155 BGH NStZ 2006, 167, 168; *Eisele*, BT I, Rn. 112; *Rengier*, BT II, § 4 Rn. 102; LK-*Rissing-van Saan/Zimmermann*, § 211 Rn. 142; M/R-*Safferling*, § 211 Rn. 62; SK-*Sinn*, § 211 Rn. 61.
156 *Rengier*, BT II, § 4 Rn. 99; M/R-*Safferling*, § 211 Rn. 61; NK-*Saliger*, § 211 Rn. 86; SK-*Sinn*, § 211 Rn. 61; *Zieschang*, FS Puppe, S. 1301, 1315 – a.A. BGH NStZ 2006, 167, 168; BeckOK-*Eschelbach*, § 211 Rn. 68; *Klesczewski*, BT, § 2 Rn. 67; LK-*Rissing-van Saan/Zimmermann*, § 211 Rn. 143.
157 NK-*Saliger*, § 211 Rn. 86; *Zieschang*, FS Puppe, S. 1301, 1315.
158 NK-*Saliger*, § 211 Rn. 88a – anders etwa BeckOK-*Eschelbach*, § 211 Rn. 66 (drei Personen); MK-*Schneider*, § 211 Rn. 132 (drei Personen); *Zieschang*, FS Puppe, 2011, 1301, 1316 ff. (zehn Personen).
159 BGHSt 34, 13, 14; *Hilgendorf/Valerius*, BT I, § 2 Rn. 56 f.; *Klesczewski*, BT, § 2 Rn. 68; MK-*Schneider*, § 211 Rn. 133; *Wessels/Hettinger/Engländer*, BT 1, Rn. 57.
160 *Eisele*, BT I, Rn. 116; *Zieschang*, FS Puppe, 2011, S. 1301, 1321.
161 *Rengier*, BT II, § 4 Rn. 104; LK-*Rissing-van Saan/Zimmermann*, § 211 Rn. 145; *Roxin*, FS Lüderssen, S. 577, 583; *ders.*, AT II, § 32 Rn. 239; *Zieschang*, FS Puppe, S. 1301, 1320 ff.
162 BGH NStZ 2006, 167, 168.

seinen Eventualvorsatz aufgenommen. Bei diesen handelte es sich jedoch um austauschbare Repräsentanten der Allgemeinheit. ◄

61 **Anmerkung:** Neben dem Mordmerkmal des gemeingefährlichen Mittels kommt hier auch Heimtücke in Betracht. Dass die betroffenen Personen das herannahende Fahrzeug bemerkten, steht dem nicht entgegen, weil sie in der Kürze der Zeit nicht mehr ausreichend reagieren konnten. Gleichwohl problematisierte der BGH die subjektive Komponente der Heimtücke. Es sei aufgrund der Spontanität des Entschlusses sowie der Gefühlsaufwallung und Enthemmung des A nicht zu beanstanden, dass das LG am Ausnutzungsbewusstsein gezweifelt hatte.[163] Neben dem versuchten Mord ist hier auch an eine vollendete gefährliche Körperverletzung (§ 224 Abs. 1 Nr. 2, 5 StGB) sowie an Straßenverkehrsdelikte (insb. § 315b StGB) zu denken (zur Pervertierung des Verkehrsvorgangs zu einem Eingriff s.u. § 38 Rn. 16).

62 Ähnliches wie im Fall **Amokfahrt** gilt bei einem **Geisterfahrer**, der die Auswirkungen des Tötungsmittels ebenfalls nicht kontrollieren kann.[164] Auch bei Steinwürfen von einer Brücke auf die Autobahn kann ein gemeingefährliches Mittel vorliegen, dies hängt jedoch vom Einzelfall ab, also etwa davon, ob dichter Verkehr herrscht.[165]

bb) Die subjektive Komponente der Tötung mit einem gemeingefährlichen Mittel

63 Anders als bei der Heimtücke und der Grausamkeit werden bei der Tötung mit einem gemeingefährlichen Mittel keine besonderen zusätzlichen subjektiven Anforderungen gestellt. Da sich der Vorsatz des Täters aber auf sämtliche objektiv verwirklichten Unrechtsmerkmale beziehen muss, ist es erforderlich, dass er die gemeingefährliche Wirkung seines Tötungsmittels erkennt, sich also der Gefährdung einer Mehrzahl an Menschen bewusst ist.[166]

2. Die täterbezogenen Mordmerkmale der 1. Gruppe

64 Wie bereits erläutert (Rn. 7) sind die Mordmerkmale der 1. und 3. Gruppe täterbezogene subjektive Merkmale, die im subjektiven Tatbestand zu prüfen sind. Es handelt sich dabei zudem um besondere persönliche Merkmale i.S.d. § 28 StGB (s. dazu noch u. Rn. 119).[167] Die Mordmerkmale der 1. Gruppe beschreiben ein besonders verwerfliches Motiv des Täters.

a) Mordlust

65 Die erste Variante bildet die Mordlust gem. § 211 Abs. 2, 1. Gruppe, Var. 1 StGB.

66 **Definition:** Mordlust liegt vor, wenn der Täter sein Opfer nur deshalb tötet, um einen Menschen sterben zu sehen.[168]

67 ▶ **Beispielsfall („Feuertod"):**[169] Zum Sachverhalt s.o. Rn. 45. ◄

---

163 BGH NStZ 2006, 167, 169.
164 BGH NStZ 2006, 503, 504; vgl. dazu *Marxen/Kühl*, famos 8/2006.
165 BGH NStZ-RR 2010, 373, 374; zust. *Petzsche*, famos 5/2010, S. 6; MK-*Schneider*, § 211 Rn. 128.
166 BGH NStZ-RR 2017, 143; LK-*Rissing-van Saan/Zimmermann*, § 211 Rn. 145.
167 *Kindhäuser/Schramm*, BT I, § 2 Rn. 3.
168 *Eisele*, BT I, Rn. 80; *Hilgendorf/Valerius*, BT I, § 2 Rn. 24; *Kindhäuser/Schramm*, BT I, § 2 Rn. 10; *Rengier*, BT II, § 4 Rn. 21; LK-*Rissing-van Saan/Zimmermann*, § 211 Rn. 8.
169 BGHSt 61, 302.

II. Die einzelnen Mordmerkmale

§ 3

Es ist entscheidend für die Annahme des Mordmerkmals, dass die Tötung des Opfers den **einzigen Zweck** bildet,[170] sodass weder die Person des Opfers noch die Tatsituation ihrerseits einen Anlass für die Tat geboten haben. Es handelt sich also um eine Tötung „um des Tötens Willen". Zu weit ginge es aber, wenn jedes Fehlen eines (anderen) Motivs als Mordlust eingestuft würde.[171] Der BGH hatte zunächst (einschränkend) formuliert, dass der Täter aus „unnatürlicher Freude an der Vernichtung eines Menschenlebens" töten müsse.[172] Auch wenn der 1. Strafsenat später klargestellt hat, dem Adjektiv „unnatürlich" komme nur die Bedeutung zu, darauf hinzuweisen, dass eine Freude am Töten grundsätzlich „unnatürlich" sei, „ohne daß diesem Wort eine eigenständige, begriffsbestimmende Bedeutung zugewiesen war".[173] Die Mordlust bezeichnet aber nicht nur die Situation, dass der Täter tatsächlich „Lust" empfindet, denn auf Fälle sexueller Erregung ist das Mordmerkmal zur Befriedigung des Geschlechtstriebs zugeschnitten, sondern auch solche Konstellationen, in denen er aus Angeberei, zum Zeitvertreib oder aus Nervenkitzel tötet.[174]

68

▶ **Lösung des Beispielsfalls („Feuertod"):**[175] Im Beispielsfall hat B aus Mordlust gehandelt, da er an der Tat des A (nur deshalb) mitwirkte, weil er wissen wollte, wie es ist, einen Menschen zu töten. ◀

69

Anmerkung: Da nur B das Mordmerkmal der Mordlust aufwies, A hingegen aus sonstigen niedrigen Beweggründen handelte, ist jeweils § 28 StGB anzuwenden. Nach zutreffender, unten noch darzustellender Ansicht (Rn. 124) würde die Tat in beiden Fällen über Abs. 2 zum Mord qualifiziert. Die Rechtsprechung sähe sich hingegen mit „gekreuzten Mordmerkmale" konfrontiert. Bei beiden Tätern lagen allerdings ohnehin die tatbezogenen Merkmale Heimtücke und Grausamkeit vor (s.o. Rn. 48 f.).

70

b) Zur Befriedigung des Geschlechtstriebs

Als zweite Variante ist in § 211 Abs. 2, 1. Gruppe, Var. 2 StGB das Mordmerkmal „zur Befriedigung des Geschlechtstriebs" genannt.

71

Definition: Zur Befriedigung des Geschlechtstriebes tötet, wer entweder im Tötungsakt selbst sexuelle Befriedigung sucht (Lustmord), wer tötet, um sich danach an der Leiche zu befriedigen oder wer die Tötung zumindest in Kauf nimmt, um typischerweise den Geschlechtsverkehr durchführen zu können.[176]

72

▶ **Beispielsfall („Kannibale"):**[177] A hegt die sexuelle Vorstellung, einen Menschen zu töten und zu verspeisen. Über das Internet kommt er mit B in Kontakt, der seinerseits masochisti-

73

---

170 BGHSt 34, 59, 61; 47, 128, 133 f.; BGH NStZ 1994, 239; *Otto*, GK BT, § 4 Rn. 5; *Rengier*, BT II, § 4 Rn. 21; LK-*Rissing-van Saan/Zimmermann*, § 211 Rn. 8; M/R-*Safferling*, § 211 Rn. 11.
171 So lässt sich auch BGHSt 47, 128, 133 f. verstehen; zu Recht dagegen *Kindhäuser/Schramm*, BT I, § 2 Rn. 11 mit Fn. 33; NK-*Saliger*, § 211 Rn. 8; MK-*Schneider*, § 211 Rn. 52.
172 BGH NJW 1953, 1440.
173 BGHSt 34, 59, 61.
174 BGHSt 34, 59, 61; *Kindhäuser/Schramm*, BT I, § 2 Rn. 11; *Otto*, GK BT, § 4 Rn. 5; LK-*Rissing-van Saan/Zimmermann*, § 211 Rn. 8.
175 BGH NJW 2017, 1252 (die hier interessierende Passage zur Mordlust ist in BGHSt 61, 302 nicht abgedruckt).
176 BGHSt 13, 101, 105; *Eisele*, BT I, Rn. 81; Sch/Sch-*Eser/Sternberg-Lieben*, § 211 Rn. 16; L/K/H-*Heger*, § 211 Rn. 4; *Hilgendorf/Valerius*, BT I, § 2 Rn. 25; *Kindhäuser/Schramm*, BT I, § 2 Rn. 12; *Rengier*, BT II, § 4 Rn. 22; MK-*Schneider*, § 211 Rn. 55.
177 BGHSt 50, 80.

sche Neigungen hat und eine besondere die Vorstellung des höchsten Lustempfindens an eine Penisamputation knüpfte. Die Vorstellung des dabei erwarteten sexuellen Höhepunkts war für B derart dominant, dass er sich auch mit seiner anschließenden Tötung einverstanden erklärte. A führt das Vorhaben nun tatsächlich durch. Nachdem B aufgrund des Blutverlusts ohnmächtig geworden ist, tötet A ihn mit zwei Stichen in den Hals, schlachtet und verspeist ihn später, wobei er alles mit einer Videokamera aufzeichnet und sich später beim Anschauen des Videos sexuell befriedigt. ◂

74 Aus der obigen Definition ergeben sich bereits die **drei möglichen Varianten** des Mordes zur Befriedigung des Geschlechtstriebs. Neben der klaren Konstellation des Lustmordes, bei welchem dem Täter die Tötung selbst sexuelle Befriedigung verschafft, kann es also auch sein, dass er das Opfer tötet, um sich danach (ungestört) an ihm vergehen zu können,[178] oder dass er im Zuge einer Vergewaltigung den Tod des Opfers jedenfalls billigend in Kauf nimmt.[179] In allen drei Fällen ist es aber entscheidend, dass das Mordopfer auch das Objekt der sexuellen Befriedigung ist.[180] Tötet der Täter einen Dritten, etwa einen Nebenbuhler, um sodann Sex mit dem Objekt seiner Begierde haben zu können, so scheidet das Merkmal aus; dann kann aber ein Mord aus sonstigen niedrigen Beweggründen, ggf. auch ein Mord zur Ermöglichung einer anderen Straftat, vorliegen.[181] Da der Täter nur subjektiv mit einem entsprechenden Motiv handeln muss, kommt es nicht darauf an, ob er die sexuelle Befriedigung objektiv tatsächlich erreicht.[182]

75 ▸ **Lösung des Beispielsfalls („Kannibale"):**[183] Die Besonderheit des Kannibalen-Falls lag darin, dass augenscheinlich keine der drei genannten Konstellationen vorlag. A wollte sich nämlich nicht durch die Tötung oder an der Leiche selbst befriedigen, sondern erst beim späteren Anschauen des Videos. Der BGH nahm dennoch einen Mord zur Befriedigung des Geschlechtstriebs an, da der Wortlaut des Gesetzes keinesfalls auf die drei genannten Fälle beschränkt sei. Auch sei es unerheblich, wenn zwischen der Tat und der sexuellen Befriedigung ein längerer Zeitraum lag. Entscheidend sei vielmehr die Mittel-Zweck-Relation. ◂

76 **Anmerkung:** Die Lösung des BGH verdient im Ergebnis Zustimmung.[184] Das Mordmerkmal erschöpft sich nicht zwangsläufig in den Fällen, die in der Rechtsprechung bislang zur Entscheidung standen. Im Kannibalen-Fall wies A die gleiche Motivationslage auf, denn auch wenn dies erst später anhand der Videoaufzeichnung geschehen sollte, war es doch die Tötung des B, die zu seiner sexuellen Befriedigung führen sollte. Der BGH wies zudem darauf hin, dass das Tatgericht in der neuen Verhandlung genauer untersuchen müsse, ob nicht der Tötungsakt selbst A schon Befriedigung verschafft habe, und erkannte zutreffend, dass der Mord auch zur Ermöglichung einer anderen Straftat geschah (s.u. Rn. 102 ff.), hier

---

178 BGHSt 7, 353.
179 BGHSt 19, 101.
180 *Eisele*, BT I, Rn. 83; *Kindhäuser/Schramm*, BT I, § 2 Rn. 13; *Otto*, GK BT, § 4 Rn. 10; *Rengier*, BT II, § 4 Rn. 23; NK-*Saliger*, § 211 Rn. 12; MK-*Schneider*, § 211 Rn. 56 – a.A. M/S/M/H/M-*Hoyer*, § 2 Rn. 32.
181 *Rengier*, BT II, § 4 Rn. 23; NK-*Saliger*, § 211 Rn. 12.
182 BGHSt 50, 80, 86 f.; Sch/Sch-*Eser/Sternberg-Lieben*, § 211 Rn. 16; *Kindhäuser/Schramm*, BT I, § 2 Rn. 13; M/R-*Safferling*, § 211 Rn. 13.
183 BGHSt 50, 80, 86 ff.; dazu *Marxen/Gleinig/Neutschmann*, famos 7/2005.
184 Wie hier auch Sch/Sch-*Eser/Sternberg-Lieben*, § 211 Rn. 16; L/K/H-*Heger*, § 211 Rn. 4; *Hilgendorf/Valerius*, BT I, § 2 Rn. 26; *Kaspar/Broichmann*, ZJS 2013, 249, 255; *Klesczewski*, BT, § 2 Rn. 72; *Rengier*, BT II, § 4 Rn. 22; MK-*Schneider*, § 211 Rn. 57; SK-*Sinn*, § 211 Rn. 16 – a.A. NK-*Saliger*, § 211 Rn. 12a.

II. Die einzelnen Mordmerkmale § 3

nämlich nach den §§ 131, 168, 184a StGB).[185] Bedeutsam war hier zudem die Frage, ob nicht vorrangig § 216 StGB hätte angewendet werden müssen, mit der Folge einer Sperrung des § 211 StGB. Der BGH verneinte dies, da das Verlangen des B für A nicht handlungsleitend gewesen sei (s. zu § 216 StGB u. § 4).[186]

Auch das BVerfG hat sich mit dem **Kannibalen-Fall** befasst und dabei sowohl die entsprechende Auslegung des § 216 StGB durch den BGH als wortlautkonform und verhältnismäßig gebilligt als auch (erneut) die Verfassungsmäßigkeit des § 211 StGB i.H.a. die Mordmerkmale „zur Befriedigung des Geschlechtstriebs" und „zu Ermöglichung einer Straftat" im Lichte von Verhältnismäßigkeitsprinzip und Schuldgrundsatz bejaht.[187] Die besondere Verwerflichkeit der Tat liege darin, dass der Täter „das Leben eines Menschen der Befriedigung seiner Geschlechtslust unterordnet".[188] Ferner spreche eine Tötung aus sexuellen Motiven regelmäßig für eine besondere Gefährlichkeit des Täters.[189] Zudem verbleibe auch bei den genannten Mordmerkmalen die Möglichkeit der restriktiven Auslegung.[190] Schließlich beanstandete das BVerfG auch nicht die Anwendung des Mordtatbestandes im konkreten Fall i.H.a. das Mordmerkmal „zur Befriedigung des Geschlechtstriebs", da die sexuelle Befriedigung in spezifischer Weise auf den Tötungsakt bezogen war.[191] (Zum Mordmerkmal der Ermöglichungsansicht s.u. Rn. 102 ff.). 77

Im Jahr 2016 hatte der BGH einen zweiten vom Sachverhalt sehr ähnlich gelagerten **Kannibalen-Fall** zu entscheiden.[192] Hier entschied das Gericht, dass seine **Rechtsfolgenlösung** trotz der Nähe zu § 216 StGB, denn auch hier hatte das Opfer seine Tötung ausdrücklich verlangt, auf einen solchen Fall nicht anwendbar sei, da der Täter sich nicht in einer außergewöhnlichen Notlage oder notstandsähnlichen Situation befunden habe.[193] 78

c) Habgier

Die zweite besonders klausurrelevante Variante bildet die Habgier nach § 211 Abs. 2, 1. Gruppe, Var. 3 StGB. 79

Definition: Habgier ist das rücksichtslose Gewinnstreben um jeden Preis, auch um den eines Menschenlebens.[194] 80

In der Rechtsprechung finden sich regelmäßig noch blumigere Formulierungen. Hiernach bezeichnet die **Habgier** „ein Streben nach materiellen Gütern oder Vorteilen, das in seiner Hemmungslosigkeit und Rücksichtslosigkeit das erträgliche Maß weit über- 81

---

185 BGHSt 50, 80, 87 ff. Hierbei ging es um die geplante „Verwendung des Videos oder seiner Derivate zur Darbietung im Internet oder gegenüber anderen Schlachtwilligen".
186 BGHSt 50, 80, 91 f.
187 BVerfG NJW 2009, 1061, 1062 ff.
188 BVerfG NJW 2009, 1061, 1063 im Anschluss an BGHSt 19, 101, 105.
189 BVerfG NJW 2009, 1061, 1063.
190 BVerfG NJW 2009, 1061, 1063.
191 BVerfG NJW 2009, 1061, 1063 f.
192 BGH NStZ 2016, 469 mit Anm. *Drees*; vgl. dazu auch *Radüg/Toth*, famos 8/2016.
193 BGH NStZ 2016, 469, 470 f.
194 BGHSt 10, 399; *Eisele*, BT I, Rn. 84; *Eisele/Heinrich*, BT, Rn. 35; *Hilgendorf/Valerius*, BT I, § 2 Rn. 28; *Kindhäuser/Schramm*, BT I, § 2 Rn. 14; *Rengier*, BT II, § 4 Rn. 24.

steigt und das in der Regel durch eine ungehemmte triebhafte Eigensucht bestimmt ist."[195] Dies wird in der Literatur als „moralisch überladen" kritisiert.[196]

82 ▶ **Beispielsfall („Zuhälter"):**[197] A lernt in einer Bar zwei Frauen kennen. Mit einer der beiden beginnt er ein Verhältnis. Er nimmt beide Frauen bei sich in der Wohnung auf und vermittelt sie zum Zwecke der Ausübung der Prostitution an die von B betriebene Bar, wofür er ein Viertel der Einnahme von B erhält. Nach zwei Wochen endet jedoch die Beziehung, die Frauen verlassen die Wohnung des A und ziehen in eine von B vermittelte Unterkunft. B stellt nun auch sämtliche Zahlungen an A ein. Es gelingt A nicht, die Frauen zu überreden, wieder für ihn zu arbeiten oder an ihn zu zahlen. Da A sich nicht damit abfinden kann, seine Einnahmequelle verloren zu haben, gerät er mit B in einen heftigen Streit, im Rahmen dessen er diesen erschießt. ◀

83 Das besonders Verwerfliche an der Tötung liegt bei der Habgier darin, dass der Täter ein Menschenleben zu Gunsten wirtschaftlicher Interessen opfert.[198] Die klassischen Beispiele bilden der Raubmord,[199] der Auftragsmord[200] oder der Mord zur Erlangung einer Lebensversicherung[201] oder Erbschaft.[202] Allen diesen Fällen ist gemein, dass der Täter durch die Tat eine **Vermögenssteigerung** erstrebt, nach der Tat also „mehr" haben will. Umstritten sind jedoch Konstellationen, in denen er nur „nicht weniger" haben, sich also etwa der **Tilgung einer Schuld** entziehen will. Teilweise wird gesagt, dass solche Fälle nicht als Habgier, die nun einmal auf ein „Haben" ausgerichtet sei, einzustufen seien, zumal sich hier nicht von einem Gewinnstreben sprechen lasse und die Vermögenserhaltungsabsicht nicht gleich verwerflich wie die Vermögenserwerbsabsicht sei.[203] Der BGH nimmt Habgier hingegen auch für den Fall an, dass der Täter sein Opfer tötet, um sich seiner Unterhaltspflichten für ein gemeinsames Kind zu entziehen[204] oder ein Darlehen nicht zurückzahlen zu müssen.[205] Dem ist zuzustimmen, da auch in diesem Fall ein Menschenleben aus wirtschaftlichen Gründen geopfert wird.[206]

84 Auf die Höhe des Erstrebten kommt es nicht an, auch bei geringen Summen ist Habgier möglich.[207] Umstritten ist aber, ob Habgier auch dann in Betracht kommt, wenn der Täter auf das Erlangte einen Anspruch hat, es sich also um einen **rechtmäßigen Vermögensvorteil** handelt. Für Habgier lässt sich anführen, dass auch ein solcher Täter

---

195 BGHSt 29, 317; BGH NJW 1993, 1664, 1665.
196 LK-*Rissing-van Saan/Zimmermann*, § 211 Rn. 18; kritisch auch A/W/H/H-*Hilgendorf*, § 2 Rn. 59.
197 BGH NJW 1993, 1664.
198 M/R-*Safferling*, § 211 Rn. 14; NK-*Saliger*, § 211 Rn. 13, 22.
199 BGHSt 29, 317; BGH NStZ 2001, 194, 195.
200 BGH NJW 1993, 1664, 1665; NStZ 2006, 34, 35.
201 BGHSt 32, 38 (Sirius); dazu *Kaspar/Reinbacher*, Casebook AT, Fall 23.
202 *Hilgendorf/Valerius*, BT I, § 2 Rn. 29; *Kindhäuser/Schramm*, BT I, § 2 Rn. 15; *Rengier*, BT II, § 4 Rn. 24; LK-*Rissing-van Saan/Zimmermann*, § 211 Rn. 19; NK-*Saliger*, § 211 Rn. 13; *Wessels/Hettinger/Engländer*, BT 1, Rn. 48.
203 Habgier abl. *Mitsch*, JuS 1996, 121, 124 f. (aber sonstiger niedriger Beweggrund möglich); *Welzel*, S. 283.
204 BGHSt 10, 399.
205 BGH NJW 2002, 2188, 2189.
206 Ebenso *Eisele*, BT I, Rn. 86; *Eisele/Heinrich*, BT, Rn. 37; BeckOK-*Eschelbach*, § 211 Rn. 24 f.; L/K/H-*Heger*, § 211 Rn. 4; A/W/H/H-*Hilgendorf*, § 2 Rn. 60; *Kaspar/Broichmann*, ZJS 2013, 249, 253; *Kindhäuser/ Schramm*, BT I, § 2 Rn. 15; *Rengier*, BT II, § 4 Rn. 26; LK-*Rissing-van Saan/Zimmermann*, § 211 Rn. 19; M/R-*Safferling*, § 211 Rn. 17; NK-*Saliger*, § 211 Rn. 22; MK-*Schneider*, § 211 Rn. 66.
207 *Eisele*, BT I, Rn. 85; *Eisele/Heinrich*, BT, Rn. 36; *Kindhäuser/Schramm*, BT I, § 2 Rn. 15; LK-*Rissing-van Saan/Zimmermann*, § 211 Rn. 19; NK-*Saliger*, § 211 Rn. 16.

II. Die einzelnen Mordmerkmale § 3

„über Leichen geht", um sein Vermögen zu steigern,[208] dagegen spricht jedoch das systematische Argument, dass auch Diebstahl, Raub oder Erpressung ausscheiden, wenn die Zueignung bzw. Bereicherung nicht rechtswidrig sind.[209] Auch ist der Unrechtsgehalt nicht identisch.[210] Und schließlich dürfte in einem solchen Fall zumindest auch an den in der Rechtsprechung geforderten moralisierenden Faktoren zu zweifeln sein. Habgier setzt zudem voraus, dass das Vermögen des Täters durch die Tat nach seiner Vorstellung **„unmittelbar"** vermehrt werden soll.[211] Dies ist etwa der Fall in der oben beschriebenen klassischen Konstellation des Raubmords oder der Tötung durch den Erben oder Versicherungsnehmer, nicht aber, wenn erst noch weitere Schritte seitens des Täters erfolgen müssen, bis das Vermögen des Täters tatsächlich einen Zuwachs erhält.[212]

▶ **Lösung des Beispielsfalls („Zuhälter"):**[213] Eben hier lag im Beispielsfall das Problem. Der BGH lehnte das Mordmerkmal Habgier ab, denn durch die Tötung des B konnten A von diesem erst recht keine Zahlungen mehr zufließen. Die Ausschaltung seines Konkurrenten bewirkte auch noch nicht, dass die beiden Frauen nun direkt wieder für A arbeiten und Lohn an ihn abführen würden. Insofern fehlte es an der notwendigen unmittelbaren Verknüpfung von Tod und Bereicherung. ◀   85

Anmerkung: Im Fall kam zudem ein Mord aus sonstigen niedrigen Beweggründen in Betracht. Das LG hatte in den Motiven „Wut und Verärgerung" keine selbstständigen niedrigen Beweggründe gesehen. Der BGH gab zu bedenken, dass A möglicherweise auch deshalb getötet habe, um zu verdeutlichen, dass er „ernst zu nehmen sei", was dann in die Gesamtabwägung zur Beurteilung der niedrigen Beweggründe habe einfließen müssen.   86

Nicht selten trifft die Habgier auch mit anderen Motiven zusammen. Im Falle eines solchen **„Motivbündels"** muss sie die Tat beherrschen und insoweit den **bewusstseinsdominanten** Beweggrund für die Tat darstellen.[214]   87

Der BGH hat schließlich seine – ohnehin umstrittene – **Rechtsfolgenlösung** (s.o. Rn. 39) im Fall der Habgier nicht angewendet.[215]   88

d) Sonstige niedrige Beweggründe

Als Motivgeneralklausel nennt § 211 Abs. 2, 1. Gruppe, Var. 4 StGB schließlich die sonstigen niedrigen Beweggründe.   89

---

208 Für Habgier: Sch/Sch-*Eser/Sternberg-Lieben*, § 211 Rn. 17; *Kindhäuser/Schramm*, BT I, § 2 Rn. 15; NK-*Neumann/Saliger*, § 211 Rn. 23; LK-*Rissing-van Saan/Zimmermann*, § 211 Rn. 19; M/R-*Safferling*, § 211 Rn. 15.
209 Gegen Habgier: *Eisele*, BT I, Rn. 87; A/W/H/H-*Hilgendorf*, § 2 Rn. 60; *Kaspar/Broichmann*, ZJS 2013, 249, 254; *Kleszcewski*, BT, § 2 Rn. 74; *Rengier*, BT II, § 4 Rn. 25; MK-*Schneider*, § 211 Rn. 65; *Welzel*, S. 283; *Wessels/Hettinger/Engländer*, BT 1, Rn. 48.
210 *Eisele*, BT I, Rn. 87.
211 BGH NJW 1993, 1664, 1665; NK-*Saliger*, § 211 Rn. 24; MK-*Schneider*, § 211 Rn. 63.
212 M/R-*Safferling*, § 211 Rn. 18, der zutreffend darauf hinweist, dass der Begriff der Unmittelbarkeit bei der Erbschaft oder der Auszahlung einer Versicherung nicht ganz passt.
213 BGH NJW 1993, 1664.
214 BGHSt 42, 301, 304; 50, 1, 7; BGH NJW 1981, 932, 933; *Hilgendorf/Valerius*, BT I, § 2 Rn. 30; *Kaspar/Broichmann*, ZJS 2013, 249, 253; *Rengier*, BT II, § 4 Rn. 27; NK-*Saliger*, § 211 Rn. 19; vgl. dazu auch *Paeffgen*, GA 1982, 255.
215 BGHSt 42, 301, 304.

90 **Definition:** Sonstige niedrige Beweggründe sind solche, die nach allgemeiner sittlicher Wertung auf tiefster Stufe stehen, durch ungehemmte, triebhafte Eigensucht bestimmt und deshalb besonders verwerflich und verächtlich sind.[216]

91 Bei der 4. Variante handelt es sich, wie die Formulierung „oder sonst aus niedrigen Beweggründen" belegt, um einen **Auffangtatbestand**, während die anderen in der 1. Gruppe genannten Motive Beispiele[217] und damit Spezialfälle eines niedrigen Beweggrundes darstellen und insofern vorrangig sind.

92 **Klausurtipp:** Da die sonstigen niedrigen Beweggründe einen subsidiären Auffangcharakter haben, sind in der Klausur die Mordlust, das Handeln zur Befriedigung des Geschlechtstriebs oder die Habgier zuerst anzusprechen. Liegt eines dieser Motive vor, muss auf sonstige niedrige Beweggründe nicht näher eingegangen werden.[218]

93 ▶ **Beispielsfall („Beziehungstat"):**[219] B will sich von ihrem Ehemann A trennen, weil sie dessen regelmäßigen Alkoholkonsum und mangelndes Bemühen um eine Arbeitsstelle nicht mehr hinnehmen will. Sie verlangt, dass A die gemeinsame Wohnung verlässt und eine Therapie beginnt. Darüber geraten beide in einen heftigen Streit. Da B ihre Meinung am nächsten Morgen nicht geändert hat, steckt der darüber verärgerte A ein Messer mit einer Länge von 21,5 cm in seine Jackentasche und folgt ihr, um einen letzten Versuch zu unternehmen, sie umzustimmen. Falls sie ihm keine weitere Chance gibt, will A sie töten. Da B auf ihrem Entschluss beharrt, stößt A ihr das Messer von hinten vier Mal in den Rücken. Als sie zu Boden fällt, sticht er weiter auf sie ein, bis sie stirbt. ◀

94 Da es sich bei den anderen Mordmerkmalen der 1. Gruppe um Beispiele niedriger Beweggründe handelt, müssen die „sonstigen" niedrigen Beweggründe mit den genannten Fällen in ihrer **Verwerflichkeit** vergleichbar sein.[220] Zu bedenken ist, dass jede Vernichtung eines Menschenlebens bereits verwerflich ist. Da der Mord sich jedoch vom Totschlag deutlich abheben muss, müssen die niedrigen Beweggründe nach der Diktion der Rechtsprechung „durch ungehemmte, triebhafte Eigensucht bestimmt und deshalb besonders verwerflich, ja verächtlich" sein und sittlich „auf tiefster Stufe stehen". Ob dies der Fall ist, beurteilt sich durch eine **Gesamtabwägung** aller inneren und äußeren Faktoren.[221] Eifersucht, Zorn, Wut und Hass sind nur dann als niedrige Beweggründe einzustufen, wenn sie ihrerseits Ausdruck einer niedrigen Gesinnung des Täters und nicht „menschlich verständlich" sind.[222] Insofern sind Motive, die nicht jeglichen **nachvollziehbaren Grundes** entbehren, in der Regel nicht als niedrig einzustufen.[223] Das Kriterium der „Verständlichkeit" ist auch ein normatives,[224] d.h. es ist wertend im konkreten Fall zu bestimmen.

---

216 BGHSt 3, 133; 42, 226, 228; BGH NStZ 2019, 518; *Wessels/Hettinger/Engländer*, BT 1, Rn. 49; vgl. auch *Eisele*, BT I, Rn. 89; *Eisele/Heinrich*, BT, Rn. 38; *Rengier*, BT II, § 4 Rn. 29.
217 BGHSt 3, 133.
218 Vgl. auch *Kaspar/Broichmann*, ZJS 2013, 249, 255, die einen kurzen entsprechenden Hinweis empfehlen.
219 BGH NStZ 2019, 518.
220 *Eisele*, BT I, Rn. 89.
221 BGH NStZ 2000, 369, 370; NJW 2006, 1008, 1011; NStZ 2019, 204, 205; *Kindhäuser/Schramm*, BT I, § 2 Rn. 18; vgl. dazu auch M/R-*Safferling*, § 211 Rn. 22 f.; kritisch zur Berücksichtigung der Persönlichkeit NK-*Saliger*, § 211 Rn. 32.
222 BGH NStZ 2019, 204, 205; NStZ 2019, 518, 519; *Eisele*, BT I, Rn. 90; *Hilgendorf/Valerius*, BT I, § 2 Rn. 32; ähnlich NK-*Saliger*, § 211 Rn. 33.
223 BGH NStZ 2019, 204, 205; NStZ 2019, 518, 519; *Rengier*, BT II, § 4 Rn. 31.
224 NK-*Saliger*, § 211 Rn. 27 f.

II. Die einzelnen Mordmerkmale § 3

Klassische Beispiele niedriger Beweggründe sind insofern insb. der „Rassenhass" oder der Ausländerhass[225] oder politische Motive, wenn etwa dem Opfer wegen seiner Zugehörigkeit zu einer politischen, sozialen oder ethnischen Gruppe das Lebensrecht abgesprochen wird.[226] Wie schon bei der Habgier gilt auch hier, dass bei einem **Motivbündel** der niedrige Beweggrund als Hauptmotiv die Tat **prägen muss**.[227] 95

Umstritten ist die Frage, inwieweit der jeweilige **kulturelle Hintergrund** des Täters bei der Gesamtabwägung zu berücksichtigen ist, was insb. für die sog. „Ehrenmorde" diskutiert wird.[228] Dabei ist schon der Begriff problematisch, bei welchem die Abgrenzung zu den üblichen „Beziehungstaten" (wie im Beispielsfall) unklar ist,[229] sodass wie dort eine pauschale Einordnung als niedriger Beweggrund nicht erfolgen darf, sondern eine Gesamtbetrachtung im Einzelfall anzustellen ist.[230] 96

Nach inzwischen h.M. sind bei der Bewertung des Motivs die Anschauungen der **Rechtsgemeinschaft** in Deutschland zugrunde zu legen und nicht diejenigen einer Gruppe,[231] die diese grundlegenden Werte ablehnt.[232] Allerdings könne die subjektive Tatseite in Extremfällen zweifelhaft sein, wenn der Täter so in seinen Wertvorstellungen verwurzelt ist, dass er die Bewertung als verwerflich nicht nachvollziehen kann (s.u. Rn. 100).[233] Insofern soll also die Niedrigkeit des Beweggrundes objektiv bestimmt und sodann subjektiv das „Motivationsbeherrschungspotenzial"[234] des Täters überprüft werden. Andere Stimmen bevorzugen eine Lösung über § 17 StGB[235] oder wollen entsprechend der früheren Rechtsprechung die kulturelle Prägung in der objektiven Gesamtabwägung berücksichtigen.[236] 97

▶ **Lösung des Beispielsfalls („Beziehungstat"):**[237] Sehr häufig sind Tötungsdelikte Beziehungstaten und werden, wie in unserem Fall, an aktuellen oder ehemaligen Intim- oder Ehepartnern verübt.[238] Dabei spielen Eifersucht und gekränkter Stolz eine große Rolle. Gemäß den soeben dargestellten Grundsätzen stellte der BGH fest, dass die Tötung des Intimpartners nicht zwangsläufig als durch niedrige Beweggründe motiviert zu bewerten sei. Dass B sich von A getrennt hatte, sei als ein gegen die Niedrigkeit des Beweggrundes sprechender Umstand einzustufen. Anders als das LG maß der BGH der Tatsache, dass 98

---

225 BGHSt 18, 37, 39; BGH NJW 2000, 1583, 1584.
226 BGH NStZ 2004, 89, 90; zu diesen und weiteren Beispielen LK-*Rissing-van Saan/Zimmermann*, § 211 Rn. 65.
227 BGH NStZ-RR 2004, 234, 235; NStZ 2006, 338, 340; *Eisele*, BT I, Rn. 91; *Hilgendorf/Valerius*, BT I, § 2 Rn. 37; NK-*Saliger*, § 211 Rn. 31; MK-*Schneider*, § 211 Rn. 83.
228 Vgl. dazu ausführlich *Greco*, ZIS 2014, 309; *Valerius*, JZ 2008, 912. Monografisch *Pohlreich*, „Ehrenmorde" im Wandel des Strafrechts, 2009; *Tiz*, Der Fall Sürücü, 2022; *Valerius*, Kultur und Strafrecht, 2009.
229 Vgl. dazu *Tiz*, Der Fall Sürücü, 2022, S. 52 ff.; kritisch zum Begriff auch SK-*Sinn*, § 211 Rn. 27.
230 BGH NJW 2006, 1008, 1011 (zur „Blutrache"); LK-*Rissing-van Saan/Zimmermann*, § 211 Rn. 91; NK-*Saliger*, § 211 Rn. 30b.
231 Dabei muss es sich nicht zwangsläufig um kulturelle oder religiöse Gruppen handeln, sondern dies können etwa auch politische Gruppen sein; vgl. MK-*Schneider*, § 211 Rn. 112.
232 BGH NJW 1995, 602; NStZ 2000, 369, 370; NJW 2006, 1008, 1011; *Eisele*, BT I, Rn. 90a; *Hilgendorf/Valerius*, BT I, § 2 Rn. 36; *Kaspar/Broichmann*, ZJS 2013, 249, 256; *Murmann*, GK, § 21 Rn. 64; LK-*Rissing-van Saan/Zimmermann*, § 211 Rn. 88 – a.A. BGH NJW 1980, 537; NK-*Saliger*, § 211 Rn. 30b.
233 BGH NJW 1995, 602, 603; *Hilgendorf/Valerius*, BT I, § 2 Rn. 36; LK-*Rissing-van Saan/Zimmermann*, § 211 Rn. 89.
234 *Greco*, ZIS 2014, 309, 311; MK-*Schneider*, § 211 Rn. 111; *Valerius*, JZ 2008, 912, 917.
235 *Tiz*, Der Fall Sürücü, 2022, S. 102 ff.; *Valerius*, JZ 2008, 912, 918.
236 NK-*Saliger*, § 211 Rn. 30b.
237 BGH NStZ 2019, 518, 519; mit Anm. *Grünewald*; vgl. dazu auch *Heise/Tiz*, famos 10/2019.
238 Vgl. nur *Grünewald*, NStZ 2019, 519.

A selbst für die Zerrüttung der Ehe verantwortlich war, keine Bedeutung bei, da jede Trennungsentscheidung zu akzeptieren sei. ◀

99 **Anmerkung:** Ebendies kann man jedoch kritisieren.[239] Es erscheint vielmehr naheliegend, dass es für die „Begreiflichkeit" der Tat auch eine Rolle spielt, inwiefern der Täter selbst zu der Situation beigetragen hat.[240]

100 Der Täter muss sich jedenfalls der tatsächlichen Umstände **bewusst** sein, aus denen sich die Niedrigkeit seiner Beweggründe ergibt.[241] Er selbst muss sie aber nicht als niedrig bewerten.[242] Nach h.M. soll jedoch eine Bestrafung wegen eines Mordes aus niedrigen Beweggründen entfallen, wenn es dem Täter nicht möglich war, die gefühlsmäßigen Regungen, „die sein Handeln bestimmen, gedanklich zu beherrschen und willensmäßig zu steuern."[243] Letzteres läuft auf eine Anwendung der §§ 20, 21 StGB hinaus[244] und ist in dieser Form der „Pathologisierung"[245] der kulturellen Prägung sehr bedenklich.[246]

3. Die täterbezogenen Mordmerkmale der 3. Gruppe

101 Die in § 211 Abs. 2, 3. Gruppe StGB genannten **täterbezogenen** Mordmerkmale beschreiben besonders verwerfliche bzw. gefährliche Absichten des Täters. Dies stellt einen gegenüber dem Totschlag höheren Unwert dar, weil der Täter die Tötung des Opfers final mit einem weiteren Unrecht verbindet.[247] In beiden Fällen ist ein Handeln mit dolus directus I erforderlich.[248] Jeweils muss das Handeln des Täters sich dabei zudem auf eine tatbestandsmäßige, rechtswidrige und schuldhafte Straftat also ein Verbrechen oder Vergehen, beziehen, während die Absicht, eine Ordnungswidrigkeit zu ermöglichen oder zu verdecken, nicht ausreicht.[249] Es kann sich aber auch um die Straftat eines Dritten handeln, die der Täter durch die Tötung ermöglichen oder verdecken will.[250] Wie bei anderen Mordmerkmalen genügt es auch hier, wenn die Absicht bewusstseinsdominanter Bestandteil eines Motivbündels ist.[251] Schließlich ist in beiden Fällen nur die **subjektive** Einschätzung des Täters entscheidend, nicht aber die objektive Möglichkeit, die Straftat durchzuführen oder sie zu verdecken.[252]

---

239 *Grünewald*, NStZ 2019, 519.
240 BGH NStZ 2015, 690, 692; NK-*Saliger*, § 211 Rn. 28 – abweichend aber BGH NStZ 2019, 518, 519.
241 BeckOK-*Eschelbach*, § 211 Rn. 34; NK-*Saliger*, § 211 Rn. 44; *Valerius*, JZ 2008, 912, 917; *Wessels/Hettinger/Engländer*, BT 1, Rn. 54.
242 BeckOK-*Eschelbach*, § 211 Rn. 34; *Klesczewski*, BT, § 2 Rn. 79; NK-*Saliger*, § 211 Rn. 44; *Valerius*, JZ 2008, 912, 917; *Wessels/Hettinger/Engländer*, BT 1, Rn. 54.
243 BGH NJW 1995, 602, 603; *Wessels/Hettinger/Engländer*, BT 1, Rn. 54.
244 BeckOK-*Eschelbach*, § 211 Rn. 34; NK-*Saliger*, § 211 Rn. 30a; *Valerius*, JZ 2008, 912, 918.
245 NK-*Saliger*, § 211 Rn. 30a.
246 NK-*Saliger*, § 211 Rn. 30a; *Valerius*, JZ 2008, 912, 918.
247 BGHSt 48, 8, 9, *Eisele*, BT I, Rn. 117; NK-*Saliger*, § 211 Rn. 90.
248 *Rengier*, BT II, § 4 Rn. 106.
249 *Kindhäuser/Schramm*, BT I, § 2 Rn. 40; *Klesczewski*, BT, § 2 Rn. 83; *Rengier*, BT II, § 4 Rn. 107; LK-*Rissing-van Saan/Zimmermann*, § 211 Rn. 25; NK-*Saliger*, § 211 Rn. 91; MK-*Schneider*, § 211 Rn. 259; *Wessels/Hettinger/Engländer*, BT 1, Rn. 74.
250 BGHSt 9, 180, 182; *Wessels/Hettinger/Engländer*, BT 1, Rn. 74.
251 BGH NStZ 2005, 332, 333; *Eisele*, BT I, Rn. 117; *Hilgendorf/Valerius*, BT I, § 2 Rn. 59; *Rengier*, BT II, § 4 Rn. 106; NK-*Saliger*, § 211 Rn. 94; MK-*Schneider*, § 211 Rn. 258.
252 *Hilgendorf/Valerius*, BT I, § 2 Rn. 60; *Rengier*, BT II, § 4 Rn. 106; differenzierend *Klesczewski*, BT, § 2 Rn. 85; NK-*Suliger*, § 211 Rn. 93.

II. Die einzelnen Mordmerkmale § 3

a) Ermöglichungsabsicht

Definition: Der Täter handelt mit Ermöglichungsabsicht, wenn er die Tötung als funktionales Mittel zur Begehung einer anderen Kriminalstraftat einsetzt.[253]

▶ **Beispielsfall („Raubmord"):**[254] A und B überfallen den Pfarrer P in dessen Wohnung, um ihn zu berauben. Um ungestört vorgehen zu können, betäuben sie ihn mit Chloroform. Als P nach einer halben Stunde wieder zu sich kommt, entschließen sich A und B, nun auf andere Weise als durch Beibringung von Chloroform endgültig dafür zu sorgen, dass sie die weitere Suche nach Geld und Wertgegenständen ungestört fortsetzen können. Deshalb würgt A den P so heftig am Hals, dass dieser innerhalb weniger Minuten stirbt, wobei er erkennt und billigt, dass P sterben könnte. Strafbarkeit des A wegen eines Mordes in Ermöglichungsabsicht? ◀

Entscheidend ist zunächst, dass der Täter handelt, um eine andere Straftat, also **weiteres Unrecht** zu verwirklichen. Das zu ermöglichende Delikt muss sich also von der Tötung selbst abheben, was im Rahmen der Verdeckungsabsicht Probleme bereiten kann und dort noch näher erörtert wird (s.u. Rn. 111). Eindeutig ist der Fall, wenn es sich um zwei gänzlich getrennte Handlungen handelt, so etwa, wenn der Täter das Opfer tötet, um danach einen Versicherungsbetrug begehen zu können (vgl. auch oben den Beispielsfall Kannibale, Rn. 75 f.). Die zu ermöglichende Straftat kann mit dem Tötungsdelikt aber auch in Tateinheit stehen,[255] was beim Raubmord regelmäßig der Fall ist, da die Tötung gleichzeitig den Nötigungsteil des zusammengesetzten Delikts des Raubes[256] ausmacht und insofern noch ein weiterer Teilakt (die Wegnahme) aussteht. Sind Tötungshandlung und zu ermöglichende Straftat hingegen vollständig **deckungsgleich**, so scheidet eine Ermöglichungsabsicht aus.[257] So liegt der Fall etwa, wenn der Täter sein Opfer erst nach Vollendung des Raubes tötet, um im Besitz der Beute zu bleiben, da der räuberische Diebstahl mit Todesfolge, §§ 252, 251 StGB, und die Tötungshandlung hier zusammenfallen.[258] Die Tötung muss kein notwendiges Mittel (conditio sine qua non) zur Begehung der anderen Straftat sein, es genügt, dass diese (aus der Sicht des Täters) durch das Tötungsdelikt erleichtert wird.[259]

Das auch in unserem Beispielsfall angesprochene Standardproblem liegt darin, ob die Ermöglichungsabsicht, die wie gesagt dolus directus I hinsichtlich der anderen Straftat voraussetzt, auch mit einer nur **eventualvorsätzlich** begangenen Tötung zusammentreffen kann. Die Antwort auf diese Frage hängt damit zusammen, ob der Tötungserfolg das Mittel zur Begehung der anderen Straftat darstellen muss oder ob es ausreicht, dass die Tötungshandlung die Tatbegehung erleichtern soll. Der BGH hat zunächst Ersteres gefordert, und zwar für einen Fall, in dem die zu ermöglichende Straftat (sexueller Missbrauch) nach den Wünschen des Täters voraussetzte, dass das Opfer noch lebte, was miteinander nicht vereinbar sei.[260] Inzwischen nimmt die h.M. zu Recht an,

---

253 *Eisele*, BT I, Rn. 118; *Eisele/Heinrich*, BT, Rn. 61.
254 BGHSt 39, 159.
255 LK-*Rissing-van Saan/Zimmermann*, § 211 Rn. 28; NK-*Saliger*, § 211 Rn. 95; MK-*Schneider*, § 211 Rn. 260.
256 S. dazu *Schramm*, BT II, § 4 Rn. 5.
257 *Rengier*, BT II, § 4 Rn. 112; MK-*Schneider*, § 211 Rn. 260.
258 Vgl. zu ebendiesem Beispiel *Rengier*, BT II, § 4 Rn. 112; MK-*Schneider*, § 211 Rn. 260.
259 BGHSt 39, 159, 160 f.; *Eisele*, BT I, Rn. 118; NK-*Saliger*, § 211 Rn. 95.
260 BGHSt 23, 176, 194.

dass es ausreicht, wenn der Täter die Tötungshandlung als **Mittel zur Begehung** der anderen Straftat einsetzt.[261]

106 ▶ **Lösung des Beispielsfalls („Raubmord"):**[262] In diesem Sinne ist auch der Beispielsfall zu lösen. A hat zur Ermöglichung einer anderen Straftat, nämlich eines Raubes, gehandelt. Dass Nötigungs- und Tötungshandlung hier in Handlungseinheit stehen, schadet nicht, zumal die Täter noch den weiteren Teilakt der Wegnahme vollziehen mussten. Der Tod des P musste auch nicht notwendig für den Raub sein, sondern es genügt, dass er diesen erleichterte. Den Todeserfolg musste A nicht erstreben, es reicht aus, dass er die Tötungshandlung, das Würgen des P, zu diesem Zwecke einsetzte. Damit korrespondiert es, dass der BGH auch das Zusammentreffen von Ermöglichungsabsicht und bedingt vorsätzlicher Tötung akzeptierte. ◀

107 **Anmerkung:** Dem ist zuzustimmen, da der Täter auch dann die Bereitschaft hat, „über Leichen" zu gehen, wenn er sich mit dem Tod des Opfers nur abfindet.[263] Im Fall ist ferner das Problem der Tatbeteiligung aufgeworfen (s.u. Rn. 119 ff.), da neben A auch B als Mittäter beteiligt war. Der Fall beinhaltet insofern aber keine besonderen Probleme, da B das Mordmerkmal selbst auch aufwies bzw. den Handlungszweck des A kannte.

b) Verdeckungsabsicht

108 **Definition:** Der Täter handelt mit Verdeckungsabsicht, wenn er die Tötung als funktionales Mittel einsetzt, um die Aufdeckung der Tat oder der Täterschaft zu verhindern.[264]

109 ▶ **Beispielsfall („Drogendealer"):**[265] A und B versprechen dem Drogendealer C wahrheitswidrig die Lieferung von 5 kg Haschisch. C leistet eine Vorauszahlung von 10.000 €. In der Folgezeit beginnt C immer intensiver auf die Lieferung der Drogen zu drängen. A und B hatten niemals die Absicht, die Drogen tatsächlich zu liefern. Zwar nehmen sie nicht an, dass C sie bei der Polizei anzeigen werde, da er dann selbst als Drogendealer entlarvt würde, jedoch fürchten sie sich vor der Reaktion des C, wenn dieser herausbekommt, dass er hereingelegt wurde. Unter dem Vorwand, das Haschisch übergeben zu wollen, locken sie C zu ein einem abgelegenen Ort. Als C in dem Glauben die Drogen nun zu erhalten, am vereinbarten Treffpunkt erscheint, erschießt ihn A mit einer Maschinenpistole. ◀

110 Die Verdeckungsabsicht gehört neben der Heimtücke zu den vom BVerfG als besonders problematisch erkannten und i.H.a. eine **restriktive Auslegung** hervorgehobenen Mordmerkmalen (s.o. Rn. 4).[266] Immerhin handelt der Täter hier, um sich selbst zu begünstigen, eine Tatsache, die ihn in anderen Fällen sogar privilegiert (vgl. etwa die §§ 257, 258 StGB), hier hingegen strafschärfend wirkt. Allerdings beschränkt der Täter sich hier nicht auf das Vereiteln des staatlichen Strafanspruchs, sondern begeht zu diesem Zwecke ein Tötungsdelikt. Dies rechtfertigt die Strafschärfung, zumal ein

---

[261] BGHSt 39, 159, 161; *Eisele/Heinrich*, BT, Rn. 62; *Rengier*, BT II, § 4 Rn. 115; NK-*Saliger*, § 211 Rn. 96; MK-*Schneider*, § 211 Rn. 261.
[262] BGHSt 39, 159, 160 ff.
[263] BGHSt 39, 159, 161; zust. auch *Rengier*, BT II, § 4 Rn. 115; NK-*Saliger*, § 211 Rn. 96; MK-*Schneider*, § 211 Rn. 261.
[264] Vgl. *Klesczewski*, BT, § 2 Rn. 89; *Rengier*, BT II, § 4 Rn. 117; *Wessels/Hettinger/Engländer*, BT 1, Rn. 76.
[265] BGHSt 41, 8.
[266] BVerfGE 45, 187, 260 ff.

II. Die einzelnen Mordmerkmale § 3

solcher Täter eine besondere Gefährlichkeit offenbart, weil er die Tötung eines Menschen als Mittel einsetzt, um sich der Bestrafung für ein anderes Delikt zu entziehen.[267]

Wie bei der Ermöglichungsabsicht muss es sich bei der zu verdeckenden Kriminalstraftat um ein vom Tötungsdelikt **zu unterscheidendes** Delikt handeln, wobei es auch hier nicht erforderlich ist, dass der Täter seine eigene Tat verdecken will, auch eine **Fremdbegünstigung** ist erfasst.[268] Problematisch ist oftmals jedoch die Abgrenzung von Vortat und Tötungsdelikt, d.h. die Frage, wann es sich um das Verdecken einer „anderen" Straftat handelt. Liegt zwischen beiden Taten eine (zeitliche) **Zäsur**, so ist dies unproblematisch. Es sind jedoch insb. Konstellationen in den Blick zu nehmen, in denen der Täter bei der Vortat das Opfer bereits mit Verletzungs- oder Tötungsvorsatz angreift und es im unmittelbaren Nachgang tötet, um diese erste Handlung zu verdecken. Der 2. Strafsenat des BGH nahm zunächst – mit dem Ziel einer restriktiven Auslegung – an, dass in Fällen, in denen die Vortat ebenfalls gegen Leib oder Leben des Opfers gerichtet war und beide Taten einer unvorhergesehenen Augenblickslage entspringen und unmittelbar ineinander übergehen, eine Verdeckungsabsicht abzulehnen sei, da hier nur von „einer Tat" gesprochen werden könne.[269] 111

Nach anhaltender Kritik hat er diese Rechtsprechung ausdrücklich aufgegeben.[270] Im zugrunde liegenden Fall hatte der Täter sein 73-jähriges Opfer zunächst mit Körperverletzungsvorsatz niedergeschlagen, sodass es auf die Bettkante aufschlug und bewusstlos liegen blieb. Um diese Tat zu verdecken, erstach er es sodann mit vier Messerstichen. Der BGH nahm zu Recht an, dass hier das Mordmerkmal der Verdeckungsabsicht auch ohne zeitlichen Abstand erfüllt war.[271] Eine Zäsur liegt hier nämlich im **Vorsatzwechsel**.[272] Anders ist es jedoch, wenn der Täter von vornherein mit (bedingtem) Tötungsvorsatz gehandelt hat, denn dann führen das bloße Hinzutreten der Verdeckungsabsicht oder der Wechsel zu direktem Vorsatz nicht dazu, dass nun eine Zäsur und damit neue Tat vorliegt, da der Täter nur die Tat verdecken will, die er gerade begeht.[273] Dies wird in der Literatur teilweise kritisiert, weil auf diese Weise der Täter privilegiert werde, der von Anfang an mit Tötungsvorsatz handle.[274] Allerdings liegt gerade im Bilden des neuen Vorsatzes die entscheidende Begründung für das Entstehen einer „neuen Tat", sodass es einen Unterschied macht, ob der Täter von Anfang an mit Tötungsvorsatz handelte oder nicht.[275] Eine neue Tat liegt jedoch dann vor, wenn zwischen den mit Tötungsvorsatz geführten Handlungen (oder einem nachfolgenden Unterlassen; s.u. Rn. 113) eine **zeitliche Zäsur** liegt[276] oder der Täter einen **neuen Tatentschluss** gefasst hat. 112

---

[267] BVerfGE 45, 187, 265, das daneben auch auf die „besonders verwerfliche Gesinnung" des Täters abstellt; ferner NK-*Saliger*, § 211 Rn. 98.
[268] BGHSt 9, 180, 182; *Eisele*, BT I, Rn. 120; LK-*Rissing-van Saan/Zimmermann*, § 211 Rn. 40; *Wessels/Hettinger/Engländer*, BT 1, Rn. 74.
[269] BGHSt 27, 346, 348 f.
[270] BGHSt 32, 116, 119 ff. m.w.N. der kritischen Stimmen.
[271] BGHSt 32, 116, 119 ff.
[272] BGH NStZ 2015, 639, 640; NK-*Saliger*, § 211 Rn. 108.
[273] BGH NStZ 2015, 639, 640; NStZ 2017, 583; *Hilgendorf/Valerius*, BT I, § 2 Rn. 63; *Kindhäuser/Schramm*, BT I, § 2 Rn. 47; LK-*Rissing-van Saan/Zimmermann*, § 211 Rn. 41; NK-*Saliger*, § 211 Rn. 108; *Wessels/Hettinger/Engländer*, BT 1, Rn. 81.
[274] *Eisele*, BT I, Rn. 132; *Kleszewski*, BT, § 2 Rn. 90; *Rengier*, BT II, § 4 Rn. 136.
[275] In diese Richtung auch *Kaspar/Broichmann*, ZJS 2013, 346, 353.
[276] BGH NStZ 2017, 583; NK-*Saliger*, § 211 Rn. 108; *Wessels/Hettinger/Engländer*, BT 1, Rn. 82.

113 Ein Verdeckungsmord kann grds. auch durch ein **Unterlassen** begangen werden.[277] An ein solches ist etwa zu denken, wenn der Täter das Opfer zunächst vorsätzlich oder fahrlässig verletzt hat und es sodann seinem Schicksal überlässt, um seine Vortat zu verdecken.[278]

114 Die Verdeckungsabsicht kann entweder darauf abzielen, die vorangegangene andere Tat zu verbergen oder die eigene oder fremde Täterschaft daran zu verschleiern.[279] Hierbei kommt es einzig auf die **Vorstellung** des Täters an: Glaubt er, die Tat oder seine Täterschaft durch die Tötung noch verdecken zu können, so liegt ein Mord in Verdeckungsabsicht auch dann vor, wenn Tat und Täter objektiv bereits ermittelt sind.[280] Aus diesem Grund führt sogar ein **Irrtum** des Täters über das Vorliegen einer Straftat, welche tatsächlich gar nicht gegeben ist, zu einem Verdeckungsmord, wenn er sein Opfer tötet, um diese vermeintliche Straftat zu verbergen.[281]

115 ▶ **Lösung des Beispielsfalls („Drogendealer"):**[282] Hier stellte sich die Frage, ob der Täter tatsächlich die Strafverfolgung vereiteln wollen muss oder ob es genügt, dass er **außerstrafrechtliche Konsequenzen**, etwa die Rache des Opfers, vermeiden will. Der BGH nahm an, dass Letzteres genügt. Dem Wortlaut des § 211 StGB sei nicht zu entnehmen, dass in Verdeckungsabsicht nur derjenige handelt, der tötet, um sein vorangegangenes strafbares Tun gegenüber der Strafverfolgungsbehörde zu verheimlichen. Auch sei der Mord kein gegen die Rechtspflege gerichtetes Delikt. ◀

116 **Anmerkung:** Diese Argumente des BGH sind zwar nicht von der Hand zu weisen und haben in der Literatur Zustimmung erfahren.[283] Soll der Mordtatbestand aber gerade bei der Verdeckungsabsicht restriktiv ausgelegt werden, so spricht mehr dafür, ihn auf Fälle zu beschränken, in denen es dem Täter um die Vereitelung der Strafverfolgung geht.[284] Nicht vorschnell darf dann aber auf die niedrigen Beweggründe verwiesen werden, da in der Situation der Selbstbegünstigung die Verwerflichkeit des Motivs nicht ohne weiteres ausgemacht ist.[285]

117 Wie bei der Ermöglichungsabsicht (s.o. Rn. 102 ff.) setzt die Verdeckungsabsicht selbst zwar dolus directus I hinsichtlich der zu verdeckenden Straftat voraus, es genügt aber, wenn bzgl. des Todeserfolges selbst nur **dolus eventualis** vorliegt,[286] da auch hier die Verdeckungshandlung entscheidend ist. Anders ist dies in Fällen, in denen der Täter nach seiner Vorstellung die Verdeckung nur durch den Tod des Opfers erreichen kann, etwa weil es ihn erkannt hat.[287] Typische Fälle des Verdeckungsmordes sind die

---

277 BGH NJW 2000, 1730, 1731 f.; NStZ 2003, 312; *Hilgendorf/Valerius*, BT I, § 2 Rn. 70; *Kaspar/Broichmann*, ZJS 2013, 346, 352; *Kindhäuser/Schramm*, BT I, § 2 Rn. 48; *Wessels/Hettinger/Engländer*, BT 1, Rn. 79 – a.A. BGHSt 7, 287 (290 f.).
278 Vgl. die Beispiele bei *Rengier*, BT II, § 4 Rn. 130, 133; Übungsfall bei *Reinbacher*, JURA-Sonderheft Zwischenprüfung 2004, 26.
279 BGHSt 56, 239, 244; *Eisele*, BT I, Rn. 122.
280 BGHSt 56, 239, 244.
281 BGHSt 11, 226, 227 f.; *Hilgendorf/Valerius*, BT I, § 2 Rn. 71; *Kaspar/Broichmann*, ZJS 2013, 346, 354.
282 BGHSt 41, 8.
283 So etwa *Eisele*, BT I, Rn. 123; *Kindhäuser/Schramm*, BT I, § 2 Rn. 46; NK-*Saliger*, § 211 Rn. 106.
284 *Kaspar/Broichmann*, ZJS 2013, 346, 354; *Rengier*, BT II, § 4 Rn. 123.
285 Vgl. NK-*Saliger*, § 211 Rn. 106.
286 BGHSt 11, 268, 269 f.; 23, 176, 194; 41, 358, 359; BGH NJW 2000, 1730, 1731; *Eisele*, BT I, Rn. 125; *Kaspar/Broichmann*, ZJS 2013, 346, 352; *Kindhäuser/Schramm*, BT I, § 2 Rn. 43; *Rengier*, BT II, § 4 Rn. 125; *Wessels/Hettinger/Engländer*, BT 1, Rn. 78.
287 BGH NJW 2000, 1730, 1731; *Eisele*, BT I, Rn. 124.

III. Beteiligung

Tötung des Opfers selbst, eines ermittelnden Polizisten oder eines Zeugen.[288] Es kann sich aber auch um eine unbeteiligte Person handeln, wenn sie Opfer der Verdeckungshandlung, etwa des Anzündens des Tatorts, wird.[289]

Auch bei der Verdeckungsabsicht wird in besonderem Maße über Ansätze zur Restriktion diskutiert, zumal das BVerfG dies gerade diesbezüglich angemahnt, den Lösungsweg aber offengelassen hat.[290] Gegenüber den allgemeinen Ansätzen der Typenkorrektur oder der Rechtsfolgenlösung,[291] gegen welche die oben bereits vorgetragenen Bedenken bestehen (s.o. Rn. 5, 41), ist auch hier **die restriktive Auslegung des Merkmals** vorzuziehen.[292] Dem entspricht etwa die oben befürwortete Beschränkung auf die Vereitelung der Strafverfolgung (s.o. Rn. 116). Teilweise wird vorgeschlagen, die Verdeckungsabsicht als Unterfall der niedrigen Beweggründe zu behandeln und auf diese Weise eine Gesamtabwägung zu ermöglichen.[293] Dieser Ansatz nimmt dem Mordmerkmal jedoch seine Selbstständigkeit und vermischt es mit dem Merkmal einer anderen Gruppe.[294] Ein anderer Vorschlag geht dahin, eine Verdeckungsabsicht nur anzunehmen, wenn der Täter die Tötung im Voraus geplant hat,[295] was wiederum zu eng ist, da dann derjenige, der sich nach der Ausführung eines Raubes oder einer Vergewaltigung spontan entschließt, sein Opfer zu töten, um die Tat zu verbergen, nicht wegen eines Mordes in Verdeckungsabsicht bestraft werden könnte, was nicht angemessen erscheint.[296]

III. Beteiligung

Der oben (§ 1 Rn. 13) dargestellte Streit zwischen Rechtsprechung und Literatur über das Verhältnis der §§ 212 und 211 StGB zueinander wirkt sich v.a. dann aus, wenn an der Tat **mehrere Personen beteiligt** sind. Dabei geht es insb. um Konstellationen, in denen einer der Beteiligten ein Mordmerkmal aufweist, ein anderer aber gar kein oder ein anderes Mordmerkmal. Zur Beurteilung dieser Fälle kommt es zunächst entscheidend darauf an, ob es um ein tatbezogenes Mordmerkmal der 2. Gruppe oder um ein täterbezogenes Merkmal der 1. oder 3. Gruppe handelt. Denn nur bei Letzteren handelt es sich um **besondere persönliche Merkmale** i.S.v. § 28 StGB.

▶ **Beispielsfall („Gekreuzte Mordmerkmale"):**[297] Im Jahr 1944 setzt die SS u.a. Zivilpersonen dazu ein, Massengräber von ermordeten jüdischen Bürgern durch Verbrennen der Leichen zu beseitigen. Drei der Zivilpersonen werden sodann von den beiden SS-Leuten A und B erschossen, um diese Taten zu vertuschen. Der ihnen unterstellte Schutzpolizist C leistet bei dieser Tötung Beihilfe, wobei er diese Absicht nicht teilt, sondern nur an den Taten mitwirkt, um sich bei seinen Vorgesetzten Ansehen und Einfluss innerhalb der Einheit zu verschaffen. ◀

---

288 BGHSt 41, 358, 359.
289 BGHSt 41, 358, 359.
290 Vgl. BVerfGE 45, 187, 260 ff., 267.
291 Erwogen in BGHSt 41, 358, 363.
292 Vgl. NK-*Saliger*, § 211 Rn. 110.
293 BGHSt 35, 116, 126 f.; *Klesczewski*, BT, § 2 Rn. 91; *Rengier*, BT II, § 4 Rn. 139.
294 Daher abl. BGHSt 41, 358, 361 f.
295 Erwogen von BVerfGE 45, 187, 267; *Küpper/Börner*, BT 1, § 1 Rn. 66.
296 BGHSt 27, 281, 283 f.; ferner NK-*Saliger*, § 211 Rn. 111, der allerdings einen Verdeckungsmord bei „hochgradiger affektiver Erregung" ablehnt.
297 BGHSt 23, 39.

1. Tatbezogene Merkmale der 2. Gruppe

121 Auch hier empfiehlt es sich, zunächst die Merkmale der 2. Gruppe zu betrachten, da diese wesentlich weniger Probleme bereiten und hier die Lösung zwischen Rechtsprechung und Literatur gar nicht strittig ist. Insb. wirkt sich der oben genannte Streit nicht aus. Die **tatbezogenen Merkmale** der 2. Gruppe sind nämlich nach h.M. keine besonderen persönlichen Merkmale, sodass § 28 StGB nicht zur Anwendung kommt, sondern vielmehr die allgemeinen Grundsätze der Tatbeteiligung gelten.[298] Hat etwa der Täter A sein Opfer C im Schlaf erschossen und B, der in alles eingeweiht war, hat ihm die Waffe dazu besorgt, so ist A wegen eines heimtückischen Mordes, § 211 StGB, zu bestrafen und B wegen einer Beihilfe zum Mord, § 211, 27 StGB.[299] Liegt der Fall hingegen so, dass B zwar wusste, dass A den C töten wollte, nicht aber die heimtückische Begehungsweise kannte, so ist A wegen eines heimtückischen Mordes, § 211 StGB, B hingegen nur wegen einer Beihilfe zum Totschlag, §§ 212 Abs. 1, 27 StGB, zu bestrafen, weil er insofern einen Umstand nicht kannte, der zum gesetzlichen Tatbestand gehörte, § 16 Abs. 1 StGB, und ihm der entsprechende Vorsatz fehlte.[300] Dabei spielt es keine Rolle, ob der Mord zutreffend als Qualifikation des Totschlags eingestuft wird, oder ob beide als selbstständige Tatbestände angesehen werden, da jedenfalls der Vorsatz, Beihilfe zu § 211 StGB leisten, entfällt, aber ein Vorsatz, Beihilfe zu § 212 StGB zu leisten, vorliegt und auch die Rechtsprechung anerkennt, dass der Totschlag im Mord enthalten ist.[301] Nichts anderes gilt, wenn B nicht Gehilfe, sondern Mittäter gewesen wäre. Auch dann wäre er je nach Vorsatz wegen eines Totschlags oder Mordes in Mittäterschaft zu bestrafen gewesen.[302]

2. Täterbezogene Mordmerkmale der 1. und 3. Gruppe

122 Wesentlich problematischer ist jedoch die Konstellation der täterbezogenen Mordmerkmale nach § 211 Abs. 2, 1. und 3. Gruppe StGB. Denn diese Motive und Absichten des Täters stellen besondere persönliche Merkmale nach § 28 StGB dar.[303] Diesbezüglich besteht nahezu Einigkeit zwischen Rechtsprechung und Literatur. Entscheidend divergieren die Meinungen aber hinsichtlich der Frage, ob es sich um **strafbegründende** besondere persönliche Merkmale nach § 28 Abs. 1 StGB oder um **strafschärfende** besondere persönliche Merkmale nach § 28 Abs. 2 StGB handelt. Ist Ersteres der Fall, so ist ein Teilnehmer auch dann wegen Anstiftung oder Beihilfe zum Mord zu bestrafen, wenn er kein Mordmerkmal verwirklicht, seine Strafe dann aber nach § 49 Abs. 1 StGB zu mildern. Ist Letzteres der Fall, so sind Täter und Teilnehmer nur dann wegen Mordes bzw. Teilnahme daran zu bestrafen, wenn sie jeweils ein Mordmerkmal der genannten Art aufwiesen. Die Entscheidung dieser Frage hängt davon ab, wie der Streit (s.o. § 1 Rn. 13) um das Verhältnis von Mord und Totschlag entschieden wird.

---

298 *Rengier*, BT II, § 5 Rn. 1; NK-*Saliger*, § 211 Rn. 113, 115; *Wessels/Hettinger/Engländer*, BT 1, Rn. 89; differenzierend Sch/Sch-*Eser/Sternberg-Lieben*, § 211 Rn. 49: (nur) Heimtücke besonderes persönliches Merkmal i.S.v. § 28 StGB, da sie einen besonders verwerflichen Vertrauensbruch voraussetze.
299 Vgl. zu ebendiesem Beispiel auch *Wessels/Hettinger/Engländer*, BT 1, Rn. 93 f.
300 *Wessels/Hettinger/Engländer*, BT 1, Rn. 89.
301 BGHSt 36, 231, 235.
302 Vgl. BGHSt 36, 231, 235; NK-*Saliger*, § 211 Rn. 112.
303 BGHSt 22, 375, 377; Sch/Sch-*Eser/Sternberg-Lieben*, § 211 Rn. 49; *Rengier*, BT II, § 5 Rn. 4; NK-*Saliger*, § 211 Rn. 114; *Wessels/Hettinger/Engländer*, BT 1, Rn. 90.

III. Beteiligung

Nach der Rechtsprechung soll es sich bei den §§ 211 und 212 StGB um **selbstständige** Tatbestände mit eigenem Unrechtsgehalt handeln,[304] wofür wie dargestellt Wortlaut, Systematik und Historie angeführt werden (s.o. § 1 Rn. 14). Folge dieser Einstufung ist, dass die täterbezogenen Mordmerkmale der 1. und 3. Gruppe die Strafbarkeit **begründen**, weil sie dazu führen, dass ein selbstständiger Tatbestand verwirklicht wird.[305] Damit ist die Strafbarkeit akzessorisch zur Tat des Haupttäters, d.h. die rechtswidrige Haupttat bestimmt sich alleine nach dem Haupttäter, und der Teilnehmer ist wegen Teilnahme an dieser Haupttat zu bestrafen, wenn er das Mordmerkmal des Haupttäters kennt.[306] Nicht entscheidend ist hingegen, ob er dieses Mordmerkmal selbst aufweist; dies ist nur bei der Strafzumessung zu berücksichtigen, weil in diesem Fall die Strafe des Teilnehmers gemäß § 28 Abs. 1 StGB nach § 49 Abs. 1 StGB zu mildern ist.

123

Deutlich einfacher stellt sich die Lösung nach der vorzugswürdigen Gegenansicht in der Literatur dar, welche im Mord eine Qualifikation des Totschlages sieht (s.o. § 1 Rn. 15), wofür neben den oben angeführten Gründen insb. auch die sachgerechtere Behandlung von Teilnehmern streitet. Diese Einordnung führt nämlich dazu, dass es sich bei den täterbezogenen Mordmerkmalen der 1. und 3. Gruppe um **strafschärfende** besondere persönliche Merkmale i.S.v. § 28 Abs. 2 StGB handelt.[307] Da der Mord eine Qualifikation des Totschlags ist, schärfen die Mordmerkmale der 1. und 3. Gruppe als besondere persönliche Merkmale i.S.v. § 28 Abs. 2 StGB die Strafe, sodass diese Strafschärfung nur für den Teilnehmer gilt, bei dem sie auch vorliegen. Diese Vorschrift bewirkt insofern eine **Akzessorietätslockerung** und **Tatbestandsverschiebung**, sodass sich die Haupttat aus der Sicht des Teilnehmers bestimmt und dieser nur bzw. auch dann wegen einer Anstiftung oder Beihilfe zum Mord bestraft wird, wenn er selbst ein Mordmerkmal der 1. oder 3. Gruppe aufweist.[308]

124

Tötet etwa A seine Erbtante C, um das Erbe einzustreichen, so ist er wegen eines Mordes aus Habgier, § 211 StGB, zu bestrafen. Hat B ihm dazu in voller Kenntnis von Tat und Motivation Hilfe geleistet, ohne jedoch selbst aus Habgier zu handeln, so ist auch er nach der Lösung der Rechtsprechung wegen einer Beihilfe zum Mord, §§ 211, 27 StGB, zu bestrafen, seine Strafe jedoch nach den §§ 28 Abs. 1, 49 Abs. 1 StGB zu mildern. Genau genommen müsste die Strafe sogar doppelt gemildert werden, weil auch § 27 Abs. 2 S. 2 StGB für den Gehilfen eine obligatorische Strafmilderung anordnet. Allerdings soll in einem solchen Fall § 212 StGB eine Sperrwirkung entfalten, sodass dessen Strafrahmen nicht unterschritten werden darf, da sonst bei einer Beihilfe zum Totschlag über die §§ 27 Abs. 2 S. 2, 49 Abs. 1 Nr. 3 StGB ein Mindestmaß von nicht unter zwei Jahren, bei einer Beihilfe zum Mord ohne eigenes Mordmerkmal über die §§ 28 Abs. 1, 49 Abs. 1 Nr. 3 StGB bei nochmaliger Milderung ein Mindestmaß von sechs Monaten im Raume stünde.[309] Nach der vorzugswürdigen Literaturansicht ist B in einem solchen Fall hingegen sogleich nur wegen einer Beihilfe zum Totschlag, §§ 212, 27, 28 Abs. 2 StGB, zu bestrafen.

125

---

304 Vgl. BGHSt 1, 368, 370 f.; 50, 1, 5.
305 BGHSt 1, 368, 370 ff.; 50, 1, 5; BGH NJW 1982, 2738.
306 BGHSt 50, 1, 5; BGH NJW 1982, 2738.
307 *Eisele*, BT I, Rn. 142; *Rengier*, BT II, § 5 Rn. 6, 14 ff.; NK-*Saliger*, § 211 Rn. 117.
308 *Rengier*, BT II, § 5 Rn. 6; *Wessels/Hettinger/Engländer*, BT 1, Rn. 92 – a.A. LK-*Rissing-van Saan/Zimmermann*, § 211 Rn. 161 f., die auch § 28 Abs. 2 StGB nur auf die Strafzumessung beziehen; differenzierend *Klesczewski*, BT, § 2 Rn. 108 ff., der bestimmte Mordmerkmale als Schuldmerkmale deutet und daher § 29 StGB anwenden will.
309 BGH NStZ 2006, 288, 290 mit abl. Anm. *Puppe*.

126 Liegt der Fall jedoch genau andersherum, begeht also A lediglich einen Totschlag an C, während ihm B aus Habgier dabei hilft, so ist A wegen eines Totschlages, § 212 StGB, zu bestrafen, und auch für B kommt nach der Ansicht des BGH nur eine Beihilfe zum Totschlag in Betracht, denn sein Mordmerkmal ändert wegen der Akzessorietät zur Haupttat nichts an dieser Einstufung und kann allenfalls bei der Strafzumessung relevant werden.[310]

127 Besonders problematisch ist die Konstellation der „gekreuzten Mordmerkmale", wenn Täter und Teilnehmer nicht mit derselben, sondern jeweils einer anderen verwerflichen Motivation oder Absicht handeln, sofern diese persönliche Mordmerkmale „gleicher Art" darstellen,[311] so etwa, wenn B zwar nicht aus Habgier, aber aus einem sonstigen niedrigen Beweggrund, etwa aus Geltungssucht gegenüber A, handelte. Hier müsste der BGH eigentlich die Strafe des B mildern, weil er nicht das Mordmerkmal des A aufweist. Diese Konsequenz möchte der BGH aber nicht ziehen, sondern lässt § 28 Abs. 1 StGB hier unangewendet.[312] In all diesen Fällen bewirkt hingegen die Anwendung des § 28 Abs. 2 StGB eine sachgerechte Akzessorietätslockerung. Hat der Haupttäter A nur einen Totschlag, § 212 StGB, begangen, kann der aus Habgier Beihilfe leistende B gleichwohl wegen einer Beihilfe zum Mord, §§ 211, 27, 28 Abs. 2 StGB, bestraft werden. Handeln beide habgierig oder haben Haupttäter und Teilnehmer verschiedene (gekreuzte) Mordmerkmale der 1. oder 3. Gruppe, so ergibt sich zwanglos die Bestrafung für den Täter aus § 211 StGB und für den Teilnehmer in beiden Fällen aus den §§ 211, 27, 28 Abs. 2 StGB.

128 ▶ **Lösung des Beispielsfalls („Gekreuzte Mordmerkmale"):**[313] Der Beispielsfall hat die Konstellation der „gekreuzten Mordmerkmale" zum Gegenstand. Während A und B in Verdeckungsabsicht handelten, lag diese bei C nicht vor. Er selbst wirkte hingegen an einem Mord mit, um seinen Vorgesetzten zu imponieren. Er ging also um seiner Karriere und seines persönlichen Fortkommens willen über Leichen. Dies hat der BGH zu Recht als einen sonstigen niedrigen Beweggrund eingestuft (s.o. Rn. 89 ff.). Damit stand er vor dem Problem, dass C eben nicht das Mordmerkmal von A und B aufwies. Er war zwar wegen einer Beihilfe zum Mord, §§ 211, 27 StGB, zu bestrafen, weil er die Verdeckungsabsicht der Haupttäter kannte, seine Strafe wäre aber gem. § 28 Abs. 1 StGB zu mildern gewesen, obgleich bei ihm ein anderes täterbezogenes Mordmerkmal vorlag. Diese missliche Konsequenz wollte der BGH nicht ziehen. Er erklärte stattdessen, § 28 Abs. 1 StGB sei nicht anzuwenden, wenn beim Teilnehmer ein persönliches Mordmerkmal **„gleicher Art"** vorlag. ◀

129 **Anmerkung:** Dies ist eine wenig konsequente Lockerung der Akzessorietät, welche der BGH so eigentlich gar nicht vornehmen dürfte.[314] Auf der Basis der zutreffenden h.L. lässt sich der Fall hingegen gut lösen, da das Mordmerkmal des C über § 28 Abs. 2 StGB zu berücksichtigen ist. Obendrein blieb der BGH die Erklärung schuldig, wann ein Mordmerkmal „gleicher Art" vorliegen soll. Zudem ist zu bedenken, dass er jedenfalls dann, wenn C keine Kenntnis von der Verdeckungsabsicht der beiden Haupttäter gehabt hätte, keineswegs zu einer Beihilfe zum Mord hätte gelangen können.[315]

---

310 BGHSt 1, 368, 370 ff.; 50, 1, 6.
311 BGHSt 23, 39, 40.
312 BGHSt 23, 39, 40.
313 BGHSt 23, 39.
314 Vgl. auch NK-*Saliger*, § 211 Rn. 121.
315 Vgl. *Eisele*, BT I, Rn. 147.

III. Beteiligung § 3

Bei **Mittäterschaft** kommen Rechtsprechung und Literatur hingegen zum gleichen Ergebnis.[316] Hätten im obigen Beispiel A und B die Erbtante als Mittäter gemeinsam getötet und dabei nur A habgierig gehandelt, so wäre nach der zutreffenden Literaturansicht A wegen Mordes, § 211 StGB, zu bestrafen, B hingegen i.H.a. § 28 Abs. 2 StGB, der auch bei Mittäterschaft gilt, wegen Totschlages. Auch der BGH gelangt zu dieser Lösung.[317] Da der Unrechtsgehalt des § 212 StGB in § 211 StGB enthalten sei, betreffe die Handlung der Mittäter die „gleiche Straftat" i.S.v. § 25 Abs. 2 StGB. Zugerechnet wird dann das jeweilige Verhalten, die täterbezogenen Mordmerkmale beurteilen sich jedoch für jeden Mittäter getrennt. Auch dies ist angesichts der angeblichen Selbstständigkeit der Tatbestände nicht überzeugend und führt zu dem paradoxen Ergebnis, dass B als Mittäter wegen eines Totschlages, als Gehilfe hingegen wegen Beihilfe zum Mord bestraft würde.

130

3. Prüfungsschema

Im Hinblick auf den Aufbau der Klausur interessanter ist die Teilnahme. Wie stets ist der Täter vor dem Teilnehmer zu untersuchen. Die tatbezogenen Mordmerkmale der 2. Gruppe sind bzgl. des Teilnehmers wiederum wie „normale" Tatbestandsmerkmale nach den allgemeinen Akzessorietätsregeln zu behandeln, d.h. liegen sie beim Haupttäter vor, so muss sich der Vorsatz des Anstifters bzw. Gehilfen darauf beziehen. Bei den täterbezogenen Mordmerkmalen der 1. und 3. Gruppe kommt es darauf an, ob Sie der herrschenden Literatur oder der Rechtsprechung folgen. In ersterem Fall kommt es zu einer **Tatbestandsverschiebung**, die nach dem subjektiven Tatbestand zu prüfen ist. Hier ist auch der geeignete Ort, den Streit zu erörtern und – bei unterschiedlichen Ergebnissen – zu entscheiden. Das folgende Schema richtet sich nach der hier befürworteten Lösung.[318]

131

▶ A. Strafbarkeit des Haupttäters gem. § 212 StGB oder gem. §§ 212, 211 StGB
   B. Strafbarkeit des Teilnehmers gem. §§ 212, 211, 27 (oder § 26), 28 Abs. 2 StGB
      I. Tatbestand
         1. Objektiver Tatbestand
            a) Vorsätzliche rechtswidrige Haupttat (s. A.)
            b) Teilnahmehandlung (Hilfeleisten, § 27 StGB)
         2. Subjektiver Tatbestand
            a) Vorsatz bzgl. der Haupttat (I. 1. a)) (ggf. inkl. tatbezogener MM der 2. Gruppe)
            b) Vorsatz bzgl. der eigenen Teilnahmehandlung (I. 1. b))
         3. Tatbestandsverschiebung, § 28 Abs. 2 StGB (h.L.), bzgl. täterbezogener MM der 1. und 3. Gruppe
            P: hier Streit zwischen h.L. und BGH diskutieren
      II. Rechtswidrigkeit
      III. Schuld
      IV. Ergebnis ◀

---

316 Vgl. dazu *Wessels/Hettinger/Engländer*, BT 1, Rn. 102.
317 BGHSt 36, 231, 233 ff.
318 Vgl. zum Prüfungsschema auch *Rengier*, BT II, § 5 Rn. 23.

WIEDERHOLUNGSFRAGEN

1. Was besagt die Theorie der negativen Typenkorrektur? (Rn. 5)
2. Welche Ansätze zur restriktiven Auslegung des Mordmerkmals Heimtücke kennen Sie? (Rn. 35 ff.)
3. Ist ein Heimtückemord auch gegenüber Kleinkindern, Schlafenden und Bewusstlosen möglich? (Rn. 17 ff.)
4. Kann das Mordmerkmal „mit einem gemeingefährlichen Mittel" auch durch Unterlassen begangen werden? (Rn. 59)
5. Ist Habgier auch dann möglich, wenn der Täter auf das Erstrebte einen Anspruch hat? (Rn. 84)
6. Sind bei der Beurteilung niedriger Beweggründe auch kulturelle Differenzen zu berücksichtigen? (Rn. 97)
7. Können Ermöglichungs- und Verdeckungsabsicht auch mit einem nur bedingten Tötungsvorsatz zusammentreffen? (Rn. 105, 117)
8. Was ist unter gekreuzten Mordmerkmalen zu verstehen und wie wirken diese sich im Hinblick auf eine Bestrafung eines Teilnehmers aus? (Rn. 127 ff.)

§ 4 Tötung auf Verlangen; Suizidhilfe; Sterbehilfe

Literaturempfehlungen:
Geppert, Zur gerechtfertigten Sterbehilfe durch Behandlungsabbruch, JURA 2011, 8; *Hecker*, Sterbehilfe durch Behandlungsabbruch, JuS 2010, 1027; *Kubiciel*, Gott, Vernunft, Paternalismus – Die Grundlagen des Sterbehilfeverbots, JA 2011, 86; *Kühl*, Beteiligung an der Selbsttötung und verlangte Fremdtötung, JURA 2010, 81; *ders.*, Rechtfertigung vorsätzlicher Tötungen im Allgemeinen und speziell bei Sterbehilfe, JURA 2009, 881; *Mitsch*, Grundfälle zu den Tötungsdelikten, JuS 1996, 309.

Übungsfälle:
Gaede/Miranowicz, Ärztlich assistierter Suizid, JuS 2018, 556; *Kühl/Kneba*, Zwei ungleiche Söhne, JA 2011, 426; *Scholderer*, Der lebensmüde Motorradfahrer, JuS 1989, 918; *Weißer*, Tödliche Erlösung, JuS 2009, 135.

I. Einleitung

1. Grundlagen

Exkurs: Die Tötung auf Verlangen – und eng damit zusammenhängend der Bereich der Sterbe- und Suizidhilfe – ist in jüngerer Zeit stark in die Diskussion geraten. Es geht hier um einen **Grundkonflikt** zwischen dem (absoluten) Schutz des Lebens und dem allgemeinen Persönlichkeitsrecht des Sterbewilligen aus Art. 2 Abs. 1 i.V.m. Art. 1 Abs. 1 GG, das auch das Recht umfasst, sich das Leben zu nehmen, also über den eigenen Todeszeitpunkt zu bestimmen.[1] Daher ist der (gescheiterte) Suizidversuch seit jeher straflos (s. bereits oben § 2 Rn. 2). Führt ein sterbewilliger Mensch die Selbsttötung jedoch nicht eigenhändig durch, sondern bestimmt einen anderen dazu, diese Tötung durchzuführen, so legt § 216 StGB für den Täter zwar einen gegenüber § 212 StGB reduzierten Strafrahmen – sechs Monate bis zu fünf Jahre anstatt mindestens fünf Jahre bis zu 15 Jahre – fest, stellt dieses Verhalten aber eben unter Strafe. Der Grund für die Milderung der Strafe ist nach h.M. zum einen im reduzierten Unrecht der Tat zu sehen, weil das Opfer mit der eigenen Tötung einverstanden ist, sowie zum anderen in der geminderten Schuld des Täters, der sich aus Mitleid mit dem Opfer bzw. aus Respekt vor dessen Todeswunsch zur Tat entschließt.[2]

1

Der Gesetzgeber bringt durch § 216 StGB einen **absoluten Lebensschutz** zum Ausdruck, der sich zumindest vom Grundsatz her auch gegen das Selbstbestimmungsrecht des Sterbewilligen durchsetzen soll. Der Vorschrift ist zu entnehmen, dass das Rechtsgut Leben nicht dispositiv ist, das Opfer selbst in die eigene Tötung also nicht einwilligen und damit die Tat nicht rechtfertigen kann.[3] Auch derjenige, der nur den Willen des Opfers ausführt, macht sich strafbar. Als Grundgedanke des § 216 StGB lässt sich also festhalten: Straflos ist derjenige Beteiligte, der dem Sterbewilligen den Selbsttötungsakt überlässt und ihm dabei hilft; § 216 StGB begeht hingegen derjenige, der den Tötungsakt an Stelle des Sterbewilligen übernimmt. Damit kommt es ganz entscheidend darauf an, ob ein Beteiligter Täter einer Fremdtötung (strafbar nach § 216 StGB) oder Teilnehmer an einer Selbsttötung (straflos mangels strafbarer Haupttat) ist (zur Abgrenzung unten Rn. 22 ff.).

2

---

1 BVerfGE 153, 182, 260; *Coenen*, KriPoZ 2020, 67, 74.
2 Sch/Sch-*Eser/Sternberg-Lieben*, § 216 Rn. 1; L/K/H-*Heger*, § 216 Rn. 1; *Wessels/Hettinger/Engländer*, BT 1, Rn. 106.
3 Vgl. zu dieser Einwilligungssperre *Kaspar*, AT, § 5 Rn. 277.

3 Dass eine täterschaftliche Fremdtötung auf Verlangen grds. gem. § 216 StGB strafbar ist, erscheint in verschiedenen Konstellationen i.H.a. das bereits angeführte **Selbstbestimmungsrecht** nicht hinnehmbar. Zu denken ist zum einen an die Fälle der (indirekten) Sterbehilfe bei bereits im Sterben befindlichen Menschen durch die Vergabe schmerzlindernder Medikamente oder des Behandlungsabbruchs durch Ärzte bei unheilbar Kranken (s. dazu Rn. 43 ff.), bei denen eine strafbewehrte Pflicht, sie gegen ihren Willen am Leben zu halten, nicht bestehen kann. Im Gegenteil: Ärzte benötigen für eine mit körperlichen Eingriffen verbundene Behandlung eine Einwilligung des Patienten.[4] Auch würden solche Fälle dem inzwischen weiterentwickelten Verständnis der **Patientenautonomie** widersprechen (s. unten Rn. 46). Zum anderen gibt es Fälle, in denen ein Sterbewilliger die Selbsttötung aus physischen Gründen selbst nicht vollziehen kann. Während der (versuchte) Suizid und auch eine Beteiligung daran nicht strafbar sind, würde einem solchen Menschen das Selbstbestimmungsrecht, über den Zeitpunkt des eigenen Todes zu bestimmen, nur deshalb genommen, weil er die Selbsttötung nicht selbst durchführen kann.[5] Und schließlich stellt sich ganz allgemein die Frage: Warum darf der Staat überhaupt in das Recht eingreifen, über den eigenen Todeszeitpunkt zu bestimmen?

4 Was also ist die **ratio** der Vorschrift? Sieht man sie allein im Schutz des Lebens des Sterbewilligen, so könnte der Norm ein – gemessen am heutigen Verständnis des Selbstbestimmungsrechts – problematischer (indirekter) **paternalistischer Charakter** attestiert werden,[6] weil der Gesetzgeber den Sterbewilligen vor sich selbst schützt. Das mag nachvollziehbar sein, wenn es um übereilte Entscheidungen aus einer momentanen Stimmung heraus geht. Bedarf es eines solchen Schutzes aber auch dann, wenn das Opfer wohlüberlegt „ausdrücklich und ernstlich" den eigenen Tod verlangt, wie es die Vorschrift voraussetzt? Einem Konflikt mit dem Selbstbestimmungsrecht wird zwar entgegengehalten, es gebe kein Recht, sich zur „Selbsttötung" eines Dritten zu bedienen, sodass die Grenzen der Selbstbestimmung überschritten seien.[7] § 216 StGB schränkt die Dispositionsfreiheit also nur insofern ein, dass nicht ein Dritter die Tötung durchführen darf. Das stellt aber eben denjenigen schlechter, der den Suizid nicht selbst vollziehen kann. Auch mag es gravierende Unterschiede im Hinblick auf den Sachverhalt geben, welcher dem Sterbewunsch zugrunde liegt, sodass jedenfalls ein undifferenzierter paternalistischer Schutz nicht in allen Fällen gleich gerechtfertigt erscheint.[8]

5 Verschiedentlich wird darauf rekurriert, dass die Norm nicht nur das Leben des Einzelnen schütze, sondern darüber hinaus das kollektive Interesse an der Aufrechterhaltung eines **generellen Tötungsverbots**,[9] sodass es sich nicht um eine rein paternalistische Regelung handele, sondern auch um einen Schutz des allgemeinen Tötungstabus. Es darf aber gefragt werden, ob ein solches allgemeines Interesse heute in dieser Form überhaupt noch besteht. Letztlich mag hinter der Norm auch der Gedanke eines möglichen Missbrauchs durch einen Täter stehen, der sich auf einen angeblichen Todes-

---

4 Vgl. BGHSt 11, 111, 113 f.
5 Vgl. *Coenen*, KriPoZ 2020, 67, 75.
6 Vgl. NK-*Saliger*, § 216 Rn. 1.
7 LK-*Rissing-van Saan*, § 216 Rn. 4.
8 Vgl. *Neumann*, in Fateh-Moghadam/Sellmaier/Vossenkuhl, 2010, S. 245, 251 ff.
9 Sch/Sch-*Eser/Sternberg-Lieben*, § 216 Rn. 1a; *Wessels/Hettinger/Engländer*, BT 1, Rn. 106; vgl. auch (kritisch) NK-*Saliger*, § 216 Rn. 1.

II. Tatbestandsvoraussetzungen § 4

wunsch des Opfers beruft.[10] Aus den genannten Gründen ist die Norm rechtspolitisch umstritten[11] und einem wachsenden Legitimationsdruck ausgesetzt.

2. Prüfungsschema

Da die Tötung auf Verlangen eine Privilegierung des Totschlags darstellt (§ 1 Rn. 12),[12] die § 211 StGB sperrt, sollte die Prüfung mit dieser Vorschrift begonnen werden, auch wenn Mordmerkmale in Betracht kommen. Ist sie erfüllt, wird § 211 StGB wegen der **Sperrwirkung** nicht mehr geprüft.[13] § 216 StGB enthält sämtliche Merkmale des § 212 StGB, zusätzlich aber die privilegierenden Merkmale im objektiven Tatbestand, dass der Täter durch ein ausdrückliches und ernstliches Verlangen des Opfers zur Tat bestimmt sein muss. Daraus ergibt sich folgendes Schema:

▶ I. Tatbestand
   1. Objektiver Tatbestand
      a) Tötung eines anderen Menschen (§ 212 Abs. 1 StGB)
      b) ausdrückliches und ernstliches Tötungsverlangen des Opfers
      c) dadurch Bestimmtsein des Täters
   2. Subjektiver Tatbestand
      a) Vorsatz bzgl. objektiven Tatbestandsmerkmale
      b) § 16 Abs. 2 StGB
II. Rechtswidrigkeit
III. Schuld ◀

II. Tatbestandsvoraussetzungen

1. Objektiver Tatbestand

Der objektive Tatbestand enthält sämtliche Merkmale des § 212 Abs. 1 StGB. Unerheblich ist es auch hier, ob das Opfer kurze Zeit später ohnehin gestorben wäre, denn kausal ist jede Lebensverkürzung in diesem Zeitpunkt. Es gibt kein „lebensunwertes Leben".

a) Ausdrückliches und ernstliches Tötungsverlangen

Der Täter muss objektiv durch ein ausdrückliches und ernstliches **Tötungsverlangen** des Opfers zur Tat bestimmt worden sein.

aa) Verlangen

Definition: Verlangen ist das Einwirken auf den Willen des Täters mit dem Ziel, einen Tatentschluss hervorzurufen.[14]

---

10 *Kindhäuser/Schramm*, BT I, § 3 Rn. 12.
11 Vgl. nur *Coenen*, KriPoZ 2020, 67 m.w.N.
12 Nach der Rechtsprechung handelt es sich hingegen um einen selbstständigen Fall der vorsätzlichen Tötung; vgl. BGHSt 2, 258; 13, 162, 165.
13 Vgl. auch *Zieschang*, BT 1, Rn. 225.
14 MK-*Schneider*, § 216 Rn. 13; vgl. auch BeckOK-*Eschelbach*, § 216 Rn. 10; NK-*Neumann/Saliger*, § 216 Rn. 10; LK-*Rissing-van Saan*, § 216 Rn. 17.

10 Ein **Verlangen** geht über eine bloße Einwilligung des Opfers in die Tötung hinaus.[15] Es kann aber auch dann anzunehmen sein, wenn die Initiative zur Tötung ursprünglich nicht vom Opfer ausging, sondern vom Täter.[16] Dies kann beim gemeinsam geplanten **Doppelselbstmord** der Fall sein: Hier ist irrelevant, wer die ursprüngliche Idee hatte, sofern beide die eigene Tötung verlangen.[17] Eine **Rücknahme** des Verlangens ist aber jederzeit möglich.[18]

bb) Ausdrücklich

11 **Definition**: Das Verlangen ist ausdrücklich, wenn es in eindeutiger und unmissverständlicher Weise durch Worte oder Gesten verdeutlicht wird.[19]

12 Da eine **ausdrückliche Willensäußerung** erforderlich ist, reicht eine bloß beiläufige Äußerung des Opfers, nicht mehr leben zu wollen, nicht aus.[20] Zwar genügen auch Gesten oder die Formulierung als Frage,[21] nicht aber, wenn sich das Verlangen nur aus einer Interpretation der Sachlage ergibt.[22]

cc) Ernstlich

13 **Definition**: Das Verlangen ist ernstlich, wenn es auf einem frei verantwortlichen Willensentschluss des Opfers beruht.

14 Dazu ist wie bei der Einwilligung[23] zunächst eine **fehlerfreie Willensbildung** nötig. Das Opfer darf also nicht durch Täuschung oder Zwang zur Abgabe des Verlangens gebracht worden sein.[24] Ferner ist auch hier die natürliche **Einsichtsfähigkeit** maßgeblich.[25] An der Einsichtsfähigkeit kann es bei Geisteskranken, Alkohol- oder Drogeneinfluss oder altersbedingter Unreife fehlen,[26] was allerdings eine Frage des Einzelfalles ist.[27] Dies ist aber schon allgemein Voraussetzung eines Rechtsgutsverzichts. Inwieweit beim normativen Tatbestandsmerkmal der „Ernstlichkeit" weitere Einschränkungen (gegenüber der Einwilligung) vorzunehmen sind, ist umstritten.[28] Nach zutreffender Ansicht muss ein überlegter Entschluss des Opfers vorliegen.[29] Ein Verlangen aus einer „depressiven Augenblicksstimmung" heraus reicht nicht aus, da das Verlangen in diesem Fall nicht ausreichend auf die Tötung abzielt.[30] Der BGH verlangt insoweit, dass das Verlangen des Opfers von „innerer Festigkeit und Zielstrebigkeit getragen"

---

15 BGHSt 50, 80, 92; BeckOK-*Eschelbach*, § 216 Rn. 10; Sch/Sch-*Eser/Sternberg-Lieben*, § 216 Rn. 5; *Hilgendorf/Valerius*, BT I, § 2 Rn. 99; *Kindhäuser/Schramm*, BT I, § 3 Rn. 12; LK-*Rissing-van Saan*, § 216 Rn. 17; MK-*Schneider*, § 216 Rn. 13; *Wessels/Hettinger/Engländer*, BT 1, Rn. 107.
16 NK-*Saliger*, § 216 Rn. 10; MK-*Schneider*, § 216 Rn. 14.
17 Sch/Sch-*Eser/Sternberg-Lieben*, § 216 Rn. 5.
18 BeckOK-*Eschelbach*, § 216 Rn. 9.
19 MK-*Schneider*, § 216 Rn. 18.
20 BeckOK-*Eschelbach*, § 216 Rn. 11; *Rengier*, BT II, § 6 Rn. 7; NK-*Saliger*, § 216 Rn. 13.
21 BGH NStZ 1987, 365, 366; zust. *Roxin*, NStZ 1987, 345; NK-*Saliger*, § 216 Rn. 13.
22 BeckOK-*Eschelbach*, § 216 Rn. 10; *Kindhäuser/Schramm*, BT I, § 3 Rn. 12.
23 Vgl. dazu *Kaspar*, § 5 Rn. 269 ff.
24 MK-*Schneider*, § 216 Rn. 20.
25 BeckOK-*Eschelbach*, § 216 Rn. 11; *Wessels/Hettinger/Engländer*, BT 1, Rn. 107.
26 MK-*Schneider*, § 216 Rn. 20 ff.; *Wessels/Hettinger/Engländer*, BT 1, Rn. 107.
27 Zutreffend Sch/Sch-*Eser/Sternberg-Lieben*, § 216 Rn. 8; NK-*Saliger*, § 216 Rn. 15.
28 Vgl. BGH NStZ 2011, 340, 341; ferner ausführlich A/W/H/H-*Hilgendorf*, § 3 Rn. 14.
29 L/K/H-*Heger*, § 216 Rn. 2; NK-*Saliger*, § 216 Rn. 14.
30 A/W/H/H-*Hilgendorf*, § 3 Rn. 18; *Kindhäuser/Schramm*, BT I, § 3 Rn. 12; *Rengier*, BT II, § 6 Rn. 7; NK-*Saliger*, § 216 Rn. 14.

II. Tatbestandsvoraussetzungen § 4

ist.[31] Fraglich ist, wie sich Irrtümer des Opfers auswirken. Während vielfach bei der Einwilligung angenommen wird, dass nur rechtsgutsbezogene Irrtümer, nicht aber Motivirrtümer die Freiverantwortlichkeit beseitigen,[32] wird jedenfalls bei § 216 StGB überwiegend zu Recht eine solche Differenzierung nicht vorgenommen, sodass jeder Irrtum die Ernstlichkeit des Verlangens ausschließt.[33]

b) Bestimmtsein des Täters zur Tat

▶ **Beispielsfall („Kannibale"):**[34] Zum Sachverhalt s. oben § 3 Rn. 73. ◀   15

Der Täter muss schließlich durch das ausdrückliche und ernstliche Verlangen des Opfers zu seiner Tat, d.h. zur Tötung des Opfers, **bestimmt** gewesen sein. Das Merkmal kann orientiert an § 26 StGB ausgelegt werden.[35] Insofern entfällt ein Bestimmtsein seitens des Opfers bei einem Täter, der schon vorher omnimodo facturus war.[36] Das Verlangen des Opfers muss insofern für den Täter **handlungsleitend** sein.[37] Das Bestimmtsein durch das Verlangen des Opfers kann insb. dann problematisch sein, wenn der Täter daneben andere Ziele verfolgt. Dies wird besonders relevant beim Zusammentreffen mit Mordmerkmalen, weil es hier auch darauf ankommt, ob § 216 StGB eine Sperrwirkung entfaltet.   16

▶ **Lösung des Beispielsfalls („Kannibale"):**[38] Um ebendieses Problem ging es auch im Kannibalen-Fall. Wäre hier § 216 StGB anwendbar gewesen, so hätte A nicht wegen eines Mordes verurteilt werden können. Der BGH lehnte § 216 StGB jedoch wie bereits oben dargestellt (§ 3 Rn. 76) ab, da A das Verlangen des B für A nicht handlungsleitend gewesen, er seitens B also nicht zur Tat bestimmt worden sei. A habe aus eigenem Antrieb zur Tötung bereite Opfer gesucht und B sei lediglich darauf eingegangen, um das von ihm erstrebte Ziel einer Penisamputation zu verwirklichen. Keineswegs sei es B darum gegangen, selbst getötet zu werden. Aufgrund des erwarteten „ultimativen Hochgefühls" sei für B das darauffolgende Geschehen „irrelevant" gewesen. ◀   17

Anmerkung: Dem ist im Ergebnis zuzustimmen. Allerdings überzeugt es nicht, dass der BGH bei der Frage des Bestimmtseins des Täters durch das Opfer auf die Motivationslage des B abgestellt hat; denn entscheidend war hier vielmehr die Frage, ob das Verlangen des Opfers für A handlungsleitend war, was nach dem Sachverhalt zu verneinen war, sofern für A dessen eigener (sexueller) Wunsch dominant war.[39]   18

Klausurtipp: Zusammengefasst bedeutet dies für das Verhältnis der §§ 211, 216 StGB zueinander: Ist ein Mordmerkmal handlungsleitend, so scheidet § 216 StGB aus und § 211 StGB ist erfüllt; ist das Verlangen des Opfers handlungsleitend, so greift nur § 216 StGB   19

---

31 BGH NStZ 2011, 340, 341; vgl. auch MK-*Schneider*, § 216 Rn. 21.
32 Vgl. zu diesem Streit *Kaspar*, AT, § 5 Rn. 286 ff.
33 Sch/Sch-*Eser/Sternberg-Lieben*, § 216 Rn. 8; NK-*Saliger*, § 216 Rn. 14; MK-*Schneider*, § 216 Rn. 23.
34 BGHSt 50, 80; vgl. ferner BGH NStZ 2016, 469.
35 MK-*Schneider*, § 216 Rn. 13.
36 *Rengier*, BT II, § 6 Rn. 9; NK-*Saliger*, § 216 Rn. 16.
37 BGHSt 50, 80, 91 f.; BeckOK-*Eschelbach*, § 216 Rn. 12; *Rengier*, BT II, § 6 Rn. 9; NK-*Saliger*, § 216 Rn. 16. Diese Auslegung wurde auch vom BVerfG akzeptiert; BVerfG NJW 2009, 1061, 1062.
38 BGHSt 50, 80, 91 f.; dazu *Marxen/Gleinig/Neutschman*, famos 07/2005; vgl. ferner den Kannibalen-Fall II: BGH NStZ 2016, 469, 470; dazu *Radüg/Toth*, famos 08/2016.
39 Zutreffend *Kubiciel*, JA 2005, 763, 764.

und § 211 StGB ist gesperrt; sind beide gleichrangig, so sperrt § 216 StGB den § 211 StGB ebenfalls.[40]

2. Subjektiver Tatbestand

20 Der **Vorsatz** muss sich auf sämtliche Merkmale des objektiven Tatbestands beziehen, also auch auf das ausdrückliche und ernstliche Verlangen des Opfers und das eigene Dadurch-Bestimmtsein. Hat der Täter keine Kenntnis davon, dass das Opfer seinen Tod ausdrücklich und ernstlich verlangt hat, so scheidet § 216 StGB wegen eines **Irrtums** nach § 16 Abs. 1 StGB aus, der Täter hat sich dann gem. § 212 StGB, ggf. auch gem. § 211 StGB strafbar gemacht. Im umgekehrten Fall, wenn der Täter also irrtümlich ein ausdrückliches und ernsthaftes Verlangen des Opfers annimmt, greift § 16 Abs. 2 StGB: Es kann nur aus § 216 StGB bestraft werden.[41]

III. Straflose Beteiligung an der Selbsttötung und täterschaftliche Fremdtötung

21 Wie gesehen (oben § 2 Rn. 2) verlangen die §§ 211, 212, 216 StGB die Tötung eines „anderen Menschen", die (versuchte) **freiverantwortliche Selbsttötung** ist nicht strafbar. Mangels einer vorsätzlichen rechtswidrigen Haupttat ist insofern auch die Teilnahme an einer Selbsttötung straflos.[42] Aus diesem Grund ist eine Abgrenzung der straflosen Beteiligung an der freiverantwortlichen Selbsttötung von der Fremdtötung (in mittelbarer Täterschaft) entscheidend für die Strafbarkeit des Beteiligten.[43] Dabei sind drei Fragen zu klären: (1.) Wie ist eine Selbsttötung von einer strafbaren Fremdtötung abzugrenzen? (2.) wann ist eine Selbsttötung freiverantwortlich und wann ist stattdessen ggf. von einer Tötung in mittelbarer Täterschaft durch den Hintermann auszugehen? (3.) kann sich an einen freiverantwortlichen Suizid eine Strafbarkeit wegen Unterlassens des den Tod nicht verhindernden Garanten anschließen?

1. Abgrenzung der straflosen Teilnahme an einer Selbsttötung von der täterschaftlichen Fremdtötung auf Verlangen

22 ▶ **Beispielsfall („Insulinspritzen"):**[44] B leidet unter einem chronischen Schmerzsyndrom. Er ist krankheitsbedingt arbeitsunfähig und in Rente und wird zu Hause von seiner Ehefrau A gepflegt. Da B zudem unter Diabetes leidet, wird er mit Schmerzmitteln und Insulin in Spritzenform behandelt. Als er in der Folge bettlägerig wird, äußerte B vermehrt den Wunsch zu sterben und kommt mit A dahin überein, dass kein Arzt geholt werden solle, wenn er seinem Leben ein Ende setzen will. Da sich die Schmerzen in der Folge weiter verschlimmern, sagt B am Tattag zu A: „Heute machen wir's". Er fordert A auf, ihm alle im Haus vorrätigen Tabletten zu geben. A trägt nun alle verfügbaren Medikamente zusammen, bricht die Tabletten aus den Verpackungen. B nimmt alle Tabletten selbstständig ein und schluckt sie mit einem Glas Wasser hinunter. Auf seine Aufforderung holt A auch sechs schnell wirkende Insulinspritzen und injiziert diese in dessen Bauchdecke. B verstirbt an Unterzuckerung infolge des injizierten Insulins. Die anfangs mittels der Tabletten eingenommenen Wirkstoffe sind ebenfalls geeignet, seinen Tod herbeizuführen, jedoch erst zu einem späteren Zeitpunkt. ◀

---

40 Vgl. auch *Rengier*, BT II, § 6 Rn. 11 f.
41 A/W/H/H-*Hilgendorf*, § 3 Rn. 21; *Rengier*, BT II, § 6 Rn. 14 f.
42 Hilgendorf/Valerius, BT I, § 2 Rn. 104.
43 *Rengier*, BT II, § 3 Rn. 10 f.
44 BGH NJW 2022, 3021 mit Anm. *Grünewald*; dazu *Albrecht/Bartunek*, famos 10/2022, 55.

III. Straflose Beteiligung an der Selbsttötung und täterschaftliche Fremdtötung § 4

Es stellt sich zunächst die für die Strafbarkeit eines Beteiligten entscheidende Frage, wie Täterschaft und Teilnahme im Falle des § 216 StGB abzugrenzen sind. Die Kriterien für diese Entscheidung sind strittig. Während der BGH zunächst (auch) hier auf den Täterwillen abstellte,[45] sieht er inzwischen jedenfalls bei der Tötung auf Verlangen das entscheidende Abgrenzungskriterium in der **Tatherrschaft**.[46] Schon grundsätzlich bestehen Bedenken gegen die sog. subjektive Theorie des BGH.[47] Zumindest bei der Tötung auf Verlangen kann aber die Frage, ob der Handelnde die Tat als eigene wollte, nicht maßgeblich sein, da er sich gerade dem Willen des den ernstlichen Todeswunsch äußernden Opfers gerade unterordnet, sodass der Tatbestand des § 216 StGB ausgehebelt wäre.[48]

Exkurs: Das hat auch der BGH erkannt und in BGHSt 13, 135 bereits den berühmten **Gisela-Fall** nach dem Kriterium der Tatherrschaft entschieden. In diesem an Romeo und Julia erinnernden Fall ging es um einen (einseitig gescheiterten) Doppelselbstmord durch ein Liebespaar, dem die Eltern die Beziehung verboten hatten. A und seine Freundin B setzten sich in das Auto des A und dieser leitete mittels eines Schlauchs Auspuffgase in das Wageninnere, indem er das Gaspedal durchtrat, bis er das Bewusstsein verlor. Später konnte A gerettet werden, B hingegen verstarb. Der BGH hielt fest, dass allein entscheidend sei, wer das zum Tode führende Geschehen **tatsächlich beherrscht** hat.[49] Entscheidend sei hierbei der Gesamtplan. Habe nach diesem der Beitrag eines Beteiligten nicht bis zum Eintritt des Erfolges willensgesteuert fortdauern, sondern nur die Ursachenreihe so in Gang setzen sollen, dass nach seinem Vollzug dem anderen Beteiligten noch die volle Freiheit verbleibt, sich den Auswirkungen zu entziehen, so liege nur Beihilfe zur Selbsttötung vor.[50] Dies sei im Gisela-Fall aber nicht so gewesen, da B entschlossen gewesen sei, die fortdauernde auf den Tod zielende Handlung des A duldend hinzunehmen, nicht wissend, wann es ihr nicht mehr möglich sein werde, sich der tödlichen Wirkung zu entziehen.[51] So kam der BGH zu einer Strafbarkeit des A nach § 216 StGB. Anders soll aber zu entscheiden sein, wenn wie im Gashahn-Fall[52] A den Gashahn aufdreht und B die Türritzen verstopft und sich beide danach auf den Boden legen. Hier soll straflose Beihilfe des B anzunehmen sein, weil B „die volle Freiheit" verblieben sei, „sich den Auswirkungen zu entziehen oder sie zu beenden".[53] Der Unterschied zwischen den beiden Fällen sollte also darin liegen, dass A im Gisela-Fall das Gaspedal bis zum Schluss weiter durchgetreten hat und insofern das Tatgeschehen bis zuletzt „in der Hand hielt", während A im Gashahn-Fall das Gas aufgedreht hatte, beide sich aber danach gemeinsam auf den Boden gesetzt haben.

Auch in der Literatur wird überwiegend zur Abgrenzung auf die **Tatherrschaft** abgestellt,[54] wobei allerdings zu Recht betont wird, dass die allgemeinen Grundsätze des § 25 StGB hier nicht anzuwenden sind, da der Sterbewillige selbst kein Unrecht

---

45 BGHSt 13, 162, 166.
46 BGHSt 19, 135, 138.
47 S. allgemein zur Abgrenzung von Täterschaft und Teilnahme etwa *Kaspar*, AT, § 6 Rn. 3 ff.; konkret zu § 216 StGB *Hillenkamp/Cornelius*, Probleme BT, 3. Problem, S. 17 ff.
48 NK-*Neumann*, Vor § 211 Rn. 50; *Roxin*, NStZ 1987, 345, 346.
49 BGHSt 19, 135, 139.
50 BGHSt 19, 135, 140.
51 BGHSt 19, 135, 140.
52 RG JW 1921, 579.
53 BGHSt 19, 135, 140.
54 NK-*Neumann*, Vor § 211 Rn. 51; *Rengier*, BT II, § 8 Rn. 11; NK-*Saliger*, § 216 Rn. 5; LK-*Rissing-van Saan*, § 216 Rn. 14 – a.A. A/W/H/H-*Hilgendorf*, § 3 Rn. 42: psychologisches Kriterium, ob der Suizident sich „in die Hand des Täters" begeben hat, sodass der Täter die Hemmung des Opfers, sich selbst zu töten, überwindet.

begeht.⁵⁵ Vielmehr müssen bei § 216 StGB die Besonderheiten des Tatbestandes berücksichtigt werden. Die zutreffende Ansicht in der Literatur löst dies so, dass die Tatherrschaft (des Beteiligten) über den unmittelbar **lebensbeendenden Akt** entscheidend ist.⁵⁶ Eine Mit-Beherrschung im Sinne einer „Quasi-Mittäterschaft" durch beide, wie man ihn im Fall eines Doppelselbstmordes annehmen könnte, reicht (anders als bei § 25 Abs. 2 StGB) für eine Täterschaft aber gerade nicht aus, sondern das Maß der Beherrschung durch den Beteiligten muss höher sein als das des Opfers.⁵⁷ Zudem muss es darauf ankommen, ob das Opfer nach dem Akt des Beteiligten noch die Möglichkeit hatte, den Todeserfolg abzuwenden.⁵⁸ Ist diese wie im Gashahn-Fall gegeben, so ist von einer straflosen Suizidbeihilfe auszugehen. Entgegen der Ansicht des BGH wäre aber auch der Gisela-Fall im Sinne einer straflosen Teilnahme des A zu entscheiden gewesen, da B „Quasi-Mittäterin" der eigenen Tötung war und das Auto jederzeit hätte verlassen können.⁵⁹ Trefflich wird auch davon gesprochen, dass die Beherrschung des Zeitpunkts entscheidend ist, ab dem es kein Zurück mehr gibt.⁶⁰ Insofern kann man sich darüber streiten, ob hier tatsächlich von „Tatherrschaft" gesprochen werden sollte, die dann im Fall des § 216 StGB nach spezifischen Kriterien beurteilt wird, oder ob § 216 StGB schlicht eigenen Regeln folgt.⁶¹

26 ▶ **Lösung des Beispielsfalls („Insulinspritzen"):**⁶² Der BGH hat in unserem Beispielsfall den Maßstab deutlich in Richtung strafloser Suizidteilnahme verschoben, indem er argumentierte, die Frage der Täterschaft nach § 216 StGB sei nicht nach einer naturalistischen Unterscheidung von aktivem und passivem Handeln, sondern anhand einer **normativen Betrachtung** zu entscheiden. Nach dem Gesamtplan habe B sich durch Einnahme sämtlicher Medikamente selbst töten wollen, während das Setzen der Insulinspritzen nur der Sicherstellung des Todeseintritts habe dienen sollen. Obgleich A ihrem Ehemann die todbringende Insulin-Spritze gab, und diesen todbringenden Akt selbstständig ausführte, sei daher nach dem Gesamtplan von einer straflosen Suizidteilnahme auszugehen. ◀

27 **Anmerkung:** Zustimmung verdient, dass der BGH erkennt, dass die Frage der Täterschaft bei § 216 StGB wie gesehen eigenen Regeln folgt. Ob diese aber so extensiv zu interpretieren sind, dass selbst derjenige, der dem Opfer die tödliche Spritze setzt, nur als Teilnehmer anzusehen ist, ist zweifelhaft. Das Ergebnis erscheint gleichwohl richtig, weil B nicht in der Lage war, sich die Spritzen selbst zu injizieren. Hier liegt aber das oben bereits skizzierte Problem der in dieser Hinsicht nicht differenzierenden Norm. Besonders interessant sind daher die „Hilfserwägungen" des BGH, welche er „dahinstehen" lässt, da schon keine Tatherrschaft des A gegeben sei. Gleichwohl gibt er zu erkennen, dass er zu der Auffassung „neige", die vom BVerfG in Bezug auf § 217 StGB a.F. entwickelten Grundsätze auf § 216 StGB zu übertragen, „weil diese Vorschrift in vergleichbarer Weise in das Grundrecht auf selbstbestimmtes Sterben eingreift."⁶³ Insofern hält er es „für naheliegend, dass § 216 I StGB

---

55 *Eisele*, BT I, Rn. 177; *Roxin*, NStZ 1987, 345, 347; dagegen auch NK-*Neumann*, Vor § 211 Rn. 53, 59.
56 NK-*Neumann*, Vor § 211 Rn. 51; *Rengier*, BT II, § 8 Rn. 11; *Roxin*, NStZ 1987, 345, 347; NK-*Saliger*, § 216 Rn. 5.
57 NK-*Neumann*, Vor § 211 Rn. 59; NK-*Saliger*, § 216 Rn. 5; *Roxin*, TuT, S. 638.
58 *Otto*, GK BT, § 6 Rn. 4.
59 So auch *Eisele*, BT I, Rn. 179; NK-*Neumann*, Vor § 211 Rn. 59; *Roxin*, TuT, S. 638 f.; NK-*Saliger*, § 216 Rn. 5; i.E. ebenso A/W/H/H-*Hilgendorf*, § 3 Rn. 42 auf der Grundlage des psychologischen Kriteriums, da die Sperre zur Selbsttötung im Gisela-Fall nicht mehr bestanden habe.
60 *Roxin*, NStZ 1987, 345, 347; *Ziethen*, ZIS 2007, 371 (*point of no return*).
61 Vgl. *Roxin*, NStZ 1987, 345, 347.
62 BGH NJW 2022, 3021.
63 BGH NJW 2022, 3021, 3024.

III. Straflose Beteiligung an der Selbsttötung und täterschaftliche Fremdtötung §4

einer verfassungskonformen Auslegung bedarf, wonach jedenfalls diejenigen Fälle vom Anwendungsbereich der Norm ausgenommen werden, in denen es einer sterbewilligen Person faktisch unmöglich ist, ihre frei von Willensmängeln getroffene Entscheidung selbst umzusetzen, aus dem Leben zu scheiden, sie vielmehr darauf angewiesen ist, dass eine andere Person die unmittelbar zum Tod führende Handlung ausführt."[64] Eine Alternative verfassungskonformer Einschränkung der Strafbarkeit liegt in einer Anwendung des § 34 StGB auf Fälle dieser Art;[65] dies gilt umso mehr, wenn § 216 StGB ein kollektives Rechtsgut zugeschrieben wird.[66] Richtig liegt der BGH indes mit der Verneinung einer Strafbarkeit der B durch Unterlassen, §§ 216, 13 StGB.[67] Eine Garantenpflicht, sich über den Willen des Sterbewilligen hinwegzusetzen, gibt es nicht.[68] Gleiches gilt für § 323c StGB, da schon richtigerweise schon kein „Unglücksfall" anzunehmen ist (s. § 42 Rn. 11). Der BGH nimmt einen solchen zwar an, hält eine Hilfeleistung in diesem Fall aber für nicht zumutbar.[69]

2. Freiverantwortlichkeit der Selbsttötung und Fremdtötung in mittelbarer Täterschaft

▶ **Beispielsfall ("Sirius"):**[70] A überzeugt die B, er sei ein Außerirdischer vom Stern Sirius, der ihr zu einem anderen Leben auf einer höheren Bewusstseinsstufe verhelfen könne. Dazu stehe in einem roten Raum am Genfer See ein neuer Körper für sie bereit, in dem sie weiterleben werde, wenn sie sich von ihrem alten Körper trenne. Auch in ihrem neuen Leben benötige sie jedoch Geld. Daher soll B eine Lebensversicherung zugunsten des A abschließen und sodann aus ihrem „jetzigen Leben" scheiden. Das Geld aus der Versicherung soll B ihr sodann aushändigen. B schließt eine Lebensversicherung ab, setzt sich auf Anweisung des A in die Badewanne und lässt einen eingeschalteten Föhn hineinfallen. Sie verspürt aber nur ein Kribbeln am Körper. ◀

28

Im **Sirius**-Fall geht es um die **Abgrenzung** der straflosen Anstiftung zur freiverantwortlichen Selbsttötung von der strafbaren Tötung in mittelbarer Täterschaft, § 25 Abs. 1 Alt. 2 StGB. Entscheidend ist auch hierfür, wer die Tat beherrscht. Ist es das Opfer selbst, das sich tötet, oder ist es der Hintermann? Hier lässt sich zunächst wiederum festhalten, dass das Opfer, das den Tötungsakt selbstständig vollzieht, grds. die Tat beherrscht. Allerdings kommt mittelbare Täterschaft in Betracht, wenn das Opfer nicht freiverantwortlich handelt. Es stellt sich also die Frage, wann eine Selbsttötung als freiverantwortlich anzusehen ist. Ist dies nicht der Fall, kommt mittelbare Täterschaft des Hintermanns wegen dessen überlegenen Wissens in Betracht. Die Kriterien zur Beurteilung der Freiverantwortlichkeit sind strittig.

29

Nach einer Ansicht soll sich dies wie bei der Fremdtötung nach den Vorsatz- und Schuldregeln beurteilen (sog. **Exkulpationslösung**).[71] Insofern wird der sich selbst Tötende so betrachtet, als töte er einen anderen, und seine Verantwortung an den §§ 19, 20, 35 StGB und § 3 JGG gemessen. Liegt etwa ein entschuldigender Notstand vor, weil der Handelnde durch einen anderen zur Tat genötigt wird, so ist dieser andere

30

---

64 BGH NJW 2022, 3021, 3024.
65 Sch/Sch-*Eser/Sternberg-Lieben*, § 216 Rn. 15a.
66 Vgl. NK-*Saliger*, § 216 Rn. 19.
67 BGH NJW 2022, 3021, 3024.
68 Vgl. auch BGHSt 64, 121, 129 ff.
69 BGH NJW 2022, 3021, 3025; vgl. auch bereits BGHSt 64, 121, 133 f.
70 BGHSt 32, 38; ausführlich dazu *Kaspar/Reinbacher*, Casebook AT, Fall 23.
71 A/W/H/H-*Hilgendorf*, § 3 Rn. 28; *Roxin*, AT II, § 25 Rn. 54, 57; MK-*Schneider*, Vor § 211 Rn. 54 ff.

als mittelbarer Täter anzusehen.⁷² Dafür wird angeführt, dass eben dort die Grenze liegt, bis zu welcher der Täter für seine Handlungen verantwortlich gemacht werden können; ebendieses Prinzip der Verantwortung (für eigenes Handeln) müsse dann sinngemäß auch für die Selbstschädigung gelten.⁷³

31 Nach der vorzugswürdigen Gegenansicht ist hingegen zu fragen, ob eine rechtfertigende Einwilligung des Opfers bzw. ein ernstlicher Todeswunsch i.S.d. § 216 StGB vorläge, wenn es sich nicht selbst töten würde, sondern ein Dritter dies täte (sog. **Einwilligungslösung**).⁷⁴ Insofern können auch Irrtümer des Suizidenten dazu führen, dass seine Freiverantwortlichkeit ausgeschlossen ist, sodass eine mittelbare Täterschaft des die Tat überblickenden Hintermannes möglich ist. Dieser strengere Maßstab erscheint gerechtfertigt, weil auch derjenige, der sich in einem Irrtum befindet, in seiner Entscheidung nicht vollständig „freiverantwortlich" handeln kann. Zudem wird dadurch der grundlegende Unterschied zwischen der Fremd- und der Selbsttötung respektiert, indem nicht so getan wird, als schädige der Suizident einen Dritten, sondern vielmehr wird der Wille des Suizidenten unabhängig davon zugrunde gelegt, ob er die Tat selbst durchführt oder einem anderen überlässt. Insofern muss der sich selbst Tötende insb. ernstlich und frei von Willensmängeln handeln und grds. einsichtsfähig sein.⁷⁵

32 Besondere Relevanz kommt dem Streit bei **Irrtümern** zu, die unterhalb der Schwelle des § 20 StGB anzusiedeln sind. Dass einsichtig ist, dass auch derjenige, der im Sinne eines **Quasi-Tatbestandsirrtums** gar nicht weiß, dass er sich selbst tötet, etwa wenn er aus einem Becher trinkt, von dem er nicht weiß, dass er Gift enthält, sich nicht freiverantwortlich selbst tötet, denn das weiß und will er gar nicht, und dass in einem solchen Fall auch eine mittelbare Täterschaft desjenigen möglich sein muss, der ihm in vollem Wissen und Wollen diesen Becher reicht,⁷⁶ erkennen indes auch Vertreter der Exkulpationslösung und erweitern ihre Theorie um solche Irrtümer.⁷⁷ Insofern ist auch § 16 StGB sinngemäß heranzuziehen.

33 Umstritten ist aber, welche Irrtümer die Freiverantwortlichkeit ausschließen, insb. ob auch ein **Motivirrtum** dazu geeignet ist. Hier setzt sich also der allgemein bei der Einwilligung geführte Streit fort.⁷⁸ Ein Motivirrtum ist etwa anzunehmen, wenn der Täter dem Opfer vorspiegelt, mit ihm gemeinsam in den Tod gehen zu wollen (vorgetäuschter Doppelselbstmord). Der BGH hat in einem solchen Fall einen Mord in mittelbarer Täterschaft bejaht, also auch bei einem Motivirrtum eine freiverantwortliche Selbsttötung entfallen lassen.⁷⁹ Dagegen wird zwar vorgebracht, dass sich auch derjenige, der sich in einem Motivirrtum befinde, immer noch frei und bewusst dafür entscheide, aus dem Leben zu scheiden.⁸⁰ Für eine Beachtlichkeit des Motivirrtums spricht jedoch

---

72 A/W/H/H-*Hilgendorf*, § 3 Rn. 28.
73 *Roxin*, NStZ 1984, 71.
74 *Eisele*, BT I, Rn. 183; *Eisele/Heinrich*, BT, Rn. 93; L/K/H-*Heger*, Vor § 211 Rn. 13a; *Heinrich*, AT, Rn. 1262; *Kindhäuser/Schramm*, BT I, § 4 Rn. 14; NK-*Neumann*, Vor § 211 Rn. 65; *Rengier*, BT II, § 8 Rn. 6; LK-*Schünemann/Greco*, § 25 Rn. 127 ff.; *Wessels/Beulke/Satzger*, AT, Rn. 848; *Wessels/Hettinger/Engländer*, BT 1, Rn. 117.
75 Zu den Voraussetzungen der rechtfertigenden Einwilligung *Kaspar*, AT, § 5 Rn. 275 ff.
76 BGHSt 32, 38, 42.
77 A/W/H/H-*Hilgendorf*, § 3 Rn. 30; *Roxin*, NStZ 1984, 71, 72; *ders.*, AT II, § 25 Rn. 70.
78 Zum Streit bei der Einwilligung *Heinrich*, AT, Rn. 1262 ff.; *Kaspar*, AT, § 5 Rn. 286 ff.
79 BGH JZ 1987, 474, wobei der BGH allerdings offengelassen hat, ob „eine derartige Irrtumserregung allein ausreicht, um die Täterschaft des arglistig Täuschenden zu begründen", da die Täterin im Fall zugleich auch die Herrschaft über das Geschehen in der Hand habe halten wollen und gehalten habe.
80 *Roxin*, AT II, § 25 Rn. 71.

III. Straflose Beteiligung an der Selbsttötung und täterschaftliche Fremdtötung § 4

ein Gleichklang mit der „Ernstlichkeit" des Tötungsverlangens i.S.d. § 216 StGB, die ebenfalls an einem Motivirrtum scheitert (s.o. Rn. 14).[81] Zusammengefasst kommt mittelbare Täterschaft immer dann in Betracht, wenn der Hintermann das Geschehen deshalb kraft überlegenen Wissens oder Willens steuert, weil es dem Suizidenten an der Einsichtsfähigkeit fehlt oder weil dieser sich in einem (eine Einwilligung ausschließenden) Irrtum befindet oder weil er vom Hintermann zur Tat genötigt wurde, er also nicht frei von Willensmängeln handelt.

▶ **Lösung des Beispielsfalls („Sirius"):**[82] Der BGH bejahte eine Strafbarkeit des A wegen eines versuchten Mordes in mittelbarer Täterschaft. Er habe B in den Irrtum versetzt, sie werde „zunächst als Mensch" ihren „irdischen Lebensweg fortsetzen, wenn auch körperlich und geistig (...) gewandelt." B habe also gar nicht wirklich sterben wollen. Ein solcher Irrtum schließe die Freiverantwortlichkeit ihrer Entscheidung aus. A, der dies alles geplant hatte, um an die Versicherungssumme zu gelangen, habe die Tat kraft überlegenen Wissens als mittelbarer Täter beherrscht, indem er B gelenkt und zum Werkzeug gegen sich selbst habe machen wollen. ◀

Anmerkung: Der Entscheidung ist zuzustimmen. Im Grunde wirkt sich der Streit um die mittelbare Täterschaft beim Suizid im Sirius-Fall gar nicht aus, da A hier keinem bloßen Motivirrtum, sondern einem **Quasi-Tatbestandsirrtum** unterlag, da ihr gar nicht bewusst war, dass sie sterben würde. Nur, wenn B verstanden hätte, dass ihr Tod erfolgen würde und sie diesen in Kauf genommen hätte, um als neues Wesen wiederaufzuerstehen, könnte man einen Motivirrtum annehmen. Der BGH, der auch diese Konstellation (hilfsweise) erwog, meinte jedoch, dass ein solcher Irrtum hier „das Gewicht des Irrtums über den Nichteintritt des Todes" gehabt hätte. Wie auch immer man dies sehen mag, wäre nach der hier vertretenen Auffassung auch ein Motivirrtum geeignet, die Freiverantwortlichkeit der Entscheidung aufzuheben, sodass A entsprechend zu verurteilen gewesen wäre.

3. Strafbarkeit des Garanten wegen eines Unterlassens bei einem Suizid

▶ **Beispielsfall („Luminal"):**[83] Da B seit langem unter starken Schmerzen und zudem unter Depressionen leidet, bittet sie ihren Hausarzt A, sie bei ihrer Selbsttötung zu unterstützen. Da A sie schon lange behandelt, beschließt er, sie auch in dieser Situation nicht allein zu lassen. Daher stellt er zwei Privatrezepte über das Medikament Luminal aus. Bei seinem letzten Besuch übergibt B ihm ihren Hausschlüssel und bittet ihn, sie nach der Einnahme der Tabletten zu Hause zu betreuen und den Leichenschauschein auszufüllen. B nimmt sodann tödliche Menge Luminal ein und informiert A hierüber per Kurznachricht. Dieser begibt sich in ihre Wohnung und findet sie in einem komatösen Zustand in ihrem Bett vor. Da er sich dem Sterbewunsch verpflichtet fühlt, unternimmt er keine Rettungsversuche. B verstirbt, wobei nicht mit abschließender Sicherheit geklärt werden kann, ob sie bei Einleitung sofortiger Maßnahmen seitens A noch hätte gerettet werden können. ◀

---

81 Für Beachtlichkeit eines Motivirrtums auch *Eisele*, BT I, Rn. 184 f.; *Eisele/Heinrich*, BT, Rn. 95; *Heinrich*, AT, Rn. 1264; *Rengier*, BT II, § 8 Rn. 6; differenzierend NK-*Neumann*, Vor § 211 Rn. 71: sofern eine nachvollziehbare Reaktion vorliegt; i.E. auch *Wessels/Hettinger/Engländer*, BT 1, Rn. 119, allerdings auf der Grundlage einer etwas anderen Ansicht, die darauf abstellt, wem die Fehlvorstellung zuzurechnen ist, sodass dann, wenn der Hintermann den Irrtum veranlasst hat, ein beachtlicher Irrtum vorliegt – a.A. L/K/H-*Heger*, Vor § 211 Rn. 13b; *Roxin*, AT II, § 25 Rn. 71 ff.
82 BGHSt 32, 38; ausführlich dazu *Kaspar/Reinbacher*, Casebook AT, Fall 23.
83 BGHSt 64, 135; vgl. auch *Leibold/Prosiegel*, famos 11/2018 (zur Vorinstanz).

37 Festzuhalten ist zunächst einmal, dass in diesem Beispielsfall eine Tatbegehung durch aktives Tun daran scheitert, dass B die Tabletten selbst eingenommen hat und dabei auch kein Defizit in ihrer Entscheidung im oben beschriebenen Sinne vorlag. Damit kommt der Frage, ob sich an einen freiverantwortlichen Suizid eine Strafbarkeit eines Garanten wegen eines **Unterlassens** anschließen kann, entscheidende Bedeutung zu. Im bekannten **Wittig-Fall** aus dem Jahr 1984 hatte der BGH noch angenommen, dass ein Arzt, der seine bewusstlose Patientin in deren Wohnung nach Durchführung eines Suizids auffindet, grds. als Beschützergarant (aus dem Arzt-Patienten-Verhältnis) Täter einer Tötung auf Verlangen durch Unterlassen, §§ 216, 13 StGB, sein könne; denn mit dem Eintritt der Bewusstlosigkeit verliere der Suizident die Tatherrschaft, welche auf den Garanten übergehe.[84] Im Wittig-Fall hat er den Arzt im Ergebnis nur deshalb freigesprochen, weil der Konflikt zwischen dem ärztlichen Auftrag, jede Chance zur Rettung des Lebens seiner Patientin zu nutzen, und dem Gebot, ihr Selbstbestimmungsrecht zu achten, hier zu Gunsten des Arztes aufzulösen war, weil er „wegen des weit fortgeschrittenen, von ihm als tödlich aufgefassten Vergiftungszustands davon überzeugt war, das Leben [der B] allenfalls noch mittels von ihr stets verabscheuter Maßnahmen der Intensivmedizin und auch dann nur unter Inkaufnahme irreparabler schwerer Schäden verlängern zu können."

38 Diese Entscheidung, die also die Möglichkeit eröffnete, den unterlassenden Garanten im Anschluss an einen freiverantwortlichen Suizid zu bestrafen, ist in der Literatur zu Recht überwiegend abgelehnt worden.[85] Sie ist mit dem hier schon mehrfach für maßgeblich erachteten **Verantwortungsprinzip** und **Selbstbestimmungsrecht** des Suizidenten nicht vereinbar.[86] Auch erscheint es widersinnig, wenn A der B zwar straflos das tödliche Medikament überreichen darf (aktives Tun), nach der Einnahme desselben seine Strafbarkeit aber aufleben soll.[87] Im Gegenteil: Der Garant hat nicht einmal das Recht, sich (wie ein Vormund) über den Willen des Suizidenten hinwegzusetzen.[88] Weder muss er den Suizid vorher verhindern, sondern die selbstbestimmte Entscheidung des Suizidenten respektieren, noch tritt eine solche Garantenpflicht dann ein, wenn der Sterbewillige die Suizidhandlung bereits vorgenommen hat und dadurch hilflos geworden ist. Etwas anderes gilt nur dann, wenn der Suizident äußert, dass nicht mehr an diesem Entschluss festhalten will.[89]

39 ▶ **Lösung des Beispielsfalls („Luminal"):**[90] Der BGH lehnte eine Strafbarkeit des A ab. Da nicht zu klären war, ob dessen Eingreifen überhaupt noch (quasi-)kausal gewesen wäre, konnte es ohnehin nur um eine versuchte Tötung auf Verlangen durch Unterlassen gehen. Zwar habe A als langjähriger Hausarzt grds. eine Beschützergarantenstellung gegenüber B gehabt. Diese Pflichtenstellung sei aber spätestens beendet gewesen, als B ihren Sterbewunsch (nochmals) äußerte und diesen mit der Bitte verband, A solle „sie nach Einnahme der Tabletten zu Hause betreuen", sodass er durch diese neue Vereinbarung nur noch als Sterbebegleiter fungieren sollte. Zudem habe die Patientenautonomie in der jüngeren Vergangenheit in Abwägung mit dem Auftrag zum Schutz des menschlichen Lebens eine erhebliche Aufwertung erfahren. Aufgrund der gewachsenen Bedeutung des Selbstbe-

---

84 BGHSt 32, 367, 373 f.
85 S. zur Kritik nur NK-*Neumann*, Vor § 211 Rn. 74 f.; MK-*Schneider*, Vor § 211 Rn. 70 ff., jeweils m.w.N.
86 *Eisele/Heinrich*, BT, Rn. 100 f.; NK-*Neumann*, Vor § 211 Rn. 79 ff.; MK-*Schneider*, Vor § 211 Rn. 72.
87 *Wessels/Hettinger/Engländer*, BT 1, Rn. 129.
88 *Kindhäuser/Schramm*, BT I, § 4 Rn. 20; NK-*Neumann*, Vor § 211 Rn. 79; *Otto*, GK BT, § 6 Rn. 52.
89 *Otto*, GK BT, § 6 Rn. 60.
90 BGHSt 64, 135; vgl. auch *Leibold/Prosiegel*, famos 11/2018 (zur Vorinstanz).

stimmungsrechts, die auch der Gesetzgeber mit der Regelung der Patientenverfügung in § 1901a BGB zum Ausdruck gebracht hat, könne der Arzt nicht mit strafrechtlichen Mitteln dazu verpflichtet werden, gegen den Willen des Suizidenten zu handeln. Dies gelte auch für eine mögliche Garantenstellung aus Ingerenz wegen der Überlassung der Medikamente, da B diese selbst eingenommen habe, sodass das Risiko in ihrem Verantwortungsbereich gelegen habe. Durch die Beendigung der Garantenstellung unterscheide sich der Fall vom Wittig-Fall. ◀

Anmerkung: Im Ergebnis ist dem BGH zuzustimmen. Er hätte den Fall indes zum Anlass nehmen können, insgesamt festzustellen, dass auch in Konstellationen wie dem Wittig-Fall selbst bei Vorliegen einer Garantenstellung keine daraus resultierende Garantenpflicht bestehen kann, gegen den Willen des Suizidenten tätig zu werden. § 323c StGB schied nach Ansicht des BGH mangels Zumutbarkeit des Eingreifens aus, fraglich ist aber schon das Vorliegen eines Unglücksfalls (s.u. § 42 Rn. 10 f.).

IV. Sterbehilfe

▶ **Beispielsfall („Fuldaer Fall"):**[91] Frau K liegt im Altersheim nach einer Hirnblutung im Wachkoma und wird künstlich ernährt. Eine Besserung ihres Zustandes ist nicht zu erwarten. Bereits vor einigen Jahren hat sie gegenüber ihrer Tochter T geäußert, sie wolle auf keinen Fall lebensverlängernde Maßnahmen und wolle nicht „an irgendwelche Schläuche angeschlossen" werden. Obwohl auch der behandelnde Arzt Dr. A eine Fortsetzung nicht mehr für medizinisch indiziert hält und auch die Heimleiterin L vorschlägt, dass das Personal sich nur noch um die Pflege im engeren Sinne kümmern solle, während T selbst die Ernährung abschalten soll, interveniert die Geschäftsleitung des Unternehmens und weist L an, die Ernährung fortzusetzen. Daraufhin rät ihr auf Palliativmedizin spezialisierter Rechtsanwalt A, der sich schon zuvor mehrfach im Namen der T um eine Einstellung der künstlichen Ernährung bemüht hatte, der T den Schlauch durchzuschneiden. Als das Personal den durchtrennten Schlauch bemerkt, wird die Ernährung wieder aufgenommen. Strafbarkeit von T und A? ◀

Der Bereich der **Sterbehilfe** hat sich zuletzt stark verändert, da sich in immer stärkerem Maße die Erkenntnis durchgesetzt hat, dass das **Selbstbestimmungsrecht** des Patienten einer Behandlung gegen den Willen entgegensteht und der Einzelne auch ein Recht auf ein menschenwürdiges Sterben hat. Dabei gilt es zunächst, indirekte Sterbehilfe, die bloß Folge einer schmerzlindernden Behandlung beim Sterben ist, und direkte Sterbehilfe, bei der ein noch nicht im Sterben befindlicher Patient (mit dessen Einverständnis) getötet wird, zu unterscheiden.

1. Indirekte Sterbehilfe

Von einer **indirekten Sterbehilfe** wird gesprochen, wenn dem unheilbar kranken Patienten schmerzlindernde Medikamente verabreicht werden, um sein Leiden erträglicher zu machen, die aber als unvermeidbare Nebenfolge zu einer Lebensverkürzung führen, die der Behandelnde nicht beabsichtigt, aber doch als sicher voraussieht oder jedenfalls billigend in Kauf nimmt.[92] Dies gilt zum einen dann, wenn es sich um eine palliativ-

---

[91] BGHSt 55, 191; dazu *Reinbacher*, famos 9/2010.
[92] *Wessels/Hettinger/Engländer*, BT 1, Rn. 144; ausführlich dazu MK-*Schneider*, Vor § 211 Rn. 104 – kritisch LK-*Rosenau*, Vor § 211 Rn. 43, der sich gegen diese Differenzierung wendet und alle drei Vorsatzarten gleich behandeln will.

medizinische Betreuung handelt, der Patient sich also bereits im Prozess des Sterbens befindet (Hilfe im Sterben), zum anderen nach zutreffender herrschender Ansicht auch dann, wenn dies zwar noch nicht der Fall ist, die Behandlung aber dem Zweck dient, unzumutbare Schmerzen und Leiden zu lindern.[93]

44 Es besteht weitestgehend Konsens darüber, dass die indirekte Sterbehilfe jedenfalls dann nicht strafbar sein kann, wenn sie dem (mutmaßlichen) Willen des Patienten entspricht. Fraglich ist nur die **dogmatische Konstruktion**, da auch hier gilt, dass jede kausale Lebensverkürzung grds. den Tatbestand eines Tötungsdelikts erfüllt. Hier stehen sich **Tatbestands-** und **Rechtfertigungslösungen** gegenüber. Vertreter der Ersteren verneinen die objektive Zurechnung des Todeserfolgs, insb. mit dem Argument, dass in einem solchen Fall wegen eines sozialadäquaten Verhaltens keine missbilligte Gefahr bzw. ein erlaubtes Risiko vorliege bzw. das Verhalten nicht vom Schutzzweck der Tötungsdelikte erfasst sei.[94] Nach der Gegenansicht ist das Verhalten entweder durch die (mutmaßliche) Einwilligung[95] des Patienten oder gem. § 34 StGB[96] gerechtfertigt. Gegen den Tatbestandsausschluss spricht, dass § 216 StGB eine aktive Lebensverkürzung grundsätzlich unter Strafe stellt und unklar ist, welche Verhaltensweisen vom Schutzzweck ausgenommen bzw. sozialadäquat sein sollen.[97] Alleine die (mutmaßliche) Einwilligung kann wiederum nicht ausreichend sein, weil § 216 StGB eine Sperre für die Einwilligung zu entnehmen ist.[98] Passender ist deshalb zwar der Weg über § 34 StGB, weil das Interesse an einem geringfügig kürzeren Leben ohne Schmerzen höher zu bewerten sein kann als das Interesse an einem etwas längeren Leben unter großen Schmerzen.[99] Allerdings kann eine Rechtfertigung gegen den Willen des Patienten nicht in Betracht kommen, sodass die Rechtfertigung hier nur über eine Verbindung von § 34 StGB mit der (mutmaßlichen) Einwilligung erfolgen kann.[100]

2. Direkte Sterbehilfe durch Behandlungsabbruch

45 Um eine **direkte Sterbehilfe** handelt es sich hingegen, wenn der Tod des Betroffenen nicht nur Nebenfolge einer Schmerzbehandlung ist, sondern der Täter das Leben gezielt beendet. In diesem Fall kam lange Zeit der Unterscheidung von passiver und aktiver Sterbehilfe besondere Bedeutung zu. Mit **passiver Sterbehilfe** wurde das Sterbenlassen eines Patienten durch Verzicht auf lebensverlängernde Maßnahmen bezeichnet, während mit **aktiver Sterbehilfe** die Lebensverkürzung durch aktives Tun gemeint war.[101] Die erste Konstellation ist nach nahezu einhelliger Meinung nicht strafbar. Denn da es sich hierbei um ein Unterlassen handelt, kommt eine Strafbarkeit nur Betracht, wenn der Täter eine Garantenpflicht i.S.d. § 13 StGB, etwa als Beschützerga-

---

93 NK-*Neumann*, Vor § 211 Rn. 99; MK-*Schneider*, Vor § 211 Rn. 104.
94 Mit in den Einzelheiten unterschiedlicher Argumentation *Herzberg*, NJW 1996, 3042, 3048 f.; *Rengier*, BT II, § 7 Rn. 5.
95 *Verrel*, JZ 1996, 224, 226 f.; in diese Richtung jetzt auch BGHSt 55, 191, 204.
96 BGHSt 46, 279, 285; *Eisele*, BT I, Rn. 158; *Eisele/Heinrich*, BT, Rn. 77; L/K/H-*Heger*, Vor § 211 Rn. 7; *Otto*, GK BT, § 6 Rn. 42; *Roxin*, GA 2013, 313, 314. Bereits in BGHSt 42, 301, 305 vom BGH bejaht, aber noch offengelassen, ob auch Tatbestandslösung möglich.
97 *Roxin*, in: Roxin/Schroth, Hdb. Medizinstrafrecht, S. 87.
98 Sch/Sch-*Eser/Sternberg-Lieben*, Vor § 211 Rn. 26.
99 BGHSt 42, 301, 305; *Roxin*, in: Roxin/Schroth, Hdb. Medizinstrafrecht, S. 88.
100 *Dölling*, FS Gössel, 2002, S. 209, 212; Sch/Sch-*Eser/Sternberg-Lieben*, Vor § 211 Rn. 26; vgl. auch LK-*Rosenau*, Vor § 211 Rn. 50; *Roxin*, in: Roxin/Schroth, Hdb. Medizinstrafrecht, S. 88; auch BGHSt 46, 279, 285 nimmt eine Rechtfertigung des Handelns des Arztes gem. § 34 StGB nur an, „sofern es nicht – ausnahmsweise – dem erklärten oder mutmaßlichen Willen des Patienten widerspricht".
101 *Wessels/Hettinger/Engländer*, BT 1, Rn. 142 f, 145 f.

IV. Sterbehilfe § 4

rant aus persönlicher Verbundenheit oder durch den ärztlichen Behandlungsvertrag, hat, den Tod zu verhindern. Eine solche scheidet aber aus, wenn der Wille des Patienten entgegensteht, da es kein Recht und daher auch keine Pflicht gibt, ihn gegen seinen Willen zu behandeln, zumal eine solche Behandlung einen körperlichen Eingriff darstellt, der selbst von einer Einwilligung des Patienten gedeckt sein muss.[102] Schwieriger gestaltet sich die Beurteilung der (früher sog.) aktiven Sterbehilfe. Eine solche ist vom Ausgangspunkt her ein strafbarer Fall des § 216 StGB.[103] Zu Recht wird jedoch darauf hingewiesen, dass es aus der Sicht eines behandelnden Arztes kaum ankommen kann, ob er ein Beatmungsgerät nicht einschaltet oder später abschaltet, sofern er dabei jeweils mit dem Willen des Patienten die Behandlung beendet, sodass vielfach davon ausgegangen wurde und wird, dass auch der „technische Behandlungsabbruch" durch aktives Tun straflos sein müsse.

Der Weg zu diesem zutreffenden, die **Patientenautonomie** berücksichtigenden Ergebnis ist indes umstritten. Vielfach wird eine normative Umdeutung des aktiven Tuns (Abschalten des Geräts) in ein Unterlassen (der Weiterbehandlung) vorgenommen, mit der Folge, dass die direkte Sterbehilfe in Form des „technischen Behandlungsabbruchs" als ein „Unterlassen durch Tun" gewertet und entsprechend den Grundsätzen der (früher sog.) passiven Sterbehilfe mangels Garantenpflicht der Tatbestand abgelehnt wird.[104] Andere Lösungen argumentieren auch hier damit, diese Konstellation sei nicht vom Tatbestand (des § 216 StGB) erfasst[105] oder durch § 34 StGB gerechtfertigt.[106] Eine entscheidende Wendung nahm die Diskussion einerseits durch die Änderungen des Betreuungsrechts inkl. der Regelungen zur **Patientenverfügung** in § 1901a BGB im Jahr 2009 sowie durch die bahnbrechende Entscheidung des BGH im auch hier angeführten Fuldaer Fall aus dem Jahr 2010.

46

▶ **Lösung des Beispielsfalls („Fuldaer Fall"):**[107] Das LG hatte die T bereits wegen eines unvermeidbaren Verbotsirrtums freigesprochen, nicht aber den A, den es wegen eines versuchten Totschlags in Mittäterschaft, §§ 212, 25 II StGB, verurteilte. Der BGH hob die Verurteilung des A jedoch auf. Zwar schieden eine Rechtfertigung nach § 32 StGB (ein Angriff auf das Selbstbestimmungsrecht der K durfte nicht durch einen Eingriff in die Rechtsgüter der K selbst verteidigt werden) sowie nach § 34 StGB aus (das Rechtsgut Leben sei nicht abwägungsfähig). Allerdings erklärte das Gericht, an der Unterscheidung zwischen (strafbarer) aktiver und (strafloser) passiver Sterbehilfe nicht mehr festhalten zu wollen. Vielmehr sei sowohl ein aktives Tun als auch ein Unterlassen gleichermaßen gerechtfertigt. Dies ergebe sich aus der Einwilligung der K, die künstliche Ernährung abzubrechen. Zwar sei das Durchtrennen des Schlauchs seitens T als aktives Tun zu werten, das A über § 25 II StGB zuzurechnen sei. Aufgrund der Neuregelung des Betreuungsrechts (§§ 1901a ff. BGB) hielt der BGH an der bisherigen Rechtsprechung, die zwischen strafloser „passiver" und strafbarer „aktiver Sterbehilfe" angenommen hatte, indes nicht fest. Die Grenze der Strafbarkeit können nicht sinnvoll nach diesem Kriterium vorgenommen werden. Die Umdeutung ärztlicher Handlungen in ein Unterlassen sei ein „dogmatisch unzulässiger Kunstgriff".

47

---
102 BGHSt 55, 191, 196 f.; Sch/Sch-*Eser/Sternberg-Lieben*, Vor § 211 Rn. 28; NK-*Neumann*, Vor § 211 Rn. 107; *Otto*, GK BT, § 6 Rn. 25.
103 LK-*Rosenau*, Vor § 211 Rn. 36.
104 S. nur NK-*Neumann*, Vor § 211 Rn. 126; *Roxin*, in: Roxin/Schroth, Hdb. Medizinstrafrecht, S. 94 f.
105 LK-*Rissing-van Saan*, § 216 Rn. 15 f.: Behandlungsabbruch als aliud zu einer Tötungshandlung; vgl. aber auch *Rissing-van Saan*, ZIS 2011, 544, 549 f.: objektive Zurechnung entfällt.
106 MK-*Schneider*, Vor § 211 Rn. 175.
107 BGHSt 55, 191; dazu Eisele/Heinrich, BT, Rn. 81 f.; *Reinbacher*, famos 9/2010.

Stattdessen sei einheitlich ein Behandlungsabbruch anzunehmen, der bei Vorliegen eines entsprechenden Patientenwillens unter folgenden Voraussetzungen gerechtfertigt sei:
(1) Das Opfer ist lebensbedrohlich erkrankt,
(2) es handelt sich um den Abbruch einer Maßnahme, die medizinisch zur Erhaltung oder Verlängerung des Lebens geeignet ist und
(3) die Handlung ist objektiv und subjektiv unmittelbar auf den Abbruch einer medizinischen Behandlung im oben genannten Sinn bezogen. ◀

48 **Anmerkung:** Dem BGH ist im Ergebnis zuzustimmen. Es war in der Tat unbefriedigend, dass es einerseits darauf ankommen sollte, ob ein aktives Abschalten oder ein Nicht-Anschalten eines Beatmungsgeräts vorliegt, sowie andererseits nur bei Ärzten eine Umdeutung des aktiven Tuns in ein Unterlassen vorgenommen wurde, während etwa Verwandte wie die T im Fuldaer Fall (einmal abgesehen von einem Verbotsirrtum) strafbar sein sollten, obwohl doch auch sie den Patientenwillen erfüllen und den engen Verwandten von Qualen erlösen wollen. Daher spricht viel für eine einheitliche Lösung. Von den denkbaren Ansätzen der Tatbestandslosigkeit oder der Rechtfertigung über § 34 StGB oder eine rechtfertigende Einwilligung hat der BGH sich für letzteren entschieden. Dabei ist positiv zu hervorzuheben, dass dem Selbstbestimmungsrecht eine größere Rolle zugemessen wird und entsprechende Fälle nun ebenfalls straflos sind. Wenn der BGH meint, die Unterscheidung zwischen passiver und aktiver Sterbehilfe aufgegeben zu haben, so stimmt dies nach seiner Lösung zwar im Ergebnis, nicht aber im Hinblick auf den dogmatischen Lösungsweg. Denn im Falle eines Unterlassens scheidet (auch weiterhin) bereits der objektive Tatbestand aus, weil es an einer entsprechenden Garantenpflicht zur Weiterbehandlung fehlt. Einen völligen Gleichlauf kann daher nur die Ansicht erzielen, die in allen Fällen des Behandlungsabbruchs bereits den Tatbestand verneint. Zu prüfen ist ferner stets, ob die Patientenverfügung das Abschalten der Geräte im konkreten Fall tatsächlich deckt.[108] Aufgrund der auch weiterhin bestehenden Unklarheiten ist ein Tätigwerden des Gesetzgebers dringend angezeigt. Dabei sollte § 216 StGB insgesamt verfassungskonform ausgestaltet werden, um auch die oben beschriebenen Fälle der Fremdtötung in Fällen auszunehmen, in denen der Sterbewillige die Selbsttötung nicht vollziehen kann (s. oben Rn. 3 ff.).

WIEDERHOLUNGSFRAGEN

1. Welches Rechtsgut schützt § 216 StGB? (Rn. 1 ff.)
2. Nach welchen Kriterien sind Selbsttötung und Fremdtötung abzugrenzen? (Rn. 22 ff.)
3. Macht sich ein Dritter wegen eines Tötungsdelikts durch Unterlassen strafbar, der im Anschluss an einen Suizidversuch nicht tätig wird, um den Sterbewilligen zu retten? (Rn. 36 ff.)
4. Was ist unter indirekter Sterbehilfe zu verstehen und ist diese strafbar? (Rn. 43 f.)
5. Unter welchen Voraussetzungen ist ein Behandlungsabbruch durch aktives Tun nach Ansicht des BGH gerechtfertigt? (Rn. 47)

---

108 Vgl. dazu BGH NJW 2011, 161, 162; *Eisele/Heinrich*, BT, Rn. 83 f.

§ 5 Die fahrlässige Tötung, § 222 StGB

Literaturempfehlungen:
Eisele, Freiverantwortliches Opferverhalten und Selbstgefährdung, JuS 2012, 577; *Heinrich/Reinbacher*, Objektive Zurechnung und „spezifischer Gefahrzusammenhang" bei den erfolgsqualifizierten Delikten, JURA 2005, 743; *Mitsch*, Grundfälle zu den Tötungsdelikten, JuS 1996, 407.

Übungsfälle:
Eisele, Das misslungene Bremsmanöver, JA 2003, 40; *Freund*, Unfallserie mit defekten Bremsen – Spritztour mit dem ultra krassen 3-er BMW, JuS 2001, 475.

Aufgrund der hohen Bedeutung des Rechtsguts Leben ist dieses auch gegen die **fahrlässige** Begehungsweise geschützt. Da der Täter bei einer vorsätzlichen Tötung eine hohe **Hemmschwelle** überschreiten muss, kommt der § 222 StGB größere Bedeutung zu. I.Ü. sind die Probleme im AT angesiedelt.

Das folgende Schema kann in Klausuren verwendet werden:

▶ I. Tatbestand
   1. Tatobjekt: anderer Mensch
   2. Tathandlung/Tatererfolg: töten
   3. Kausalität
   4. Objektive Fahrlässigkeit: objektive Sorgfaltspflichtverletzung, objektive Voraussehbarkeit
   5. Objektive Zurechnung
II. Rechtswidrigkeit
III. Schuld
   1. Subjektive Sorgfaltspflichtverletzung
   2. Subjektive Voraussehbarkeit ◀

Klausurtipp: Die objektive Voraussehbarkeit wird überwiegend als Element der Fahrlässigkeit eingeordnet, möglich ist aber auch, darin einen Bestandteil der objektiven Zurechnung zu sehen.[1] § 222 StGB tritt hinter erfolgsqualifizierten Delikten, die den Tod als schwere Folge vorsehen (z.B. § 227 StGB), wegen Spezialität der Letzteren zurück. Daher sind die erfolgsqualifizierten Delikte unbedingt zuerst zu prüfen. § 222 StGB ist danach nur noch kurz als zurücktretend zu erwähnen.

---
[1] *Heinrich/Reinbacher*, JURA 2005, 743, 746 f.

§ 6 Aussetzung, § 221 StGB

Literaturempfehlungen:
Hacker/Lautner, Der Grundtatbestand der Aussetzung (§ 221 Abs. 1 StGB), JURA 2006, 274; *Küper*, Die Aussetzung (§ 221 Abs. 1 StGB) als konkretes Gefährdungsdelikt, JURA 1994, 513; *Ladiges*, Die Aussetzung nach § 221 StGB, JuS 2012, 687; *Mitsch*, Grundfälle zu den Tötungsdelikten, JuS 1996, 407; *Sternberg-Lieben/Fisch*, Der neue Tatbestand der (Gefahr-)Aussetzung (§ 221 StGB n.F.), JURA 1999, 45; *Wengenroth*, Grundprobleme der Aussetzung, § 221 StGB, JA 2012, 584.

Übungsfälle:
Baier, Tod nach Aussetzung, JA 2000, 300; *Reinbacher*, Übungsklausur Strafrecht: Die belebte einsame Landstraße, JURA-Sonderheft Zwischenprüfungsklausur, 2004, 26.

I. Einleitung

1. Grundlagen

1 § 221 StGB schützt die Rechtsgüter Leben und körperliche Unversehrtheit[1] vor konkreten Gefahren, unabhängig davon, ob der Täter der **Aussetzung** diese Gefahr selbst verursacht hat. Der Strafgrund ist vielmehr darin zu sehen, dass er dem Opfer in einer hilflosen Lage nicht beisteht, sondern es in diese versetzt oder darin im Stich lässt. Dies ist zwar auch eine Situation, die von § 323c StGB erfasst ist (s.u. § 42); der Unterschied besteht aber einerseits darin, dass § 221 Abs. 1 StGB voraussetzt, dass der Täter das Opfer entweder selbst in die hilflose Lage gebracht hat (Nr. 1) oder dass er gegenüber dem Opfer eine besondere Pflichtenstellung hat (Nr. 2), sowie andererseits darin, dass eine konkrete Gefahr des Todes oder einer schweren Gesundheitsschädigung, also für qualifizierte Rechtsgüter, hinzutritt.

2 Die Aussetzung gem. § 221 Abs. 1 StGB stellt ein **konkretes Gefährdungsdelikt** dar und damit auch ein **Erfolgsdelikt**, dessen Erfolg in der konkreten Gefahr für die genannten Rechtsgüter besteht.[2] Der Deliktsstruktur nach bildet Abs. 1 das **Grunddelikt**, das zwei Alternativen vorsieht, nämlich das Versetzen i.S.d. Nr. 1 und das Im-Stich-Lassen i.S.d. Nr. 2. Abs. 2 Nr. 1 enthält eine **Qualifikation**, wenn der Täter die Tat gegen sein Kind oder eine Person begeht, die ihm zur Erziehung oder zur Betreuung in der Lebensführung anvertraut ist. Abs. 2 Nr. 2 sieht eine **Erfolgsqualifikation** vor, wenn tatsächlich einen schwere Gesundheitsschädigung verursacht wird. In Abs. 3 ist sodann eine weitere **Erfolgsqualifikation** mit nochmals gesteigerter Strafe (nicht unter drei Jahren) vorgesehen, wenn der Täter den Tod des Opfers verursacht. Abs. 4 normiert schließlich eine **Strafmilderung**.

2. Prüfungsschema

3 Aus dem Charakter als konkretes Gefährdungsdelikt ergibt sich für folgendes Schema:
▶ I. Tatbestand
    1. Objektiver Tatbestand
        a) Tathandlung:

---

[1] *Eisele*, BT I, Rn. 234; MK-*Hardtung*, § 221 Rn. 3; L/K/H-*Heger*, § 221 Rn. 1; A/W/H/H-*Hilgendorf*, § 36 Rn. 1; LK-*Krüger*, § 221 Rn. 1; NK-*Saliger*, § 221 Rn. 3.
[2] LK-*Krüger*, § 221 Rn. 3.

II. Tatbestandsvoraussetzungen des Grunddelikts, § 221 Abs. 1 StGB — § 6

        aa) Versetzen eines anderen Menschen in eine hilflose Lage (Nr. 1)
        bb) Im-Stich-Lassen eines anderen Menschen in einer hilflosen Lage durch einen Garanten (Nr. 2)
    b) Taterfolg: Konkrete Gefahr des Todes oder einer schweren Gesundheitsschädigung
    c) Kausalität und objektive Zurechnung (insb. spezifischer Gefahrzusammenhang) zwischen Tathandlung und konkreter Gefahr
  2. Subjektiver Tatbestand
II. Rechtswidrigkeit
III. Schuld ◄

Klausurtipp: Besonderheiten beim Aufbau bestehen bei den Erfolgsqualifikationen nach Abs. 2 Nr. 2 und Abs. 3. Diese folgen einem eigenen Prüfungsschema, das für alle erfolgsqualifizierten Delikte gilt und in diesem Lehrbuch erstmalig bei § 227 StGB dargestellt wird (s.u. § 11 Rn. 2).

II. Tatbestandsvoraussetzungen des Grunddelikts, § 221 Abs. 1 StGB

1. Objektiver Tatbestand

▶ **Beispielsfall („Flutkanal"):**[3] A und B gehen mit O in eine Bar, um Alkohol zu trinken. Von A und B animiert, trinkt O so große Mengen (BAK-Wert: 2,36 Promille), dass er auf dem Weg zur Toilette stürzt und glühende Kohlen einer Shisha-Pfeife in die Hand nimmt. A und B helfen ihm in die Jacke und stützen ihn beim Weg hinaus. Dort erscheint C, der sie zur Bar gefahren und nun wieder nach Hause bringen will. Von ihnen unbemerkt entfernt sich O von der Gruppe und fällt eine Böschung hinunter, sodass er neben einem Flutkanal landet. Während C oben stehenbleibt, klettern A und B zu O hinunter. Obwohl dieser seinen Kopf kaum noch heben kann und mehrfach äußert, dass es ihm nicht gut geht, unternehmen A, B und C nichts. B filmt vielmehr das Geschehen mit dem Handy. Als O versucht, sich aufzurichten, kippt er in den Flutkanal. B lacht laut auf. Niemand schreitet ein, um O zu helfen, der innerhalb kurzer Zeit ertrinkt. Strafbarkeit von A, B und C wegen einer Aussetzung mit Todesfolge gem. § 221 Abs. 1, 3 StGB? ◄

Im objektiven Tatbestand unterscheiden sich die beiden Alternativen des Abs. 1 dadurch, dass die Nr. 1 grds. als **Begehungsdelikt** ausgestaltet ist, während die Nr. 2 ein **Unterlassungsdelikt** darstellt. Als Tatopfer kommt jeder andere Mensch in Betracht. In beiden Fällen muss dieses sich in einer hilflosen Lage befinden.

a) Hilflose Lage

Definition: Jede Situation, in der das Opfer einer abstrakten Gefahr für Leben und Gesundheit ausgesetzt ist und sich aus eigener Kraft oder mit Hilfe Dritter nicht gegen diese schützen kann.[4]

Die abstrakte Gefahr der hilflosen Lage ist insofern von der konkreten Gefahr für Leben und Gesundheit (= Taterfolg) zu unterscheiden.[5] Wie sich aus der Definition

---

[3] BGH NStZ 2023, 98; vgl. dazu *Mühlbacher/Witschel*, famos 7/2023.
[4] Vgl. BGH NStZ 2022, 601, 603; MK-*Hardtung*, § 221 Rn. 7; A/W/H/H-*Hilgendorf*, § 36 Rn. 4a; LK-*Krüger*, § 221 Rn. 14; *Rengier*, BT II, § 10 Rn. 7; *Wessels/Hettinger/Engländer*, BT 1, Rn. 162.
[5] LK-*Krüger*, § 221 Rn. 13.

ergibt, scheidet eine hilflose Lage nach zutreffender Ansicht aus, wenn hilfsbereite Dritte anwesend sind.[6]

b) Versetzen, Abs. 1 Nr. 1

9 **Definition:** Jede kausale und objektiv zurechenbare Herbeiführung einer hilflosen Lage.[7]

10 Die klassischen Fälle des Versetzens in eine hilflose Lage bestanden im Verbringen des Opfers an einen anderen Ort, an dem es dann zurückgelassen wird, so etwa, wenn eine Mutter ihr Kleinkind in einen Wald bringt und dort zurücklässt – nicht aber bei der Abgabe in eine sog. Babyklappe, denn in diesem Fall sind hilfsbereite Personen anwesend, was, wie soeben ausgeführt (Rn. 8), dazu führt, dass keine hilflose Lage besteht.[8] In BGHSt 26, 35, geleitete ein Gastwirt etwa einen nicht mehr eigenverantwortlichen Volltrunkenen auf den Gehweg, wo er vor den Gefahren des Straßenverkehrs ungeschützt war und in Lebensgefahr geriet. Abs. 1 Nr. 1 ist im Gegensatz zu Abs. 1 Nr. 2 als **Begehungsdelikt** konzipiert. Ein Versetzen in eine hilflose Lage ist jedoch auch durch **Unterlassen** möglich.[9] In diesem Fall handelt es sich um ein unechtes Unterlassungsdelikt, sodass zusätzlich die Voraussetzungen des § 13 StGB vorliegen müssen.[10]

11 Neben dem erstmaligen Herbeiführen der hilflosen Lage genügt für ein Versetzen auch das Herbeiführen einer anderen hilflosen Lage,[11] etwa durch Verbringen des Opfers an einen anderen Ort, an dem es sich wiederum in einer hilflosen Lage befindet. Denn auch diese (neue) hilflose Lage ist auf ein Handeln des Täters zurückzuführen. Umstritten ist, ob auch das **Steigern** einer bereits bestehenden hilflosen Lage ausreicht. Der Gesetzgeber hatte ebendies im Sinne und auch die h.M. nimmt an, dass es ausreicht, dass eine Gefahr verstärkt bzw. das Opfer „noch hilfloser" gemacht wird.[12] Die Gegenansicht hält dies für mit dem Wortlaut „versetzen" nicht vereinbar.[13] Tatsächlich erscheint es schwierig, jemanden in einen Zustand zu „versetzen", in dem er sich bereits befindet. Allerdings wird in den meisten Fällen das Herbeiführen eines „anderen" Zustands vorliegen, was ausreicht.[14]

12 Gegenüber dem früheren Wortlaut „wer ... aussetzt" ist die neue Formulierung „wer ... versetzt" weiter.[15] Insofern ist eine **Ortsveränderung nicht** (mehr) erforderlich.[16] Nimmt der Täter etwa einem Nichtschwimmer im Meer den Rettungsring weg, so

---

6 BGHSt 52, 153, 157; MK-*Hardtung*, § 221 Rn. 6; LK-*Krüger*, § 221 Rn. 16; NK-*Saliger*, § 221 Rn. 8.
7 BGH NStZ 2018, 209, 210; MK-*Hardtung*, § 221 Rn. 8; vgl. auch LK-*Krüger*, § 221 Rn. 38.
8 MK-*Hardtung*, § 221 Rn. 5; *Kindhäuser/Schramm*, BT I, § 5 Rn. 5.
9 BGH NStZ 2018, 209, 210; *Eisele*, BT I, Rn. 241; *Eisele/Heinrich*, BT, Rn. 150; Sch/Sch-*Eser/Sternberg-Lieben*, § 221 Rn. 5; MK-*Hardtung*, § 221 Rn. 10; A/W/H/H-*Hilgendorf*, § 36 Rn. 8; *Jäger*, JuS 2000, 31, 33; *Kindhäuser/Schramm*, BT I, § 5 Rn. 8; LK-*Krüger*, § 221 Rn. 33; *Rengier*, BT II, § 10 Rn. 14; NK-*Saliger*, § 221 Rn. 17; *Wessels/Hettinger/Engländer*, BT 1, Rn. 163.
10 Vgl. LK-*Krüger*, § 221 Rn. 33 ff.
11 *Eisele*, BT I, Rn. 239; Sch/Sch-*Eser/Sternberg-Lieben*, § 221 Rn. 4a.
12 BT-Dr. 13/9064, S. 14; BGH NStZ 2018, 209, 210; *Eisele/Heinrich*, BT, Rn. 148; MK-*Hardtung*, § 221 Rn. 8 ff.; LK-*Krüger*, § 221 Rn. 24; SK-*Wolters*, § 221 Rn. 4.
13 NK-*Saliger*, § 221 Rn. 16; abl. auch Sch/Sch-*Eser/Sternberg-Lieben*, § 221 Rn. 4a.
14 Sch/Sch-*Eser/Sternberg-Lieben*, § 221 Rn. 4a.
15 *Fischer*, § 221 Rn. 8.
16 *Eisele*, BT I, Rn. 240; Sch/Sch-*Eser/Sternberg-Lieben*, § 221 Rn. 4; L/K/H-*Heger*, § 221 Rn. 3; *Jäger*, JuS 2000, 31, 32; *Kindhäuser/Schramm*, BT I, § 5 Rn. 7; *Rengier*, BT II, § 10 Rn. 12; NK-*Saliger*, § 221 Rn. 11; *Wessels/Hettinger/Engländer*, BT 1, Rn. 162.

II. Tatbestandsvoraussetzungen des Grunddelikts, § 221 Abs. 1 StGB   § 6

stellt bereits dies ein Versetzen in eine hilflose Lage dar, auch wenn er selbst nicht wegschwimmt.[17]

Im Übrigen setzt Abs. 1 Nr. 1 ein täterschaftliches Versetzen voraus, was ausscheidet, wenn das Opfer sich selbst **freiverantwortlich** in Gefahr begibt.[18] Typische Tatmittel sind Täuschung, Drohung oder Gewalt.[19]   13

c) Im-Stich-Lassen, Abs. 1 Nr. 2

Definition: Jedes Nicht-Helfen trotz Helfen-Könnens und Helfen-Müssens.[20]   14

Wie bei Abs. 1 Nr. 1 muss eine hilflose Lage des Opfers bestehen, nur ist es so, dass der Täter des Abs. 1 Nr. 2 das Opfer nicht selbst in diese Lage versetzt, sondern es darin vorfindet und nichts unternimmt.[21] Abs. 1 Nr. 2 kann nach zutreffender Meinung nur durch ein **Unterlassen**, nämlich die Nicht-Vornahme der rettenden Handlung, begangen werden.[22] Da die Vorschrift bereits selbst das Unterlassen als Tathandlung bestimmt und es eines Rückgriffs auf § 13 StGB nicht Bedarf, sieht die h.M. hierin zu Recht ein **echtes Unterlassungsdelikt**.[23] Dies bringt allerdings die Konsequenz mit sich, dass § 13 StGB nicht anwendbar ist, was insb. auch für die Strafmilderungsmöglichkeit nach § 13 Abs. 2 StGB gilt.[24] Dadurch entsteht im Verhältnis zu Abs. 1 Nr. 1 die Ungereimtheit, dass derjenige, der das Opfer durch ein Unterlassen in eine hilflose Lage versetzt (§§ 221 Abs. 1 Nr. 1, 13 StGB) in den Genuss der Strafmilderung nach § 13 Abs. 2 StGB kommt, während für denjenigen, der das Opfer in einer solchen Lage im Stich lässt (§ 221 Abs. 1 Nr. 2 StGB), diese Strafmilderung ausscheidet.[25] Es werden einige Vorschläge vorgetragen, um diesen Wertungswiderspruch zu beheben. Manche sehen in Abs. 1 Nr. 2 ein vertatbestandlichtes unechtes Unterlassungsdelikt, auf das § 13 Abs. 2 StGB unmittelbar anwendbar ist;[26] andere plädieren für eine analoge Anwendung des § 13 Abs. 2 StGB.[27] Letztlich hat der Gesetzgeber sich jedoch für die Wertung entschieden, dem aktiven Versetzen des Opfers in eine hilflose Lage das passive Im-Stich-Lassen des in einer solchen Lage vorgefundenen Opfers gleichzustellen; demgegenüber lässt sich nur das Versetzen durch Unterlassen als insofern (möglicherweise) mildere Handlungsform interpretieren.   15

Voraussetzung einer Strafbarkeit ist ausweislich des Wortlauts bei Abs. 1 Nr. 2 jedoch das Bestehen einer **Obhuts-** oder sonstigen **Beistandspflicht** des Täters. Diese Pflichten entsprechen den Garantenpflichten i.S.v. § 13 Abs. 1 StGB.[28] Insofern unterscheidet   16

---

17 MK-*Hardtung*, § 221 Rn. 11.
18 *Wessels/Hettinger/Engländer*, BT 1, Rn. 163.
19 *Eisele*, BT I, Rn. 240; M/R-*Safferling*, § 221 Rn. 8.
20 MK-*Hardtung*, § 221 Rn. 17; M/R-*Safferling*, § 221 Rn. 11.
21 BGH NStZ 2022, 601, 603.
22 BGHSt 57, 28, 30; Sch/Sch-*Eser/Sternberg-Lieben*, § 221 Rn. 4; *Rengier*, BT II, § 10 Rn. 15 – a.A. (aktives Tun und Unterlassen) *Fischer*, § 221 Rn. 12.
23 BGHSt 57, 28, 30 f.; BGH NStZ 2022, 601, 603; Sch/Sch-*Eser/Sternberg-Lieben*, § 221 Rn. 7; MK-*Hardtung*, § 221 Rn. 2, 17; *Jäger*, JA 2012, 154, 155; *Kindhäuser/Schramm*, BT I, § 5 Rn. 15; *Rengier*, BT II, § 10 Rn. 5; NK-*Saliger*, § 221 Rn. 20; SK-*Wolters*, § 221 Rn. 6.
24 BGHSt 57, 28, 30 f.; BGH NStZ 2022, 601, 603; Sch/Sch-*Eser/Sternberg-Lieben*, § 221 Rn. 7; *Rengier*, BT II, § 10 Rn. 5; NK-*Saliger*, § 221 Rn. 20; SK-*Wolters*, § 221 Rn. 6.
25 Kritisch LK-*Krüger*, § 221 Rn. 33.
26 LK-*Krüger*, § 221 Rn. 45.
27 MK-*Hardtung*, § 221 Rn. 30; *Jäger*, JA 2012, 154, 156; vgl. auch *Roxin*, AT II, § 31 Rn. 250 – a.A. BGH NStZ 2022, 601, 603: keine planwidrige Regelungslücke.
28 BGHSt 26, 35, 37; *Eisele*, BT I, Rn. 242; MK-*Hardtung*, § 221 Rn. 14 f.; LK-*Krüger*, § 221 Rn. 52; *Rengier*, BT II, § 10 Rn. 5; *Wessels/Hettinger/Engländer*, BT 1, Rn. 165 – enger: A/W/H/H-*Hilgendorf*, § 36 Rn. 7 (räumliches

sich Abs. 1 Nr. 2 als **„echtes Sonderdelikt"**[29] von den „normalen" echten Unterlassungsdelikten, die von jedermann begangen werden können.

17 Die **Tathandlung Im-Stich-Lassen** setzt wie auch Abs. 1 Nr. 1 kein Sich-Entfernen des Täters vom Opfer voraus, sodass auch schlichte Passivität genügt.[30] So erfüllt sowohl derjenige Abs. 1 Nr. 2, der das hilflose Opfer zurücklässt, als auch derjenige, der zwar bei ihm verweilt, aber nichts unternimmt.[31] Denkbar sind ferner Fälle, in denen der Täter von einem anderen Ort nicht zum hilflosen Opfer zurückkehrt.[32] Wenn er sich jedoch vom Opfer entfernt, so bedeutet das noch nicht, dass darin ein aktives Tun (Weggehen) zu sehen ist, da der Schwerpunkt der Vorwerfbarkeit auf dem Unterlassen der Hilfeleistung liegt.[33]

18 Dadurch entstehen **Abgrenzungsprobleme** zu Abs. 1 Nr. 1. Diese werden üblicherweise an dem **Bergsteigerfall** diskutiert, in dem der Bergführer den bergunkundigen Bergsteiger nach einem Streit in einem einsamen, pfadlosen Hochgebirge allein zurücklässt, da der Gesetzgeber selbst diesen Fall angeführt hat.[34] Überwiegend wird in diesem Fall eine Strafbarkeit nach § 221 Abs. 1 Nr. 2 StGB angenommen, da der Bergsteiger sich von Anfang an in einer hilflosen Lage befunden habe, in welcher er nun im Stich gelassen werde.[35] Insofern wird also die zuvor bestehende Hilfswilligkeit des (späteren) Täters ausgeklammert. Zutreffend liegt jedoch (auch) ein Versetzen des Opfers in eine hilflose Lage nach den §§ 221 Abs. 1 Nr. 1, 13 StGB vor, da der zuvor hilfsbereite Täter dem Opfer diese Hilfe nun entzieht, sodass die hilflose Lage erst dadurch entsteht.[36] Anschließend lässt er ihn in dieser auch im Stich (Abs. 1 Nr. 2).

19 **Klausurtipp:** Es handelt sich nach der hier vertretenen Ansicht also um ein Konkurrenzproblem. Hier und auch ganz allgemein ist daher das Verhältnis der beiden Nummern zu klären. Wer einen anderen vorsätzlich in eine hilflose Lage versetzt (Abs. 1 Nr. 1), wird dadurch zu einem Garanten aus Ingerenz und damit beistandspflichtig,[37] sodass beim Verlassen des Tatorts auch ein strafbares Im-Stich-Lassen (Abs. 1 Nr. 2) vorliegt; in diesem Fall tritt die Nr. 2 aber hinter der Nr. 1 zurück.[38] Dies wird von der h.M. indes anders beurteilt, wenn Abs. 1 Nr. 1 durch Unterlassen begangen wird,[39] was insb. durch die Nicht-Anwendbarkeit des § 13 Abs. 2 StGB begründet wird, welche Abs. 1 Nr. 2 zum schwereren Delikt macht. Insofern würde A im Bergsteigerfall auch dann nur aus der Nr. 2 verurteilt, wenn man korrekterweise auch die Nr. 1 (durch Unterlassen) annimmt.

Näheverhältnis erforderlich); NK-*Saliger*, § 221 Rn. 27 ff. (besonderes psychologisch-soziales Näheverhältnis erforderlich); zu den Garantenpflichten s. *Kaspar*, AT, § 10 Rn. 41 ff.
29 L/K/H-*Heger*, § 221 Rn. 4.
30 *Eisele/Heinrich*, BT, Rn. 152; *Jäger*, JuS 2000, 31, 33; *Kindhäuser/Schramm*, BT I, § 5 Rn. 12; *Rengier*, BT II, § 10 Rn. 18; NK-*Saliger*, § 221 Rn. 22.
31 *Eisele*, BT I, Rn. 244 f.; Sch/Sch-*Eser/Sternberg-Lieben*, § 221 Rn. 6.
32 *Eisele*, BT I, Rn. 246; *Kindhäuser/Schramm*, BT I, § 5 Rn. 12; NK-*Saliger*, § 221 Rn. 23.
33 BGHSt 57, 28, 30; *Rengier*, BT II, § 10 Rn. 15.
34 BT-Drs. 13/8587, S. 34.
35 *Eisele*, BT I, Rn. 248; *Jäger*, JuS 2000, 31, 32; *Rengier*, BT II, § 10 Rn. 22.
36 MK-*Hardtung*, § 221 Rn. 11; LK-*Krüger*, § 221 Rn. 33; *Wessels/Hettinger/Engländer*, BT 1, Rn. 166.
37 MK-*Hardtung*, § 221 Rn. 15, 49; M/R-*Safferling*, § 221 Rn. 21 – a.A LK-*Krüger*, § 221 Rn. 56.
38 MK-*Hardtung*, § 221 Rn. 49; M/R-*Safferling*, § 221 Rn. 21 – a.A A/W/H/H-*Hilgendorf*, § 36 Rn. 8 (Abs. 1 Nr. 1 tritt hinter Abs. 1 Nr. 2 zurück).
39 NK-*Saliger*, § 221 Rn. 45.

II. Tatbestandsvoraussetzungen des Grunddelikts, § 221 Abs. 1 StGB § 6

d) Taterfolg: konkrete Gefahr des Todes oder einer schweren Gesundheitsschädigung

Der objektive Tatbestand des Abs. 1 verlangt ferner in beiden Fällen den Eintritt 20
eines Taterfolges in Form einer konkreten Gefahr des Todes oder einer schweren
Gesundheitsschädigung, § 221 Abs. 1 StGB ist ein **konkretes Gefährdungsdelikt** (s.o.
Rn. 2). Die abstrakte Gefahr der hilflosen Lage muss sich nun also zu einer **konkreten
Gefahr** entwickeln. Nach dem allgemein für konkrete Gefährdungsdelikte entwickelten
Verständnis ist von einer solchen konkreten Gefahr auszugehen, wenn der Eintritt
eines Schadens für das bedrohte Rechtsgut nur noch vom Zufall abhing,[40] sodass ein
objektiver Betrachter den Eindruck hat, es sei „gerade noch einmal gut gegangen".
Dies beurteilt sich ex post.[41]

Der Begriff der **schweren Gesundheitsschädigung** ist nach h.M. weiter als der des 21
§ 226 StGB (s. zu diesem u. § 10 Rn. 4 ff.).[42] Eine schwere Gesundheitsschädigung ist
daher auch anzunehmen, wenn das Opfer in eine ernste langwierige Krankheit verfällt
oder seine Arbeitskraft erheblich beeinträchtigt wird.[43]

e) Kausalität und objektive Zurechenbarkeit, insb. spezifischer Gefahrzusammenhang

Der Eintritt der konkreten Gefahr muss durch die Tathandlung, also das Versetzen 22
in eine hilflose Lage oder Im-Stich-Lassen in einer hilflosen Lage, verursacht worden
sein und dem Täter objektiv zurechenbar sein, insb. in einem **spezifischen Gefahrzusammenhang** mit der Tathandlung stehen.[44] Das bedeutet, dass gerade die typische
Gefahr der hilflosen Lage sich in der konkreten Gefahr niedergeschlagen haben muss.

Klausurtipp: Beachten Sie, dass diese Ausführungen für alle konkreten Gefährdungsdelikte 23
entsprechend gelten, d.h. das Vorliegen einer konkreten Gefahr sowie eines spezifischen
Gefahrzusammenhangs sind stets zu prüfen (vgl. zu § 306a Abs. 2 StGB § 32 Rn. 25 ff. sowie
zu § 315c Abs. 1 StGB § 37 Rn. 5 ff.).

Es handelt sich insofern um ein **zweistufiges Delikt**.[45] Daher scheiden nach zutreffen- 24
der Ansicht Fälle aus, in denen das Versetzen in eine hilflose Lage und der Eintritt
der konkreten Gefahr in einem Akt zusammenfallen.[46] Dies gilt insb. in Fällen, in
denen der Täter das Opfer tödlich verletzt, sodass es binnen kurzer Zeit verstirbt:
Hier liegen die §§ 212, 211 StGB vor, nicht aber § 221 Abs. 1 Nr. 1 StGB,[47] zumal die
konkrete Gefahr hier nicht auf die hilflose Lage zurückzuführen ist. Anders ist dies
aber zu beurteilen, wenn das Opfer erst noch eine gewisse Zeit hilflos ist und sich die
Todesgefahr erst entwickelt.[48] Dies ist v.a. bei § 221 Abs. 1 Nr. 2 StGB relevant, weil
der Täter das Opfer bereits in einer hilflosen Lage vorfindet. Besteht hier schon eine
konkrete Gefahr, so muss es jedenfalls in diesem Fall ausreichen, wenn diese durch

---

40 *Eisele*, BT I, Rn. 250; *Kindhäuser/Schramm*, BT I, § 5 Rn. 18; LK-*Krüger*, § 221 Rn. 65.
41 *Eisele*, BT I, Rn. 250.
42 BT-Drs. 13/8587, 27 f.; *Eisele*, BT I, Rn. 251; *Kindhäuser/Schramm*, BT I, § 5 Rn. 17.
43 BT-Drs. 13/8587, 28.
44 *Eisele*, BT I, Rn. 252; *Eisele/Heinrich*, BT, Rn. 158.
45 M/R-*Safferling*, § 221 Rn. 13; NK-*Saliger*, § 221 Rn. 3.
46 *Eisele*, BT I, Rn. 253; *Rengier*, BT II, § 10 Rn. 27; *Wessels/Hettinger/Engländer*, BT 1, Rn. 167 – a.A. BGHSt 52, 153, 157.
47 MK-*Hardtung*, § 221 Rn. 12.
48 MK-*Hardtung*, § 221 Rn. 12.

die Untätigkeit des Täters gesteigert wird.[49] Dies führt wiederum zu Überschneidungen mit den Körperverletzungs- und (versuchten) Tötungsdelikten.

25 **Klausurtipp:** Nach h.M. handelt es sich in diesen Fällen wiederum um eine Konkurrenz- und nicht um eine Tatbestandsfrage.[50] Verletzungsdelikte wie die §§ 212 ff. StGB oder die §§ 223 ff. StGB sind vorrangig vor § 221 StGB zu prüfen.[51] Hinter den (versuchten) Tötungsdelikten tritt die Aussetzung zurück, mit den §§ 223 ff. StGB kann hingegen Tateinheit bestehen.[52] § 323c StGB tritt hinter § 221 StGB zurück.[53]

2. Subjektiver Tatbestand

26 Gem. § 15 StGB ist **Vorsatz** hinsichtlich sämtlicher Merkmale des objektiven Tatbestands erforderlich, d.h. im Falle des Abs. 1 Nr. 2 bzw. im Falle der Begehung des Abs. 1 Nr. 1 durch Unterlassen auch bzgl. der Garantenpflicht sowie in allen Fällen des Abs. 1 auch hinsichtlich des Eintritts der konkreten Gefahr. Insofern genügt ein bedingter Gefährdungsvorsatz.

III. Qualifikation, Abs. 2 Nr. 1, und Erfolgsqualifikationen, Abs. 2 Nr. 2 und Abs. 3

27 § 221 Abs. 2 Nr. 1 StGB stellt eine **Qualifikation** (zum Verbrechen) dar und ist erfüllt, wenn der Täter die Aussetzung nach Abs. 1 gegen das eigene Kind oder gegen eine Person begeht, die ihm zur Erziehung oder zur Betreuung in der Lebensführung anvertraut ist. Adoptivkinder fallen unter die erste, Pflegekinder unter die zweite Alternative.[54]

28 § 221 Abs. 2 Nr. 2 sowie § 221 Abs. 3 StGB sind Qualifikationen in der Form der **Erfolgsqualifikation**, wobei die schwere Folge in ersterem Fall in einer schweren Gesundheitsschädigung und in letzterem Fall im Tod des Opfers besteht. Hinsichtlich dieser schweren Folge ist wiederum eine Kausalität der Grunddeliktshandlung sowie eine objektive Zurechenbarkeit derselben, insb. ein spezifischer Gefahrzusammenhang, erforderlich. Zudem muss die schwere Folge mindestens fahrlässig verursacht worden sein, § 18 StGB.

29 **Klausurtipp:** Auch hier gelten gegenüber anderen erfolgsqualifizierten Delikten keine Besonderheiten. Nähere Ausführungen erfolgen hier bei § 227 StGB (s.u. § 11). Wichtig ist, bei den Konkurrenzen zu beachten, dass Abs. 2 Nr. 2 die fahrlässige Körperverletzung und Abs. 3 die fahrlässige Tötung verdrängt.[55] Daher sind diese vorrangig zu prüfen. Sind sie erfüllt, müssen die §§ 222, 229 StGB nicht mehr erörtert werden. Es genügt die Feststellung, dass sie zurücktreten.

---

[49] BT-Drs. 13/9064, S. 14; BGHSt 52, 153, 157 f.; *Eisele*, BT I, Rn. 253; Sch/Sch-*Eser/Sternberg-Lieben*, § 221 Rn. 8; LK-*Krüger*, § 221 Rn. 64; *Rengier*, BT II, § 10 Rn. 24 – a.A. NK-*Saliger*, § 221 Rn. 31.
[50] Vgl. zum Verhältnis zu den Tötungsdelikten und denkbaren Einschränkungen bereits des Tatbestandes, die er jedoch selbst verwirft MK-*Hardtung*, § 221 Rn. 13.
[51] *Rengier*, BT II, § 10 Rn. 1; *Wessels/Hettinger/Engländer*, BT 1, Rn. 172.
[52] NK-*Saliger*, § 221 Rn. 46 f. – a.A. LK-*Krüger*, § 221 Rn. 91: Zurücktreten des § 221 Abs. 1 StGB, wenn die Aussetzung mittels einer Körperverletzung begangen wurde.
[53] NK-*Saliger*, § 221 Rn. 48.
[54] *Wessels/Hettinger/Engländer*, BT 1, Rn. 170.
[55] So tritt § 229 StGB hinter § 221 Abs. 2 Nr. 2 StGB und § 222 StGB hinter § 221 Abs. 3 StGB zurück; vgl. NK-*Saliger*, § 221 Rn. 48.

III. Qualifikation, Abs. 2 Nr. 1, und Erfolgsqualifikationen, Abs. 2 Nr. 2 und Abs. 3 § 6

Ein Sonderproblem stellt in beiden Fällen der Erfolgsqualifikation die Frage der **Strafbarkeit des Versuchs** dar. Da es sich bei Abs. 2 Nr. 2 sowie Abs. 3 um Verbrechen handelt, ist nach allgemeinen Grundsätzen eine versuchte Erfolgsqualifikation möglich, wenn der Täter einen entsprechenden Vorsatz aufweist.[56] Umstritten ist jedoch die Frage, ob auch ein **erfolgsqualifizierter Versuch** strafbar ist, also die Konstellation, in der das Grunddelikt (§ 221 Abs. 1 StGB) nur versucht wird, bereits dabei aber die schwere Folge fahrlässig bewirkt wird. Dies ist mit der zutreffenden h.M. abzulehnen, da dies zumindest voraussetzt, dass der Versuch strafbar ist, was bei § 221 Abs. 1 StGB nicht der Fall ist.[57] Andernfalls würde die fahrlässig bewirkte schwere Folge eine sonst nicht bestehende Strafbarkeit aus dem Grunddelikt begründen (und nicht nur schärfen), also ein nicht strafbarer Versuch qualifiziert. 30

▶ **Lösung des Beispielsfalls („Flutkanal"):**[58] Der BGH bestätigte die Verurteilungen von A und B gem. den §§ 221 Abs. 1 Nr. 2, Abs. 3 StGB sowie des C gem. § 323c StGB. Im Falle von A und B nahm es an, dass diese O in einer hilflosen Lage am Flutkanal im Stich gelassen hätten, wobei sie obhuts- und beistandspflichtig gewesen seien, weil sie O aus dem Lokal geleitet und ihn dadurch aus dem Einflussbereich des Wirtes und weiterer Gäste entfernt hatten. Hierdurch hätten sich die außerhalb der Bar drohenden Gefahren wesentlich erhöht. Indem sie dem am Uferrand liegenden O die ihnen mögliche und zumutbare Hilfeleistung versagten, hätten sie ihn der Gefahr ausgesetzt, infolge eines Sturzes in den Flutkanal schwere Gesundheitsschäden oder den Tod zu erleiden. Da er sich bereits in einer hilflosen Lage befunden habe, als er am Ufer lag, komme es auf die Frage einer Möglichkeit der Rettung aus dem Flutkanal nicht an. Schließlich sei auch Fahrlässigkeit hinsichtlich der schweren Folge anzunehmen. C kam hingegen keine Obhutspflicht zu, sodass er nur nach § 323c StGB zu verurteilen war. ◀ 31

Anmerkung: Wollte man, wie dies in der Literatur vielfach vorgeschlagen wird, die Beistandswilligkeit des Täters ausklammern, so ließe sich erwägen, bereits im Hinausgeleiten aus der Bar ein Versetzen in eine hilflose Lage zu sehen, was aber aus den genannten Gründen nicht überzeugt. Auch wenn der BGH die Obhutspflicht auch damit begründet, dass außerhalb der Bar die „drohenden Gefahren wesentlich erhöht" gewesen seien, bestand zu diesem Zeitpunkt wohl auch noch keine abstrakte Gefahr des Todes oder einer schweren Gesundheitsschädigung. Diese lag erst vor, als O die Böschung hinabgefallen war. Hier kann ein Versetzen durch Unterlassen nach den §§ 221 Abs. 1 Nr. 1, 13 StGB durch A und B nicht angenommen werden, weil ein entsprechender Vorsatz nicht vorlag. Es bleibt also ein Im-Stich-Lassen nach § 221 Abs. 1 Nr. 2 StGB. Dem BGH ist in der Annahme der Obhutspflicht zuzustimmen, weil die Hilfe durch A und B gerade dazu führte, dass Außenstehende nicht eingreifen mussten. Etwas unklar bleiben die Ausführungen des BGH dahingehend, ob bei dem am Flutkanal liegenden O bereits eine konkrete Lebensgefahr bestand. War dem so, so ist diese durch das Im-Stich-Lassen aber immerhin verstärkt worden, weil er in den Kanal fiel. Auch wenn dies durch seine eigenen Aufsteh-Versuche geschah, steht die schwere Folge in einem spezifischen Gefahrzusammenhang. 32

---

56 MK-*Hardtung*, § 221 Rn. 45; LK-*Krüger*, § 221 Rn. 83; NK-*Saliger*, § 221 Rn. 42.
57 *Kindhäuser/Schramm*, BT I, § 5 Rn. 26; LK-*Krüger*, § 221 Rn. 84; NK-*Saliger*, § 221 Rn. 42; i.E. ebenso die Vertreter der „Letalitätstheorie", die einen Zusammenhang zwischen Grunddeliktserfolg und schwerer Folge fordern, der hier nicht vorliegt; vgl. MK-*Hardtung*, § 221 Rn. 46 – a.A. SK-*Wolters*, § 221 Rn. 16.
58 BGH NStZ 2023, 98 mit Anm. *Drees*; vgl. dazu *Eisele*, JuS 2023, 182; *Mühlbacher/Witschel*, famos 6/2023.

WIEDERHOLUNGSFRAGEN

1. Welches Rechtsgut schützt § 221 StGB? (Rn. 1)
2. Was ist damit gemeint, dass es sich um ein „zweistufiges Delikt" handelt? (Rn. 24)
3. Ist ein Versetzen in eine hilflose Lage durch Unterlassen möglich? (Rn. 10)
4. Wie ist die Obhuts- und Beistandspflicht bei § 221 Abs. 1 Nr. 2 StGB zu bestimmen? (Rn. 16)
5. Ist der erfolgsqualifizierte Versuch bei § 221 Abs. 3 StGB strafbar? (Rn. 30)

TEIL 2: STRAFTATEN GEGEN DIE KÖRPERLICHE UNVERSEHRTHEIT

§ 7 Einleitung

I. Grundlagen

Der 17. Abschnitt des StGB ist überschrieben mit „Straftaten gegen die körperliche Unversehrtheit". Diese Überschrift bildet insofern auch den Ausgangspunkt zur Bestimmung des **Rechtsguts** der §§ 223–231 StGB. Im Hinblick darauf, dass § 223 StGB, wie gleich noch darzustellen ist (§ 8 Rn. 7 ff.), sowohl die körperliche Misshandlung als auch die Gesundheitsschädigung als Körperverletzung umfasst, lässt sich zunächst festhalten, dass die **körperliche Unversehrtheit** im Sinne der körperlichen Integrität, des körperlichen Wohlbefindens sowie die Gesundheit als Rechtsgut gemeint sind,[1] also physische Auswirkungen auf den Körper des Opfers. Verletzungen der **Psyche** sind jedenfalls dann Teil des Schutzguts, wenn die einzelnen Vorschriften explizit einen solchen Schutz vorsehen.[2] So erfasst § 225 Abs. 3 Nr. 2 StGB etwa die Gefahr einer erheblichen Schädigung der körperlichen und der seelischen Entwicklung und § 226 Abs. 1 Nr. 3 StGB auch seelische Krankheiten.

Im Übrigen ist umstritten, ob die §§ 223 ff. StGB auch die **Psyche** schützen. Die h.M. beschränkt das Schutzgut der §§ 223 ff. StGB (mit Ausnahme der soeben genannten Spezialvorschriften) bislang auf physische Beeinträchtigungen.[3] Ansonsten werde der Schutzbereich zu weit ausgedehnt und es entstünden schwierige Kausalitäts- und Zurechnungsfragen.[4] Die Gegenansicht, die neben der physischen auch die psychische Gesundheit als geschützt ansieht,[5] beruft sich insb. auf die kaum mögliche Abgrenzung zwischen physischen und psychischen Schäden. In der Tat erscheint es gekünstelt, wenn die h.M. seelische Leiden erst dann erfassen will, wenn sie sich konkret physisch auswirken, etwa in Magenbeschwerden etc.

Teilweise wird das Selbstbestimmungsrecht (über den eigenen Körper) als weiteres Schutzgut der §§ 223 ff. StGB angeführt,[6] insb. um ärztliche Heileingriffe als tatbestandsmäßige Handlung zu deklarieren. Dies ist allerdings nicht notwendig, da es genügt, diese als Eingriff in die körperliche Integrität zu begreifen.[7]

II. Systematik

Das Rechtsgut der körperlichen Unversehrtheit wird in den §§ 223 ff. StGB durch verschiedene Vorschriften geschützt. § 223 StGB bildet hierbei das vorsätzliche **Grunddelikt**, § 224 StGB eine **Qualifikation** für besonders gefährliche Begehungsweisen. § 229 StGB stellt die **fahrlässige** Begehung unter Strafe. Die §§ 226, 227 StGB ent-

---

1 LK-*Grünewald*, Vor § 223 Rn. 2; *Kindhäuser/Schramm*, BT I, § 7 Rn. 1; Sch/Sch-*Sternberg-Lieben*, § 223 Rn. 1.
2 LK-*Grünewald*, Vor § 223 Rn. 1.
3 BGH NStZ 2015, 269; NStZ 2016, 27; LK-*Grünewald*, Vor § 223 Rn. 12; A/W/H/H-*Hilgendorf*, § 6 Rn. 21; *Kindhäuser/Schramm*, BT I, § 7 Rn. 1; *Wessels/Hettinger/Engländer*, BT 1, Rn. 201.
4 LK-*Grünewald*, Vor § 223 Rn. 12.
5 MK-*Hardtung*, § 223 Rn. 1; Sch/Sch-*Sternberg-Lieben*, § 223 Rn. 1.
6 K/H/H-*Hellmann*, BT 1, Rn. 238; vgl. auch MK-*Hardtung*, § 223 Rn. 2: mitgeschützt.
7 LK-*Grünewald*, Vor § 223 Rn. 13.

halten **Erfolgsqualifikationen** für den Fall, dass der Täter eine besonders schwere Folge verursacht. Dabei genügt für § 226 Abs. 1 StGB sowie für § 227 StGB gemäß § 18 StGB auch eine fahrlässige Verursachung der schweren Folge, während § 226 Abs. 2 StGB die absichtliche oder wissentliche Verursachung der schweren Folge noch einmal **qualifiziert**. Spezielle Tatbestände stellen die §§ 225, 226a, 231 und 340 StGB dar. Gemäß der Zielsetzung dieses Buchs werden hier nur die §§ 223, 224, 226, 227, 229 und 231 StGB behandelt.

▶ **Übersicht**

1. **Vorsätzliches Grunddelikt**
   - § 223 StGB: Einfache Körperverletzung
2. **Fahrlässigkeitsdelikt**
   - § 229 StGB: Fahrlässige Körperverletzung
3. **(Erfolgs-)Qualifikationen**
   - § 224 StGB: Gefährliche Körperverletzung: Qualifikation
   - § 226 Abs. 1 StGB: Schwere Körperverletzung: Erfolgsqualifikation (Vorsatz-Fahrlässigkeits-Kombination; vgl. § 18 StGB)
   - § 226 Abs. 2 StGB: Absichtliche oder wissentliche schwere Körperverletzung: Qualifikation
   - § 227 StGB: Körperverletzung mit Todesfolge: Erfolgsqualifikation (Vorsatz-Fahrlässigkeits-Kombination; vgl. § 18 StGB)
4. **Spezialtatbestände**
   - § 225 StGB: Misshandlung von Schutzbefohlenen (besonderes Tatobjekt; in der Regel Qualifikation)
   - § 226a StGB: Verstümmelung weiblicher Genitalien
   - § 231 StGB: Beteiligung an Schlägerei (abstraktes Gefährdungsdelikt mit objektiver Bedingung der Strafbarkeit)
   - § 340 StGB: Körperverletzung im Amt (besonderes Tatsubjekt; Qualifikation) ◀

§ 8 Die einfache Körperverletzung, § 223 StGB

Literaturempfehlungen:
Bollacher/Stockburger, Der ärztliche Heileingriff in der strafrechtlichen Fallbearbeitung, JURA 2006, 908; *Hardtung,* Die Körperverletzungsdelikte, JuS 2008, 864; 960; *Jäger,* Die Delikte gegen Leben und körperliche Unversehrtheit nach dem 6. Strafrechtsreformgesetz – Ein Leitfaden für Studium und Praxis, JuS 2000, 31; *Murmann,* Die „üble, unangemessene Behandlung", JURA 2004, 103; *Pörner,* Die Infektion mit Krankheitserregern in der strafrechtlichen Fallbearbeitung, JuS 2020, 498; *Rennicke,* Die sittenwidrige Körperverletzung im Sinne des § 228 StGB, ZJS 2019, 465.

Übungsfälle:
Kaspar, Beleidigung und Körperverletzung auf dem Fußballplatz, JuS 2004, 409; *Paul/Schubert,* Referendarexamensklausur – Strafrecht: Medizinstrafrecht und AT – Gefahr im Spital, JuS 2013, 1007; *Reschke,* Fortgeschrittenenklausur – Strafrecht: Gefährliche Patientenversuche, JuS 2011, 50.

I. Einleitung

1. Grundlagen

§ 223 StGB schützt wie bereits dargestellt die körperliche Unversehrtheit im Sinne der körperlichen Integrität, des körperlichen Wohlbefindens sowie die Gesundheit (§ 7 Rn. 1). Dabei handelt es sich um ein **Erfolgsdelikt** in der Form eines **Verletzungsdelikts**, d.h. eine Verletzung des Rechtsguts muss tatsächlich eingetreten sein, wobei allerdings auch der Versuch gemäß § 223 Abs. 2 StGB unter Strafe gestellt ist.

2. Prüfungsschema

Ähnlich wie bei § 212 Abs. 1 StGB sind Taterfolg und Tathandlung hier kaum voneinander zu trennen, eine besondere Begehungsweise ist für § 223 Abs. 1 StGB nicht vorausgesetzt. In Klausuren gilt das folgende Schema:

▶ I. Tatbestand
    1. Objektiver Tatbestand
        a) Tatobjekt: eine andere Person
        b) Taterfolg/Tathandlung:
            aa) Körperliche Misshandlung und/oder
            bb) Gesundheitsschädigung
        c) Kausalität
        d) Objektive Zurechnung
    2. Subjektiver Tatbestand
II. Rechtswidrigkeit
III. Schuld
IV. Strafantrag, § 230 StGB ◀

II. Tatbestandsvoraussetzungen des Grunddelikts, § 223 Abs. 1 StGB

1. Objektiver Tatbestand

▶ **Beispielsfall ("Myom"):**[1] Bei einer Untersuchung wird bei B eine doppelfaustgroße Gebärmuttergeschwulst (Myom) festgestellt, zu deren operativen Entfernung ihr der Arzt Dr. A rät. Während der Operation ergibt sich, dass die Geschwulst nicht auf der Oberfläche der Gebärmutter sitzt, sondern mit ihr fest verwachsen ist. Weil sie nicht anders als durch gleichzeitige Ausräumung der Gebärmutter beseitigt werden kann, entfernt A den ganzen Gebärmutterkörper. Mit einem so weitgehenden Eingriff war B nicht einverstanden. ◀

a) Tatobjekt: ein anderer Mensch

Wie bei § 212 StGB ist auch bei § 223 StGB taugliches **Tatobjekt** ein bereits geborener und noch lebender Mensch, wobei es auch hier auf den Zeitpunkt der Tathandlung ankommt. Auch § 223 StGB reicht also in zeitlicher Hinsicht vom Beginn der Geburt bis zum Hirntod des Opfers, wobei die oben zu § 212 StGB erläuterten Grundsätze gelten (§ 1 Rn. 8). Daraus folgt, dass pränatale schädigende Einwirkungen auf den Fötus nicht nach § 223 StGB strafbar sind,[2] was der Systematik der §§ 212 ff. StGB zu entnehmen ist. Das **ungeborene Kind** wird nur von den §§ 218 ff. StGB geschützt. Diese stellen nur die Tötung unter Strafe, nicht aber eine Schädigung der Leibesfrucht. Das LG Aachen hat jedoch im **Contergan-Fall** angenommen, dass bei pränatalen Einwirkungen, die zu Körperschäden und Missbildungen an der Leibesfrucht führen, die nach der Geburt fortbestehen, eine nach § 223 StGB strafbare Körperverletzung am geborenen Menschen anzunehmen ist.[3] Dafür mag sprechen, dass nach der Geburt ein „anderer Mensch" entstanden ist, der nun auch an der Gesundheit geschädigt ist. Hier gilt es indes zu differenzieren: Wird durch die Tathandlung bereits der Fötus verletzt und besteht diese Schädigung nach der Geburt fort, so scheiden die §§ 223 ff. StGB aus, da kein taugliches Tatobjekt im Zeitpunkt von Tathandlung und Taterfolg vorlag; wirkt sich die Schädigung hingegen erst nach der Geburt aus, so mag die Tathandlung pränatal gewesen sein, der Taterfolg tritt dann aber an einem „anderen Menschen" ein.[4]

Da es sich um einen „anderen Menschen" handeln muss, ist auch hier die **Selbstschädigung nicht** strafbar,[5] sodass wiederum nach den oben erläuterten Kriterien (§ 4 Rn. 22 ff.) untersucht werden muss, ob eine Selbst- oder eine Fremdverletzung vorliegt, wobei § 223 StGB nur im letzteren Fall greift.[6] Anders als bei § 212 StGB ist hier aber – in den Grenzen des § 228 StGB (s. Rn. 28 ff.) – durchaus eine Einwilligung möglich.

Ein Sonderproblem liegt in der Beschädigung **abgetrennter Körperteile** oder **Organe**. Zu denken ist etwa an Blut zur Transfusion, Haut oder Organe zur Transplantation, Eizellen oder Sperma zur Befruchtung. Die h.M. lehnt eine Strafbarkeit nach § 223 StGB in diesen Fällen zu Recht ab, denn nach Abtrennung der Organe und

---

1 BGHSt 11, 111.
2 *Eisele*, BT I, Rn. 287; LK-*Grünewald*, § 223 Rn. 16; MK-*Hardtung*, § 223 Rn. 9; A/W/H/H-*Hilgendorf*, § 5 Rn. 96; SK-*Wolters*, § 223 Rn. 2.
3 LG Aachen JZ 1971, 507, 509; zust. A/W/H/H-*Hilgendorf*, § 5 Rn. 98; *Rengier*, BT II, § 13 Rn. 2.
4 LK-*Grünewald*, § 223 Rn. 18; MK-*Hardtung*, § 223 Rn. 9; *Kindhäuser/Schramm*, BT I, § 7 Rn. 3; Sch/Sch-*Sternberg-Lieben*, § 223 Rn. 1b.
5 *Eisele*, BT I, Rn. 289; *Rengier*, BT II, § 13 Rn. 5; Sch/Sch-*Sternberg-Lieben*, § 223 Rn. 1; *Wessels/Hettinger/Engländer*, BT 1, Rn. 202; *Zieschang*, BT 1, Rn. 266.
6 BGHSt 49, 34, 39.

II. Tatbestandsvoraussetzungen des Grunddelikts, § 223 Abs. 1 StGB § 8

Stoffe vom Körper sind diese von ihm getrennt zu betrachten, sodass der Körper selbst nicht mehr geschädigt wird.[7] In diesem Fall ist aber an eine Schädigung des Körpers zu denken, dem diese Organe oder Stoffe (nicht) zugeführt werden. Zum Körper gehören hingegen fest und dauerhaft mit diesem verbundene **Implantate** wie Herzschrittmacher oder künstliche Hüftgelenke.[8]

b) Tathandlung und Taterfolg

Tathandlung und **Erfolg** sind entweder eine körperliche Misshandlung oder eine Gesundheitsschädigung. Dabei handelt es sich um zwei selbstständige Alternativen. 7

Klausurtipp: Beide Alternativen können kumulativ vorliegen, müssen dies aber nicht.[9] Obwohl eine der beiden Alternativen ausreicht, sind beide getrennt voneinander zu erörtern.[10] 8

aa) Körperliche Misshandlung

Definition: Jede üble und unangemessene Behandlung, die das körperliche Wohlbefinden oder die körperliche Unversehrtheit nicht nur unerheblich beeinträchtigt.[11] 9

Nach der oben dargestellten h.M. ist hierbei eine körperliche Auswirkung entscheidend (s.o. § 7 Rn. 1 ff.), sodass **psychische Beeinträchtigungen** nur dann erfasst sind, wenn sie sich körperlich auswirken, etwa wenn eine Traumatisierung zu erheblichen Angstzuständen, Zittern und Nassschwitzen,[12] ein Angstzustand zu Herzrhythmusstörungen[13] oder starker Ekel zu Brechreiz[14] führt.[15] In Betracht kommt eine Beeinträchtigung entweder der körperlichen Unversehrtheit, also der Substanz des Körpers,[16] oder (zumindest) des körperlichen Wohlbefindens, insb. durch die Zufügung von Schmerzen.[17] Durch das Merkmal der **Erheblichkeit** werden Bagatellfälle aus der Strafbarkeit ausgeschieden.[18] Sie beurteilt sich objektiv anhand der Intensität und Dauer[19] der Einwirkung unter Berücksichtigung des individuellen Opfers.[20] 10

Beeinträchtigungen der **körperlichen Unversehrtheit** sind gekennzeichnet durch **Substanzverletzungen**. Hierzu gehören etwa Beulen, ausgeschlagene Zähne oder ausgerissene Haare,[21] wegen der Bagatellgrenze aber nicht bloße Hautrötungen oder kleine Kratzer.[22] Beeinträchtigungen des **körperlichen Wohlbefindens** führen nicht zu Sub- 11

---

7 LK-*Grünewald*, § 223 Rn. 3; *Otto*, GK BT, § 14 Rn. 2 – a.A. MK-*Hardtung*, § 223 Rn. 19 ff.: wenn Körperteile zeitnah wieder mit diesem verbunden werden sollen.
8 LK-*Grünewald*, § 223 Rn. 4; *Rengier*, BT II, § 13 Rn. 4; *Wessels/Hettinger/Engländer*, BT 1, Rn. 212.
9 LK-*Grünewald*, § 223 Rn. 8.
10 *Zieschang*, BT 1, Rn. 269.
11 BGHSt 14, 269, 271; 25, 277, 277 f.; LK-*Grünewald*, § 223 Rn. 21; *Otto*, GK BT, § 15 Rn. 2; *Rengier*, BT II, § 13 Rn. 9; Sch/Sch-*Sternberg-Lieben*, § 223 Rn. 3; *Zieschang*, BT 1, Rn. 270; kritisch A/W/H/H-*Hilgendorf*, § 6 Rn. 21.
12 BGH NStZ 2007, 218.
13 BGH StV 1994, 303.
14 BGH NStZ 2016, 27.
15 Weitere Beispiele bei MK-*Hardtung*, § 223 Rn. 43.
16 LK-*Grünewald*, § 223 Rn. 21; *Rengier*, BT II, § 13 Rn. 9.
17 Sch/Sch-*Sternberg-Lieben*, § 223 Rn. 3.
18 LK-*Grünewald*, § 223 Rn. 25; MK-*Hardtung*, § 223 Rn. 32; *Rengier*, BT II, § 13 Rn. 11.
19 BGHSt 53, 145, 158; LK-*Grünewald*, § 223 Rn. 25; MK-*Hardtung*, § 223 Rn. 34; Sch/Sch-*Sternberg-Lieben*, § 223 Rn. 4a.
20 Sch/Sch-*Sternberg-Lieben*, § 223 Rn. 4a.
21 LK-*Grünewald*, § 223 Rn. 22; *Rengier*, BT II, § 13 Rn. 10.
22 *Rengier*, BT II, § 13 Rn. 11.

stanzverletzungen, erfordern aber körperliche Auswirkungen, in der Regel Schmerzen, wie sie etwa bei Ohrfeigen von gewisser Intensität[23] oder sonstigen festen Schlägen entstehen können, aber auch solche körperlichen Auswirkungen, die bei Fesseln und Knebeln[24] oder starkem Lärm entstehen können, nicht aber Bagatellfälle wie leichte Stöße gegen den Oberkörper.[25] Nach den oben aufgezeigten Grundsätzen zur Erheblichkeit genügen Ekel nach Anspucken[26] oder Herzklopfen[27] per se noch nicht.

12 Umstritten ist, welche Bedeutung dem zusätzlichen Definitionselement der „**üblen und unangemessenen Behandlung**" zukommt.[28] Das RG hatte dem Merkmal noch eine ausweitende Funktion zugeschrieben, sodass auch körperliche Beeinträchtigungen erfasst sein konnten, die das Opfer nicht als solche empfindet.[29] Im Fall hatte ein Lehrer einen in der Intelligenz geminderten Schüler geohrfeigt, der möglicherweise keinen Schmerz spüren konnte. In diese Richtung geht auch die Interpretation des Merkmals als Ausdruck einer bewussten Ehrverletzung,[30] sodass etwa auch Vorgänge wie das mutwillige Auf-den-Fuß-Treten erfasst sein können. Dies ist im Hinblick auf die Bagatellgrenze nicht überzeugend.[31] Der BGH nahm in BGHSt 14, 269 hingegen an, dass – in begrenzender Weise – eine sozialwidrige Behandlung gemeint sei, welche im Fall „zulässiger Disziplinarmaßnahmen" durch einen militärischen Vorgesetzten nicht erfüllt sei. In der Literatur wird zu Recht darauf hingewiesen, dass ein solchermaßen einschränkendes Kriterium schon Bestandteil der objektiven Zurechnung ist, sodass ihm im Rahmen des Tatererfolgs/der Tathandlung keine eigenständige Funktion zukommt.[32]

13 **Klausurtipp:** Auch wenn dieser Teil der Definition damit eigentlich überflüssig ist, sollte in der Klausur die übliche Definition verwendet werden, da diese „erwartet" wird.[33]

bb) Gesundheitsschädigung

14 **Definition:** Jedes Hervorrufen oder Steigern eines nicht unerheblichen pathologischen Zustands.[34]

15 **Pathologisch**, also krankhaft, ist ein Zustand, wenn er nachteilig vom Normalzustand abweicht.[35] Dies ist der Fall, wenn ein **Heilungsprozess** erforderlich ist.[36] Dazu gehö-

---

23 BGH NJW 1990, 3156, 3157.
24 BGH NStZ 2007, 404, wobei im Fall das Opfer ferner mit dem Kopf nach unten auf den Boden gelegt wurde.
25 Vgl. *Rengier*, BT II, § 13 Rn. 10 mit weiteren Beispielen.
26 BGH NStZ 2016, 27; LK-*Grünewald*, § 223 Rn. 25. Ausreichend ist es aber, wenn dadurch ein Brechreiz ausgelöst wird.
27 LK-*Grünewald*, § 223 Rn. 25. Ausreichend sind aber starkes Herzrasen und Schlaflosigkeit.
28 Ausführlich dazu MK-*Hardtung*, § 223 Rn. 48 ff.
29 RGSt 19, 136, 139.
30 Vgl. dazu SK-*Wolters*, § 223 Rn. 8, der aber auf das Merkmal letztlich auch verzichten will.
31 Ablehnend auch LK-*Grünewald*, § 223 Rn. 28.
32 LK-*Grünewald*, § 223 Rn. 29; MK-*Hardtung*, § 223 Rn. 53; *ders.*, JuS 2008, 864, 866; i.E. auch *Zieschang*, BT 1, Rn. 273, der aber das Merkmal der objektiven Zurechnung ablehnt.
33 Vgl. auch *Zieschang*, BT 1, Rn. 273.
34 BGHSt 36, 1, 6; BGH NJW 2013, 3383; NStZ 2015, 269; *Eisele*, BT I, Rn. 296; *Kindhäuser/Schramm*, BT I, § 7 Rn. 7; *Rengier*, BT II, § 13 Rn. 16; Sch/Sch-*Sternberg-Lieben*, § 223 Rn. 5; *Wessels/Hettinger/Engländer*, BT 1, Rn. 213.
35 BGHSt 36, 1, 6; BGH NJW 2013, 3383; *Eisele*, BT I, Rn. 296; *Rengier*, BT II, § 13 Rn. 16; *Wessels/Hettinger/Engländer*, BT 1, Rn. 213.
36 *Hardtung*, JuS 2008, 864, 867; *Kindhäuser/Schramm*, BT I, § 7 Rn. 8.

ren Wunden, Erkrankungen, aber auch Infektionen mit einem Virus,[37] sodass es auf den Ausbruch der Krankheit, die fraglos einen nicht unerheblichen pathologischen Zustand darstellen kann, nicht ankommt, da auch schon dann der Normalzustand des Körpers negativ verändert wurde. Neben dem Hervorrufen genügt auch das Steigern, also Intensivieren, eines bereits bestehenden krankhaften Zustands.[38] Die Gesundheitsschädigung muss beim Opfer nicht mit Schmerzen verbunden sein.[39] Ist dies der Fall, so liegen körperliche Misshandlung und Gesundheitsschädigung nebeneinander vor. Auch hier sind Erfolg und Handlung kaum zu trennen. Wichtig ist jedoch, dass die konkrete Art der Handlung, die zu einer Gesundheitsschädigung führt, unerheblich ist.[40] Auch hier ist die Bagatellschwelle zu beachten, sodass unerhebliche krankhafte Zustände, wie etwa leichte Kratzer, blaue Flecken oder leichter Schnupfen, ausscheiden.[41]

Fraglich ist, inwieweit Beeinträchtigungen der **psychischen Gesundheit** erfasst sind (s.o. § 7 Rn. 1 ff.). Während dies teilweise grundsätzlich bejaht wird,[42] stellt die h.M. darauf ab, ob eine körperliche Wirkung eintritt,[43] also der Körper „in einen pathologischen, somatisch objektivierbaren Zustand"[44] versetzt wird, was bei Angstzuständen noch nicht der Fall sei.

cc) Kausalität und objektive Zurechnung

Nach den allgemeinen Grundsätzen der Erfolgsdelikte sind ferner wie bei § 212 StGB Kausalität und objektive Zurechnung zu prüfen (s. dazu § 2 Rn. 6).[45]

2. Subjektiver Tatbestand

Gem. § 15 StGB ist **Vorsatz** erforderlich, wobei Eventualvorsatz genügt.[46]

Klausurtipp: Der Körperverletzungsvorsatz ist im Tötungsvorsatz enthalten (Einheitstheorie).[47]

3. Spezialproblem: Ärztliche Heileingriffe

Sowohl bei der körperlichen Misshandlung als auch bei der Gesundheitsschädigung stellt sich die Frage, wie Eingriffe in den Körper, die seitens eines Arztes **zu Heilzwecken** vorgenommen werden (Spritze, Operation etc.), zu behandeln sind.[48] Klar ist, dass eine nach den Regeln der ärztlichen Kunst (**lege artis**) von einem Arzt vorgenommene Operation, die von einer Einwilligung des Patienten gedeckt ist, nicht als

---

37 Zu HIV: BGHSt 36, 1, 6; *Eisele*, BT I, Rn. 296; zum Corona Virus: *Kindhäuser/Schramm*, BT I, § 7 Rn. 9; *Rengier*, BT II, § 13 Rn. 17b – a.A. *Hotz*, NStZ 2020, 320, 322.
38 LK-*Grünewald*, § 223 Rn. 30; Sch/Sch-*Sternberg-Lieben*, § 223 Rn. 5.
39 LK-*Grünewald*, § 223 Rn. 30; *Rengier*, BT II, § 13 Rn. 16; *Wessels/Hettinger/Engländer*, BT 1, Rn. 213.
40 *Kindhäuser/Schramm*, BT I, § 7 Rn. 8; Sch/Sch-*Sternberg-Lieben*, § 223 Rn. 5.
41 Vgl. *Rengier*, BT II, § 13 Rn. 19 mit weiteren Beispielen.
42 Sch/Sch-*Sternberg-Lieben*, § 223 Rn. 6.
43 BGH NStZ 1997, 123; *Kindhäuser/Schramm*, BT I, § 7 Rn. 8.
44 BGH NStZ 1997, 123; NStZ 2015, 269.
45 Vgl. zu Fällen der objektiven Zurechnung im Bereich der Körperverletzung *Eisele*, BT I, Rn. 300.
46 *Eisele*, BT I, Rn. 298; LK-*Grünewald*, § 223 Rn. 39; *Kindhäuser/Schramm*, BT I, § 7 Rn. 12.
47 BGHSt 16, 122, 123; L/K/H-*Heger*, § 212 Rn. 8 – a.A. noch RGSt 61, 375 (Gegensatztheorie: Tötungs- und Körperverletzungsdelikte und jeweiliger Vorsatz schließen sich gegenseitig aus).
48 Vgl. dazu LK-*Grünewald*, § 223 Rn. 63 ff.; *Joecks/Jäger*, Vor § 223 Rn. 10 ff.; *Kindhäuser/Schramm*, BT I, § 8 Rn. 22 ff.; *Otto*, GK BT, § 15 Rn. 6 ff.; *Wessels/Hettinger/Engländer*, BT 1, Rn. 269 ff.; *Zieschang*, BT 1, Rn. 283 ff.

Körperverletzung strafbar sein kann. Es wird jedoch darüber gestritten, ob in diesem Fall schon der Tatbestand ausscheidet oder ob die Einwilligung des Patienten erst die Rechtswidrigkeit der Tat beseitigt.

21 Nach der **Tatbestandslösung**[49] entfällt bei einer ärztlichen Heilbehandlung bereits der Tatbestand, da der Eingriff nicht isoliert zu betrachten sei, sondern im Rahmen einer Gesamtmaßnahme erfolge, die weder als Misshandlung im Sinne einer üblen und unangemessenen Behandlung noch als Gesundheitsschädigung, sondern als Wiederherstellung der Gesundheit, anzusehen sei. Dabei werden teilweise als Voraussetzung die medizinische Indikation und die Durchführung des Eingriffs lege artis genannt,[50] während andere (auch) darauf abstellen, ob er erfolgreich war,[51] da ein erfolgreicher Heileingriff letztlich zu einer Verbesserung des körperlichen Wohlbefindens führe. Gelingt die Operation nicht, so lasse sich immerhin der Vorsatz zur Begehung einer Körperverletzung verneinen.[52] Bei einer lege artis durchgeführten Behandlung sei dann auch nicht von einer Sorgfaltswidrigkeit auszugehen, sodass auch der Tatbestand einer fahrlässigen Körperverletzung nicht vorliege.[53]

22 Nach der zu Recht herrschenden **Rechtfertigungslösung**[54] erfüllt hingegen auch eine von einem Arzt durchgeführte Operation stets den Tatbestand des § 223 StGB, sodass es entscheidend darauf ankommt, ob eine **Einwilligung** des Patienten vorlag. Nur dies berücksichtigt das Selbstbestimmungsrecht des Patienten, der, auch wenn dies unvernünftig ist, selbst entscheiden darf, ob er einem Eingriff in seinen Körper zustimmt. Zudem wäre eine ausreichende Aufklärung vor einer Operation gar nicht mehr notwendig (zur Einwilligung sogleich Rn. 26 ff.).

23 ▶ **Lösung des Beispielsfalls („Myom"):** Im Fall stand eine fahrlässige Körperverletzung im Raume (s.u. § 12). Diesbzgl. bejahte der BGH nach dem soeben Ausgeführten im Beispielsfall zutreffend den objektiven Tatbestand, sodass es auf das Vorliegen einer wirksamen Einwilligung der Patientin ankam, welche hier im Hinblick auf die Entfernung der Gebärmutter nicht vorlag. Während das LG Dr. A noch freigesprochen hatte, wies der BGH darauf hin, dass er im Zeitpunkt der Operation zwar ohne Fahrlässigkeit von einer (mutmaßlichen) Einwilligung der B habe ausgehen können, zumal eine Einholung der Einwilligung mit einem Abbruch der bereits eingeleiteten Operation und mit Gefahren (einer neuen Operation) verbunden gewesen wäre. Gleichwohl hätte das LG überprüfen müssen, ob er sich nicht schon vor der Operation hätte vergewissern müssen, ob B mit einer Entfernung der Gebärmutter einverstanden wäre, sollte sich deren Notwendigkeit herausstellen. ◀

24 **Anmerkung:** Der Fall zeigt, wie wichtig eine vollständige Aufklärung für eine wirksame Einwilligung ist. Ein Arzt kann eine Einwilligung auch nicht einfach unterstellen, nur weil der Eingriff zur Erhaltung der Gesundheit erforderlich, also medizinisch indiziert, wäre. Denn dies würde das Selbstbestimmungsrecht der Patientin ignorieren, die selbst mit einer lebenserhaltenden Maßnahme möglicherweise nicht einverstanden sein kann. Ohne ihre Einwilligung ist selbst diese eine nicht gerechtfertigte Körperverletzung (s.o. Rn. 22). Die

---

49 *Bockelmann*, JZ 1962, 525, 528; LK-*Lilie*, 11. Aufl. 2005, Vor § 223 Rn. 3; *Welzel*, S. 289.
50 *Gallas*, ZStW 67 (1955), 1, 21.
51 *Bockelmann*, JZ 1962, 525, 528; *Otto*, GK BT, § 15 Rn. 11; *Welzel*, S. 289.
52 LK-*Lilie*, 11. Aufl. 2005, Vor § 223 Rn. 5; *Welzel*, S. 289.
53 *Welzel*, S. 289.
54 RGSt 25, 375, 377 ff.; BGHSt 11, 111, 112; 64, 69, 73; HK-*Dölling*, § 223 Rn. 9; LK-*Grünewald*, § 223 Rn. 72 ff.; LPK-*Hilgendorf*, § 223 Rn. 8; Küpper/Börner, BT 1, § 2 Rn. 46 ff.; AnwK-*Zöller/Petry*, § 223 Rn. 18; differenzierend: *Kindhäuser/Schramm*, BT I, § 8 Rn. 27 f.: Einwilligung schließt bereits den Tatbestand aus.

Gegenansicht würde selbst dann eine tatbestandliche Körperverletzung ablehnen, wenn der Arzt eigenmächtig handelt, was im Hinblick auf das Selbstbestimmungsrecht nicht überzeugt. Im Falle einer vorsätzlichen Körperverletzung stellt sich bei Ärzten i.Ü. das Zusatzproblem, ob dann auch eine gefährliche Körperverletzung wegen des Verwendens eines gefährlichen Werkzeugs gem. § 224 Abs. 1 Nr. 2 StGB vorliegt (s.u. § 9 Rn. 26).

III. Rechtswidrigkeit, insbesondere rechtfertigende Einwilligung

▶ **Beispielsfall („Gruppenschlägerei"):**[55] Zwei rivalisierende Jugendbanden treffen aufeinander. Sie kommen überein, ihren Streit mittels einer körperlichen Auseinandersetzung auszutragen, wobei sie auch den Eintritt erheblicher Verletzungen billigen. Als die Gruppen aufeinander losgehen, erleiden einige Personen so schwerwiegende Verletzungen, dass sie im Krankenhaus behandelt werden müssen. A, B und C können als Beteiligte ermittelt werden. Haben sie sich einer gefährlichen Körperverletzung gem. den §§ 223, 224 Abs. 1 Nr. 4 StGB strafbar gemacht? ◀

25

Bei einer Körperverletzung kommen grundsätzlich die allgemeinen Rechtfertigungsgründe in Betracht. Besondere Bedeutung hat dabei die **Einwilligung** des Betroffenen. Diese ist gewohnheitsrechtlich anerkannt und ihre Existenz in § 228 StGB vorausgesetzt. Die Möglichkeit, über den eigenen Körper zu verfügen, folgt zudem wie bereits ausgeführt aus dem **Selbstbestimmungsrecht**. Umstritten ist dabei die Frage, ob eine wirksame Einwilligung bereits den Tatbestand ausschließt oder erst auf der Ebene der Rechtswidrigkeit zum Tragen kommt.[56] Während sich für einen Tatbestandsausschluss[57] zwar anführen ließe, dass ein mit Zustimmung des Verletzten vorgenommener Eingriff das Rechtsgut nicht verletzt, spricht für die Annahme eines **Rechtfertigungsgrunds** aber schon der Wortlaut des § 228 StGB („handelt nur dann rechtswidrig"). Zudem ist der typische Unrechtsgehalt des § 223 StGB bei einer vorsätzlich vorgenommenen körperlichen Misshandlung und/oder Gesundheitsschädigung gegeben. Daher ist es vorzugswürdig, bei § 223 StGB eine rechtfertigende Wirkung der Einwilligung anzunehmen.[58]

26

Dabei ist das folgende Prüfungsschema zugrunde zu legen:[59]

27

▶ 1. Objektives Rechtfertigungselement
    a) Dispositives Rechtsgut des Einwilligenden
    b) Einwilligungsfähigkeit des Einwilligenden
    c) Erklärung der Einwilligung vor der Tat
    d) Erklärung ernstlich und frei von Willensmängeln
    e) keine Sittenwidrigkeit der Einwilligung gem. § 228 StGB
2. Subjektives Rechtfertigungselement: Handeln in Kenntnis und aufgrund der Einwilligung (str.) ◀

Bei einer Körperverletzung ist § 228 StGB zu beachten, wonach die Einwilligung nur dann ihre rechtfertigende Wirkung entfaltet, wenn die Tat nicht gegen die guten Sitten verstößt. Dies ist ein Sonderproblem der Körperverletzungsdelikte. Entscheidend ist

28

---

55 BGHSt 58, 140; vgl. dazu *Epik/Krey*, famos 5/2013.
56 Dazu allgemein *Kaspar*, AT, § 5 Rn. 269 ff.
57 Dafür im Rahmen des § 223 StGB etwa *Kindhäuser/Schramm*, BT I, § 8 Rn. 28.
58 So etwa auch BGHSt 11, 111, 112 ff.; NK-*Paeffgen/Böse/Eidam*, § 223 Rn. 26.
59 Vgl. *Otto*, GK BT, § 15 Rn. 18.

dabei schon nach dem Wortlaut der Norm die **Sittenwidrigkeit der Tat**, nicht die Sittenwidrigkeit der Einwilligung.[60] Nach der überkommenen Formel des BGH ist eine Sittenwidrigkeit der Tat anzunehmen, wenn sie das „Anstandsgefühl aller billig und gerecht Denkenden" verletzt.[61] Aber wann ist dies der Fall?

29 Nach einer (früher herrschenden) Ansicht soll es dabei auf den sittenwidrigen Zweck der Handlung ankommen.[62] Heute wird hingegen zu Recht am Rechtsgut der §§ 223 ff. StGB orientiert angenommen, dass Art und Umfang, also die **Schwere**,[63] der Körperverletzung sowie der Grad der Gefahr für Leib und Leben entscheidend sind.[64] Dafür spricht, dass es um eine Beurteilung der Tat geht.[65] Eine Sittenwidrigkeit ist insb. zu bejahen, wenn ein Eingriff in die körperliche Integrität konkret lebensgefährlich ist[66] oder die Gefahr einer schweren Körperverletzung besteht.[67] So verstoßen etwa sadomasochistische Praktiken oder die Vergabe von Drogen erst dann gegen die guten Sitten i.S.v. § 228 StGB, wenn der Einwilligende durch die Körperverletzungshandlung in konkrete Todesgefahr gebracht wird.[68] Eine Besonderheit besteht bei medizinisch indizierten **Operationen**: Diese können zwar lebensgefährlich sein, verstoßen aber dennoch nicht gegen die guten Sitten,[69] da sonst eine Einwilligung in lebensgefährliche Operationen grundsätzlich nicht möglich wäre. In diesem Fall **kompensiert** der sozial billigenswerte (oder jedenfalls einsehbare) Zweck die Gefahr.[70] Das gilt etwa auch Fällen der Schmerzlinderung im Rahmen der **indirekten Sterbehilfe**.[71] Ähnliches wird auch für gefährliche **sportliche Wettkämpfe** angenommen, soweit sich diese im Rahmen der Regeln halten und entsprechende Sicherungsmaßnahmen ergriffen werden.[72]

30 § 228 StGB setzt sieht sich ähnlichen Bedenken ausgesetzt wie § 216 StGB, da das **Selbstbestimmungsrecht** des Verletzten eingeschränkt wird, der sich zwar selbst töten oder schwer verletzen, dies aber Dritten nicht erlauben darf.[73] Auch hier wird das Verbot teilweise darauf gestützt, dass der Gesetzgeber (zusätzlich) das Interesse der Gemeinschaft an der Tabuisierung besonders schwerer Eingriffe (in die körperliche Unversehrtheit) schützen wolle.[74]

31 ▶ **Lösung des Beispielsfalls („Gruppenschlägerei"):**[75] Der BGH hatte im Fall der Gruppenschlägerei ebenfalls eine mögliche Sittenwidrigkeit der konkludenten Einwilligung zu prüfen. Auch wenn hier keine konkrete Lebensgefahr oder die Gefahr einer schweren Körper-

---

[60] BGHSt 4, 88, 91; 49, 34, 41 f.; LK-*Grünewald*, § 228 Rn. 10.
[61] BGHSt 4, 24, 32; 4, 88, 91; 49, 34, 41.
[62] RGSt 74, 91, 94 (schmerzhafte Berührungen des Intimbereichs weiblicher Patientinnen durch einen Arzt, die „masturbatorischen Charakter" hatten); BGHSt 4, 24, 31 (Mensur bei Verbindung); SK-*Wolters*, § 228 Rn. 11.
[63] *Otto*, GK BT, § 15 Rn. 18.
[64] BGHSt 49, 34, 42; 49, 166, 171; 53, 55, 62 f.; 60, 166, 177; *Eisele*, BT I, Rn. 302; LK-*Grünewald*, § 228 Rn. 12; *Rennicke*, ZJS 2019, 465, 466.
[65] Vgl. auch LK-*Grünewald*, § 228 Rn. 10.
[66] BGHSt 49, 34, 44 (vgl. dazu *Marxen/Zimmermann*, famos 04/2004); 58, 140, 145 f.; 60, 166, 177.
[67] BGHSt 64, 69, 75; *Eisele*, BT I, Rn. 302.
[68] BGHSt 49, 34, 42 ff.; 49, 166, 171 ff. – a.A. noch RG JW 1928, 2229, 2231 f.
[69] LK-*Grünewald*, § 228 Rn. 26; *Rennicke*, ZJS 2019, 465, 469.
[70] BGHSt 49, 166, 171.
[71] BGHSt 64, 69, 75 ff.
[72] BGHSt 4, 88, 92.
[73] Vgl. dazu MK-*Hardtung*, § 228 Rn. 20 ff.
[74] MK-*Hardtung*, § 228 Rn. 23.
[75] BGHSt 58, 140; vgl. dazu *Epik/Krey*, famos 5/2013.

verletzung anzunehmen war, bejahte er eine Sittenwidrigkeit und damit eine Strafbarkeit wegen einer gefährlichen Körperverletzung. Er begründete dies mit dem erheblichen Gefährdungs- und Eskalationspotenzial, das solchen Auseinandersetzungen innewohnt, wenn keine Absprachen und effektive Sicherungsmaßnahmen getroffen werden, um die Gefahren einzudämmen. ◂

Anmerkung: Der BGH hat zur Begründung später auch § 231 StGB herangezogen.[76] Sei § 231 StGB erfüllt, so führe dies zur Sittenwidrigkeit der Körperverletzungen, da in dieser Norm zum Ausdruck komme, dass das sozialethisch verwerfliche Verhalten bereits in der Beteiligung an einer Schlägerei oder einem Angriff mehrerer besteht. Dies ist zu Recht auf Kritik gestoßen.[77] Denn der BGH kehrt hier zu einer Berücksichtigung des missbilligten Zwecks (hier: einer verabredeten Gruppenschlägerei) zurück und entfernt sich damit von der deutlich präziseren (= i.S.v. Art. 103 Abs. 2 GG bestimmteren) Orientierung an der Schwere der Tat.

32

Daneben ist – v.a. bei Notoperationen, bei denen der Patient nicht mehr rechtzeitig gefragt werden kann – auch eine rechtfertigende **mutmaßliche Einwilligung** zu denken.[78] Insb. in der Rechtsprechung ist auch eine **hypothetische Einwilligung** anerkannt.[79] Diese AT-Probleme werden hier nicht weiter vertieft.

33

IV. Strafantrag oder besonderes öffentliches Interesse

§ 223 StGB ist ein **relatives Antragsdelikt**.[80] Grds. ist ein Strafantrag des Verletzten erforderlich, § 230 Abs. 1 S. 1 StGB. Dies ist eine Strafverfolgungsvoraussetzung; fehlt der Strafantrag, so besteht ein Prozesshindernis.[81] Er kann aber dadurch ersetzt werden, dass die Staatsanwaltschaft ein besonderes öffentliches Interesse an der Verfolgung bejaht.

34

Klausurtipp: In der Klausur enthält die Fallfrage i.d.R. den Hinweis, dass evtl. erforderliche Strafanträge gestellt wurden. Dann genügt es, im Anschluss an die Schuld unter IV. kurz festzuhalten, dass der nach § 230 Abs. 1 S. 1 StGB erforderliche Strafantrag gestellt wurde. Steht dies ausnahmsweise nicht im SV, sollten Sie kurz darauf hinweisen, dass der nach § 230 Abs. 1 S. 1 StGB erforderliche Strafantrag noch zu stellen ist.

35

WIEDERHOLUNGSFRAGEN

1. Welches Rechtsgut schützt § 223 StGB? (Rn. 1)
2. Sind auch Beeinträchtigungen der Psyche von § 223 StGB erfasst? (Rn. 10 f., 16)
3. Was versteht man unter einer „üblen und unangemessenen Behandlung"? (Rn. 12)
4. Erfüllt ein ärztlicher Heileingriff, der lege artis zu Heilzwecken vorgenommen wird, den Tatbestand der §§ 223 ff. StGB? (Rn. 20 ff.)
5. Wann verstößt eine Tat gegen die guten Sitten, sodass eine Einwilligung an § 228 StGB scheitert? (Rn. 28 ff.)

---

76 BGHSt 60, 166, 180 ff.
77 Kritisch etwa *Eisele*, BT I, Rn. 302b; *Zöller/Lorenz*, ZJS 2013, 429, 432 ff.
78 Vgl. dazu ausführlich *Kaspar*, AT, § 5 Rn. 307 ff.
79 BGH NStZ-RR 2004, 16, 17; vgl. dazu ausführlich *Kaspar*, AT, § 5 Rn. 321 ff.; ferner *Eisele/Heinrich*, BT, Rn. 188 f.; *Kaspar/Reinbacher*, Casebook AT, Fall 12, S. 90 ff.; *Czempiel/Mugler*, famos 09/2012.
80 *M/R-Engländer*, § 223 Rn. 17.
81 Vgl. dazu *Heinrich/Reinbacher*, Examinatorium StPO, Problem 10.

§ 9 Die gefährliche Körperverletzung, § 224 StGB

Literaturempfehlungen:
Bosch, Gefahrenbetrachtung und Auslegung des Straftatbestands der gefährlichen Körperverletzung, JURA 2017, 909; *Hardtung*, Die Körperverletzungsdelikte, JuS 2008, 960; *Jahn*, Strafrecht BT: Gefährliche Körperverletzung, JuS 2012, 367; *Kretschmer*, Die gefährliche Körperverletzung (§ 224 StGB) anhand neuer Rechtsprechung, JURA 2008, 916; *Krüger*, Neue Rechtsprechung und Gesetzgebung zum gefährlichen Werkzeug in §§ 113, 224, 244 StGB, JURA 2011, 887; *S. Vogel*, Von unbeweglichen Werkzeugen und unbeweglichen Argumenten – ein ganzheitlicher Blick auf § 224 I Nr. 2 StGB, JA 2018, 744; *Stree*, Gefährliche Körperverletzung, JURA 1980, 281; *Wengenroth*, Die Verwirklichung der gefährlichen Körperverletzung durch Unterlassen, JA 2014, 428.

Übungsfälle:
Heinrich/Reinbacher, Venezianisches Finale, JA 2007, 264; *Kudlich*, Ein Arzt in Not, JA 2009, 185; *Müller/Raschke*, Samstag halb vier in Deutschland, JURA 2011, 305; *Schoch/Seligmann*, Der etwas andere Stadtbummel, AL 2024, 215.

I. Einleitung

1. Grundlagen

1　Die gefährliche Körperverletzung gem. § 224 StGB ist eine **Qualifikation** zu § 223 StGB und damit ein eigenständiger Tatbestand, der den Grundtatbestand wegen Gesetzeseinheit (Spezialität) verdrängt.[1] Hintergrund der erhöhten Strafe bildet hier jeweils die besonders gefährliche Begehungsweise der Körperverletzung.[2] Jeweils ist § 223 StGB also vollständig in § 224 StGB enthalten, wobei dann im objektiven Tatbestand (mindestens) eines der Qualifikationsmerkmale vorliegen muss, worauf sich dann im subjektiven Tatbestand wiederum der Vorsatz des Täters beziehen muss.

2. Prüfungsschema

2　Grundtatbestand und Qualifikation können zusammen oder getrennt geprüft werden. Hier ein Prüfungsschema für den Fall der gemeinsamen Prüfung:
- I. Tatbestand
    1. Objektiver Tatbestand
        a) des Grunddelikts, § 223 StGB
        b) der Qualifikation, § 224 StGB
            aa) § 224 Abs. 1 Nr. 1 StGB
            bb) § 224 Abs. 1 Nr. 2 StGB
            cc) § 224 Abs. 1 Nr. 3 StGB
            dd) § 224 Abs. 1 Nr. 4 StGB
            ee) § 224 Abs. 1 Nr. 5 StGB
    2. Subjektiver Tatbestand

1　Zur Spezialität als Form der Gesetzeseinheit bei Qualifikationen s. *Reinbacher*, Hdb. des StrafR, Bd. 3, § 62 Rn. 25 ff.
2　LK-*Grünewald*, § 224 Rn. 1, 4.

II. Tatbestandsvoraussetzungen der Qualifikation § 9

        a) bzgl. des Grunddelikts, § 223 StGB
        b) bzgl. der Qualifikation, § 224 StGB
II. Rechtswidrigkeit
III. Schuld ◄

Klausurtipp: In der Regel sollten Sie die gemeinsame Prüfung wählen, um Zeit zu sparen. Dies gilt ferner, wenn die Strafbarkeit nach den §§ 223 ff. StGB aus anderen Gründen (z.B. bei der Rechtswidrigkeit) scheitert, weil Sie dann im Tatbestand die Qualifikationsmerkmale ansprechen können. Auch hier genügt das Vorliegen eines Merkmals, in der Klausur sind aber alle Merkmale anzusprechen, die in Betracht kommen.

II. Tatbestandsvoraussetzungen der Qualifikation

1. Objektiver Tatbestand

a) Durch Beibringung von Gift und anderen gesundheitsschädlichen Stoffen, Abs. 1 Nr. 1

▶ **Beispielsfall („Heisser Kaffee"):**[3] A gießt aus einer Thermoskanne heißen Kaffee über den Kopf der B, die hierdurch eine schmerzhafte Verbrühung ersten Grades am Oberkörper sowie Hautrötungen am Nacken, Hals und Brust erleidet, die jedoch folgenlos verheilen. ◄

Abs. 1 Nr. 1 qualifiziert die Verwendung bestimmter besonders gefährlicher Tatmittel zur gefährlichen Körperverletzung. Der **„Stoff"** ist hierbei der **Oberbegriff** (Wortlaut: „anderen"), das Gift (Alt. 1) ein Spezialfall des gesundheitsschädlichen Stoffs (Alt. 2).

aa) Gift, Abs. 1 Nr. 1 Alt. 1

Definition: Gift ist jeder organische oder anorganische Stoff, der durch chemische oder chemisch-physikalische Wirkung geeignet ist, die Gesundheit erheblich zu schädigen.[4]

Klassische Beispiele des **Gifts** sind etwa Schlangengift, Arsen, Zyankali, Gas, Pflanzengift, Pfefferspray, Säure, aber auch Alkohol und Rauschgift.[5]

bb) Andere gesundheitsschädliche Stoffe, Abs. 1 Nr. 1 Alt. 2

Definition: Ein „anderer" Stoffe ist eine feste, flüssige oder gasförmige Materie, die geeignet ist, die Gesundheit erheblich zu schädigen, aber anders als Gift, also insbesondere thermisch, biologisch oder mechanisch, wirkt.[6]

Als Beispiele lassen sich Feuer, heiße oder eiskalte Flüssigkeiten, Bakterien oder Viren anführen.[7] Eine genaue Abgrenzung zum Gift ist nicht immer leicht, so etwa bei den Viren,[8] im Ergebnis aber auch nicht nötig.

---

[3] OLG Dresden NStZ-RR 2009, 337; vgl. dazu *Marxen/Bakowska*, famos 1/2010.
[4] *Eisele*, BT I, Rn. 323; LK-*Grünewald*, § 224 Rn. 8; MK-*Hardtung*, § 224 Rn. 9; *Kindhäuser/Schramm*, BT I, § 9 Rn. 3; *Rengier*, BT II, § 14 Rn. 9; Sch/Sch-*Sternberg-Lieben*, § 224 Rn. 2b; *Wessels/Hettinger/Engländer*, BT 1, Rn. 219.
[5] Vgl. LK-*Grünewald*, § 224 Rn. 8; *Rengier*, BT II, § 14 Rn. 9; *Wessels/Hettinger/Engländer*, BT 1, Rn. 219.
[6] Vgl. LK-*Grünewald*, § 224 Rn. 9; *Kindhäuser/Schramm*, BT I, § 9 Rn. 4; *Wessels/Hettinger/Engländer*, BT 1, Rn. 221.
[7] LK-*Grünewald*, § 224 Rn. 9; *Wessels/Hettinger/Engländer*, BT 1, Rn. 221.
[8] Vgl. LK-*Grünewald*, § 224 Rn. 9.

10 In beiden Fällen muss es sich um einen **gesundheitsschädlichen Stoff** handeln. Das bedeutet, dass der Stoff selbst geeignet ist, die Gesundheit zu schädigen, was etwa nicht der Fall ist, wenn mit einer Flasche, die eine gesundheitsschädliche Substanz enthält, zugeschlagen wird.[9] Dabei sind die Anforderungen an die Gefährlichkeit des Werkzeugs i.S.v. § 224 Abs. 1 Nr. 2 StGB auf die Nr. 1 zu übertragen, sodass eine Eignung zur Herbeiführung einer erheblichen Gesundheitsschädigung bestehen muss.[10] Die qualifizierte Strafe begründet sich gerade aus der erhöhten Handlungsgefährlichkeit, und sonst läge bei Verwirklichung des Grundtatbestandes unter Verwendung von gesundheitsschädlichen Stoffen die Qualifikation immer vor.[11] Zur Bestimmung der **Erheblichkeitsschwelle** wird teilweise auf die schweren Fälle des § 226 StGB rekurriert,[12] überwiegend werden die gefährlichen Fälle des § 224 StGB jedoch zu Recht zwischen der einfachen (§ 223 StGB) und der schweren Körperverletzung (§ 226 StGB) eingeordnet, sodass eine Eignung zu einer erheblichen Körperverletzung vorliegt, wenn die Gesundheitsschädigung nach Art und Intensität überdurchschnittlich ist.[13] Dafür spricht, dass der Gesetzgeber auf das Erfordernis der Eignung, die Gesundheit zu zerstören, das in § 229 StGB a.F. enthalten war, verzichtet hat.[14]

11 Es wird unterschiedlich beurteilt, wie die **Gefahr der Gesundheitsschädigung** zu bestimmen ist. Teilweise wird auf eine abstrakt-generelle Eignung des Stoffs zur Gesundheitsschädigung abgestellt.[15] Dann müsste der Stoff aus sich heraus unabhängig vom konkreten Fall gesundheitsschädlich sein, was etwa Haushaltsmittel wie Salz oder Zucker ausschließen würde. Zutreffend beurteilt die h.M. die Eignung zur Gesundheitsschädigung hingegen im konkreten Fall, d.h. sie berücksichtigt die Art der Anwendung, Dosierung und Konstitution des Opfers.[16] Damit ist der Begriff des gesundheitsschädlichen Stoffs weit zu verstehen: Es werden nicht nur Stoffe umfasst, deren Beibringung typischerweise gesundheitsschädlich ist, sondern im Einzelfall auch Stoffe des täglichen Bedarfs wie eine Überdosis Kochsalz[17] oder Zucker, der einem Zuckerkranken verabreicht wird.[18] Dabei ist zu beachten, dass es auch dann nur auf eine „Eignung" zur Herbeiführung einer erheblichen Körperverletzung im konkreten Fall ankommt, sodass die Gesundheit nicht tatsächlich erheblich geschädigt sein muss.[19] Dafür sprechen der Gleichlauf mit § 224 Abs. 1 Nr. 2 StGB (s.u. Rn. 20 ff.) sowie der Wortlaut „gefährlich".

---

9 MK-*Hardtung*, § 224 Rn. 6; *Rengier*, BT II, § 14 Rn. 8.
10 BGHSt 51, 18, 22; *Eisele*, BT I, Rn. 327; LK-*Grünewald*, § 224 Rn. 10; MK-*Hardtung*, § 224 Rn. 7; L/K/H-*Heger*, § 224 Rn. 1a; *Kindhäuser/Schramm*, BT I, § 9 Rn. 5; *Otto*, GK BT, § 16 Rn. 5; *Rengier*, BT II, § 14 Rn. 15 ff.; LK-*Grünewald*, § 224 Rn. 9; *Wessels/Hettinger/Engländer*, BT 1, Rn. 222.
11 LK-*Grünewald*, § 224 Rn. 10; MK-*Hardtung*, § 224 Rn. 7; *Rengier*, BT II, § 14 Rn. 15 ff.
12 SK-*Wolters*, § 224 Rn. 9.
13 So MK-*Hardtung*, § 224 Rn. 7.
14 MK-*Hardtung*, § 224 Rn. 7.
15 SK-*Wolters*, § 224 Rn. 9.
16 BGHSt 51, 18, 22 f.; MK-*Hardtung*, § 224 Rn. 8; *Rengier*, BT II, § 14 Rn. 8.
17 BGHSt 51, 18, 22 f.; vgl. *Marxen/Rüger*, famos 6/2006.
18 *Rengier*, BT II, § 14 Rn. 10.
19 LK-*Grünewald*, § 224 Rn. 10; MK-*Hardtung*, § 224 Rn. 8; *Otto*, GK BT, § 16 Rn. 5; enger: BGHSt 51, 18, 22 f.; Sch/Sch-*Sternberg-Lieben*, § 224 Rn. 2d: konkrete Gefahr. Insofern wird auch darüber gestritten, ob § 224 Abs. 1 Nr. 1 StGB ein (konkret-)abstraktes oder ein konkretes Gefährdungsdelikt oder gar ein Verletzungsdelikt darstellt; vgl. dazu ausführlich LK-*Grünewald*, § 224 Rn 3 f., 10.

II. Tatbestandsvoraussetzungen der Qualifikation §9

cc) Beibringen

Definition: Ein gesundheitsschädlicher Stoff ist dem Opfer beigebracht, wenn er so mit dem Körper in Kontakt gerät, dass er die Gesundheit zu schädigen geeignet ist.[20]

Der Täter muss das Opfer demnach in Berührung mit dem gesundheitsschädlichen Stoff bringen, also ihn etwa damit übergießen, ihm diesen einflößen, einspritzen o.ä. Unproblematisch ist ein **Beibringen** anzunehmen, wenn der Stoff seine Wirkung **im Körperinnern** entfaltet. Umstritten ist jedoch, ob auch eine rein **äußerliche Wirkung** auf dem Körper genügt, was schon bei § 229 a.F. StGB umstritten war. Teilweise wird dies abgelehnt, weil sich nur dann eine klare Abgrenzung zu § 224 Abs. 1 Nr. 2 StGB durchführen lasse und der Nr. 1 ein eigenständiger Anwendungsbereich verbliebe.[21] Die überwiegende Ansicht lässt hingegen zu Recht auch eine rein äußerliche Wirkung genügen, da der Wortlaut eine solche Differenzierung nicht hergibt, das Äußere und Innere des Körpers kaum zu trennen sind und die gefährliche Wirkung gleich stark sein kann.[22] Die Rechtsprechung differenziert danach, ob die Schwere der möglichen Auswirkung des äußerlich angewandten Mittels der Gefährdung durch einen in das Körperinnere eingeführten Stoff gleichkommt.[23]

▶ **Lösung des Beispielsfalls („Heisser Kaffee"):**[24] In diesem Sinne hat das OLG Dresden auch den Beispielsfall entschieden. Zwar sei der heiße Kaffee ein gesundheitsschädlicher Stoff, da nach er Art der Anwendung grundsätzlich geeignet sei, „die Gesundheit eines Opfers (durch Verbrühung) zu schädigen". Er sei jedoch nicht „beigebracht" worden. Die bloß äußerliche Anwendung eines solchen Stoffes könne das Merkmal der „Beibringung" nur erfüllen, wenn „die Schwere der Gefahr (der Gesundheitsschädigung) derjenigen bei innerlicher Anwendung gleichkommt". Das „nur kurz andauernde Überschütten mit heißem Kaffee – zumal auf eine relativ unempfindliche Körperregion und ohne Tiefenausdehnung eines Hautdefektes" genügte hierzu nicht. ◀

Anmerkung: Problematisch an der Entscheidung ist, dass das Gericht auf der Ebene der Gesundheitsschädlichkeit nicht streng genug ist, da es die Gefahr einer erheblichen Gesundheitsschädigung scheinbar nicht verlangt und insofern auch nicht weiter prüft, ob der heiße Kaffee dazu geeignet war, eine solche herbeizuführen. Diese Frage „verlagert" das OLG scheinbar in das „Beibringen". Im Übrigen war im Fall zu prüfen, ob der heiße Kaffee ein gefährliches Werkzeug i.S.d. § 224 Abs. 1 Nr. 2 StGB darstellen konnte (dazu sogleich unten Rn. 16 ff.).

b) Mittels einer Waffe oder eines anderen gefährlichen Werkzeugs, Abs. 1 Nr. 2

▶ **Beispielsfall („Zahnarzt"):**[25] Zahnarzt A zieht in 33 Fällen seinen Patientinnen und Patienten Zähne, obwohl es aussichtsreiche Behandlungsalternativen gibt. Im Vertrauen auf seine Angaben stimmen die Betroffenen den Zahnextraktionen zu, woraufhin A die Eingrif-

---

20 *Eisele*, BT I, Rn. 328; *Eisele/Heinrich*, BT, Rn. 196; LK-*Grünewald*, § 224 Rn. 11; MK-*Hardtung*, § 224 Rn. 10; *Kindhäuser/Schramm*, BT I, § 9 Rn. 6; *Rengier*, BT II, § 14 Rn. 19; *Wessels/Hettinger/Engländer*, BT 1, Rn. 223.
21 A/W/H/H-*Hilgendorf*, § 6 Rn. 58; NK-*Paeffgen/Böse/Eidam*, § 224 Rn. 10 f.; SK-*Wolters*, § 224 Rn. 10.
22 *Eisele*, BT I, Rn. 328; LK-*Grünewald*, § 224 Rn. 12 f.; MK-*Hardtung*, § 224 Rn. 10; L/K/H-*Heger*, § 224 Rn. 1b; *Kindhäuser/Schramm*, BT I, § 9 Rn. 7; *Rengier*, BT II, § 14 Rn. 20; *Zieschang*, BT 1, Rn. 312.
23 OLG Dresden NStZ-RR 2009, 337; zu § 229 StGB a.F. BGHSt 15, 113, 115; 31, 130, 132 f.
24 OLG Dresden NStZ-RR 2009, 337; vgl. dazu *Marxen/Bakowska*, famos 1/2010.
25 OLG Karlsruhe NStZ 2022, 687 mit Anm. *S. Vogel*; vgl. dazu *Nispel/Weeger*, famos 5/2023.

fe mittels der dafür erforderlichen ärztlichen Instrumente vornimmt. Ihm kommt es dabei darauf an, die Opfer mit für ihn einträglichem Zahnersatz versorgen zu können. ◄

17 In Abs. 1 Nr. 2 ist die Körperverletzung mittels bestimmter Tatmittel als gefährliche Körperverletzung unter schärfere Strafe gestellt. In diesem Fall ist die **Waffe** (Alt. 1) ein **Spezialfall des gefährlichen Werkzeugs** (Alt. 2) (Wortlaut: „anderen").

aa) Waffe, Abs. 1 Nr. 2 Alt. 1

18 **Definition:** Als Waffe sind alle Waffen im technischen Sinne zu verstehen, also alle Werkzeuge, die schon ihrer Natur nach dazu bestimmt sind, als Angriffs- oder Verteidigungsmittel Verletzungen herbeizuführen.[26]

19 Darunter fallen alle klassischen Hieb-, Stich- und Schusswaffen, also Schwerter, Messer und Pistolen, auch eine Gaspistole.[27] Es überzeugt **nicht**, dass der BGH auch Schreckschusspistolen einbeziehen will.[28]

bb) Gefährliches Werkzeug, Abs. 1 Nr. 2 Alt. 2

20 **Definition:** Jeder Gegenstand, der als Angriffs- oder Verteidigungsmittel nach seiner objektiven Beschaffenheit und der Art seiner Benutzung geeignet ist, im konkreten Fall erhebliche Verletzungen hervorzurufen.[29]

21 Wie beim gesundheitsschädlichen Stoff können durch ihre Beschaffenheit und die Art der Verwendung **im konkreten Fall** auch Alltagsgegenstände erfasst sein,[30] also grds. alle Gegenstände, die gefährlich verwendet werden, selbst wenn sie abstrakt gesehen nicht allgemein gefährlich sind. Als Beispiele lassen sich Knüppel, Flaschen, Glasscherben oder Steine nennen, mit denen zugeschlagen wird,[31] ferner ein zum Zustechen benutzter Bleistift,[32] ein zum Würgen benutzter Schal[33] oder eine brennende Zigarette.[34] Zu den gefährlichen Werkzeugen gehören auch Tiere, wenn sie als Tatwerkzeug eingesetzt werden, wie etwa ein auf das Opfer gehetzter Hund.[35] Tiere sind zwar keine Sachen, werden aber wie solche behandelt (§ 90a BGB). Jeweils kommt es auch hier darauf an, dass das Werkzeug in einer gefährlichen Weise eingesetzt wird, sodass es geeignet ist, erhebliche Verletzungen herbeizuführen.

22 Wegen der Wortlautgrenze scheiden **Körperteile**, wie Kopf, Fuß, Faust oder Handkante, als gefährliches „Werkzeug" aus,[36] selbst wenn sie von einem Kampfsportler eingesetzt werden. Anders ist dies aber, wenn der Täter sein Körperteil mit einer Sa-

---

26 BGHSt 4, 125, 127 zu § 250 StGB; vgl. auch *Eisele*, BT I, Rn. 335; LK-*Grünewald*, § 224 Rn. 24; *Kindhäuser/Schramm*, BT I, § 9 Rn. 9.
27 BGHSt 45, 92, 93 zu § 250 StGB.
28 BGHSt 48, 197, 201 zu § 250 StGB – zu Recht a.A. LK-*Grünewald*, § 224 Rn. 24; Sch/Sch-*Sternberg-Lieben*, § 224 Rn. 4.
29 BGHSt 14, 152, 155; BGH NStZ 2002, 86; NStZ-RR 2009, 50; NStZ 2024, 355, 357; *Eisele*, BT I, Rn. 330; *Eisele/Heinrich*, BT, Rn. 198; LK-*Grünewald*, § 224 Rn. 16; *Kindhäuser/Schramm*, BT I, § 9 Rn. 10; *Rengier*, BT II, § 14 Rn. 27.
30 *Kindhäuser/Schramm*, BT I, § 9 Rn. 11; *Rengier*, BT II, § 14 Rn. 27.
31 *Rengier*, BT II, § 14 Rn. 28; vgl. auch zu vielen weiteren Beispielen LK-*Grünewald*, § 224 Rn. 16.
32 *Rengier*, BT II, § 14 Rn. 28.
33 Vgl. BGHR § 223a Abs. 1 Werkzeug 4; LK-*Grünewald*, § 224 Rn. 16.
34 BGH NStZ 2002, 30; BGH NStZ 2002, 86.
35 BGHSt 14, 152; LK-*Grünewald*, § 224 Rn. 19.
36 *Eisele*, BT I, Rn. 338; LK-*Grünewald*, § 224 Rn. 17; *Kindhäuser/Schramm*, BT I, § 9 Rn. 12; SK-*Wolters*, § 224 Rn. 15 – a.A. *Hilgendorf*, ZStW 112 (2000), 811, 822 ff.

II. Tatbestandsvoraussetzungen der Qualifikation §9

che „verstärkt", so etwa mit einem Schlagring, der selbstverständlich ein gefährliches Werkzeug, ja sogar eine Waffe,[37] darstellt. Beim beschuhten Fuß kommt es auf die konkreten Tatumstände, also etwa die Art des Schuhs und der Verwendung und die betroffenen Körperteile an.[38] So ist z.B. ein Straßenschuh von üblicher Beschaffenheit regelmäßig als gefährliches Werkzeug anzusehen, wenn damit einem Menschen in das Gesicht getreten wird.[39]

Ein besonders strittiges Problem stellen **Flüssigkeiten** dar. Ließen sich auch diese als „Werkzeug" einstufen, so käme es zu einer Überschneidung mit den gesundheitsschädlichen Stoffen i.S.v. Abs. 1 Nr. 1. Ebendies nimmt eine Ansicht an, nach der beim Übergießen des Opfers mit Flüssigkeiten, etwa heißem Kaffee wie im obigen Beispielsfall (oben Rn. 4, 14), Abs. 1 Nr. 1 und Nr. 2 StGB beide einschlägig sind.[40] Das Problem der Überschneidung soll dann im Wege der Gesetzeseinheit zu lösen und Abs. 1 Nr. 1 als lex specialis zu Abs. 1 Nr. 2 anzusehen sein.[41] Andere würden in einem solchen Fall nur die Nr. 2 anwenden und ein Beibringen eines gesundheitsschädlichen Stoffs i.S.v. Abs. 1 Nr. 1 StGB bei einer rein äußerlichen Wirkung ablehnen.[42] Zutreffend ist jedoch mit einer dritten Ansicht bei Flüssigkeiten nur Abs. 1 Nr. 1 StGB einschlägig, während die „Werkzeuge" i.S.v. Abs. 1 Nr. 2 auf greifbare Gegenstände beschränkt bleiben.[43] Dafür spricht die klarere Abgrenzung der Nummern zueinander, sodass Abs. 1 Nr. 1 auch ein eigenständiger Anwendungsbereich verbleibt. Zu beachten ist aber, dass das Behältnis, mit dem die Flüssigkeit verschossen oder versprüht wird, ein gefährliches Werkzeug sein kann, so etwa eine Sprühflasche mit Reizgas oder Pfefferspray.[44]

23

Umstritten ist ferner, ob auch **unbewegliche Gegenstände** wie ein Felsen, eine Hauswand oder der Fußboden, ein Werkzeug darstellen können. Mit dem Argument, es könne keinen Unterschied machen, ob das Werkzeug zum Opfer oder das Opfer zum Werkzeug bewegt wird, bejahen manche in einem solchen Fall Abs. 1 Nr. 2, so etwa, wenn das Opfer mit dem Kopf gegen eine Hauswand gestoßen wird,[45] zumal die Folgen ähnlich gravierend sein können wie bei einem Schlag mit einem Stein. Dies mögen v.a. diejenigen so sehen, die (auch im Bereich der Flüssigkeiten, also insgesamt) für eine weite Auslegung von Abs. 1 Nr. 2 eintreten. Die besseren Gründe sprechen jedoch dafür, auch hier angesichts des Wortlauts unter einem „Werkzeug" nur einen solchen Gegenstand zu verstehen, der bewegt werden kann.[46] Der Gegenansicht ist indes insofern zuzustimmen, dass es dann in der Tat unerheblich ist, ob der Täter mit einem spitzen Gegenstand zusticht oder das Opfer in diesen wirft.[47]

24

Jeweils kommt es bei den Werkzeugen – wie bei Abs. 1 Nr. 1 – darauf an, dass sie durch die Art ihrer Verwendung **im konkreten Fall geeignet** sind, erhebliche Verletzungen herbeizuführen. Auch hier kann sich die Gefährlichkeit also aus der konkreten

25

---

37 *Rengier*, BT II, § 14 Rn. 43.
38 BGH NStZ-RR 2011, 337; *Eisele/Heinrich*, BT, Rn. 199; LK-*Grünewald*, § 224 Rn. 18; *Rengier*, BT II, § 14 Rn. 31.
39 BGH NStZ 1999, 616, 617; BGH NStZ-RR 2011, 337.
40 *Rengier*, BT II, § 14 Rn. 32; SK-*Wolters*, § 224 Rn. 16.
41 *Rengier*, BT II, § 14 Rn. 23.
42 NK-*Paeffgen/Böse/Eidam*, § 224 Rn. 20; s. die Nachweise in Rn. 13.
43 OLG Dresden NStZ-RR 2009, 337; *Eisele*, BT I, Rn. 333; LK-*Grünewald*, § 224 Rn. 20; MK-*Hardtung*, § 224 Rn. 15; vgl. auch BGH NStZ 2009, 505, der Nr. 2 bei K.O.-Tropfen ablehnt, aber Nr. 1 und 3 bejaht.
44 BGH NStZ-RR 2011, 275, 276; LK-*Grünewald*, § 224 Rn. 20; MK-*Hardtung*, § 224 Rn. 15.
45 *Rengier*, BT II, § 14 Rn. 39; SK-*Wolters*, § 224 Nr. 19 f.
46 BGHSt 22, 235, 236 f.; *Eisele/Heinrich*, BT, Rn. 200; LK-*Grünewald*, § 224 Rn. 21; *Kindhäuser/Schramm*, BT I, § 9 Rn. 13; *Zieschang*, BT 1, Rn. 319.
47 *Kindhäuser/Schramm*, BT I, § 9 Rn. 13; LK-*Grünewald*, § 224 Rn. 21.

Verwendungsart ergeben, auch wenn der Gegenstand per se ungefährlich wäre. Das bedeutet im Umkehrschluss aber auch, dass Abs. 1 Nr. 2 ausscheidet, wenn ein Gegenstand im konkreten Fall ungefährlich eingesetzt wird, so etwa, wenn eine Schere zum Abschneiden von Haaren benutzt wird.[48]

26 Demgemäß ist umstritten, ob **medizinische Instrumente** in der Hand eines **Arztes** als ein gefährliches Werkzeug anzusehen sind, da auch der ärztliche Heileingriff den Tatbestand des § 223 StGB erfüllt (s.o. § 8 Rn. 20 ff.). Man denke an das Operationswerkzeug eines Chirurgen oder die zahnärztliche Zange. Dies ließe sich mit dem Argument verneinen, dass die lege artis eingesetzten ärztlichen Instrumente nicht als Angriffs- oder Verteidigungsmittel verwendet werden, sodass es auch an der erhöhten Handlungsgefährlichkeit fehle.[49] Dies überzeugt nicht, denn wenn die Operation als einfache Körperverletzung eingestuft wird, dann ist sie auch ein Angriff auf die körperliche Unversehrtheit, und das Skalpell kann im Einzelfall durchaus erhebliche Verletzungen herbeiführen.[50]

27 Abs. 1 Nr. 2 erfordert eine Tatbegehung **mittels** der Waffe bzw. des gefährlichen Werkzeugs. Auch dieses Merkmal ist umstritten. Während dieses Merkmal teilweise im Sinne von „durch" oder „mithilfe" interpretiert wird, sodass jede kausal und objektiv zurechenbar bewirkte Verletzung „mithilfe" des gefährlichen Werkzeugs ausreicht,[51] stellt die h.M. zu Recht höhere Anforderungen und lässt nur einen solchen Einsatz genügen, bei dem das Werkzeug unmittelbar auf den Körper des Opfers einwirkt und gerade daraus die konkrete Gefahr der erheblichen Körperverletzung resultiert.[52] In diesem Sinne lehnt der BGH Abs. 1 Nr. 2 StGB zutreffend ab, wenn der Täter auf die Reifen eines fahrenden Pkw schießt, sodass der Fahrer durch einen Unfall verletzt wird (s.u. Rn. 44,[53] oder mit dem Auto vor einem Moped einschert und dabei beabsichtigt, dass das Opfer durch Ausweichmanöver und Sturz zu Schaden kommt, was nur knapp verhindert wird.[54]

28 ▶ **Lösung des Beispielsfalls („Zahnarzt"):**[55] Das OLG nahm eine gefährliche Körperverletzung „mittels eines gefährlichen Werkzeugs" an. Die Gegenansicht habe v.a. einen historischen Hintergrund, weil nach § 223a StGB a.F. die Waffe den Obergriff bildete, der auch das gefährliche Werkzeug umfasste. Nach der Änderung des Gesetzes bestehe jedoch kein Grund mehr, das gefährliche Werkzeug zwingend dahingehend zu interpretieren, dass es ein Angriffs- oder Verteidigungsmittel darstellen muss.[56] Entscheidend ist die konkrete Gefahr erheblicher Verletzungen. Dies sei hier der Fall, da die Zahnextraktion zu einem unwiederbringlichen Verlust (eines Teils) des Gebisses und jedenfalls vorübergehend zu einer offenen Wunde im Mundraum geführt habe. ◀

---

48 BGH NStZ-RR 2009, 50; LK-*Grünewald*, § 224 Rn. 16.
49 BGH NJW 1978, 1206; *Eisele*, BT I, Rn. 332; *Kindhäuser/Schramm*, BT I, § 9 Rn. 11; *Wessels/Hettinger/Engländer*, BT 1, Rn. 231; *Zieschang*, BT 1, Rn. 323.
50 LK-*Grünewald*, § 224 Rn. 22; MK-*Hardtung*, § 224 Rn. 50; Sch/Sch-*Sternberg-Lieben*, § 224 Rn. 8.
51 OLG Hamm NStZ-RR 2014, 141; MK-*Hardtung*, § 224 Rn. 29 f.
52 BGH NStZ 2006, 572, 573; 2007, 405; 2010, 512, 513; NStZ-RR 2015, 244; *Eisele*, BT I, Rn. 336; *Eisele/Heinrich*, BT, Rn. 202; L/K/H-*Heger*, § 224 Rn. 3; *Rengier*, BT II, § 14 Rn. 42; Sch/Sch-*Sternberg-Lieben*, § 224 Rn. 3a.
53 BGH NStZ 2006, 572, 573.
54 BGH NStZ-RR 2015, 244.
55 OLG Karlsruhe NStZ 2022, 687 mit Anm. *S. Vogel*; vgl. dazu *Nispel/Weeger*, famos 5/2023.
56 OLG Karlsruhe NStZ 2022, 687, 687 f.

II. Tatbestandsvoraussetzungen der Qualifikation § 9

Anmerkung: Der Entscheidung ist nach dem oben Gesagten zuzustimmen.[57] Der BGH teilt in einer kürzlich ergangenen Entscheidung diese Einschätzung jedenfalls in Bezug auf medizinisch nicht indizierte Eingriffe.[58] Zu beachten ist jedoch, dass es (jedenfalls) bzgl. der Körperverletzung i.S.v. § 223 StGB nicht auf die – hier fehlende – medizinische Indikation ankommt, sondern auf das Fehlen der Einwilligung.[59]

c) Mittels eines hinterlistigen Überfalls, Abs. 1 Nr. 3

▶ **Beispielsfall („Angriff aus dem Gebüsch"):**[60] A will aus einem Haus Geld oder sonstige Gegenstände entwenden. Als er den Eigentümer B des Hauses auf dem Grundstück bemerkt, versteckt er sich hinter einem Gebüsch. Als B sich nähert, fürchtet A seine Entdeckung, greift B von hinten an und schlägt auf diesen ein, um seine Absicht, aus dem Haus etwas zu stehlen, noch verwirklichen zu können. ◀

Abs. 1 Nr. 3 StGB qualifiziert die Körperverletzung, die **mittels eines hinterlistigen Überfalls** begangen wird, wegen der dadurch erhöhten Gefährlichkeit bzw. Verwerflichkeit der Tat.[61] Anders als bei Abs. 1 Nr. 1 und Nr. 2, ist hier eine konkrete Eignung zur Verursachung erheblicher Verletzungen nicht erforderlich.[62] Auch der Verknüpfung mittels kommt hier keine einschränkende Bedeutung zu.

aa) Überfall

Definition: Ein Überfall ist ein überraschender plötzlicher oder unerwarteter Angriff auf einen Ahnungslosen.[63]

Zur näheren Bestimmung kann man sich an der Arglosigkeit bei der Heimtücke orientieren.[64]

bb) Hinterlist

Definition: Hinterlist liegt vor, wenn der Täter planmäßig in einer auf Verdeckung seiner wahren Absicht berechneten Weise vorgeht, um dadurch dem Gegner die Abwehr des nicht erwarteten Angriffs zu erschweren und die Vorbereitung auf seine Verteidigung nach Möglichkeit auszuschließen.[65]

Durch dieses Element des **listigen Vorgehens** geht § 224 Abs. 1 Nr. 3 StGB nach h.M. über die Heimtücke i.S.d. § 211 StGB hinaus.[66] Ein hinterlistiger Überfall ist etwa anzunehmen bei vorgetäuschter Friedlichkeit, einem freundlichen Gruß oder dem Fragen

---

57 Zust. auch *Jäger*, BT, § 2 Rn. 105; *Nispel/Weeger*, famos 5/2023, 25, 30; *Rengier*, BT II, § 14 Rn. 35 ff.; jedenfalls bei fehlerhaftem Gebrauch auch BeckOK-*Eschelbach*, § 224 Rn. 28.2.
58 BGH NStZ 2024, 355, 357 f. mit Anm. *Schiemann*.
59 Zutreffend *Rengier*, BT II, § 14 Rn. 35b.
60 BGH NStZ 2012, 698.
61 BeckOK-*Eschelbach*, § 224 Rn. 35; *Wessels/Hettinger/Engländer*, BT 1, Rn. 234.
62 MK-*Hardtung*, § 224 Rn. 33; Sch/Sch-*Sternberg-Lieben*, § 224 Rn. 10 – a.A. LK-*Grünewald*, § 224 Rn. 27.
63 Vgl. MK-*Hardtung*, § 224 Rn. 33; A/W/H/H-*Hilgendorf*, § 6 Rn. 55; *Kindhäuser/Schramm*, BT I, § 9 Rn. 15; *Rengier*, BT II, § 14 Rn. 44; *Wessels/Hettinger/Engländer*, BT 1, Rn. 235.
64 *Rengier*, BT II, § 14 Rn. 44.
65 BGH NStZ-RR 2009, 77, 78; *Eisele*, BT I, Rn. 337; *Eisele/Heinrich*, BT, Rn. 203; *Kindhäuser/Schramm*, BT I, § 9 Rn. 16; *Rengier*, BT II, § 14 Rn. 44; *Wessels/Hettinger/Engländer*, BT 1, Rn. 235.
66 LK-*Grünewald*, § 224 Rn. 26; A/W/H/H-*Hilgendorf*, § 6 Rn. 55; *Rengier*, BT II, § 14 Rn. 44; nach hier vertretener Ansicht verlangt allerdings auch die Heimtücke ein „tückisches" und daher planmäßiges Ausnutzen; s.o. § 3 Rn. 33.

nach dem Weg, ferner auch beim Verabreichen von K.-o.-Tropfen[67] oder Schlafmitteln.[68]

36 ▶ **Lösung des Beispielsfalls („Angriff aus dem Gebüsch"):**[69] Das Ausführen des Angriffs von hinten sowie das Ausnutzen des Überraschungsmoments genügten für sich noch nicht für einen hinterlistigen Überfall. Daher lehnte der BGH § 224 Abs. 1 Nr. 3 StGB hier ab. Es fehlte insofern an einem planmäßigen Verdecken der wahren Absicht. ◀

37 **Anmerkung:** Zu beachten ist allerdings, dass bei einem planmäßigen Sich-Verstecken und Auflauern sehr wohl Hinterlist vorliegen kann.[70]

38 **Klausurtipp:** Es kann also sein, dass in einer Klausur bei einem Angriff von hinten mit Tötungsvorsatz ein (versuchter) Heimtückemord vorliegt, nicht aber eine gefährliche Körperverletzung.

d) Mit einem anderen Beteiligten gemeinschaftlich, Abs. 1 Nr. 4

39 ▶ **Beispielsfall („Racheakt"):**[71] A will C wegen einer Ehrverletzung bestrafen. Hierzu will er mit einer von B besorgten Pistole auf das Fahrzeug von C schießen. A und B warten an einer Stelle, an der C mit seinem Pkw vorbeifährt. B positioniert sich auf einem benachbarten Grundstück, um A das Herannahen des B mit einem Anruf seines Mobiltelefons anzukündigen. Als C – durch B angekündigt – sich mit seinem Fahrzeug mit einer Geschwindigkeit von 30–40 km/h der Position des A nähert, schießt dieser auf die Vorderreifen. Bei Abfeuern der Schüsse erkennt A die Möglichkeit, dass diese die Fahrzeuginsassen treffen und verletzen können. Einen solchen Erfolg will er nicht. Allerdings nimmt er billigend in Kauf, dass es auf Grund des erwarteten und erwünschten Erschreckens des Fahrzeugführers oder aber einer Beschädigung des Fahrzeugs, insb. der Reifen, zu einem Unfall kommen könnte. C hält kurz an, fährt dann aber unverletzt davon. ◀

40 Nach Abs. 1 Nr. 4 ist die Körperverletzung qualifiziert, wenn der Täter diese **mit einem anderen Beteiligten gemeinschaftlich** begeht. Der Hintergrund liegt wiederum in der erhöhten (abstrakten) Gefährlichkeit für das Opfer, das mit zwei Gegnern konfrontiert ist.[72] Dadurch sind die Chancen des Opfers verringert, dem Täter Gegenwehr zu leisten, ihm auszuweichen oder zu flüchten.[73] Eine solche Situation kann auch eher eskalieren.

41 **Definition:** Die Körperverletzung wird mit einem anderen Beteiligten gemeinschaftlich begangen, wenn mindestens zwei Personen am Tatort bewusst zusammenwirken.[74]

42 Nachdem früher überwiegend davon ausgegangen wurde, dass es sich bei den Angreifern um Mittäter handeln muss, besteht heute für eine solche Einschränkung nach h.M. kein Anlass mehr, da im Wortlaut nun von „Beteiligten" die Rede ist und aus § 28 Abs. 2 StGB hervorgeht, dass dieser Begriff Täter und Teilnehmer gleichermaßen

---

67 BGH NStZ-RR 1996, 100, 101.
68 BGH NStZ 1992, 490.
69 BGH NStZ 2012, 698.
70 BGH NStZ 2005, 40.
71 BGH NStZ 2006, 572.
72 LK-*Grünewald*, § 224 Rn. 29.
73 BGHSt 47, 384, 387.
74 Vgl. BGH NStZ 2006, 572, 573; *Kindhäuser/Schramm*, BT I, § 9 Rn. 18.

II. Tatbestandsvoraussetzungen der Qualifikation § 9

erfasst.[75] Erforderlich ist aber, dass die zweite Person tatsächlich die Gefahr für das Opfer erhöht, sodass also jedenfalls in der Regel zwei Personen auf der Angreiferseite am Tatort anwesend sein müssen.[76] Ob das Opfer dies weiß, ist unerheblich, da es auf die objektiv erhöhte Gefährlichkeit ankommt.[77] Nach h.L. ist eine Tatbeteiligung durch schlichtes **Unterlassen** nicht möglich.[78]

▶ **Lösung des Beispielsfalls („Racheakt"):**[79] Im Fall kam nur eine versuchte gefährliche Körperverletzung in Betracht, da C unverletzt geblieben ist. I.H.a. die hier interessierende Nr. 4 bejahte der BGH eine gemeinschaftliche Begehungsweise. Die Anwesenheit des B „im näheren Tatortbereich" genügte hierzu, zumal B per Mobiltelefon am Geschehen mitwirkte. Die fehlende Kenntnis des C von der Anwesenheit des B schadete nicht. ◀   43

Anmerkung: Die Entscheidung lässt die Frage offen, wie nahe am Tatort der andere Beteiligte sein muss, damit eine „gemeinschaftliche Begehungsweise" bejaht werden kann. Jedenfalls genügt die bloße Anstiftung bei Ortsabwesenheit des Anstifters nicht.[80] Daneben lehnte der BGH zu Recht § 224 Abs. 1 Nr. 2 StGB ab, da der Schuss nicht unmittelbar auf den Körper des Opfers einwirken und gerade daraus die konkrete Gefahr der erheblichen Körperverletzung resultieren sollte, sondern erst durch den Unfall (s.o. Rn. 27). Warum in der Entscheidung ein hinterlistiger Überfall bei diesem planmäßigen Vorgehen nicht angesprochen wurde, erschließt sich nicht.   44

Klausurtipp: Auch wenn für das Qualifikationsmerkmal des § 224 Abs. 1 Nr. 4 StGB das Zusammenwirken des Haupttäters mit einem Gehilfen ausreicht, ist zu beachten, dass der Gehilfe dennoch nur gem. den §§ 224 Abs. 1 Nr. 4, 27 StGB bestraft wird – und insofern auch Beihilfe nach dem üblichen Schema zu prüfen ist.   45

e) Mittels einer das Leben gefährdenden Behandlung, Abs. 1 Nr. 5

▶ **Beispielsfall („Autobahn"):**[81] Auf einer Taxifahrt gibt der Kunde A während der Fahrt auf der Autobahn plötzlich vor, einen Herzinfarkt zu erleiden, sodass die Taxifahrerin B auf den Seitenstreifen fährt und anhält. Als A sie zur Weiterfahrt auffordert, steigt B aus und geht einige Meter vom Wagen weg. A läuft ihr nach und wirft sie zu Boden. Dabei fällt B auf die rechte Spur der viel befahrenen Autobahn. Ihr Kopf kommt in Richtung Mittelleitplanke ungefähr auf der Höhe des Mittelstreifens zum Liegen. Während sie auf der Fahrbahn liegt, fahren mehrere Pkw mit hoher Geschwindigkeit dicht an ihrem Kopf vorbei. Andere Fahrzeuge müssen ausweichen und auf die linke Spur wechseln, um sie nicht zu überfahren. A nimmt die lebensbedrohliche Lage der B billigend in Kauf. Durch den Sturz erlitt B u.a. Prellungen im rechten Schulterbereich sowie Blutergüsse am Kopf und Knie. ◀   46

---

75 BGHSt 47, 384, 386; *Eisele*, BT I, Rn. 338; *Eisele/Heinrich*, BT, Rn. 206; LK-*Grünewald*, § 224 Rn. 28; *Kindhäuser/Schramm*, BT I, § 9 Rn. 20; *Rengier*, BT II, § 14 Rn. 47; *Wessels/Hettinger/Engländer*, BT 1, Rn. 237; *Zieschang*, BT 1, Rn. 330 f. – a.A. NK-*Paeffgen/Böse/Eidam*, § 224 Rn. 24; vgl. zum Problem *Hillenkamp/Cornelius*, Probleme BT, 6. Problem, S. 34 ff.
76 *Kindhäuser/Schramm*, BT I, § 9 Rn. 19.
77 BGH NStZ 2006, 572, 573; *Eisele*, BT I, Rn. 339; LK-*Grünewald*, § 224 Rn. 32; *Kindhäuser/Schramm*, BT I, § 9 Rn. 19; *Rengier*, BT II, § 14 Rn. 46 – a.A. L/K/H-*Heger*, § 224 Rn. 7; NK-*Paeffgen/Böse/Eidam*, § 224 Rn. 25a.
78 LK-*Grünewald*, § 224 Rn. 33; Sch/Sch-*Sternberg-Lieben*, § 224 Rn. 11b – a.A. aber BGH NJW 2023, 2060 mit abl. Anm. *Bolz/Thrum*, famos 8/2023, und *Kudlich*, JA 2023, 695; differenzierend *Eisele*, JuS 2023, 883, 884.
79 BGH NStZ 2006, 572.
80 LK-*Grünewald*, § 224 Rn. 31.
81 BGH NStZ 2007, 34.

47 Auch bei dieser Variante wird die einfache Körperverletzung mit qualifizierter Strafe belegt, weil das Vorgehen des Täters besonders gefährlich ist.

48 **Definition:** Eine lebensgefährliche Behandlung ist eine Art der Behandlung, die nach den Umständen des Einzelfalls (generell) geeignet ist, das Leben zu gefährden.[82]

49 Entscheidend ist dabei nicht die Lebensgefährlichkeit der Verletzung, sondern der **Behandlung**.[83] Wie auch beim gefährlichen Werkzeug (s.o. Rn. 20 ff.) kommt es auch bei Abs. 1 Nr. 5 weder darauf an, dass die Art der Behandlung abstrakt (also immer) lebensgefährlich ist, noch dass es zu einer konkreten Lebensgefahr gekommen ist; vielmehr ist auch hier eine **konkret-abstrakte Betrachtungsweise** maßgeblich.[84] Dafür spricht der Gleichlauf im Unrechtsgehalt mit den anderen Varianten. Da die konkreten Umstände zu berücksichtigen sind, kommt es auch auf Alter, Konstitution etc. des Opfers an. Beispiele[85] einer lebensgefährdenden Behandlung aus der Rechtsprechung sind etwa das Werfen von Kindern in einen eiskalten Bach bei winterlichen Temperaturen,[86] heftige Schläge gegen die Schläfe des Opfers und wuchtige Tritte gegen den Oberkörper[87] oder Stiche mit einem 7 cm langen, harten, spitzkantigen Schraubendreher in Richtung des Brustbereichs.[88] Abs. 1 Nr. 5 ist auch durch **Unterlassen** begehbar, etwa wenn eine Mutter ihr Kind hungern lässt.[89]

50 Wiederum erfordert das Merkmal **mittels** nach h.M. ein unmittelbar gegen den Körper gerichtetes Vorgehen, aus dem unmittelbar die Lebensgefahr resultiert.[90] Die Behandlung bei der Körperverletzung muss also selbst lebensgefährlich sein, nicht mögliche mittelbare Folgen.

51 ▶ **Lösung des Beispielsfalls („Autobahn"):**[91] Der BGH verneinte das Merkmal „mittels" einer lebensgefährlichen Behandlung. Der Stoß auf den Boden könne nicht bereits für sich als lebensbedrohend angesehen werden. Dass es infolge der durch den Stoß verursachten Lage der B auf der Fahrbahn zu einem nachfolgenden, ihr Leben bedrohenden Unfallgeschehen hätte kommen können, sei ohne Relevanz, da dann der Körperverletzungserfolg erst durch den nachfolgenden Unfall, nicht aber „mittels" der Art der Behandlung eintreten würde. ◀

52 **Anmerkung:** Die Entscheidung hat in der Literatur Zustimmung erfahren.[92] Nimmt man sie ernst, ist die Annahme einer lebensgefährdenden Behandlung von Zufällen abhängig. Denn wie wäre zu entscheiden, wenn A die B direkt vor ein fahrendes Auto geworfen hätte? Warum soll diese Behandlung nicht lebensgefährdend sein? Dies lässt sich hier nur verneinen, wenn die Autos erst (etwas) später heranfahren. Allerdings gibt der BGH selbst

---

82 BGH NStZ 2007, 34, 35; *Eisele*, BT I, Rn. 341; *Eisele/Heinrich*, BT, Rn. 208; LK-*Grünewald*, § 224 Rn. 34; MK-*Hardtung*, § 224 Rn. 42; *Kindhäuser/Schramm*, BT I, § 9 Rn. 21; *Rengier*, BT II, § 14 Rn. 50.
83 LK-*Grünewald*, § 224 Rn. 34.
84 BT-Drs. 13/8597, 83; BGH NStZ 2007, 34, 35; *Eisele*, BT I, Rn. 341; *Kindhäuser/Schramm*, BT I, § 9 Rn. 21.
85 Zu diesen und weiteren Beispielen LK-*Grünewald*, § 224 Rn. 37.
86 LG Saarbrücken NStZ 1983, 414.
87 BGH NStZ 2013, 342.
88 BGH NStZ-RR 2010, 176.
89 LK-*Grünewald*, § 224 Rn. 38.
90 BGH NStZ 2007, 34, 35; *Eisele*, BT I, Rn. 342; LG-*Grünewald*, § 224 Rn. 36.
91 BGH NStZ 2007, 34, 35, vgl. auch BGH NStZ 2010, 276.
92 Zust. etwa *Eisele*, BT I, Rn. 342; MK-*Hardtung*, § 224 Rn. 43.

an, es habe sich um eine „viel befahrene Autobahn" gehandelt.[93] Zu beachten ist, dass im Fall auch § 315b Abs. 1 Nr. 2 StGB einschlägig war (s.u. § 38).

2. Subjektiver Tatbestand

Auch § 224 StGB ist als Vorsatzdelikt ausgestaltet (§ 15 StGB), setzt also in allen Varianten **Vorsatz** des Täters bzgl. der qualifizierenden Merkmale voraus, wobei grds. dolus eventualis genügt.[94] Das bedeutet bei Abs. 1 Nr. 1 und Nr. 2, dass er für möglich halten muss, dass er einen gesundheitsschädlichen Stoff bzw. ein gefährliches Werkzeug in dem Sinne verwendet, dass die konkrete Verwendung geeignet ist, eine erhebliche Körperverletzung herbeizuführen; im Falle von Abs. 1 Nr. 5 muss er für möglich halten, dass die konkrete Art der Behandlung eine Lebensgefahr beinhaltet und sich zumindest damit abfinden.[95] Der BGH stellt hier indes geringere Anforderungen, indem er jeweils die Kenntnis der Umstände, aus denen sich die Gefährlichkeit ergibt, ausreichen lässt.[96] Bei Abs. 1 Nr. 3 ist ein planmäßiges Vorgehen erforderlich, sodass nach h.M. Absicht des Täters bzgl. der Körperverletzung vorliegen muss.[97]

53

WIEDERHOLUNGSFRAGEN

1. Wie ist die Gefahr einer erheblichen Gesundheitsschädigung i.S.v. § 224 Abs. 1 Nr. 1 StGB zu bestimmen? (Rn. 10)
2. Fällt auch das lege artis eingesetzte Operationsbesteck eines Chirurgen unter § 224 Abs. 1 Nr. 2 StGB? (Rn. 26, 28 f.)
3. Wie unterscheidet sich das Merkmal der Hinterlist i.S.v. § 224 Abs. 1 Nr. 3 StGB vom Mordmerkmal der Heimtücke? (Rn. 35)
4. Genügt für eine gemeinschaftliche Begehung i.S.v. § 224 Abs. 1 Nr. 4 StGB auch ein garantenpflichtwidriges Unterlassen eines Beteiligten? (Rn. 42)
5. Muss nach h.M. bei § 224 Abs. 1 Nr. 5 StGB eine konkrete Lebensgefahr vorliegen? (Rn. 49)

---

93 Daher für eine lebensgefährdende Behandlung LK-*Grünewald*, § 224 Rn. 36.
94 LK-*Grünewald*, § 224 Rn. 39; *Kindhäuser/Schramm*, BT I, § 9 Rn. 24.
95 *Wessels/Hettinger/Engländer*, BT 1, Rn. 240.
96 BGHSt 19, 352; 36, 1, 15.
97 BeckOK-*Eschelbach*, § 224 Rn. 47; NK-*Hardtung*, § 224 Rn. 33, 53.

§ 10 Die schwere Körperverletzung, § 226 StGB

Literaturempfehlungen:
Hardtung, Die Körperverletzungsdelikte JuS 2008, 1060; *Heinrich/Reinbacher*, Objektive Zurechnung und gefahrspezifischer Zusammenhang bei den erfolgsqualifizierten Delikten, JURA 2005, 743.

Übungsfälle:
Hirschmann, Nachbarstreitigkeiten, JURA 2001, 711; *Krahl*, Der praktische Fall – Strafrecht: Streit um einen Parkplatz, JuS 2003, 1187; *Reschke*, Fortgeschrittenenklausur – Strafrecht: Gefährliche Patientenversuche, JuS 2011, 50.

I. Einleitung

1. Grundlagen

1 § 226 StGB enthält zwei weitere **Qualifikationen** der Körperverletzung, wenn durch diese **schwere Folgen** eintreten. Beide setzen die vorsätzliche Verwirklichung des Grundtatbestandes der Körperverletzung, § 223 StGB, voraus und knüpfen die erhöhte Strafe an den Eintritt der schweren Folge. Dabei handelt es sich bei Abs. 1 um eine **Erfolgsqualifikation**,[1] die Fälle erfasst, in denen die schwere Folge mindestens fahrlässig herbeigeführt wird (§ 18 StGB), während Abs. 2 Fälle betrifft, in denen der Täter die schwere Folge absichtlich oder wissentlich verursacht. Abs. 2 ist ein gewöhnlicher **Qualifikationstatbestand**.[2] Beim erfolgsqualifizierten Delikt stellen sich im Übrigen die aus dem AT bekannten Probleme,[3] sodass hier wiederum auf vertiefte Ausführungen verzichtet wird. Da die schwere Folge grds. auch vorsätzlich bewirkt werden kann und Abs. 2 nur die Fälle der absichtlichen bzw. willentlichen Verursachung der schweren Folge, erfasst, fällt eine eventualvorsätzliche Herbeiführung derselben unter Abs. 1.[4] In Abs. 3 ist eine niedrigere Strafe für minder schwere Fälle vorgesehen.

2. Prüfungsschema

2 Da Abs. 2 aufbaumäßig keine Besonderheiten im Verhältnis zu § 224 StGB aufweist, wird hier nur das Prüfungsschema des erfolgsqualifizierten Delikts nach Abs. 1 dargestellt:

▶ I. Tatbestand
    1. Vorsätzliches Grunddelikt nach § 223 StGB
    2. Eintritt der schweren Folge
       a) § 226 Abs. 1 Nr. 1 StGB: Opfer verliert das Sehvermögen auf einem Auge oder beiden Augen, das Gehör, das Sprechvermögens oder die Fortpflanzungsfähigkeit
       b) § 226 Abs. 1 Nr. 2 StGB: Opfer verliert ein wichtiges Glied des Körpers oder kann es dauerhaft nicht mehr gebrauchen

---

1 *Eisele*, BT I, Rn. 343, 357; *Eisele/Heinrich*, BT, Rn. 210; LK-*Grünewald*, § 226 Rn. 2; *Rengier*, BT II, § 15 Rn. 1.
2 *Eisele*, BT I, Rn. 358; *Eisele/Heinrich*, BT, Rn. 210; LK-*Grünewald*, § 226 Rn. 2.
3 Vgl. zum erfolgsqualifizierten Delikt allgemein *Kaspar*, AT, § 9 Rn. 73 ff.
4 *Eisele*, BT I, Rn. 357; LK-*Grünewald*, § 226 Rn. 2; *Rengier*, BT II, § 15 Rn. 2; *Zieschang*, BT 1, Rn. 338.

II. Tatbestandsvoraussetzungen der Erfolgsqualifikation gemäß § 226 Abs. 1 StGB § 10

  c) § 226 Abs. 1 Nr. 3 StGB: Opfer wird in erheblicher Weise dauerhaft entstellt oder verfällt in Siechtum, Lähmung oder geistige Krankheit oder Behinderung
 3. Kausalität der Grunddeliktshandlung
 4. Fahrlässigkeit: objektive Sorgfaltspflichtverletzung, objektive Voraussehbarkeit (oder Eventualvorsatz)
 5. Objektive Zurechnung, insb. spezifischer Gefahrzusammenhang
II. Rechtswidrigkeit
III. Schuld inkl. Fahrlässigkeitsschuld ◄

Klausurtipp: Dieses Prüfungsschema gilt entsprechend für alle erfolgsqualifizierten Delikte. Wenn Sie es einmal auswendig lernen, können Sie es bei allen Tatbeständen anwenden. Lediglich Grunddelikt und schwere Folge sind jeweils verschieden. Es ist anzuraten, § 223 StGB (ggf. mit § 224 StGB) und § 226 StGB getrennt zu erörtern.

II. Tatbestandsvoraussetzungen der Erfolgsqualifikation gemäß § 226 Abs. 1 StGB

1. Gemeinsamkeit aller schweren Folgen: Dauerhaftigkeit

▶ **Beispielsfall („Verweigerte Behandlung"):**[5] Nach einem verbalen Streit schlägt A mit einem Küchenmesser mehrere Male in Richtung des Kopfes und Halses des B. Dieser hebt zur Abwehr seine Hände und wird dort durch das Messer getroffen. Dadurch kommt es u.a. zu Schnittverletzungen an der linken Hand mit Durchtrennungen aller Beugesehnen von vier Fingern einschließlich der Nerven. B muss sich einer Notoperation unterziehen. Wegen der Verletzungen kann er die Faust der linken Hand nicht mehr schließen und die betroffenen Finger nicht mehr vollständig strecken, sodass die linke Hand weitgehend gebrauchsunfähig ist. Eine wesentliche Besserung ist nicht mehr zu erwarten. Allerdings sind die Bewegungseinschränkungen der Finger zum Teil darauf zurückzuführen, dass B auf die erforderliche Nachsorge seiner Verletzungen verzichtet. Er lässt neuro- und handchirurgischen Konsultationen, und eine angeratene Physiotherapie nicht durchführen. Würde er dies tun, so wäre die Einschränkung der Bewegungsmöglichkeit deutlich geringer. ◄

Allen schweren Folgen des Abs. 1 ist gemeinsam, dass sie **dauerhaft** sein müssen.[6] Dies bringt das Gesetz in unterschiedlicher Form zum Ausdruck: „verliert" bei Abs. 1 Nr. 1, „verliert" oder „dauernd nicht mehr gebrauchen kann" in Abs. 1 Nr. 2 sowie „dauernd entstellt" oder „verfällt" in Abs. 1 Nr. 3. Wenn das Opfer sogleich verstirbt, scheidet Abs. 1 daher aus[7]

Klausurtipp: Während die §§ 223, 224 StGB zumindest als Durchgangsstadium einer Tötung erfüllt sein können und sodann als subsidiär hinter den Tötungsdelikten zurücktreten, ist § 226 StGB schon tatbestandlich ausgeschlossen, wenn das Opfer sofort oder kurz nach Eintritt des Körperverletzungserfolgs verstirbt. Tateinheit mit versuchten Tötungsdelikten ist hingegen möglich.

---

5 BGHSt 62, 36; vgl. dazu *Nomanni/Walter*, famos 7/2017; als Falllösung *Reinbacher/Bolender*, AL 2019, 154.
6 *Eisele/Heinrich*, BT, Rn. 212; LK-*Grünewald*, § 226 Rn. 3; MK-*Hardtung*, § 226 Rn. 6.
7 BGH NStZ 1997, 233, 234; MK-*Hardtung*, § 226 Rn. 6; beachte aber auch BGH NStZ 2005, 261, 262: Es genüge, dass das Opfer wenige Minuten weiterlebt.

7 Konnte oder kann[8] die **Dauerhaftigkeit** durch Maßnahmen, etwa durch eine Operation, **verhindert** werden, so ist der Tatbestand nicht erfüllt.[9] Dass dies dem Täter zugutekommt, ist nicht ungewöhnlich, sondern gilt auch bei den Tötungsdelikten, wenn durch die Hilfe Dritter der Todeserfolg ausbleibt. Bei entsprechendem Vorsatz kommt aber ein Versuch in Betracht, der beim Verbrechen des § 226 Abs. 1 StGB strafbar ist (§§ 23, 12 StGB). Es ist jedoch umstritten, inwieweit es eine Rolle spielt, dass die Dauerhaftigkeit dadurch eintritt, dass das Opfer entsprechende **Maßnahmen verweigert**. Während der BGH annimmt, dies sei unbeachtlich, da die Strafbarkeit nicht vom Opfer abhängen könne, geht die h.L. zu Recht davon aus, dass das Opfer jedenfalls **zumutbare** Maßnahmen ergreifen muss, denn in einem solchen Fall unterbricht das vorsätzliche Verhalten des Opfers die **objektive Zurechnung** des Erfolgs der dauerhaften schweren Folge.[10] Als Kriterien der wertenden Abwägung sind die Erfolgsaussicht der Operation und die damit verbundenen Risiken und Kosten zu berücksichtigen.[11]

8 ▶ **Lösung des Beispielsfalls („Verweigerte Behandlung"):**[12] Der BGH hat im Beispielsfall § 226 Abs. 1 Nr. 2 StGB bejaht. Für die Beurteilung des Ausmaßes der Verletzung sei der Zeitpunkt des Urteils maßgeblich. Das schwer verletzte Opfer werde in aller Regel seine vom Täter nicht zu hinterfragenden Gründe für das Unterlassen einer Behandlung haben, etwa Furcht vor möglichen Folgen der Operation. Es widerspreche „jeglichem Gerechtigkeitsempfinden", eine „Obliegenheit" des Opfers zu konstruieren, sich „(Folge-)Operationen und anderen beschwerlichen Heilmaßnahmen zu unterziehen, um dem Täter eine höhere Strafe zu ersparen". Zudem seien die Kriterien der h.L. zu vage. ◀

9 **Anmerkung:** Die Entscheidung überzeugt aus den genannten Gründen nicht.[13] Ein freiverantwortliches Verhalten des Opfers schließt die objektive Zurechnung der schweren Folge aus. Immerhin nimmt der BGH selbst „extrem gelagerte Konstellationen etwa der Böswilligkeit" (des Opfers) von seiner Lösung aus, d.h. hier würde auch das Gericht die Zurechnung ablehnen. Diese Entscheidung bezieht sich zunächst nur auf Abs. 1 Nr. 2, dürfte aber auf die anderen Varianten des § 226 Abs. 1 StGB übertragbar sein, da auch diese, wie ausgeführt, das Merkmal der Dauerhaftigkeit beinhalten. Zu beachten ist ferner, dass nach hier vertretener Ansicht die objektive Zurechnung ausscheidet, manche Autoren diskutieren das Problem aber auch (schon) bei der Dauerhaftigkeit der schweren Folge oder als Frage des gefahrspezifischen Zusammenhangs[14].

2. Die einzelnen schweren Folgen

a) Verlust des Sehvermögens, des Gehörs, des Sprechvermögens oder der Fortpflanzungsfähigkeit, Abs. 1 Nr. 1

10 ▶ **Beispielsfall („Sehhilfe"):**[15] A schlägt und tritt so heftig auf B ein, dass dieser eine Verletzung am Augapfel davonträgt. Die Sehschärfe des verletzten linken Auges beträgt unmittelbar nach der Verletzung zunächst nur noch 5 %. Nach Operationen und unter

---

[8] Zur Beurteilung der Dauerhaftigkeit kommt es auf eine Prognose im Zeitpunkt des Urteils an; vgl. LK-*Grünewald*, § 226 Rn. 3; Sch/Sch-*Sternberg-Lieben*, § 226 Rn. 1a.
[9] BGH NStZ 2005, 261, 262; Sch/Sch-*Sternberg-Lieben*, § 226 Rn. 1a.
[10] *Eisele*, BT I, Rn. 348; LK-*Grünewald*, § 226 Rn. 3; so i.E. auch *Zieschang*, BT 1, Rn. 357.
[11] MK-*Hardtung*, § 226 Rn. 48; vgl. auch AnwK-*Zöller*, § 226 Rn. 3.
[12] BGHSt 62, 36, 40 f.; vgl. dazu *Nomanni/Walter*, famos 7/2017.
[13] Ablehnend auch *Eisele*, JuS 2017, 893, 894 f.; *Grünewald*, NJW 2017, 1764, 1765; *Theile*, ZJS 2018, 99, 100 f.
[14] *Zieschang*, BT 1, Rn. 357.
[15] BayObLG NStZ-RR 2004, 264; vgl. dazu *Marxen/Sabellek*, famos 11/2004.

II. Tatbestandsvoraussetzungen der Erfolgsqualifikation gemäß § 226 Abs. 1 StGB   § 10

Zuhilfenahme von Sehhilfen (eine Kontaktlinse am linken Auge und eine Prismenbrille für beide Augen) kann sie auf 50 % gesteigert werden. ◀

aa) Sehvermögen

Definition: Unter Sehvermögen ist die Fähigkeit, Gegenstände visuell wahrzunehmen, zu verstehen.[16]   11

Die **Sehfähigkeit** muss **nahezu aufgehoben** sein.[17] Dies ist nach der Rechtsprechung der Fall, wenn sie auf 5–10 % des Normalzustandes reduziert ist.[18] Der Verlust auf einem Auge genügt.[19]   12

bb) Gehör

Definition: Gehör ist die Fähigkeit, artikulierte Laute zu verstehen.[20]   13

Der Verlust auf einem Ohr ist i.H.a. den Wortlaut, der, anders als bei den Augen hier insgesamt vom „Gehör" spricht, nicht ausreichend, es sei denn, das Opfer war bereits auf anderem Ohr taub.[21] Auch hier genügt zumindest eine Reduktion auf 5–10 %.[22]   14

cc) Sprechvermögen

Definition: Sprechvermögen ist die Fähigkeit, zu artikuliertem Reden.[23]   15

Ein Verlust liegt bei Stottern noch nicht vor.[24]   16

dd) Fortpflanzungsfähigkeit

Die **Fortpflanzungsfähigkeit** ist geschlechtsneutral zu bestimmen,[25] d.h. sie umfasst Zeugungs-, Empfängnis-, Austragungs- und Gebärfähigkeit.[26] Ein spezielles Problem stellt die Verletzung von **Kindern** dar. Teilweise werden diese als taugliches Opfer ausgeschieden, soweit sie noch nicht über eine Fähigkeit zur Fortpflanzung, sondern nur um eine entsprechende Anlage verfügen.[27] Diese Einschränkung ist zu eng und mit der h.M. abzulehnen, da Kinder immerhin um das Potenzial zur Zeugung und damit um eine zukünftige Fähigkeit gebracht werden können.[28] Hatte das Opfer die Zeugungsfähigkeit indes, etwa wegen des Alters oder einer anderen Verletzung, bereits vor der Tat endgültig verloren, scheidet der Tatbestand aus.[29]   17

---

[16] LK-*Grünewald*, § 226 Rn. 8; L/K/H-*Heger*, § 226 Rn. 2; *Wessels/Hettinger/Engländer*, BT 1, Rn. 245.
[17] Vgl. auch MK-*Hardtung*, § 226 Rn. 19.
[18] OLG Hamm GA 1976, 304, 305.
[19] LK-*Grünewald*, § 226 Rn. 8; *Rengier*, BT II, § 15 Rn. 5.
[20] LK-*Grünewald*, § 226 Rn. 9; *Rengier*, BT II, § 15 Rn. 5; *Wessels/Hettinger/Engländer*, BT 1, Rn. 245.
[21] LK-*Grünewald*, § 226 Rn. 9; *Kindhäuser/Schramm*, BT I, § 10 Rn. 23.
[22] BGH BeckRS 2010, 30925.
[23] LK-*Grünewald*, § 226 Rn. 10; L/K/H-*Heger*, § 226 Rn. 2; *Rengier*, BT II, § 15 Rn. 5; *Wessels/Hettinger/Engländer*, BT 1, Rn. 245.
[24] LK-*Grünewald*, § 226 Rn. 10.
[25] *Rengier*, BT II, § 15 Rn. 5.
[26] LK-*Grünewald*, § 226 Rn. 11.
[27] NK-*Paeffgen/Böse/Eidam*, § 226 Rn. 25.
[28] LK-*Grünewald*, § 226 Rn. 11; MK-*Hardtung*, § 226 Rn. 25; Sch/Sch-*Sternberg-Lieben*, § 226 Rn. 1b; *Wessels/Hettinger/Engländer*, BT 1, Rn. 245; SK-*Wolters*, § 226 Rn. 6.
[29] LK-*Grünewald*, § 226 Rn. 11.

ee) Verlust

18 **Definition:** Ein Verlust der genannten Fähigkeiten ist anzunehmen, wenn das Opfer diese für unbestimmt lange Zeit verliert.[30]

19 Ein **Verlust** liegt nach den oben dargestellten Grundsätzen (Rn. 7) nicht vor, wenn er durch eine Operation **verhindert wird**[31] bzw. durch eine **zumutbare Maßnahme verhindert werden kann.**[32]

20 ▶ **Lösung des Beispielsfalls („Sehhilfe"):**[33] Ein Verlust der Sehkraft auf 5 % erfüllt grds. den Tatbestand. Wird diese durch eine Operation auf 50 % gesteigert, so kommt das dem Täter zugute, sodass eine Dauerhaftigkeit der schweren Folge abzulehnen ist. Problematisch war hier indes, dass dies nach den Schilderungen des LG auch unter Zuhilfenahme einer Sehhilfe geschah. Daher bejahte das BayObLG hier den Eintritt einer dauerhaften schweren Folge. Diese liege auch dann vor, wenn durch nur vorübergehend mit dem Körper verbundene Hilfsmittel (hier: Kontaktlinse und Prismenbrille) eine Abmilderung erreicht werde. ◀

21 **Anmerkung:** Die Frage, ob Funktionsverbesserungen durch Hilfsmittel, etwa Prothesen oder Brillen, die schwere Folge ausschließen können, ist umstritten. Der Ansicht des BayObLG ist zu folgen. Denn die Verwendung solcher Hilfsmittel stellt nicht die Fähigkeit wieder her, sondern kompensiert nur den Verlust.[34]

b) Verlust oder Gebrauchsunfähigkeit eines wichtigen Gliedes des Körpers, Abs. 1 Nr. 2

22 ▶ **Beispielsfall („Zeigefinger"):**[35] Um sich an ihm zu rächen, locken A und B den C mit seinem Pkw an eine abgelegene Stelle, zerren ihn heraus, werfen ihn auf den Boden und schlagen und treten auf ihn ein. Sodann fixieren sie die rechte Hand des C durch Festhalten seines Unterarms so, dass die Hand flach auf dem asphaltierten Boden liegt. A schlägt daraufhin mit einem Beil mehrfach und mit erheblicher Wucht gezielt auf die zu Boden gedrückte Hand. Er trennt zwei Glieder des rechten Mittelfingers vollständig, den Zeige- und Ringfinger der rechten Hand nahezu vollständig ab. Während die Verletzung am Ringfinger ausheilt, muss der Zeigefinger versteift werden und ist seither nicht mehr beweglich. C kann seine Faust nicht mehr schließen. ◀

aa) Körperglied

23 **Definition:** Körperglieder sind nur solche, die mit Rumpf oder anderem Körperteil durch Gelenke verbunden sind.[36]

24 Es ist umstritten, was unter einem **Körperglied** zu verstehen ist. Die h.M. reduziert das Merkmal zu Recht auf die in der Definition genannten Körperteile, wie etwa Arme,

---

30 LK-*Grünewald*, § 226 Rn. 6; Sch/Sch-*Sternberg-Lieben*, § 226 Rn. 1a; *Wessels/Hettinger/Engländer*, BT 1, Rn. 245.
31 BayObLG NStZ-RR 2004, 264; LK-*Grünewald*, § 226 Rn. 7; L/K/H-*Heger*, § 226 Rn. 2; Sch/Sch-*Sternberg-Lieben*, § 226 Rn. 1a.
32 Vgl. zu dem Problem, wenn das Opfer die Behandlung verweigert, bereits o. Rn. 7 ff.
33 BayObLG NStZ-RR 2004, 264; vgl. dazu *Marxen/Sabellek*, famos 11/2004.
34 *Eisele/Heinrich*, BT, Rn. 213; LK-*Grünewald*, § 226 Rn. 7; Sch/Sch-*Sternberg-Lieben*, § 226 Rn. 1a – a.A. OLG Hamm GA 1976, 304, 306.
35 BGHSt 51, 252.
36 BGHSt 28, 100, 102; LK-*Grünewald*, § 226 Rn. 13; MK-*Hardtung*, § 226 Rn. 26; L/K/H-*Heger*, § 226 Rn. 3; *Kindhäuser/Schramm*, BT I, § 10 Rn. 24; NK-*Paeffgen/Böse/Eidam*, § 226 Rn. 26; Sch/Sch-*Sternberg-Lieben*, § 226 Rn. 2; *Wessels/Hettinger/Engländer*, BT 1, Rn. 246; SK-*Wolters*, § 226 Rn. 8.

Beine, Hände, Füße, Finger, Zehen.[37] Teilweise wird der Begriff jedoch weiter interpretiert, sodass alle abgeschlossenen Körperteile mit eigener Funktion umfasst sein sollen[38], so etwa auch Organe wie die Niere.[39] Dafür lässt sich zwar anführen, dass der Verlust eines inneren Organs genauso ins Gewicht fallen kann wie der Verlust eines äußeren Körperteils.[40] Gegen diese Ansicht spricht aber der Wortlaut des § 226 Abs. 1 Nr. 2 StGB („Glied"), der dieser extensiven Auslegung entgegensteht.[41] Andere wollen jedenfalls auch Körperteile, die nach außen in Erscheinung treten, erfassen, also etwa Nase und Ohren.[42] Auch das erscheint aber angesichts des Wortlauts bedenklich.[43]

Einschränkend muss es sich jedoch um ein **„wichtiges"** Körperglied handeln. Das bedeutet, dass eine **wesentliche Körperfunktion** beeinträchtigt sein muss.[44] Ob dieses Kriterium erfüllt ist, beurteilt sich nach der Bedeutung des betroffenen Körpergliedes für den Gesamtorganismus.[45] Im Übrigen sind die Kriterien jedoch umstritten. Die engste Ansicht stellt hierbei auf einen generellen Maßstab ab und fragt, ob das Körperglied für jeden Menschen wichtig wäre (**abstrakte Betrachtung**).[46] In diesem Sinne sollen etwa der Ringfinger[47] oder der Mittelfinger der linken Hand[48] kein wichtiges Glied sein. Dafür mag sprechen, dass das Gesetz von einem wichtigen Glied „des Körpers" spricht. Diese Sichtweise ist jedoch zu eng. Zutreffend bezieht eine andere Ansicht auch die persönlichen Verhältnisse und körperlichen Besonderheiten des Verletzten mit ein (**individuell-körperliche Betrachtung**).[49] Menschen haben unterschiedliche körperliche Beschaffenheiten, die schon i.H.a. Art. 3 GG nicht außer Betracht bleiben können.[50] Insofern spielt es etwa eine Rolle, ob es sich beim Opfer um einen Rechts- oder Linkshänder handelt.[51] Zu weit geht es dagegen, wenn nach einer in der Literatur häufig vertretenen Ansicht auch **soziale Aspekte** wie der Beruf des Betroffenen einbezogen werden sollen.[52] So soll etwa der kleine Finger bei einem Pianisten wichtig sein.[53] Rechtsgut des § 226 StGB ist jedoch die körperliche Unversehrtheit und nicht die Berufstätigkeit.[54]

bb) Verlust

Definition: Unter Verlust ist hier die dauerhafte Trennung vom Körper zu verstehen.[55]

---

37 BGHSt 28, 100, 102; LK-*Grünewald*, § 226 Rn. 13; MK-*Hardtung*, § 226 Rn. 26; L/K/H-*Heger*, § 226 Rn. 3; *Kindhäuser/Schramm*, BT I, § 10 Rn. 24; NK-*Paeffgen/Böse/Eidam*, § 226 Rn. 26; Sch/Sch-*Sternberg-Lieben*, § 226 Rn. 2; *Wessels/Hettinger/Engländer*, BT 1, Rn. 246; SK-*Wolters*, § 226 Rn. 8.
38 RGSt 3, 391, 392; *Eisele*, BT I, Rn. 349.
39 OLG Neustadt NJW 1961, 2076, 2077; *Eisele/Heinrich*, BT, Rn. 215; *Rengier*, BT II, § 15 Rn. 9.
40 *Eisele/Heinrich*, BT, Rn. 215; *Rengier*, BT II, § 15 Rn. 9.
41 BGHSt 28, 100, 102; LK-*Grünewald*, § 226 Rn. 13; *Kindhäuser/Schramm*, BT I, § 10 Rn. 25.
42 *Fischer*, § 226 Rn. 6; i.E. auch *Eisele*, BT I, Rn. 349.
43 LK-*Grünewald*, § 226 Rn. 13.
44 *Rengier*, BT II, § 15 Rn. 10.
45 RGSt 6, 346, 347; RG GA 1900, 168; *Eisele/Heinrich*, BT, Rn. 216; LK-*Grünewald*, § 226 Rn. 14; *Rengier*, BT II, § 15 Rn. 10.
46 RGSt 6, 346, 347; 62, 161, 162; NK-*Paeffgen/Böse/Eidam*, § 226 Rn. 27.
47 RGSt 62, 161, 162.
48 RG GA 1900, 168.
49 BGHSt 51, 252, 255 f.; *Eisele*, BT I, Rn. 351; LK-*Grünewald*, § 226 Rn. 14; MK-*Hardtung*, § 226 Rn. 27; Sch/Sch-*Sternberg-Lieben*, § 226 Rn. 2; SK-*Wolters*, § 226 Rn. 10.
50 LK-*Grünewald*, § 226 Rn. 14.
51 MK-*Hardtung*, § 226 Rn. 27.
52 L/K/H-*Heger*, § 226 Rn. 3; *Rengier*, BT II, § 15 Rn. 11.
53 *Rengier*, BT II, § 15 Rn. 11.
54 Sch/Sch-*Sternberg-Lieben*, § 226 Rn. 2.
55 LK-*Grünewald*, § 226 Rn. 16.

27 Wiederum scheidet sie schwere Folge nach zutreffender Ansicht aus, wenn der Finger mittels Operation wieder angenäht werden kann.[56]

cc) Gebrauchsunfähigkeit

28 **Definition:** Eine dauerhafte Gebrauchsunfähigkeit liegt vor, wenn ein Ausfall so vieler Funktionen vorliegt, dass er zu einer weitgehenden Unbrauchbarkeit des wichtigen Körpergliedes führt, die einem physischen Verlust des Körpergliedes gleichzustellen ist.[57]

29 Eine bloße **Gebrauchsbeeinträchtigung** genügt **nicht**.[58] So reicht es nicht, wenn zwei Finger taub werden[59] oder ein Knie nur noch eingeschränkt beugbar ist.[60] Auch hier gilt: Wenn die Gebrauchsfähigkeit des Körpergliedes durch einen Eingriff **wiederhergestellt** werden kann und dieser dem Opfer **zumutbar** ist, entfällt die dauernde Gebrauchsunfähigkeit.[61]

30 ▶ **Lösung des Beispielsfalls („Zeigefinger"):**[62] Der BGH bejaht § 226 Abs. 1 Nr. 2 StGB. Er beurteilt die Frage der Gebrauchsunfähigkeit eines wichtigen Glieds nach einem individuellen Maßstab. Im Wege einer Gesamtbetrachtung sei die Versteifung des Zeigefingers als dauernde Unbrauchbarkeit eines wichtigen Körperglieds einzustufen, da diese zu einer massiven Einschränkung der Greiffunktion geführt habe, zumal insb. ein „Pinzettengriff" mit Daumen und Zeigefinger nicht mehr möglich sei. ◀

31 **Anmerkung:** Der Entscheidung ist zuzustimmen. Sie macht deutlich, dass ein Verlust sämtlicher Funktionen nicht erforderlich ist – immerhin konnte das Opfer mit dem steifen Zeigefinger noch auf etwas zeigen. Es genügt eine „weitgehende Unbrauchbarkeit". Auch der individuelle Maßstab ist überzeugend, auch wenn hier auch eine abstrakte Beurteilung zum gleichen Ergebnis führen würde.

c) Dauerhafte Entstellung in erheblicher Weise oder Verfallen in Siechtum, Lähmung oder geistige Krankheit oder Behinderung, Abs. 1 Nr. 3

32 ▶ **Beispielsfall („Narben"):**[63] A schlägt B in der Absicht, „sie in den Rollstuhl zu bringen," mit einem Hammer mehrfach auf beide Schienbeine und fügt ihr mit einem Messer einen tiefen Schnitt in die rechte Kniekehle zu. B erleidet hierdurch offene Brüche beidseits, Wunden an den Beinen sowie tiefe Schnittverletzungen; im Bereich der rechten Kniekehle entsteht eine große, quer verlaufende Wunde mit teilweiser Durchtrennung der Unterschenkelsehne. Nach Ausheilen der Brüche und Wunden bleiben bei B eine Bewegungseinschränkung des oberen Sprunggelenks sowie zahlreiche Narben an den Unterschenkeln und in der rechten Kniekehle zurück. Die größte Narbe zieht sich bogenförmig von der rechten Kniekehle bis zur Vorderseite des rechten Oberschenkels und ist 20 cm lang. Sie kann auch durch kosmetische Operationen nicht Erfolg versprechend verkleinert werden. ◀

---

56 Sch/Sch-*Sternberg-Lieben*, § 226 Rn. 2.
57 BGHSt 51, 252, 257; BGH NStZ 2014, 213; LK-*Grünewald*, § 226 Rn. 16; *Rengier*, BT II, § 15 Rn. 16; SK-*Wolters*, § 226 Rn. 11.
58 BGH NStZ 2014, 213; Sch/Sch-*Sternberg-Lieben*, § 226 Rn. 2.
59 BGH NStZ-RR 2009, 78.
60 BGH NStZ 2014, 213.
61 A/W/H/H-*Hilgendorf*, § 6 Rn. 61 – a.A. BGHSt 62, 36, 40 f.
62 BGHSt 51, 252.
63 BGH NStZ 2006, 686.

II. Tatbestandsvoraussetzungen der Erfolgsqualifikation gemäß § 226 Abs. 1 StGB

aa) Entstellung

Definition: Eine Entstellung liegt vor, wenn die äußere Gesamterscheinung ästhetisch verunstaltet wird.[64]

Die **Entstellung** muss nicht stets **sichtbar** sein, es genügt, wenn es sich um Stellen handelt, die erst nach dem Entkleiden zu sehen sind.[65] Insofern sind alle sozialen Situationen erfasst. Dem Merkmal der **Erheblichkeit** kommt auch hier die Funktion zu, die qualifizierte Strafe auf gravierende Fälle zu beschränken; diese müssen ein mit den anderen Varianten des § 226 Abs. 1 StGB vergleichbares Maß erreichen.[66] So wurde eine erhebliche Entstellung bejaht beim Verlust der vier oberen und unteren Schneidezähne[67] oder Abbrennen der Brustwarzen.[68] Dabei ist im Einzelfall ein normativer Maßstab zugrunde zu legen.[69] Die **Dauerhaftigkeit** ist anzunehmen bei einer Entstellung, die endgültig oder für unbestimmten Zeitraum besteht.[70] Sie entfällt wiederum, wenn sie durch ästhetische Maßnahmen behoben wurde oder durch **zumutbare** Maßnahmen behoben werden kann.[71] Anders als beim „wichtigen Glied" kommen hier Hilfsmittel wie (Zahn-)Prothesen als Kompensation in Betracht.[72]

bb) Siechtum

Definition: Siechtum bezeichnet einen chronischen Krankheitszustand, der den Gesamtorganismus in Mitleidenschaft zieht und ein Schwinden der Körper- oder Geisteskräfte zur Folge hat.[73]

Hierunter wurde der Fall gefasst, dass das Opfer zu einem „Vollpflegefall" wird.[74]

cc) Lähmung

Definition: Eine Lähmung ist eine erhebliche Beeinträchtigung der Bewegungsfähigkeit eines Körperteils, die den ganzen Körper in Mitleidenschaft zieht.[75]

Beispiele bilden die totale Bewegungsunfähigkeit eines Arms oder die völlige Versteifung des Knie- oder Hüftgelenks.[76] **Nicht** ausreichend ist hingegen die Bewegungsunfähigkeit eines Handgelenks oder einzelner Finger.[77]

---

64 RGSt 6, 4, 5; *Eisele*, BT I, Rn. 353; *Eisele/Heinrich*, BT, Rn. 218; LK-*Grünewald*, § 226 Rn. 18; L/K/H-*Heger*, § 226 Rn. 4; SK-*Wolters*, § 226 Rn. 12.
65 LK-*Grünewald*, § 226 Rn. 19; MK-*Hardtung*, § 226 Rn. 32; *Wessels/Hettinger/Engländer*, BT 1, Rn. 250.
66 BGH NStZ 2006, 686; NStZ 2008, 32; *Eisele/Heinrich*, BT, Rn. 219; L/K/H-*Heger*, § 226 Rn. 4; NK-*Paeffgen/Böse/Eidam*, § 226 Rn. 30; *Wessels/Hettinger/Engländer*, BT 1, Rn. 250; SK-*Wolters*, § 226 Rn. 13.
67 BGH NJW 1962, 1067.
68 LG Saarbrücken NStZ 1982, 204.
69 LK-*Grünewald*, § 226 Rn. 18.
70 LK-*Grünewald*, § 226 Rn. 21; *Wessels/Hettinger/Engländer*, BT 1, Rn. 251.
71 LK-*Grünewald*, § 226 Rn. 21; A/W/H/H-*Hilgendorf*, § 6 Rn. 61; *Kindhäuser/Schramm*, BT, I, § 10 Rn. 30 – a.A. BGHSt 62, 36, 40 f., zu § 226 Abs. 1 Nr. 2 StGB; vgl. dazu oben Rn. 7.
72 *Eisele/Heinrich*, BT, Rn. 219; SK-*Wolters*, § 226 Rn. 14.
73 RGSt 72, 345, 346; LK-*Grünewald*, § 226 Rn. 24; MK-*Hardtung*, § 226 Rn. 36; Sch/Sch-*Sternberg-Lieben*, § 226 Rn. 7; *Wessels/Hettinger/Engländer*, BT 1, Rn. 252; SK-*Wolters*, § 226 Rn. 17.
74 LG Magdeburg BeckRS 2008, 21785.
75 RGSt 6, 4, 6; BGH NJW 1988, 2622; *Eisele*, BT I, Rn. 355; *Eisele/Heinrich*, BT, Rn. 220; LK-*Grünewald*, § 226 Rn. 25; MK-*Hardtung*, § 226 Rn. 38; NK-*Paeffgen/Böse/Eidam*, § 226 Rn. 34; *Rengier*, BT II, § 15 Rn. 25; Sch/Sch-*Sternberg-Lieben*, § 226 Rn. 7; *Wessels/Hettinger/Engländer*, BT 1, Rn. 252; SK-*Wolters*, § 226 Rn. 17.
76 BGH NJW 1988, 2622.
77 RGSt 6, 4, 6; 6, 65, 66; BGH NJW 1988, 2622; SK-*Wolters*, § 226 Rn. 17.

dd) Geistige Krankheit und geistige Behinderung

39 **Definition:** Der Begriff geistige Krankheit bezeichnet krankhafte Schäden an der psychischen Gesundheit.[78]

40 Davon erfasst sind jedenfalls **seelische Störungen** i.S.d. § 20 StGB,[79] worauf der Tatbestand aber nicht beschränkt ist.[80] Eine **geistige Behinderung** ist eine erhebliche, nicht nur vorübergehende Störung der Gehirntätigkeit.[81] Darunter kann auch ein schwerer Schlaganfall fallen.[82] Abs. 1 Nr. 3 StGB erfasst nur geistige Behinderungen, nicht körperliche Behinderungen, was sich zum einen aus dem Wortlaut („oder") und zum anderen im Vergleich zu Abs. 1 Nr. 1 und Nr. 2 StGB, die körperliche Behinderungen regeln, ergibt.[83]

ee) Verfallen

41 **Definition:** Das Merkmal „Verfallen" bezeichnet jeweils einen „chronischen", also dauerhaften, Zustand, dessen Heilung ausgeschlossen oder nicht absehbar ist.[84]

42 ▶ **Lösung des Beispielsfalls („Narben"):**[85] Der BGH verneinte eine erhebliche Entstellung der B und damit einen vollendeten § 226 Abs. 1 Nr. 3 StGB. Die Narben an den Beinen seien nicht so gewichtig, dass sie mit anderen schweren Folgen i.S.v. § 226 Abs. 1 StGB vergleichbar seien. Gleichwohl machte sich A einer versuchten schweren Körperverletzung gem. den §§ 226 Abs. 1 Nr. 3, Abs. 2, 22 StGB strafbar, da er eine Lähmung der B herbeiführen wollte. ◀

43 **Anmerkung:** Bei Narben kommt es also ganz entscheidend darauf an, wo am Körper sie sich befinden. Vergleichbare Narben im Gesicht hätten das Merkmal erfüllt,[86] nicht aber eine „12 cm lange, maximal 4 mm breite, blassrötliche, leicht wulstförmige Narbe im linken Halsbereich vom Ohrläppchen nach vorne zum Unterkiefer".[87] Daneben lag hier auch eine gefährliche Körperverletzung gem. § 224 Abs. 1 Nr. 2 und 5 StGB vor, die in Tateinheit zu den §§ 226 Abs. 1 Nr. 3, Abs. 2, 22 StGB steht.[88]

44 **Klausurtipp:** Ist § 226 StGB ebenfalls vollendet, wird teilweise vertreten, dass § 224 StGB stets dahinter zurücktritt.[89] Dem ist nicht zu folgen, sondern zur Klarstellung Tateinheit anzunehmen, sofern § 224 StGB ein eigenständiges Unrecht enthält, das sonst nicht zum Ausdruck käme.[90]

---

78 BGH NStZ 2018, 102, 103; MK-*Hardtung*, § 226 Rn. 40.
79 LK-*Grünewald*, § 226 Rn. 26; *Wessels/Hettinger/Engländer*, BT 1, Rn. 253; SK-*Wolters*, § 226 Rn. 17.
80 BGH NStZ 2018, 102, 103; *Eisele*, BT I, Rn. 355; *Eisele/Heinrich*, BT, Rn. 220; *Fischer*, § 226 Rn. 13; MK-*Hardtung*, § 226 Rn. 40; anders wohl: SK-*Wolters*, § 226 Rn. 17.
81 BGH NStZ 2017, 282, 284; MK-*Hardtung*, § 226 Rn. 40.
82 *Fischer*, § 226 Rn. 13; Sch/Sch-*Sternberg-Lieben*, § 226 Rn. 7; *Wessels/Hettinger/Engländer*, BT 1, Rn. 253.
83 BGH NStZ 2017, 282, 284; *Fischer*, § 226 Rn. 13; MK-*Hardtung*, § 226 Rn. 40; Sch/Sch-*Sternberg-Lieben*, § 226 Rn. 7.
84 LK-*Grünewald*, § 226 Rn. 23; *Wessels/Hettinger/Engländer*, BT 1, Rn. 252.
85 BGH NStZ 2006, 686.
86 BGH NStZ 2006, 686.
87 BGH NStZ 2008, 32, 33.
88 BGH NStZ 2006, 686; *Wessels/Hettinger/Engländer*, BT 1, Rn. 254.
89 *Roxin*, AT II, § 33 Rn. 185; vgl. auch LG Magdeburg BeckRS 2008, 21785.
90 So etwa BGHSt 53, 23, 24, für das Verhältnis von § 226 Abs. 1 Nr. 3 StGB und § 224 Abs. 1 Nr. 5 StGB; vgl. dazu ausführlich *Reinbacher*, Hdb. des StrafR, Bd. 3, § 62 Rn. 28 ff.

3. Mindestens Fahrlässigkeit, § 18 StGB

Aus § 18 StGB folgt, dass die schweren Folgen des § 226 Abs. 1 StGB **mindestens fahrlässig** herbeigeführt werden müssen. Daher ist auch bedingter **Vorsatz** erfasst.[91]

45

4. Objektive Zurechnung; der spezifische Gefahrzusammenhang

Bei allen erfolgsqualifizierten Delikten ist ein **spezifischer Gefahrzusammenhang** zwischen dem Grunddelikt und der schweren Folge erforderlich.[92] Das bedeutet, dass sich gerade die spezifische Gefahr der Grunddeliktshandlung, hier also der Körperverletzungshandlung, in der schweren Folge verwirklicht haben muss.[93] Dabei handelt es sich um eine besondere Ausprägung der **objektiven Zurechnung** (Schutzzweck).[94] Daneben bleiben die allgemeinen Fallgruppen der objektiven Zurechnung zu prüfen, etwa das Dazwischentreten eines Dritten. Insofern scheidet § 226 Abs. 1 StGB schon nach allgemeinen Grundsätzen aus, wenn die schwere Folge erst durch einen Operationsfehler eintritt. Nähere Ausführungen zum spezifischen Gefahrzusammenhang noch unten bei § 227 StGB (§ 11 Rn. 5 ff.).

46

III. Tatbestandsvoraussetzungen der Qualifikation gemäß § 226 Abs. 2 StGB

Abs. 2 ist eine normale **Qualifikation**, keine Vorsatz-Fahrlässigkeits-Kombination. Dabei ist eine stärkere Form des **Vorsatzes** erforderlich, nämlich dolus directus I oder II.[95]

47

WIEDERHOLUNGSFRAGEN

1. Wie wirkt es sich auf die Strafbarkeit nach § 226 Abs. 1 StGB aus, wenn die schwere Folge dadurch eintritt, dass das Opfer eine zumutbare Heilungsmaßnahme verweigert? (Rn. 7)
2. Scheidet der Verlust einer der in § 226 Abs. 1 Nr. 1 StGB genannten Fähigkeiten bei Funktionsverbesserungen durch Hilfsmittel, wie etwa Prothesen oder Brillen, aus? (Rn. 21)
3. Welcher Maßstab ist bei der Beurteilung der „Wichtigkeit" des Körpergliedes i.S.v. § 226 Abs. 1 Nr. 2 StGB heranzuziehen? (Rn. 25)?
4. Erfasst der Begriff „Behinderung" i.S.v. § 226 Abs. 1 Nr. 3 StGB körperliche Beeinträchtigungen? (Rn. 40)?

---

[91] *Eisele*, BT I, Rn. 357; LK-*Grünewald*, § 226 Rn. 2; A/W/H/H-*Hilgendorf*, § 6 Rn. 62; *Kindhäuser/Schramm*, BT I, § 10 Rn. 39; *Rengier*, BT II, § 15 Rn. 2; *Zieschang*, BT 1, Rn. 338; s. bereits oben Rn. 1.
[92] Ausführlich dazu *Heinrich/Reinbacher*, JURA 2005, 743.
[93] *Kindhäuser/Schramm*, BT I, § 10 Rn. 37.
[94] *Heinrich/Reinbacher*, JURA 2005, 743, 748.
[95] LK-*Grünewald*, § 226 Rn. 30.

§ 11 Die Körperverletzung mit Todesfolge, § 227 StGB

Literaturempfehlungen:

Heinrich/Reinbacher, Objektive Zurechnung und gefahrspezifischer Zusammenhang bei den erfolgsqualifizierten Delikten, JURA 2005, 743; *Kühl*, Das erfolgsqualifizierte Delikt (Teil I): Das vollendete erfolgsqualifizierte Delikt, JURA 2002, 810; *ders.*, Das erfolgsqualifizierte Delikt (Teil II) – Versuch des erfolgsqualifizierten Delikts und Rücktritt, JURA 2003, 19; *Ransiek*, Körperverletzung mit Todesfolge, JA 2017, 912; *Rönnau*, Grundwissen – Strafrecht: Erfolgsqualifiziertes Delikt, JuS 2020, 108; *Sowada*, Die „Gubener Hetzjagd": Versuchte Körperverletzung mit Todesfolge, JURA 2003, 549.

Übungsfälle:

v. Heintschel-Heinegg/Kudlich, Der Regensburger Fenstersturz, JA 2001, 129; *Hinderer*, Eine schlechte Partnerwahl, JA 2009, 25; *Norouzi*, Übungsklausur – Strafrecht: Die Welt zu Gast bei „Freunden", JuS 2006, 531; *Safferling*, Verfolgung mit tödlichem Ausgang, JURA 2004, 64.

I. Einleitung

1. Grundlagen

1 Auch § 227 StGB stellt ein **erfolgsqualifiziertes Delikt** dar.[1] Daher gelten die meisten Grund-sätze, die bereits zu § 226 Abs. 1 StGB ausgeführt wurden, auch hier. Die **schwere Folge** besteht hier im Tod der verletzten Person. Daher schützt § 227 StGB neben der körperlichen Unversehrtheit auch das menschliche Leben.[2] Insofern ließe sich § 227 StGB als eine Kombination aus § 223 StGB und § 222 StGB begreifen. Vergleicht man allerdings den Strafrahmen, so fällt die exorbitante Steigerung auf: Die tateinheitliche Verwirklichung der § 223 StGB und § 222 StGB sieht Freiheitsstrafe bis zu fünf Jahren oder Geldstrafe vor; geht man davon aus, dass die Körperverletzung jedenfalls in Form einer lebensgefährdenden Behandlung i.S.v. § 224 Abs. 1 Nr. 5 StGB erfolgte, so beträgt der Strafrahmen sechs Monate bis zehn Jahre. Im Vergleich dazu liegt der Strafrahmen des § 227 StGB mit Freiheitsstrafe von einem bis zu zehn Jahren deutlich höher. Daher besteht Einigkeit darüber, dass § 227 StGB **restriktiv auszulegen** ist.[3] Insofern wird eine engere Beziehung als die bloße Kausalität zwischen Körperverletzung und schwerer Folge gefordert:[4] Es muss sich gerade die spezifische Gefährlichkeit der Grunddeliktshandlung in der schweren Folge niedergeschlagen haben, also ein **spezifischer Gefahrzusammenhang** bestehen (s. dazu unten Rn. 5 ff.).

2. Prüfungsschema

2 Das Prüfungsschema des § 227 StGB unterscheidet sich zu demjenigen des § 226 Abs. 1 StGB nur in einem einzigen Punkt, nämlich der konkreten schweren Folge. Diese muss der Täter wenigstens fahrlässig herbeigeführt haben, § 18 StGB.

▶ I. Tatbestand
    1. Vorsätzliches Delikt nach den §§ 223–226a StGB
    2. Eintritt der schweren Folge: Tod des Opfers

---

1 *Eisele*, BT I, Rn. 367; *Eisele/Heinrich*, BT, Rn. 227; *LK-Grünewald*, § 227 Rn. 1.
2 *LK-Grünewald*, § 227 Rn. 1.
3 *LK-Grünewald*, § 227 Rn. 2.
4 Vgl. BGHSt 31, 96, 98 f.; BGH NJW 1971, 152; *Fischer*, § 227 Rn. 3; *MK-Hardtung*, § 227 Rn. 8; *Heinrich/Reinbacher*, JURA 2005, 743, 745, 748; *Sch/Sch-Sternberg-Lieben*, § 227 Rn. 3.

II. Besonderheiten des Tatbestandes § 11

3. Kausalität der Grunddeliktshandlung
4. Fahrlässigkeit: objektive Sorgfaltspflichtverletzung, objektive Voraussehbarkeit (oder Eventualvorsatz)
5. Objektive Zurechnung, insb. spezifischer Gefahrzusammenhang

II. Rechtswidrigkeit
III. Schuld inkl. Fahrlässigkeitsschuld ◄

Klausurtipp: Wenn § 227 StGB erfüllt ist, treten die §§ 223, 222 StGB wegen Spezialität zurück.[5] Daher ist § 227 StGB vor § 222 StGB zu erörtern. Nach Bejahung des § 227 StGB genügt auch kurzer Hinweis, dass § 222 StGB zurücktritt. Kommt hingegen ein vorsätzliches Tötungsdelikt in Betracht, so ist mit diesem zu beginnen, weil § 227 StGB seinerseits subsidiär[6] ist.

II. Besonderheiten des Tatbestandes

1. Mindestens Fahrlässigkeit, § 18 StGB

Der Täter muss die schweren Folgen des § 227 Abs. 1 StGB nur **mindestens fahrlässig** herbeigeführt haben. Im Rahmen des Tatbestands ist bzgl. der Fahrlässigkeit festzuhalten, dass die vorsätzliche Verwirklichung des Grunddelikts objektiv sorgfaltswidrig i.H.a. die schwere Folge ist.[7] Überwiegend wird auch die objektive Voraussehbarkeit als Teil der Fahrlässigkeit behandelt (s.o. § 5 Rn. 3).[8] Daneben ist im Rahmen der Schuld zu untersuchen, ob auch subjektive Sorgfaltswidrigkeit und Voraussehbarkeit vorliegen. Auch bei § 227 StGB ist ein vorsätzliches Verwirklichen der schweren Folge selbstverständlich ebenso erfasst.[9] In diesem Fall sind aber auch die §§ 211 ff. StGB einschlägig.

2. Objektive Zurechnung, spezifischer Gefahrzusammenhang

▶ **Beispielsfall („Hochsitz"):**[10] A wirft im Wald einen Hochsitz um, auf dem sein Onkel O sitzt, um diesen zu verletzen. Der Abstand zwischen der Sitzfläche des Hochsitzes und dem Waldboden beträgt etwa 3,50 m. O fällt herunter und bricht sich dabei den rechten Knöchel. Der Bruch wird im Krankenhaus operativ behandelt und mit Metallschrauben stabilisiert. O wird aus dem Krankenhaus entlassen. Zu Hause ist er bettlägerig. 14 Tage später wird er mit akuter Atemnot in die Klinik eingeliefert, wo er noch am Morgen desselben Tages verstirbt. Todesursache ist ein Herz-Kreislauf-Versagen infolge des Zusammenwirkens einer doppelseitigen Lungenembolie mit einer Lungenentzündung, die sich in Abhängigkeit zu dem verletzungsbedingten längeren Krankenlager entwickelt haben. ◄

Wie bereits dargestellt muss bei den erfolgsqualifizierten Delikten ein **spezifischer Gefahrzusammenhang** zwischen Grunddelikt und schwerer Folge bestehen,[11] teilweise

---

5 *Eisele*, BT I, Rn. 388; NK-*Paeffgen/Böse/Eidam*, § 227 Rn. 35.
6 BGHSt 20, 269, 271; NK-*Paeffgen/Böse/Eidam*, § 227 Rn. 35; *Reinbacher*, Hdb. des StrafR, Bd. 3, § 62 Rn. 44 – a.A. SK-*Wolters*, § 227 Rn. 18: § 227 StGB schon tatbestandlich nicht erfüllt.
7 BGHSt 24, 213, 215; *Eisele/Heinrich*, BT, Rn. 229; *Heinrich/Reinbacher*, JURA 2005, 743, 747 – a.A. SK-*Wolters*, § 227 Rn. 4.
8 Vgl. speziell zu § 227 StGB LK-*Grünewald*, § 227 Rn. 19; allgemein *Kaspar*, AT, § 9 Rn. 35 ff.
9 LK-*Grünewald*, § 227 Rn. 3.
10 BGHSt 31, 96.
11 Vgl. BGHSt 31, 96, 98 f.; BGH NJW 1971, 152; *Eisele/Heinrich*, BT, Rn. 229; *Fischer*, § 227 Rn. 3; MK-*Hardtung*, § 227 Rn. 8; *Heinrich/Reinbacher*, JURA 2005, 743, 745, 748; Sch/Sch-*Sternberg-Lieben*, § 227 Rn. 3.

wird auch von einem Gefahrverwirklichungszusammenhang[12] oder einem „unmittelbaren Zusammenhang"[13] gesprochen. Damit ist gemeint, dass eine bloße Kausalbeziehung i.S.d. Äquivalenztheorie, die selbstverständlich vorliegen muss, nicht ausreicht, sondern dass sich gerade die spezifische Gefahr des Ausgangsdelikts in der schweren Folge verwirklicht haben muss.[14] Dabei wird vielfach davon ausgegangen, es handele sich um ein zusätzliches, den Tatbestand einschränkendes Kriterium.[15] Richtigerweise handelt es sich um eine Frage der **objektiven Zurechnung** der schweren Folge,[16] nämlich des Schutzzwecks der Norm.[17]

7   Umstritten ist dabei der **Bezugspunkt** des spezifischen Gefahrzusammenhangs.[18] Manche fordern, dass sich gerade die typische Gefahr des **Erfolgs** des Grunddelikt in der schweren Folge niedergeschlagen haben muss (sog. Letalitätstheorie).[19] Dies wird teilweise vom Grundsatz her für alle Erfolgsqualifikationen angenommen und aus deren Schutzzweck hergeleitet.[20] Speziell bei § 227 StGB wird aber auch der Wortlaut angeführt, in dem vom „Tod der verletzten Person" die Rede ist.[21] Insofern müsste die tatsächlich eingetretene Verletzung des Opfers lebensgefährlich sein. Richtigerweise ist mit der Gegenansicht jedoch auf die spezifische Gefahr der **Grunddeliktshandlung** abzustellen.[22] Dafür spricht der Wortlaut „durch die Körperverletzung", denn wie oben gesehen (§ 8 Rn. 7 ff.) beschreiben die Begriffe körperliche Misshandlung und Gesundheitsschädigung nicht nur den Erfolg, sondern auch die Handlung der Körperverletzung,[23] und auch § 224 StGB betrifft gerade gefährliche Begehungsweisen.[24]

8   Die spezifische Gefahr ist im Einzelfall zu bestimmen und richtet sich auch nach dem jeweiligen Grundtatbestand, an den sich die schwere Folge knüpft.[25] Speziell bei § 227 StGB muss es darauf ankommen, ob die Körperverletzungshandlung an sich bereits eine **Lebensgefahr** beinhaltete.[26] Die allgemeinen Regeln der **objektiven Zurechnung** finden auch bei § 227 StGB Anwendung, werden in der Rechtsprechung freilich häufig unter der Überschrift des spezifischen Gefahrzusammenhangs behandelt. Tritt etwa ein vorsätzlich handelnder Dritter oder das freiverantwortlich handelnde Opfer selbst in den Geschehensverlauf ein, so kann nach der Rechtsprechung der spezifische Gefahrzusammenhang ausscheiden.[27] Diesen hat der BGH etwa in einem Fall abgelehnt, in dem das Opfer, das durch einen Schlag auf den Kopf mit einem Baseballschläger eine Schädelprellung und eine Bewusstseinsstörung erlitten hatte, in seiner Verzweiflung und Panik aus dem Fenster einer Wohnung im zehnten Stock sprang und dabei zu

---

12 *Rengier*, BT II, § 16 Rn. 5.
13 BGHSt 38, 295, 298; BGH NJW 1971, 152; NJW 1992, 1708, 1709L/K/H-*Heger*, § 227 Rn. 2.
14 BGHSt 31, 96, 98 f.; BGH NJW 1992, 1708, 1709; *Fischer*, § 227 Rn. 3; Sch/Sch-*Sternberg-Lieben*, § 227 Rn. 3.
15 Vgl. etwa Sch/Sch-*Sternberg-Lieben*, § 227 Rn. 3 ff.
16 LK-*Grünewald*, § 227 Rn. 6; *Heinrich/Reinbacher*, JURA 2005, 743, 748; *Rengier*, BT II, § 16 Rn. 6; vgl. auch *Fischer*, § 227 Rn. 3: Zurechnungszusammenhang.
17 *Heinrich/Reinbacher*, JURA 2005, 743, 748; vgl. auch MK-*Hardtung*, § 227 Rn. 10.
18 Vertiefend *Heinrich/Reinbacher*, JURA 2005, 743, 749; *Sowada*, JURA 1994, 643; *ders.*, JURA 1995, 644; vgl. dazu auch *Kaspar*, AT, § 9 Rn. 77.
19 MK-*Hardtung*, § 227 Rn. 11; L/K/H-*Heger*, § 227 Rn. 2a; S/S/W-*Momsen-Pflanz/Momsen*, § 227 Rn. 10 ff.
20 MK-*Hardtung*, § 18 Rn. 31 ff. (zu Ausnahmen: ebd., Rn. 42 f.).
21 L/K/H-*Heger*, § 227 Rn. 2a.
22 BGHSt 14, 110, 112; 31, 96, 99; 48, 34, 37 f.; *Eisele*, BT I, Rn. 373; *Eisele/Heinrich*, BT, Rn. 233; LK-*Grünewald*, § 227 Rn. 9; *Heinrich/Reinbacher*, JURA 2005, 743, 749; *Zieschang*, BT 1, Rn. 369.
23 *Eisele*, BT I, Rn. 373; *Eisele/Heinrich*, BT, Rn. 233.
24 *Heinrich/Reinbacher*, JURA 2005, 743, 749.
25 BGHSt 38, 295, 298.
26 *Heinrich/Reinbacher*, JURA 2005, 743, 749.
27 BGH NJW 1971, 152, 153.

II. Besonderheiten des Tatbestandes §11

Tode kam, da hier kein freiverantwortliches Verhalten vorgelegen habe.[28] Dass bei Dazwischentreten eines Dritten oder des Opfers die Zurechnung des Erfolgs scheitert, ist jedoch eine allgemeine Zurechnungsregel, sodass nicht nur § 227 StGB, sondern auch § 222 StGB ausscheidet.[29]

Ähnliches gilt für die **Voraussehbarkeit**. Insofern scheidet schon nach allgemeinen Regeln eine Strafbarkeit aus, wenn der Erfolg außerhalb aller Lebenserfahrung liegt.[30] Unabhängig davon, ob die objektive Voraussehbarkeit als Teil der Prüfung der Fahrlässigkeit des Täters oder als Bestandteil der objektiven Zurechnung (atypischer Kausalverlauf) behandelt wird,[31] ist dies wiederum eine allgemeine Frage, die auch § 222 StGB betrifft (s.o. § 5). Der BGH prüft hingegen im Rahmen des § 227 StGB bei einem Erfolg außerhalb aller Lebenswahrscheinlichkeit wiederum, ob der spezifische Gefahrzusammenhang vorlag.[32] Bejaht hat der BGH diesen Zusammenhang unter diesem Gesichtspunkt in einem Fall, in dem der Täter dem Opfer mit einer geladenen Schusswaffe auf den Kopf schlug, wobei sich ein Schuss löste, der das Opfer tötete.[33] Auch in einem Fall, in dem der Täter das Opfer gegen den Oberkörper trat und dadurch eine Reaktion eines Hirnnervs auslöste, sodass das Opfer an einem Herzstillstand verstarb, nahm der BGH § 227 StGB an, da selbst eine solche „medizinische Rarität" nicht außerhalb aller Lebenswahrscheinlichkeit liege.[34] Die objektive Voraussehbarkeit betrifft aber wiederum auch § 222 StGB. Das Spezifikum der Erfolgsqualifikation besteht vielmehr darin, ob die Körperverletzungshandlung für sich bereits **lebensgefährlich** war, sodass sich in der schweren Folge diese **spezifische Gefahr** realisierte.

▶ **Lösung des Beispielsfalls („Hochsitz"):**[35] Der BGH bejaht eine Strafbarkeit des A gemäß § 227 StGB. Zwar war die zunächst eingetretene Verletzung (Knöchelbruch) für sich gesehen noch nicht lebensgefährlich. Der spezifische Gefahrzusammenhang könne aber auch zwischen Körperverletzungshandlung und schwerer Folge bestehen. Der Tod des O sei auf Grund eines Geschehensablaufs eingetreten, der nicht außerhalb jeder Lebenswahrscheinlichkeit lag. Auch dass eine Sprunggelenkfraktur zu einem längeren Krankenlager des Verletzten führt, stelle sich nicht als ein außergewöhnlicher Verlauf dar. Es widerspreche auch „nicht jeder Erfahrung, daß ein längeres, verletzungsbedingtes Krankenlager die Entwicklung lebensgefährlicher Embolien und Lungenentzündungen begünstigt". Dass „die Gefahren einer solchen Entwicklung verkannt werden, wirksame Gegenmaßnahmen unterbleiben und deshalb der Tod des Verletzten eintritt," sei ebenfalls „nicht in einem solchen Maße unwahrscheinlich, daß hierdurch der Zusammenhang unterbrochen würde". Schließlich sei die schwere Folge auch für A vorhersehbar gewesen, da auch insofern auf die Körperverletzungshandlung abzustellen sei. ◀

Anmerkung: Der Entscheidung ist im Ergebnis zuzustimmen. Es war unter den konkreten Umständen abstrakt lebensgefährlich für O, den Hochsitz umzuwerfen, sodass objektiv eine lebensgefährliche Behandlung anzunehmen ist. Lag auch der subjektive Tatbestand vor, so wäre A einer gefährlichen Körperverletzung nach § 224 Abs. 1 Nr. 5 StGB strafbar.

9

10

11

---

28 BGH NJW 1992, 1708, 1709; anders aber BGH NJW 1971, 152, 153.
29 *Heinrich/Reinbacher*, JURA 2005, 743, 748; vgl. auch *Eisele/Heinrich*, BT, Rn. 238; LK-*Grünewald*, § 227 Rn. 12.
30 BGH NStZ 2008, 686; *Heinrich/Reinbacher*, JURA 2005, 743, 746; allgemein zur objektiven Voraussehbarkeit: *Kaspar*, AT, § 9 Rn. 35 ff.
31 Dazu *Heinrich/Reinbacher*, JURA 2005, 743, 746 f.
32 BGHSt 31, 96, 100.
33 BGHSt 14, 110, 112 f.
34 BGH NStZ 2008, 686 – a.A. *Eisele/Heinrich*, BT, Rn. 230; *Rengier*, BT II, § 16 Rn. 8a.
35 BGHSt 31, 96, 98 ff.

Die schwere Folge des Todes des O ist eingetreten und mit dem Grunddelikt kausal verbunden. Wegen der lebensgefährlichen Behandlung ist der spezifische Gefahrzusammenhang gegeben. Daneben ist auch i.ü. an der objektiven Zurechnung nicht zu zweifeln, da O nicht vorsätzlich falsch behandelt wurde und der Erfolg der schweren Folge nicht völlig außerhalb aller Lebenserfahrung lag. Das Umwerfen des Hochsitzes war sorgfaltswidrig i.H.a. die schwere Folge. Inwieweit auch die subjektiven (Schuld-)Merkmale vorlagen, ist Tatfrage; der BGH nahm dies an. Hinter § 227 StGB treten die §§ 223, 224 Abs. 1 Nr. 5 StGB zurück.[36]

3. Versuchskonstellationen

▶ **Beispielsfall („Gubener Hetzjagd"):**[37] Mehrere ausländische Staatsbürger, darunter O und P, werden von einer größeren Anzahl rechtsradikaler Jugendlicher, darunter A, durch die nächtliche Innenstadt gejagt. Diese verfolgen die Flüchtenden mit Autos, versperren ihnen den Weg, später steigen sie aus den Fahrzeugen aus und setzen die Verfolgung zu Fuß fort, wobei sie sich aufteilen und den Gruppen getrennt nachlaufen. Dabei ist allen Beteiligten klar, dass Gewalt angewendet würde und die Flüchtenden verletzt würden, wenn sie eingeholt würden. Obwohl es ihnen gelingt, die Verfolger kurzzeitig abzuhängen, wähnen O und P diese noch hinter sich. O will sich in einem Haus in Sicherheit bringen. Da er die Tür nicht öffnen kann, tritt er in seiner Panik die untere Glasscheibe derselben ein, um hineinzuklettern. Dabei verletzt er sich an der Schlagader und verblutet. ◀

Auch bei § 227 StGB sind sowohl ein **Versuch der Erfolgsqualifikation** als auch ein **erfolgsqualifizierter Versuch** denkbar.[38] Die erste Konstellation ist dadurch gekennzeichnet, dass die schwere Folge nicht eintritt, wobei das Grunddelikt entweder ebenfalls nur versucht oder sogar vollendet ist. In einem solchen Fall kommt ein Versuch des § 227 StGB durchaus in Betracht, da auch vorsätzliches Verhalten erfasst ist (s.o. Rn. 4). Er hat wegen der Subsidiarität des § 227 StGB gegenüber einem versuchten Tötungsdelikt keine Praxis- oder Klausurrelevanz. Interessanter ist jedoch die Konstellation des erfolgsqualifizierten Versuchs, bei dem das Grunddelikt im Versuch stecken bleibt, dabei aber die schwere Folge eintritt. Anders als bei § 221 StGB ist bei § 227 StGB auch der Versuch des Grunddelikts strafbar, § 223 Abs. 2 StGB bzw. § 224 Abs. 2 StGB. Daher ist auch ein erfolgsqualifizierter Versuch hier strafbar, zumal der Gesetzgeber den Versuch vom Verweis in § 227 Abs. 1 StGB nicht ausgenommen hat.[39] Für die Letalitätstheorie, die grundsätzlich einen spezifischen Zusammenhang zwischen Grunddeliktserfolg und schwerer Folge fordert, ist ein erfolgsqualifizierter Versuch hingegen nicht möglich.[40]

▶ **Lösung des Beispielsfalls („Gubener Hetzjagd"):**[41] Unter dieser Prämisse ging auch der BGH von einem strafbaren erfolgsqualifizierten Versuch nach den §§ 227, 22 StGB aus. Da es für den spezifischen Gefahrzusammenhang nicht auf den Erfolg des Grunddelikts, sondern auf die Grunddeliktshandlung ankomme, sei § 227 StGB auch in der Form eines erfolgsqualifizierten Versuchs möglich. Vom massiven Vorgehen der Täter sei hier eine solche spezifische Gefahr ausgegangen. Das Verhalten des O habe den Zurechnungszusam-

---

36 *Eisele/Heinrich*, BT, Rn. 247; NK-*Paeffgen/Böse/Eidam*, § 227 Rn. 35; *Reinbacher*, Hdb. des StrafR, Bd. 3, § 62 Rn. 29 – a.A. MK-*Hardtung*, § 224 Rn. 59: Tateinheit zur Klarstellung der vorsätzlichen Gefahrschaffung.
37 BGHSt 48, 34; vgl. dazu *Kaspar/Reinbacher*, Casebook AT, Fall 4.
38 *Eisele/Heinrich*, BT, Rn. 243 ff.; LK-*Grünewald*, § 227 Rn. 22; *Kindhäuser/Schramm*, BT I, § 10 Rn. 16 f.
39 BGHSt 48, 34, 38.
40 S/S/W-*Momsen-Pflanz/Momsen*, § 227 Rn. 26.
41 BGHSt 48, 34; vgl. dazu *Kaspar/Reinbacher*, Casebook AT, Fall 4.

menhang nicht unterbrochen, da es „eine naheliegende und nachvollziehbare Reaktion auf den massiven Angriff" gewesen sei. ◀

Anmerkung: Auf der Grundlage der Letalitätstheorie wäre dieser Fall anders zu entscheiden, dem BGH ist aus den genannten Gründen jedoch zu folgen. Der Fall bot allerdings auch noch weitere Probleme.[42] Zum einen musste der BGH darauf eingehen, ob die schweren Panikzustände der Verfolgten bereits eine vollendete Körperverletzung darstellten, sodass es sich gar nicht um einen Versuch gehandelt hätte. Hier schloss er sich der oben angeführten h.M. an, die psychische Folgen als solches nicht ausreichen lässt (s.o. § 7 Rn. 2). Ferner genügten auch die Schnittverletzungen des O nicht, um eine vollendete Körperverletzung anzunehmen, denn diesbzgl. hätten die Verfolger keinen Vorsatz gehabt. Auch das unmittelbare Ansetzen zum Versuch seitens der Verfolger war hier nicht unproblematisch. Während das LG dies noch verneint hatte, nahm der BGH an, A und seine Mittäter hätten die Schwelle zum „Jetzt-geht's-los" spätestens mit dem Halt der Autos, der Verfolgung der Flüchtenden zu Fuß und dem weiteren, dem Verhalten der Flüchtenden angepassten arbeitsteiligen Vorgehen überschritten.

15

WIEDERHOLUNGSFRAGEN

1. Was versteht man unter einem spezifischen Gefahrzusammenhang? (Rn. 6)
2. Ist beim spezifischen Gefahrzusammenhang nach h.M. auf den Grunddeliktserfolg oder auf die Grunddeliktshandlung abzustellen? (Rn. 7)
3. Unter welchen Voraussetzungen schließt das Dazwischentreten eines Dritten oder des Opfers eine Strafbarkeit nach § 227 StGB aus? (Rn. 8)
4. Ist ein erfolgsqualifizierter Versuch bei § 227 StGB strafbar? (Rn. 13)

---

42 Ausführlich *Kaspar/Reinbacher*, Casebook AT, Fall 4.

§ 12 Fahrlässige Körperverletzung, § 229 StGB

Literaturempfehlungen:
s. Literatur zu § 5.

Übungsfall:
Freund, Unfallserie mit defekten Bremsen – Spritztour mit dem ultra krassen 3-er BMW, JuS 2001, 475.

1 Auch die fahrlässige Körperverletzung steht gemäß § 229 StGB unter Strafe. Gegenüber § 222 StGB bestehen keine Besonderheiten.

2 Insofern kann auf das Prüfungsschema zu § 222 StGB verwiesen werden. Die einzigen beiden Unterschiede liegen darin, dass Handlung und Erfolg hier eine Körperverletzung (vgl. zu den Einzelheiten zur Körperverletzung i.S.d. § 223 StGB oben § 8) erfordern und nicht, wie § 222 StGB, den Tod, und dass § 229 StGB wie § 223 StGB ein relatives Antragsdelikt darstellt, § 230 Abs. 1 S. 1 StGB. Auch hier gilt das oben Ausgeführte entsprechend.

§ 13 Beteiligung an einer Schlägerei, § 231 StGB

Literaturempfehlungen:
Bock, Beteiligung an einer Schlägerei (oder an einem von mehreren verübten Angriff), JURA 2016, 992; *Hardtung*, Die Körperverletzungsdelikte, JuS 2008, 1060; *Rönnau*, Grundwissen Strafrecht: Objektive Bedingungen der Strafbarkeit, JuS 2011, 697; *Satzger*, Die objektive Bedingung der Strafbarkeit, JURA 2006, 108; *Zopfs*, Die „schwere Folge" bei der Schlägerei (§ 231 StGB), JURA 1999, 172.

Übungsfälle:
Laubenthal, Eine Festzeltprügelei, JA 2004, 39; *Preuß/Krüll*, Wahre Freunde, JA 2018, 271; *Wagner/Drachsler*, Übungsfall: Die Party bei den Jacks, ZJS 2011, 530.

I. Einleitung

1. Grundlagen

§ 231 StGB schützt Leben und Gesundheit aller Personen, die im Rahmen einer Schlägerei oder eines von mehreren verübten Angriffs gefährdet werden,[1] also auch Unbeteiligter. Insofern ist ein **Allgemeininteresse** geschützt und die Tat nicht einwilligungsfähig.[2] Da die Beteiligten an einer Schlägerei oder an einem von mehreren verübten Angriff „schon wegen dieser Beteiligung" bestraft werden, handelt es sich um ein **abstraktes Gefährdungsdelikt**.[3] Es findet seine Begründung in der generellen Gefährlichkeit, die von Raufereien oder Angriffen ausgeht, an denen mehrere Personen beteiligt sind, da diese oftmals zu schwerwiegenden Folgen führen können.[4] Zudem ist er praktisch bedeutsam, da er Beweisschwierigkeiten beseitigt, die daraus resultieren, dass sich später häufig schwer feststellen lässt, wer den entscheidenden Schlag gegen das Opfer geführt hat.[5] Folgt man dieser herrschenden Interpretation, so ist alleine die **Beteiligung** an einer solchen Auseinandersetzung das strafbare Unrecht. Allerdings kann es auch eher harmlose Raufereien geben, bei denen niemand ernsthaft verletzt wird. Daher hat der Gesetzgeber die Strafbarkeit insoweit eingeschränkt, als die Beteiligung nur dann strafbar ist, wenn die Schlägerei oder der Angriff mehrerer tatsächlich zu einer **schweren Folge**, nämlich zum Tod oder zur schweren Körperverletzung eines Menschen, kommt.

Gerade diese **schweren Folgen** heben die betreffende körperliche Auseinandersetzung von harmlosen Raufereien ab; gäbe es sie nicht, so stünde die Beteiligung auch an solchen Schlägereien unter Strafe (bis zu drei Jahren), die keinerlei schwerwiegende Auswirkungen haben. Ist aber die schwere Folge entscheidend für die Einstufung als strafwürdiges Unrecht, so erschiene es konsequent, dass diese dem Täter auch vorwerfbar sein müsste, sodass er zumindest fahrlässig diesbzgl. gehandelt haben müsste.[6] Die h.M. interpretiert die Vorschrift aber nicht in dieser Weise, sondern stuft die schwere Folge wegen des Wortlauts „schon wegen der Beteiligung" zutreffend als

---

[1] BGHSt 33, 100, 104; MK-*Hohmann*, § 231 Rn. 1; *Zieschang*, BT 1, Rn. 402.
[2] *Rengier*, BT II, § 18 Rn. 1.
[3] *Eisele*, BT I, Rn. 407; *Eisele/Heinrich*, BT, Rn. 249; M/R-*Engländer*, § 231 Rn. 1; *Hilgendorf/Valerius*, BT I, Rn. 104; MK-*Hohmann*, § 231 Rn. 2; *Kindhäuser/Schramm*, BT I, § 11 Rn. 1; *Wessels/Hettinger/Engländer*, BT I, Rn. 313; vgl. auch BGHSt 33, 100, 103.
[4] BGHSt 33, 100, 103; *Eisele*, BT I, Rn. 407.
[5] BT-Drs. 13/8587, 61: nicht zu ersetzender Auffangtatbestand; *Eisele*, BT I, Rn. 407.
[6] *Roxin/Greco*, AT I, § 23 Rn. 7 ff., 12 f.

objektive Bedingung der Strafbarkeit ein.⁷ Das strafbare Unrecht liegt dann allein in der Beteiligung, die schwere Folge ist (nur) eine einschränkende täterbegünstigende Voraussetzung, sodass ein Konflikt mit dem Schuldprinzip nicht entsteht.⁸

3   Die wichtigste Konsequenz dieser Einstufung liegt darin, dass sich der **Vorsatz nicht auf die schwere Folge beziehen muss**.⁹ Auch kommt es gerade nicht darauf an, ob der Täter des § 231 StGB tatsächlich für die schwere Folge verantwortlich ist.¹⁰ Da § 18 StGB hier nicht gilt, zumal er sich nur auf strafschärfende schwere Folgen bezieht, ist auch keine Fahrlässigkeit erforderlich.¹¹ Lässt sich der konkrete Täter feststellen, der das Opfer getötet oder schwer verletzt hat, so hindert das eine Bestrafung aus § 231 StGB nicht;¹² und zwar weder für den Täter selbst, bei dem wegen des geschützten Allgemeininteresses Tateinheit von § 231 StGB und den konkreten Tötungs- oder Körperverletzungsdelikten vorliegen kann,¹³ noch für andere Beteiligte an der Schlägerei.

2. Prüfungsschema

4   Beim Prüfungsschema ist ebendiese Einstufung als objektive Bedingung der Strafbarkeit unbedingt abzubilden.
   ▶ I. Tatbestand
      1. Objektiver Tatbestand
         a) Tatsituation: Schlägerei oder von mehreren verübter Angriff
         b) Tathandlung: Beteiligung des Täters
      2. Subjektiver Tatbestand
      3. Objektive Bedingung der Strafbarkeit
         a) Eintritt der schweren Folge (Tod oder schwere Körperverletzung, § 226 StGB)
         b) durch die Schlägerei oder durch den von mehreren verübten Angriff
   II. Rechtswidrigkeit (§ 231 II StGB)
   III. Schuld (§ 231 II StGB) ◀

II. Tatbestandsvoraussetzungen

1. Objektiver Tatbestand

a) Tatsituation

aa) Schlägerei

5   ▶ **Beispielsfall („Helfender Vater"):**¹⁴ A schlägt auf B ein, der sich gegen diesen Angriff seinerseits mit Schlägen verteidigt. Als V, der Vater des B, den Streit schlichten will, wird er

---

7   BGHSt 33, 100, 103; A/W/H/H-*Hilgendorf*, § 6 Rn. 90; *Kindhäuser/Schramm*, BT I, § 11 Rn. 1; *Rengier*, BT II, § 18 Rn. 1.
8   Vgl. LK-*Popp*, § 231 Rn. 1.
9   BGHSt 33, 100, 103; *Eisele*, BT I, Rn. 416; *Eisele/Heinrich*, BT, Rn. 258; *Hilgendorf/Valerius*, BT I, Rn. 104; *Rengier*, BT II, § 18 Rn. 6.
10 *Wessels/Hettinger/Engländer*, BT 1, Rn. 313.
11 MK-*Hohmann*, § 231 Rn. 3.
12 *Wessels/Hettinger/Engländer*, BT 1, Rn. 313.
13 MK-*Hohmann*, § 231 Rn. 32; vgl. BGHSt 33, 100, 104: Tateinheit von § 231 StGB und § 224 StGB.
14 BGHSt 15, 369.

II. Tatbestandsvoraussetzungen § 13

durch C mit Gewalt davon abgehalten. B verstirbt in Folge der Schläge des A. Strafbarkeit des C gem. § 231 StGB? ◄

Definition: Eine Schlägerei ist eine mit gegenseitigen Tätlichkeiten verbundene Auseinandersetzung, an der mehr als zwei Personen aktiv mitwirken.[15]

Wie sich aus der Definition ergibt, müssen mindestens **drei Personen** an der Auseinandersetzung beteiligt sein, sodass ein **Zweikampf nicht** genügt. Sobald zu einem ursprünglichen Zweikampf eine weitere Person hinzutritt, wird aus diesem jedoch eine **Schlägerei**.[16] Im umgekehrten Fall endet die Schlägerei aber in dem Zeitpunkt, in dem die dritte Person sich daraus zurückzieht, sodass es nur noch ein Zweikampf ist.[17] Tritt die schwere Folge erst danach ein, kommt eine Bestrafung nach § 231 StGB also nicht in Betracht.[18] Die Auseinandersetzungen müssen aber nicht gleichzeitig stattfinden.[19] Insofern ist eine Schlägerei auch bei mehreren tätlichen Auseinandersetzungen von jeweils nur zwei Personen anzunehmen, wenn diese in engem räumlich-zeitlichen Zusammenhang stehen und ein **einheitliches Gesamtgeschehen** bilden.[20] Entscheidend ist aber, dass die Auseinandersetzung mit gegenseitigen **Tätlichkeiten** verbunden ist.[21] Rein psychische Unterstützung genügt nicht.[22] Dabei ist es unerheblich, ob einer der Beteiligten sich dabei nur verteidigt und ggf. in Notwehr gerechtfertigt handelt (vgl. § 231 Abs. 2 StGB),[23] solange er sich nicht auf reine Schutzmaßnahmen, etwa das Heben des Arms zur Abwehr, beschränkt, sondern selbst auch schlägt, also zu Trutzwehr übergeht.[24] Im Fall der bloßen Schutzwehr kommt jedoch ein Angriff mehrerer in Betracht.

▶ **Lösung des Beispielsfalls („Helfender Vater"):**[25] Der BGH bestätigte die Verurteilung des A gemäß § 231 StGB. Es nahm eine Schlägerei an, da C sich an der Auseinandersetzung zwischen A und B beteiligt habe, die dadurch zur Schlägerei geworden sei. Dass B seinerseits in Notwehr gerechtfertigt handelte, sei unerheblich. Mit seinem Tod trat dann auch die objektive Bedingung der Strafbarkeit ein. ◄

Anmerkung: Ob dem zuzustimmen ist, hängt davon ab, wie Vater V sich verhalten hat. Blieb er passiv und beteiligte sich selbst nicht, so überzeugt das Ergebnis des BGH nicht, denn dann hat C sich nicht an der Schlägerei zwischen A und B beteiligt, sondern gerade verhindert, dass V in diese eingreift.[26] Nur wenn er selbst mit Schlägen gegen C tätig wurde,

---

15 BGHSt 15, 369, 370; 31, 124, 125; BGH NStZ 2014, 147, 148; NStZ 2021, 494, 495; *Eisele*, BT I, Rn. 410; *Eisele/Heinrich*, BT, Rn. 252; MK-*Hohmann*, § 231 Rn. 7; LK-*Popp*, § 231 Rn. 7; *Rengier*, BT II, § 18 Rn. 3; *Wessels/Hettinger/Engländer*, BT 1, Rn. 315; *Zieschang*, BT 1, Rn. 407.
16 BGH GA 1960, 213; *Hilgendorf/Valerius*, BT I, Rn. 105; MK-*Hohmann*, § 231 Rn. 7; LK-*Popp*, § 231 Rn. 7; *Rengier*, BT II, § 18 Rn. 3a; *Wessels/Hettinger/Engländer*, BT 1, Rn. 316.
17 RG JW 1938, 3157; BGH NStZ 2014, 147, 148; *Eisele*, BT I, Rn. 411; MK-*Hohmann*, § 231 Rn. 7; *Rengier*, BT II, § 18 Rn. 3; *Wessels/Hettinger/Engländer*, BT 1, Rn. 316.
18 RG JW 1938, 3157.
19 BGH NStZ 2014, 147, 148; NStZ 2021, 494, 496.
20 BGH NStZ 2014, 147, 148; 2021, 494, 496; *Eisele*, BT I, Rn. 411; *Fischer*, § 231 Rn. 3; LK-*Popp*, § 231 Rn. 7; *Wessels/Hettinger/Engländer*, BT 1, Rn. 316.
21 BGH NStZ 2014, 147, 148.
22 *Eisele/Heinrich*, BT, Rn. 252; MK-*Hohmann*, § 231 Rn. 7; *Rengier*, BT II, § 18 Rn. 3.
23 BGHSt 15, 369, 371; BGH NStZ 2014, 147, 148; *Eisele*, BT I, Rn. 253; *Fischer*, § 231 Rn. 3; LK-*Popp*, § 231 Rn. 9.
24 BGHSt 15, 369, 371; BGH NStZ 2014, 147, 148; *Eisele/Heinrich*, BT, Rn. 252; *Fischer*, § 231 Rn. 3; LK-*Popp*, § 231 Rn. 9.
25 BGHSt 15, 369.
26 Ablehnend auch MK-*Hohmann*, § 231 Rn. 7; LK-*Popp*, § 231 Rn. 8.

kann wegen des engen räumlich-zeitlichen Zusammenhangs eine einheitliche Schlägerei angenommen werden. Dafür gibt es hier aber keine ausreichenden Anhaltspunkte.

bb) Angriff mehrerer

10 **Definition:** Unter einem Angriff mehrerer ist eine in feindseliger Absicht gegen den Körper des Opfers gerichtete Einwirkung von mindestens zwei Personen zu verstehen.[27]

11 Ein **Angriff** setzt nicht notwendigerweise Mittäterschaft der Angreifenden voraus.[28] Erforderlich ist aber eine **Einheitlichkeit** des Angriffs, des Angriffsobjekts und des Angriffswillens der Angreifenden.[29] Anders als bei der Schlägerei muss es zu Tätlichkeiten (und Körperkontakt) noch nicht gekommen sein, die Einwirkung muss nur darauf ausgerichtet sein, sodass ein „Angriff" schon bei einem Umzingeln des Opfers gegeben ist.[30] Der Angriff muss auch nicht rechtswidrig sein, sodass ein solcher etwa auch dann vorliegt, wenn mehrere Nothelfer einen Dieb (auf frischer Tat) verfolgen.[31] Verteidigt sich der Angegriffene mit Schlägen, so entsteht eine Schlägerei (s.o. Rn. 7).

b) Tathandlung: sich beteiligen

12 **Definition:** Beteiligt ist jeder, der am Tatort anwesend ist und die Auseinandersetzung fördert.[32]

13 Wie bereits dargestellt (Rn. 1), wird der Täter schon **wegen seiner Beteiligung** bestraft, d.h. eine Verursachung der schweren Folge ist gerade nicht erforderlich. Der Begriff der Beteiligung ist weiter als die Beteiligungsregeln der §§ 25 ff. StGB zu verstehen.[33] Dabei genügt jedenfalls eine **physische Förderung** der Tat, etwa durch das Reichen eines Messers. Umstritten ist jedoch, ob auch eine rein **psychische Unterstützung**, etwa durch Anfeuerungsrufe, ausreicht. Dies wird teilweise abgelehnt und stattdessen Beihilfe angenommen.[34] Dafür mag sprechen, dass die schwere Folge nur physisch bewirkt werden kann. Dem lässt sich jedoch zutreffend entgegnen, dass eine psychische Unterstützung ebenso gefährlich sein kann, weil sie die Eskalationsgefahr der Auseinandersetzung verstärkt.[35] Hier ist der Unterschied zur konstitutiven Beteiligung an der Schlägerei zu beachten: Für das Vorliegen einer Schlägerei reicht es nicht aus, wenn sich zwei Personen schlagen und eine dritte Person sie dabei anfeuert (s.o. Rn. 7); schlagen aber drei Personen, so liegt eine Schlägerei vor, an der sich sodann eine vierte Person durch Anfeuern beteiligen kann. Eine Beteiligung erfordert jedoch eine **aktive Mitwirkung**, sodass bloßes Zusehen nicht genügt.[36] Eine Beteiligung liegt auch dann

---

27 BGHSt 31, 124, 126; 33, 100, 102; *Eisele/Heinrich*, BT, Rn. 254; *Rengier*, BT II, § 18 Rn. 4.
28 BGHSt 31, 124, 127; 33, 100, 102; *Eisele/Heinrich*, BT, Rn. 254; *MK-Hohmann*, § 231 Rn. 12; *Rengier*, BT II, § 18 Rn. 4; *Sch/Sch-Sternberg-Lieben*, § 231 Rn. 3; *Wessels/Hettinger/Engländer*, BT 1, Rn. 318.
29 BGHSt 31, 124, 126; 33, 100, 102; *Eisele/Heinrich*, BT, Rn. 254; *Rengier*, BT II, § 18 Rn. 4.
30 BGHSt 33, 100, 102 f.
31 *MK-Hohmann*, § 231 Rn. 13; *Sch/Sch-Sternberg-Lieben*, § 231 Rn. 3.
32 *M/R-Engländer*, § 231 Rn. 4.
33 *Eisele/Heinrich*, BT, Rn. 255; *M/R-Engländer*, § 231 Rn. 4; *Rengier*, BT II, § 18 Rn. 3a.
34 *L/K/H-Heger*, § 231 Rn. 3; *Küper/Zopfs*, BT, Rn. 450 f.
35 Daher für eine strafbare Beteiligung durch psychische Unterstützung: *Fischer*, § 231 Rn. 8; *Hilgendorf/Valerius*, BT I, Rn. 106; *Kindhäuser/Schramm*, BT I, § 11 Rn. 9; *Wessels/Hettinger/Engländer*, BT 1, Rn. 319; *Zieschang*, BT 1, Rn. 410.
36 *Eisele*, BT I, Rn. 413; *Eisele/Heinrich*, BT, Rn. 255; *M/R-Engländer*, § 231 Rn. 4; *Hilgendorf/Valerius*, BT I, Rn. 106; *Kindhäuser/Schramm*, BT I, § 11 Rn. 9; *Wessels/Hettinger/Engländer*, BT 1, Rn. 319; *Zieschang*, BT 1, Rn. 410 – a.A. *Fischer*, § 231 Rn. 8: Beteiligung durch Unterlassen möglich.

II. Tatbestandsvoraussetzungen § 13

vor, wenn die Schlägerei erst dadurch entsteht, dass ein Angegriffener sich wehrt.[37] Der Angegriffene ist jedoch kein Beteiligter des Angriffs mehrerer, solange er sich nicht aktiv mit Schlägen zur Wehr setzt.[38]

2. Subjektiver Tatbestand

Der **Vorsatz** muss sich auch hier auf die Merkmale des objektiven Tatbestandes beziehen, hier also auf das Vorliegen einer Schlägerei bzw. eines Angriffs mehrerer und das eigene Sich-Beteiligen, wie gesehen aber **nicht** auf die objektive Bedingung der Strafbarkeit (s.o. Rn. 2 f.). Dolus eventualis genügt.[39]

14

3. Objektive Bedingung der Strafbarkeit

▶ **Beispielsfall („Tod des Angreifers"):**[40] A, B, C und D haben nach einem Kneipenbesuch O zusammengeschlagen und seiner Wertsachen beraubt. Wirt W, der dies mitbekommen hat, geht nach draußen, um O zu helfen. Dabei führt er eine Pistole mit sich. Als W und die Frau F des O die Täter in der Nähe des Wirthauses stellen und die Sachen des O zurückfordern, nehmen die Täter drohend Aufstellung. Da sie in der Jacke des O eine Gaspistole gefunden haben, richten sie diese auf W. Dieser hält seinerseits seine Pistole mit ausgestrecktem Arm Richtung Boden und ermahnt die Gruppe, „keinen Scheiß" zu machen. Unvermittelt stürzen sich A, B, C und D auf W. Im Gerangel löst sich ein Schuss aus der Waffe des W, sodass A tödlich getroffen wird. Strafbarkeit von B, C und D gemäß § 231 StGB? ◀

15

Der Eintritt des Todes oder einer schweren Körperverletzung bilden nach h.M. ein einschränkendes Merkmal, das eine **objektive Bedingung der Strafbarkeit** darstellt (s.o. Rn. 2). Auf diese Weise wird die Strafbarkeit auf strafwürdige Fälle beschränkt, in denen die Schlägerei oder der Angriff tatsächlich mit schweren Folgen verbunden waren.

16

Opfer der schweren Folge kann grds. jedermann sein, da § 231 StGB als **abstraktes Gefährdungsdelikt** ein Allgemeinrechtsgut schützt. Dabei kommen insb. der Angegriffene oder die Beteiligten an der Schlägerei als Tatopfer in Betracht, aber auch Unbeteiligte oder Außenstehende,[41] wie etwa einschreitende Polizisten, Zuschauer oder zufällig vorbeigehende Passanten. Strittig ist jedoch, ob auch der Eintritt einer schweren Folge bei einem der Angreifer erfasst ist, sodass etwa auch derjenige aus § 231 StGB bestraft werden könnte, der sich selbst verletzt. Diese Konstellation ist im Beispielsfall angesprochen.

17

▶ **Lösung des Beispielsfalls („Tod des Angreifers"):**[42] Der BGH bejahte diese Frage in unserem Beispielsfall. Solange ein Ursachenzusammenhang zwischen Angriff und schwerer Folge besteht, sei es unerheblich, ob der Getötete selbst ein Angreifer war. ◀

18

---

37 *Rengier*, BT II, § 18 Rn. 3a.
38 *Fischer*, § 231 Rn. 8a.
39 *Fischer*, § 231 Rn. 9; MK-*Hohmann*, § 231 Rn. 21.
40 BGHSt 33, 100.
41 BGHSt 33, 100, 104; *Eisele/Heinrich*, BT, Rn. 260; *Hilgendorf/Valerius*, BT I, Rn. 108; LK-*Popp*, § 231 Rn. 32; *Rengier*, BT II, § 18 Rn. 7; *Wessels/Hettinger/Engländer*, BT 1, Rn. 325.
42 BGHSt 33, 100.

19 **Anmerkung:** Dies Ansicht hat überwiegend Zustimmung erfahren.[43] Teilweise wird sie jedoch kritisiert, da sie darauf hinauslaufe, die Selbstverletzung zu bestrafen, die bei den §§ 223 ff. StGB ansonsten aber doch regelmäßig straflos ist, und auch den Regeln der objektiven Zurechnung widerspreche.[44] Nimmt man den Charakter als abstraktes Gefährdungsdelikt jedoch ernst, so kommt es nicht darauf an, wer Verletzter ist, sondern bereits die Beteiligung selbst bildet die Tathandlung, wobei auch die Allgemeinheit geschützt ist und die objektive Bedingung der Strafbarkeit nur einschränkend wirkt. Hinsichtlich der objektiven Zurechnung gilt, dass diese, wie sogleich zu zeigen sein wird (Rn. 20), nur zwischen der Tatsituation und der schweren Folge bestehen muss. Daher ist dem BGH zuzustimmen. Sollte der schwer verletzte Angreifer überleben und selbst nach § 231 StGB angeklagt sein, so bietet § 60 StGB eine sachgerechte Lösung, indem dann von Strafe abzusehen ist.[45]

20 Die schwere Folge muss „durch" die Schlägerei oder den Angriff bewirkt worden sein. Der BGH versteht dies nur im Sinne von **Kausalität**.[46] Richtigerweise sind aber auch hier die Grundsätze der **objektiven Zurechnung** zu beachten, sodass sich gerade die spezifische Gefahr der Schlägerei bzw. des Angriffs in der schweren Folge niedergeschlagen haben muss.[47] Dies ist etwa nicht der Fall, wenn ein Zuschauer vor Aufregung einen Herzinfarkt erleidet[48] oder wenn ein Arzt das Opfer vorsätzlich falsch behandelt.[49] Zu beachten ist aber, dass es um Kausalität und Zurechenbarkeit zwischen Tatsituation und schwerer Folge geht, nicht um eine Zurechnung der schweren Folge zu einzelnen Tätern oder Handlungen.

21 In diesem Zusammenhang steht schließlich die Frage des **Zeitpunkts der Beteiligung**. Täter, die während des Eintritts der schweren Folge noch bzw. schon an der Schlägerei oder dem Angriff beteiligt sind, können problemlos nach § 231 StGB bestraft werden. Wie ist dies aber in Fällen zu beurteilen, in denen ein Beteiligter die Tatsituation verlässt und die schwere Folge erst danach eintritt, als er gar nicht mehr beteiligt ist? Oder wie liegt es im umgekehrten Fall, wenn der Beteiligte erst hinzutritt, nachdem die schwere Folge schon eingetreten ist? Richtigerweise ist hier zu differenzieren. Im ersteren Fall, in dem der Beteiligte sich schon entfernt hat, aber noch genügend Personen weiterkämpfen, sodass weiterhin eine Schlägerei vorliegt, ist auch dieser Beteiligte als Täter des § 231 StGB zu bestrafen,[50] da er die abstrakte Gefahr durch seine Mitwirkung gesteigert hat, sodass sich dem nicht entgegenhalten lässt, der Beteiligte, der den Tatort verlassen hat, habe gar nicht mehr ursächlich werden können, zumal sein Tatbeitrag insofern noch fortwirkt. Anders ist dies – entgegen der Ansicht von Rechtsprechung und Teilen der Literatur[51] – aber im umgekehrten Fall zu beurteilen, in dem der Beteiligte erst dazukommt, wenn die schwere Folge bereits eingetreten ist.[52] Zwar soll § 231 StGB gerade Beweisschwierigkeiten beseitigen, jedoch ist in diesem

---

43 Zust. *Fischer*, § 231 Rn. 6; L/K/H-*Heger*, § 231 Rn. 5; MK-*Hohmann*, § 231 Rn. 23; *Kindhäuser/Schramm*, BT I, § 11 Rn. 16; Sch/Sch-*Sternberg-Lieben*, § 231 Rn. 7; *Zieschang*, BT 1, Rn. 419.
44 Ablehnend etwa LK-*Popp*, § 231 Rn. 30; *Rengier*, BT II, § 18 Rn. 9.
45 *Eisele/Heinrich*, BT, Rn. 260.
46 BGHSt 33, 100, 104; BGH NJW 1984, 621; NStZ-RR 2014, 178; ebenso MK-*Hohmann*, § 231 Rn. 24.
47 *Eisele*, BT I, Rn. 417; L/K/H-*Heger*, § 231 Rn. 5; *Kindhäuser/Schramm*, BT I, § 11 Rn. 18; LK-*Popp*, § 231 Rn. 30; *Rengier*, BT II, § 18 Rn. 7; Sch/Sch-*Sternberg-Lieben*, § 231 Rn. 8.
48 *Rengier*, BT II, § 18 Rn. 7; Sch/Sch-*Sternberg-Lieben*, § 231 Rn. 8.
49 Sch/Sch-*Sternberg-Lieben*, § 231 Rn. 8.
50 BGHSt 14, 132, 134 f.; MK-*Hohmann*, § 231 Rn. 25; *Rengier*, BT II, § 18 Rn. 10; *Wessels/Hettinger/Engländer*, BT 1, Rn. 326 f. – a.A. K/H/H-*Hellmann*, BT 1, Rn. 347.
51 BGHSt 16, 130; BGH NStZ-RR 2014, 178; dem BGH zust. MK-*Hohmann*, § 231 Rn. 25; *Wessels/Hettinger/Engländer*, BT 1, Rn. 326 f.
52 *Eisele*, BT I, Rn. 421; *Kindhäuser/Schramm*, BT I, § 11 Rn. 19; LK-*Popp*, § 231 Rn. 20.

Fall eine potenzielle Ursächlichkeit ausgeschlossen. Lässt sich klar sagen, dass der Betreffende im Zeitpunkt des Eintritts der schweren Folge nicht dabei war, so bestehen hinsichtlich seiner Person auch keine offenen Beweisfragen.

III. Fehlende Vorwerfbarkeit, § 231 Abs. 2 StGB

Der Hinweis in § 231 Abs. 2 StGB („ohne daß ihm dies vorzuwerfen ist") stellt klar, dass bei Vorliegen von **Rechtfertigungs- und Entschuldigungsgründen** eine Strafbarkeit ausscheidet.[53] Dies ist insofern bedeutsam, als eine Schlägerei oder eine Beteiligung gerade nicht daran scheitern, dass der Betreffende sich nur verteidigt (s.o. Rn. 13).

22

WIEDERHOLUNGSFRAGEN

1. Wie ist der Eintritt der schweren Folge in § 231 StGB dogmatisch einzuordnen? (Rn. 2)
2. Muss ein Beteiligte wenigstens fahrlässig bzgl. der schweren Folge handeln? (Rn. 3)
3. Ist ein Beteiligter auch dann aus § 231 StGB zu bestrafen, wenn er eine Schlägerei vor Eintritt der schweren Folge verlassen hat oder erst danach in die Schlägerei einsteigt? (Rn. 7)
4. Was bedeutet fehlende Vorwerfbarkeit i.S.d. § 231 Abs. 2 StGB? (Rn. 22)

---

53 A/W/H/H-*Hilgendorf*, § 6 Rn. 87; LK-*Popp*, § 231 Rn. 23, 36; *Zieschang*, BT 1, Rn. 420.

TEIL 3: STRAFTATEN GEGEN DIE PERSÖNLICHE FREIHEIT

§ 14 Einleitung

1 Der 18. Abschnitt des StGB enthält Straftaten gegen die persönliche Freiheit. Ein Blick auf die einzelnen Vorschriften zeigt, dass diese unterschiedliche Aspekte der Freiheit schützen, sodass auch das Rechtsgut für die einzelnen Strafnormen gesondert zu bestimmen ist. § 240 StGB schützt etwa die Freiheit der Willensbildung und Willensbetätigung insgesamt (s.u. § 16 Rn. 1), während § 239 StGB nur die Fortbewegungsfreiheit, also nur einen Teil der Willensbetätigungsfreiheit, betrifft (s.u. § 15 Rn. 1 f.). Gemeinsam ist den Vorschriften des 18. Abschnitts, dass es hier jedenfalls vornehmlich um die persönliche Freiheit geht, während in anderen Vorschriften, wie etwa den §§ 249 ff., 253, 255 StGB, der Eingriff in die persönliche Freiheit (nur) ein Mittel zum Zweck der Verletzung des Vermögens bzw. Eigentums ist.[1] Ähnlich liegt der Fall auch bei § 239a StGB, bei dem neben der Freiheit der Geisel und der Erpressten auch das Vermögen mitgeschützt ist.[2] Spezialvorschriften gegen Menschenhandel und Ausbeutung finden sich in den §§ 232–233a StGB. Die §§ 234–238 StGB greifen den Schutz der Freiheit wiederum in unterschiedlicher Weise auf.[3]

2 Gemäß der Zielsetzung dieses Lehrbuchs werden hier wiederum nur die besonders klausurrelevanten Vorschriften behandelt, nämlich die §§ 239, 239a, 239b, 240 und 241 StGB.

---

1 Vgl. zu den §§ 249 ff., 253, 255 StGB *Schramm*, BT II, §§ 4, 9.
2 Vgl. LK-*Schluckebier*, § 239a Rn. 1.
3 Vgl. dazu LK-*Krehl*, Vor §§ 234–238 Rn. 1.

§ 15 Freiheitsberaubung, § 239 StGB

Literaturempfehlungen:
Bosch, Der Schutz der Fortbewegungsfreiheit durch den Tatbestand der Freiheitsberaubung (§ 239 StGB), JURA 2012, 604; *Hecker*, Freiheitsberaubung, JuS 2015, 947; *Jäger*, Der Freiheit beraubt und nichts davon gemerkt, JuS 2023, 165; *Jahn*, Freiheitsberaubung durch Unterlassen, JuS 2015, 180.

Übungsfälle:
Fahl, All doors locked, JURA 2013, 967; *Kühl*, Ein rabiater Metzgermeister, JuS 2007, 742.

I. Einleitung

1. Grundlagen

Das Rechtsgut des § 239 StGB ist umstritten. Zunächst lässt sich festhalten, dass § 239 StGB die **persönliche Fortbewegungsfreiheit** schützt, also die Betätigung des Willens, einen Ort zu verlassen, nicht aber, einen bestimmten Ort aufzusuchen.[1] Insofern erfüllt nur ein Einsperren, nicht aber ein Aussperren, sodass das Opfer einen Ort nicht betreten kann, den Tatbestand.[2]

Besonders problematisch ist aber, ob § 239 StGB bereits die **potenzielle Fortbewegungsfreiheit** oder nur eine aktuelle Fortbewegungsfreiheit schützt, ob es also relevant ist, ob das Opfer im konkreten Fall einen aktuellen Willen zur Fortbewegung haben muss. In der Literatur wird vielfach vertreten, dass nur Letzteres in Betracht komme, da sonst der Tatbestand zu weit und ein Versuch als Vollendung interpretiert werde, wobei für eine solch extensive Auslegung seit der Einführung der Versuchsstrafbarkeit im Jahr 1998 kein Bedürfnis mehr bestehe.[3] Die h.M. geht hingegen von Ersterem aus, lässt es also genügen, dass das Opfer sich fortbewegen könnte, wenn es dies wollte.[4] Sonst könne etwa ein Kranker, der lieber im Bett bleiben möchte, nicht an der Freiheit beraubt werden, wenn er eingeschlossen wird.[5] Zudem spreche die Bedeutung des Grundrechts der Fortbewegungsfreiheit für eine solche Interpretation.[6] Dem ist zuzustimmen, denn ein Verlust der Freiheit zur Fortbewegung liegt objektiv auch dann vor, wenn das Opfer sich nicht fortbewegen will. Allerdings ist mit einer vermittelnden Meinung insoweit zu fordern, dass es sich zumindest um ein Opfer handeln muss, dass einen solchen Willen in der konkreten Situation jedenfalls bilden könnte.[7]

Unstrittig ist, dass jedenfalls bei **Säuglingen** oder Menschen mit so starker Behinderung, die keinen Fortbewegungswillen bilden bzw. sich gar nicht fortbewegen können, eine Freiheitsberaubung ausscheidet.[8] Der Streit entzündet sich aber v.a. in Fallkonstellationen, in denen das Opfer gar nicht bemerkt, dass es eingeschlossen wird, was

---

1 BGHSt 32, 183, 189; *Rengier*, BT II, § 22 Rn. 4a; LK-*Schluckebier*, § 239 Rn. 1 ff.; MK-*Wieck-Noodt*, § 239 Rn. 1 f.
2 BGHSt 32, 183, 189; MK-*Wieck-Noodt*, § 239 Rn. 3; SK-*Wolters*, § 239 Rn. 2.
3 Daher auf einen aktuellen Fortbewegungswillen abstellend *Eisele*, BT I, Rn. 424, 427; *Eisele/Heinrich*, BT, Rn. 263, 266; NK-*Sonnen*, § 239 Rn. 8; BeckOK-*Valerius*, § 239 Rn. 7; vgl. zum Streit *Hillenkamp/Cornelius*, Probleme BT, 7. Problem, S. 40 ff.
4 RGSt 7, 259, 260; 61, 239, 241 f.; BGHSt 14, 314, 316; 32, 183, 188; 67, 79, 82; L/K/H-*Heger*, § 239 Rn. 1; LK-*Schluckebier*, § 239 Rn. 1; MK-*Wieck-Noodt*, § 239 Rn. 7.
5 BGHSt 14, 314, 316.
6 BGHSt 67, 79, 83; MK-*Wieck-Noodt*, § 239 Rn. 7.
7 A/W/H/H-*Hilgendorf*, § 9 Rn. 13; *Rengier*, BT II, § 22 Rn. 5; *Zieschang*, BT 1, Rn. 427.
8 *Rengier*, BT II, § 22 Rn. 5; LK-*Schluckebier*, § 239 Rn. 6; MK-*Wieck-Noodt*, § 239 Rn. 12.

etwa der Fall sein kann, weil es abgelenkt ist, aber auch, wenn es sich um einen **Schlafenden** oder **Bewusstlosen** handelt. Wer nur auf den aktuellen Fortbewegungswillen rekurriert, wird in diesen Fällen eine vollendete Freiheitsberaubung ablehnen (in Betracht kommt dann ein Versuch), wer auf den potenziellen Willen abstellt, eine Strafbarkeit bejahen. Wer hingegen richtigerweise danach differenziert, ob das Opfer in der konkreten Situation überhaupt zur Willensbildung in der Lage wäre, muss sich im Fall von Schlafenden entscheiden, ob dieser Zustand die Möglichkeit zur Willensbildung ausschließt.[9] Das scheint mir nicht der Fall zu sein, da der Schlafende jederzeit erwachen kann, sodass auch bei Schlafenden § 239 StGB vollendet ist, es sei denn, es ist klar auszuschließen, dass das Opfer erwachen kann.[10]

4 Von der Systematik des § 239 StGB her bildet Abs. 1 StGB das **Grunddelikt**, Abs. 3 Nr. 1 eine **Qualifikation**,[11] wenn das Opfer länger als eine Woche eingesperrt wird, während Abs. 3 Nr. 2 und Abs. 4 **Erfolgsqualifikationen** darstellen.[12]

2. Prüfungsschema

5 Hier wird das Prüfungsschema des Grunddelikts nach Abs. 1 dargestellt. Hinsichtlich der Erfolgsqualifikationen nach Abs. 3 Nr. 2 und Abs. 4 kann auf das bereits oben dargestellte Schema (§ 11 Rn. 2) verwiesen werden, dass auch hier anzuwenden ist.

▶ I. Tatbestand
   1. Objektiver Tatbestand
      a) Tatobjekt: anderer Mensch, der zur Bildung eines Fortbewegungswillens grundsätzlich fähig ist
      b) Tathandlung: Beraubung der Fortbewegungsfreiheit
         aa) durch Einsperren oder
         bb) auf andere Weise
      c) Taterfolg: Verlust der (potenziellen) Fortbewegungsfreiheit
      d) Tatbestandsausschließendes Einverständnis
   2. Subjektiver Tatbestand
II. Rechtswidrigkeit
III. Schuld ◀

II. Tatbestandsvoraussetzungen des Grunddelikts

1. Objektiver Tatbestand

a) Tatobjekt

6 Tatopfer des § 239 StGB kann jeder Mensch sein, der in der konkreten Situation in der Lage ist bzw. wäre, einen natürlichen Willen zur Fortbewegung zu bilden.[13] Geschäftsfähigkeit oder Zurechnungsfähigkeit sind hierfür nicht erforderlich, sodass auch

---

9 So etwa *Rengier*, BT II, § 22 Rn. 5; *Zieschang*, BT 1, Rn. 427.
10 So auch MK-*Wieck-Noodt*, § 239 Rn. 17.
11 *Eisele*, BT I, Rn. 443; MK-*Wieck-Noodt*, § 239 Rn. 44; *Zieschang*, BT 1, Rn. 445 – a.A. (Erfolgsqualifikation) L/K/H-*Heger*, § 239 Rn. 9; *Rengier*, BT II, § 22 Rn. 19; LK-*Schluckebier*, § 239 Rn. 40.
12 *Eisele*, BT I, Rn. 443; L/K/H-*Heger*, § 239 Rn. 9; *Rengier*, BT II, § 22 Rn. 19; LK-*Schluckebier*, § 239 Rn. 40; MK-*Wieck-Noodt*, § 239 Rn. 44; *Zieschang*, BT 1, Rn. 445.
13 MK-*Wieck-Noodt*, § 239 Rn. 12.

II. Tatbestandsvoraussetzungen des Grunddelikts § 15

Kranke, Menschen mit Behinderung sowie Minderjährige Tatopfer sein können.[14] Säuglinge und Kleinstkinder können jedoch noch keinen Willen haben, sich von einem Ort fortzubewegen, sodass sie als Tatobjekt ausscheiden.[15] An dieser Stelle wirkt sich der oben angeführte Streit um das **Rechtsgut** des § 239 StGB aus. Wer stets einen aktuellen Fortbewegungswillen fordert, wird etwa einen Schlafenden als Tatobjekt ausscheiden.[16] In diesem Fall wäre Versuch zu prüfen, solange das Opfer schläft, während Vollendung mit dem Erwachen anträte. Nach hier vertretener Ansicht ist eine Tatvollendung hingegen auch bei einem Schlafenden möglich, sofern nicht sicher ausgeschlossen werden kann, dass er aufwacht (s.o. Rn. 3).

b) Tathandlungen

▶ **Beispielsfall („Flug nach Georgien"):**[17] O, deren Familie aus Tschetschenien stammt, hat ihren Ehemann, dessen Familie nach traditionellen tschetschenischen Wertevorstellungen lebt, verlassen, da sie sich einer westlichen Lebensweise verbunden fühlt. Da sie sich Drohungen seitens der Familie ausgesetzt sieht, wird sie teilweise von der Polizei an einem unbekannten Ort untergebracht. Um sie „aus der Schusslinie zu nehmen", aber auch traditionellen Werten zuzuführen, beschließen die Mutter A, der Bruder B und der Onkel C, die O über Georgien nach Tschetschenien zu bringen. Hierzu spiegeln sie ihr vor, es müssten in Polen neue Pässe beantragt werden. Sie bringen die ahnungslose O zunächst in einer mehrstündigen Fahrt im Auto in eine andere Stadt in Deutschland, während der O eingerahmt von zwischen zwei Familienmitgliedern auf der Rückbank. Bei kurzen Fahrtpausen durfte sie sich – stets unter deren Augen – im näheren Umkreis des Autos bewegen; im Falle eines Fluchtversuchs waren A, B und C bereit einzugreifen. Es gelingt, die weiterhin nichtsahnende O ins Flugzeug zu bringen. A und B fliegen mit ihr nach Georgien. O erkennt ihre Lage erst nach der Landung. ◀

aa) Freiheitsberaubung durch Einsperren

Die erste Alternative der Tatbegehung bildet den Prototyp, also einen besonders häufigen Spezial-Fall, der Freiheitsberaubung ab: das Einsperren des Opfers.

Definition: Einsperren ist das Verhindern des Verlassens eines umschlossenen Raumes durch äußere Vorrichtungen.[18]

Als Beispiele für ein **Einsperren** lassen sich anführen, dass ein Ausgang mechanisch oder elektronisch **verschlossen** oder durch **Hindernisse** oder durch Bewachung versperrt wird. Dabei muss das Hindernis nicht unüberwindbar sein; für den Taterfolg ist die Zumutbarkeit der zur Überwindung anzustellenden Anstrengungen entscheidend (s.u. Rn. 13).

bb) Freiheitsberaubung auf andere Weise

Die zweite alternative Begehungsweise ist ein Auffangtatbestand.

---

14 Sch/Sch-*Eisele*, § 239 Rn. 2; MK-*Wieck-Noodt*, § 239 Rn. 12.
15 Sch/Sch-*Eisele*, § 239 Rn. 2; *Eisele/Heinrich*, BT, Rn. 266a; *Rengier*, BT II, § 22 Rn. 5; NK-*Sonnen*, § 239 Rn. 13; BeckOK-*Valerius*, § 239 Rn. 4.
16 Vgl. *Eisele*, BT I, Rn. 429; *Eisele/Heinrich*, BT, Rn. 267.
17 BGHSt 67, 79; vgl. dazu *Al Rowas/Schaupp*, famos 8/2023.
18 RGSt 7, 259, 260; Sch/Sch-*Eisele*, § 239 Rn. 5; *Rengier*, BT II, § 22 Rn. 6; NK-*Sonnen*, § 239 Rn. 16; *Wessels/Hettinger/Engländer*, BT I, Rn. 347.

§ 15 § 15 Freiheitsberaubung, § 239 StGB

12 **Definition:** Eine Freiheitsberaubung auf andere Weise umfasst jedes Tun oder Unterlassen, durch das ein anderer daran gehindert wird, seinen Aufenthaltsort zu verlassen.[19]

13 Dies Alternative ist entsprechend weit zu interpretieren, sodass jedes Mittel genügt, das geeignet ist, dem Opfer die Fortbewegungsfreiheit zu nehmen.[20] Beispiele wären etwa ein **Festhalten** oder **Fesseln** des Opfers oder die Wegnahme einer Leiter.[21] Eine Freiheitsberaubung ist ferner auch durch **Gewalt** (Festhalten oder Fesseln) oder **Drohung** möglich.[22] Erforderlich ist in letzterem Fall jedoch die Drohung mit einer gegenwärtigen Gefahr für Leib und Leben des Opfers, während die Drohung mit einem sonstigen empfindlichen Übel i.S.v. § 240 Abs. 1 StGB nicht ausreicht.[23] Wenn der Täter dem Opfer etwa droht, er werde es zusammenschlagen, wenn es den Raum verlässt, so errichtet er dadurch eine **psychische Barriere**, die wie eine physische wirkt. Ähnliches gilt, wenn das Fenster, durch das der Täter springen könnte, so hoch gelegen ist, dass ihm dies unzumutbar wäre. Strittig ist dies aber etwa in dem berühmten Fall des RG, in dem der Täter dem nackt im See badenden Opfer die Kleidung entwendet (und später zurückgibt): Hier ist das Schamgefühl des Opfers noch keine ausreichende, d.h. unzumutbare, psychische Schranke.[24]

14 Strittig ist schließlich die Frage, ob auch eine Freiheitsberaubung durch **List** möglich ist, etwa wenn der Täter dem Opfer vorspiegelt, die Tür sei abgeschlossen, was aber tatsächlich gar nicht der Fall ist. Die Beantwortung dieser Frage ist eng verbunden mit dem sogleich noch zu erörternden Einverständnis des Opfers (Rn. 21 ff.). Stellt man darauf ab, dass die Fortbewegungsfreiheit objektiv gar nicht aufgehoben war und dass ein faktisches Einverständnis auch dann vorliegt, wenn der Erklärende sich irrt, so lässt sich die Tatbegehung durch List verneinen.[25] Jedoch ist die potenzielle Fortbewegungsfreiheit auch dann verletzt, wenn das Opfer einen Willen zur Fortbewegung aktuell nicht bildet, weil es dem Täter glaubt.[26] Daher ist eine Tatbegehung durch List grundsätzlich möglich.[27] Zu klären bleibt aber, inwiefern Irrtümer beim Einverständnis zu berücksichtigen sind (s. dazu noch Rn. 21).

15 § 239 StGB kann auch durch **Unterlassen** verwirklicht werden.[28] Zu denken ist etwa an den Fall, dass der Täter das Opfer zunächst unvorsätzlich einsperrt, dies bemerkt und die Tür dennoch nicht wieder aufschließt.[29] In einem solchen Fall folgt die Garantenpflicht wegen des Vorverhaltens aus Ingerenz.[30] Daneben ist selbstverständlich auch an andere Rechtspflichten zum Handeln zu denken.

---

19 NK-*Sonnen*, § 239 Rn. 17; *Wessels/Hettinger/Engländer*, BT 1, Rn. 347; MK-*Wieck-Noodt*, § 239 Rn. 26.
20 BGH NStZ 2015, 338, 339.
21 Zu diesen und weiteren Beispielen MK-*Wieck-Noodt*, § 239 Rn. 27.
22 BGH NStZ 2015, 338, 339; *Eisele*, BT I, Rn. 436; *Wessels/Hettinger/Engländer*, BT 1, Rn. 347; BeckOK-*Valerius*, § 239 Rn. 10; MK-*Wieck-Noodt*, § 239 Rn. 29.
23 BGH NStZ 2015, 338, 339; Sch/Sch-*Eisele*, § 239 Rn. 6a; *ders.*, BT I, Rn. 436; *Fischer*, § 239 Rn. 8; A/W/H/H-*Hilgendorf*, § 9 Rn. 26; *Rengier*, BT II, § 22 Rn. 11; BeckOK-*Valerius*, § 239 Rn. 10.
24 RGSt 6, 231, 232; Sch/Sch-*Eisele*, § 239 Rn. 6b; *ders.*, BT I, Rn. 437; NK-*Sonnen*, § 239 Rn. 17.
25 Eine Freiheitsberaubung durch List abl. etwa *Park/Schwarz*, JURA 1995, 294, 297; SK-*Wolters*, § 239 Rn. 8.
26 MK-*Wieck-Noodt*, § 239 Rn. 29.
27 *Rengier*, BT II, § 22 Rn. 8; LK-*Schluckebier*, § 239 Rn. 16; BeckOK-*Valerius*, § 239 Rn. 10, MK-*Wieck-Noodt*, § 239 Rn. 29.
28 RGSt 24, 339, 340; Sch/Sch-*Eisele*, § 239 Rn. 7; *ders.*, BT I, Rn. 432; *Eisele/Heinrich*, BT, Rn. 273; LK-*Schluckebier*, § 239 Rn. 19.
29 RGSt 24, 339, 340; BGH NStZ-RR 2009, 366; *Eisele/Heinrich*, BT, Rn. 273; LK-*Schluckebier*, § 239 Rn. 19.
30 Vgl. BGH NStZ-RR 2009, 366.

II. Tatbestandsvoraussetzungen des Grunddelikts §15

c) Taterfolg

▶ **Beispielsfall ("Gefangen in Syrien"):**[31] Vater V lebt mit seiner Tochter T in Syrien. Er schlägt sie, lässt sie nicht zur Schule gehen, und sie darf das Haus nur in Begleitung von Verwandten verlassen. Ferner erteilt er nicht seine erforderliche Zustimmung, sie aus Syrien ausreisen zu lassen. Die Tür des Hauses ist unverschlossen. ◀ 16

Der Taterfolg des § 239 StGB besteht in einem **Verlust der Fortbewegungsfreiheit**, die nach h.M. jedenfalls potenziell (s.o. Rn. 2) bestehen muss. Er tritt ein, wenn es dem Opfer zumindest vorübergehend unmöglich gemacht ist, seinen Aufenthaltsort zu verlassen.[32] Dabei ist eine bestimmte (lange) Dauer zwar grundsätzlich nicht notwendig;[33] um nur strafwürdiges Unrecht zu erfassen, darf es sich aber nicht um einen nur ganz unerheblichen Zeitraum handeln.[34] Es werden dabei allerdings nur geringe Anforderungen an die Zeitdauer gestellt. So soll nach der bekannten Ansicht des RG bereits die **Dauer eines "Vaterunsers"** für eine Freiheitsberaubung genügen.[35] Bei der Beurteilung spielt auch die Intensität des Eingriffs eine Rolle.[36] Da es um eine Freiheitsberaubung geht, genügt es nicht, wenn das Verlassen des Orts nur erschwert wird, die Fortbewegungsfreiheit muss vielmehr vollständig aufgehoben sein.[37] Dabei müssen die Vorrichtungen, die das Opfer am Verlassen des Orts hindern, nicht unüberwindbar sein.[38] Eine Freiheitsberaubung (durch Einsperren) ist anzunehmen, wenn die Überwindung des Hindernisses nach den konkreten Umständen nur mit nicht unerheblichen Gefahren für Leib und Leben möglich und damit unzumutbar gefährlich ist.[39] In diesem Sinne genügt es nicht, die Tür einer Erdgeschosswohnung abzuschließen, wenn das Opfer die Wohnung auf andere Weise, etwa durch einen – hier noch zumutbaren – Sprung aus dem Fenster retten kann, da in einem solchen Fall das Verlassen des Raums nur erschwert, nicht aber verhindert wurde.[40] Der Ort der Freiheitsberaubung kann eng (Stuhl, Bett, Zimmer), weit (Gebäude) oder auch großräumig (Stadt) sein.[41] Er darf nach der Ansicht des BGH aber nicht beliebig weiträumig sein.[42] 17

▶ **Lösung des Beispielsfalls ("Gefangen in Syrien"):**[43] In diesem Sinne hat er im Beispielsfall eine Freiheitsberaubung abgelehnt. Diese war hier aus verschiedener Perspektive zu erörtern. Dass T nicht in die Schule gehen durfte, stelle keine Beraubung ihrer Fortbewegungsfreiheit dar, da § 239 StGB nicht die Freiheit schützt, einen bestimmten Ort aufzusuchen (s.o. Rn. 1). Die Anordnung, das Haus nur in Begleitung älterer Verwandter verlassen, habe die Fortbewegung erschwert, T aber nicht die Freiheit genommen, den Ort zu verlassen. Das Gericht verneinte i.Ü. auch das Vorliegen einer der in § 239 StGB genannten Tathandlungen, da die Tür nicht versperrt war und sich dem SV nicht entnehmen lasse, dass V konkrete Drohungen ausgesprochen hat. I.H.a. das Land Syrien der Fall, dieses Gebiet sei aber mit seinen 18

---

31 BGH NStZ 2015, 338; vgl. dazu *Fröhler/Noltemeyer*, famos 12/2015.
32 *Kindhäuser/Schramm*, BT 1, § 15 Rn. 17.
33 Vgl. BGHSt 14, 314, 315.
34 *Eisele*, BT I, Rn. 441; *Kindhäuser/Schramm*, BT 1, § 15 Rn. 17; *Rengier*, BT II, § 22 Rn. 13; LK-*Schluckebier*, § 239 Rn. 20; enger: A/W/H/H-*Hilgendorf*, § 9 Rn. 24: „empfindlicher Eingriff".
35 RGSt 7, 259, 260.
36 *Eisele*, BT I, Rn. 441.
37 RGSt 6, 231, 232; BGH NStZ 2015, 338, 339; *Eisele*, BT I, Rn. 433.
38 *Eisele*, BT I, Rn. 434; *Wessels/Hettinger/Engländer*, BT 1, Rn. 347.
39 Sch/Sch-*Eisele*, § 239 Rn. 6b; *ders.*, BT I, Rn. 434; *Rengier*, BT II, § 22 Rn. 12.
40 BGH NStZ-RR 2018, 210; *Rengier*, BT II, § 22 Rn. 12.
41 *Rengier*, BT II, § 22 Rn. 15; MK-*Wieck-Noodt*, § 239 Rn. 22.
42 BGH NStZ 2015, 338; zust. A/W/H/H-*Hilgendorf*, § 9 Rn. 17.
43 BGH NStZ 2015, 338; vgl. dazu *Fröhler/Noltemeyer*, famos 12/2015.

rund 185.000 qm zu groß, um noch einen hinreichend engen Ort einer Freiheitsberaubung zu bilden. Der Ort der Freiheitsberaubung dürfe nicht beliebig weiträumig sein, da der Tatbestand sonst in einer dem Schutzzweck der Norm widerstreitenden Weise überdehnt werde. ◀

19 **Anmerkung**: In der Literatur wird teilweise auch ein Staatsgebiet als ausreichender Ort einer Freiheitsberaubung angesehen.[44] Es ist nach dieser Entscheidung des BGH auch offen, ob es ihm dabei auf die 185.000 qm ankam, sodass ein kleinerer Staat möglicherweise ausreichen würde. Hinsichtlich der Tathandlungen bleibt unklar, inwieweit die Schläge und die allgemeine Drohkulisse T entsprechend beeinflusst haben.[45] Da die Taten i.Ü. in Syrien verübt wurden, wäre ferner zu problematisieren, ob hierauf deutsches Strafrecht überhaupt anwendbar ist.

20 Bei § 239 StGB handelt es sich um ein **Dauerdelikt**, das auch nach der Vollendung andauert und erst dann beendet ist, wenn der rechtswidrige Zustand aufgehoben ist, d.h. das Opfer die Fortbewegungsfreiheit wiedererlangt.[46] Dauert die Freiheitsberaubung länger als eine Woche an, so ist die Tat nach Abs. 3 Nr. 1 qualifiziert (s.u. Rn. 25).

d) Tatbestandsausschließendes Einverständnis

21 Da es um eine „Freiheitsberaubung" geht, die insofern ein **Handeln gegen oder ohne den Willen des Opfers** voraussetzt, schließt ein Einverständnis bereits den Tatbestand aus.[47] Dieses kann inhaltlich und zeitlich beschränkt sein.[48] Fraglich ist allerdings, wie bereits angeführt (Rn. 14), inwiefern Irrtümer des Erklärenden ein Einverständnis ausschließen. Während teilweise davon ausgegangen wird, dass bei einem Einverständnis Irrtümer gar nicht zu berücksichtigen sind, wurde bereits oben angeführt, dass die Fortbewegungsfreiheit auch bei einem solchen Opfer verletzt ist, das irrtümlich dieses Recht nicht ausübt (Rn. 14). Richtigerweise ist bei Irrtümern, die das Rechtsgut Fortbewegungsfreiheit betreffen, der Tatbestand erfüllt, während Motivirrtümer unbeachtlich sind.[49]

22 ▶ **Lösung des Beispielsfalls („Flug nach Georgien"):**[50] Im Beispielsfall bejahte der BGH eine Freiheitsberaubung auf andere Weise durch die Autofahrt und den Flug nach Georgien. Da § 239 StGB die potenzielle Fortbewegungsfreiheit schütze, spiele es keine Rolle, dass O nicht bemerkt hatte, dass sie ihrer Freiheit beraubt wurde. Dafür führt er neben dem Wortlaut der Norm, die keinen Zwang voraussetze, u.a. die Bedeutung der persönlichen Fortbewegungsfreiheit sowie die Systematik des Gesetzes an, da § 239 StGB vor § 240 StGB eingeordnet und mit einer höheren Strafdrohung versehen wurde, was für einen eigenständigen Charakter spreche. Keine Bedeutung misst er dem Einverständnis der O bei, die freiwillig in Auto und Flugzeug stieg, da dieses durch Täuschung erschlichen wurde. Den gesamten Zeitraum wertete das Gericht als Dauerstraftat. ◀

---

44 MK-*Wieck-Noodt*, § 239 Rn. 22; wohl auch *Fröhler/Noltemeyer*, famos 12/2015, 5.
45 Vgl. *Fröhler/Noltemeyer*, famos 12/2015, 5 f.
46 *Eisele/Heinrich*, BT, Rn. 263; *Kindhäuser/Schramm*, BT 1, § 15 Rn. 19; *Rengier*, BT II, § 22 Rn. 14a; *Wessels/Hettinger/Engländer*, BT 1, Rn. 349.
47 Sch/Sch-*Eisele*, § 239 Rn. 3; *Eisele/Heinrich*, BT, Rn. 274; A/W/H/H-*Hilgendorf*, § 9 Rn. 27; *Wessels/Hettinger/Engländer*, BT 1, Rn. 348; BeckOK-*Valerius*, § 239 Rn. 5.
48 *Eisele/Heinrich*, BT, Rn. 274.
49 *Eisele*, BT I, Rn. 438 f.
50 BGHSt 67, 79; vgl. dazu *Al Rowas/Schaupp*, famos 8/2023; *Jäger*, JA 2023, 165; *Kudlich/Schütz*, NJW 2022, 2425; *T. Zimmermann*, NStZ 2022, 680.

Anmerkung: Die Entscheidung wird vielfach abgelehnt. Neben der Begründung mittels der potenziellen Fortbewegungsfreiheit wird v.a. kritisiert, dass der BGH das Einverständnis der O nicht für wirksam hielt, da dem faktischen Einverständnis auch dann Wirkung zukommen müsse, wenn es täuschungsbedingt zustande gekommen ist.[51] Zu beachten ist, dass dann immerhin Versuch zu prüfen wäre, bei dem das unmittelbare Ansetzen nicht unbedingt klar ist, wenn O während der gesamten Reise keinen aktuellen Willen gebildet hat.

2. Subjektiver Tatbestand

Der Tatbestand setzt Vorsatz voraus, § 15 StGB. Eventualvorsatz genügt.[52]

III. Qualifikation, § 239 Abs. 3 Nr. 1 StGB; Erfolgsqualifikationen, § 239 Abs. 3 Nr. 2 und Abs. 4 StGB

Wie bereits dargelegt (Rn. 4) sind § 239 Abs. 3 Nr. 2 und Abs. 4 StGB nach weitgehend konsentierter Ansicht als **Erfolgsqualifikationen** einzustufen. Die schwere Folge besteht in einer schweren Körperverletzung (Abs. 3 Nr. 2) bzw. im Tod des Opfers (Abs. 4). Dies entspricht § 221 Abs. 2 Nr. 2 und Abs. 3 StGB, sodass hier auf oben (§ 6 Rn. 28 ff.) verwiesen werden kann. Zu beachten ist im Rahmen der objektiven Zurechnung bei den Erfolgsqualifikationen gemäß § 239 Abs. 3 Nr. 2 und Abs. 4 StGB, dass sich als spezifischer Gefahrzusammenhang gerade die spezifische Gefahr der Freiheitsberaubung in der schweren Folge niedergeschlagen haben muss. Strittig ist, ob auch § 239 Abs. 3 Nr. 1 StGB eine Erfolgsqualifikation darstellt, wobei die schwere Folge dann in einer Freiheitsberaubung von mehr als einer Woche, also einer längeren Dauer bestünde. Dies hätte zur Folge, dass gem. § 18 StGB auch eine fahrlässige Herbeiführung erfasst wäre. Vielfach wird dies angenommen, da dies auch der überwiegenden Interpretation vor Änderung des Wortlauts entsprach und dies auch der Intention des Gesetzgebers entsprach.[53] Geglückt ist dem Gesetzgeber diese Ausgestaltung aber nicht. Die Formulierung „wenn der Täter … beraubt" spricht hingegen vielmehr für einen echten Qualifikationstatbestand, der insofern also auch Vorsatz des Täters erfordert.[54]

WIEDERHOLUNGSFRAGEN

1. Welches Rechtsgut schützt § 239 StGB? (Rn. 1 f.)
2. Liegt eine vollendete Freiheitsberaubung auch dann vor, wenn ein Schlafender eingeschlossen wird, ohne dies zu bemerken? (Rn. 3)
3. Inwiefern schließt ein Irrtum des Opfers ein Einverständnis aus? (Rn. 21)
4. Enthält § 239 Abs. 3 Nr. 1 StGB eine Qualifikation oder eine Erfolgsqualifikation? (Rn. 25)

---

51 *Jäger*, JA 2023, 165, 167; *Kudlich/Schütz*, NJW 2022, 2425; *T. Zimmermann*, NStZ 2022, 680, 681.
52 *Fischer*, § 239 Rn. 13; *Kindhäuser/Schramm*, BT 1, § 15 Rn. 20.
53 BT-Drs. 13/8587, 84; daher für Erfolgsqualifikation des Abs. 3 Nr. 1: L/K/H-*Heger*, § 239 Rn. 9; *Rengier*, BT II, § 22 Rn. 19; LK-*Schluckebier*, § 239 Rn. 40.
54 Für Qualifikation: *Eisele*, BT I, Rn. 443; MK-*Wieck-Noodt*, § 239 Rn. 44; *Zieschang*, BT 1, Rn. 445.

§ 16 Nötigung, § 240 StGB

Literaturempfehlungen:
Eisele, Nötigung durch Gewalt im Straßenverkehr, JA 2009, 698; *Geppert*, Die Nötigung (§ 240), JURA 2006, 31; *Sinn*, Die Nötigung, JuS 2009, 577; *Swoboda*, Der Gewaltbegriff, JuS 2008, 862; *Zopfs*, Drohen mit einem Unterlassen, JA 1998, 813.

Übungsfälle:
Krahl, Streit um einen Parkplatz, JuS 2003, 1187; *Mitsch*, Volksfestgeplänkel, JuS 2018, 51.

I. Einleitung

1. Grundlagen

1 Auch § 240 StGB schützt einen Aspekt der persönlichen Freiheit, in diesem Fall konkret die **Willensentschließungs- und Willensbetätigungsfreiheit**.[1] Der Schutz erstreckt sich allerdings nur auf bestimmte Angriffe des Täters, nämlich die Nötigungsmittel Gewalt oder Drohung mit einem empfindlichen Übel, sodass etwa List oder Suggestion nicht erfasst sind.[2]

2 Systematisch finden sich die Tatbestandsvoraussetzungen in Abs. 1, während Abs. 2 die Rechtswidrigkeit der Tat präzisiert, die hier also ausnahmsweise einmal positiv festgestellt werden muss, wobei die Verwerflichkeit der Tat ein besonderes Korrektiv darstellt (s.u. Rn. 37 ff.). Abs. 3 ordnet die Versuchsstrafbarkeit an, da es sich bei der Nötigung um ein Vergehen handelt, § 12 Abs. 2 StGB. In Abs. 4 sind besonders schwere Fälle aufgenommen, die als Strafzumessungsregel erst nach der Schuld zu prüfen sind.

2. Prüfungsschema

3 Aus dem Gesagten ergibt sich das folgende Prüfungsschema:
▶ I. Tatbestand
  1. Objektiver Tatbestand
     a) Tatobjekt: anderer Mensch
     b) Tathandlung: Nötigen durch Einsatz eines Nötigungsmittels
        aa) Gewalt oder
        bb) Drohung mit einem empfindlichen Übel
     c) Taterfolg (Nötigungserfolg): Handlung, Duldung oder Unterlassung des Nötigungsopfers
     d) Kausalität und objektive Zurechnung (nötigungsspezifischer Zusammenhang)
  2. Subjektiver Tatbestand
II. Rechtswidrigkeit
  1. Fehlen von Rechtfertigungsgründen
  2. Verwerflichkeit, § 240 Abs. 2 StGB

---

[1] LK-*Altvater/Coen*, § 240 Rn. 1; *Eisele*, BT I, Rn. 449; *Eisele/Heinrich*, BT, Rn. 289; *Kindhäuser/Schramm*, BT I, § 13 Rn. 2; vgl. BVerfGE 92, 1, 13.
[2] BVerfGE 92, 1, 16.

III. Schuld
IV. Strafzumessung: Besonders schwerer Fall, § 240 Abs. 4 StGB ◄

II. Tatbestandsvoraussetzungen

1. Objektiver Tatbestand

a) Tatobjekt: anderer Mensch

Tatopfer und damit taugliches **Tatobjekt** des § 240 StGB ist ein anderer Mensch, also nicht juristische Personen.[3]

b) Tathandlung: Nötigen durch Einsatz eines Nötigungsmittels

§ 240 Abs. 1 StGB nennt zwei **Nötigungsmittel**: Gewalt und Drohung mit einem empfindlichen Übel.

Klausurtipp: Die beiden Nötigungsmittel spielen auch bei einigen anderen zusammengesetzten Delikten eine Rolle, insb. bei den §§ 249–251, 252, 253, 255 StGB, die dem Schutz des Vermögens bzw. Eigentums dienen. Die hier besprochenen Probleme um Gewalt und Drohung wirken sich auch dort aus.[4] Aber auch bei den in diesem Buch behandelten Delikten gegen die Person und die Allgemeinheit werden sie bei weiteren Vorschriften relevant: die Drohung bei der Geiselnahme, § 239b StGB (§ 17 Rn. 13), Gewalt und Drohung beim Widerstand gegen Vollstreckungsbeamte § 113 StGB (§ 51 Rn. 7 ff.).

aa) Gewalt

▶ **Beispielsfall ("Zweite-Reihe"):**[5] A ist verärgert über das Verbot einer kurdischen Demonstration in Augsburg. Daher beteiligt sich gemeinsam mit einer größeren Anzahl gleichgesinnter Personen an einer Blockade der Autobahn A8, indem er sich mit ca. 300 Personen auf die Fahrstreifen setzt und dadurch erreicht, dass eine Vielzahl von Autofahrern anhalten muss und bis zur Räumung der Demonstration nicht weiterfahren kann. ◄

Definition: Gewalt ist eine körperliche Tätigkeit, durch die physisch wirkender Zwang ausgeübt wird, um tatsächlich geleisteten oder erwarteten Widerstand zu überwinden.[6]

Der **Gewaltbegriff** gehört zu den umstrittensten Begriffen des StGB. Zunächst ist festzuhalten, dass Gewalt sowohl durch **vis absoluta** (= willensausschließende oder willensbrechende Gewalt) als auch durch **vis compulsiva** (= willensbeugende Gewalt) ausgeübt werden kann.[7] Vis absoluta liegt vor, wenn dem Opfer jede Willensbildung oder Betätigung des Willens unmöglich gemacht wird,[8] so etwa, wenn der Täter das Opfer bewusstlos schlägt oder es fesselt. Vis compulsiva ist hingegen gegeben, wenn der Täter Gewalt anwendet, um das Opfer zu dem erstrebten Verhalten zu zwingen, ohne seinen Willen auszuschalten,[9] so etwa, wenn er das Opfer so schlägt, dass es

---

3 LK-*Altvater/Coen*, § 240 Rn. 5.
4 Vgl. dazu *Schramm*, BT II, §§ 4, 5 und 9.
5 BGHSt 41, 182.
6 Vgl. LK-*Altvater/Coen*, § 240 Rn. 9; *Eisele*, BT II, Rn. 452; *Zieschang*, BT 1, Rn. 466.
7 LK-*Altvater/Coen*, § 240 Rn. 10; *Eisele/Heinrich*, BT, Rn. 293; *Kindhäuser/Schramm*, BT I, § 12 Rn. 25; *Rengier*, BT II, § 23 Rn. 3; MK-*Sinn*, § 240 Rn. 29 f.; *Zieschang*, BT 1, Rn. 468.
8 Vgl. *Eisele/Heinrich*, BT, Rn. 294.
9 Vgl. *Eisele/Heinrich*, BT, Rn. 295.

sich seinem Willen beugt. Letztere Form der Gewalt ist von der Drohung abzugrenzen. Bei Gewalt in Form der vis compulsiva fügt der Täter dem Opfer ein gegenwärtiges Übel zu, während er bei der Drohung ein künftiges Übel ankündigt (s.u. Rn. 20 ff.). Die soeben angeführte Definition der Gewalt ist das Ergebnis einer jahrzehntelangen Diskussion, die von einer Auseinandersetzung zwischen BGH und BVerfG geprägt war. Sie lässt sich in fünf Phasen einteilen.

10 Die **erste Phase** ist durch den **klassischen Gewaltbegriff** des RG geprägt. Dieses verstand unter Gewalt „die durch Anwendung körperlicher Kraft erfolgte Beseitigung eines tatsächlich geleisteten oder bestimmt erwarteten und deshalb von vornherein durch Körperkraft zu unterdrückenden Widerstandes."[10] Zusammengefasst lässt sich von der Entfaltung physischer Kraft des Täters und einer physischen Wirkung beim Opfer sprechen. Davon sollte etwa das heimliche Verabreichen eines Betäubungsmittels nicht erfasst sein.[11] Denn dadurch werde der Leistung von Körperkraft seitens des Täters gerade vorgebeugt.[12] Nur wenn der Täter körperliche Kraft aufwende, um dem Opfer das Betäubungsmittel zu verabreichen, liege Gewalt vor. Später hat das RG aber im Einsperren einer Person eine Gewaltanwendung gesehen.[13] Die Kraft könne auch mittelbar auf das Opfer einwirken und mechanisch verstärkt werden und letztlich auch in einer Freiheitsberaubung bestehen.

11 Dies hat der BGH zum Anlass genommen, in der **zweiten Phase** der Entwicklung die Anforderungen an die physische Kraftentfaltung auf Täterseite zu reduzieren. Im Gegensatz zum RG nahm er Gewalt bei der listigen Vergabe von Betäubungsmitteln (hier: im Schlaf) an.[14] Eine erhebliche Kraftentfaltung auf Täterseite sei nicht erforderlich, denn entscheidend sei vielmehr die beim Opfer empfundene **Zwangswirkung**. Aus der Sicht des Opfers sei die lähmende Wirkung eines Betäubungsmittels „ebenso eine körperliche Überwindung oder Verhinderung des Widerstandes wie etwa ein betäubender Schlag."[15] In diesem Sinne bejahte der BGH Gewalt auch bei einem Autofahrer, der auf der Überholspur bis auf ca. 2m auf ein vor ihm fahrendes Auto heranraste, um dessen Fahrer unter Betätigen der Lichthupe zum Fahrbahnwechsel zu zwingen, sodass das Opfer, dem diese Fahrweise „zu gefährlich erschien und es nervös und unsicher machte", nach rechts fuhr.[16] Entscheidend sei die Zwangswirkung beim Opfer, wobei zu dessen Körper auch das Nervensystem gehöre.[17]

12 Durch diese Entscheidungen war der Weg bereitet für die **dritte Phase** der Entwicklung, in welcher der BGH zu einem „**vergeistigten Gewaltbegriff**" überging. Im berühmten „**Laepple-Fall**", in dem sich Studierende auf die Trasse der Straßenbahn gesetzt hatten, um gegen eine Fahrpreiserhöhung zu protestieren, sodass der Straßenbahnverkehr blockiert wurde, bejahte der BGH den Tatbestand des § 240 StGB und ließ insofern auch eine rein **psychische Wirkung** ausreichen.[18] Es genügte, dass die Studierenden „mit geringem körperlichen Kraftaufwand einen psychisch determinierten Prozess in Lauf" gesetzt hätten. Entscheidend sei das Gewicht der vom Täter

---

10 RGSt 56, 87, 88 (zu § 249 StGB).
11 RGSt 56, 87, 88.
12 RGSt 56, 87, 88.
13 RGSt 73, 343, 345 (zu § 252 StGB).
14 BGHSt 1, 145, 146 f. (zu § 249 StGB).
15 BGHSt 1, 145, 147.
16 BGHSt 19, 263, 265 ff. (zu § 240 StGB).
17 BGHSt 19, 263, 265.
18 BGHSt 23, 46, 54.

II. Tatbestandsvoraussetzungen § 16

ausgeübten psychischen Einwirkung. Stelle sich ein Mensch der Bahn auf den Schienen entgegen, so liege darin „die Ausübung eines Zwanges, der für den Fahrer sogar unwiderstehlich ist, denn er muß halten, weil er sonst einen Totschlag beginge."

Dem „vergeistigten Gewaltbegriff" erteilte jedoch das BVerfG eine Absage, das insofern die **vierte Phase** der Entwicklung prägte. In seiner Entscheidung, die eine Verurteilung gem. § 240 StGB wegen einer **Sitzblockade** vor einem Sondermunitionslager der Bundeswehr betraf, durch welche ein Fahrzeug an der Durchfahrt gehindert wurde, erklärte es diese weite Interpretation des Gewaltbegriffs für unvereinbar mit Art. 103 Abs. 2 GG.[19] Da die Ausübung von Zwang auf den Willen Dritter bereits im Begriff der Nötigung enthalten sei und die Benennung bestimmter Nötigungsmittel in § 240 Abs. 2 StGB die Funktion habe, die Strafbarkeit einzugrenzen, könne die Gewalt nicht mit dem Zwang zusammenfallen, sondern müsse über diesen hinausgehen.[20] Mit dem Mittel der Gewalt habe sich im Unterschied zur Drohung von Anfang an die Vorstellung einer körperlichen Kraftentfaltung auf Seiten des Täters verbunden.[21] Das Abstellen auf das Gewicht der psychischen Zwangswirkung sei zu unscharf.[22] Die genaue Auslegung überließ das BVerfG jedoch den Fachgerichten.

13

Damit war der BGH aufgerufen, den Begriff weiter zu präzisieren, insb. soweit es um Protestformen wie **Sitzblockaden** ging. Dies tat er in dem oben angeführten Beispielsfall und läutete damit die **fünfte** und bislang **letzte Phase** der Diskussion um den Gewaltbegriff ein.

14

▶ **Lösung des Beispielsfalls („Zweite Reihe"):**[23] Der BGH nahm hier Gewalt durch die Sitzblockade an. Zu diesem Ergebnis kam er mit der folgenden Begründung: Anders als im vom BVerfG beanstandeten Fall seien die Fahrzeuge auf der Autobahn nicht nur durch die sitzenden Menschen blockiert worden, welche eine nicht ausreichende rein psychische Barriere errichtet hätten, sondern das erste zum Stehen gekommene Fahrzeug habe als physische Sperre gewirkt. Auch geringer körperlicher Aufwand wie beim Sich-Hinsetzen auf die Fahrbahn könne den Anforderungen an den Gewaltbegriff genügen, „wenn seine Auswirkungen den Bereich des rein Psychischen verlassen und (auch) physisch wirkend sich als körperlicher Zwang darstellen."[24] Die physische Zwangswirkung durch die zum Stehen gekommenen Pkw sei den Tätern zuzurechnen, da die Nötigung kein eigenhändiges Delikt sei und sie die Pkw bewusst für eine Barrikade benutzt hätten. ◀

15

Anmerkung: Die „Zweite-Reihe-Rechtsprechung" sucht ihre Begründung über eine mittelbare Täterschaft, § 25 Abs. 1 Alt. 2 StGB: Der erste Fahrer („erste Reihe") wird nur psychisch beeinflusst und daher nicht mit Gewalt zum Anhalten genötigt, bildet dann aber ein Werkzeug, um die folgenden Fahrer („zweite Reihe") mittels physisch wirkender Gewalt zu nötigen. Das mag ideenreich sein, ist aber letztlich eine Umgehung der Entscheidung des BVerfG, das eine rein psychische Wirkung des „gewaltlosen Protests" durch einfaches Hinsetzen nicht ausreichen lassen wollte.[25] Etwas unklar blieb bei der Entscheidung des BVerfG, ob es beide Komponenten (physische Kraftentfaltung beim Täter und physische

16

---

19 BVerfGE 92, 1, 14 ff.
20 BVerfGE 92, 1, 17.
21 BVerfGE 92, 1, 17.
22 BVerfGE 92, 1, 17.
23 BGHSt 41, 182.
24 BGHSt 41, 182, 185; zust. *Rengier*, BT II, § 23 Rn. 17 f.
25 *Amelung*, NStZ 1996, 230; *Eisele*, BT I, Rn. 464; *Eisele/Heinrich*, BT, Rn. 302; *Lesch*, StV 1996, 152, 254; vgl. auch *Zieschang*, BT 1, Rn. 476.

Zwangswirkung beim Opfer) in Zweifel zog. Der BGH interpretierte die Aussagen als auf die Wirkung beim Opfer beschränkt. Mit der Annahme von Gewalt ist die Entscheidung über die Strafbarkeit aber ohnehin noch nicht gefallen, da gerade in Fällen politischen Protests der Verwerflichkeitsprüfung nach Abs. 2 besondere Bedeutung zukommt (s.u. Rn. 37 ff.). Auch in unserem Beispielsfall ging es den Aktivisten nämlich darum, gegen das Verbot einer kurdischen Demonstration zu protestieren. Wir werden auf den Fall also noch zurückkommen.

17 Im Jahr 2011 hatte das BVerfG Gelegenheit, zur „**Zweite-Reihe-Rechtsprechung**" Stellung zu nehmen. Es hielt diese Interpretation des Gewaltbegriffs für mit Art. 103 Abs. 2 GG vereinbar.[26] Dabei lieferte es sogar eine nähere Begründung der mittelbaren Täterschaft: Die Demonstrierenden seien unmittelbar für das Strafbarkeitsdefizit des ersten Fahrers verantwortlich, der selbst gerechtfertigt gemäß § 34 StGB handle.[27] Es beanstandete jedoch die nicht ausreichende Berücksichtigung der Versammlungsfreiheit nach Art. 8 GG im Rahmen der Verwerflichkeitsprüfung (s.u. Rn. 42). Gewalt scheidet danach etwa dann aus, wenn sich eine Person vor ein Auto stellt oder auf die Gleise vor einen Zug legt.[28] Zu beachten ist aber, dass schon bei der Blockade nur eines bzw. des ersten Fahrzeugs dann physisch wirkende Gewalt seitens der Demonstranten vorliegen kann, wenn diese sich nicht auf ein bloßes Hinsetzen beschränken, sondern sich etwa durch Ketten aneinander- sowie an Torpfosten binden, sodass eine physische Barriere entsteht.[29]

18 Auch „**Gewalt gegen Sachen**" genügt, wenn sie sich beim menschlichen Opfer physisch auswirkt.[30] Insofern ist der Begriff missverständlich, da es sich stets um Gewalt handeln muss, die bei einem Menschen physisch wirkt.[31] In diesem Sinne stellt das Ausräumen der Wohnung des mit der Zahlung säumigen Mieters, um diesen zur Zahlung zu bewegen, keine Gewalt dar.[32] Die Durchführung einer Online-Demonstration, bei der als **DDoS-Angriff** viele Personen gleichzeitig auf eine Webseite zugreifen, um diese zu blockieren, sodass sie von Nutzern nicht mehr aufgerufen werden kann ist ebenfalls nicht als Nötigung mittels Gewalt zu qualifizieren, da es an der physischen Zwangswirkung fehlt.[33]

19 Auf der Grundlage der herrschenden Definition ist eine Tatbegehung durch **Unterlassen** unter den Voraussetzungen des § 13 Abs. 1 StGB ebenfalls möglich, wenn insb. eine Garantenpflicht des Täters besteht, den Erfolg abzuwenden.[34] Freilich zementiert dies gewissermaßen den Verzicht auf eine Kraftentfaltung auf der Seite des Täters.[35] Wie bei der Freiheitsberaubung, mit der die Nötigung hier zusammentrifft, kann dies

---

26 BVerfG NJW 2011, 3020, 3021 f.; vgl. dazu *Arabi/Muschik*, famos 06/2011.
27 BVerfG NJW 2011, 3020, 3022; kritisch zur Herrschaft der „gewaltlos" Demonstrierenden NK-*Toepel*, § 240 Rn. 62.
28 *Rengier*, BT II, § 23 Rn. 21.
29 BVerfGE 104, 92, 101 ff.; *Zieschang*, BT 1, Rn. 474.
30 LK-*Altvater/Coen*, § 240 Rn. 61; *Eisele*, BT I, Rn. 466; *Eisele/Heinrich*, BT, Rn. 303; *Rengier*, BT II, § 23 Rn. 30; NK-*Toepel*, § 240 Rn. 65 ff.; *Zieschang*, BT 1, Rn. 480.
31 LK-*Altvater/Coen*, § 240 Rn. 61.
32 *Eisele*, BT I, Rn. 466; *Rengier*, BT II, § 23 Rn. 30 – a.A. BGH JR 1988, 75; OLG Köln NJW 1996, 472; LK-*Altvater/Coen*, § 240 Rn. 68.
33 OLG Frankfurt/M. ZUM 2006, 749; LK-*Altvater/Coen*, § 240 Rn. 72; *Eisele*, BT I, Rn. 467 – a.A. aber AG Frankfurt/M. CR 2005, 897. Zur Frage, ob das Verhalten nach den §§ 303a, 303b StGB strafbar ist, vgl. wiederum OLG Frankfurt/M. ZUM 2006, 749, 753; NK-WSS-*Reinbacher*, § 303a Rn. 16 f., 303b Rn. 1.
34 LK-*Altvater/Coen*, § 240 Rn. 73; *Eisele*, BT I, Rn. 468; *Eisele/Heinrich*, BT, Rn. 303a; L/K/H-*Heger*, § 240 Rn. 9a; *Rengier*, BT II, § 23 Rn. 36.
35 NK-*Toepel*, § 240 Rn. 72.

II. Tatbestandsvoraussetzungen § 16

der Fall sein bei einem Täter, der sein Opfer versehentlich einschließt und die Tür danach nicht wieder aufsperrt, wenn er dies bemerkt hat.[36] In einem solchen Fall tritt § 240 StGB aber hinter § 239 StGB zurück, wenn die Nötigung sich darauf beschränkt, die Freiheitsberaubung zu dulden.[37]

bb) Drohung mit einem empfindlichen Übel

▶ **Beispielsfall („Kaufhausdetektiv"):**[38] Kaufhausdetektiv A bietet der B, die er beim Diebstahl eines Halstuchs erwischt hat, an, eine Anzeige gegen sie „unter den Tisch fallen zu lassen", wenn sie mit ihm schlafe. B glaubt, dass A dies könne und auch tun werde, falls sie sein Ansinnen erfüllt, erklärt aber, sie habe im Moment keine Zeit. Sie verabreden sich für einen späteren Zeitpunkt. Zu einem Treffen kommt es jedoch nicht mehr. Strafbarkeit des A gem. §§ 240, 22 StGB? ◀   20

Definition: Eine Drohung ist das In-Aussicht-Stellen eines künftigen empfindlichen Übels, auf dessen Eintritt der Täter Einfluss hat oder zu haben vorgibt.[39]   21

Der Täter muss die Drohung nicht unbedingt ausdrücklich äußern, sie kann sich auch **konkludent** aus seinem Verhalten ergeben.[40] Insofern kann eine Drohung in bestimmten Formulierungen, Redensarten oder versteckten Andeutungen liegen. Dabei muss der Täter die Drohung nicht unbedingt ernst meinen oder überhaupt umsetzen können, solange das Opfer sie ernst nimmt.[41] Die Drohung ist von der bloßen Warnung abzugrenzen. Im Gegensatz zur Drohung weist der Täter bei einer Warnung auf einen Nachteil hin, der unabhängig von seinem Einfluss eintritt.[42] Kennzeichnend für die Drohung ist eine „Wenn-Dann-Beziehung", sodass das Opfer in eine **Zwangslage** gerät:[43] Das Opfer kann das Übel dann abwenden, wenn es der Forderung des Täters Folge leistet. Zudem ist noch einmal der Unterschied zur Gewalt in der Form der **vis compulsiva** hervorzuheben: Gewalt ist die Zufügung eines gegenwärtigen Übels, während die Drohung die Ankündigung eines zukünftigen Übels ist, wodurch jeweils das Opfer zu einem Verhalten genötigt werden soll (s.o. Rn. 8 f.).[44] Anders als bei der Gewalt genügt hier also eine psychische Wirkung beim Opfer. Insofern wird diskutiert, ob die oben bei der Gewalt angesprochenen Sitzblockaden eine Drohung mit einem empfindlichen Übel enthalten. Teilweise wird eine Drohung i.S.d. § 240 StGB bejaht, da die Protestierenden ein zukünftiges Übel ankündigten, das sie selbst durch Aufstehen und Weggehen beeinflussen könnten, nämlich dass ein Mensch überfahren wird, wenn der Fahrer des Fahrzeugs dieses nicht anhält, bzw. dass der Fahrer dafür bestraft wird.[45] Diesbzgl. ließe sich ein Drohen mit einem Unterlassen annehmen (dazu noch Rn. 26), nämlich das Nicht-Freimachen des Weges.[46] Die Annahme einer Drohung   22

---

36 LK-*Altvater/Coen*, § 240 Rn. 74; *Eisele*, BT I, Rn. 468.
37 Sch/Sch-*Eisele*, § 240 Rn. 41.
38 BGHSt 31, 195.
39 BGHSt 16, 386, 387; LK-*Altvater/Coen*, § 240 Rn. 78; *Eisele*, BT I, Rn. 470; *Rengier*, BT II, § 23 Rn. 39; NK-*Toepel*, § 240 Rn. 94.
40 LK-*Altvater/Coen*, § 240 Rn. 78; *Eisele/Heinrich*, BT, Rn. 304; L/K/H-*Heger*, § 240 Rn. 12; Kindhäuser/Schramm, BT I, § 12 Rn. 33; MK-*Sinn*, § 240 Rn. 70.
41 BGHSt 23, 294, 295 f.; *Eisele/Heinrich*, BT, Rn. 305; L/K/H-*Heger*, § 240 Rn. 12; *Rengier*, BT II, § 23 Rn. 39.
42 LK-*Altvater/Coen*, § 240 Rn. 80; *Kindhäuser/Schramm*, BT I, § 12 Rn. 42; *Rengier*, BT II, § 23 Rn. 42.
43 MK-*Sinn*, § 240 Rn. 70.
44 *Rengier*, BT II, § 23 Rn. 41.
45 *Herzberg*, GA 1996, 557, 558.
46 Vgl. *Herzberg*, GA 1996, 557, 558 f.

bei Sitzblockaden überzeugt jedoch nicht,[47] denn sonst ließe sich in jeder Einwirkung auf das Opfer zugleich eine Drohung ausmachen, damit nicht wieder aufzuhören. Zudem hängt das Übel nicht von den Blockierenden, sondern von den Fahrern ab;[48] die Bestrafung können sie schon gar nicht beeinflussen. Und schließlich fehlt es auch an der „Wenn-Dann-Verknüpfung", da die Protestierenden nicht ankündigen, ihren Protest aufzugeben, wenn das genötigte Opfer, hier: also der Fahrer des Fahrzeugs, stehenbleibt.[49]

23 Inhaltlich muss es sich bei einer Drohung i.S.v. § 240 StGB um die Ankündigung eines **empfindlichen Übels** handeln.

24 **Definition:** Ein empfindliches Übel ist ein Nachteil für den Bedrohten,[50] der so erheblich ist, dass seine Ankündigung geeignet erscheint, das Opfer zu dem abgenötigten Verhalten zu motivieren.[51]

25 Dabei kommt es nicht darauf an, ob die Zufügung des Übels erlaubt ist.[52] Auch Nachteile die rechtlich hingenommen werden müssen, können ein empfindliches Übel darstellen, so etwa die Ankündigung einer (berechtigten) Strafanzeige.[53] Nach der Rechtsprechung ist dies auch **normativ** zu beurteilen und ein empfindliches Übel entfällt nach einer auch in der Literatur vielfach anerkannten Formel, wenn von dem Bedrohten in seiner Lage erwartet werden kann, „daß er der Drohung in besonnener Selbstbehauptung standhält."[54] Dabei ist umstritten, ob auf den individuellen[55] oder objektiv auf einen durchschnittlichen Bedrohten[56] abzustellen ist. Vorzugswürdig erscheint der Mittelweg eines **individualisierten objektiven Maßstabs**, bei dem zwar einerseits der konkrete Mensch und seine Empfindung zu betrachten ist, andererseits aber völlig überzogene Reaktionen auszuklammern sind.[57]

26 Eine besondere Konstellation stellt die **Drohung mit einem Unterlassen** dar, indem der Täter ankündigt, eine bestimmte Handlung nicht vorzunehmen, wenn das Opfer sich fügt. Dabei ist zunächst festzuhalten, dass es dabei nicht um eine Drohung durch Unterlassen, also nicht um einen Fall des § 13 StGB geht, da der Täter aktiv droht.[58] Dabei sind verschiedene Fallgruppen zu unterscheiden.

27 (1) Nach allgemeiner Ansicht ist eine Drohung i.S.v. § 240 StGB anzunehmen, wenn der Täter zur Vornahme der angekündigten Handlung rechtlich verpflichtet ist,[59] das Unterlassen also zugleich eine Verletzung einer **Handlungspflicht** wäre. Dies ist etwa der Fall, wenn ein Polizist in Aussicht stellt, eine Ermittlung wegen einer Straftat,

---

47 Eine Drohung bei Sitzblockaden abl. auch *Eisele*, BT I, Rn. 465; *Rengier*, BT II, § 23 Rn. 40; MK-*Sinn*, § 240 Rn. 92 ff.
48 *Rengier*, BT II, § 23 Rn. 40; MK-*Sinn*, § 240 Rn. 94.
49 *Eisele*, BT I, Rn. 465.
50 *Eisele*, BT I, Rn. 472; *Eisele/Heinrich*, BT, Rn. 306; *Rengier*, BT II, § 23 Rn. 44.
51 Vgl. BGHSt 31, 195, 201; BGH NJW 2014, 401, 403; Sch/Sch-*Eisele*, § 240 Rn. 9; *Rengier*, BT II, § 23 Rn. 44.
52 LK-*Altvater/Coen*, § 240 Rn. 88; L/K/H-*Heger*, § 240 Rn. 13.
53 BGH NJW 2014, 401, 403; LK-*Altvater/Coen*, § 240 Rn. 88; L/K/H-*Heger*, § 240 Rn. 13.
54 BGHSt 31, 195, 201; BGH NJW 2014, 401, 403; OLG Karlsruhe NStZ-RR 1996, 296; so auch *Eisele*, BT I, Rn. 472; *Eisele/Heinrich*, BT, Rn. 306; *Fischer*, § 240 Rn. 32a; *Rengier*, BT II, § 23 Rn. 44.
55 *Fischer*, § 240 Rn. 32a.
56 OLG Karlsruhe NStZ-RR 1996, 296.
57 LK-*Altvater/Coen*, § 240 Rn. 84.
58 BGHSt 31, 195, 201.
59 RGSt 63, 424, 425 f.; BGH NStZ 1982, 287; LK-*Altvater/Coen*, § 240 Rn. 94; *Kindhäuser/Schramm*, BT I, § 13 Rn. 25.

II. Tatbestandsvoraussetzungen § 16

zu der er verpflichtet wäre, nicht durchzuführen, wenn das Opfer mit ihm sexuell verkehrt.

(2) Schwieriger ist dies aber zu beurteilen, wenn eine solche Handlungspflicht nicht besteht, der Täter also ankündigt etwas zu unterlassen, das er unterlassen darf. Hier sind zunächst Fälle zu betrachten, in denen der Täter damit droht, etwas **Verbotenes** nicht zu tun. Ein solcher Fall läge etwa vor, wenn A gegenüber der B ankündigt, wenn sie nicht mit ihm sexuell verkehre, werde er ihren Mann nicht verprügeln, was B sich aber wünscht. Auf ein rechtswidriges Verhalten kann kein „Anspruch" bestehen, sodass hier überwiegend zu Recht eine Strafbarkeit abgelehnt wird, weil das Opfer in besonnener Selbstbehauptung widerstehen muss.[60]

Wie ist aber der Fall zu lösen, wenn der Täter ankündigt, eine Handlung zu unterlassen, die nicht verboten wäre, zu der er aber auch nicht verpflichtet wäre, die also in seinem **Ermessen** steht? In diese Kategorie fällt auch der Beispielsfall mit dem Kaufhausdetektiv, da A der B anbietet, sie nicht anzuzeigen. Diese Konstellation ist umstritten.

▶ **Lösung des Beispielsfalls („Kaufhausdetektiv"):**[61] Der BGH hat eine Strafbarkeit bejaht. Anders als das RG, das eine strafbare Drohung mit einem Unterlassen nur bei Verletzung einer Handlungspflicht angenommen hatte,[62] stellte er klar, dass „die generelle Ausklammerung der Ankündigung rechtmäßigen Unterlassens aus den Tatbeständen der §§ 240, 253 StGB in Fällen, in denen die Koppelung dieser Ankündigung und des angestrebten Zwecks als verwerflich erscheint, zur Privilegierung derjenigen führen [würde], die mit dem In-Aussicht-Stellen eines ein empfindliches Übel realisierenden, wenn auch nicht rechtswidrigen Unterlassens ihre Intentionen ebenso effektiv verfolgen wie andere, die mit einem Tun drohen". Als Korrektiv diene vielmehr (nur) die Verwerflichkeitsklausel des § 240 Abs. 2 StGB. ◀

Anmerkung: Dem ist zuzustimmen.[63] Es kann nur darauf ankommen, ob es sich um die Ankündigung eines Nachteils für das Opfer handelt, der so erheblich ist, dass er geeignet ist, das Opfer zu dem abgenötigten Verhalten zu zwingen. Das Bestehen einer Handlungspflicht ist hierfür nicht erforderlich, da es sich um ein Begehungsdelikt handelt.

c) Taterfolg (Nötigungserfolg): Handlung, Duldung oder Unterlassung des Nötigungsopfers

Die Nötigung ist ein **Erfolgsdelikt**.[64] Der **Nötigungserfolg** besteht in einer Handlung, Duldung oder Unterlassung des Nötigungsopfers. Unter einer **Handlung** ist jedes positive Tun i.S.d. allgemeinen Handlungslehre zu verstehen.[65] Die **Unterlassung** beschreibt die willentliche Nicht-Vornahme einer dem Opfer möglichen Handlung.[66] Beide Varianten setzen ein willensgetragenes Verhalten des Opfers voraus, sodass sie jeweils nur als Reaktion auf eine Drohung oder Gewalt i.S.v. vis compulsiva denkbar

---

60 *Eisele*, BT I, Rn. 479; *Eisele/Heinrich*, BT, Rn. 312; *Rengier*, BT II, § 23 Rn. 48; vgl. zu diesem Problem *Hillenkamp/Cornelius*, Probleme BT, 8. Problem, S. 45 ff.
61 BGHSt 31, 195.
62 Vgl. RGSt 63, 424, 425; 72, 75, 76.
63 So etwa auch *Eisele*, BT I, Rn. 478; *Fischer*, § 240 Rn. 34a; *Rengier*, BT II, § 23 Rn. 48 – a.A. *Kindhäuser/Schramm*, BT I, § 13 Rn. 29.
64 BGHSt 37, 350, 353; LK-*Altvater/Coen*, § 240 Rn. 100; *Fischer*, § 240 Rn. 4; *Rengier*, BT II, § 23 Rn. 54.
65 MK-*Sinn*, § 240 Rn. 98.
66 Vgl. *Eisele*, BT I, Rn. 481; *Rengier*, BT II, § 23 Rn. 54; MK-*Sinn*, § 240 Rn. 103.

sind, nicht aber bei vis absoluta.[67] Umstritten ist dies jedoch bei der **Duldung**. Während teilweise davon ausgegangen wird, dass auch die Duldung ein willensgetragenes Verhalten voraussetzt, insb. weil der Begriff des „Duldens" dies impliziere und es um ein abgenötigtes Verhalten gehe, das vom bloßen „Erdulden" des Zwangs an sich zu unterscheiden sei.[68] Nach h.M. umfasst der Begriff der Duldung hingegen auch Fälle der vis absoluta, also gerade solche Konstellationen, in denen der Täter den Willen des Opfers (etwa durch Betäuben oder Niederschlagen des Opfers) ausschaltet.[69] Dafür spricht, dass vis absoluta als besonders intensive Form der Gewalt erfasst sein muss. Es muss aber dennoch zwischen der Duldung der Zwangseinwirkung an sich und der Duldung weiteren Täterverhaltens als darüber hinausgehendem Nötigungserfolg unterschieden werden, zumal sonst in jeder Gewaltanwendung zugleich eine Duldung liegen würde.[70]

33 Grds. ist auch eine „**Dreiecks-Nötigung**" möglich, bei der sich die Gewalt oder Drohung gegen eine dritte Person richtet, wodurch dann aber das Nötigungsopfer zu einer Handlung, Duldung oder Unterlassung genötigt wird.[71] Bei der **Drohung** erschließt sich dieses Ergebnis bereits daraus, dass die Bedrohung des Dritten für das Nötigungsopfer selbst durchaus ein empfindliches Übel darstellen kann.[72] Nur dies ist Voraussetzung des Tatbestandes, eine besondere Nähebeziehung zwischen Bedrohtem und Opfer ist daher nicht erforderlich.[73] So hat der BGH zu Recht eine Strafbarkeit nach § 253 StGB bei einem Banküberfall angenommen, bei dem der Täter eine Kundin bedroht hatte, was die Bankangestellte zur Herausgabe des Geldes veranlasst hatte.[74]

34 Schwieriger ist dies hingegen beim Nötigungsmittel Gewalt zu beurteilen. Hier stellt sich nämlich das Problem, dass Gewalt nach obiger Definition eine physische Wirkung voraussetzt und ein bloß psychisch wirkender Zwang beim Opfer nicht ausreicht (s.o. Rn. 8 ff, 13). Eine **Dreiecks-Nötigung** unter Anwendung von **Gewalt** gegen einen Dritten ist also nur dann tatbestandsmäßig, wenn sie sich als physischer Zwang beim Opfer auswirkt.[75] Als Beispiel lässt sich das Niederschlagen eines Blindenführers nennen, durch das der blinde Mensch am Weitergehen gehindert wird.[76] Umstritten sind aber Fälle der vis compulsiva, wenn etwa bei einem Banküberfall ein Kunde geschlagen wird, damit das Opfer die Safe-Kombination herausgibt. Betont man die erforderliche physische Zwangswirkung beim Opfer, so muss konsequenterweise eine solche Dreiecksnötigung durch Gewalt gegen Dritte abgelehnt werden.[77] Es kann höchstens eine Drohung vorliegen. Teilweise wird dies zumindest in den Fällen anders gesehen, in denen eine Nähebeziehung zwischen dem Opfer der Gewaltanwendung und dem Genötigten vorliegt,[78] also etwa, wenn die Ehefrau geschlagen wird, damit der Ehemann die Safe-Kombination mitteilt. Dann empfinde der Genötigte dies nämlich selbst als Zwang. Schließlich nimmt eine dritte Ansicht an, dass in Gleichlauf mit der Dro-

---

67 *Eisele*, BT I, Rn. 481; *Rengier*, BT II, § 23 Rn. 54; MK-*Sinn*, § 240 Rn. 98; 103.
68 MK-*Sinn*, § 240 Rn. 100 ff.
69 LK-*Altvater/Coen*, § 240 Rn. 100; *Eisele*, BT I, Rn. 481; *Eisele/Heinrich*, BT, Rn. 314; *Kindhäuser/Schramm*, BT I, § 13 Rn. 35; *Rengier*, BT II, § 23 Rn. 54a.
70 *Fischer*, § 240 Rn. 6 („zweiaktiges Delikt"); *Rengier*, BT II, § 23 Rn. 54a.
71 *Eisele*, BT I, Rn. 482; *Eisele/Heinrich*, BT, Rn. 315; *Kindhäuser/Schramm*, BT I, § 12 Rn. 44.
72 BGH NStZ 1987, 222, 223; *Eisele*, BT I, Rn. 482; MK-*Sinn*, § 240 Rn. 84; NK-*Toepel*, § 240 Rn. 110.
73 *Eisele*, BT I, Rn. 482; *Eisele/Heinrich*, BT, Rn. 315; MK-*Sinn*, § 240 Rn. 84; NK-*Toepel*, § 240 Rn. 111.
74 BGH NStZ 1987, 222, 223.
75 NK-*Toepel*, § 240 Rn. 59.
76 Beispiel bei *Rengier*, BT II, § 23 Rn. 35; NK-*Toepel*, § 240 Rn. 59.
77 LK-*Altvater/Coen*, § 240 Rn. 56; MK-*Sinn*, § 240 Rn. 66; NK-*Toepel*, § 240 Rn. 60.
78 *Fischer*, § 240 Rn. 26; vgl. auch RGSt 17, 82, 83.

III. Rechtswidrigkeit, Verwerflichkeit gem. § 240 Abs. 2 StGB § 16

hungsalternative Gewalt gegen Dritte auch ohne Nähebeziehung stets ausreicht, sofern sie geeignet ist, den Willen des Genötigten zu brechen.[79] Diese Ansicht hatte v.a. während der 2. Phase der Entwicklung des Gewaltbegriffs Plausibilität, da insofern eine Zwangswirkung auf das Nervensystem als Teil des Körpers bejaht werden konnte (s.o. Rn. 11).

d) Kausalität und objektive Zurechnung

Der Begriff „nötigen" einerseits sowie die allgemeinen Grundsätze der Erfolgsdelikte andererseits verlangen, dass zwischen Handlung des Täters (Anwendung von Nötigungsmitteln) und Taterfolg (Nötigungserfolg) ein Kausal- und Zurechnungszusammenhang besteht.[80] Dies wird auch als **nötigungsspezifischer Zusammenhang** bezeichnet.[81] Damit ist gemeint, dass das abgenötigte Verhalten gerade auf der Nötigungshandlung beruhen und spezifische Folge derselben sein muss.[82] Daher scheidet eine (vollendete) Nötigung etwa aus, wenn ein Erpressungsopfer nicht aufgrund des Drucks seitens des Erpressers, sondern auf Anraten der Polizei aus ermittlungstaktischen Gründen zahlt.[83]   35

2. Subjektiver Tatbestand

Die Nötigung erfordert zunächst **Vorsatz**, § 25 StGB, wobei hinsichtlich des Einsatzes eines Nötigungsmittels dolus eventualis ausreicht.[84] Umstritten ist jedoch, ob auch hinsichtlich des **Nötigungserfolgs** Eventualvorsatz genügt. Insb. die Rechtsprechung lässt auch insofern und durchgehend bedingten Vorsatz ausreichen.[85] Die zutreffende Gegenansicht fordert hingegen dolus directus I bzgl. des Nötigungserfolgs und schließt dies einerseits aus dem Wortlaut des Gesetzes, da in Abs. 2 vom „angestrebten Zweck" die Rede ist, sowie andererseits daraus, dass der Gewaltbegriff selbst ein finales Element („um zu überwinden") voraussetzt.[86] Teilweise wird i.H.a. dieses Gewaltverständnis auch dahingehend differenziert, dass nur bei der Gewalt Absicht hinsichtlich des Nötigungserfolgs erforderlich sein soll.[87]   36

III. Rechtswidrigkeit, Verwerflichkeit gem. § 240 Abs. 2 StGB

▶ **Beispielsfall („Sitzblockade"):**[88] A setzt sich zusammen mit 40 anderen Personen auf die zum Luftwaffenstützpunkt der US-amerikanischen Streitkräfte führende Straße, um gegen die sich abzeichnende militärische Intervention der USA im Irak zu protestieren. Dadurch werden einige Fahrzeuge an der Weiterfahrt gehindert. ◀   37

Das Merkmal der **Verwerflichkeit** gem. § 240 Abs. 2 StGB dient als Korrektiv, da sonst sozialadäquate, nicht strafwürdige Verhaltensweisen von dem weiten Tatbestand   38

---

79 *Eisele*, BT I, Rn. 482; *Eisele/Heinrich*, BT, Rn. 315; *Rengier*, BT II, § 23 Rn. 35.
80 Sch/Sch-*Eisele*, § 240 Rn. 14; *ders.*, BT I, Rn. 480; *Rengier*, BT II, § 23 Rn. 54.
81 *Rengier*, BT II, § 23 Rn. 54.
82 Sch/Sch-*Eisele*, § 240 Rn. 14.
83 BGH NStZ 2010, 215 (zu § 255 StGB).
84 *Eisele/Heinrich*, BT, Rn. 316; *Rengier*, BT II, § 23 Rn. 70.
85 BGHSt 5, 245, 246; ebenso LK-*Altvater/Coen*, § 240 Rn. 107; *Fischer*, § 240 Rn. 53.
86 M/R-*Eidam*, § 240 Rn. 54; Sch/Sch-*Eisele*, § 240 Rn. 34; *Eisele/Heinrich*, BT, Rn. 317.
87 *Rengier*, BT II, § 23 Rn. 70.
88 BVerfG NJW 2011, 3020, 3021 f.; vgl. dazu *Arabi/Muschik*, famos 06/2011.

erfasst wären.⁸⁹ Seine Einordnung ist umstritten. Teilweise wird darin ein Tatbestandsmerkmal gesehen,⁹⁰ überwiegend wird die Verwerflichkeit aber als allgemeines Verbrechensmerkmal i.S. eines speziellen Elements der Rechtswidrigkeit eingestuft,⁹¹ während manche die Verwerflichkeitsklausel schließlich als gesamttatbewertendes Merkmal interpretieren, durch das nicht nur das typische Unrecht, sondern auch das Nötigungsunrecht des Einzelfalls bezeichnet werde.⁹² Für die h.M. spricht der Wortlaut des § 240 Abs. 2 StGB, der die Tat als „rechtswidrig" bezeichnet, wenn sie als verwerflich anzusehen ist.

39 Die Rechtswidrigkeit ist hier **zweistufig** zu prüfen. Zunächst ist zu untersuchen, ob ein allgemeiner Rechtfertigungsgrund greift, da eine gerechtfertigte Tat nicht verwerflich sein kann.⁹³ Sodann ist in einem zweiten Schritt die Verwerflichkeit der Tat, und damit auch die Rechtswidrigkeit der Tat, positiv festzustellen.⁹⁴ Die Tat muss sozialethisch besonders zu missbilligen und daher strafwürdig sein,⁹⁵ also ein sozial unerträgliches Verhalten darstellen.⁹⁶ Unabhängig von der dogmatischen Einordnung besteht Einigkeit darüber, dass die Verwerflichkeit im Rahmen einer umfassenden **Gesamtabwägung** von Zweck und Mittel im Einzelfall zu prüfen ist.⁹⁷ Letztlich ist die Verwerflichkeitsklausel Ausdruck des Grundsatzes der Verhältnismäßigkeit.⁹⁸

40 Sind Mittel und Zweck der Nötigung jeweils für sich genommen bereits sozial unerträglich, dann ist die Tat verwerflich.⁹⁹ Ansonsten kann sich die Verwerflichkeit aber auch aus einem Missverhältnis von Zweck und Mittel, also aus einer Verwerflichkeit der **Mittel-Zweck-Relation**, ergeben.¹⁰⁰ Je intensiver und krasser das eingesetzte Nötigungsmittel, also etwa das Maß der Gewalt, ist, desto eher liegt eine Verwerflichkeit der Tat nahe,¹⁰¹ weil dann selbst ein billigenswerter Zweck diese massive Gewaltanwendung nicht mehr kompensieren kann, beide also außer Verhältnis stehen. Umgekehrt können aber Bagatellfälle ausgeschieden werden. Ist die Zwangswirkung wegen ihrer geringen Dauer und geringfügiger Folgen nicht sozial unerträglich, so ist die Tat nicht verwerflich.¹⁰² Auch ist die Tat nicht verwerflich, wenn der Täter nur ein leichteres Nötigungsmittel einsetzt und dabei einen sozialethisch zu billigenden Zweck verfolgt. Dies kommt v.a. dann in Betracht, wenn der Täter etwas Erlaubtes ankündigt, so etwa, wenn er mit einer Strafanzeige droht, zu welcher er berechtigt wäre, vgl. § 158 Abs. 1 StPO, und damit auch ein Ziel verfolgt, das für sich genommen ebenfalls sozialethisch zu billigen wäre, etwa den Ausgleich einer bestehenden Forderung erreichen will. Hier kann sich trotz der Zulässigkeit des Mittels bzw. der

---

89 BGHSt 35, 270, 275 f.; LK-*Altvater/Coen*, § 240 Rn. 109; M/R-*Eidam*, § 240 Rn. 57; *Fischer*, § 240 Rn. 40; *Rengier*, BT II, § 23 Rn. 57.
90 Sch/Sch-*Eisele*, § 240 Rn. 16: Ergänzung des Tatbestandes.
91 BGHSt 2, 194, 195 f.; 5, 245, 246; 35, 270, 275 f.; BGH NStZ 2017, 284, 287; LK-*Altvater/Coen*, § 240 Rn. 110; *Fischer*, § 240 Rn. 40; L/K/H-*Heger*, § 240 Rn. 17; *Kindhäuser/Schramm*, BT I, § 13 Rn. 38 ff.; *Otto*, GK BT, § 27 Rn. 31; *Wessels/Hettinger/Engländer*, BT 1, Rn. 379 f.; *Zieschang*, BT 1, Rn. 513.
92 *Roxin/Greco*, AT I, § 10 Rn. 44 f.
93 *Eisele*, BT I, Rn. 486; *Eisele/Heinrich*, BT, Rn. 318; *Kindhäuser/Schramm*, BT I, § 13 Rn. 39a; *Rengier*, BT II, § 23 Rn. 58; *Wessels/Hettinger/Engländer*, BT 1, Rn. 380; *Zieschang*, BT 1, Rn. 513.
94 *Eisele/Heinrich*, BT, Rn. 319.
95 BGHSt 17, 328, 332; Sch/Sch-*Eisele*, § 240 Rn. 17; *Rengier*, BT II, § 23 Rn. 60.
96 BGHSt 18, 389, 392; BGH NStZ 2017, 284, 287; *Otto*, GK BT, § 27 Rn. 33; *Zieschang*, BT 1, Rn. 514.
97 Vgl. nur Sch/Sch-*Eisele*, § 240 Rn. 17; *Eisele/Heinrich*, BT, Rn. 320; *Fischer*, § 240 Rn. 40.
98 BVerfGE 104, 92, 109.
99 *Eisele/Heinrich*, BT, Rn. 321; *Kindhäuser/Schramm*, BT I, § 13 Rn. 41.
100 *Eisele/Heinrich*, BT, Rn. 320 ff.; *Otto*, GK BT, § 27 Rn. 33; *Rengier*, BT II, § 23 Rn. 60 ff.
101 *Eisele/Heinrich*, BT, Rn. 322; *Rengier*, BT II, § 23 Rn. 61.
102 MK-*Sinn*, § 240 Rn. 138.

III. Rechtswidrigkeit, Verwerflichkeit gem. § 240 Abs. 2 StGB § 16

Zulässigkeit des Zwecks eine Verwerflichkeit aus der **fehlenden Konnexität** ergeben,[103] etwa, wenn der Täter mit einer Anzeige wegen eines Verhaltens droht, um damit eine Zahlung aus einer ganz anderen Schuld zu erlangen. Auch in obigem Beispielsfall „Kaufhausdetektiv" ist eine solche Inkonnexität anzunehmen.[104]

Um die Gesamtabwägung vornehmen zu können, sind die mit der Tat verfolgten Zwecke genau zu untersuchen. Umstritten ist hierbei jedoch, welche Ziele des Täters dabei einzubeziehen sind. Der BGH will die Prüfung auf sog. Nahziele begrenzen, also auf den unmittelbar erstrebten Nötigungserfolg, während sog. „Fernziele", also über den unmittelbaren Erfolg hinausgehende Zwecke, nicht zu berücksichtigen sein sollen.[105] Dies hat v.a. in den Fällen politischer Demonstrationen Bedeutung, also etwa bei Protestaktionen wie im obigen Beispielsfall „Zweite Reihe" oder im Beispielsfall „Sitzblockade", bei denen die Protestierenden unmittelbar eine Blockade der Fahrzeuge, mittelbar aber eine Debatte bzw. ein politisches Ziel, etwa Abrüstung, Klima- und Umweltschutz o.ä., erreichen wollen. Solche Fernziele seien nur für die Strafzumessung relevant.[106] Er argumentiert insb. damit, dass die Struktur des § 240 StGB und die Funktion der Verwerflichkeitsklausel eine solche Deutung geböten, da der Zweck des Abs. 2 darin bestehe, die in Abs. 1 genannten Nötigungsmittel und den Nötigungserfolg zueinander in ein Verhältnis zu setzen.[107] Auch müsse die Rechtfertigung anhand objektiv nach außen tretender Umstände beurteilt werden; brauchbare objektivierbare Bewertungsmaßstäbe ließen sich für Fernziele jedoch nicht aufstellen.[108] Insb. dürfe das Gericht die politische Überzeugung der Protestierenden keiner inhaltlichen Kontrolle unterziehen.[109] Und schließlich lasse die Berücksichtigung von Fernzielen die Gefahr einer Radikalisierung der politischen Auseinandersetzung entstehen.[110]

▶ **Lösung des Beispielsfalls („Sitzblockade"):**[111] Das BVerfG hat klargestellt, dass die Anliegen der Demonstrierenden, Aufmerksamkeit zu erregen und so einen Beitrag zur öffentlichen Meinungsbildung zu leisten, den Schutzbereich des Art. 8 GG eröffne und daher eine Abwägung zwischen der Versammlungsfreiheit und den hierdurch betroffenen Rechtsgütern Dritter erforderlich mache.[112] Gerade auch i.H.a. das Grundrecht der Versammlungsfreiheit plädiert das BVerfG für eine umfassende Abwägung, die auch die Kommunikationsziele einbezieht,[113] konkret: dass die Demonstrierenden Aufmerksamkeit für ihre politischen Forderungen erregen wollen. Im Rahmen der Einzelfallabwägung seien Art und Maß der Auswirkungen auf betroffene Dritte und deren Grundrechte zu berücksichtigen. Als Abwägungselemente nannte das Gericht die Dauer und die Intensität der Aktion, deren vorherige Bekanntgabe, Ausweichmöglichkeiten über andere Zufahrten, die Dringlichkeit des blockierten Transports, aber auch der Sachbezug zwischen den in ihrer Fortbewegungsfreiheit beeinträchtigten Personen und dem Protestgegenstand.[114] ◀

---

103 *Eisele/Heinrich*, BT, Rn. 324; *Kindhäuser/Schramm*, BT I, § 13 Rn. 44 ff.; *Rengier*, BT II, § 23 Rn. 62; *Wessels/Hettinger/Engländer*, BT 1, Rn. 381.
104 *Wessels/Hettinger/Engländer*, BT 1, Rn. 381.
105 BGHSt 35, 270, 275 ff.
106 BGHSt 35, 270, 283.
107 BGHSt 35, 270, 276.
108 BGHSt 35, 270, 279 f.
109 BGHSt 35, 270, 280.
110 BGHSt 35, 270, 282.
111 BVerfG NJW 2011, 3020.
112 BVerfG NJW 2011, 3020, 3023.
113 BVerfG NJW 2011, 3020, 3023; vgl. auch schon BVerfGE 104, 92, 110 ff.
114 BVerfG NJW 2011, 3020, 3023.

43 **Anmerkung:** Dieser Einschätzung des BVerfG ist zuzustimmen. Es ist nicht überzeugend, die Gesamtabwägung zu verkürzen und die bei einer Protestaktion verfolgten Ziele nicht zu berücksichtigen, zumal es bei der Prüfung der Verwerflichkeit gerade um die Beurteilung der Frage geht, ob Zweck und Mittel außer Verhältnis stehen und die Tat im Einzelfall als „sozial unerträglich" einzustufen ist,[115] was sich ohne Betrachtung des eigentlichen Anliegens nicht sagen lässt. Dabei kann der Täter unterschiedliche Zwecke verfolgen, nämlich als „Zwischenziel" zumindest Aufmerksamkeit zu erregen und eine Debatte zu fördern, endgültig aber eine Änderung der Politik zu erzielen. Nahziele, „Kommunikationsziele" und Endziele lassen sich auch kaum sinnvoll trennen.[116] Diese Erwägungen gelten selbstverständlich auch für die derzeit viel diskutierten Sitzblockaden im Dienste des Klimaschutzes. Auch hier geht es den Protestierenden darum, die Aufmerksamkeit auf das drängende Problem des Klimawandels zu lenken. Bei der Bewertung der Proteste als „sozial unerträglich" und daher als „verwerflich" darf dies nicht außer Betracht bleiben, zumal auf eine verfassungsrechtliche Pflicht zum Klimaschutz[117] hingewiesen wird.[118]

IV. Besonders schwere Fälle der Nötigung, § 240 Abs. 4 StGB

44 In Abs. 4 wurden besonders schwere Fälle der Nötigung aufgenommen. Hierbei handelt es sich um eine **Strafzumessungsregel**, die nach der Schuld zu prüfen ist (s.o. zu § 212 Abs. 2 StGB, § 2 Rn. 13). Genannt sind hier (1.) die Nötigung eine Schwangere zum Schwangerschaftsabbruch sowie (2.) die Nötigung unter Missbrauch der Befugnisse oder der Stellung als Amtsträger. Letzterer Fall ist ein Amtsdelikt, dessen tauglicher Täter nur ein Amtsträger sein kann.[119] Ein Missbrauch der Befugnisse liegt vor, wenn der Täter zwar innerhalb der ihm zustehenden Zuständigkeit handelt, dabei jedoch gesetzes- oder pflichtwidrig von seinen Kompetenzen Gebrauch macht.[120] Ein Missbrauch der Stellung als Amtsträger ist anzunehmen, wenn der Täter sich ihm nicht zustehende liegende Befugnisse anmaßt und als Nötigungsmittel einsetzt.[121]

WIEDERHOLUNGSFRAGEN

1. Wie ist Gewalt i.S.v. § 240 StGB zu definieren? (Rn. 8)
2. Liegt Gewalt auch bei einer Sitzblockade vor, wenn dadurch mehrere Fahrzeuge anhalten müssen? (Rn. 15 ff.)
3. Unter welchen Voraussetzungen ist eine Drohung mit einem Unterlassen strafbar? (Rn. 26 ff.)
4. Wie ist die Verwerflichkeitsklausel nach § 240 Abs. 2 StGB dogmatisch einzuordnen? (Rn. 38)
5. Sind im Rahmen der Prüfung der Verwerflichkeit auch Fernziele von Demonstrierenden (z.B. bei Sitzblockaden) zu berücksichtigen? (Rn. 41 ff.)

---

[115] I.E. ebenso für eine Einbeziehung von Fernzielen L/K/H-*Heger*, § 240 Rn. 18a; *Kindhäuser/Schramm*, BT 1, § 13 Rn. 49; *Küpper/Börner*, BT 1, § 3 Rn. 66; *Rengier*, BT II, § 23 Rn. 65 ff., 68; *Wessels/Hettinger/Engländer*, BT 1, Rn. 383.
[116] Vgl. aber auch Sch/Sch-*Eisele*, § 240 Rn. 29; *Jäger*, BT. § 3 Rn. 160.
[117] Vgl. BVerfGE 157, 30.
[118] *Kindhäuser/Schramm*, BT I, § 13 Rn. 51; zu einer – vorrangig zu prüfenden – möglichen Rechtfertigung, etwa gem. § 34 StGB, vgl. *Bönte*, HRRS 2021, 164.
[119] L/K/H-*Heger*, § 240 Rn. 28.
[120] Sch/Sch-*Eisele*, § 240 Rn. 38; MK-*Sinn*, § 240 Rn. 173.
[121] Sch/Sch-*Eisele*, § 240 Rn. 38; MK-*Sinn*, § 240 Rn. 173.

§ 17 Erpresserischer Menschenraub und Geiselnahme, §§ 239a, 239b StGB

Literaturempfehlungen:
Elsner, §§ 239a, 239b StGB in der Fallbearbeitung – Deliktsaufbau und (bekannte und weniger bekannte) Einzelprobleme, JuS 2006, 784; *Satzger*, Erpresserischer Menschenraub (§ 239 a StGB) und Geiselnahme (§ 239 b StGB) im Zweipersonenverhältnis, JURA 2007, 114; *Zöller*, Erpresserischer Menschenraub, Geiselnahme und das Zwei-Personen-Verhältnis in der Fallbearbeitung, JA 2000, 476.

Übungsfälle:
Kretschmer, Der erfolglose Literat, JURA 2006, 219; *Kühl/Schramm*, Raubüberfall auf einen Tübinger Juwelier, JuS 2003, 681; *Zieschang*, Der rachsüchtige Hundeliebhaber, JuS 1999, 49.

I. Einleitung

1. Grundlagen

Aufgrund ihrer Verwandtschaft und Parallelität werden die §§ 239a, 239b StGB hier zusammen erörtert. Beide schützen zunächst die persönliche Freiheit des Opfers von Menschenraub und Geiselnahme,[1] was sich bereits daraus ergibt, dass sie im 8. Abschnitt des StGB, der Straftaten gegen die persönliche Freiheit zum Gegenstand hat, eingeordnet sind. Daneben kommen aber weitere Rechtsgüter in Betracht. Vielfach wird in beiden Fällen zu Recht die Willens- und Entschließungsfreiheit der Dritten angeführt, die durch die Entführung bzw. Bemächtigung des Opfers erpresst (§ 239a StGB) bzw. zu einem Tun, Dulden oder Unterlassen genötigt (§ 239b StGB) werden sollen.[2] Im Falle des § 239a StGB ist ferner das Vermögen der Erpressten geschützt.[3] Schließlich betonen einige Stimmen, dass auch die körperliche Unversehrtheit der Geisel Schutzgut der §§ 239a, 239b StGB sei.[4] Streit besteht insb. darüber, welches Schutzgut dabei dominiert. Der Standort der Vorschriften spricht dafür, jeweils die persönliche Freiheit von Entführungsopfer und Erpresstem bzw. Genötigtem als das primäre Schutzgut anzusehen.[5]

1

Von der Systematik her findet sich in beiden Vorschriften in Abs. 1 das Grunddelikt, wobei § 239a Abs. 2 StGB minder schwere Fälle vorsieht, auf den § 239b Abs. 2 StGB verweist. In § 239a Abs. 3 ist eine Erfolgsqualifikation enthalten, wenn der Täter mindestens leichtfertig den Tod des Entführungsopfers verursacht, welche über den Verweis in § 239b Abs. 2 StGB wiederum auch für die Geiselnahme gilt. Schließlich

2

---

1 Sch/Sch-*Eisele*, § 239a Rn. 2; ders., BT II, Rn. 813; *Eisele/Heinrich*, BT, Rn. 1512; L/K/H-*Heger*, § 239a Rn. 1; *Rengier*, BT II, § 24 Rn. 1; LK-*Schluckebier*, § 239a Rn. 1; § 239b Rn. 1; *Schramm*, BT II, § 9 Rn. 61; NK-*Sonnen*, § 239a Rn. 11; § 239b Rn. 5; BeckOK-*Valerius*, § 239a Rn. 1.
2 Sch/Sch-*Eisele*, § 239a Rn. 2; ders., BT II, Rn. 813; *Eisele/Heinrich*, BT, Rn. 1512; L/K/H-*Heger*, § 239a Rn. 1; *Rengier*, BT II, § 24 Rn. 1; LK-*Schluckebier*, § 239a Rn. 1; § 239b Rn. 1; *Schramm*, BT II, § 9 Rn. 61; NK-*Sonnen*, § 239a Rn. 11; § 239b Rn. 5; BeckOK-*Valerius*, § 239a Rn. 1.
3 Sch/Sch-*Eisele*, § 239a Rn. 2; ders., BT II, Rn. 813; *Eisele/Heinrich*, BT, Rn. 1512; L/K/H-*Heger*, § 239a Rn. 1; LK-*Schluckebier*, § 239a Rn. 1; *Schramm*, BT II, § 9 Rn. 61; BeckOK-*Valerius*, § 239a Rn. 1.
4 Sch/Sch-*Eisele*, § 239a Rn. 2; ders., BT II, Rn. 813; L/K/H-*Heger*, § 239a Rn. 1; MK-*Renzikowski*, § 239a Rn. 3; § 239b Rn. 1; *Schramm*, BT II, § 9 Rn. 61; BeckOK-*Valerius*, § 239a Rn. 1; vgl. auch NK-*Sonnen*, § 239a Rn. 12; § 239b Rn. 6: Lebensschutz.
5 *Rengier*, BT II, § 24 Rn. 1; LK-*Schluckebier*, § 239a Rn. 1; § 239b Rn. 1; so zu § 239a StGB auch *Schramm*, BT II, § 9 Rn. 61 – a.A. MK-*Renzikowski*, § 239a Rn. 3; § 239b Rn. 1: vorrangig körperliche Unversehrtheit; NK-*Sonnen*, § 239a Rn. 12; § 239b Rn. 6: vorrangig Lebensschutz; abweichend auch L/K/H-*Heger*, § 239a Rn. 1: vornehmlich persönliche Freiheit und Unversehrtheit des Opfers.

sehen beide Vorschriften die Möglichkeit der Strafmilderung in Fällen der tätigen Reue vor, § 239a Abs. 4 StGB bzw. § 239b Abs. 2 i.V.m. § 239a Abs. 4 StGB.

3 Der einzige **Unterschied** zwischen beiden Vorschriften besteht darin, dass das abgenötigte Verhalten, das der Täter erreichen will, im Falle des § 239a StGB in einer Erpressung (§ 253 StGB) besteht, während im Falle des § 239b StGB jedes Tun, Dulden oder Unterlassen genügt.[6] Insofern verläuft auch der **Aufbau** weitestgehend parallel und weicht nur im subjektiven Tatbestand ab. Jeweils lassen sich ein Entführungs- bzw. Bemächtigungstatbestand, §§ 239a Abs. 1 Alt. 1, 239b Abs. 1 Alt. 1 StGB, und ein Ausnutzungstatbestand, §§ 239a Abs. 1 Alt. 2, 239b Abs. 1 Alt. 2 StGB, unterscheiden.[7]

2. Prüfungsschemata

4 Für § 239a Abs. 1 StGB gelten i.H.a. diese beiden Alternativen die folgenden Aufbauschemata:[8]

Entführungs- und Bemächtigungstatbestand, § 239a Abs. 1 Alt. 1 StGB
I. Tatbestand
   1. Objektiver Tatbestand
      a) Tatobjekt: anderer Mensch
      b) Tathandlung:
         aa) entführen oder
         bb) sich bemächtigen
   2. Subjektiver Tatbestand
      a) Vorsatz
      b) Erpressungsabsicht
II. Rechtswidrigkeit
III. Schuld

Ausnutzungstatbestand, § 239a Abs. 1 Alt. 2 StGB
I. Tatbestand
   1. Objektiver Tatbestand
      a) Tatobjekt: anderer Mensch
      b) Bestehen einer (ohne Erpressungsabsicht geschaffenen) Bemächtigungslage
      c) Tathandlung: Begehung einer (zumindest versuchten) Erpressung unter Ausnutzung der Bemächtigungslage
   2. Subjektiver Tatbestand
II. Rechtswidrigkeit
III. Schuld

◄

5 Bei § 239b StGB bestehen, wie ausgeführt, nur im subjektiven Tatbestand Abweichungen i.H.a. die Absicht des Täters (s. Fettdruck), sodass die folgenden Schemata zugrunde zu legen sind:

---

[6] *Rengier*, BT II, § 24 Rn. 28; *Wessels/Hettinger/Engländer*, BT 1, Rn. 406.
[7] *Rengier*, BT II, § 24 Rn. 1.
[8] Vgl. auch *Schramm*, BT II, § 9 Rn. 64.

II. Tatbestandsvoraussetzungen der Grunddelikte § 17

▶

Entführungs- und Bemächtigungstatbestand, § 239b Abs. 1 Alt. 1 StGB
I. Tatbestand
  1. Objektiver Tatbestand
     a) Tatobjekt: anderer Mensch
     b) Tathandlung:
        aa) entführen oder
        bb) sich bemächtigen
  2. Subjektiver Tatbestand
     a) Vorsatz
     b) **Qualifizierte Nötigungsabsicht**
        aa) **durch Einsatz qualifizierter Mittel**
        bb) **Ziel: beliebiges Tun, Dulden oder Unterlassen**
II. Rechtswidrigkeit
III. Schuld

Ausnutzungstatbestand, § 239b Abs. 1 Alt. 2 StGB
I. Tatbestand
  1. Objektiver Tatbestand
     a) Tatobjekt: anderer Mensch
     b) Bestehen einer (ohne Nötigungsabsicht geschaffenen) Bemächtigungslage
     c) Tathandlung: Begehung einer (zumindest versuchten) **Nötigung durch Drohung mit einem qualifizierten Übel** unter Ausnutzung der Bemächtigungslage
  2. Subjektiver Tatbestand
II. Rechtswidrigkeit
III. Schuld

◀

Klausurtipp: Neben § 239a StGB sind auch die §§ 253, 255 StGB zu prüfen! Die §§ 253, 255 sollten dabei am besten zuerst geprüft werden, um eine Inzidentprüfung zu vermeiden. Scheiden die §§ 253, 255 StGB aus, kann § 239a Abs. 1 Alt. 1 StGB greifen, da nur eine entsprechende Absicht erforderlich ist.[9] Die §§ 239a, b StGB werden in Klausuren oft übersehen, sind aber sehr schwere Delikte (Strafe nicht unter 5 Jahren!).

II. Tatbestandsvoraussetzungen der Grunddelikte

▶ **Beispielsfall (Gaststätte):**[10] In einer Gaststätte kommt A, der von imposanter und furchteinflößender Statur ist, an den Tisch des C, der dort mit D und E sitzt, und fordert: „Jetzt legt jeder von euch 10 € auf den Tisch, sonst gibt's richtig Stress". Hierzu sind diese nicht bereit. A's Kumpel B macht C den Vorschlag, mit ihm und A auf die Toilette zu gehen, um dort alles in Ruhe zu besprechen. Nachdem sich A und B kurz verständigt haben, schlagen sie C im Bereich der Herrentoilette mit der Faust mehrfach ins Gesicht und fordern vom ihm die Herausgabe seiner Wertsachen. C erleidet Prellungen im Gesicht, blutet aus Nase und Oberlippe; zudem bricht ein Stück eines Schneidezahns ab. B bedroht C nun mit einem Teleskopschlagstock. C, der innerhalb des Lokals keine Hilfe mehr erwartet, nachdem A und B zwischenzeitlich seine Begleiter und den Wirt „abgewimmelt" haben, erklärt, er habe kein Geld bei sich, könne aber welches am Geldautomaten abheben. Am Geldautomaten misslingt wegen des bereits erschöpften Tageslimits ein dreimaliger Versuch des C, Geld abzuheben. Daraufhin nehmen A und B ihm Bargeld i.H.v. etwa 100 € sowie das Handy weg, was er aus Angst geschehen lässt. ◀

---

9 Vgl. zum Verhältnis *Schramm*, BT II, § 9 Rn. 60 ff.
10 BGH NStZ 2006, 448.

1. Entführungs- und Bemächtigungstatbestände

8   Sowohl § 239a Abs. 1 StGB als auch § 239b Abs. 1 StGB enthalten wie gesehen als erste Begehungsalternative einen **Entführungs- bzw. Bemächtigungstatbestand.**

a) Tatobjekt

9   Tatobjekt, d.h. **Tatopfer** dieser Delikte, kann grundsätzlich jeder andere Mensch sein.[11] Nachdem die Beschränkung auf fremde Kinder gestrichen wurde, kann insb. auch das **eigene Kind** taugliches Opfer einer Entführung sein.[12] Aus dem gleichen Grund kommt auch ein Einverständnis seitens des das Kind entführenden Elternteils nicht in Betracht.[13] Selbst Kleinkinder sind – anders als bei § 239 StGB (s.o. § 15 Rn. 6) – als Opfer erfasst.[14]

b) Tathandlung

10 **Tathandlungen** der 1. Alt. sind jeweils entweder das Entführen oder das Sich-Bemächtigen des Opfers.

11 **Definition:** Ein Entführen ist das Verbringen eines anderen Menschen an einen anderen Ort, an dem er dem uneingeschränkten Einfluss des Täters ausgesetzt ist.[15]

12 Für eine **Entführung** ist demnach eine **Ortsveränderung** erforderlich.[16] Weiteres Element der Entführung ist sodann – wie beim Sich-Bemächtigen (s.u. Rn. 15) – die Begründung einer physischen Herrschaft des Täters über das Entführungsopfer,[17] also eine hilflose Lage des Opfers,[18] sodass der Täter eine Zwangslage schafft, die er zu einer Erpressung (§ 239a Abs. 1 StGB) bzw. zu einer weiteren Nötigung (§ 239b Abs. 1 StGB) ausnutzen kann. Die Entführung lässt sich als **Unterfall des Sich-Bemächtigens** begreifen.[19]

13 Als Tatmittel der Entführung kommen sowohl die Nötigungsmittel Gewalt oder Drohung als auch List in Betracht.[20] **List** bezeichnet dabei ein Verhalten, „das darauf abzielt, unter geflissentlichem und geschicktem Verbergen der wahren Zwecke oder Mittel die Ziele des Täters durchzusetzen".[21]

14 **Definition:** Ein Sich-Bemächtigen liegt vor, wenn der Täter die körperliche Herrschaft über das Opfer erlangt.[22]

---

11 LK-*Schluckebier*, § 239a Rn. 6; NK-*Sonnen*, § 239a Rn. 16; § 239b Rn. 10.
12 BGHSt 26, 70, 71; LK-*Schluckebier*, § 239a Rn. 6; *Wessels/Hettinger/Engländer*, BT 1, Rn. 411.
13 BGHSt 26, 70, 72; *Eisele*, BT II, Rn. 816; *Eisele/Heinrich*, BT, Rn. 1515; LK-*Schluckebier*, § 239a Rn. 8.
14 *Eisele*, BT II, Rn. 816; *Eisele/Heinrich*, BT, Rn. 1515.
15 *Eisele*, BT II, Rn. 817; *Eisele/Heinrich*, BT, Rn. 1516; L/K/H-*Heger*, § 239a Rn. 3; *Schramm*, BT II, § 9 Rn. 66; *Zieschang*, BT 1, Rn. 449.
16 Sch/Sch-*Eisele*, § 239a Rn. 6; *Rengier*, BT II, § 24 Rn. 5; *Wessels/Hettinger/Engländer*, BT 1, Rn. 409 – kritisch MK-*Renzikowski*, § 239a Rn. 28.
17 Vgl. BGHSt 22, 178, 179 zu § 236 StGB a.F.; MK-*Renzikowski*, § 239a Rn. 27.
18 *Rengier*, BT II, § 24 Rn. 5.
19 Sch/Sch-*Eisele*, § 239a Rn. 6; abweichend NK-*Sonnen*, § 239a Rn. 18: Vorstufe des Sich-Bemächtigens.
20 BGH NStZ 1996, 276, 277; *Eisele*, BT II, Rn. 817; *Eisele/Heinrich*, BT, Rn. 1516; L/K/H-*Heger*, § 239a Rn. 3; *Rengier*, BT II, § 24 Rn. 6; LK-*Schluckebier*, § 239a Rn. 11; NK-*Sonnen*, § 239a Rn. 18.
21 BGH NStZ 1996, 276, 277.
22 *Eisele*, BT II, Rn. 818; L/K/H-*Heger*, § 239a Rn. 3; *Rengier*, BT II, § 24 Rn. 7; LK-*Schluckebier*, § 239a Rn. 12.

II. Tatbestandsvoraussetzungen der Grunddelikte §17

Anders als bei der Entführung ist im Falle des **Sich-Bemächtigens** also keine Ortsveränderung erforderlich.[23] Auch hier geht es aber darum, dass der Täter ein physisches Herrschaftsverhältnis über das Opfer erlangt.[24] Ein solcher Fall liegt etwa vor, wenn der Täter das Opfer in dessen Haus fesselt, um die Verwandten zu einer Lösegeldzahlung zu bewegen.[25] Umstritten ist, ob ein Bedrohen des Opfers mit einer **Scheinwaffe** ausreicht. Während dies teilweise abgelehnt wird,[26] bejaht die h.M. auch in einem solchen Fall den Tatbestand.[27] Für die herrschende Ansicht spricht, dass das Gesetz kein besonderes Mittel der Bemächtigung vorschreibt und der Täter auch in diesem Fall eine Herrschaft über das Opfer erlangt. 15

Beide Tathandlungen müssen gegen den Willen des Opfers erfolgen,[28] sodass ein **Einverständnis** des Opfers bereits den Tatbestand ausschließt.[29] Die §§ 239a Abs. 1, 239b Abs. 1 StGB scheiden also etwa aus, wenn das Opfer sich nur zum Schein entführen lässt, um den Täter zu überführen.[30] Anders liegt der Fall aber, wenn das Opfer sich als Ersatzgeisel im Austausch zur Verfügung stellt, um eine andere Geisel auszulösen, da dann auch gegenüber der Ersatzgeisel eine Bemächtigungslage besteht.[31] 16

Während der klassische Entführungsfall eine Drei-Personen-Konstellation betrifft (das Opfer wird entführt, die Familie wird erpresst), sind die Tatbestände ihrem Wortlaut nach inzwischen auch auf **Zwei-Personen-Verhältnisse** anwendbar.[32] Damit überschneidet sich § 239a Abs. 1 StGB in solchen Konstellationen faktisch mit den §§ 253, 255 StGB und umfasst viele klassische Erpressungsfälle. Gegenüber diesen Vorschriften ist die Mindeststrafe des § 239a Abs. 1 StGB aber deutlich erhöht. Dies wird allgemein als zu weitgehend und verfehlt angesehen.[33] Über die zu verfolgende Lösung besteht jedoch keine Einigkeit.[34] Der Große Strafsenat des BGH hat insofern eine Lösung auf der Ebene des subjektiven Tatbestands entwickelt;[35] daher wird das Problem auch sogleich dort behandelt (Rn. 22). 17

c) Subjektiver Tatbestand

Im subjektiven Tatbestand setzen die Entführungs- und Bemächtigungstatbestände zunächst **Vorsatz** hinsichtlich der Verwirklichung der objektiven Tatbestandsmerkmale voraus, § 15 StGB, wobei grundsätzlich dolus eventualis genügt.[36] 18

---

23 *Eisele*, BT II, Rn. 818; *Eisele/Heinrich*, BT, Rn. 1517; *Rengier*, BT II, § 24 Rn. 7; LK-*Schluckebier*, § 239a Rn. 12; *Schramm*, BT II, § 9 Rn. 66.
24 *Eisele/Heinrich*, BT, Rn. 1517; *Rengier*, BT II, § 24 Rn. 7; LK-*Schluckebier*, § 239a Rn. 12; *Schramm*, BT II, § 9 Rn. 66; *Zieschang*, BT 1, Rn. 449.
25 Vgl. *Rengier*, BT II, § 24 Rn. 7.
26 MK-*Renzikowski*, § 240 Rn. 33: Geisel nicht einmal abstrakt gefährdet.
27 BGH NStZ 1999, 509; *Eisele/Heinrich*, BT, Rn. 1517; *Rengier*, BT II, § 24 Rn. 7; *Schramm*, BT II, § 9 Rn. 66; *Wessels/Hettinger/Engländer*, BT 1, Rn. 409.
28 BGH NStZ 1996, 276, 277; MK-*Renzikowski*, § 239a Rn. 29.
29 *Eisele/Heinrich*, BT, Rn. 1519; *Rengier*, BT II, § 24 Rn. 6; MK-*Renzikowski*, § 239a Rn. 29.
30 *Eisele*, BT II, Rn. 820; *Eisele/Heinrich*, BT, Rn. 1519; *Rengier*, BT II, § 24 Rn. 8; *Wessels/Hettinger/Engländer*, BT 1, Rn. 409.
31 *Eisele*, BT II, Rn. 820; *Eisele/Heinrich*, BT, Rn. 1519; *Rengier*, BT II, § 24 Rn. 8; MK-*Renzikowski*, § 239a Rn. 39; LK-*Schluckebier*, § 239a Rn. 7; *Wessels/Hettinger/Engländer*, BT 1, Rn. 410.
32 *Schramm*, BT II, § 9 Rn. 73.
33 Vgl. nur *Schramm*, BT II, § 9 Rn. 73; *Zieschang*, BT 1, Rn. 454.
34 Vgl. zu abweichenden Lösungsansätzen Sch/Sch-*Eisele*, § 239a Rn. 13c.
35 BGHSt 40, 350.
36 Sch/Sch-*Eisele*, § 239a Rn. 10; *Schramm*, BT II, § 9 Rn. 69.

19 Daneben weisen die Entführungs- und Bemächtigungstatbestände der §§ 239a Abs. 1 Alt. 1, 239b Abs. 1 Alt. 1 StGB aber eine **überschießende Innentendenz** auf, indem zusätzlich eine weitergehende Absicht erforderlich ist, nämlich im Fall des § 239a Abs. 1 Alt. 1 StGB die Absicht („um"), die Sorge des Opfers um sein Wohl oder die Sorge eines Dritten um das Wohl des Opfers zu einer Erpressung (§ 253 StGB) auszunutzen, sowie im Fall des § 239b Abs. 1 Alt. 1 StGB die Absicht, das Opfer oder einen Dritten durch die Drohung mit dem Tod oder einer schweren Körperverletzung (§ 226 StGB) des Opfers oder mit dessen Freiheitsentziehung von über einer Woche Dauer zu einer Handlung, Duldung oder Unterlassung zu nötigen.[37] Da es sich nur um eine Absicht des Täters handelt, müssen Erpressung bzw. Nötigung nicht erfolgreich sein. Absicht bedeutet zielgerichtetes Wollen, also dolus directus I.[38]

20 Insofern muss der Täter im Falle des § 239a Abs. 1 Alt. 1 StGB sämtliche Merkmale einer Erpressung i.S.v. § 253 StGB erfüllen wollen.[39] Hier setzt sich der Streit um das Verhältnis von Raub und räuberischer Erpressung fort. Die Rechtsprechung, die in der Erpressung das Grunddelikt sieht, das im Falle eines Raubs ebenfalls erfüllt ist, aber zurücktritt,[40] lässt insofern konsequenterweise bei § 239a StGB auch eine **Raubabsicht** genügen,[41] was aber auf dem Boden der zutreffenden h.L., die für § 253 StGB Vermögensverfügung fordert,[42] abzulehnen ist, zumal dies mit dem Wortlaut des § 239a Abs. 1 Alt. 1 StGB nicht zu vereinbaren ist.[43] In diesem Fall greift aber § 239b StGB (hier: Duldung der Wegnahme).[44]

21 Bei § 239b Abs. 1 Alt. 1 StGB bezieht sich die Absicht auf eine Nötigung i.S.v. § 240 StGB, sodass deren Merkmale erfasst sein müssen.[45] Zu beachten ist hier aber als weiterer Unterschied zu § 239a Abs. 1 Alt. 1 StGB, dass der Täter bei § 239b Abs. 1 Alt. 1 StGB den Einsatz **qualifizierter Nötigungsmittel** anvisieren muss, nämlich die Drohung mit dem Tod oder einer schweren Körperverletzung (§ 226 StGB) des Opfers oder mit dessen Freiheitsentziehung von über einer Woche (§ 239 Abs. 3 Nr. 1 StGB).

22 Da die Tatbestände wie gesehen in **Zwei-Personen-Konstellationen** zu weit gehen, hat der Große Strafsenat des BGH eine Lösung vorgeschlagen, die auf eine **teleologische Reduktion** der Tatbestände hinausläuft:[46] Die §§ 239a Abs. 1 Alt. 1, 239b Abs. 1 Alt. 1 StGB stellen „unvollkommene zweiaktige Delikte" dar.[47] Das Gesetz trennt nämlich zwischen der Tathandlung des Entführens bzw. Sich-Bemächtigens und der Absicht zur Erpressung bzw. Nötigung, wobei zwischen beiden ein funktionaler Zusammenhang bestehen muss.[48] Eine Lage, die ausgenutzt werden soll, setzt eine gewisse Stabilität voraus.[49] Der Täter muss also eine „**stabilisierte Zwangslage**" schaffen, die er sodann zu einer darüber hinausgehenden und darauf aufbauenden zweiten Nötigung auszu-

---

[37] *Wessels/Hettinger/Engländer*, BT 1, Rn. 408.
[38] *Eisele*, BT II, Rn. 821; *Eisele/Heinrich*, BT, Rn. 1520, 1538; MK-*Renzikowski*, § 239a Rn. 43; § 239b Rn. 17.
[39] Sch/Sch-*Eisele*, § 239a Rn. 25; *Rengier*, BT II, § 24 Rn. 12; MK-*Renzikowski*, § 239a Rn. 43.
[40] So etwa BGHSt 14, 386, 390.
[41] BGH NStZ 2002, 31, 32; NStZ 2003, 604, 605; zust. LK-*Schluckebier*, § 239a Rn. 25; NK-*Sonnen*, § 239a Rn. 28.
[42] Vgl. nur L/K/H-*Heger*, § 253 Rn. 3; *Schramm*, BT II, § 9 Rn. 26 ff. m.w.N.
[43] Abl. auch *Rengier*, BT II, § 24 Rn. 13.
[44] Vgl. *Rengier*, BT II, § 24 Rn. 28.
[45] Sch/Sch-*Eisele*, § 239b Rn. 4; MK-*Renzikowski*, § 239b Rn. 17.
[46] Vgl. *Zieschang*, BT 1, Rn. 455.
[47] BGHSt 40, 350, 355 (zu § 239b StGB).
[48] BGHSt 40, 350, 355 (zu § 239b StGB).
[49] BGHSt 40, 350, 359 (zu § 239b StGB).

II. Tatbestandsvoraussetzungen der Grunddelikte § 17

nutzen beabsichtigt.[50] Das bedeutet, dass die Bemächtigungssituation gegenüber der Erpressung bzw. Nötigung eine eigenständige Bedeutung erreicht haben muss.[51] Dies ist insb. beim Sich-Bemächtigen problematisch.[52] Daher scheiden die §§ 239a Abs. 1 Alt. 1, 239b Abs. 1 Alt. 1 StGB aus, wenn das Sich-Bemächtigen und die Erpressung bzw. Nötigung in einem Akt zusammenfallen, weil es dann an einer stabilisierten Lage fehlt, auf die sich die Absicht final beziehen kann.[53] Dies ist im subjektiven Tatbestand zu prüfen, da der zweite „Akt" nur beabsichtigt sein, sich aber auf ein Ausnutzen der Beherrschungssituation beziehen muss.

▶ **Lösung des Beispielsfalls („Gaststätte"):**[54] Der BGH bejahte im Beispielsfall eine Strafbarkeit gem. § 239a Abs. 1 Alt. 1 StGB. Eine ausreichend stabilisierte Bemächtigungslage sah das Gericht zwar noch nicht zu dem Zeitpunkt gegeben, als A und B den C zur Herrentoilette begleiteten, da sie bereits in unmittelbarem Zusammenhang nach den Schlägen die Herausgabe von Geld forderten. Diese entstand aber, als sie sich mit C zum Geldautomaten begaben durch die physische Übermacht der beiden und wurde zusätzlich verstärkt durch die fortwirkende Einschüchterung auf Grund der vorangegangenen Misshandlungen. ◀ 23

Anmerkung: Es ist zu begrüßen, dass der BGH sich um eine restriktive Auslegung dieses zu weit geratenen Tatbestandes bemüht. Die vom Großen Senat verfolgte Lösung weist ihrerseits zwar auch Schwächen auf, da unklar ist, wann eine hinreichend stabilisierte Zwangslage vorliegt, überzeugendere Lösungen sind derzeit aber nicht in Sicht.[55] 24

Es ist umstritten, ob das Erfordernis der stabilisierten Beherrschungslage auch in **Drei-Personen-Konstellationen** gilt. Der BGH scheint dies zu fordern,[56] geht aber zu Recht davon aus, dass es in diesen Fällen unproblematisch erfüllt ist.[57] Denn hier lässt sich ohne weiteres zwischen dem Sich-Bemächtigen des Dritten und der darauf aufbauenden weiteren Erpressung bzw. Nötigung trennen.[58] 25

2. Ausnutzungstatbestände

In den §§ 239a Abs. 1 Alt. 2, 239b Abs. 1 Alt. 2 StGB ist ferner jeweils ein **Ausnutzungstatbestand** normiert. Dieser setzt voraus, dass eine Entführungs- oder Bemächtigungslage besteht, die vom Täter selbst geschaffen wurde und zu einer Erpressung bzw. Nötigung ausgenutzt wird. Das Ausnutzen einer von einem Dritten geschaffenen Lage genügt also nicht.[59] Der erste Unterschied zu den Entführungs- und Bemächtigungstatbeständen besteht darin, dass der Täter in diesem Fall bei der Schaffung der Lage eine entsprechende Absicht noch nicht hatte,[60] also andere Ziele verfolgte, denn sonst läge bereits Alt. 1 vor und Alt. 2 wäre überflüssig. So liegt der Fall etwa, wenn 26

---

50 BGHSt 40, 350, 359 (zu § 239b StGB); BGH NStZ 2006, 448, 449 (zu § 239a StGB).
51 BGHSt 40, 350, 359 (zu § 239b StGB); BGH NStZ 2006, 448, 449 (zu § 239a StGB).
52 BGHSt 40, 350, 359 (zu § 239b StGB).
53 *Wessels/Hettinger/Engländer*, BT 1, Rn. 413.
54 BGH NStZ 2006, 448.
55 Ebenso Sch/Sch-*Eisele*, § 239a Rn. 13c.
56 BGHSt 40, 350, 355 ff. (zu § 239b StGB), unterscheidet nicht zwischen Zwei- und Drei-Personen-Verhältnissen; in BGH NStZ 2002, 31, 32 und BGH NStZ-RR 2002, 213, 214 wird das Erfordernis auch im Dreiecksverhältnis angenommen; zust. *Eisele*, BT I, Rn. 831.
57 BGH NStZ 2002, 31, 32; NStZ-RR 2002, 213, 214.
58 *Heinrich*, NStZ 1997, 365, 368; zust. *Rengier*, BT II, § 24 Rn. 25 – kritisch Sch/Sch-*Eisele*, § 239a Rn. 13d.
59 LK-*Schluckebier*, § 239a Rn. 34; NK-*Sonnen*, § 239a Rn. 22.
60 *Rengier*, BT II, § 24 Rn. 26; LK-*Schluckebier*, § 239a Rn. 34; NK-*Sonnen*, § 239a Rn. 28; *Wessels/Hettinger/Engländer*, BT 1, Rn. 408; *Zieschang*, BT 1, Rn. 452.

der Täter sein Opfer entführt, um es sexuell zu missbrauchen, und sich erst später dazu entscheidet, diese Lage zu einer Erpressung auszunutzen – oder umgekehrt. Der zweite Unterschied besteht sodann darin, dass der Täter beim Ausnutzungstatbestand als objektives Tatbestandsmerkmal die Lage tatsächlich ausnutzen muss.[61] Dies setzt voraus, dass er eine Erpressung (§ 239a Abs. 1 Alt. 2 StGB) oder Nötigung (§ 239b Abs. 1 Alt. 2 StGB) unter Ausnutzung dieser Lage tatsächlich begangen haben muss, da es im Wortlaut heißt „zu einer solchen Erpressung ausnutzt" bzw. „zu einer solchen Nötigung ausnutzt". Umstritten ist jedoch, ob hierzu eine **versuchte Erpressung bzw. Nötigung** ausreicht. Teilweise wird der Wortlaut so interpretiert, dass die Erpressung bzw. die Nötigung vollendet sein muss.[62] Die h.M. lässt hingegen zu Recht bereits den Versuch einer Erpressung bzw. Nötigung genügen.[63] Dafür spricht, dass die Überschrift Erpressung (bei § 253 StGB) und Nötigung (bei § 240 StGB) jeweils auch den Versuch mit einbeziehen.[64]

27 Subjektiv erfordern die Ausnutzungstatbestände **Vorsatz** bzgl. der Verwirklichung der objektiven Tatbestandsmerkmale,[65] also bzgl. des Ausnutzens der Bemächtigungslage zu einer Erpressung bzw. Nötigung durch die Drohung mit dem Tod oder einer schweren Körperverletzung (§ 226 StGB) des Opfers oder mit dessen Freiheitsentziehung von über einer Woche Dauer.

III. Erfolgsqualifikation

28 In § 239a Abs. 3 StGB ist eine **Erfolgsqualifikation** normiert, welche gem. § 239b Abs. 2 StGB auch für die Geiselnahme gilt. Schwere Folge ist der Tod des Opfers. Diesen muss der Täter mindestens leichtfertig herbeiführen, anders als in § 222 StGB und § 239 Abs. 4 StGB also mit einem gesteigerten Grad an Fahrlässigkeit.[66] Aus der Formulierung „wenigstens leichtfertig" folgt, dass auch Vorsatz erfasst ist.[67] Wie bei allen Erfolgsqualifikationen ist der spezifische Gefahrzusammenhang als Teil der objektiven Zurechnung besonders zu prüfen. Es muss sich gerade das typische Risiko der Entführungs- oder Bemächtigungssituation in der schweren Folge realisiert haben. Dies wird auch beim Tod des Opfers im Rahmen einer Befreiungsaktion angenommen.[68]

29 **Klausurtipp:** Hier gilt das Prüfungsschema der erfolgsqualifizierten Delikte, das stets die gleichen fünf Prüfungspunkte enthält (s.o. § 11 Rn. 2).

WIEDERHOLUNGSFRAGEN

1. Wodurch unterscheiden sich § 239a StGB und § 239b StGB? (Rn. 3)
2. Erfüllt eine Entführung des eigenen Kindes den Tatbestand der §§ 239a Abs. 1 Alt. 1, 239b Abs. 1 Alt. 1 StGB? (Rn. 9)

---

61 Sch/Sch-*Eisele*, § 239a Rn. 24.
62 MK-*Renzikowski*, § 239a Rn. 63; 239b Rn. 26; SK-*Wolters*, § 239a Rn. 15.
63 BGHSt 26, 309, 310 (zu § 239b StGB); BGH NStZ 2007; 32, 33 (zu § 239a StGB); Sch/Sch-*Eisele*, § 239a Rn. 24; § 239b Rn. 14; *ders.*, BT I, Rn. 832, 852; L/K/H-*Heger*, § 239a Rn. 7; *Rengier*, BT II, Rn. 27; LK-*Schluckebier*, § 239a Rn. 35; § 239b Rn. 18; NK-*Sonnen*, § 239a Rn. 22; *Wessels/Hettinger/Engländer*, BT 1, Rn. 408.
64 *Rengier*, BT II, § 24 Rn. 27.
65 *Wessels/Hettinger/Engländer*, BT 1, Rn. 414 (zu § 239b StGB); SK-*Wolters*, § 239b Rn. 9 (zu § 239b StGB).
66 *Heinrich/Reinbacher*, JURA 2005, 743, 747; LK-*Schluckebier*, § 239a Rn. 43.
67 SK-*Wolters*, § 239a Rn. 27.
68 BGHSt 33, 322, 324; *Eisele*, BT II, Rn. 838; *Wessels/Hettinger/Engländer*, BT 1, Rn. 416 (zu § 239b StGB).

WIEDERHOLUNGSFRAGEN

3. Unter welchen Voraussetzungen gelten die §§ 239a Abs. 1 Alt. 1 und § 239b Abs. 1 Alt. 1 StGB in Zwei-Personen-Verhältnissen? (Rn. 17, 22)
4. Genügt bei den §§ 239a Abs. 1 Alt. 2, 239b Abs. 1 Alt. 2 StGB auch der Versuch einer Erpressung bzw. Nötigung? (Rn. 26)

§ 18 Bedrohung, § 241 StGB

Literaturempfehlung:
Satzger, Der Tatbestand der Bedrohung, JURA 2015, 156.

I. Einleitung

1. Grundlagen

1 Auch § 241 StGB findet sich im 18. Abschnitt bei den Straftaten gegen die persönliche Freiheit. **Rechtsgut** ist dabei der Schutz des individuellen Rechtsfriedens,[1] auch i.S. einer „Freiheit von Furcht".[2] Die Vorschrift ist im Jahr 2021 durch das Gesetz zur Bekämpfung des Rechtsextremismus und der Hasskriminalität[3] umfangreich umgestaltet und erweitert worden. Dabei kam ein neuer Abs. 1 hinzu, in dem nun auch die Bedrohung mit der Begehung einer gegen das Opfer oder eine ihm nahestehende Person gerichteten rechtswidrigen Tat gegen die sexuelle Selbstbestimmung, die körperliche Unversehrtheit, die persönliche Freiheit oder gegen eine Sache von bedeutendem Wert aufgenommen wurde, während der allgemeine Tatbestand der Bedrohung mit einem Verbrechen in Abs. 2 rückte. Neben diesen beiden Bedrohungstatbeständen enthält Abs. 3 einen Vortäuschungstatbestand, der vormals in Abs. 2 geregelt war. In Abs. 4 ist seitdem zudem eine Qualifikation vorgesehen für Fälle, in denen die Tat öffentlich, in einer Versammlung oder durch das Verbreiten von Schriften erfolgt. Gem. Abs. 5 ist ein Strafantrag erforderlich, wenn dies auch für die angedrohte Tat gilt.

2 § 241 StGB ist als **abstraktes Gefährdungsdelikt** ausgestaltet,[4] da die Drohung bzw. Vortäuschung eines Verbrechens unabhängig davon unter Strafe steht, ob das Opfer sich zu einem bestimmten Verhalten veranlasst oder sich überhaupt gefährdet sieht. Die Drohung wird nicht als Mittel der Willensbeugung, sondern als Mittel der Störung des Friedens der Person eingesetzt.[5]

2. Prüfungsschema

3 Hier wird das Prüfungsschema des Grunddelikts nach den Abs. 1–3 dargestellt.
▶ I. Tatbestand
  1. Objektiver Tatbestand
     a) Tatobjekt: anderer Mensch
     b) Tathandlung:
        aa) Bedrohen mit der Begehung einer gegen ihn oder eine ihm nahestehende Person gerichteten rechtswidrigen Tat gegen die sexuelle Selbstbestimmung, die körperliche Unversehrtheit, die persönliche Freiheit oder gegen eine Sache von bedeutendem Wert (Abs. 1) oder mit der Bege-

---

1 BT-Drs. 19/17741, 37; BGH NStZ 2015, 394, 395; Sch/Sch-*Eisele*, § 241 Rn. 2; *Rengier*, BT II, § 27 Rn. 1; LK-*Schluckebier*, § 241 Rn. 1; MK-*Sinn*, § 241 Rn. 3; BeckOK-*Valerius*, § 241 Rn. 1; *Wessels/Hettinger/Engländer*, BT 1, Rn. 389.
2 LK-*Schluckebier*, § 241 Rn. 1.
3 BGBl. I, 441.
4 Sch/Sch-*Eisele*, § 241 Rn. 2; LK-*Schluckebier*, § 241 Rn. 2; MK-*Sinn*, § 241 Rn. 4; BeckOK-*Valerius*, § 241 Rn. 1.
5 MK-*Sinn*, § 241 Rn. 4.

II. Tatbestandsvoraussetzungen der Grunddelikte § 18

        hung eines gegen ihn oder eine ihm nahestehende Person gerichteten Verbrechens (Abs. 2) oder
      bb) Vortäuschen, dass die Verwirklichung eines gegen ihn oder eine ihm nahestehende Person gerichteten Verbrechens bevorstehe
  2. Subjektiver Tatbestand
    a) Vorsatz
    b) bei Abs. 3: Handeln „wider besseres Wissen" (= dolus directus II)
II. Rechtswidrigkeit
III. Schuld ◄

II. Tatbestandsvoraussetzungen der Grunddelikte

1. Bedrohungstatbestände

Tatobjekt und Adressat der Drohung ist jeder andere Mensch, der in der Lage ist, die Drohung zu verstehen.[6]   **4**

In Abs. 1 und Abs. 2 sind zwei Bedrohungstatbestände als **Grunddelikte** des § 241 StGB normiert. Hinsichtlich der Definition der Bedrohung kann grundsätzlich auf den Begriff der Drohung in § 240 StGB verwiesen werden (§ 16 Rn. 21).[7] Auch hier sind die Aussagen des Täters auszulegen, wobei eine Bedrohung auch konkludent erfolgen kann.[8] Es ist ausreichend, wenn beim Opfer der Eindruck der Ernstlichkeit der Aussage entstehen kann, auch wenn der Täter die angekündigte Tat gar nicht ausführen kann oder will,[9] denn der Wortlaut erfordert nur ein „Be-Drohen". Daher ist es auch unerheblich, ob das Opfer erkennt, dass der Täter die Drohung nicht ernst meint.[10] Da es sich um ein **abstraktes Gefährdungsdelikt** handelt, muss der Rechtsfrieden des Opfers nicht tatsächlich beeinträchtigt sein. Allerdings scheiden solche Bedrohungen aus, die objektiv erkennbar nicht ernst gemeint sind.[11] Das Ausgeführte lässt sich in folgender Definition der Bedrohung zusammenfassen: **5**

Definition: Bedrohen ist das Inaussichtstellen der Begehung eines der in Abs. 1 genannten Vergehen oder eines Verbrechens gegen den Drohungsadressaten oder eine ihm nahestehende Person, das seinem Erklärungsgehalt nach objektiv geeignet erscheint, den Eindruck der Ernstlichkeit zu erwecken.[12]   **6**

Ob der Erklärung die **objektive Eignung** zur Störung des individuellen Rechtsfriedens zukommt, beurteilt sich nach den Umständen des Einzelfalls aus Sicht eines durchschnittlich empfindenden Beobachters.[13] Die Bedrohung ist dabei insb. von einer Beschimpfung abzugrenzen (zur Beleidigung s.u. § 20 Rn. 7).   **7**

In einer gerade stattfindenden tatbestandlichen **Ausführung** eines bestimmten Verbrechens kann nicht zugleich dessen (künftige) Androhung liegen,[14] denn sonst läge etwa   **8**

---

6 LK-*Schluckebier*, § 241 Rn. 7.
7 *Rengier*, BT II, § 27 Rn. 2; *Wessels/Hettinger/Engländer*, BT 1, Rn. 389; *Zieschang*, BT 1, Rn. 523.
8 Sch/Sch-*Eisele*, § 241 Rn. 4; MK-*Sinn*, § 241 Rn. 6; NK-*Toepel*, § 241 Rn. 11.
9 LK-*Schluckebier*, § 241 Rn. 10.
10 Sch/Sch-*Eisele*, § 241 Rn. 4; *Rengier*, BT II, § 27 Rn. 2; LK-*Schluckebier*, § 241 Rn. 10.
11 LK-*Schluckebier*, § 241 Rn. 10; MK-*Sinn*, § 241 Rn. 6.
12 BGH NStZ 2015, 394, 395 zu § 241 StGB a.F.
13 *Rengier*, BT II, § 27 Rn. 2.
14 *Rengier*, BT II, § 27 Rn. 3.

in jeder Körperverletzung gleichzeitig immer auch eine Bedrohung i.S.v. § 241 StGB vor, diese fortzusetzen. Es kann aber die Bedrohung mit einer anderen Tat i.S.v. § 241 Abs. 1 oder 2 StGB vorliegen, etwa mit einem Tötungsdelikt.[15] Angekündigtes Opfer der Bedrohung ist entweder der **Bedrohte** selbst oder eine ihm **nahestehende Person**. Hinsichtlich Letzterer kann auf § 35 Abs. 1 StGB verwiesen werden,[16] sodass darunter alle auf Dauer angelegten, auf Gegenseitigkeit beruhenden engen persönlichen Beziehungen fallen.[17] Zwar sind Angehörige – anders als in § 35 Abs. 1 StGB – nicht explizit daneben genannt, sie fallen hier aber unter den Begriff der nahestehenden Personen.[18]

9 Dabei muss es sich in Abs. 1 um angekündigte Taten gegen die sexuelle Selbstbestimmung, die körperliche Unversehrtheit, die persönliche Freiheit oder gegen eine Sache von bedeutendem Wert handeln. Auch der Begriff der **Sache von bedeutendem Wert** findet sich in anderen Vorschriften des StGB, so etwa in § 306f Abs. 2 StGB oder in den §§ 315b Abs. 1, 315c Abs. 1 StGB (s.u. § 37 Rn. 9; § 38 Rn. 20). Hier wurde lange Zeit ein Betrag von 750 € als Wertgrenzen angenommen, weil früher 1.500 DM zugrunde gelegt wurden;[19] inzwischen wird häufig aber auch ein höherer Wert verlangt (s.u. § 37 Rn. 9).[20] Die Tat ist vollendet, wenn das Opfer Kenntnis von der Bedrohung nimmt.[21]

2. Vortäuschungstatbestand

10 In Abs. 3 findet sich ferner ein **Vortäuschungstatbestand**. Dabei geht es darum, dass der Täter dem Opfer vortäuscht, dass die Verwirklichung eines gegen ihn oder eine ihm nahestehende Person gerichteten Verbrechens bevorstehe. Das angekündigte Verbrechen darf nicht tatsächlich bevorstehen, sonst wäre es kein „Vortäuschen". Da der Täter ferner nicht vorgibt, einen Einfluss auf den Ausgang zu haben, handelt es sich insofern um eine „falsche Warnung".[22] Diese Variante berücksichtigt, dass auch in einem solchen Fall der individuelle Rechtsfrieden des Opfers beeinträchtigt sein kann.[23] Hierzu muss die Vorspiegelung der falschen Tatsachen ebenfalls objektiv dazu geeignet sein, den Anschein der Ernstlichkeit erwecken.[24] Auch hier tritt Vollendung (erst) mit Kenntnisnahme ein.[25]

3. Subjektiver Tatbestand

11 Bei allen drei Absätzen ist zunächst **Vorsatz** erforderlich, § 15 StGB. Bei Abs. 1 und Abs. 2 genügt dolus eventualis bzgl. des Bedrohens des Opfers mit den genannten Vergehen bzw. mit einem Verbrechen.[26] Nach dem oben Gesagten muss der Täter die

---

15 *Rengier*, BT II, § 27 Rn. 3.
16 *Rengier*, BT II, § 27 Rn. 3; LK-*Schluckebier*, § 241 Rn. 9; *Zieschang*, BT 1, Rn. 524.
17 Vgl. zu § 35 StGB *Kaspar*, AT, § 5 Rn. 391; MK-*Müssig*, § 35 Rn. 19.
18 LK-*Schluckebier*, § 241 Rn. 9; NK-*Toepel*, § 241 Rn. 7.
19 NK-*Zieschang*, § 315b Rn. 26.
20 Vgl. Sch/Sch-*Hecker*, § 315c Rn. 31: 1.300 €; MK-*Pegel*, § 315b Rn. 55: 1.000 €.
21 Sch/Sch-*Eisele*, § 241 Rn. 15; MK-*Sinn*, § 241 Rn. 21; NK-*Toepel*, § 241 Rn. 18; *Wessels/Hettinger/Engländer*, BT 1, Rn. 389.
22 Sch/Sch-*Eisele*, § 241 Rn. 10; *Rengier*, BT II, § 27 Rn. 5.
23 LK-*Schluckebier*, § 241 Rn. 29.
24 Sch/Sch-*Eisele*, § 241 Rn. 10; LK-*Schluckebier*, § 241 Rn. 30.
25 MK-*Sinn*, § 241 Rn. 21.
26 LK-*Schluckebier*, § 241 Rn. 22; MK-*Sinn*, § 241 Rn. 17; NK-*Toepel*, § 241 Rn. 19; *Wessels/Hettinger/Engländer*, BT 1, Rn. 389.

angedrohte Tat dabei nicht realisieren wollen; er muss aber in Kauf nehmen, dass das Opfer sie ernst nimmt.[27] Bei Abs. 3 ist hingegen ein „Handeln wider besseres Wissen" Voraussetzung der Strafbarkeit. Daher ist sicheres Wissen (dolus directus II) des Täters notwendig, dass das angekündigte Verbrechen nicht stattfinden wird.[28]

III. Qualifikation, Abs. 4

In Abs. 4 wurde 2021 eine **Qualifikation** aufgenommen, wenn die Tat öffentlich, in einer Versammlung oder durch Verbreiten eines Inhalts begangen wird. Dabei ging es insb. darum, die **Hassrede in sozialen Medien im Internet** zu erfassen, die oftmals auch mit Drohungen verbunden ist.[29] Hier kann auf die Ausführungen zu § 185 StGB verwiesen werden, in dem sich dieselbe Qualifikation findet (s.u. § 20 Rn. 32).

12

WIEDERHOLUNGSFRAGEN

1. Welche Deliktscharakter hat § 241 StGB? (Rn. 2)
2. Ist der Tatbestand auch dann erfüllt, wenn das Opfer erkennt, dass die Bedrohung nicht ernst gemeint ist? (Rn. 5)
3. Nach welchem Maßstab ist die Äußerung auszulegen, um festzustellen, ob eine Bedrohung vorliegt? (Rn. 7)

---

27 Sch/Sch-*Eisele*, § 241 Rn. 7; MK-*Sinn*, § 241 Rn. 17.
28 *Zieschang*, BT 1, Rn. 528.
29 BT-Drs. 19/20163, 1; so auch schon im Entwurf: BT-Drs. 19/17741, 1.

TEIL 4: STRAFTATEN GEGEN DIE EHRE

§ 19 Einleitung

I. Rechtsgut

1 Es ist gesetzestechnisch sehr unglücklich, dass der Gesetzgeber nicht nur § 185 StGB, sondern den gesamten 14. Abschnitt mit der Überschrift „Beleidigung" versehen hat. Gleichwohl besteht Einigkeit darüber, dass die in diesem Abschnitt enthaltenen Vorschriften dem Schutz der „Ehre" dienen[1] – mit Ausnahme der in § 187 HS. 1 StGB genannten Kreditgefährdung, bei der das Vermögen geschützt ist.[2] Umstritten ist jedoch, was mit diesem Begriff beschrieben ist. Traditionell sind insb. die folgenden Interpretationen zu nennen.[3]

2 Nach einem **faktischen Begriffsverständnis** ist zur näheren Bestimmung auf (empirisch) überprüfbare Bewertungskriterien abzustellen, namentlich das Ansehen des Betroffenen in der Gesellschaft; Ehre ist insofern also nicht der innere Wert des Menschen, sondern sein Ansehen in der Gesellschaft.[4] Da jedoch auch im Zwei-Personen-Verhältnis eine Beleidigung möglich sein muss, soll in diesem Fall das Ehrgefühl des Betroffenen maßgeblich sein.[5] Problematisch daran ist, dass der Ehrbegriff aufgespalten wird.[6] Zudem kann sowohl das Ansehen in der Gesellschaft als auch das Bild von sich selbst übersteigert und „unverdient" hoch oder anders herum gar nicht vorhanden oder durch Bescheidenheit jedenfalls sehr gering sein.[7] Daher sollten Ehre und strafrechtlicher Schutz derselben weder von der Einschätzung Dritter noch von der Einschätzung des Betroffenen selbst abhängen.

3 Dagegen versteht ein **normativer Begriff** die Ehre einheitlich als auf die Personenwürde gegründeten, jedem Menschen verdientermaßen zustehenden Geltungswert.[8] Ehre ist hiernach der Wert eines Menschen, der ihm kraft seiner Personenwürde und seines sittlich-sozialen Verhaltens zukommt.[9] Zutreffend an diesem normativen Ansatz ist seine für alle Menschen gleichermaßen auf das Persönlichkeitsrecht zurückzuführende allgemeine Geltung unabhängig von der Bewertung durch Dritte oder den Betroffenen, zumal auch kleine Kinder oder Geisteskranke einen solchen Achtungsanspruch haben,[10] selbst wenn sie dies nicht so empfinden. Um jedoch der Gefahr eines konturlosen und zu weiten strafrechtlichen Schutzes zu begegnen ist darauf hinzuweisen, dass die Ehre nur einen Teilbereich des Persönlichkeitsrechts darstellt, nicht aber mit diesem identisch ist.[11]

---

1 Vgl. LK-*Hilgendorf*, Vor § 185 Rn. 1; *Otto*, GK BT, § 31 Rn. 1.
2 MK-*Regge/Pegel*, Vor § 185 Rn. 7; § 187 Rn. 3.
3 Vgl. dazu ausführlich LK-*Hilgendorf*, Vor § 185 Rn. 7 ff.; NK-*Kargl*, Vor § 185 Rn. 29 ff.; *Kaufmann*, ZStW 72 (1960), 418, 428 ff.
4 So insb. die älteren Ansichten von *Frank*, § 185 Anm. 1; *v. Liszt/Schmdt*, § 95 II (S. 506).
5 Vgl. die Darstellung bei LK-*Hilgendorf*, Vor § 185 Rn. 7, 10; *Kaufmann*, ZStW 72 (1960), 418, 429.
6 *Kaufmann*, ZStW 72 (1960), 418, 429.
7 *Kaufmann*, ZStW 72 (1960), 418, 429; vgl. auch NK-*Kargl*, Vor § 185 Rn. 31.
8 *Kaufmann*, ZStW 72 (1960), 418, 430.
9 *Kaufmann*, ZStW 72 (1960), 418, 430.
10 *Kaufmann*, ZStW 72 (1960), 418, 430.
11 Vgl. BGHSt 36, 145, 148; L/K/H-*Heger*, Vor § 185 Rn. 1; LK-*Hilgendorf*, Vor § 185 Rn. 2; NK-*Kargl*, Vor § 185 Rn. 32.

II. Systematik § 19

Eine Kombination beider Ansätze findet sich in einem **faktisch-normativen Ansatz**, wonach der Ehrbegriff sowohl den sozialen Achtungsanspruch in der Gesellschaft („äußere Ehre") als auch den aus der Personenwürde fließenden sittlichen Geltungswert umfasst („innere Ehre").[12] Auch die Rechtsprechung wird diesem **dualistischen Ehrbegriff** häufig zugeordnet, der 2. Senat hat jedoch offen gelassen, ob neben dem personalen auch der soziale Geltungswert den Ehrbegriff prägt.[13] Es wird zwar zu Recht angeführt, dass auch der soziale Geltungswert – jedenfalls bei natürlichen Personen – letztlich auf die Personenwürde zurückzuführen ist,[14] dadurch entstehen aber Friktionen beim Schutz von Personengesamtheiten, von dem § 194 Abs. 3 und Abs. 4 StGB ausgehen (s.u. Rn. 12 ff.). Erkennt man diese – zutreffend – an, so akzeptiert man auch einen sozialen Geltungswert.

4

Exkurs: Probleme bereitet daneben die Sondervorschrift des § 189 StGB. Hiernach macht sich strafbar, wer das **Andenken eines Verstorbenen** verunglimpft. Zutreffend dürfte es sein, die fortbestehende Personenehre des Verstorbenen als das geschützte Rechtsgut anzusehen.[15] Dafür spricht neben der systematischen Stellung im 14. Abschnitt auch die Anerkennung eines postmortalen Persönlichkeitsrechts durch das BVerfG.[16] Andere sehen u.a. das Pietätsgefühl der Angehörigen[17] oder das Pietätsgefühl der Allgemeinheit[18] als geschützt an.

5

II. Systematik

Das Rechtsgut Ehre steht in den §§ 185 ff. StGB in unterschiedlicher Weise unter Schutz. § 185 HS. 1 StGB bildet hierbei das vorsätzliche **Grunddelikt** der Beleidigung, das in **drei Konstellationen** einschlägig ist: (1) Wenn der Täter ehrverletzende Werturteile über das Opfer gegenüber dem Opfer selbst äußert oder (2) wenn er ehrverletzende Werturteile über das Opfer gegenüber einem Dritten äußert, sowie (3) wenn er falsche Tatsachenbehauptungen im Zwei-Personen-Verhältnis gegenüber dem Opfer aufstellt. Kurz gesagt: Im Zwei-Personen-Verhältnis greift stets nur § 185 StGB, während es bei Mehrpersonenverhältnissen darauf ankommt, ob der Täter ein Werturteil (dann § 185 StGB) oder eine (nicht erweislich wahre oder unwahre) Tatsache geäußert hat (dann § 186 StGB oder § 187 StGB). Eine Besonderheit bildet die **Formalbeleidigung** nach § 192 StGB, denn in diesem Fall kann auch eine wahre Tatsachenäußerung (ausnahmsweise) nach § 185 StGB als Beleidigung strafbar sein, wenn sich der beleidigende Charakter der Äußerung aus der Form der Behauptung oder Verbreitung oder aus den Umständen, unter welchen sie geschah, ergibt. Werden Tatsachen geäußert, so stellt § 186 HS. 1 StGB das **Grunddelikt** dar, das es unter Strafe stellt, eine nicht erweislich wahre Tatsache zu behaupten oder zu verbreiten, welche das Opfer verächtlich zu machen oder in der öffentlichen Meinung herabzuwürdigen geeignet ist.

6

Qualifikationen zu diesen Grundtatbeständen finden sich in § 185 HS. 2 StGB für die Beleidigung, wenn sie öffentlich, in einer Versammlung, durch Verbreiten eines Inhalts

7

---

12 BGHSt 11, 67, 70 f. (GS); vgl. auch BVerfGE 30, 173, 195, worin i.H.a. das Persönlichkeitsrecht vom sozialen Wert- und Achtungsanspruch die Rede ist.
13 BGHSt 36, 145, 148.
14 NK-*Kargl*, Vor § 185 Rn. 37.
15 NK-*Hilgendorf*, § 189 Rn. 2; NK-*Kargl*, § 189 Rn. 19; vgl. aber auch Sch/Sch-*Eisele/Schittenhelm*, § 189 Rn. 1 und MK-*Regge/Pegel*, § 189 Rn. 12: postmortales Persönlichkeitsrecht eigener Art.
16 BVerfGE 30, 173, 194.
17 *Rengier*, BT II, § 29 Rn. 43.
18 OLG Düsseldorf NJW 1967, 1142, 1143; L/K/H-*Heger*, § 189 Rn. 1.

oder mittels einer Tätlichkeit begangen wird. Ebenso qualifiziert § 186 HS. 2 StGB die üble Nachrede, wenn sie öffentlich, in einer Versammlung oder durch Verbreiten eines Inhalts begangen wird. § 187 HS. 1 StGB qualifiziert das Äußern von falschen Tatsachen, wenn sie wider besseres Wissen behauptet oder verbreitet werden, wobei § 187 HS. 2 StGB noch eine weitere Qualifikationsstufe vorsieht, wenn dies öffentlich, in einer Versammlung oder durch Verbreiten eines Inhalts geschieht. Und schließlich sieht auch § 188 StGB eine Qualifikation für alle drei Delikte vor, wenn Beleidigung, üble Nachrede oder Verleumdung gegen eine im politischen Leben des Volkes stehende Person öffentlich, in einer Versammlung oder durch Verbreiten eines Inhalts aus Beweggründen begangen wird, die mit der Stellung des Beleidigten im öffentlichen Leben zusammenhängen, und die Tat geeignet ist, das öffentliche Wirken dieser Person erheblich zu erschweren. Spezielle Tatbestände finden sich in den §§ 189, 192a StGB für die Verunglimpfung des Ansehens Verstorbener sowie für die verhetzende Beleidigung.

▶ **Übersicht 1**

1. **Vorsätzliche Grunddelikte**
   - § 185 HS. 1 StGB: Einfache Beleidigung
   - §§ 192, 185 StGB: Formalbeleidigung
   - § 186 HS. 1 StGB: Üble Nachrede
2. **Qualifikationen**
   - § 185 HS. 2 StGB: Beleidigung in der Öffentlichkeit, in Versammlungen, durch Verbreiten von Inhalten und mittels einer Tätigkeit
   - § 186 HS. 2 StGB: Üble Nachrede in der Öffentlichkeit, in Versammlungen, durch Verbreiten von Inhalten
   - § 187 HS. 1 StGB: Verleumdung
   - § 187 HS. 2 StGB: Verleumdung in der Öffentlichkeit, in Versammlungen, durch Verbreiten von Inhalten
   - § 188 StGB: Beleidigung, üble Nachrede und Verleumdung gegen Person des politischen Lebens
3. **Spezialtatbestände**
   - § 189 StGB: Verunglimpfung von Verstorbenen
   - § 192a StGB: Verhetzende Beleidigung ◀

▶ **Übersicht 2**

	Gegenüber dem Betroffenen	Gegenüber Dritten
Werturteil	§ 185 StGB	§ 185 StGB
Behauptung einer wahren Tatsache	§§ 185, 192 StGB	§§ 185, 192 StGB
Behauptung einer nicht erweislich wahren Tatsache	§ 185 StGB	§ 186 StGB
Behauptung einer unwahren Tatsache	§ 185 StGB	§ 187 StGB

◀

III. Rechtsgutsträger/Tatobjekt

▶ **Beispielsfall ("A.C.A.B."):**[19] A befestigt auf seiner Weste links vorne auf der Brustseite mittig einen Aufnäher mit der Aufschrift A.C.A.B., sowie darunter zwei Aufnäher mit den Zahlen 13 und 12. Sodann besucht er mit dieser Weste ein Fußballspiel der zweiten Bundesliga. Bei der Einlasskontrolle werden die Ordner durch eine Abteilung der Bereitschaftspolizei unterstützt. Einer der Polizeibeamten sieht dabei den Aufnäher A.C.A.B. Hat sich A wegen einer Beleidigung gem. § 185 StGB strafbar gemacht? ◀

10

Gemeinsames Problem der Strafvorschriften zum Schutz der Ehre ist die Frage, wer Träger des Schutzguts und damit taugliches **Tatopfer** sein kann. **Passiv beleidigungsfähig** ist zunächst jeder lebende Mensch. Dazu gehören auch Kinder und Menschen mit geistiger Behinderung.[20] Bei Verstorbenen gilt der Sondertatbestand des § 189 StGB. Erkennt man – wie hier – den postmortalen Persönlichkeitsschutz an, so ist in diesem Fall der Verstorbene als Rechtsgutsträger anzusehen, dessen fortbestehender postmortaler Schutz der Persönlichkeit weiter ausstrahlt.[21]

11

Besonders fraglich ist jedoch, inwiefern neben den einzelnen Menschen auch **Personengemeinschaften** passiv beleidigungsfähig sind. Leitet man das Rechtsgut allein aus der Personenwürde her, so ist die Beleidigungsfähigkeit eines Verbands schwierig zu begründen.[22] Allerdings treffen § 194 Abs. 3 S. 2 und 3 sowie Abs. 4 StGB Regelungen zum Strafantrag, wenn die Tat sich „gegen eine Behörde oder eine sonstige Stelle, die Aufgaben der öffentlichen Verwaltung wahrnimmt", gegen „Behörden der Kirchen und anderen Religionsgesellschaften des öffentlichen Rechts" und gegen „ein Gesetzgebungsorgan des Bundes oder eines Landes oder eine andere politische Körperschaft im räumlichen Geltungsbereich dieses Gesetzes" richtet. Eine solche Regelung der Antragsbefugnis bzw. der Ermächtigung zur Strafverfolgung ergibt nur Sinn, wenn das Kollektiv auch beleidigt werden kann, sodass jedenfalls für solche Gemeinschaften eine passive Beleidigungsfähigkeit anzunehmen ist.[23]

12

Die h.M. geht aber einen Schritt weiter und erkennt auch darüber hinausgehend eine Beleidigungsfähigkeit von **Personengemeinschaften** an, wenn die folgenden Voraussetzungen vorliegen:[24]

13

(1) Die Personengemeinschaft erfüllt eine rechtlich anerkannte gesellschaftliche Funktion und
(2) sie kann einen einheitlichen Willen bilden.

---

19 BVerfG NJW 2017, 1092; vgl. dazu *Pest*, famos 5/2017.
20 *Eisele*, BT I, Rn. 580; Sch/Sch-*Eisele/Schittenhelm*, Vor § 185 Rn. 2; *Rengier*, BT II, § 28 Rn. 6; SK-*Rogall*, Vor § 185 Rn. 36.
21 Vgl. LK-*Hilgendorf*, § 189 Rn. 2; NK-*Kargl*, Vor § 185 Rn. 61; § 189 Rn. 28; *Welzel*, S. 305 – a.A. Sch/Sch-*Eisele/Schittenhelm*, Vor § 185 Rn. 2; SK-*Rogall*, Vor § 185 Rn. 37.
22 Vgl. dazu ausführlich *Kaufmann*, ZStW 72 (1960), 418, 438 ff., der sich i.E. für eine Beleidigungsfähigkeit (nur) solcher Gemeinschaften ausspricht, „deren Sinn sich allein in jener existenziellen Vollendung und Wesensverwirklichung ihrer Glieder erfüllt" (S. 441).
23 BGHSt 6, 186, 187; 36, 83, 88; *Eisele*, BT I, Rn. 582; *Eisele/Heinrich*, BT, Rn. 344; Sch/Sch-*Eisele/Schittenhelm*, Vor § 185 Rn. 3; LK-*Hilgendorf*, Vor § 185 Rn. 27; *Kindhäuser/Schramm*, BT I, § 22 Rn. 9; *Otto*, GK BT, § 31 Rn. 15; *Reinbacher*, JURA 2007, 382, 383; *Rengier*, BT II, § 28 Rn. 9; *Zieschang*, BT 1, Rn. 585; kritisch *Fischer*, Vor § 185 Rn. 14.
24 BGHSt 6, 186, 191; Sch/Sch-*Eisele/Schittenhelm*, Vor § 185 Rn. 3; LK-*Hilgendorf*, Vor § 185 Rn. 27; *Kindhäuser/Schramm*, BT I, § 22 Rn. 9; *Otto*, GK BT, § 31 Rn. 15 ff.; *Rengier*, BT II, § 28 Rn. 10; *Zieschang*, BT 1, Rn. 586; nach *Eisele*, BT I, Rn. 582 sind es drei Voraussetzungen, da noch die Abgrenzbarkeit hinzutritt; vgl. auch *Reinbacher*, JURA 2007, 382, 383; ferner AnwK-*Rahmlow*, § 185 Rn. 10.

14 Diese Ausweitung wird teilweise mit Blick auf den Wortlaut des § 194 Abs. 3, 4 StGB verworfen.[25] Ferner lässt sich eine allgemeinen Skepsis gegenüber einer „**Kollektivehre**" mit der erläuterten Herleitung der Ehre aus der Personenwürde begründen,[26] sodass sich sagen ließe, dass eine ausnahmsweise bestehende Verbandsehre vom Gesetzgeber selbst anzuordnen wäre, wodurch die §§ 185 ff. StGB gewissermaßen „sinngemäß angewendet" werden.[27] Für die h.M. spricht jedoch, dass nicht ersichtlich ist, dass der Gesetzgeber durch die Regelungen zum Strafantrag eine abschließende Regelung treffen wollte, sondern er hat vielmehr in speziellen Fällen (nur) das Antragsrecht festgelegt.[28] § 194 StGB ist auch keine Strafnorm, deren erweiternde Auslegung verbotene Analogie wäre. Ferner umfasst ein normativ-faktischer Ansatz den sozialen Geltungswert, der auch einem Verband zukommen kann.[29] Und schließlich erscheint eine Beschränkung auf die genannten (öffentlichen) Kollektive inhaltlich auch nicht gerechtfertigt.[30]

15 In diesem Sinne wurde seitens der Rechtsprechung eine Beleidigungsfähigkeit für die Bundeswehr,[31] politische Parteien,[32] ein katholisches Bistum[33] oder eine Kapitalgesellschaft[34] anerkannt. Kollektive, die keine rechtlich anerkannte soziale Funktion erfüllen und daher nicht passiv beleidigungsfähig sind, sind etwa rein gesellige Vereinigungen wie ein Kegelklub.[35] Mangels einheitlicher Willensbildung scheidet etwa die „**Polizei**" als Ganzes wegen ihrer Vielzahl an polizeilichen Einrichtungen in Bund und Ländern als beleidigungsfähiges Kollektiv aus.[36] Anders soll es aber bei Unterabteilungen sein.[37] Gleiches gilt für die „**Ausländer**" als Personengesamtheit.[38] Nach der zutreffenden h.M. ist auch „**die Familie**" nicht passiv beleidigungsfähig.[39]

16 Streng zu trennen von der passiven Beleidigungsfähigkeit von Personengesamtheiten ist jedoch die Frage, ob durch eine **Kollektivbezeichnung einzelne** oder sogar **alle Mitglieder** des Kollektivs persönlich beleidigt werden. Dass eine solche Beleidigung der Einzelpersonen möglich ist, ist unproblematisch. Denn hier handelt es sich um taugliche Ehrträger, und es ist auch klar, dass der Täter mit seiner beleidigenden Äußerung mehrere Personen gleichzeitig anspricht, wenn er beispielsweise zwei Menschen als „ihr Deppen" anspricht. Dies sind mehrere Einzelbeleidigungen, die in einer einzigen Äußerung stecken. Ebenso ist es möglich, dass der Täter diese Einzelbeleidigung in einer Sammelbezeichnung „versteckt". Gleichwohl ist es nicht leicht zu sagen, wann

---

25 NK-*Kargl*, Vor § 185 Rn. 75 ff.; *Welzel*, S. 306; kritisch auch *Fischer*, Vor § 185 Rn. 15; *Kaufmann*, ZStW 72 (1960), 418, 438; *Wessels/Hettinger/Engländer*, BT 1, Rn. 425.
26 SK-*Rogall*, Vor § 185 Rn. 39.
27 SK-*Rogall*, Vor § 185 Rn. 38, der insofern nicht die „Ehre" als geschützt ansieht, sondern die „Funktionstüchtigkeit von Politik und Verwaltung" und das „Vertrauen in ihre Tätigkeit".
28 *Eisele/Heinrich*, BT, Rn. 344; *Otto*, GK BT, § 31 Rn. 17.
29 LK-*Hilgendorf*, Vor § 185 Rn. 27.
30 BGHSt 6, 186, 191; Sch/Sch-*Eisele/Schittenhelm*, Vor § 185 Rn. 3; *Reinbacher*, JURA 2007, 382, 383.
31 BGHSt 36, 83, 88.
32 OLG München NJW 1996, 2515.
33 BGH NJW 2006, 601, 602.
34 BGHSt 6, 186 (GmbH als Verlegerin einer Tageszeitung); OLG Köln NJW 1979, 1723 (Bank).
35 *Eisele/Heinrich*, BT, Rn. 346.
36 BayObLG NJW 1990, 1742.
37 LG Mannheim NStZ-RR 1996, 360 (Abteilung der Kriminalpolizei).
38 *Reinbacher*, JURA 2007, 382, 383.
39 BGH NJW 1951, 531; *Eisele*, BT I, Rn. 585; *Eisele/Heinrich*, BT, Rn. 347; LK-*Hilgendorf*, Vor § 185 Rn. 33; NK-*Kargl*, Vor § 185 Rn. 83; *Kindhäuser/Schramm*, BT I, § 22 Rn. 9; MK-*Regge/Pegel*, Vor § 185 Rn. 55; *Rengier*, BT II, § 28 Rn. 11; SK-*Rogall*, Vor § 185 Rn. 40; *Wessels/Hettinger/Engländer*, BT 1, Rn. 427 – a.A. *Otto*, GK BT, § 31 Rn. 18.

III. Rechtsgutsträger/Tatobjekt § 19

eine Kollektivbeleidigung sich auf einzelne Personen bezieht. Hierbei gilt es, zwei Konstellation auseinanderzuhalten.

In der **ersten Konstellation** wählt der Täter eine Sammelbezeichnung, die zwar nur auf einen Angehörigen der Gruppe gemünzt ist, lässt dabei aber offen, wer gemeint ist. In diesem Fall können **alle Angehörigen** des Kollektivs in ihrer Ehre angegriffen sein. So lag es in dem vom BGH zu entscheidenden Fall, in dem der Täter in einer Zeitung behauptet hatte, ein bayerischer Minister gehöre zu den Kunden eines Callgirl-Rings.[40] Da der Täter hier den betreffenden Minister namentlich nicht genannt hatte, nahm der BGH an, dass er sich einer Verleumdung gem. § 187 StGB gegenüber allen sieben Ministern der bayerischen Staatsregierung strafbar gemacht hat, da er wider besseres Wissen alle in einen entsprechenden Verdacht gebracht habe. Voraussetzung einer solchen Sammelbeleidigung ist aber, dass sie sich auf einen verhältnismäßig kleinen, in Bezug auf die Individualität seiner Mitglieder ohne weiteres deutlich überschaubaren Personenkreis bezieht.[41]

17

Davon zu unterscheiden ist die **zweite Konstellation**, in welcher der Täter von vornherein **alle Mitglieder** eines Kollektivs adressiert. Anders als in den Fällen der Beleidigung eines Verbandes (s.o. Rn. 12) geht es hier um die **Beleidigung der Einzelpersonen**. Es ist wie dargestellt möglich, mehrere Personen gleichzeitig in ihrer Ehre anzugreifen. Erfolgt dies aber in Form einer Sammelbezeichnung, so kann diese nur unter den folgenden Voraussetzungen alle Angehörigen der Gruppe auch wirklich treffen:[42]

18

(1) Der Personenkreis ist klar umgrenzt und zahlenmäßig überschaubar und
(2) es handelt sich nicht um eine bloße „Pauschalbeschimpfung".

Zunächst muss es sich also um einen **individualisierbaren Personenkreis** handeln, da sonst nicht klar ist, wer mit der Äußerung gemeint ist. Entscheidend ist, dass sich die Gruppe aufgrund bestimmter Merkmale so aus der Allgemeinheit hervorhebt, dass der Kreis der Betroffenen hinreichend klar abgegrenzt ist.[43] Der Kreis kann dabei zwar größer sein als in der ersten Konstellation, es ist aber eine zahlenmäßige Überschaubarkeit zu fordern,[44] um eine Zuordnung der Äußerung zu den Einzelpersonen zu ermöglichen. Als eine hinreichend abgegrenzte Gruppe sind zu Recht etwa die in Deutschland lebenden, vom Nationalsozialismus verfolgten Juden „wegen des ihnen vom Nationalsozialismus auferlegten Schicksals" angesehen worden.[45] Der BGH nahm ferner an, dass auch alle aktiven Soldaten der Bundeswehr durch einen Vergleich des Soldatenberufs mit dem Beruf von Folterknechten und KZ-Aufsehern beleidigt sein können.[46]

19

Auch das BVerfG hat sich mit der Frage befasst, inwieweit das Zitat „Soldaten sind Mörder" die **Bundeswehr als Institution** oder die **einzelnen Soldaten** beleidigt.[47] Da auch eine solche Äußerung selbstverständlich in den Bereich der Meinungsfreiheit fällt, stellte das BVerfG klar, dass Art. 5 Abs. 1 GG bereits bei der Auslegung der Äußerung

20

---

40 BGHSt 19, 235.
41 BGHSt 19, 235, 238; Sch/Sch-*Eisele/Schittenhelm*, Vor § 185 Rn. 6; LK-*Hilgendorf*, Vor § 185 Rn. 29; NK-*Kargl*, Vor § 185 Rn. 62; *Wessels/Hettinger/Engländer*, BT 1, Rn. 432.
42 BGHSt 36, 83, 85 ff.; *Rengier*, BT II, § 28 Rn. 14.
43 BGHSt 11, 207, 208; 36, 83, 85 f.
44 BayObLG NJW 1990, 1742; Sch/Sch-*Eisele/Schittenhelm*, Vor § 185 Rn. 7b; *Reinbacher*, JURA 2007, 382, 383; *Zieschang*, BT 1, Rn. 582; kritisch BGHSt 36, 83, 86 f.
45 BGHSt 11, 207, 208.
46 BGHSt 36, 83.
47 BVerfGE 93, 266.

zu berücksichtigen ist[48] (s.u. § 20 Rn. 12). Dazu gehört neben der Ermittlung des konkreten Aussagegehalts auch die Frage, auf wen sich die Äußerung konkret bezieht. Insofern hätten die Strafgerichte z.B. prüfen müssen, ob sich die Aussage nicht vielmehr gegen Soldatentum und Kriegshandwerk schlechthin richtete.[49] Zudem musste berücksichtigt werden, dass die Aussage alle Soldaten (der Welt) betraf und ohne nähere Eingrenzung nicht auf die Soldaten der Bundeswehr (als umgrenzte Gruppe) bezogen werden konnte.[50]

21 Es darf sich ferner nicht um eine bloße „**Pauschalbeschimpfung**" handeln. Völlig allgemein gehaltene Werturteile, die sich auf kein konkretes Verhalten o.ä. beziehen, sind nämlich nicht geeignet, den Einzelnen in seiner Ehre anzugreifen.[51] In diesem Sinne liegt in dem Satz „alle deutschen Ärzte sind Kurpfuscher" keine Beleidigung aller deutschen Ärzte, da eine solche Äußerung zu allgemein gehalten ist, um einen einzelnen Arzt zu kränken.[52] Das Gleiche gilt für einen Aufkleber mit der Aufschrift „Wenn Schweine fliegen könnten, brauchten Bullen keine Hubschrauber", denn zwar mag eine Bezeichnung als „Schwein" ein Ausdruck von Missachtung sein, was bei dem Wort „Bulle" umstritten ist,[53] jedoch ist die Äußerung weder auf konkrete Aufgaben noch auf ein äußeres, der polizeilichen Tätigkeit eigenes Verhalten bezogen.[54] Anders soll es aber wiederum im Fall der Gleichsetzung der Bundeswehrsoldaten mit Folterknechten und KZ-Aufsehern liegen, da der Täter hier sein Unwerturteil mit einem Kriterium verbunden habe, „das eindeutig allen Soldaten zuzuordnen" sei, da es ein äußeres Verhalten und ein „objektives Eingebundensein in das angefochtene Kollektiv" beschreibe.[55]

22 ▶ **Lösung des Beispielsfalls („A.C.A.B."):**[56] Das BVerfG hob die strafgerichtliche Verurteilung auf. Diese verletze A in seiner Meinungsfreiheit gem. Art. 5 Abs. 1 GG, da auch eine solche Äußerung in den Schutzbereich der Meinungsfreiheit fällt (s.u. § 20 Rn. 12).[57] Zwar sei das Gericht zutreffend davon ausgegangen, dass mit dem Akronym der englische Satz *„All Cops Are Bastards"* abgekürzt sei. Hier sei aber keine Individualbeleidigung unter einer Sammelbezeichnung anzunehmen, da die Äußerung sich nicht auf eine hinreichend überschaubare und abgegrenzte Personengruppe bezogen habe.[58] Hierfür genügte es nicht, dass die im Stadion eingesetzten Polizeikräfte eine Teilgruppe aller Polizistinnen und Polizisten waren und A sich im Bewusstsein, auf Polizeikräfte zu treffen, ins Stadion begeben hatte. ◀

23 **Anmerkung:** Der Entscheidung ist zuzustimmen.[59] Nicht nur ist das Kollektiv nicht hinreichend individualisiert, sondern die Aussage enthält auch eine „Pauschalbeschimpfung", weil sie ähnlich wie die Aussage „Bullen sind Schweine" nur eine völlig allgemein gehaltene

---

48 BVerfGE 93, 266, 295 ff.
49 BVerfGE 93, 266, 298.
50 BVerfGE 93, 266, 302.
51 BGHSt 36, 83, 87; *Rengier*, BT II, § 28 Rn. 15.
52 BGHSt 36, 83, 87.
53 Für eine Missachtung: BayObLG JR 1989, 72, 73; gegen eine Missachtung (im Einzelfall): KG JR 1984, 163, 166; LG Regensburg NJW 2006, 629 (wenn es sich um Mundart handelt); AG Bremen StV 2018, 452. Es kommt also auch hier auf die Umstände an; vgl. NK-*Kargl*, § 185 Rn. 13.
54 BayObLG NJW 1990, 1742.
55 BGHSt 36, 83, 87; zust. *Kindhäuser/Schramm*, BT I, § 22 Rn. 11; *Rengier*, BT II, § 28 Rn. 16.
56 BVerfG NJW 2017, 1092; vgl. dazu *Pest*, famos 5/2017.
57 Vgl. auch BVerfG NJW 2016, 2643; BeckRS 2020, 38103.
58 BVerfG NJW 2017, 1092, 1093.
59 So auch *Pest*, famos 5/2017, 5 f.

abwertende Aussage enthält, die den Einzelnen nicht kränken kann.[60] Vielmehr geht es um eine allgemeine Kritik an der Institution der Polizei oder gar des staatlichen Gewaltmonopols. Ferner ist zu beachten, dass die Polizei als Gesamtheit ebenfalls nicht beleidigt wurde, da es hier an einer einheitlichen Willensbildung fehlt (s.o. Rn. 13, 15). Gleichwohl sind die Umstände des Einzelfalls entscheidend. Denn durch einen klaren Bezug zu einer konkreten Person oder jedenfalls einer konkreten Personengruppe kann eine Beleidigung der individualisierten Einzelpersonen vorliegen. So hat das BVerfG eine hinreichende Konkretisierung der betroffenen Personen darin gesehen, dass der Täter einen Stoffbeutel mit entsprechender Aufschrift „ostentativ" und „nachgerade paradierend" vor den Einsatzkräften der Polizei vorbeitrug.[61] Wenn der Täter aber einem oder mehreren Polizisten ins Gesicht sagt, dass Polizisten „Bastarde" seien, so kann darin durchaus eine Beleidigung der Einzelpersonen liegen, die er direkt adressiert, da klar ist, dass die Äußerung zwar allgemein gehalten ist, sich aber konkret auf den oder die vor ihm stehenden Polizisten bezieht.[62] Das bloße Tragen eines solchen Aufnähers im öffentlichen Raum genügt jedenfalls nicht. Das Gleiche gilt auch für die Abkürzung FCK CPS („*Fuck Cops*").[63]

Klausurtipp: Die Beleidigung einer Personengesamtheit ist auch in der Klausur klar von der Beleidigung der einzelnen Mitglieder dieses Kollektivs durch eine Sammelbezeichnung zu unterscheiden. Am besten sollte die Strafbarkeit hier auch getrennt geprüft werden.[64]

IV. Kundgabe und Erfolg

Die §§ 185 ff. StGB sind **Äußerungsdelikte**, d.h. der Täter muss den beleidigenden Inhalt geäußert, also kundgegeben, haben (Kundgabe-Handlung). Dies kann ausdrücklich oder konkludent, mündlich oder schriftlich, durch Wort oder durch Gesten etc. erfolgen.[65] Ferner handelt es sich um **Erfolgsdelikte**, sodass ferner eine Wahrnehmung der Äußerung erforderlich ist (Kundgabe-Erfolg).[66] Empfänger der Äußerung kann das Opfer selbst (Zwei-Personen-Verhältnis) oder ein Dritter (Drei-Personen-Verhältnis) sein. Nach der oben erläuterten Systematik sind abhängig davon, ob es sich um Meinungs- oder Tatsachenäußerungen handelt, andere Vorschriften einschlägig (s.o. Rn. 6, 9). Selbstgespräche oder Tagebucheinträge, die nicht für Dritte bestimmt sind, erfüllen die Tatbestände insofern nicht. Werden solche „Äußerungen" doch von Dritten wahrgenommen, so ist der objektive Tatbestand erfüllt, es fehlt dann aber am Kundgabe-Vorsatz, also am subjektiven Tatbestand.[67]

Es ist jedoch umstritten, ob der Empfänger den Inhalt auch **verstanden** haben muss, damit der Erfolg eintritt. Diese Frage kann sich z.B. bei Kindern oder Personen, die der deutschen Sprache nicht (ausreichend) mächtig sind, stellen. Die ältere Rechtsprechung hielt es für ausreichend, dass die Äußerung sinnlich wahrgenommen wird.[68] Dafür mag sprechen, dass sonst gegenüber Personen, die den Inhalt nicht verstehen, alles gesagt werden könnte.[69] Die zutreffende h.M. verlangt hingegen, dass der Empfänger

---

60 LK-*Hilgendorf*, Vor § 185 Rn. 30; *Rengier*, BT II, § 28 Rn. 15.
61 BVerfG NJW 2017, 2607.
62 Vgl. MK-*Regge/Pegel*, Vor § 185 Rn. 59; *Rengier*, BT II, § 28 Rn. 19; SK-*Rogall*, Vor § 185 Rn. 44.
63 BVerfG NJW 2015, 2022.
64 Vgl. die Übungsklausur bei *Reinbacher*, JURA 2007, 382.
65 *Kindhäuser/Schramm*, BT I, § 22 Rn. 14.
66 *Rengier*, BT II, § 28 Rn. 20.
67 *Eisele/Heinrich*, BT, Rn. 354; *Rengier*, BT II, § 28 Rn. 21.
68 RGSt 29, 398, 399; BGH NJW 1951, 368.
69 Vgl. zu diesem Argument *Kindhäuser/Schramm*, BT I, § 22 Rn. 15.

das Gesagte nicht nur sinnlich wahrnimmt, sondern auch versteht.[70] Ansonsten würde bloßes Gefährdungsunrecht bestraft.[71]

27 Es ist heute ferner überwiegend anerkannt, dass es eine „**beleidigungsfreie Sphäre**" geben muss, da jeder Mensch einen Freiraum braucht, in dem er sich äußern kann, ohne dass er eine Strafe fürchten muss.[72] Zu denken ist hier insb. an Äußerungen über Außenstehende im engsten Familienkreis. Umstritten ist jedoch die **dogmatische Begründung** für eine Straflosigkeit. Teilweise wird angenommen, es liege schon keine Kundgabe vor,[73] da wie bei einem Selbstgespräch keine Gefahr bestehe, dass die Äußerung diesen Kreis verlässt, diese also vertraulich bleibe und die Tat sich nicht gegen den Ehranspruch in der Gemeinschaft richte. Bei faktischer Betrachtung sind jedoch in einem solchen Fall alle Voraussetzungen einer Kundgabe erfüllt: Der Sprechende entäußert sich seiner Gedanken und ein Angehöriger nimmt diese wahr und versteht sie. Da aber zu konstatieren ist, dass es zum Persönlichkeitsrecht des Menschen gem. Art. 2 Abs. 1 i.V.m. Art. 1 Abs. 1 GG gehört, in seiner Privatsphäre seinen Emotionen zumindest verbal freien Lauf zu lassen,[74] und auch Art. 5 Abs. 1 GG einen gewissen Freiraum an Meinungsäußerungen gebietet, geht die zutreffende Ansicht davon aus, dass der Tatbestand teleologisch[75] bzw. verfassungsgemäß[76] zu reduzieren ist. Denn in einem solchen Fall steht weniger die Meinungskundgabe als die Selbstentfaltung im Vordergrund.[77] Andere nehmen wegen der Abwägung mit der Ehre des Betroffenen in solchen Fällen eine Rechtfertigung über § 193 StGB an.[78] Dagegen spricht jedoch, dass es nicht um eine Abwägung im Einzelfall, sondern um einen grundsätzlichen Freiraum geht. Schließlich wird teilweise auch (nur) ein Strafausschließungsgrund angenommen.[79] Dagegen lässt sich jedoch anführen, dass dadurch der Gedanke einer „beleidigungsfreien" Privatsphäre nicht zum Ausdruck kommt.[80] Von einer solchen Sphäre sind jedoch nach h.M. Verleumdungen gem. § 187 StGB ausgenommen, da es kein schützenswertes Interesse gebe, wider besseres Wissen falsche Tatsachen über Dritte zu äußern.[81]

28 Während weitestgehend anerkannt ist, dass jedenfalls der engste **Familienkreis** eine „beleidigungsfreie Sphäre" bildet, bleibt zu klären, welche weiteren Gruppen dieser Freiraum umfasst. Da heute die klassische Familie an Bedeutung verloren hat, sind vergleichbare Vertrauensbeziehungen ebenso erfasst. Dazu gehören enge **Freundschaften** und **nicht-eheliche Lebensgemeinschaften**.[82] Mit der wohl h.M. sollten auch durch § 203 StGB abgesicherte **Vertrauensverhältnisse**, etwa des Patienten oder Mandanten

---

70 BGHSt 9, 17, 19; *Eisele*, BT I, Rn. 595; *Eisele/Heinrich*, BT, Rn. 357; LK-*Hilgendorf*, § 185 Rn. 28; *Reinbacher*, JZ 2020, 558, 560; *Rengier*, BT II, § 28 Rn. 22; *Zieschang*, BT 1, Rn. 580.
71 *Eisele*, BT I, Rn. 595; *Eisele/Heinrich*, BT, Rn. 357.
72 Vgl. dazu *Reinbacher*, JURA 2007, 382, 383; *Rengier*, BT II, § 28 Rn. 23 ff.; SK-*Rogall*, Vor § 185 Rn. 52 ff.; *Wessels/Hettinger/Engländer*, BT 1, Rn. 438 ff.
73 *Welzel*, S. 308; NK-*Zaczyk*, 5. Aufl. 2017, Vor § 185 Rn. 38.
74 BVerfGE 90, 255, 260.
75 *Eisele*, BT I, Rn. 596; *Eisele/Heinrich*, BT, Rn. 358; Sch/Sch-*Eisele/Schittenhelm*, Vor § 185 Rn. 9a; K/H/H-*Heinrich*, BT 1, Rn. 538; *Reinbacher*, JURA 2007, 382, 384; *Rengier*, BT II, § 28 Rn. 23 f.
76 SK-*Rogall*, Vor § 185 Rn. 52.
77 Vgl. BVerfGE 90, 255, 260.
78 A/W/H-*Hilgendorf*, § 7 Rn. 26; LK-*Hilgendorf*, § 185 Rn. 14; *Otto*, GK BT, § 32 Rn. 52.
79 Sch/Sch-*Lenckner*, 27. Aufl. 2006, Vor § 185 Rn. 9a.
80 So jetzt Sch/Sch-*Eisele/Schittenhelm*, Vor § 185 Rn. 9a.
81 *Eisele*, BT I, Rn. 623; NK-*Kargl*, Vor § 185 Rn. 90; *Rengier*, BT II, § 28 Rn. 23; SK-*Rogall*, Vor § 185 Rn. 55; *Wessels/Hettinger/Engländer*, BT 1, Rn. 443.
82 Sch/Sch-*Eisele/Schittenhelm*, Vor § 185 Rn. 9b; NK-*Kargl*, Vor § 185 Rn. 90; *Rengier*, BT II, § 28 Rn. 27.

zum Arzt, Psychologen oder Rechtsanwalt einbezogen werden.[83] Die Äußerung muss aber in einer Sphäre getätigt werden, die gegen die Wahrnehmung von außen abgeschirmt ist.[84]

WIEDERHOLUNGSFRAGEN

1. Sind auch Verbände passiv beleidigungsfähig? (Rn. 12)
2. Unter welchen Voraussetzungen ist eine Beleidigung einzelner Gruppenmitglieder unter einer Sammelbezeichnung anzunehmen? (Rn. 18 ff.)
3. Wie ist eine „beleidigungsfreie Sphäre" dogmatisch zu begründen und welche Gruppen umfasst sie? (Rn. 27 f.)

---

[83] Sch/Sch-*Eisele/Schittenhelm*, Vor § 185 Rn. 9b; *Rengier*, BT II, § 28 Rn. 28 – a.A. NK-*Kargl*, Vor § 185 Rn. 90; *Wessels/Hettinger/Engländer*, BT 1, Rn. 443: Lösung über § 193 StGB.
[84] KG NStZ 2021, 430, 431; vgl. dazu *Beck/Gratzke*, famos 2/2021.

§ 20 Beleidigung, § 185 StGB

Literaturempfehlungen:

Eppner/Hahn, Die Tatbestände der Beleidigungsdelikte, JA 2006, 702; 860; *Geppert*, Straftaten gegen die Ehre (§§ 185 ff.), JURA 1983, 530, 580; *ders.*, Zur passiven Beleidigungsfähigkeit von Personengemeinschaften und von Einzelpersonen unter einer Kollektivbezeichnung, JURA 2005, 244; *Pohlreich*, Strafrechtliche Grundfälle zur Meinungsfreiheit bei Ehrschutzdelikten, JA 2020, 744; *Reinbacher*, „Das wird man doch wohl noch sagen dürfen!" Politische Meinungsäußerungen im Internet als strafbare Beleidigung, ZJS 2022, 802; *Tenkhoff*, Grundfälle zum Beleidigungsrecht, JuS 1988, 199; 457; 618; 787; JuS 1989, 35; 198.

Übungsfälle:

Kaspar, Beleidigung und Körperverletzung auf dem Fußballplatz JuS 2004, 409; *Reinbacher*, Übungsklausur Strafrecht: Rassistischer Anschlag mit unerwartetem Ausgang, JURA 2007, 382; *Reinbacher/Brodowski*, Übungsklausur Strafrecht: Eine langersehnte Dusche, ein verhängnisvoller Liebesbrief und ein wütender Anruf, JA 2016, 106; *Schoch/Seligmann*, Der etwas andere Stadtbummel, AL 2024, 215.

I. Einleitung

1. Grundlagen

1   Der Gesetzgeber verwendet den Begriff „Beleidigung" sowohl als Überschrift für den 14. Abschnitt des StGB als auch als Überschrift für § 185 StGB. Zudem stellt die „Beleidigung" auch die Tathandlung des § 185 StGB dar (s.u. Rn. 6 ff.), ohne dass diese näher bestimmt wird. Dies ist etwas unglücklich, die teilweise erhobenen verfassungsrechtlichen Bedenken im Hinblick auf die Bestimmtheit der Norm (Art. 103 Abs. 2 GG),[1] hat das BVerfG jedoch verworfen.[2] § 185 HS. 1 StGB erfasst die **einfache Beleidigung**, während § 185 HS. 2 StGB bisher nur die tätliche Beleidigung als **Qualifikationstatbestand** unter Strafe stellte.[3] Mit dem Gesetz zur Bekämpfung des Rechtsextremismus und der Hasskriminalität wurden zusätzliche Qualifikationsvarianten in § 185 HS. 2 StGB eingeführt.[4] Eine **qualifizierte Beleidigung** liegt nun auch vor, wenn die Beleidigung öffentlich, in einer Versammlung oder durch Verbreiten eines Inhalts (§ 11 Abs. 3 StGB) begangen wird.

2   Die Beleidigung gem. § 185 StGB kann, wie bereits dargestellt, in **drei Formen** auftreten: (1) durch ehrverletzende Werturteile gegenüber dem Opfer selbst (Zwei-Personen-Verhältnis), (2) durch ehrverletzende Werturteile über das Opfer gegenüber einem Dritten (Drei-Personen-Verhältnis) oder (3) durch unwahre Tatsachenbehauptungen gegenüber dem Opfer (Zwei-Personen-Verhältnis).[5] Im Zwei-Personen-Verhältnis kommt demnach stets nur eine Beleidigung nach § 185 StGB in Betracht, während es in Mehr-Personen-Verhältnissen darauf ankommt, ob es sich um eine Tatsachenäußerung (dann: §§ 186, 187 StGB) oder um ein Werturteilung, also eine Meinungsäußerung (dann: § 185 StGB) handelt (s.o. § 19 Rn. 6, 9).

---

1 Vgl. *Wessels/Hettinger/Engländer*, BT 1, Rn. 467.
2 BVerfGE 93, 266, 291 f.
3 *Kindhäuser/Schramm*, BT 1, § 25 Rn. 1; MK-*Regge/Pegel*, § 185 Rn. 2.
4 BGBl. I, S. 441.
5 *Fischer*, § 185 Rn. 5; *Otto*, GK BT, § 32 Rn. 3.

II. Tatbestandsvoraussetzungen des Grunddelikts, § 185 HS. 1 StGB § 20

2. Prüfungsschema

Hier wird das Prüfungsschema des Grunddelikts nach § 185 HS. 1 StGB dargestellt.

▶ I. Tatbestand
    1. Objektiver Tatbestand
        a) Tatobjekt: Ehrträger, passive Beleidigungsfähigkeit
        b) Tathandlung: Kundgabe eigener Miss- oder Nichtachtung
            aa) durch ehrverletzendes Werturteil gegenüber dem Opfer oder einem Dritten
            bb) durch ehrverletzende unwahre Tatsachenäußerung gegenüber dem Opfer (bei Wahrheit: § 192 StGB)
        c) Taterfolg: sinnliches Wahrnehmen und Verstehen seitens des Empfängers
    2. Subjektiver Tatbestand
II. Rechtswidrigkeit (insb. § 193 StGB; Art. 5 GG)
III. Schuld
IV. Strafantrag, § 194 StGB ◀

II. Tatbestandsvoraussetzungen des Grunddelikts, § 185 HS. 1 StGB

▶ **Beispielsfall („Offenes Ende"):**[6] Als die im Streifendienst eingesetzte Gemeindevollzugsbeamtin B einen Knollen für einen Parkverstoß aufschreiben will, sagt A zu ihr: „Wissen Sie was, Sie können mich mal ...". Strafbarkeit des A gem. § 185 StGB? ◀

1. Objektiver Tatbestand

a) Tatobjekt: passiv beleidigungsfähiger Ehrträger

Die Beleidigung gem. § 185 StGB muss sich gegen einen **passiv beleidigungsfähigen Ehrträger** richten. Hier gilt das oben Gesagte (s.o. § 19 Rn. 11 ff.): Neben natürlichen Personen kommen unter den dargestellten Voraussetzungen auch Verbände in Betracht. Zudem können mit einer Kollektivbezeichnung auch einzelne oder alle Mitglieder des Kollektivs beleidigt werden.

b) Tathandlung

Tathandlung des § 185 StGB ist die Beleidigung.

Definition: Eine Beleidigung ist ein Angriff auf die Ehre eines anderen durch Kundgabe eigener Miss- oder Nichtachtung.[7]

Auch zur **Kundgabe-Handlung** gilt das oben Ausgeführte: Sie kann mündlich, schriftlich, ausdrücklich oder konkludent erfolgen (s.o. § 19 Rn. 25). Sie ist auch durch **Unterlassen** möglich.[8] Dabei kommt, wie erläutert, in Zwei-Personen-Verhältnissen sowohl die Kundgabe eines Werturteils als auch einer unwahren Tatsache in Betracht, während in Mehr-Personen-Verhältnissen nur ein Werturteil unter § 185 StGB fällt.

---

6 OLG Karlsruhe NStZ 2005, 158.
7 *Eisele*, BT I, Rn. 566; *Kindhäuser/Schramm*, BT 1, § 25 Rn. 2; *Rengier*, BT II, § 29 Rn. 25; *Wessels/Hettinger/Engländer*, BT 1, Rn. 468.
8 OLG Köln NJW 1996, 2878, 2879; LK-*Hilgendorf*, § 285 Rn. 27.

Insofern ist die **Abgrenzung von Tatsachenäußerung und Werturteil** entscheidend, welche auch für die Anwendbarkeit von Art. 5 Abs. 1 GG von wichtiger Bedeutung ist.

Definition: Eine Tatsachenbehauptung liegt vor, wenn die Äußerung sich auf konkrete Vorgänge oder Zustände der Vergangenheit oder Gegenwart bezieht, die sinnlich wahrnehmbar in die Wirklichkeit getreten und damit dem Beweis zugänglich sind.[9] Werturteile sind hingegen durch Elemente der subjektiven Stellungnahme, des Dafürhaltens oder Meinens geprägt.[10]

Tatsachenbehauptungen und **Meinungsäußerungen** sind nicht immer klar auseinanderzuhalten. Wenn A den B z.B. als „Betrüger" bezeichnet, so kann er damit eine Tatsache meinen, sich also auf einen konkreten Vorfall beziehen, oder ein Werturteil zum Ausdruck bringen. Eine Aussage kann auch beides enthalten. In einem solchen Fall muss ermittelt werden, welches Element überwiegt, d.h. ob die Äußerung ihrem Schwerpunkt nach als Meinungsäußerung oder als Tatsachenbehauptung anzusehen ist.[11] Lassen sich die Elemente nicht trennen, so ist i.H.a. Art. 5 Abs. 1 GG insgesamt von einer Meinungsäußerung, also einem Werturteil, auszugehen.[12] **Werturteile** können nicht wahr oder unwahr sein, sondern ihre Richtigkeit hängt von der persönlichen Überzeugung ab.

Dabei muss es sich aber um eine Ehrverletzung durch die Kundgabe eigener **Missoder Nichtachtung** handeln. Dies ist der Fall, wenn dem Opfer der sittliche, personale oder soziale Geltungswert durch Zuschreibung negativer Qualitäten ganz oder teilweise abgesprochen wird.[13] Ob eine Äußerung ehrverletzend ist, muss ebenfalls im Einzelfall unter Berücksichtigung der konkreten Umstände und des Umfelds beurteilt werden.[14] So herrscht auf dem Fußballplatz ein anderer Umgangston als im feinen Restaurant. Klassische Beschimpfungen wie „Idiot" oder „Flittchen" erfüllen regelmäßig den Tatbestand. Hierbei ist die Sicht eines verständigen objektiven Empfängers entscheidend.[15]

Allerdings ist schon bei der **Auslegung** der Äußerung das Grundrecht der **Meinungsäußerungsfreiheit** aus Art. 5 Abs. 1 GG zu berücksichtigen.[16] Das bedeutet insb., dass der konkrete Inhalt einer Aussage zu ermitteln ist. So kam es auch bei dem berühmten Ausspruch „Soldaten sind Mörder" darauf an, ob Soldatentum und Kriegshandwerk als solches kritisiert oder ob die einzelnen Soldaten als sittlich verachtenswert dargestellt werden sollten.[17] In der Praxis geht es häufig um die Beurteilung von verbalen Attacken auf die Polizei.[18] So ist die Bezeichnung als „Bulle" nicht einheitlich als Beschimpfung interpretiert worden (s.o. § 19 Rn. 21, 23).[19] Keine Beleidigung lag nach

---

9 OLG Köln NJW 1993, 1486; *Eisele*, BT I, Rn. 568; *Eisele/Heinrich*, BT, Rn. 336; *Rengier*, BT II, § 29 Rn. 3; *Zieschang*, BT 1, Rn. 567.
10 OLG Köln NJW 1993, 1487; *Eisele*, BT I, Rn. 572; *Eisele/Heinrich*, BT, Rn. 340; *Rengier*, BT II, § 29 Rn. 4; *Zieschang*, BT 1, Rn. 567.
11 BVerfG ZUM 2013, 793, 795.
12 BVerfG ZUM 2013, 793, 795.
13 Sch/Sch-*Eisele/Schittenhelm*, § 185 Rn. 2; *Rengier*, BT II, § 29 Rn. 25.
14 *Eisele/Heinrich*, BT, Rn. 342; NK-*Kargl*, § 185 Rn. 6; *Wessels/Hettinger/Engländer*, BT 1, Rn. 470.
15 OLG Karlsruhe NStZ 2005, 158; NK-*Kargl*, § 185 Rn. 6; vgl. auch BGHSt 19, 235, 237.
16 BVerfGE 93, 266, 295 ff.
17 BVerfGE 93, 266, 298.
18 S. dazu die Übersicht bei NK-*Kargl*, § 185 Rn. 12.
19 Für eine Missachtung: BayObLG JR 1989, 72, 73; gegen eine Missachtung (im Einzelfall): KG JR 1984, 163, 166; LG Regensburg NJW 2006, 629; AG Bremen StV 2018, 452.

II. Tatbestandsvoraussetzungen des Grunddelikts, § 185 HS. 1 StGB

der Ansicht des erkennenden Gerichts in der Bezeichnung eines Polizisten als „Herr Oberförster",[20] als „komischer Vogel"[21] oder als „Wichtigtuer".[22] Klar ist jedoch die Einschätzung des Akronyms A.C.A.B. als Beleidigung,[23] sofern es sich auf ein beleidigungsfähiges Kollektiv bezieht (s.o. § 19 Rn. 12 ff., 15, 22). Beim „Duzen" kommt es wiederum auf die Umstände des Einzelfalls an.[24] Bei Satire und Karikaturen ist ferner die Kunstfreiheit gem. Art. 5 Abs. 3 GG bei der Auslegung zu berücksichtigen.[25] Insofern kommt es darauf an, den wahren Aussagekern herauszuarbeiten, der sich unter dem satirischen Mantel voller Übertreibungen verbirgt.[26]

Problematisch ist auch der Bereich der „**Sexualbeleidigung**". Ein Angriff auf die sexuelle Selbstbestimmung genügt für sich genommen noch nicht, da darin nicht unbedingt ein Angriff auf die Ehre zum Ausdruck kommt. Dazu ist erforderlich, dass die Handlung sich nicht im regelmäßigen Erscheinungsbild eines Sexualdelikts erschöpft, sondern dass der Täter dabei zusätzlich (ausdrücklich oder konkludent) eine herabsetzende Bewertung des Opfers zum Ausdruck bringt,[27] etwa wenn er impliziert, das Opfer sei eine Person, „mit der man so etwas ohne weiteres machen kann".[28] 13

Bei § 185 StGB ist i.H.a. Täterschaft und Teilnahme entscheidend, dass der Täter mit der Aussage seine **eigene** Miss- oder Nichtachtung zum Ausdruck bringt,[29] denn anders als die §§ 186, 187 StGB (s.u. § 21 Rn. 6, 9, § 22 Rn. 1) stellt § 185 StGB kein Verbreitungsdelikt dar.[30] § 185 StGB ist vielmehr ein **höchstpersönliches Äußerungsdelikt**, bei dem Täter ist nur derjenige ist, der die eigene Missachtung äußert.[31] Wer einen fremden beleidigenden Inhalt lediglich übermittelt, ist daher kein Täter. Nicht der Postbote begeht die Beleidigung, sondern derjenige, der den beleidigenden Brief verfasst hat.[32] Insofern sind auch weder ein Schauspieler, der nur seine Rolle spricht, noch ein Redakteur des Fernsehsenders, der die entsprechende Sendung ausstrahlt, als Täter des § 185 StGB anzusehen.[33] Möglich ist aber, dass der Überbringer sich einen fremden beleidigenden Inhalt **zu eigen macht**, indem er diesem zustimmt. 14

Dies hat in jüngerer Zeit im Zusammenhang mit beleidigenden **Posts in sozialen Medien im Internet** die Frage aufgeworfen, wie Reaktionen anderer Nutzer, die den Beitrag teilen oder liken, einzustufen sind.[34] Dabei ist ein bloßes Teilen (oder Retweeten) des Beitrags noch nicht als Identifikation mit dem geteilten Inhalt einzustufen.[35] Anders ist dies aber beim „Like", da der Nutzer damit seine Zustimmung zum Ausdruck 15

---

20 AG Berlin-Tiergarten NJW 2008, 3233.
21 OLG Bamberg DAR 2008, 531.
22 OLG Bremen StV 2020, 181.
23 BVerfG NJW 2017, 2607; Fischer, § 124 Rn. 9.
24 OLG Düsseldorf JR 1990, 345 mit Anm. *Keller*.
25 Vgl. BVerfGE 75, 369, 377 ff.
26 BVerfGE 75, 369, 378; NK-*Kargl*, § 185 Rn. 20.
27 BGHSt 35, 76, 77; 36, 145, 150; A/W/H/H-*Hilgendorf*, § 7 Rn. 5; *Kindhäuser/Schramm*, BT I, § 25 Rn. 6; *Rengier*, BT II, § 29 Rn. 35.
28 BGH NStZ 1992, 33, 34: Hier bot der Täter einer Minderjährigen Geld gegen sexuelle Handlungen an.
29 OLG Köln NJW 1996, 2878, 2879; Sch/Sch-*Eisele/Schittenhelm*, § 185 Rn. 1; *Kindhäuser/Schramm*, BT 1, § 25 Rn. 7; SK-*Rogall*, § 185 Rn. 4; *Zieschang*, BT 1, Rn. 561.
30 *Rengier*, BT II, § 29 Rn. 26.
31 OLG Köln NJW 1996, 2878, 2879; Sch/Sch-*Eisele/Schittenhelm*, § 185 Rn. 1; LK-*Hilgendorf*, § 185 Rn. 42; *Zieschang*, BT 1, Rn. 561.
32 *Reinbacher*, JZ 2020, 558, 559.
33 OLG Köln; SK-*Rogall*, § 185 Rn. 4.
34 Vgl. dazu *Reinbacher*, JZ 2020, 558.
35 OLG Dresden MMR 2017, 542; OLG Frankfurt MMR 2016, 489, 490; *Reinbacher*, JZ 2020, 558, 559; *Zieschang*, BT 1, Rn. 562 – a.A. SK-*Rogall*, § 185 Rn. 4: Teilen als Kundgabe eigener Missachtung.

bringt.³⁶ Insofern beinhaltet also der „Like" eine eigenständige Beleidigung. Beim Teilen eines beleidigenden Inhalts kommt jedoch (sukzessive) Beihilfe in Betracht.³⁷

16 Neben den Werturteilen kann im **Zwei-Personen-Verhältnis** auch eine **ehrverletzende Tatsachenäußerung** den Tatbestand der Beleidigung erfüllen. Dabei ist umstritten, ob die **Unwahrheit** der Tatsache zum Tatbestand des § 185 StGB gehört. Teilweise wird vorgeschlagen, die Beweislastregel des § 186 StGB auf die Beleidigung zu übertragen, um einen möglichst umfassenden Ehrschutz zu gewährleisten, sodass die Tatsache nur nicht erweislich wahr sein muss.³⁸ Die h.M. sieht dagegen zu Recht in der Unwahrheit der Tatsache ein ungeschriebenes Tatbestandsmerkmal des § 185 StGB, da die Beweislastregel in § 186 StGB eine im Strafrecht sonst ungebräuchliche Ausnahme darstellt, die nicht ohne weiteres übertragen werden darf.³⁹

17 Das Behaupten **wahrer Tatsachen** stellt keine Beleidigung dar.⁴⁰ Etwas anderes gilt nur in den Fällen des § 192 StGB. Hier ergibt sich die Beleidigung aus der **Form** der Behauptung oder Verbreitung oder aus den Umständen, unter denen sie geäußert wird.

18 ▶ **Lösung des Beispielsfalls („Offenes Ende"):**⁴¹ Auch hier legte das OLG die Äußerung aus der Sicht eines verständigen Beobachters aus, wonach ihr eine Beleidigung nicht zweifelsfrei zu entnehmen sei. Da der Bemerkung „Wissen sie was, Sie können mich mal ..." für sich gesehen kein negativer Bedeutungsinhalt zukommt, war maßgeblich, wie der Satz weitergehen sollte. Sollte der Satz mit dem berühmten „Götz-Zitat" enden, so stelle dies eine Herabwürdigung dar. Der Satz sei aber mehrdeutig und habe auch mit „gern haben" enden können. Das AG hatte sich mit einer solchen alternativen Deutung nicht auseinandergesetzt. Daher war die Revision erfolgreich. ◀

19 **Anmerkung:** Der Fall zeigt anschaulich, dass die Gerichte – i.H.a. Art. 5 GG – stets die verschiedenen Deutungsmöglichkeiten einer Aussage zu untersuchen haben. Kommt das Gericht dann zu einer ehrverletzenden Deutung, so spielt Art. 5 GG gleichwohl auch auf der Rechtswidrigkeitsebene erneut eine Rolle, wenn es um die Frage der Abwägung von Meinungsfreiheit und Ehrschutz geht (s.u. Rn. 22 ff., 27).⁴²

c) Taterfolg

20 Der **Kundgabe- und Taterfolg** liegt darin, dass die Äußerung zur Kenntnis eines anderen gelangt, der den Inhalt auch versteht (s.o. § 19 Rn. 26). Ist dies der Fall, so ist die Tat vollendet. In Fällen des Postens beleidigender Inhalte im **Internet** dauert die Tat allerdings so lange an wie der Inhalt wissentlich online gehalten wird, sodass sie erst beendet ist, wenn er wieder gelöscht oder der Zugriff darauf verhindert wird.⁴³

---

36 OLG Frankfurt MMR 2016, 489, 490; *Reinbacher*, JZ 2020, 558, 560; *Zieschang*, BT 1, Rn. 562 – a.A. Sch/Sch-*Eisele/Schittenhelm*, § 185 Rn. 1; *Krischker*, JA 2013, 488, 490 f.; SK-*Rogall*, § 185 Rn. 4.
37 Ausführlich dazu *Reinbacher*, JZ 2020, 558, 560 ff.
38 *Tenckhoff*, JuS 1989, 35, 36 f.
39 OLG Köln NJW 1964, 2121, 2122; LK-*Hilgendorf*, § 185 Rn. 37; Sch/Sch-*Eisele/Schittenhelm*, § 185 Rn. 6; *Wessels/Hettinger/Engländer*, BT 1, Rn. 473.
40 *Tenckhoff*, JuS 1989, 35, 36.
41 OLG Karlsruhe NStZ 2005, 158.
42 *Reinbacher*, ZJS 2022, 802, 804; vgl. auch *Pohlreich*, JA 2020, 744.
43 OLG Karlsruhe MMR 2023, 434; zust. *Baader/Trautmann*, famos 8/2023, 43; *Reinbacher*, jurisPR-ITR 24/2023, Anm. 5.

2. Subjektiver Tatbestand

§ 185 StGB ist ein **Vorsatzdelikt**, vgl. § 15 StGB. Daher muss der Täter zumindest mit Eventualvorsatz dahingehend handeln, dass es sich um einen ehrenrührigen Inhalt handelt, eine Kundgabe desselben erfolgt und der Inhalt zur Kenntnis des Betroffenen oder eines Dritten gelangt, der diesen auch versteht.[44] Bei unwahren Tatsachenäußerungen gegenüber dem Betroffenen selbst muss Vorsatz bzgl. der Unwahrheit hinzukommen.[45] Eine Kränkungsabsicht ist hingegen nicht erforderlich.[46]

III. Rechtswidrigkeit, Wahrnehmung berechtigter Interessen, § 193 StGB

▶ **Beispielsfall („Künast"):**[47] A stellt in seinem Internet-Blog das Bild der Politikerin B ein und schreibt dazu „B findet Kinderficken ok, solange keine Gewalt im Spiel ist". Dabei bezieht er sich auf eine Äußerung, die B 1986 im Abgeordnetenhaus von Berlin getätigt hatte. Andere Nutzer versehen den Post u.a. mit den Kommentaren: „Pädophilen-Trulla"; „Die Alte hat doch einen Dachschaden, die ist hol wie Schnittlauch man kann da nur noch ..."; „Mensch ... was bist Du Krank im Kopf!!!"; „Die ist Geisteskrank"; „Ich könnte bei solchen Aussagen diesen Personen die Fresse polieren"; „Sperrt diese kranke Frau weck sie weiß nicht mehr was sie redet"; „Die sind alle so krank im Kopf"; Gehirnamputiert"; „Kranke Frau". Das KG lehnt einen Auskunftsanspruch gem. § 1 Abs. 3 NetzDG a.F. hinsichtlich der Nutzer ab, da die Schwelle zur Katalogtat des § 185 StGB nicht überschritten sei. Es liege kein Fall der abwägungsfreien Diffamierung vor, und die Verletzung des Persönlichkeitsrechts erreiche kein solches Gewicht, dass die Äußerungen unter Einbeziehung des Kontexts lediglich als persönliche Herabsetzung und Schmähung der B erschienen. B erhebt Verfassungsbeschwerde. ◀

Neben den allgemeinen Rechtfertigungsgründen[48] sieht § 193 StGB einen speziellen **Rechtfertigungsgrund** der **Wahrnehmung berechtigter Interessen** vor.[49] § 193 StGB gilt nur für die §§ 185, 186 und 192a StGB, nicht aber für § 187 StGB, da eine bewusste Lüge kein berechtigtes Interesse darstellen kann.[50] Auch auf andere Strafnormen außerhalb des 14. Abschnitts ist die Vorschrift nicht analog anwendbar.[51]

Eine Rechtfertigung nach § 193 StGB hat die folgenden **Voraussetzungen**:[52]
▶ (1) Rechtfertigungslage: Verfolgung berechtigter Interessen
  (a) Tadelnde Urteile über wissenschaftliche, künstlerische oder gewerbliche Leistungen
  (b) Äußerungen zur Ausführung oder Verteidigung von Rechten
  (c) Äußerungen zur Wahrnehmung sonstiger berechtigter Interessen
  (d) Vorhaltungen und Rügen der Vorgesetzten gegen ihre Untergebenen, dienstliche Anzeigen oder Urteile von Seiten eines Beamten und ähnliche Fälle

---

44 LK-*Hilgendorf*, § 185 Rn. 38.
45 *Eisele/Heinrich*, BT, Rn. 359; *Zieschang*, BT 1, Rn. 588.
46 *Fischer*, § 185 Rn. 17; LK-*Hilgendorf*, § 185 Rn. 38; *Otto*, GK BT, § 32 Rn. 13; MK-*Regge/Pegel*, § 185 Rn. 39.
47 BVerfG NJW 2022, 680.
48 Vgl. dazu LK-*Hilgendorf*, § 185 Rn. 44.
49 *Eisele/Heinrich*, BT, Rn. 388; Sch/Sch-*Eisele/Schittenhelm*, § 193 Rn. 1; *Kindhäuser/Schramm*, BT I, § 27 Rn. 1; *Rengier*, BT II, § 29 Rn. 44; *Wessels/Hettinger/Engländer*, BT 1, Rn. 475; *Zieschang*, BT 1, Rn. 589.
50 *Eisele*, BT I, Rn. 561, 636; *Eisele/Heinrich*, BT, Rn. 331, 388; Sch/Sch-*Eisele/Schittenhelm*, § 193 Rn. 2; NK-*Kargl*, § 193 Rn. 11.
51 NK-*Kargl*, § 193 Rn. 17; *Rengier*, BT II, § 29 Rn. 44.
52 Vgl. *Eisele*, BT I, Rn. 637; *Eisele/Heinrich*, BT, Rn. 389; *Rengier*, BT II, § 29 Rn. 45 ff.

(2) Rechtfertigungshandlung (Interessenabwägung):
   (a) Geeignetheit
   (b) Erforderlichkeit
   (c) Angemessenheit
(3) Subjektives Rechtfertigungselement ◄

25 Die im Gesetz genannten Fälle der tadelnden Urteile über wissenschaftliche, künstlerische oder gewerbliche Leistungen, Äußerungen zur Ausführung oder Verteidigung von Rechten, Vorhaltungen und Rügen der Vorgesetzten gegen ihre Untergebenen, dienstliche Anzeigen oder Urteile von Seiten eines Beamten und ähnliche Fälle sowie zur Wahrnehmung sonstiger berechtigter Interessen sind **Unterfälle** der Wahrnehmung berechtigter Interessen.[53] Der dritte im Gesetz angeführte Fall umfasst als **Auffangtatbestand** und wichtigster Anwendungsfall alle von der Rechtsordnung anerkannten Interessen.[54] Dazu gehören alle privaten oder öffentlichen, immateriellen oder vermögensrechtlichen Interessen.[55]

26 § 193 StGB beruht auf dem Gedanken der **Interessenabwägung**. Zur Rechtfertigung muss die Äußerung geeignet, erforderlich und angemessen sein.[56] Geeignet zur Interessenwahrnehmung ist eine Äußerung, die bei einer Aussicht auf Erfolg verspricht, d.h. dem wahrgenommenen Interesse dienlich ist.[57] Hieran fehlt es, wenn der Täter sich an einen beliebigen Personenkreis richtet, der das betreffende Interesse in keinerlei Weise zu fördern vermag.[58] Erforderlich ist eine Äußerung, wenn der Täter von mehreren gleich wirksamen Mitteln das mildeste zur Erreichung des Ziels wählt.[59] Hieran fehlt es, wenn der Täter sich vor einem größeren Personenkreis als notwendig äußert oder ohne sachliche Notwendigkeit den Namen des Betroffenen konkret nennt.[60] Angemessen ist eine Äußerung, wenn eine Abwägung der konkreten Umstände ergibt, dass die Interessen des Täters die des Opfers überwiegen.[61]

27 Besondere Bedeutung hat hier die **Abwägung von Grundrechten**, insb. von Meinungs- und Kunstfreiheit (Art. 5 Abs. 1, Abs. 3 GG) auf der einen und Ehrschutz (Art. 2 Abs. 1 i.V.m. Art. 1 Abs. 1 GG) auf der anderen Seite. Hierbei ist indes umstritten, ob Art. 5 GG (nur) über das Einfallstor des § 193 StGB zu prüfen und bei dessen Auslegung zu berücksichtigen ist[62] oder ob Art. 5 GG unmittelbar als eigenständiger Rechtfertigungsgrund gilt.[63] § 193 StGB wird auch als Ausprägung der in Art. 5 Abs. 1 GG normierten Grundrechte bezeichnet.[64] Jedenfalls ist § 193 StGB im Bereich der Meinungs- und Kunstfreiheit durch die Rechtsprechung des BVerfG so überlagert, dass eine verfassungsrechtliche Abwägung zwischen Meinungsfreiheit und Ehrschutz vorzunehmen ist.[65] Dabei überwiegt keines der beiden Grundrechte von vornherein. Eine

---

53 NK-*Kargl*, § 193 Rn. 19.
54 *Eisele*, BT I, Rn. 642; *Eisele/Heinrich*, BT, Rn. 394; NK-*Kargl*, § 193 Rn. 36; *Rengier*, BT II, § 29 Rn. 49.
55 *Eisele*, BT I, Rn. 642; *Eisele/Heinrich*, BT, Rn. 394; NK-*Kargl*, § 193 Rn. 36.
56 *Kindhäuser/Schramm*, BT I, § 27 Rn. 9; *Rengier*, BT II, § 29 Rn. 51.
57 *Kindhäuser/Schramm*, BT I, § 27 Rn. 11.
58 *Kindhäuser/Schramm*, BT I, § 27 Rn. 11; MK-*Regge/Pegel*, § 193 Rn. 30.
59 MK-*Regge/Pegel*, § 193 Rn. 31.
60 *Eisele*, BT I, Rn. 644; *Rengier*, BT II, § 29 Rn. 52.
61 *Eisele*, BT I, Rn. 645; *Eisele/Heinrich*, BT, Rn. 397; Sch/Sch-*Eisele/Schittenhelm*, § 193 Rn. 12; *Kindhäuser/Schramm*, BT 1, § 27 Rn. 12 – a.A. *Rengier*, BT II, § 29 Rn. 53: Gleichwertigkeit genügt.
62 *Pohlreich*, JA 2020, 744, 746.
63 So etwa *Eisele/Schittenhelm*, § 193 Rn. 1; LK-*Hilgendorf*, § 193 Rn. 1, 4, 8.
64 OLG Frankfurt NJW 1989, 1367, 1368; *Eisele/Heinrich*, BT, Rn. 388.
65 MK-*Regge/Pegel*, § 193 Rn. 3; *Reinbacher*, ZJS 2022, 802, 805.

III. Rechtswidrigkeit, Wahrnehmung berechtigter Interessen, § 193 StGB

Abwägung ist nur in **drei Konstellationen** entbehrlich, in denen der **Ehrschutz** stets überwiegt: (1) bei einer Verletzung der Menschenwürde, (2) bei Formalbeleidigungen und (3) bei Schmähkritik.[66] Eine **Verletzung der Menschenwürde** ist nur anzunehmen, wenn die Äußerung der betroffenen Person „den ihre menschliche Würde ausmachenden Kern der Persönlichkeit abspricht",[67] z.B. bei rassistischen Bezeichnungen.[68] Eine **Formalbeleidigung** im verfassungsrechtlichen Sinn (nicht zu verwechseln mit § 192 StGB) liegt vor bei besonders krassen Schimpfwörtern.[69] **Schmähkritik** bezeichnet schließlich Äußerungen, denen jeglicher Sachbezug fehlt, sodass es nicht mehr um die Auseinandersetzung in der Sache, sondern nur um die Diffamierung der Person geht.[70]

▶ **Lösung des Beispielsfalls („Künast"):**[71] Das BVerfG hielt die Verfassungsbeschwerde für offensichtlich begründet. Da eine tatbestandliche Beleidigung bei den genannten Äußerungen anzunehmen war, mussten die Grundrechte der Meinungsfreiheit und der persönlichen Ehre abgewogen werden. Zu den hierbei zu berücksichtigenden Umständen zählten insb. Inhalt, Form, Anlass und Wirkung der betreffenden Äußerung sowie Person und Anzahl der Äußernden, der Betroffenen und der Rezipienten. Zwar sei die Meinungsfreiheit gerade aus dem besonderen Schutzbedürfnis der Machtkritik erwachsen, sodass die Bürgerinnen und Bürger die Amtsträgerinnen und Amtsträger in ihrer Funktion auch angreifen dürften, ohne Sanktionen befürchten zu müssen; insofern sei es ein wesentlicher Abwägungsfaktor, ob die Privatsphäre der Betroffenen oder ihr öffentliches Wirken betroffen sei. Daher müssen Politikerinnen und Politiker traditionell mehr ertragen als Privatpersonen. Jedoch sei auch dann abzuwägen und nicht jede auch ins Persönliche gehende Beschimpfung erlaubt. Vielmehr liege ein wirksamer Schutz der Persönlichkeitsrechte von Politikerinnen und Politikern über die Bedeutung im öffentlichen Interesse, denn eine Bereitschaft zur Mitwirkung in Staat und Gesellschaft könne nur erwartet werden, wenn für diejenigen, die sich engagieren und öffentlich einbringen, ein hinreichender Schutz ihrer Persönlichkeitsrechte gewährleistet ist. Zudem könne bei schriftlichen Äußerungen ein höheres Maß an Bedacht und Zurückhaltung erwartet werden. Dies gelte für Äußerungen in „sozialen Netzwerken" im Internet. Zudem sei die beeinträchtigende Wirkung einer Äußerung gesteigert, wenn sie in wiederholender und anprangernder Weise oder in einem öffentlich zugänglichen Medium wie dem Internet getätigt wird. All dies hatte das KG nicht berücksichtigt. ◀

Anmerkung: Dieser aufsehenerregenden Entscheidung ist zuzustimmen. Nachdem schon die vorangegangenen Entscheidungen, in denen auch besonders krasse Beschimpfungen der B wegen ihres Bezugs zu der Debatte im Abgeordnetenhaus für zulässig erklärt worden waren,[72] für Kopfschütteln gesorgt hatten, hat das BVerfG hier klargestellt, dass stets eine Abwägung vorzunehmen ist, wenn keine der drei Kategorien vorliegt.[73] Zudem rückte es von der zu starken Einschränkung des Persönlichkeitsrechts von Politikerinnen und Politikern ab und betonte zu Recht, dass nicht nur eine zu starke Einschränkung der Meinungsfreiheit, sondern auch ein zu geringer Ehrschutz demokratiegefährdend sein kann. Zudem nutzte es die Gelegenheit auf die Besonderheiten des Internets einzugehen, wo das „Liken"

---

66 BVerfG NJW 2020, 2622, 2623; NJW 2022, 680, 682; vgl. dazu ausführlich *Reinbacher*, ZJS 2022, 802, 804 f.
67 BVerfG NJW 2020, 2622, 2625.
68 Vgl. BVerfG 2001, 61.
69 BVerfG NJW 2020, 2622, 2624.
70 BVerfG NJW 2020, 2622, 2624; NJW 2022, 680, 682.
71 BVerfG NJW 2022, 680.
72 Zum Verfahrensgang LG Berlin MMR 2019, 754; ZUM-RD 2020, 471; KG MMR 2020, 867.
73 BVerfG NJW 2022, 680, 682.

und Teilen eines solchen Beitrags zu einer Verstärkung und Perpetuierung der Ehrverletzungen führen kann.[74] Dem trägt auch die neu eingeführte Qualifikation Rechnung (s.u. Rn. 32).

30 Umstritten sind die **subjektiven Anforderungen** an eine Rechtfertigung gem. § 193 StGB. Während teilweise davon ausgegangen wird, dass die Kenntnis der Rechtfertigungslage genügt,[75] verlangt die Gegenansicht i.H.a. den Wortlaut „zur Wahrnehmung berechtigter Interessen" zu Recht ein Handeln mit dolus directus I.[76]

IV. Qualifikationen

31 **Qualifizierte Fälle** der Beleidigung enthält § 185 HS. 2 StGB (Freiheitsstrafe bis zu zwei Jahren oder Geldstrafe). Dazu gehört traditionell die **tätliche Beleidigung**. Zu einer solchen Beleidigung mittels Tätlichkeit gehören etwa das Anspucken des Opfers oder eine erniedrigende Ohrfeige.[77] Neu eingefügt wurden mit dem Gesetz zur Bekämpfung des Rechtsextremismus und der Hasskriminalität die öffentliche Beleidigung sowie die Beleidigung in einer Versammlung oder durch Verbreiten eines Inhalts (§ 11 Abs. 3 StGB) als zusätzliche Qualifikationsvarianten in § 185 HS. 2 StGB.[78] Sie fanden sich zuvor schon in den §§ 186 HS. 2, 187 HS. 2 StGB und wurden auf § 185 StGB übertragen. Der Gesetzgeber fand zur Begründung ähnliche Worte wie das BVerfG (s.o. Rn. 28): Die zunehmende „Verrohung der Kommunikation" in den **sozialen Medien** greife nicht nur das Persönlichkeitsrecht der Betroffenen, sondern auch den politischen Diskurs in der demokratischen Gesellschaft an.[79] Die neuen Qualifikationsvarianten eröffneten den Strafverfolgungsbehörden die Möglichkeit, auf gravierende Fälle der Beleidigung im Internet angemessen zu reagieren.[80]

32 Eine **öffentliche Beleidigung** liegt vor, wenn die Äußerung von einem größeren, nach Zahl und Zusammenhang nicht bestimmbaren Personenkreis zur Kenntnis genommen werden kann.[81] Zu denken ist klassischerweise an Fernsehen und Rundfunk. Dies kann aber insb. auch bei Äußerungen in **sozialen Medien im Internet** der Fall sein, sofern die Einstellungen nicht auf einen engen Personenkreis begrenzt sind.[82] Eine **Versammlung** ist eine räumlich zu einem bestimmten Zweck vereinigte größere Anzahl von Menschen, die auch nicht-öffentlich sein kann.[83] Neu gestaltet wurde in den §§ 185 HS. 2, 186 HS. 2, 187 HS. 2 StGB das **Verbreiten eines Inhalts**, § 11 Abs. 3 StGB. Wichtig ist hier zunächst, dass dieser Begriff in den §§ 185 HS. 2, 186 HS. 2, 187 HS. 2 StGB presserechtlich zu verstehen und von der Tathandlung Verbreiten i.S.d. §§ 186 HS. 1, 187 HS. 1 StGB (s. dazu unten § 21 Rn. 9) zu unterscheiden ist. Traditionell bezieht es sich auf Verkörperungen des Inhalts. Verbreiten ist dann die physische Übertragung der Verkörperung (Schrift, Datenträger etc.) an einen größeren Personenkreis.[84] Nach der Reform der Schriftendelikte zu Inhaltsdelikten durch das

---

74 Zum Ganzen *Reinbacher*, ZJS 2022, 802, 808 f.
75 Sch/Sch-*Eisele/Schittenhelm*, § 193 Rn. 23; L/K/H-*Heger*, § 193 Rn. 9; MK-*Regge/Pegel*, § 193 Rn. 72.
76 *Eisele*, BT I, Rn. 649; *Eisele/Heinrich*, BT, Rn. 401; LK-*Hilgendorf*, § 193 Rn. 30; NK-*Kargl*, § 193 Rn. 55.
77 *Eisele*, BT I, Rn. 601; *Eisele/Heinrich*, BT, Rn. 360; *Otto*, GK BT, § 32 Rn. 22; *Rengier*, BT II, § 29 Rn. 42.
78 BGBl. I, 441; vgl. dazu *Reinbacher*, NK 2020, 186.
79 BT-Drs. 19/17741, 1.
80 BT-Drs. 19/17741, 18.
81 Vgl. MK-*Regge/Pegel*, § 186 Rn. 34; BeckOK-*Valerius*, § 186 Rn. 24.
82 MK-*Regge/Pegel*, § 186 Rn. 34. Bei geschlossenen Benutzerkreisen lässt sich die Öffentlichkeit aber nicht pauschal verneinen; vgl. zu diesem Problem *Reinbacher/Welzel*, GA 2022, 256, 269 f.
83 MK-*Regge/Pegel*, § 187 Rn. 23.
84 BGHSt 13, 257, 258; 18, 63, 64; NK-*Kargl*, § 186 Rn. 46; *Reinbacher/Welzel*, GA 2022, 256, 257.

60. StÄG[85] im Jahr 2021[86] kommt es auf den Inhalt an. Dadurch wird auch eine unkörperliche Verbreitung, etwa von Daten, möglich.[87] Der BGH nimmt einen **internetspezifischen Verbreitungsbegriff** an, wonach ein Verbreiten vorliegt, wenn die Datei auf dem Rechner des Empfängers angekommen ist.[88] Die Aufnahme des Qualifikationsmerkmals des Verbreitens ändert nichts am Charakter des § 185 StGB als persönliches Äußerungsdelikt, d.h. der Täter muss seine eigene Missachtung zum Ausdruck bringen.[89]

Eine **weitere Qualifikation** enthält § 188 Abs. 1 StGB (Freiheitsstrafe bis zu drei Jahren oder Geldstrafe), wenn die Beleidigung gegen eine im politischen Leben des Volkes stehende Person öffentlich, in einer Versammlung oder durch Verbreiten eines Inhalts (§ 11 Absatz 3) aus Beweggründen begangen, die mit der Stellung des Beleidigten im öffentlichen Leben zusammenhängen, und die Tat geeignet ist, sein öffentliches Wirken erheblich zu erschweren.

33

WIEDERHOLUNGSFRAGEN

1. In welchen drei Formen kann § 185 StGB erfüllt sein? (Rn. 2)
2. Wie unterscheiden sich Werturteile und Tatsachenäußerungen? (Rn. 9)
3. Ist auch bei einem „Like" in sozialen Medien eine täterschaftliche Beleidigung anzunehmen? (Rn. 15)
4. An welchen Stellen der Prüfung einer Strafbarkeit nach § 185 StGB ist Art. 5 GG zu berücksichtigen? (Rn. 12, 27)
5. Spielt es für die Abwägung von Meinungsfreiheit und Ehrschutz eine Rolle, ob die Äußerung im Internet getätigt wurde? (Rn. 28 f.)

---

85 BGBl. I 2020, 2600.
86 S. dazu *Reinbacher/Welzel*, GA 2022, 256, 260 ff.
87 *Reinbacher/Welzel*, GA 2022, 256, 261 ff.
88 BGHSt 47, 55, 59; zur Übertragbarkeit auf die Inhaltsdelikte *Reinbacher/Welzel*, GA 2022, 256, 261 ff.
89 *Reinbacher*, NK 2020, 186, 194 ff.; *Zieschang*, BT 1, Rn. 591.

§ 21 Üble Nachrede, § 186 StGB

Literaturempfehlungen:
Eppner/Hahn, Die Tatbestände der Beleidigungsdelikte, JA 2006, 860; *Tenkhoff*, Grundfälle zum Beleidigungsrecht, JuS 1989, 618; s. i.Ü. Literatur zu § 20.

Übungsfall:
Kaspar, Übungsklausur Strafrecht: Ehrdelikte, JuS 2005, 526.

I. Einleitung

1. Grundlagen

1   In **Mehr-Personen-Verhältnissen** kommt eine Strafbarkeit nach § 186 StGB in Betracht, wenn es sich um eine Tatsachenäußerung handelt, die **nicht erweislich wahr** ist. Tatsachenbehauptungen gegenüber dem Opfer selbst werden hingegen von § 185 StGB erfasst (s.o. § 20 Rn. 2, 8). Auch hier ist also die **Abgrenzung von Tatsachen und Werturteilen** entscheidend (s.o. § 20 Rn. 9). Die Nicht-Erweislichkeit der Wahrheit ist nach h.M. eine **objektive Bedingung der Strafbarkeit** (s.u. Rn. 16).[1] Wichtigste Folge ist, dass sich daher der Vorsatz des Täters nicht auf die Unwahrheit beziehen muss. Auch hier bildet HS. 1 das Grunddelikt und HS. 2 enthält Qualifikationen für die üble Nachrede, die öffentlich, in einer Versammlung oder durch das Verbreiten eines Inhalts begangen wird. Eine **weitere Qualifikation** bildet § 187 StGB, wenn wissentlich unwahre Tatsachen behauptet oder verbreitet werden.

2. Prüfungsschema

2   Hier wird wiederum das Prüfungsschema des Grunddelikts dargestellt.
▶ I. Tatbestand
    1. Objektiver Tatbestand
        a) Tatobjekt: Ehrträger
        b) Tathandlung: Kundgabe einer ehrenrührigen Tatsache
            aa) durch Behaupten gegenüber einem Dritten oder
            bb) durch Verbreiten gegenüber einem Dritten
        c) Taterfolg: sinnliches Wahrnehmen seitens des Empfängers
    2. Subjektiver Tatbestand
    3. Objektive Bedingung der Strafbarkeit: Nicht-Erweislichkeit der Wahrheit der Tatsache
  II. Rechtswidrigkeit (insb. § 193 StGB)
  III. Schuld
  IV. Strafantrag, § 194 StGB ◀

---

[1] BGHSt 11, 273, 274; *Eisele/Heinrich*, BT, Rn. 370; LK-*Hilgendorf*, § 186 Rn. 12; *Rengier*, BT II, § 29 Rn. 12.

II. Tatbestandsvoraussetzungen des Grunddelikts, § 186 HS. 1 StGB

▶ **Beispielsfall („Denunziant"):**[2] A ist Masseur in einem Krankenhaus. Als er gerade C behandelt, wird B auf einer Bahre vorbeigefahren. A erzählt C daraufhin von Gerüchten über B, dass dieser Mitgefangene „bei den Russen denunziert" habe. A sagt aber dazu, dass dieser Verdacht zunächst bestanden, sich aber nicht bestätigt habe. Hat A sich gem. § 186 HS. 1 StGB strafbar gemacht? ◀

1. Objektiver Tatbestand

a) Tatobjekt: passiv beleidigungsfähiger Ehrträger

Auch hier gilt, dass § 186 StGB als Ehrdelikt sich gegen die Ehre eines **beleidigungsfähigen Ehrträgers** richten muss. Hier gilt das oben Ausgeführte (s.o. § 19 Rn. 11 ff.).

b) Tathandlung

Die **Tathandlung** liegt in der Kundgabe einer **ehrenrührigen Tatsache** über das Opfer. Wichtig ist also, dass die Tatsache **ehrenrührig** sein muss, also geeignet, das Opfer verächtlich zu machen oder in der öffentlichen Meinung herabzuwürdigen.[3] Es ist also nicht nach den §§ 186, 187 StGB strafbar, Lügen zu verbreiten, etwa Falschinformationen über Kriege oder Pandemien, solange diese sich nicht auf eine Person beziehen oder diese jedenfalls nicht in ihrer Ehre angreifen. Aus der Formulierung „in Beziehung auf einen anderen" folgt, dass es sich um ein Mehrpersonen-Verhältnis handeln muss.

Die Kundgabe der ehrenrührigen Tatsache kann in zwei Formen erfolgen: durch **Behaupten** oder durch **Verbreiten** der Tatsache.

Definition: Behaupten bedeutet, etwas nach eigener Überzeugung als wahr darzustellen.[4]

Es ist unerheblich, ob die Tatsache als Ergebnis eigener oder fremder Wahrnehmung bzw. Schlussfolgerung berichtet wird.[5] Eine Behauptung kann ausdrücklich oder **konkludent** erfolgen.[6] Auch in einer Frage oder im Äußern eines Verdachts kann eine Behauptung liegen.[7] Ebenso kann das Bestreiten einer Tatsache die Behauptung des Gegenteils bedeuten.[8]

Definition: Verbreiten ist die Weitergabe von Mitteilungen als Gegenstand fremden Wissens und fremder Überzeugung.[9]

---

2 OLG Hamm NJW 1953, 596.
3 Vgl. dazu LK-*Hilgendorf*, § 186 Rn. 10.
4 *Eisele/Heinrich*, BT, Rn. 366; Sch/Sch-*Eisele/Schittenhelm*, § 185 Rn. 7; *Fischer*, § 186 Rn. 8; *Kindhäuser/Schramm*, BT 1, § 23 Rn. 11; *Otto*, GK BT, § 32 Rn. 17; MK-*Regge/Pegel*, § 186 Rn. 17; *Rengier*, BT II, § 29 Rn. 8; *Wessels/Hettinger/Engländer*, BT 1, Rn. 452.
5 *Eisele*, BT I, Rn. 607; *Eisele/Heinrich*, BT, Rn. 366; *Fischer*, § 186 Rn. 9; Sch/Sch-*Eisele/Schittenhelm*, § 185 Rn. 7; *Kindhäuser/Schramm*, BT 1, § 23 Rn. 11; MK-*Regge/Pegel*, § 186 Rn. 17; *Wessels/Hettinger/Engländer*, BT 1, Rn. 452.
6 Sch/Sch-*Eisele/Schittenhelm*, § 185 Rn. 7; *Kindhäuser/Schramm*, BT 1, § 23 Rn. 11; MK-*Regge/Pegel*, § 186 Rn. 17.
7 Sch/Sch-*Eisele/Schittenhelm*, § 185 Rn. 7; MK-*Regge/Pegel*, § 186 Rn. 17; *Wessels/Hettinger/Engländer*, BT 1, Rn. 452.
8 Sch/Sch-*Eisele/Schittenhelm*, § 185 Rn. 7.
9 Sch/Sch-*Eisele/Schittenhelm*, § 185 Rn. 8; NK-*Kargl*, § 186 Rn. 33; MK-*Regge/Pegel*, § 186 Rn. 18; *Rengier*, BT II, § 29 Rn. 9; *Wessels/Hettinger/Engländer*, BT 1, Rn. 452.

10 Der Unterschied zum Behaupten liegt also darin, dass der Täter sich die fremde Tatsachenbehauptung nicht zu eigen macht und nicht für ihre Richtigkeit eintritt.[10] Umstritten ist jedoch, ob der Tatbestand auch erfüllt ist, wenn der Täter zwar ein Gerücht mitteilt, sich aber davon **distanziert**. Um eine solche Konstellation geht es auch im Beispielsfall „Denunziant".

11 ▶ **Lösung des Beispielsfalls („Denunziant"):**[11] Das OLG Hamm hielt den objektiven Tatbestand des § 186 HS. 1 StGB für erfüllt. Die Erwähnung eines Gerüchts könne auch dann ein Verbreiten sein, wenn der Täter es als grundlos oder unglaubwürdig bezeichne. Andernfalls habe der Täter es in der Hand, die Ehre eines anderen zu verletzen, sich aber durch solche oder ähnliche Zusätze vor einer Bestrafung zu schützen. Das Gleiche gelte auch in diesem Fall, in dem A gesagt hatte, das Gerücht habe sich nicht bestätigt. Denn auch dann bleibe am Opfer davon „etwas hängen". Das LG, das den objektiven Tatbestand demnach zu Unrecht verneint hatte, müsse sich in der neuen Verhandlung aber mit der inneren Tatseite befassen. ◀

12 **Anmerkung:** Diesen Ausführungen ist zu entnehmen, dass das Gericht möglicherweise den subjektiven Tatbestand verneint hätte. Wer sich also von einem Gerücht distanziert, das er gleichwohl weitertratscht, soll also u.U. nicht vorsätzlich hinsichtlich einer Missachtung des Opfers handeln. Objektiv sei das aber der Fall. Auch der BGH hat später einmal angenommen, dass der Tatbestand erfüllt sei, wenn der Täter das ihm zugetragene Gerücht bei der Weiterverbreitung als unbestätigt oder sogar als unglaubwürdig bezeichnet.[12] Richtigerweise ist hier zu differenzieren. Zumindest in Fällen, in denen der Täter dem Gerücht ernsthaft entgegentritt und es entkräftet, ist der objektive Tatbestand zu verneinen, weil er keine fremde Missachtung ermöglicht, sondern die Ehre des Opfers verteidigt.[13] Andere wollen hier erst die Rechtswidrigkeit ablehnen, entweder über § 193 StGB[14] oder im Wege einer mutmaßlichen Einwilligung.[15] Dem ist aber nicht zu folgen, da weder ein überwiegendes eigenes Interesse des Täters besteht noch anzunehmen ist, dass die Weitergabe zwangsläufig im Interesse des Opfers liegt.

13 Es genügt nach zutreffender Ansicht weder für ein Behaupten noch für ein Verbreiten, wenn der Täter lediglich eine **kompromittierende Sachlage** schafft, etwa durch Verstecken von Diebesgut in der Tasche des Opfers, da es sich um ein **Äußerungsdelikt** handelt und auch der „Drittbezug" eine Äußerung voraussetzt, die den Erklärenden erkennen lässt.[16]

c) Taterfolg

14 Auch § 186 StGB ist ein **Kundgabedelikt**, dessen **Erfolg** eintritt und das damit vollendet ist, wenn die Tatsache zur **Kenntnis** eines Dritten gelangt, wobei dieser sie –

---

10 Sch/Sch-*Eisele/Schittenhelm*, § 186 Rn. 8; NK-*Kargl*, § 186 Rn. 33; MK-*Regge/Pegel*, § 186 Rn. 18.
11 OLG Hamm NJW 1953, 596.
12 BGHSt 18, 182, 183 – anders aber BGH (Z) NJW 1996, 1131, 1132.
13 *Eisele*, BT I, Rn. 609; *Eisele/Heinrich*, BT, Rn. 367; NK-*Kargl*, § 186 Rn. 33; MK-*Regge/Pegel*, § 186 Rn. 18; BeckOK-*Valerius*, § 186 Rn. 10.
14 LK-*Hilgendorf*, § 186 Rn. 8.
15 Sch/Sch-*Eisele/Schittenhelm*, § 186 Rn. 8; L/K/H-*Heger*, § 186 Rn. 5.
16 *Eisele*, BT I, Rn. 610; *Eisele/Heinrich*, BT, Rn. 368; LK-*Hilgendorf*, § 186 Rn. 9; MK-*Regge/Pegel*, § 186 Rn. 17, 19 – a.A. *Streng*, GA 1985, 214, 222.

anders als bei § 185 StGB – nicht verstehen muss, da eine „Eignung zur Verächtlichmachung" genügt.[17]

2. Subjektiver Tatbestand

Auch § 186 HS. 1 StGB erfordert **Vorsatz**, § 15 StGB. Wiederum genügt dolus eventualis, der sich aber nur darauf beziehen muss, dass der Täter eine ehrenrührige Tatsache behauptet oder verbreitet, nicht aber auf die Nicht-Erweislichkeit der Wahrheit, da diese (nur) eine objektive Bedingung der Strafbarkeit darstellt (s.u. Rn. 16).[18]

3. Objektive Bedingung der Strafbarkeit: Nicht-Erweislichkeit der Wahrheit

Die **dogmatische Einordnung** des Merkmals der Nicht-Erweislichkeit der Wahrheit ist umstritten. Die h.M. sieht hierin zu Recht eine **objektive Bedingung der Strafbarkeit**.[19] Die wichtigste Folge dieser Einordnung liegt darin, dass der Täter weder vorsätzlich noch sorgfaltswidrig hinsichtlich der Unwahrheit handeln muss. Dies wird teilweise i.H.a. das Schuldprinzip kritisiert und die Nicht-Erweislichkeit der Wahrheit daher entweder als echtes objektives Tatbestandsmerkmal behandelt[20] oder doch zumindest eine Sorgfaltswidrigkeit des Täters hinsichtlich der Unwahrheit gefordert.[21] Für die h.M. spricht aber schon der Wortlaut des § 186 StGB, der die Tatbestands- oder Vorsatz-Fahrlässigkeitskonzeption nicht hergibt.[22] Zudem liegt der Unwertgehalt der Vorschrift bereits im Äußern einer ehrenrührigen Tatsachenbehauptung; der Täter trägt insofern die Last, dass sich diese beweisen lässt. Er soll sich nicht auf die (Schutz-)Behauptung zurückziehen können, er habe an die Wahrheit geglaubt.[23] Daraus folgt, dass der Grundsatz in dubio pro reo hier keine Geltung hat und eine **Beweislastumkehr** stattfindet, da der Täter den Gegenbeweis der Wahrheit antreten muss.[24]

III. Rechtswidrigkeit, insb. § 193 StGB

Auch bei § 186 StGB greift § 193 StGB (§ 20 Rn. 22 ff.) als **spezieller Rechtfertigungsgrund**.

IV. Qualifikationen

§ 186 HS. 2 StGB **qualifiziert** die üble Nachrede bei bestimmten Begehungsweisen (Freiheitsstrafe bis zu zwei Jahren oder Geldstrafe). Mit dem Gesetz zur Bekämpfung des Rechtsextremismus und der Hasskriminalität wurde auch die üble Nachrede in einer Versammlung als Qualifikation in § 186 HS. 2 StGB aufgenommen.[25] Damit entsprechen die hier geregelten drei Varianten den Varianten des § 185 HS. 2 StGB

---

17 Sch/Sch-*Eisele/Schittenhelm*, § 186 Rn. 17; NK-*Kargl*, § 186 Rn. 37; MK-*Regge/Pegel*, § 186 Rn. 23.
18 *Eisele*, BT I, Rn. 612; *Eisele/Heinrich*, BT, Rn. 369; Sch/Sch-*Eisele/Schittenhelm*, § 186 Rn. 11; NK-*Kargl*, § 186 Rn. 38.
19 BGHSt 11, 273, 274; *Eisele*, BT I, Rn. 613; *Eisele/Heinrich*, BT, Rn. 370; Sch/Sch-*Eisele/Schittenhelm*, § 186 Rn. 10; K/H/H-*Heinrich*, BT 1, Rn. 506; A/W/H/H-*Hilgendorf*, § 7 Rn. 18; NK-*Kargl*, § 186 Rn. 4 f., 8 ff., 38; *Tenckhoff*, JuS 1988, 618, 622; BeckOK-*Valerius*, § 186 Rn. 18 f.; *Zieschang*, BT 1, Rn. 599.
20 *Bemmann*, MDR 1956, 387.
21 LK-*Hilgendorf*, § 186 Rn. 4; *Wessels/Hettinger/Engländer*, BT, Rn. 460.
22 NK-*Kargl*, § 186 Rn. 8 f.
23 *Eisele*, BT I, Rn. 613.
24 NK-*Kargl*, § 186 Rn. 12.
25 BGBl. I, 441; vgl. dazu *Reinbacher*, NK 2020, 186.

(s.o. § 20 Rn. 31 f.). Zu beachten ist, dass der Begriff des **Verbreitens** ins HS. 1 und in HS. 2 **unterschiedlich auszulegen** ist.

19 Eine **Qualifikation** des § 186 StGB sieht ferner § 187 HS. 1 StGB vor (Freiheitsstrafe bis zu zwei Jahren oder Geldstrafe), wenn eine unwahre Tatsache wider besseres Wissen behauptet oder verbreitet wird, welche sodann in § 187 HS. 2 StGB noch einmal **qualifiziert** wird (Freiheitsstrafe bis zu fünf Jahren oder Geldstrafe), wenn die Tat öffentlich, in einer Versammlung oder durch Verbreiten von Inhalten begangen wird (s dazu unten § 22). Wie im Falle der Beleidigung ist eine **weitere Qualifikation** in § 188 Abs. 2 StGB normiert (Freiheitsstrafe von drei Monaten bis zu fünf Jahren).

WIEDERHOLUNGSFRAGEN

1. Ist der objektive Tatbestand des § 186 HS. 1 StGB auch dann erfüllt, wenn der Täter sich von dem Gerücht, das er mitteilt, ernsthaft distanziert? (Rn. 10 f.)
2. Stellt auch das Schaffen einer kompromittierenden Sachlage ein tatbestandsmäßiges Behaupten oder Verbreiten dar? (Rn. 13)
3. Welche Rechtsnatur hat die Nicht-Erweislichkeit der Wahrheit bei § 186 StGB? (Rn. 16)
4. Wie unterscheiden sich der Verbreitungsbegriff in § 186 HS. 1 und HS. 2 StGB? (Rn. 9, § 20 Rn. 32)

§ 22 Verleumdung, § 187 StGB

Literaturempfehlungen:
Eppner/Hahn, Die Tatbestände der Beleidigungsdelikte, JA 2006, 860; *Hoven/Krause*, Die Strafbarkeit der Verbreitung von „Fake News", JuS 2017, 1167; *Tenkhoff*, Grundfälle zum Beleidigungsrecht, JuS 1988, 618; s. i.Ü. *Literatur zu § 20*.

Übungsfälle:
Beck, Übungsfall: Der wütende Ex-Freund, ZJS 2010, 742; *Kaspar*, Übungsklausur Strafrecht – Ehrdelikte, JuS 2005, 526.

I. Einleitung

1. Grundlagen

Die Verleumdung gem. § 187 HS. 1 StGB stellt ihrerseits eine **Qualifikation** des § 186 StGB dar, die dann greift, wenn der Täter im Mehrpersonen-Verhältnis eine unwahre Tatsache behauptet oder verbreitet.[1] Zudem findet sich in HS. 2 eine **weitere Qualifikationsstufe** für die Tatbegehung in der Öffentlichkeit, in einer Versammlung oder durch das Verbreiten von Inhalten. Auch § 187 StGB ist ein Ehrdelikt mit Ausnahme der in HS. 1 genannten Kreditgefährdung, bei der das Vermögen geschützt ist (s.o. § 19 Rn. 1).[2]

Moderne Ausprägungen der Verleumdung im Internet sind auch die **Fake News**, sofern man darunter inhaltlich falsche Nachrichten versteht, die durch eine Person, die um die Falschheit weiß, in sozialen Medien im Internet mit dem Ziel der Desinformation gepostet werden.[3] Für eine Strafbarkeit nach § 187 StGB entscheidend ist aber wiederum, dass es sich um **ehrenrührige Tatsachen** handelt, die auf einen Ehrträger bezogen sind.

2. Prüfungsschema

Hier wird das Prüfungsschema des Grunddelikts dargestellt.

▶ I. Tatbestand
    1. Objektiver Tatbestand
        a) Tatobjekt: Ehrträger
        b) Tathandlung: Kundgabe einer unwahren ehrenrührigen Tatsache in Bezug auf Ehrträger
            aa) durch Behaupten gegenüber einem Dritten oder
            bb) durch Verbreiten gegenüber einem Dritten
        c) Taterfolg: sinnliches Wahrnehmen seitens des Empfängers
    2. Subjektiver Tatbestand
        a) (Eventual-)Vorsatz bzgl. der objektiven Tatbestandsmerkmale
        b) Wissen bzgl. Unwahrheit („wider besseres Wissen")
II. Rechtswidrigkeit (Anwendbarkeit des § 193 StGB str.)

---
[1] NK-*Kargl*, § 187 Rn. 1.
[2] MK-*Regge/Pegel*, Vor § 185 Rn. 7; § 187 Rn. 3.
[3] *Reinbacher/Welzel*, in: Bendheim/Pavlik, 2022, 55, 59.

III. Schuld
IV. Strafantrag, § 194 StGB ◀

II. Tatbestandsvoraussetzungen des Grunddelikts, § 187 HS. 1 StGB

4 Hinsichtlich der Voraussetzungen des objektiven Tatbestands gilt das zu § 186 StGB Gesagte (s.o. § 21 Rn. 4 ff.). Der entscheidende Unterschied zu § 186 StGB besteht darin, dass die **Unwahrheit** hier ein **echtes Tatbestandsmerkmal** darstellt und der Täter subjektiv insoweit wider besseres Wissen handeln muss.[4] Anders als bei den §§ 185, 186 StGB ist mit der h.M. bei Verleumdungen gem. § 187 StGB zudem **keine beleidigungsfreie Sphäre** anzunehmen, da es kein schützenswertes Interesse gibt, wider besseres Wissen falsche Tatsachen über Dritte zu äußern (s.o. § 19 Rn. 27).[5] Neben der Eignung, das Opfer verächtlich zu machen oder in der öffentlichen Meinung herabzuwürdigen, ist in HS. 1 zudem die **Eignung der Kreditgefährdung** genannt. Damit ist das Vertrauen gemeint, das das Opfer hinsichtlich der Erfüllung vermögensrechtlicher Verbindlichkeiten genießt.[6] Auch hier genügt aber die Eignung zur Gefährdung.[7] Ein Handeln **wider besseres Wissen** verlangt sicheres Wissen (dolus directus II.) hinsichtlich der Unwahrheit, dolus eventualis genügt daher nicht.[8]

III. Rechtswidrigkeit

5 Zwar gelten auch hier grundsätzlich die allgemeinen Rechtfertigungsgründe, auf die Verleumdung gem. § 187 StGB ist nach h.M. § 193 StGB aber **nicht** anwendbar (s.o. § 20 Rn. 23).

IV. Qualifikationen

6 Eine **Qualifikation** enthält § 187 HS. 2 StGB (Freiheitsstrafe bis zu fünf Jahren oder Geldstrafe), wenn die Tat öffentlich, in einer Versammlung oder durch Verbreiten eines Inhalts geschieht. Diese Merkmale entsprechen den §§ 185 HS. 2, 186 HS. 2 StGB (zu den Einzelheiten s.o. § 20 Rn. 31 ff., § 21 Rn. 18 f.). Daneben sieht § 188 Abs. 2 StGB unter denselben Voraussetzungen wie bei der üblen Nachrede auch im Fall der Verleumdung zu Lasten von im politischen Leben des Volkes stehende Personen eine Qualifikation vor (Freiheitsstrafe von sechs Monaten bis zu fünf Jahren).

WIEDERHOLUNGSFRAGEN

1. Wie unterscheidet sich § 187 StGB von § 186 StGB? (Rn. 4)
2. In welchem Verhältnis stehen § 187 StGB und § 186 StGB? (Rn. 1)
3. Welche Anforderungen stellt § 187 StGB an den subjektiven Tatbestand? (Rn. 4)

---

4 *Zieschang*, BT 1, Rn. 605.
5 *Eisele*, BT I, Rn. 623; NK-*Kargl*, Vor § 185 Rn. 90; *Rengier*, BT II, § 28 Rn. 23; SK-*Rogall*, Vor § 185 Rn. 55; *Wessels/Hettinger/Engländer*, BT 1, Rn. 443.
6 *Fischer*, § 187 Rn. 3a; LK-*Hilgendorf*, § 187 Rn. 3.
7 Daher handelt es sich um ein Vermögensgefährdungsdelikt; *Fischer*, § 187 Rn. 1; LK-*Hilgendorf*, § 187 Rn. 3.
8 *Eisele*, BT I, Rn. 624; Sch/Sch-*Eisele/Schittenhelm*, § 187 Rn. 5.

TEIL 5: STRAFTATEN GEGEN DAS HAUSRECHT

§ 23 Einleitung

I. Rechtsgut

Zwar stehen die §§ 123, 124 StGB im 7. Abschnitt, in dem Delikte gegen die öffentliche Ordnung geregelt sind, es handelt sich bei § 123 StGB jedoch ebenfalls um ein Delikt gegen die Person. Es schützt das **Hausrecht**, also ein **persönliches Rechtsgut**.[1] Systematisch wäre es in einem anderen Abschnitt des StGB daher besser aufgehoben gewesen, etwa im 18. Abschnitt bei den Freiheitsdelikten, da es hier darum geht, dass der Hausrechtsinhaber frei darüber entscheiden darf, wer sich in den geschützten Räumlichkeiten aufhält.[2] § 124 StGB schützt daneben allerdings auch die öffentliche Sicherheit und Ordnung.[3]

II. Systematik

§ 123 StGB stellt das **Grunddelikt** des Hausfriedensbruchs dar (Freiheitsstrafe bis zu einem Jahr oder Geldstrafe), während § 124 StGB eine Qualifikation[4] (Freiheitsstrafe bis zu zwei Jahren oder Geldstrafe) für Fälle vorsieht, in denen sich eine Menschenmenge zusammenrottet und den Hausfriedensbruch in der Absicht begeht, Gewalttätigkeiten gegen Personen oder Sachen mit vereinten Kräften vorzunehmen. In § 123 Abs. 1 sind zwei Alternativen der Tatbegehung enthalten: das widerrechtliche Eindringen (Alt. 1) sowie das Verweilen und Sich-nicht-Entfernen trotz Aufforderung (Alt. 2). Die Alt. 1 ist als aktives **Begehungsdelikt** (s.u. Rn. 17 ff.), die Alt. 2 als **echtes Unterlassungsdelikt** ausgestaltet.[5]

III. Prüfungsschema

Beim Grunddelikt kann folgendes Prüfungsschema in Klausuren verwendet werden:
- I. Tatbestand
    1. Objektiver Tatbestand
        a) Tatobjekte: fremde Wohnung; Geschäftsräume; befriedete Besitztümer eines anderen oder abgeschlossene Räume, welche zum öffentlichen Dienst oder Verkehr bestimmt sind
        b) Tathandlung/Tatererfolg:
            aa) Eindringen, Alt. 1 (auch durch Unterlassen i.V.m. § 13 StGB; str.)
            bb) Verweilen trotz Aufforderung, Alt. 2
    2. Subjektiver Tatbestand

---

[1] *Eisele*, BT I, Rn. 655; *MK-Feilcke*, § 123 Rn. 1; *Rengier*, BT II, § 30 Rn. 1; vgl. aber auch *Klesczewski*, BT, § 8 Rn. 268: spezieller Vermögenswert.
[2] *MK-Feilcke*, § 123 Rn. 1; *Sch/Sch-Sternberg-Lieben/Schittenhelm*, § 123 Rn. 1; *Wessels/Hettinger/Engländer*, BT 1, Rn. 548; vgl. aber auch LK-*Krüger*, § 123 Rn. 1, der für das Rechtsgut der öffentlichen Ordnung anführt, dass das Delikt sich öffentlich abspiele.
[3] *Fischer*, § 124 Rn. 3; *Hilgendorf/Valerius*, BT 1, § 6 Rn. 26; *Wessels/Hettinger/Engländer*, BT 1, Rn. 578.
[4] *Eisele*, BT I, Rn. 655; *Eisele/Heinrich*, BT, Rn. 402.
[5] *Rengier*, BT II, § 30 Rn. 1.

II. Rechtswidrigkeit („widerrechtlich"; „unbefugt")
III. Schuld
IV. Strafantrag, Abs. 2 ◀

§ 24 Hausfriedensbruch

Literaturempfehlungen:
Bernsmann, Tatbestandsprobleme des Hausfriedensbruchs, JURA 1981, 337, 403, 465; *Deiters*, Straflosigkeit des agent provocateur? JuS 2006, 302; *Geppert*, Zu einigen immer wiederkehrenden Streitfragen im Rahmen des Hausfriedensbruches (§ 123 StGB), JURA 1989, 378; *Kuhli*, Grundfälle zum Hausfriedensbruch, JuS 2013, 115, 211; *Seier*, Problemfälle des § 123 StGB, JA 1978, 622.

Übungsfälle:
Müller/Raschke, Abstiegskampf, JURA 2011, 704; *Reinbacher/Brodowski*, Übungsklausur Strafrecht: Eine langersehnte Dusche, ein verhängnisvoller Liebesbrief und ein wütender Anruf, JA 2016, 106.

I. Tatbestandsvoraussetzungen des Grunddelikts, § 123 StGB

▶ **Beispielsfall („Zeitschriftenwerber"):**[1] Der Zeitschriftenwerber A gelangt in eine Wohnung, in der die 14 ½-jährige B allein krank im Bett liegt. Ihre Mutter M, die Mieterin der Wohnung, ist abwesend. A beginnt nach einer kurzen Unterhaltung, B unzüchtig zu berühren. Er entfernt sich erst aus der Wohnung, als B ihn mehrfach dazu aufgefordert hat. ◀

1. Objektiver Tatbestand

a) Tatobjekte

Das Hausrecht ist nur bei den im Gesetz genannten Räumlichkeiten strafrechtlich geschützt.

aa) Wohnung

Definition: Eine Wohnung ist eine baulich oder sonst abgeschlossene, zumindest teilweise überdachte Räumlichkeit, die dem Zweck dient, einem oder mehreren Menschen ausschließlich oder überwiegend jedenfalls vorübergehend Unterkunft zu gewähren.[2]

Unter den Begriff der **Wohnung** fallen auch bewegliche Sachen, z.B. ein Wohnmobil oder ein Hausboot, nicht aber ein Pkw.[3] Der Wohnzweck kann dauerhaft oder vorübergehend sein, so etwa bei einer Ferienwohnung oder einem Hotelzimmer,[4] auch bei einem Krankenhauszimmer.[5] Auch Nebenräume wie Toiletten, Flure, Treppen oder Keller gehören zum geschützten Bereich.[6]

---

[1] BGHSt 21, 224.
[2] *Eisele*, BT I, Rn. 659; *Eisele/Heinrich*, BT, Rn. 406; NK-*Eschelbach*, § 123 Rn. 12; MK-*Feilcke*, § 123 Rn. 11; *Rengier*, BT II, § 30 Rn. 2; Sch/Sch-*Sternberg-Lieben/Schittenhelm*, § 123 Rn. 4; vgl. auch LK-*Krüger*, § 123 Rn. 8 f.
[3] NK-*Eschelbach*, § 123 Rn. 13; MK-*Feilcke*, § 123 Rn. 11; *Kindhäuser/Schramm*, BT 1, § 33 Rn. 5; *Rengier*, BT II, § 30 Rn. 2; *Wessels/Hettinger/Engländer*, BT 1, Rn. 554.
[4] MK-*Feilcke*, § 123 Rn. 11; LK-*Krüger*, § 123 Rn. 9.
[5] LK-*Krüger*, § 123 Rn. 9; *Reinbacher/Brodowski*, JA 2016, 106, 109.
[6] NK-*Eschelbach*, § 123 Rn. 14; MK-*Feilcke*, § 123 Rn. 12; *Hilgendorf/Valerius*, BT 1, § 6 Rn. 8; *Kindhäuser/Schramm*, BT 1, § 33 Rn. 5; LK-*Krüger*, § 123 Rn. 11; *Rengier*, BT II, § 30 Rn. 2; Sch/Sch-*Sternberg-Lieben/Schittenhelm*, § 123 Rn. 4; *Wessels/Hettinger/Engländer*, BT 1, Rn. 554.

bb) Geschäftsräume

Definition: Ein Geschäftsraum ist eine abgeschlossene Räumlichkeit, die jedenfalls überwiegend und für eine gewisse Dauer für gewerbliche, wissenschaftliche, künstlerische und ähnliche, nicht notwendig auf Erwerb gerichtete Geschäfte bestimmungsgemäß benutzt wird.[7]

Klassische Beispiele bilden Kaufhäuser, Arztpraxen oder Büroräume.[8] Wiederum gehören Nebenräume dazu,[9] wie etwa Toiletten. Auch hier sind bewegliche Sachen erfasst, wie etwa Baubuden oder Verkaufswagen.[10]

cc) Befriedetes Besitztum

Definition: Unter einem befriedeten Besitztum ist jede unbewegliche Sache zu verstehen, die in äußerlich erkennbarer Weise durch zusammenhängende, nicht notwendigerweise ganz lückenlose, Schutzwehren gegen das Betreten durch andere gesichert ist.[11]

Anders als bei Wohnungen und Geschäftsräumen umfasst der Begriff nur unbewegliche Sachen,[12] also insb. Grundstücke. Dazu gehören etwa Äcker, Gärten, Wiesen und Weiden.[13] Auch Gebäude können ein befriedetes Besitztum sein, sofern sie nicht als Wohnung oder Geschäftsraum geschützt sind. Dies ist etwa bei leerstehenden Gebäuden der Fall, etwa Neubauten oder zum Abbruch vorgesehene Häuser, die noch nicht bzw. nicht mehr als Wohnung dienen.[14] Ein „Hausfrieden" ist insofern nicht erforderlich. Die „Befriedung" weist vielmehr auf eine „Einfriedung" durch **Schutzwehren** gegen das Betreten Dritter.[15] Solche Schutzwehren sind etwa Hecken, Mauern oder Zäune.[16] Sie müssen nicht ganz lückenlos sein, sofern der Charakter einer erkennbaren physischen Schutzwehr erhalten bleibt.[17] Ein Verbotsschild genügt dafür nicht.[18]

Umstritten ist die Einordnung von **offenen Zubehörflächen**, d.h. von Grundstücksflächen, die erkennbar zum Haus oder zu einem Geschäftsraum gehören, aber nicht in äußerlich erkennbarer Weise gesichert sind. Zu denken ist hier an (Vor-)Gärten ohne Zaun oder Pkw-Stellplätze. Teilweise werden diese insgesamt aus dem Schutz des § 123 StGB ausgeschlossen,[19] da es sich weder um eine Wohnung oder einen Geschäftsraum noch um ein „befriedetes" Besitztum handle. Andere Stimmen dehnen den Schutz der Wohnung oder der Geschäftsräume auch auf diese Bereiche aus, wenn

---

[7] Vgl. *Eisele*, BT I, Rn. 660; *Eisele/Heinrich*, BT, Rn. 407; NK-*Eschelbach*, § 123 Rn. 15; MK-*Feilcke*, § 123 Rn. 13; *Kindhäuser/Schramm*, BT 1, § 33 Rn. 6; LK-*Krüger*, § 123 Rn. 14; *Rengier*, BT II, § 30 Rn. 3; Sch/Sch-*Sternberg-Lieben/Schittenhelm*, § 123 Rn. 5; *Wessels/Hettinger/Engländer*, BT 1, Rn. 555.
[8] Zu weiteren Beispielen MK-*Feilcke*, § 123 Rn. 13; LK-*Krüger*, § 123 Rn. 16.
[9] NK-*Eschelbach*, § 123 Rn. 15; LK-*Krüger*, § 123 Rn. 17.
[10] NK-*Eschelbach*, § 123 Rn. 15; MK-*Feilcke*, § 123 Rn. 13; LK-*Krüger*, § 123 Rn. 15; Sch/Sch-*Sternberg-Lieben/Schittenhelm*, § 123 Rn. 5.
[11] Vgl. *Eisele*, BT I, Rn. 661; MK-*Feilcke*, § 123 Rn. 14; *Rengier*, BT II, § 30 Rn. 4.
[12] *Eisele*, BT I, Rn. 661; *Eisele/Heinrich*, BT, Rn. 408; LK-*Krüger*, § 123 Rn. 19.
[13] Zu diesen und weiteren Beispielen vgl. MK-*Feilcke*, § 123 Rn. 14; LK-*Krüger*, § 123 Rn. 23.
[14] MK-*Feilcke*, § 123 Rn. 17; LK-*Krüger*, § 123 Rn. 23; *Rengier*, BT II, § 30 Rn. 4.
[15] NK-*Eschelbach*, § 123 Rn. 15; LK-*Krüger*, § 123 Rn. 20.
[16] *Eisele/Heinrich*, BT, Rn. 408; NK-*Eschelbach*, § 123 Rn. 17; MK-*Feilcke*, § 123 Rn. 14; LK-*Krüger*, § 123 Rn. 20; *Rengier*, BT II, § 30 Rn. 4; Sch/Sch-*Sternberg-Lieben/Schittenhelm*, § 123 Rn. 6.
[17] NK-*Eschelbach*, § 123 Rn. 17; MK-*Feilcke*, § 123 Rn. 14; LK-*Krüger*, § 123 Rn. 21; Sch/Sch-*Sternberg-Lieben/Schittenhelm*, § 123 Rn. 6.
[18] *Kindhäuser/Schramm*, BT 1, § 33 Rn. 9; *Rengier*, BT II, § 30 Rn. 4.
[19] *Amelung*, NJW 1986, 2075, 2079 f.; *Klesczewski*, BT, § 8 Rn. 274.

I. Tatbestandsvoraussetzungen des Grunddelikts, § 123 StGB § 24

sie erkennbar mit den geschützten Räumen verbunden sind.[20] Zutreffend ist aber die Einordnung als befriedetes Besitztum, bei dem sich die „Befriedung" aus der Verbindung mit dem geschützten Bereich ergibt.[21]

dd) Abgeschlossene Räume, welche zum öffentlichen Dienst oder zum öffentlichen Verkehr bestimmt sind

Definition: Abgeschlossene Räume sind Räumlichkeiten, die als eine bauliche Einheit erscheinen und durch physische Hindernisse gegen beliebiges Betreten geschützt sind.[22]

10

Hierzu zählen neben unbeweglichen auch bewegliche Sachen,[23] da auch Räumlichkeiten umfasst sind, in denen öffentlicher Verkehr stattfindet, so etwa Omnibusse oder Züge. Bei unbeweglichen Räumen überschneidet sich der Begriff insoweit mit befriedeten Besitztümern.[24] Auch Nebenräume gehören dazu,[25] während bzgl. der offenen Zubehörflächen das oben Gesagte gilt: Sie können ein befriedetes Besitztum darstellen, bei dem sich die Einfriedung aus der Zugehörigkeit zu dem abgeschlossenen Raum ergibt.[26]

11

Definition: Eine Bestimmung zum öffentlichen Dienst liegt vor bei Räumen, in denen ihrer Bestimmung gemäß auf öffentlich-rechtlichen Vorschriften beruhende Tätigkeiten ausgeübt werden, die der Erledigung staatlicher, kommunaler oder sonstiger öffentlicher Angelegenheiten dienen.[27]

12

Zur Tatzeit muss kein öffentlicher Dienst stattfinden.[28] Daher sind etwa Schulen und Gerichtsgebäude auch außerhalb der Veranstaltungen geschützt.[29]

13

Definition: Eine Bestimmung zum öffentlichen Verkehr liegt vor, bei Räumen, die dem allgemein zugänglichen, von der öffentlichen Hand oder privaten Unternehmen angebotenen Personen- und Gütertransportverkehr dienen.[30]

14

Mit „Verkehr" ist nur die Fortbewegung gemeint, nicht aber der „Fernsprechverkehr".[31] Hier sind einerseits Gebäude wie Abfertigungshallen, Wartesäle oder die Bahnhofshalle erfasst,[32] nicht aber Geschäfte im Bahnhof. Bei diesen kann es sich jedoch um Geschäftsräume (s.o. Rn. 5 f.) handeln. Andererseits aber gerade auch bewegliche Räume, wie etwa ein Omnibus, Zug oder Flugzeug.[33]

15

---

20 BayObLG NJW 1995, 269, 271; *Rengier*, BT II, § 30 Rn. 5.
21 NK-*Eschelbach*, § 123 Rn. 16; MK-*Feilcke*, § 123 Rn. 15; *Kindhäuser/Schramm*, BT 1, § 33 Rn. 9; Sch/Sch-*Sternberg-Lieben/Schittenhelm*, § 123 Rn. 6.
22 NK-*Eschelbach*, § 123 Rn. 21; MK-*Feilcke*, § 123 Rn. 20; LK-*Krüger*, § 123 Rn. 25; Sch/Sch-*Sternberg-Lieben/Schittenhelm*, § 123 Rn. 7.
23 NK-*Eschelbach*, § 123 Rn. 20; MK-*Feilcke*, § 123 Rn. 20; LK-*Krüger*, § 123 Rn. 25.
24 MK-*Feilcke*, § 123 Rn. 20; Sch/Sch-*Sternberg-Lieben/Schittenhelm*, § 123 Rn. 7.
25 NK-*Eschelbach*, § 123 Rn. 20; Sch/Sch-*Sternberg-Lieben/Schittenhelm*, § 123 Rn. 7.
26 So auch Sch/Sch-*Sternberg-Lieben/Schittenhelm*, § 123 Rn. 7.
27 *Rengier*, BT II, § 30 Rn. 6; Sch/Sch-*Sternberg-Lieben/Schittenhelm*, § 123 Rn. 8.
28 NK-*Eschelbach*, § 123 Rn. 22; MK-*Feilcke*, § 123 Rn. 22; LK-*Krüger*, § 123 Rn. 27.
29 NK-*Eschelbach*, § 123 Rn. 22.
30 MK-*Feilcke*, § 123 Rn. 23; *Rengier*, BT II, § 30 Rn. 7.
31 Sch/Sch-*Sternberg-Lieben/Schittenhelm*, § 123 Rn. 9.
32 MK-*Feilcke*, § 123 Rn. 23; *Rengier*, BT II, § 30 Rn. 7.
33 MK-*Feilcke*, § 123 Rn. 23; *Rengier*, BT II, § 30 Rn. 7.

b) Tathandlungen/Taterfolg

16 Als **Tathandlungen** nennt das Gesetz zum einen das **Eindringen** in eine geschützte Räumlichkeit und zum anderen das darin **Verweilen**.

aa) Eindringen, § 123 Abs. 1 Alt. 1 StGB

17 **Definition:** Eindringen ist das Betreten der geschützten Räumlichkeit gegen den Willen des Berechtigten.[34]

18 Vom Tatbestand ist nur ein körperliches Eindringen erfasst, sodass etwa Ruhestörungen (Lärm, Telefonanrufe, Klingelstreiche) nicht genügen.[35] Dazu muss der Täter wenigstens einen Teil seines Körpers in die geschützte Räumlichkeit bringen,[36] also etwa den Fuß in die Tür stellen. Das RG nahm eine Vollendung sogar schon für den Fall an, dass der Täter in einen Türspalt hineingriff, um die Türkette zu lösen.[37] Definiert man die Tathandlung hingegen als „Betreten" der Räumlichkeit, so dürfte dies nicht ausreichen, sondern eher einen Versuch darstellen.[38] Gelingt es dem Täter, den Raum zumindest mit einem Körperteil zu betreten, so ist der Erfolg eingetreten[39] und die Tat vollendet. § 123 StGB ist jedoch ein **Dauerdelikt**, das so lange andauert, bis der Täter die Räumlichkeit wieder verlässt,[40] d.h. erst dann ist die Tat beendet.

19 Ein „Eindringen" liegt schon nach dem Wortsinn nur dann vor, wenn das Betreten **gegen den Willen des Berechtigten** geschieht.[41] Die teilweise in der Literatur anzufindende Formulierung „ohne den Willen des Berechtigten"[42] dürfte im Ergebnis wohl auf das Gleiche hinauslaufen.[43] Da ein Handeln gegen den Willen des Berechtigten erforderlich ist, schließt seine Zustimmung den Tatbestand aus, d.h. sie wirkt hier ausnahmsweise als **tatbestandsausschließendes Einverständnis**.[44] Berechtigter ist insofern der Hausrechtsinhaber.[45] Dies ist bei privaten Räumen der unmittelbare Besitzer, also etwa bei Mietwohnung der Mieter.[46] Dies gilt jedoch nur für einen **berechtigten Besitz** und daher nicht, wenn er durch verbotene Eigenmacht erlangt wurde.[47] Daher

---

[34] *Eisele*, BT I, Rn. 666; NK-*Eschelbach*, § 123 Rn. 24; MK-*Feilcke*, § 123 Rn. 25; *Fischer*, § 123 Rn. 14; *Kindhäuser/Schramm*, BT 1, § 33 Rn. 13; *Klesczewski*, BT, § 8 Rn. 277; *Rengier*, BT II, § 30 Rn. 8; Sch/Sch-*Sternberg-Lieben/Schittenhelm*, § 123 Rn. 11; *Wessels/Hettinger/Engländer*, BT 1, Rn. 559.
[35] MK-*Feilcke*, § 123 Rn. 25; A/W/H/H-*Hilgendorf*, § 8 Rn. 9; *Kindhäuser/Schramm*, BT 1, § 33 Rn. 14; LK-*Krüger*, § 123 Rn. 53; Sch/Sch-*Sternberg-Lieben/Schittenhelm*, § 123 Rn. 12.
[36] RGSt 39, 440, 441; *Eisele*, BT I, Rn. 666; MK-*Feilcke*, § 123 Rn. 25; L/K/H-*Heger*, § 123 Rn. 5; A/W/H/H-*Hilgendorf*, § 8 Rn. 9; *Kindhäuser/Schramm*, BT 1, § 33 Rn. 14; LK-*Krüger*, § 123 Rn. 51; Sch/Sch-*Sternberg-Lieben/Schittenhelm*, § 123 Rn. 12.
[37] RGSt 39, 440, 441; zust. MK-*Feilcke*, § 123 Rn. 25.
[38] So etwa *Rengier*, BT II, § 30 Rn. 8; eher für einen Versuch auch NK-*Eschelbach*, § 123 Rn. 24.
[39] SK-*Stein*, § 123 Rn. 16.
[40] *Reinbacher*, Hdb. des StrafR, Bd. 3, § 61 Rn. 36.
[41] OLG München NJW 1972, 2275, 2276; NK-*Eschelbach*, § 123 Rn. 25; MK-*Feilcke*, § 123 Rn. 27; *Rengier*, BT II, § 30 Rn. 9; Sch/Sch-*Sternberg-Lieben/Schittenhelm*, § 123 Rn. 14/15.
[42] *Amelung*, NStZ 1985, 457; vgl. auch *Hilgendorf/Valerius*, BT 1, § 6 Rn. 14; *Zieschang*, BT 1, Rn. 533.
[43] SK-*Stein*, § 123 Rn. 18; vgl. auch LK-*Krüger*, § 123 Rn. 55: rein semantische Frage.
[44] *Eisele*, BT I, Rn. 668; NK-*Eschelbach*, § 123 Rn. 26; MK-*Feilcke*, § 123 Rn. 29; A/W/H/H-*Hilgendorf*, § 8 Rn. 10a; *Hilgendorf/Valerius*, BT 1, § 6 Rn. 15; LK-*Krüger*, § 123 Rn. 54; *Rengier*, BT II, § 30 Rn. 9; *Wessels/Hettinger/Engländer*, BT 1, Rn. 562; *Zieschang*, BT 1, Rn. 534.
[45] *Eisele*, BT I, Rn. 677; MK-*Feilcke*, § 123 Rn. 34; A/W/H/H-*Hilgendorf*, § 8 Rn. 11; SK-*Stein*, § 123 Rn. 19; Sch/Sch-*Sternberg-Lieben/Schittenhelm*, § 123 Rn. 16; *Zieschang*, BT 1, Rn. 534; vgl. näher zum Hausrecht *Kuhli*, JuS 2013, 115, 116.
[46] *Eisele*, BT I, Rn. 677; MK-*Feilcke*, § 123 Rn. 36; *Fischer*, § 123 Rn. 3; LK-*Krüger*, § 123 Rn. 33; SK-*Stein*, § 123 Rn. 19 f.
[47] Sch/Sch-*Sternberg-Lieben/Schittenhelm*, § 123 Rn. 16.

I. Tatbestandsvoraussetzungen des Grunddelikts, § 123 StGB

sind z.B. Hausbesetzer grundsätzlich nicht als Berechtigte (im Verhältnis zum Eigentümer) anzusehen.[48] Ausreichend ist aber, dass der Betreffende den Besitz zunächst rechtmäßig erlangt hat, sodass ein Mieter auch noch nach Ablauf der Mietzeit Berechtigter bleibt.[49] Grundsätzlich ist der Vermieter nicht (mehr) Hausrechtsinhaber neben dem Mieter.[50] Allerdings kann ein „Restverfügungsrecht" des Vermieters bestehen, soweit er nach dem Mietvertrag bestimmte Personen vom Betreten der Räumlichkeit ausschließen kann.[51] Bei einem Hotelzimmer bleibt der Hotelinhaber berechtigt, ihm unzumutbare Besucher auszuweisen.[52]

Problematisch ist die Konstellation, wenn **mehreren Personen** nebeneinander ein Hausrecht zusteht, also etwa bei Ehepaaren in der gemeinsamen Wohnung oder bei WG-Mitbewohnern. Im Innenverhältnis gilt, dass die nebeneinander Berechtigten sich nicht gegenseitig den Zutritt verwehren dürfen[53] (oder erlauben müssen). Im Außenverhältnis kommt es darauf an, was die Berechtigten vereinbart haben.[54] Regelmäßig ist davon auszugehen, dass jeder zur Gestattung des Betretens befugt ist, nach zutreffender Ansicht grundsätzlich auch gegen den Willen des anderen.[55] Das Einverständnis nur eines Berechtigten ist aber dann als unwirksam anzusehen, wenn die Anwesenheit des Dritten für den anderen **unzumutbar** ist.[56] So kann beispielsweise das Mitbringen des Geliebten in die gemeinsame Ehewohnung für den anderen Ehepartner unzumutbar sein.[57]

Besonders umstritten ist ferner die Frage, wie sich **Willensmängel** auf ein Einverständnis auswirken. Dabei besteht noch Einigkeit darüber, dass ein durch **Zwang** erreichtes Einverständnis unwirksam ist,[58] da es dann an einer Freiwilligkeit mangelt. Wie steht es aber mit dem **täuschungsbedingten Einverständnis**, das auf einem **Irrtum** beruht? Nach teilweise vertretener Ansicht schließt ein Irrtum (wie bei Einwilligung) ein wirksames Einverständnis aus.[59] Andere differenzieren wie bei der Einwilligung nach der Art des Irrtums und wollen nur bei einem rechtsgutsbezogenen Irrtum das Einverständnis als unwirksam ansehen.[60] Nach der zutreffenden h.M. sind Irrtümer, anders als bei der Einwilligung, **unbeachtlich**,[61] denn beim Einverständnis genügt ein faktisches Vorliegen desselben, da der Täter dann nicht gegen den tatsächlichen Willen des Opfers handelt. Ein mutmaßlicher Wille ist unerheblich.

---

48 *Kuhli*, JuS 2013, 115, 116; Sch/Sch-*Sternberg-Lieben/Schittenhelm*, § 123 Rn. 16. Allerdings dürfte gegenüber vollkommen unberechtigten außenstehenden Dritten dennoch ein solches Hausrecht bestehen; vgl. NK-*Eschelbach*, § 123 Rn. 30; LK-*Krüger*, § 123 Rn. 40.
49 MK-*Feilcke*, § 123 Rn. 36; *Fischer*, § 123 Rn. 3; A/W/H-*Hilgendorf*, § 8 Rn. 7; *Kuhli*, JuS 2013, 115, 116; LK-*Krüger*, § 123 Rn. 37; *Zieschang*, BT 1, Rn. 534.
50 NK-*Eschelbach*, § 123 Rn. 31; MK-*Feilcke*, § 123 Rn. 36; A/W/H-*Hilgendorf*, § 8 Rn. 7; LK-*Krüger*, § 123 Rn. 33; *Kuhli*, JuS 2013, 115, 116.
51 NK-*Eschelbach*, § 123 Rn. 31; MK-*Feilcke*, § 123 Rn. 36.
52 NK-*Eschelbach*, § 123 Rn. 32; *Kuhli*, JuS 2013, 115, 116.
53 *Eisele*, BT I, Rn. 678; A/W/H-*Hilgendorf*, § 8 Rn. 11; Sch/Sch-*Sternberg-Lieben/Schittenhelm*, § 123 Rn. 18.
54 RGSt 72, 57, 57 f.; Sch/Sch-*Sternberg-Lieben/Schittenhelm*, § 123 Rn. 18.
55 Sch/Sch-*Sternberg-Lieben/Schittenhelm*, § 123 Rn. 18 – a.A. A/W/H-*Hilgendorf*, § 8 Rn. 11.
56 OLG Hamm NJW 1955, 761; MK-*Feilcke*, § 123 Rn. 37; *Hilgendorf/Valerius*, BT 1, § 6 Rn. 5; LK-*Krüger*, § 123 Rn. 38; Sch/Sch-*Sternberg-Lieben/Schittenhelm*, § 123 Rn. 18; *Wessels/Hettinger/Engländer*, BT 1, Rn. 570.
57 MK-*Feilcke*, § 123 Rn. 38; *Wessels/Hettinger/Engländer*, BT 1, Rn. 571.
58 *Eisele*, BT I, Rn. 669; NK-*Eschelbach*, § 123 Rn. 26; MK-*Feilcke*, § 123 Rn. 29; A/W/H-*Hilgendorf*, § 8 Rn. 12; *Hilgendorf/Valerius*, BT 1, § 6 Rn. 15; LK-*Krüger*, § 123 Rn. 58; Sch/Sch-*Sternberg-Lieben/Schittenhelm*, § 123 Rn. 22.
59 OLG München NJW 1972, 2275, 2276; *Kindhäuser/Schramm*, BT 1, § 33 Rn. 23.
60 LK-*Krüger*, § 123 Rn. 58; *Zieschang*, BT 1, Rn. 536.
61 *Eisele*, BT I, Rn. 669; NK-*Eschelbach*, § 123 Rn. 26; MK-*Feilcke*, § 123 Rn. 29; A/W/H-*Hilgendorf*, § 8 Rn. 12; *Hilgendorf/Valerius*, BT 1, § 6 Rn. 15 f.; Sch/Sch-*Sternberg-Lieben/Schittenhelm*, § 123 Rn. 22.

22 Es ist möglich, das Einverständnis **ausdrücklich** oder auch **konkludent antizipiert** und **generell** zu erteilen,[62] was – besonders praxisrelevant – etwa bei Kaufhäusern, Supermärkten, Banken oder Bahnhofshallen der Fall ist. Die Hausrechtsinhaber wollen hier Kunden das Betreten gestatten und dies nicht in jedem Einzelfall aufs Neue tun müssen. Allerdings sind Beschränkungen möglich, z.B. zeitlich auf die Öffnungszeiten,[63] oder im Einzelfall, etwa wenn bestimmten Personen ein Hausverbot erteilt wird.[64] Problematisch ist es, wenn eine Person die Räumlichkeit zu dem Hausrechtsinhaber unerwünschten Zwecken betritt, beispielsweise wenn ein Dieb ein Kaufhaus betritt, ein Bankräuber eine Bank oder ein Schwarzfahrer einen Bus. Nach ganz h.M. liegt auch dann ein (generelles) Einverständnis vor,[65] da das Geschäft generell für Kunden geöffnet und ein mutmaßlicher Wille wiederum unerheblich ist. Der Berechtigte würde als Beobachter dem Betreten auch nicht widersprechen, wenn er den Betreffenden sähe. Anders liegt der Fall nur dann, wenn der Täter äußerlich vom Erscheinungsbild erkennbar nicht zu dem Personenkreis gehört, dem der Zutritt gestattet wurde, so z.B. ein maskierter Bankräuber.[66] Hier würde der Hausrechtsinhaber nämlich sicher widersprechen, dass der Betreffende die Räumlichkeit betritt. Er erteilt insofern sein generelles Einverständnis an alle Personen, die dem üblichen Kunden entsprechen.

23 Umstritten ist schließlich, ob ein Eindringen durch **Unterlassen** gemäß den §§ 123 Abs. 1 Alt. 1, 13 StGB möglich ist. Dabei sind **drei Konstellationen** zu diskutieren. In der **ersten Konstellation** verhindert ein Garant nicht, dass ein anderer in eine geschützte Räumlichkeit eindringt. So liegt der Fall beispielsweise, wenn ein Vater nicht verhindert, dass sein minderjähriger Sohn S auf ein fremdes Grundstück läuft. In dieser Variante ist nach überwiegender Ansicht eine Strafbarkeit wegen eines Eindringens durch Unterlassen gemäß § 123 Abs. 1 Alt. 1 StGB i.V.m. § 13 StGB möglich.[67]

24 Schwieriger ist aber die **zweite Konstellation**, in welcher der Täter zunächst **unvorsätzlich** eingedrungen ist, etwa weil er nicht weiß, dass der Hausrechtsinhaber mit seinem Betreten der Räumlichkeit nicht einverstanden ist, sich nach Erkennen der Situation aber nicht entfernt. Ähnlich problematisch ist auch die **dritte Konstellation**, in welcher der Täter eine **zeitliche Beschränkung** einer Zutrittserlaubnis überschreitet, also etwa nach Ladenschluss im Kaufhaus bleibt. In beiden Fällen ist die Lösung umstritten. Einige Stimmen lehnen ein Eindringen durch Unterlassen gem. § 123 Abs. 1 Alt. 1 StGB i.V.m. § 13 StGB in beiden Varianten ab.[68] Dafür mag sprechen, dass sonst die Voraussetzungen der 2. Alt. umgangen würden, welche eine Aufforderung zum Verlassen der Räumlichkeit verlangt.[69] Auch scheint der Wortlaut „eindringen" einem Unterlassen ein aktives Tun zu fordern.[70]

---

62 NK-*Eschelbach*, § 123 Rn. 27; MK-*Feilcke*, § 123 Rn. 32.
63 NK-*Eschelbach*, § 123 Rn. 27; MK-*Feilcke*, § 123 Rn. 32.
64 NK-*Eschelbach*, § 123 Rn. 27.
65 NK-*Eschelbach*, § 123 Rn. 28; MK-*Feilcke*, § 123 Rn. 33.
66 OLG Düsseldorf NJW 1982, 2678, 2679; A/W/H/H-*Hilgendorf*, § 8 Rn. 12; *Hilgendorf/Valerius*, BT 1, § 6 Rn. 17 f.; *Wessels/Hettinger/Engländer*, BT 1, Rn. 566.
67 MK-*Feilcke*, § 123 Rn. 26; *Fischer*, § 123 Rn. 25; *Hilgendorf/Valerius*, BT 1, § 6 Rn. 19; *Kindhäuser/Schramm*, BT 1, § 33 Rn. 30; LK-*Krüger*, § 123 Rn. 72; *Rengier*, BT II, § 30 Rn. 14; Sch/Sch-*Sternberg-Lieben/Schittenhelm*, § 123 Rn. 13; *Zieschang*, BT 1, Rn. 541- a.A. SK-*Stein*, § 123 Rn. 30: Da nur das Hineingelangen des eigenen Körpers tatbestandsmäßig sei, fehle es in diesem Fall am Tatererfolg.
68 *Hilgendorf/Valerius*, BT 1, § 6 Rn. 19; LK-*Krüger*, § 123 Rn. 71; *Rengier*, BT II, § 30. Rn. 17.
69 *Rengier*, BT II, § 30. Rn. 17.
70 *Hilgendorf/Valerius*, BT 1, § 6 Rn. 19; LK-*Krüger*, § 123 Rn. 71; *Rengier*, BT II, § 30. Rn. 17.

I. Tatbestandsvoraussetzungen des Grunddelikts, § 123 StGB

Die besseren Gründe sprechen aber dafür, in diesen Fällen ein Eindringen durch Unterlassen anzunehmen.[71] Denn auch § 123 Abs. 1 Alt. 1 StGB ist ein Dauerdelikt, das auch dadurch fortlaufend begehbar ist, dass der Täter sich nicht entfernt, obwohl er zuvor nicht eingedrungen ist. Die Garantenpflicht kann sich (insb. in Var. 2) aus Ingerenz bzw. aus einer vertraglichen Verpflichtung ergeben. Einer Aufforderung durch den Hausrechtsinhaber bedarf es dann nicht, was insb. in Fällen Bedeutung hat, in denen dieser nicht anwesend ist.[72] Der aktiv formulierte Wortlaut steht dem nicht entgegen, da nach allgemeiner Unterlassungsdogmatik über § 13 StGB ein unechtes Unterlassungsdelikt gerade in solchen Fällen möglich ist.

bb) Verweilen trotz Aufforderung, § 123 Abs. 1 Alt. 2 StGB

Bei der 2. Alt. des § 123 StGB handelt es sich um ein **echtes Unterlassungsdelikt**,[73] d.h. die Voraussetzungen des § 13 StGB müssen hier nicht vorliegen. Liegt Alt. 1 vor, weil der Täter schon widerrechtlich eingedrungen ist, so tritt Alt. 2 als subsidiär zurück.[74] Ein zunächst berechtigtes Eintreten wird zu einem unbefugten Verweilen, wenn der Täter sich auf die Aufforderung des Berechtigten nicht entfernt.

Definition: Der Täter verweilt in dem geschützten Raum, wenn er sich nicht unverzüglich, d.h. ohne schuldhaftes Zögern, entfernt.[75]

Bei der **Aufforderung** zum Entfernen ist die Form unerheblich. Sie kann daher wörtlich oder sonst ausdrücklich, aber auch durch konkludentes Verhalten zum Ausdruck kommen.[76] Zudem ist der Kreis der zur Aufforderung Berechtigten weiter als bei Alt. 1, sodass neben dem Hausrechtsinhaber auch tatsächliche Vertreter sie aussprechen können, etwa Hausangestellte, ein Hausmeister oder ein Professor in der Vorlesung.[77]

▶ **Lösung des Beispielsfalls („Zeitschriftenwerber"):**[78] Während das LG einen Hausfriedensbruch in der Form des Verweilens trotz Aufforderung gem. § 123 Abs. 1 Alt. 2 StGB angenommen hatte, begehrte die Revision in dieser Hinsicht Freispruch, da B nicht Hausrechtsinhaberin war und daher eine Aufforderung zum Verlassen der Wohnung auch nicht habe aussprechen können. Der BGH wies hingegen darauf hin, dass das LG auch die 1. Alt. hätte prüfen müssen, zumal die 2. Alt. nur ein subsidiärer Tatbestand ist. Denn B habe dann jedenfalls auch nicht wirksam den Zutritt gestatten dürfen, sodass A wohl bereits widerrechtlich eingedrungen sei. Gehe man davon aus, dass dies nicht schuldhaft geschehen sei, so komme die 1. Alt. dennoch in Betracht, da sie auch durch Unterlassen begangen werden könne, sofern sich der Täter nachträglich des fehlenden Einverständnisses bewusst werde. Letztlich sei A durch Annahme der 2. Alt. aber nicht beschwert. Diese liege vor, da B ihn wirksam zum Verlassen der Wohnung habe auffordern können. Diese Aufforderung dürfe nicht nur der Hausrechtsinhaber aussprechen, sondern kraft auch Familienmitglieder, inklusive minderjähriger Kinder. ◀

---

71 *Eisele*, BT I, Rn. 680; *Eisele/Heinrich*, BT, Rn. 421; NK-*Eschelbach*, § 123 Rn. 36; MK-*Feilcke*, § 123 Rn. 26; *Kindhäuser/Schramm*, BT 1, § 33 Rn. 31.
72 BGHSt 21, 224, 225 f.; NK-*Eschelbach*, § 123 Rn. 36.
73 *Hilgendorf/Valerius*, BT 1, § 6 Rn. 20; *Rengier*, BT II, § 30 Rn. 13; *Zieschang*, BT 1, Rn. 545.
74 BGHSt 21, 224, 225; *Rengier*, BT II, § 30 Rn. 13.
75 MK-*Feilcke*, § 123 Rn. 50; vgl. ferner LK-*Krüger*, § 123 Rn. 78.
76 MK-*Feilcke*, § 123 Rn. 52; *Rengier*, BT II, § 30 Rn. 13.
77 MK-*Feilcke*, § 123 Rn. 52.
78 BGHSt 21, 224.

30 **Anmerkung:** Die Umstände, unter denen A in die Wohnung gelangt ist, gehen aus dem mitgeteilten Sachverhalt nicht eindeutig hervor. Warum sollte A nicht schuldhaft gehandelt haben? Nahm er irrig eine mutmaßliche Einwilligung an? Befand er sich in einem unvermeidbaren Verbotsirrtum? Der BGH musste dies aber nicht aufklären, da zumindest die 2. Alt. einschlägig war. Zuzustimmen ist ihm dahingehend, dass die 1. Alt. auch durch Unterlassen begangen werden kann. Dies kommt nicht nur dann in Betracht, wenn der Täter unvorsätzlich eindringt, sondern auch bei einem gerechtfertigten oder nicht schuldhaften Eindringen.

2. Subjektiver Tatbestand

31 § 123 StGB ist eine **Vorsatztat**, § 15 StGB. Dolus eventualis genügt.[79] Bei Alt. 1 muss der Täter insb. Kenntnis haben, dass kein Einverständnis vorliegt, bei Alt. 2 von der Aufforderung zum Verlassen.[80]

II. Rechtswidrigkeit

32 Die „**Widerrechtlichkeit**" des Eindringens bzw. die „**Unbefugtheit**" des Verweilens sind keine eigenständigen Tatbestandsmerkmale, sondern nur (überflüssige) Hinweise auf die Rechtswidrigkeit der Tat.[81] Widerrechtlich ist das Eindringen und unbefugt das Verweilen also, wenn keine allgemeinen Rechtfertigungsgründe greifen. Bzgl. der allgemeinen Rechtfertigungsgründe ist insb. an die mutmaßliche Einwilligung und den rechtfertigenden Notstand, § 34 StGB, zu denken.[82]

III. Qualifikation, § 124 StGB

33 § 124 StGB ist eine **Qualifikation** des § 123 StGB.[83] Der Tatbestand schützt neben dem Hausrecht allerdings auch die öffentliche Sicherheit und Ordnung (s.o. § 23 Rn. 1).[84] Qualifizierendes Merkmal ist insofern das öffentliche Zusammenrotten einer Menschenmenge sowie die Absicht, Gewalttätigkeiten gegen Personen oder Sachen mit vereinten Kräften zu begehen. Allerdings ist der Tatbestand auch etwas enger als § 123 StGB, da zum öffentlichen Verkehr bestimmte Räume nicht als Tatobjekt genannt sind und als Tathandlung nur das Eindringen, nicht aber das Verweilen in Betracht kommt.[85]

WIEDERHOLUNGSFRAGEN

1. Wie sind offenen Zubehörflächen, d.h. Grundstücksflächen, die erkennbar zum Haus oder zu einem Geschäftsraum gehören, aber nicht in äußerlich erkennbarer Weise gesichert sind, einzuordnen? (Rn. 9)

---

[79] L/K/H-*Heger*, § 123 Rn. 11; Sch/Sch-*Sternberg-Lieben/Schittenhelm*, § 123 Rn. 34; *Wessels/Hettinger/Engländer*, BT 1, Rn. 572; *Zieschang*, BT 1, Rn. 547.
[80] Sch/Sch-*Sternberg-Lieben/Schittenhelm*, § 123 Rn. 34.
[81] L/K/H-*Heger*, § 123 Rn. 11; *Hilgendorf/Valerius*, BT 1, § 6 Rn. 21; *Kindhäuser/Schramm*, BT 1, § 33 Rn. 36; Sch/Sch-*Sternberg-Lieben/Schittenhelm*, § 123 Rn. 31; *Wessels/Hettinger/Engländer*, BT 1, Rn. 573; *Zieschang*, BT 1, Rn. 532, 545.
[82] *Hilgendorf/Valerius*, BT 1, § 6 Rn. 22 f.; Sch/Sch-*Sternberg-Lieben/Schittenhelm*, § 123 Rn. 33.
[83] *Eisele*, BT I, Rn. 655; *Eisele/Heinrich*, BT, Rn. 402; MK-*Feilcke*, § 124 Rn. 1; *Fischer*, § 124 Rn. 3; *Kleszewski*, BT, § 8 Rn. 267 – a.A. *Hilgendorf/Valerius*, BT 1, § 6 Rn. 26.
[84] *Fischer*, § 124 Rn. 3; *Hilgendorf/Valerius*, BT 1, § 6 Rn. 26; *Wessels/Hettinger/Engländer*, BT 1, Rn. 578.
[85] MK-*Feilcke*, § 124 Rn. 1.

WIEDERHOLUNGSFRAGEN § 24

2. Wirkt auch ein täuschungsbedingt erlangtes Einverständnis tatbestandsausschließend? (Rn. 21)
3. Ist § 123 Abs. 1 Alt. 1 StGB bei Vorliegen der Voraussetzungen des § 13 StGB auch durch Unterlassen begehbar? (Rn. 23 ff.)
4. In welchem Verhältnis stehen § 123 Abs. 1 Alt. 1 und Alt. 2 StGB zueinander? (Rn. 26).

TEIL 6: URKUNDENDELIKTE

§ 25 Einleitung

I. Rechtsgut

1 Mit den im 6. Teil behandelten **Urkundendelikten** beginnt der 2. Abschnitt dieses Lehrbuchs, der den **Delikten gegen die Allgemeinheit** gewidmet ist. So schützt § 267 StGB etwa die Sicherheit und Zuverlässigkeit des Rechtsverkehrs mit Urkunden,[1] und damit ein **überindividuelles Rechtsgut**.[2] Im Rechtsverkehr sollen Urkunden als Beweismittel fungieren, sodass gewährleistet sein muss, dass sie auch von demjenigen stammen, der als Aussteller hervorgeht.[3] Durch die §§ 271, 348 StGB soll der Rechtsverkehr zudem vor inhaltlich falschen öffentlichen Urkunden geschützt werden,[4] was wiederum der Beweiskraft der öffentlichen Urkunden dient.

II. Systematik

2 Eine Vielzahl an Vorschriften lässt sich dem Bereich der Urkundendelikte zuordnen. Die einzelnen Vorschriften des 23. Abschnitts des StGB haben dabei, wie bereits angedeutet, jeweils einen anderen Schutz im Zusammenhang mit Urkunden oder ein etwas anders geartetes Schutzobjekt im Blick.[5] So schützen die §§ 267, 268 und § 269 StGB die Echtheit und Unverfälschtheit des Dokuments, wobei § 267 StGB Urkunden, § 268 StGB technische Aufzeichnungen und § 269 StGB Daten als Tatobjekt vorsieht. Bei der Echtheit geht es jeweils darum, dass das Dokument auch tatsächlich von dem jeweils ersichtlichen Aussteller stammt, während die inhaltliche Richtigkeit irrelevant ist (s.u. § 26 Rn. 12). Die §§ 271, 348 StGB schützen hingegen die inhaltliche Richtigkeit bei öffentlichen Urkunden, während § 274 StGB das Beweisführungsrecht mit Urkunden im Blick hat.

3 ▶ **Übersicht Urkundendelikte**

Urkundenfälschung, § 267 StGB

Fälschung technischer Aufzeichnungen, § 268 StGB

Fälschung beweiserheblicher Daten, § 269 StGB

Urkundenunterdrückung, § 274 StGB

Mittelbare Falschbeurkundung, § 271 StGB

Falschbeurkundung im Amt, § 348 StGB ◀

---

1 BGHSt 2, 50, 52; BayObLG NJW 1981, 772, 774; *Eisele*, BT I, Rn. 781; MK-*Erb*, § 267 Rn. 1; *Hilgendorf/Valerius*, BT 1, § 10 Rn. 6; LK-*Zieschang*, § 267 Rn. 1; *ders.*, BT 1, Rn. 768.
2 *Eisele/Heinrich*, BT, Rn. 429; LK-*Zieschang*, § 267 Rn. 1; *ders.*, BT 1, Rn. 769 – a.A. SK-*Hoyer*, Vor § 267 Rn. 12, und NK-*Puppe/Schumann*, § 267 Rn. 8: nur Dispositionsfreiheit des Einzelnen, demgegenüber die Urkunde gebraucht wird; kombiniert: Sch/Sch-*Heine/Schuster*, § 267 Rn. 1: neben dem Rechtsverkehr auch der Einzelne geschützt; nach *Fischer*, § 267 Rn. 2, ist primär die Sicherheit und Zuverlässigkeit des Rechtsverkehrs geschützt, sekundär aber auch das Vermögen.
3 Vgl. Sch/Sch-*Heine/Schuster*, § 267 Rn. 1.
4 LK-*Zieschang*, § 271 Rn. 1; § 348 Rn. 1.
5 Vgl. dazu auch den Überblick bei MK-*Erb*, Vor § 267 Rn. 3.

II. Systematik § 25

▶ **Übersicht sonstige Urkundendelikte (hier nicht behandelt)**[6] 4

Verändern von amtlichen Ausweisen, § 273 StGB

Vorbereitung der Fälschung von amtlichen Ausweisen; Vorbereitung der Herstellung von unrichtigen Impfausweisen, § 275 StGB

Verschaffen von falschen amtlichen Ausweisen, § 276 StGB

Aufenthaltsrechtliche Papiere; Fahrzeugpapiere, § 276a StGB

Unbefugtes Ausstellen von Gesundheitszeugnissen, § 277 StGB

Ausstellen unrichtiger Gesundheitszeugnisse, § 278 StGB

Gebrauch unrichtiger Gesundheitszeugnisse, § 279 StGB

Missbrauch von Ausweispapieren, § 281 StGB ◀

---

6 Vgl. dazu *Rengier*, BT II, § 38.

§ 26 Urkundenfälschung, § 267 StGB

Literaturempfehlungen:
Freund, Grundfälle zu den Urkundendelikten, JuS 1993, 731; 1016; JuS 1994, 30, 125; *Heinrich*, Die zusammengesetzte Urkunde, JA 2011, 423; *Kudlich*, Urkundendelikte und Straßenverkehr, JA 2019, 272; *Nestler*, Zur Urkundenqualität von Fotokopien und (Computer-)Faxen, ZJS 2010, 608; *Satzger*, Der Begriff der „Urkunde" im Strafgesetzbuch, JURA 2012, 106; *Zieschang*, Die Urkundenfälschung gemäß § 267 StGB, AL 2020, 73.

Übungsfälle:
Ellbogen/Richter, Der praktische Fall – Strafrecht: Der Zechpreller, JuS 2002, 1192; *Linke/Hacker*, Beim Geld hört die Freundschaft auf, JA 2009, 347; *Preuß*, Parkfreuden, JA 2013, 433; *Stam*, Promotion leicht gemacht, ZJS 2017, 351; *Zieschang*, Urkundentricks, JA 2008, 192.

I. Einleitung

1. Grundlagen

1   Wie bereits ausgeführt (s.o. § 25 Rn. 1) ist das geschützte Rechtsgut des § 267 StGB die Sicherheit und Zuverlässigkeit des Rechtsverkehrs mit Urkunden. Das Grunddelikt § 267 Abs. 1 StGB enthält **drei unterschiedliche Tatbestände**:

(1) Das Herstellen einer unechten Urkunde, Var. 1
(2) Das Verfälschen einer echten Urkunde, Var. 2
(3) Das Gebrauchen einer unechten oder gefälschten Urkunde, Var. 3

2   **Klausurtipp:** Am besten sollten Sie zunächst überlegen, ob eine Urkunde vorliegt und sodann prüfen, ob es sich um eine echte (dann: Var. 2) oder um eine unechte Urkunde handelt (dann Var. 1).

3   § 267 Abs. 3 StGB enthält **besonders schwere Fälle** als **Strafzumessungsregel**, während in Abs. 4 eine **echte Qualifikation**, also ein eigenständiger Tatbestand vorgesehen ist, bei Kombination der Erschwerungsgründe der bandenmäßigen Begehungsweise (beschränkt auf Taten nach den §§ 263–264 oder 267–269 StGB) und der Gewerbsmäßigkeit.

2. Prüfungsschema

4   Für das Grunddelikt kann folgendes Prüfungsschema zugrunde gelegt werden:
▶ I. Tatbestand
    1. Objektiver Tatbestand
       a) Herstellen unechter Urkunde, § 267 Abs. 1 Var. 1 StGB
       b) Verfälschen echter Urkunde, § 267 Abs. 1 Var. 2 StGB
       c) Gebrauchen einer unechten oder verfälschten Urkunde, § 267 Abs. 1 Var. 3 StGB
    2. Subjektiver Tatbestand
       a) Vorsatz
       b) „zur Täuschung im Rechtsverkehr"; h.M.: dolus directus II
  II. Rechtswidrigkeit

II. Tatbestandsvoraussetzungen des Grunddelikts

III. Schuld

IV. Strafzumessung: Besonders schwere Fälle, § 267 Abs. 3 StGB ◄

II. Tatbestandsvoraussetzungen des Grunddelikts

1. Objektiver Tatbestand

a) Tatobjekt Urkunde

▶ **Beispielsfall („Examensklausur"):**[1] A reicht B während der Zweiten Juristischen Staatsexamensprüfung den von ihm stichpunktartig zusammengefassten Sachverhalt einer Prüfungsaufgabe durch das Toilettenfenster. B fertigt sodann gegen Zahlung eines höheren Geldbetrages eine Klausurlösung an und reicht A diese kurz vor Ende der Bearbeitungszeit wieder durch das Toilettenfenster. A versieht die Blätter mit entsprechenden Seitenzahlen, schreibt seine Prüfungsziffer darauf und gibt die Blätter mit einem Kopfbogen, auf dem er ebenfalls seine Platzziffer vermerkt, als eigene Prüfungsleistung ab. ◄

Tatobjekt sämtlicher Varianten ist die **Urkunde**. Das StGB enthält keine Begriffsbestimmung, die Definition der Urkunde ist vielmehr aus ihren Funktionen herzuleiten. Ihre Bedeutung liegt darin, dass mit ihr im Rechtsverkehr Beweis über eine bestimmte Erklärung ihres Ausstellers erhoben werden kann. Sie muss daher folgende **drei Funktionen** erfüllen: (1) eine Perpetuierungsfunktion, die in der Verkörperung einer menschlichen Gedankenerklärung besteht, (2) eine Beweisfunktion, da sie zum Beweis im Rechtsverkehr geeignet und bestimmt sein muss, sowie (3) eine Garantiefunktion, da der Aussteller erkennbar sein muss.[2]

Definition: Eine Urkunde ist daher jede verkörperte menschliche Gedankenerklärung, die zur Beweisführung im Rechtsverkehr geeignet und bestimmt ist und ihren Aussteller erkennen lässt.[3]

Anhand dieser drei Bestandteile ist die Urkunde von anderen Gegenständen ohne Urkundencharakter abzugrenzen.

aa) Die Perpetuierungsfunktion

Die **Perpetuierungsfunktion** setzt zunächst eine menschliche Gedankenerklärung voraus. Sie ist daher nicht erfüllt bei bloßen **Augenscheinsobjekten** wie Fingerabdrücken oder Spuren am Tatort, denn zwar kann mit diesen ein Beweis erbracht werden, sie enthalten jedoch keine Gedankenerklärung.[4] Aus diesem Grund fallen auch unterzeichnete **Blankette** aus dem Urkundenbegriff heraus, weil sie (noch) keine Erklärung zum Ausdruck bringen.[5] Das Gleiche ist anzunehmen, wenn die Erklärung völlig un-

---

1 BayObLG NJW 1981, 772.
2 Eisele/Heinrich, BT, Rn. 432; Otto, GK BT, § 70 Rn. 1; Rengier, BT II, § 32 Rn. 1; Satzger, JURA 2012, 106; BeckOK-Weidemann, § 267 Rn. 4; LK-Zieschang, § 267 Rn. 15; ders., BT 1. Rn. 773; vgl. aber auch A/W/H/H-Heinrich, § 31 Rn. 1, der sechs Merkmale nennt.
3 BGHSt 3, 82, 84 f; 24, 140, 141; Eisele, BT I, Rn. 784; Eisele/Heinrich, BT, Rn. 432; Fischer, § 267 Rn. 2; L/K/H-Heger, § 267 Rn. 2; Hilgendorf/Valerius, BT 1, § 10 Rn. 7; Rengier, BT II, § 32 Rn. 1; BeckOK-Weidemann, § 267 Rn. 3.
4 RGSt 17, 103, 106; Eisele, BT I, Rn. 786 f.; Eisele/Heinrich, BT, Rn. 434; L/K/H-Heger, § 267 Rn. 4; Sch/Sch-Heine/Schuster, § 267 Rn. 4; A/W/H/H-Heinrich, § 31 Rn. 7; Rengier, BT II, § 32 Rn. 2; BeckOK-Weidemann, § 267 Rn. 5; Wessels/Hettinger/Engländer, BT 1, Rn. 779; LK-Zieschang, § 267 Rn. 34; ders., BT 1, Rn. 779 f.
5 L/K/H-Heger, § 267 Rn. 4; BeckOK-Weidemann, § 267 Rn. 6.1; LK-Zieschang, § 267 Rn. 37.

verständlich ist; es genügt aber eine Verständlichkeit für eingeweihte Personen.[6] Auch von einem Gerät selbstständig erstellte technische Aufzeichnungen enthalten keine menschliche Erklärung.[7] Für diesen Fall existiert die Spezialvorschrift des § 268 StGB. Des Weiteren ist eine **Verkörperung** der Gedankenerklärung erforderlich, wobei der Träger grundsätzlich unerheblich ist.[8] Das gesprochene Wort, etwa bei einem mündlichen Vertragsschluss, hat keinen Urkundencharakter, da es (noch) nicht auf einem Träger fixiert ist.[9] Auch flüchtige Aufzeichnungen im Sand oder Schnee genügen nicht für eine hinreichende Perpetuierung.[10] Schließlich ist eine visuelle, also unmittelbar sinnliche Wahrnehmbarkeit der durch Zeichen fixierten Erklärung erforderlich, an der es fehlt, wenn die Erklärung in Datenform auf einem PC, einer CD oder einem USB-Stick gespeichert ist, da hierzu erst eine Umwandlung durch ein Computersystem erforderlich ist.[11] Auch eine E-Mail im Postfach ist daher noch keine Urkunde.[12] Für Daten greift jedoch der spezielle § 269 StGB.

bb) Die Beweisfunktion

10 Die **Beweisfunktion** der Urkunde setzt eine Beweiseignung und Beweisbestimmung voraus.[13] Die **Beweiseignung** ist objektiv zu beurteilen,[14] d.h. nicht nur nach dem Willen des Ausstellers. So beweist eine Prüfungsarbeit, wie im Beispielsfall „Examensklausur" den Leistungsstand des Prüfungskandidaten.[15] Ein Liebesbrief kann als Beweis über eine außereheliche Liaison in einem Scheidungsprozesse geeignet ein.[16] Die Beweiseignung ist weit auszulegen.[17] Die Urkunde muss nur irgendetwas zum Beweis beitragen können und im Rechtsverkehr nicht völlig bedeutungslos sein.[18] Nicht zum Beweis geeignet sind offensichtliche Falsifikate.[19] Ein solches liegt etwa vor, wenn es sich offensichtlich nicht um das Originaldokument handelt.[20] Im Umkehrschluss liegt eine Beweiseignung also vor, wenn nicht direkt erkennbar ist, dass es sich nicht um ein behördliches Originaldokument handelt. Des Weiteren fehlt es an einer objektiven Beweiseignung, wenn die Unwirksamkeit eines behördlichen Dokuments offensichtlich ist,[21] wie z.B. bei einem Parkberechtigungsschein, in dem weder die Genehmigungsnummer noch der Name des Berechtigten eingetragen ist.[22]

---

6 LK-*Zieschang*, § 267 Rn. 39; *ders.*, BT 1, Rn. 782.
7 *Eisele*, BT I, Rn. 788; *Eisele/Heinrich*, BT, Rn. 434; L/K/H-*Heger*, § 267 Rn. 4; BeckOK-*Weidemann*, § 267 Rn. 6.
8 LK-*Zieschang*, § 267 Rn. 49.
9 BeckOK-*Weidemann*, § 267 Rn. 7; *Wessels/Hettinger/Engländer*, BT 1, Rn. 778; LK-*Zieschang*, § 267 Rn. 49; *ders.*, BT 1, Rn. 787.
10 MK-*Erb*, § 267 Rn. 39; auf den Einzelfall abstellend LK-*Zieschang*, § 267 Rn. 52.
11 *Eisele*, BT I, Rn. 790; *Eisele/Heinrich*, BT, Rn. 436; L/K/H-*Heger*, § 267 Rn. 12; BeckOK-*Weidemann*, § 267 Rn. 9; *Wessels/Hettinger/Engländer*, BT 1, Rn. 780; LK-*Zieschang*, § 267 Rn. 51; *ders.*, BT 1, Rn. 787.
12 BeckOK-*Weidemann*, § 267 Rn. 7; LK-*Zieschang*, § 267 Rn. 50; *ders.*, BT 1, Rn. 790.
13 BGHSt 4, 60, 61; 4, 284, 285; *Eisele*, BT I, Rn. 791; *Eisele/Heinrich*, BT, Rn. 437; Sch/Sch-*Heine/Schuster*, § 267 Rn. 8; *Rengier*, BT II, § 32 Rn. 5 ff.; BeckOK-*Weidemann*, § 267 Rn. 10; *Wessels/Hettinger/Engländer*, BT 1, Rn. 781; LK-*Zieschang*, § 267 Rn. 55 ff. – kritisch *Otto*, GK BT, § 70 Rn. 18 ff.
14 *Eisele*, BT I, Rn. 792; L/K/H-*Heger*, § 267 Rn. 12; Sch/Sch-*Heine/Schuster*, § 267 Rn. 9; *Rengier*, BT II, § 32 Rn. 5; BeckOK-*Weidemann*, § 267 Rn. 11; LK-*Zieschang*, § 267 Rn. 59.
15 BGHSt 17, 297, 298; BayObLG NJW 1981, 772, 773; *Rengier*, BT II, § 32 Rn. 5; BeckOK-*Weidemann*, § 267 Rn. 11.
16 *Eisele*, BT I, Rn. 792; *Rengier*, BT II, § 32 Rn. 5; BeckOK-*Weidemann*, § 267 Rn. 11; vgl. BGHSt 13, 235, 238.
17 *Eisele*, BT I, Rn. 792; L/K/H-*Heger*, § 267 Rn. 12; *Rengier*, BT II, § 32 Rn. 5.
18 Vgl. *Eisele*, BT I, Rn. 792; L/K/H-*Heger*, § 267 Rn. 12.
19 BayObLG NJW 1992, 3311, 3312; *Eisele*, BT I, Rn. 795; *Rengier*, BT II, § 32 Rn. 6; LK-*Zieschang*, § 267 Rn. 56, 59.
20 OLG Zweibrücken NJW 1998, 2918.
21 Vgl. OLG Celle NStZ-RR 2008, 76, 77: „auf den ersten Blick".
22 BayObLG NStZ-RR 1998, 331.

II. Tatbestandsvoraussetzungen des Grunddelikts § 26

Die **Beweisbestimmung** geschieht hingegen durch einen subjektiven Willensakt.[23] Hierbei sind zu unterscheiden:[24] (1) **Absichtsurkunden**, die von vornherein seitens ihres Ausstellers zum Beweis bestimmt waren, und (2) **Zufallsurkunden**, bei denen die Beweisbestimmung erst nachträglich durch den Aussteller oder einen Dritten, der damit Beweis erbringen will, erfolgt. Als Beispiele für **Absichtsurkunden** lassen sich Zeugnis und Ausweis anführen.[25] Unter der Prämisse, dass für eine „Absicht" auch das Bewusstsein des Ausstellers genügt, dass mit dem Schriftstück Beweis erhoben werden kann, fallen aber auch so genannte „**Deliktsurkunden**", also etwa Schreiben mit beleidigendem Inhalt oder Erpresserbriefe, darunter.[26] Dies ist z.B. auch bei massenhaft verschickten Gewinnmitteilungen der Fall.[27] Als Beispiel für eine Zufallsurkunde mag wiederum der Liebesbrief dienen, dem diese Funktion im Scheidungsprozess erst später zugeschrieben wird.[28] Vielfach wird angeführt, die Begriffe seien missverständlich und die Unterscheidung daher entbehrlich.[29] Ersteres mag zutreffen, da bei der „Absichtsurkunde" eine „Absicht" wie gesehen gar nicht erforderlich ist, und bei der „Zufallsurkunde" nicht der Zufall, sondern die Widmung seitens des Beweisführenden über den Urkundencharakter entscheidet. Immerhin wird durch die Trennung aber klar, dass eine Beweisbestimmung auch nachträglich erfolgen kann. Insofern wird vorgeschlagen, stattdessen von „originären" und „nachträglichen" Urkunden zu sprechen,[30] was in der Tat terminologisch klarer und daher vorzugswürdig ist.

cc) Die Garantiefunktion

Als dritte Funktion muss die Urkunde ihren Aussteller erkennen lassen, damit durch sie der Beweis über eine bestimmte Erklärung dieses Ausstellers erbracht werden kann.[31] Der Rechtsverkehr soll davor geschützt werden, dass die Urkunde nicht von diesem Aussteller herrührt, also vor einer **Identitätstäuschung**, nicht aber vor einer **schriftlichen Lüge**, also einer inhaltlichen Unwahrheit.[32] Die inhaltliche Richtigkeit wird nicht durch § 267 StGB geschützt, sondern bei öffentlichen Urkunden durch die §§ 271, 358 StGB. Nach der herrschenden **Geistigkeitstheorie** ist Aussteller der Urkunde nicht unbedingt derjenige, der sie physisch hergestellt hat, sondern derjenige, der sich die Urkunde im Rechtsverkehr zurechnen lassen muss[33] und der für sie einzustehen hat.[34] Relevant ist dies u.a. in **Vertretungsfällen**. Unterschreibt jemand für einen anderen, so ist zu untersuchen, wem der Rechtsverkehr die Erklärung zurechnet. So kann ein Vertreter, der mit Vertretungsmacht für den Vertretenen handelt, in Fällen, in denen keine Eigenhändigkeit der Unterschrift vorgeschrieben ist, in dessen Namen

---

23 *Rengier*, BT II, § 32 Rn. 8; *Satzger*, JURA 2012, 106, 109; *Zieschang*, BT 1, Rn. 793.
24 *Eisele*, BT I, Rn. 79; BeckOK-*Weidemann*, § 267 Rn. 12.
25 *Rengier*, BT II, § 32 Rn. 8.
26 *Rengier*, BT II, § 32 Rn. 10; LK-*Zieschang*, § 267 Rn. 65; *ders.*, BT 1, Rn. 795.
27 OLG Oldenburg BeckRS 2013, 9957.
28 BGHSt 13, 235, 238; BeckOK-*Weidemann*, § 267 Rn. 12.
29 *Wessels/Hettinger/Engländer*, BT 1, Rn. 783; vgl. ferner Sch/Sch-*Heine/Schuster*, § 267 Rn. 15; A/W/H-*Heinrich*, § 31 Rn. 10.
30 LK-*Zieschang*, § 267 Rn. 66; *ders.*, BT 1, Rn. 795; vgl. auch *Rengier*, BT II, § 32 Rn. 8, der beide Begriffe verwendet.
31 Sch/Sch-*Heine/Schuster*, § 267 Rn. 16.
32 *Rengier*, BT II, § 32 Rn. 14; § 33 Rn. 5 f.
33 BGHSt 5, 75, 78; 13, 382, 385; *Eisele*, BT I, Rn. 799; Sch/Sch-*Heine/Schuster*, § 267 Rn. 16, 55; *Hilgendorf/Valerius*, BT 1, § 10 Rn. 13; *Otto*, GK BT, § 70 Rn. 11; NK-*Puppe/Schumann*, § 267 Rn. 17; *Rengier*, BT II, § 32 Rn. 15; *Satzger*, JURA 2012, 106, 108; *Wessels/Hettinger/Engländer*, BT 1, Rn. 787; *Zieschang*, BT 1, Rn. 797.
34 A/W/H-*Heinrich*, § 31 Rn. 15.

eine Erklärung abgeben und mit dem Namen des Vertretenen unterschreiben, sodass die Urkunde dem Vertretenen zugerechnet wird, wenn der Vertreter auch wirklich für den Vertretenen handeln und dieser sich auch vertreten lassen will.[35] Auch bei einem Missbrauch der Vertretungsmacht im Innenverhältnis ist die Urkunde dem Vertretenen zuzurechnen, da der Rechtsverkehr auf die Vertretungsmacht vertraut, die nach außen wirksam ist.[36] Eine fremde Erklärung kann auch zu eigen gemacht werden,[37] etwa durch Unterschrift mit dem eigenen Namen. Es ist schließlich erforderlich, dass der Aussteller aus der Urkunde selbst erkennbar ist,[38] was weder der Fall ist bei offener Anonymität, also Urkunden ohne Unterzeichner, noch bei verdeckter Anonymität, wenn mit Fantasienamen o.ä. unterzeichnet wird.[39] Auch dass der Aussteller mit anderen Mitteln, etwa einem Schriftvergleich, ermittelbar ist, genügt nicht.[40]

13 ▶ **Lösung des Beispielsfalls („Examensklausur"):**[41] Das BayObLG lehnte eine Strafbarkeit gem. § 267 StGB ab. Die von B angefertigte Klausurlösung stellte für sich genommen noch keine Urkunde dar, da kein Aussteller erkennbar war. Erst dadurch, dass A seine Prüfungsziffer darauf schrieb, erlangte sie Urkundencharakter, da die Klausurlösung insoweit Auskunft über den Leistungsstand erteilte. Als Aussteller sei anhand der Prüfungsziffer nun A erkennbar gewesen. Allerdings habe er sich die von B angefertigte Lösung durch seine Unterschrift zu eigen gemacht, sodass erkennbarer und wahrer Aussteller der Urkunde identisch waren. Insofern handelte es sich nur um eine straflose schriftliche Lüge (Inhaltstäuschung), dass A die Lösung selbstständig erarbeitet habe. ◀

14 **Anmerkung:** Der Fall veranschaulicht, dass § 267 StGB nur die „Echtheit" der Urkunde betrifft, den Rechtsverkehr also nur vor Identitätstäuschungen schützt, nicht aber davor, dass die Urkunde inhaltlich richtig ist. Auf dem Boden der herrschenden Geistigkeitstheorie kommt es zudem nicht darauf an, wer die Urkunde erstellt hat, sondern wer als Garant für ihren Inhalt erscheint. Im Zusammenhang mit der Erstellung von Prüfungsarbeiten gilt es jedoch, einige Konstellationen auseinander zu halten. Der Fall läge nämlich anders, wenn B statt A in der Prüfung gesessen und mit dessen Namen unterschrieben hätte.[42] Auch die nachträgliche Abänderung einer Klausur (durch den Prüfer) kann eine Urkundenfälschung darstellen.[43]

dd) Spezialfälle

15 ▶ **Beispielsfall („Parkausweis"):**[44] Um eine angebliche Parkberechtigung vorzutäuschen, fertigt A Farbkopien sowohl eines Schwerbehinderten- als auch eines Parkausweises an. Den Parkausweis kopiert er beidseits und schweißt ihn in eine Klarsichtfolie ein. Auf der Kopie sind deutlich Knitterspuren des Originalausweises zu erkennen. Beim Schwerbehindertenausweis ist die Kopie schon daraus ersichtlich, dass kein Originallichtbild auf dem

---

35 BGHSt 33, 159, 161 f.; *Eisele*, BT I, Rn. 821; Sch/Sch-*Heine/Schuster*, § 267 Rn. 58; A/W/H/H-*Heinrich*, § 31 Rn. 18; *Otto*, GK BT, § 70 Rn. 13; *Satzger*, JURA 2012, 106, 108; *Zieschang*, BT 1, Rn. 781.
36 *Eisele*, BT I, Rn. 822; A/W/H/H-*Heinrich*, § 31 Rn. 18; *Rengier*, BT II, § 33 Rn. 20.
37 A/W/H/H-*Heinrich*, § 31 Rn. 19; LK-*Zieschang*, § 267 Rn. 76.
38 BGHSt 13, 382, 385; MK-*Erb*, § 267 Rn. 24.
39 *Eisele*, BT I, Rn. 803 f.; Sch/Sch-*Heine/Schuster*, § 267 Rn. 18; *Satzger*, JURA 2012, 106, 108; *Zieschang*, BT 1, Rn. 808.
40 BGHSt 5, 75, 78; BayObLG NJW 1981, 772, 773.
41 BayObLG NJW 1981, 772.
42 RGSt 68, 240, 242.
43 BGHSt 17, 297.
44 OLG Stuttgart NJW 2006, 2869.

II. Tatbestandsvoraussetzungen des Grunddelikts　　　　　　　　　　　　　　　§ 26

Schwerbehindertenausweis aufgebracht ist und die Ösen, mit denen das Lichtbild befestigt wird, kopiert sind. ◀

Beide legt er sichtbar in die Windschutzscheibe seines Autos. Die Kopie des Schwerbehindertenausweises bringt er unter dem Parkausweis halb verdeckt an. Beide Ausweise werden vom kontrollierenden Polizisten P sofort als Fotokopien erkannt.

(1) Beweiszeichen

Eine menschliche Gedankenerklärung ist nicht nur in Schriftform möglich, sondern kann auch durch Zeichen und Symbole verkörpert werden.[45] Insofern spricht man von **Beweiszeichen** als besonderer Form der Urkunde.[46] Dabei ist keine Allgemeinverständlichkeit erforderlich, sondern es ist ausreichend, wenn die Bedeutung des Zeichens in dem Verkehrskreis, in dem die Erklärung ihre Wirkung entfalten soll, bekannt ist.[47] Als Beispiele lassen sich nennen:[48] Die von einem Kellner vermerkten Striche auf einem Bierdeckel: Hier wird die Erklärung dem Wirt zugerechnet, d.h. dieser ist Aussteller der Urkunde,[49] ferner Künstlerzeichen auf einem Kunstwerk[50] oder die TÜV-Plakette.[51] Abzugrenzen sind die mittels Beweiszeichen angefertigten Urkunden von bloßen **Kennzeichen**.[52] Letztere erfüllen eine bloße Ordnungs- oder Unterscheidungsfunktion, dienen lediglich der Individualisierung oder dem Herkunftsnachweis und enthalten keine Gedankenerklärung.[53] Zu den Kennzeichen ohne Urkundenqualität gehören etwa Garderobenmarken,[54] Bibliotheksstempel in Büchern[55] und Autogramme.[56] Die Abgrenzung ist im Einzelfall aber sehr schwierig und muss sich an der Beweisfunktion orientieren.[57]

16

(2) Zusammengesetzte Urkunden

Während ein Augenscheinsobjekt für sich genommen keine Urkunde ist (s.o. Rn. 9), kann eine **zusammengesetzte Urkunde** entstehen, wenn die verkörperte Gedankenerklärung mit einem Objekt zu einer Beweiseinheit **fest verbunden** wird.[58] In einem solchen Fall kann durch Austausch des Objekts oder der Erklärung eine Urkundenfälschung begangen werden. Eine zusammengesetzte Urkunde ist sowohl in Schriftform als auch bei Beweiszeichen möglich, wenn diese mit einem Objekt fest verbunden

17

45　RGSt 76, 205, 206; MK-*Erb*, § 267 Rn. 41; Sch/Sch-*Heine/Schuster*, § 267 Rn. 20 ff.; *Hilgendorf/Valerius*, BT 1, § 10 Rn. 15; LK-*Zieschang*, § 267 Rn. 17 f. – a.A. (nur Schriftzeichen) *Otto*, GK BT, § 70 Rn. 9; *Welzel*, S. 403.
46　*Rengier*, BT II, § 32 Rn. 21 ff.; *Satzger*, JURA 2012, 106, 107; *Wessels/Hettinger/Engländer*, BT 1, Rn. 790; *Zieschang*, BT 1, Rn. 813.
47　MK-*Erb*, § 267 Rn. 46.
48　Zu diesen und weiteren Beispielen *Rengier*, BT II, § 32 Rn. 23.
49　Vgl. dazu *Rengier*, BT II, § 32 Rn. 23, 28, 33.
50　RGSt 76, 28, 29; OLG Frankfurt NJW 1970, 673, 674.
51　OLG Celle NJW 2011, 2983, 2984.
52　RGSt 76, 205, 206; BGHSt 2, 370; *Rengier*, BT II, § 32 Rn. 22 ff. – kritisch Sch/Sch-*Heine/Schuster*, § 267 Rn. 22: Abgrenzung praktisch undurchführbar.
53　*Wessels/Hettinger/Engländer*, BT 1, Rn. 792; vgl. auch BGHSt 2, 370. 371.
54　*Rengier*, BT II, § 32 Rn. 24.
55　*Rengier*, BT II, § 32 Rn. 24.
56　RGSt 76, 28, 30.
57　*Satzger*, JURA 2012, 106, 110.
58　*Eisele*, BT I, Rn. 806; *Eisele/Heinrich*, BT, Rn. 449; MK-*Erb*, § 267 Rn. 52; L/K/H-*Heger*, § 267 Rn. 8; Sch/Sch-*Heine/Schuster*, § 267 Rn. 36a; *Rengier*, BT II, § 32 Rn. 27; *Satzger*, JURA 2012, 106, 110; LK-*Zieschang*, § 267 Rn. 107.

werden.⁵⁹ Sie liegt z.B. vor bei einem amtlichen Kennzeichen am Auto,⁶⁰ bei der TÜV-Plakette auf einem Kfz-Kennzeichen⁶¹ oder der Fahrgestellnummer⁶² Bei einer entsprechenden festen Verbindung stellt auch ein Preisschild auf der Verkaufsware im Laden eine zusammengesetzte Urkunde dar.⁶³ Fehlt es an einer ausreichenden festen Verbindung, so entsteht keine Urkunde. Insofern genügt es nicht, wenn der Preis nur auf einer Klarsichtpackung aufgeklebt ist, in der sich ein Kleidungsstück befindet, sofern keine feste Verbindung zwischen Ware und Verpackung besteht.⁶⁴ In diesem Sinne ist auch ein unter den Scheibenwischer an die Windschutzscheibe geklemmter Strafzettel keine zusammengesetzte Urkunde.⁶⁵ Verkehrsschilder mögen mit der Straße zwar fest verbunden sein, hier ist das Objekt aber nicht mehr räumlich überschaubar.⁶⁶

(3) Gesamturkunde

18 Aus mehreren Urkunden kann schließlich eine **Gesamturkunde** entstehen, die einen über den gedanklichen Inhalt der Einzelteile hinausgehenden eigenen Erklärungs- und Beweisinhalt hat.⁶⁷ In diesem Fall kann also sowohl hinsichtlich der Einzelurkunden als auch hinsichtlich der Gesamturkunde ein Urkundendelikt verwirklicht werden. Voraussetzung für das Entstehen einer Gesamturkunde ist aber eine feste Verbindung der Einzelurkunden sowie das Beruhen ihrer Entstehung auf Gesetz, Geschäftsbrauch oder Vereinbarung.⁶⁸ Dies ist z.B. der Fall bei Personalakten⁶⁹ oder kaufmännischen Handelsbüchern,⁷⁰ nicht aber bei der Handakte eines Rechtsanwalts⁷¹ oder einem Reisepass.⁷²

(4) Abschriften, Durchschriften, Fotokopien

19 Ein Sonderproblem im Rahmen der Urkundendelikte stellen **Fotokopien** dar. Grds. ist zu beachten, dass Vervielfältigungsstücke nur dann Urkundenqualität aufweisen, wenn sie im Rechtsverkehr neben oder an die Stelle der Originalurkunde treten und dieselbe Beweisfunktion erfüllen.⁷³ So sind von Dritten angefertigte Abschriften keine Urkunden, da sie den Aussteller nicht erkennen lassen.⁷⁴ Anders ist dies hingegen

---

59 MK-*Erb*, § 267 Rn. 47.
60 BGHSt 18, 66, 70; 45, 197, 200; BayObLG NJW 1998, 2917.
61 OLG Celle NJW 2011, 2983, 2984.
62 BGHSt 9, 235, 240.
63 MK-*Erb*, § 267 Rn. 51; LK-*Zieschang*, § 267 Rn. 108.
64 OLG Köln NJW 1979, 729, 730.
65 OLG Hamburg JR 1964, 228.
66 OLG Köln NJW 1999, 1042, 1043; L/K/H-*Heger*, § 267 Rn. 8; AnwK-*Krell*, § 267 Rn. 21 – a.A. (zusammengesetzte Urkunde) *Rengier*, BT II, § 32 Rn. 29 f.; LK-*Zieschang*, § 267 Rn. 109.
67 RGSt 60, 17, 19; BGHSt 4, 60, 61; *Eisele*, BT I, Rn. 807; *Eisele/Heinrich*, BT, Rn. 450; Sch/Sch-*Heine/Schuster*, § 267 Rn. 30; *Rengier*, BT II, § 32 Rn. 32; *Satzger*, JURA 2012, 106, 110 f.
68 RGSt 60, 17, 19 f.; *Eisele*, BT I, Rn. 807; *Eisele/Heinrich*, BT, Rn. 451; Sch/Sch-*Heine/Schuster*, § 267 Rn. 32 f.; *Rengier*, BT II, § 32 Rn. 32.
69 OLG Düsseldorf NStZ 1981, 25, 26.
70 RGSt 50, 420, 421.
71 BGHSt 3, 395, 399 f.
72 BayObLG NJW 1990, 264, 265.
73 *Rengier*, BT II, § 32 Rn. 34.
74 BGHSt 2, 50, 51 f.; MK-*Erb*, § 267 Rn. 93; *Fischer*, § 267 Rn. 17; Sch/Sch-*Heine/Schuster*, § 267 Rn. 40; NK-*Puppe/Schumann*, § 267 Rn. 47; *Rengier*, BT II, § 32 Rn. 37; *Satzger*, JURA 2012, 106, 111; *Wessels/Hettinger/Engländer*, BT 1, Rn. 796; *Zieschang*, BT 1, Rn. 819. Sie können allerdings durch den Aussteller als Urkunde gewidmet werden, wenn er sie in den Rechtsverkehr gelangen lässt; vgl. BGHSt 2, 50, 51; MK-*Erb*, § 267 Rn. 93.

II. Tatbestandsvoraussetzungen des Grunddelikts § 26

z.B. bei einer **Durchschrift**[75] sowie bei einer **beglaubigten Abschrift** zu beurteilen, weil die Beglaubigung selbst eine Urkunde darstellt, in welcher der Aussteller, d.h. der Beglaubigende, die Erklärung abgibt, dass das Original dieser Abschrift entspricht.[76] In diesem Sinne haben auch – nicht beglaubigte – Fotokopien, die als solche **erkennbar** sind, grundsätzlich keine Urkundenqualität.[77] Sie sind nämlich nicht wie das Original zum Beweis im Rechtsverkehr geeignet und lassen den Aussteller nicht erkennen, sondern weisen nur darauf hin, dass ein Original existiert.[78] Es ist allerdings davon mit der h.M. eine Ausnahme zu machen, wenn die Kopie vom Original (durch Manipulation) nicht zu unterscheiden, also „täuschend echt", ist und im Rechtsverkehr (mit dem Willen des Fälschers) als Originalurkunde verwendet wird.[79] In diesem Sinne kann etwa derjenige § 267 StGB verwirklichen, der die Kopie eines Privatrezeptes in einer Apotheke als Originalrezept vorlegt.[80] Der **Anschein einer Originalurkunde** wird aber schon dann erweckt, wenn die Kopie der Originalurkunde so ähnlich ist, dass eine Verwechslung nicht auszuschließen ist.[81] Insb. die Rechtsprechung sieht zudem bei Vorlage einer Kopie den (mittelbaren) Gebrauch einer unechten oder verfälschten Urkunde (s. dazu noch unten Rn. 44 f.).[82]

▶ **Lösung des Beispielsfalls („Parkausweis"):**[83] Nachdem das AG den A vom Vorwurf der Strafbarkeit nach § 267 StGB freigesprochen hatte, da den Kopien wegen ihrer schlechten Qualität kein Urkundencharakter zukommen könne, gab das OLG Stuttgart der Revision der StA Recht. Selbst bei relativ schlechten Fälschungen bestehe „ein berechtigtes Interesse des Rechtsverkehrs daran, darauf vertrauen zu können, dass eine verkörperte Erklärung von dem stammt, von dem sie ausweislich ihrer Verkörperung zu stammen scheint, sofern nur überhaupt die ernst zu nehmende Möglichkeit einer unzutreffenden Zuordnung geschaffen wurde."[84] Entscheidend für die Abgrenzung sei daher der Wille des Fälschers. Eine Urkunde sei anzunehmen, wenn er die Kopie zur Verwendung als (falsches) Original geschaffen hat oder als bloße Kopie in den Rechtsverkehr bringen will. ◀

Anmerkung: Diese Auslegung geht zu weit,[85] da der Rechtsverkehr vor solchen klar erkennbaren Kopien nicht geschützt werden muss, weil niemand sie als Original ansehen würde, selbst wenn der Täter dies bezwecken mag. Insofern kommt es entgegen der Ansicht des OLG Stuttgart darauf an, ob objektiv eine Verwechslung nicht auszuschließen ist und subjektiv, ob der Täter sie auch als Original verwenden wollte, denn sonst fehlt ihm der subjektive Tatbestand.

20

21

---

75 *Eisele*, BT I, Rn. 809; *Eisele/Heinrich*, BT, Rn. 452; MK-*Erb*, § 267 Rn. 91; *Fischer*, § 267 Rn. 17; Sch/Sch-*Heine/Schuster*, § 267 Rn. 41; *Rengier*, BT II, § 32 Rn. 36; *Satzger*, JURA 2012, 106, 111; *Wessels/Hettinger/Engländer*, BT 1, Rn. 794; *Zieschang*, BT 1, Rn. 820.
76 RGSt 34, 360, 361 f.; Sch/Sch-*Heine/Schuster*, § 267 Rn. 40a; *Rengier*, BT II, § 32 Rn. 37; *Satzger*, JURA 2012, 106, 112; *Zieschang*, BT 1, Rn. 819.
77 BGHSt 5, 291, 293; 24, 140, 141; BGH NJW 2016, 884, 886; OLG Stuttgart NStZ 2007, 158; *Eisele/Heinrich*, BT, Rn. 452; Sch/Sch-*Heine/Schuster*, § 267 Rn. 42a; *Hilgendorf/Valerius*, BT 1, § 10 Rn. 23; *Nestler*, ZJS 2010, 608, 608 f.; *Rengier*, BT II, § 32 Rn. 38; LK-*Zieschang*, § 267 Rn. 123 – a.A. *Freund*, JuS 1991, 723, 725 ff.; NK-*Puppe/Schumann*, § 267 Rn. 50.
78 LK-*Zieschang*, § 267 Rn. 123.
79 BGH NStZ 2010, 703, 704; *Eisele/Heinrich*, BT, Rn. 455; *Fischer*, § 267 Rn. 20; *Rengier*, BT II, § 32 Rn. 41; LK-*Zieschang*, § 267 Rn. 124; vgl. dazu auch *Nestler*, ZJS 2010, 608, 609.
80 OLG Nürnberg NStZ-RR 2007, 16.
81 BGH NStZ 2010, 703, 704; LK-*Zieschang*, § 267 Rn. 124.
82 RGSt 69, 228, 231; BGHSt 5, 291, 292.
83 OLG Stuttgart NJW 2006, 2869.
84 OLG Stuttgart NJW 2006, 2869, 2870; zust. *Fischer*, § 267 Rn. 20.
85 Abl. auch *Satzger*, JURA 2012, 106, 112; LK-*Zieschang*, § 267 Rn. 124.

b) Tathandlungen

aa) Herstellen einer unechten Urkunde, § 267 Abs. 1 Var. 1 StGB

22 ▶ **Beispielsfall („Fingierte Reparaturrechnung"):**[86] Der Pkw des A wird bei einem Unfall durch C beschädigt. A entschließt sich, den Schaden selbst zu reparieren, die Reparaturkosten aber dennoch von der Versicherung des C zu verlangen. Deshalb bittet er seinen Bekannten B, der im Autohaus D arbeitet, eine fingierte Rechnung über die angebliche Durchführung der Reparatur bei D auszustellen. B, zu dessen Aufgabenbereich bei D das Ausstellen der Rechnungen nach den Reparaturberichten der Werkstatt gehört, entspricht diesem Begehren. Im Bewusstsein seiner Kompetenzüberschreitung stellt er nach den Angaben des A anhand der Ersatzteilliste die Preise zusammen und holt Erkundigungen nach dem Preis der Lackierarbeiten ein. Sodann stellt er auf einem Rechnungsformular der Firma D eine Rechnung über die Reparatur aus, versieht diese mit dem Stempel „bezahlt, 30.5.1979 durch Barkasse" und quittiert mit seinem Namenskürzel. Die Rechnung übergibt er A, der sie C zur Vorlage bei der Versicherung zuschickt. Strafbarkeit des B gem. § 267 Abs. 1 Var. 1 StGB? ◀

23 In Var. 1 ist das **Herstellen** einer unechten Urkunde unter Strafe gestellt.

24 **Definition:** Unter Herstellen ist die physische Anfertigung der Urkunde zu verstehen.[87]

25 Wie bereits dargestellt, ist eine bestimmte Form der Urkunde nicht erforderlich, sodass neben Schriftzeichen auch Beweiszeichen in Betracht kommen. Zudem kann auch eine zusammengesetzte oder eine Gesamturkunde hergestellt werden. Entscheidend ist für die Var. 1, dass dabei eine unechte Urkunde entsteht.

26 **Definition:** Eine Urkunde ist unecht, wenn sie nicht von demjenigen herrührt, der als ihr Aussteller erkennbar ist.[88]

27 Der Rechtsverkehr ist durch § 267 StGB wie gesehen nur vor **Identitätstäuschungen** geschützt, nicht aber vor inhaltlich falschen Erklärungen durch den richtigen Aussteller (s.o. Rn. 12).[89] Damit ist es elementar, den Aussteller zu ermitteln, der aus der Urkunde hervorgeht, wobei dies nach der oben erläuterten Geistigkeitstheorie derjenige ist, der sich die Urkunde im Rechtsverkehr zurechnen lassen muss (s.o. Rn. 12). Im oben erörterten Beispielsfall Examensklausur hat A etwa durch das Hinzufügen seiner Platzziffer eine echte Urkunde hergestellt, da er durch diese als Aussteller hervorging und sich den Inhalt auch zu eigen gemacht hat, da eine Urkunde grundsätzlich auch von einem Dritten hergestellt sein kann. Dass er die Klausur nicht selbst erstellt hat, ist eine straflose schriftliche Lüge (s.o. Rn. 13). Ferner sind die oben geschilderten Grundsätze zur Erstellung von Urkunden im Wege der Stellvertretung zu beachten (Rn. 12): Wer im Namen und mit Willen des Vertretenen unterschreibt und dazu rechtlich berechtigt ist, stellt eine echte Urkunde her. Nicht möglich ist dies in Fällen, in denen der Rechtsverkehr eine eigenhändige Unterschrift erwartet, wie dies etwa auch bei einer Klausur der Fall ist.[90]

---

[86] OLG Stuttgart NJW 1981, 1223.
[87] LK-*Zieschang*, § 267 Rn. 137; *ders.*, BT 1, Rn. 824.
[88] BGHSt 33, 159, 160; BGH wistra 1986, 109; OLG Stuttgart NJW 1981, 1223; *Eisele/Heinrich*, BT, Rn. 456; *Fischer*, § 267 Rn. 27; *Hilgendorf/Valerius*, BT 1, § 10 Rn. 31; *Rengier*, BT II, § 33 Rn. 6; *BeckOK-Weidemann*, § 267 Rn. 21; *Wessels/Hettinger/Engländer*, BT 1, Rn. 808; LK-*Zieschang*, § 267 Rn. 142.
[89] *Eisele/Heinrich*, BT, Rn. 457 f.; *Rengier*, BT II, § 33 Rn. 6; *Wessels/Hettinger/Engländer*, BT 1, Rn. 810.
[90] Sch/Sch-*Heine/Schuster*, § 267 Rn. 59; *Otto*, GK BT, § 70 Rn. 42; *Rengier*, BT II, § 33 Rn. 19.

II. Tatbestandsvoraussetzungen des Grunddelikts § 26

▶ **Lösung des Beispielsfalls ("Fingierte Reparaturrechnung"):**[91] Das OLG Stuttgart sprach B vom Vorwurf der Urkundenfälschung frei, da er keine unechte Urkunde hergestellt habe. Aus der fingierten Rechnung, der Urkundenqualität zukomme, sei das Autohaus D als Aussteller erkennbar. Da B vom Autohaus D zur Erstellung der Rechnungen bestellt war, sei D aber nicht nur scheinbarer, sondern auch tatsächlicher Aussteller der Urkunde. Der Missbrauch der Befugnis im Innenverhältnis habe keine Relevanz für die Ausstellereigenschaft. ◀

Anmerkung: Der Fall illustriert die Weite der Geistigkeitstheorie, nach der auch bei einer solchen missbräuchlichen Ausnutzung der Vertretungsmacht im Innenverhältnis eine Urkundenfälschung ausscheidet, weil aus der zivilrechtlichen Wirkung solcher Erklärungen im Namen des Vertretenen auch auf die wirksame strafrechtliche Zurechnung der Urkunde geschlossen wird.[92] Als Argument lässt sich anführen, dass der Vertretene dieses Risiko selbst eingegangen ist, weil er den Vertreter ermächtigt hat, für ihn Erklärungen abzugeben, die ihm im Rechtsverkehr zugerechnet werden.[93] Anders ist dies jedoch in Fällen, in denen im Außenverhältnis die Vertretungsmacht überschritten wird, oder in denen eine sittenwidrige (§ 138 BGB) Kollusion, also ein bewusstes Zusammenwirken des Vertreters mit einem Dritten zum Nachteil des Vertretenen,[94] vorliegt.[95]

bb) Verfälschen einer echten Urkunde, § 267 Abs. 1 Var. 2 StGB

▶ **Beispielsfall ("Nummernschild"):**[96] A schraubt bei einem gestohlenen Fahrzeug die amtlichen Kennzeichen ab und ersetzt sie durch die eines anderen Fahrzeugs. ◀

Var. 2 stellt das **Verfälschen** einer echten Urkunde unter Strafe.

Definition: Unter einem Verfälschen ist jede nachträgliche Veränderung des gedanklichen Inhalts der Urkunde zu verstehen, durch die der Eindruck hervorgerufen wird, der Aussteller habe die Erklärung von Anfang an in der Weise abgegeben, die sie nach der Manipulation aufweist.[97]

Var. 2 setzt als Tatobjekt zunächst eine – nach den beschriebenen Kriterien – **echte Urkunde** voraus.[98] Ist eine Urkunde bereits gefälscht worden, so kann höchstens ein abtrennbarer Teil noch verfälscht werden; ansonsten greift Var. 1.[99] Da der Täter eine Änderung des gedanklichen Inhalts einer Urkunde bewirken muss, ist entscheidend, dass nach seiner Manipulation noch eine Urkunde vorliegt; zerstört er hingegen den Beweisinhalt, so kommt allenfalls § 274 StGB in Betracht,[100] sofern der Täter mit Nachteilszufügungsabsicht handelt (s.u. § 28). Entfernt der Täter also etwa den Na-

---

91 OLG Stuttgart NJW 1981, 1223.
92 Vgl. BGH wistra 1986, 109; L/K/H-*Heger*, § 267 Rn. 19; *Rengier*, BT II, § 33 Rn. 20 – a.A. MK-*Erb*, § 267 Rn. 133.
93 *Rengier*, BT II, § 33 Rn. 20.
94 Vgl. MK-*Schubert*, § 164 Rn. 227.
95 *Rengier*, BT II, § 33 Rn. 20.
96 BGHSt 16, 94; Falllösung bei *Linke/Hacker*, JA 2009, 347.
97 OLG Köln NJW 1983, 769; *Eisele*, BT 1, Rn. 829; *Eisele/Heinrich*, BT, Rn. 465; L/K/H-*Heger*, § 267 Rn. 20; Sch/Sch-*Heine/Schuster*, § 267 Rn. 64; *Hilgendorf/Valerius*, BT 1, § 10 Rn. 39; *Rengier*, BT II, § 33 Rn. 37; *Wessels/Hettinger/Engländer*, BT 1, Rn. 828; LK-*Zieschang*, § 267 Rn. 162.
98 *Eisele/Heinrich*, BT, Rn. 465; *Rengier*, BT II, § 33 Rn. 37.
99 LK-*Zieschang*, § 267 Rn. 166; vgl. auch Sch/Sch-*Heine/Schuster*, § 267 Rn. 66.
100 *Eisele/Heinrich*, BT, Rn. 466; L/K/H-*Heger*, § 267 Rn. 20; *Rengier*, BT II, § 33 Rn. 38; *Wessels/Hettinger/Engländer*, BT 1, Rn. 828; LK-*Zieschang*, § 267 Rn. 172; *ders.*, BT 1, Rn. 844.

men des Ausstellers und ersetzt ihn sodann durch seinen eigenen, so liegen die §§ 267 Abs. 1 Var. 1, 274 StGB vor, nicht aber § 267 Abs. 1 Var. 2 StGB, weil die Urkunde zwischenzeitlich ihren Aussteller und damit ihre Urkundeneigenschaft verloren hat.[101]

34 **Klausurtipp:** Wenn § 267 Abs. 1 Var. 2 StGB erfüllt ist, liegt auch § 267 Abs. 1 Var. 1 StGB vor, denn durch das Verfälschen der Urkunde entsteht auch eine unechte Urkunde, die der Täter durch den Fälschungsvorgang herstellt. Var. 1 tritt dann aber hinter der Var. 2 zurück.[102] Aus diesem Grund empfiehlt es sich, in der Klausur mit § 267 Abs. 1 Var. 2 StGB zu beginnen, sofern zunächst eine echte Urkunde vorlag.

35 Besonders umstritten ist die Frage, ob der **Aussteller selbst** eine von ihm stammende echte Urkunde verfälschen kann.[103] Dies lässt sich illustrieren, wenn der obige Fall „Examensklausur" so geändert wird, dass A die Arbeit zwar selbst verfasst und mit seiner Prüfungsziffer versieht, nach der Abgabe aber eine Gelegenheit nutzt, um den Inhalt ergänzen,[104] was eine gern geprüfte Klausurkonstellation darstellt. Vielfach wird diese Möglichkeit abgelehnt.[105] Zur Begründung wird angeführt, dass sämtliche Varianten des § 267 Abs. 1 StGB eine Identitätstäuschung voraussetzten, welche in diesem Fall nicht gegeben sei; Var. 2 ist hiernach nur ein Unterfall der Var. 1.[106] Zudem werde Bestandsschutz der Urkunde durch § 274 StGB gewährleistet, dessen Schutzbereich auf diese Weise mit dem des § 267 StGB vermengt werde.[107] Zutreffend ist aber die herrschende Gegenansicht, die ein Verfälschen seitens des Ausstellers selbst zulässt.[108] Dafür spricht aus systematischer Hinsicht, dass Var. 2 sonst kein eigenständiger Anwendungsbereich verbliebe.[109] Zudem greift § 274 StGB nur bei einer Nachteilszufügungsabsicht.[110] Schließlich ist zu bedenken, dass der Aussteller nach Übergabe der Urkunde in den Rechtsverkehr seine Abänderungsbefugnis verloren und ein anderer ein Beweisrecht haben kann.[111] Dies ist der Fall, wenn ein anderer einen legitimen Anspruch auf einen unverfälschten Fortbestand der Urkunde erlangt hat,[112] bei Prüfungsarbeiten also mit der Abgabe.[113]

36 Auch eine zusammengesetzte Urkunde oder eine Gesamturkunde können **nachträglich** verfälscht werden. Zu denken ist hierbei etwa an den Austausch eines auf die Ware aufgeklebten Preisschilds, nicht aber, wenn sich das Preisschild nur auf einer Klarsichthülle als Verpackung befindet, da dann schon keine zusammengesetzte Urkunde vorliegt (s.o. Rn. 17).[114] Insofern wird also nicht nur das Einwirken auf die Erklärung, sondern auch der Austausch des Bezugsobjekts als Verfälschung eingestuft.[115]

---

101 *Zieschang*, BT 1, Rn. 844.
102 *Eisele/Heinrich*, BT, Rn. 465; *Hilgendorf/Valerius*, BT, 1, § 10 Rn. 43; *Rengier*, BT II, § 33 Rn. 39 f.; *Wessels/Hettinger/Engländer*, BT, 1, Rn. 830.
103 Vgl. *Hillenkamp/Cornelius*, Probleme BT, 14. Problem, S. 78 ff.
104 Siehe zu diesem Fall *Rengier*, BT II, § 33 Rn. 41 ff.
105 MK-*Erb*, § 267 Rn. 191 ff.; *Sch/Sch-Heine/Schuster*, § 267 Rn. 68 f.; *Klesczewski*, BT, § 17 Rn. 45; *Otto*, GK BT, § 70 Rn. 49.
106 *Sch/Sch-Heine/Schuster*, § 267 Rn. 64, 68.
107 MK-*Erb*, § 267 Rn. 191 ff.
108 BGHSt 13, 382, 385 ff.; *Fischer*, § 267 Rn. 34; *Rengier*, BT II, § 33 Rn. 42; LK-*Zieschang*, § 267 Rn. 174 ff.; *ders.*, BT 1, Rn. 847; *ders.*, JA 2008, 192, 195.
109 *Rengier*, BT II, § 33 Rn. 42; LK-*Zieschang*, § 267 Rn. 178; *ders.*, BT 1, Rn. 847; *ders.*, JA 2008, 192, 195.
110 LK-*Zieschang*, § 267 Rn. 176.
111 *Rengier*, BT II, § 33 Rn. 42.
112 *Wessels/Hettinger/Engländer*, BT 1, Rn. 835; LK-*Zieschang*, § 267 Rn. 181.
113 *Wessels/Hettinger/Engländer*, BT 1, Rn. 836; LK-*Zieschang*, § 267 Rn. 182.
114 OLG Köln NJW 1979, 729; *Wessels/Hettinger/Engländer*, BT 1, Rn. 832.
115 *Eisele*, BT I, Rn. 832; *Fischer*, § 267 Rn. 35; *Sch/Sch-Heine/Schuster*, § 267 Rn. 65a.

II. Tatbestandsvoraussetzungen des Grunddelikts

§ 26

▶ **Lösung des Beispielsfalls („Nummernschild"):**[116] In diesem Sinne hat der BGH im Beispielsfall § 267 Abs. 1 Var. 2 StGB angenommen. Amtliches Kennzeichen und Fahrzeug bilden eine zusammengesetzte Urkunde, die zunächst echt war, durch den Austausch der Nummernschilder aber verfälscht wurde. ◀

37

Anmerkung: Dieses Ergebnis entspricht der h.M.[117] Bei genauer Betrachtung liegt hier eigentlich die Zerstörung einer zusammengesetzten Urkunde (§ 274 Abs. 1 S. 1 Alt. 1 StGB) vor, weil nach Abschrauben des Nummernschilds keine Urkunde mehr vorlag, was aber Voraussetzung des Verfälschens einer Urkunde ist, und sodann das Herstellen einer unechten zusammengesetzten Urkunde (§ 267 Abs. 1 Var. 1 StGB). Die h.M. sieht in diesem Geschehen eine Einheit und zieht beide Handlungen zu einer Verfälschung zusammen, die dann die §§ 274, 267 Abs. 1 Var. 1 StGB konsumiert.[118] Das Übersprühen eines Nummernschilds mit farblosem Lack, um Blitzlichtaufnahmen zu verhindern, genügt indes nicht, da hierdurch die Erklärung nicht verändert wird.[119]

38

cc) Gebrauchen einer unechten oder verfälschten Urkunde, § 267 Abs. 1 Var. 3 StGB

▶ **Beispielsfall („Fingierte Schutzhaft"):**[120] Um in den Genuss staatlicher Entschädigung zu gelangen, stellt A einen angeblichen Schutzhaftbefehl her, aus dem hervorgeht, dass er während der NS-Zeit von der Gestapo zeitweise in Schutzhaft genommen wurde, und legt diesen als Fotokopie einem Notar zur Beglaubigung vor.[121] ◀

39

Die dritte und letztlich gefährlichste[122] Tathandlungsvariante ist das **Gebrauchen** einer unechten oder verfälschten Urkunde. Dadurch wird die Urkunde dem Rechtsverkehr zugänglich gemacht. Als **Tatobjekt** kommt hierbei also entweder eine unechte oder eine verfälschte Urkunde nach den oben genannten Kriterien in Betracht.

40

Klausurtipp: Daher sind in der Klausur die Var. 1 und 2 vor Var. 3 zu prüfen.

41

Definition: Gebrauchen bedeutet, die Urkunde dem zu Täuschenden mit der Möglichkeit der Wahrnehmung zugänglich zu machen.[123]

42

Da die Möglichkeit der Wahrnehmung ausreicht, muss der Empfänger nicht tatsächlich Kenntnis nehmen.[124] Das bloße **Beisichführen** einer Urkunde (zum Zwecke des Gebrauchmachens) genügt aber (noch) nicht.[125]

43

Ein besonderes Problem stellt sich auch hier im Zusammenhang mit **Fotokopien**. Diese stellen, wenn sie als solche erkennbar sind, wie gesehen selbst keine Urkunde dar (s.o. Rn. 19). Gleichwohl stellt sich die Frage, ob dadurch nicht die unechte Urschrift zugänglich gemacht wird. Diese Frage wurde im obigen Beispielsfall „Fingierte Schutzhaft" virulent.

44

---

116 BGHSt 16, 94; Falllösung bei *Linke/Hacker*, JA 2009, 347.
117 BGHSt 9, 235, 240; *Linke/Hacker*, JA 2009, 347, 348; *Rengier*, BT II, § 33 Rn. 52.
118 Vgl. *Rengier*, BT II, § 33 Rn. 47.
119 BGHSt 45, 197, 201 f.
120 BGHSt 5, 291.
121 BGHSt 45, 197, 202; L/K/H-*Heger*, § 267 Rn. 20.
122 Sch/Sch-*Heine/Schuster*, § 267 Rn. 46.
123 BGHSt 36, 64, 65; *Eisele*, BT I, Rn. 834; *Eisele/Heinrich*, BT, Rn. 470; Sch/Sch-*Heine/Schuster*, § 267 Rn. 73; *Hilgendorf/Valerius*, BT 1, § 10 Rn. 45.
124 Sch/Sch-*Heine/Schuster*, § 267 Rn. 76.
125 BGH StV 1989, 304; Sch/Sch-*Heine/Schuster*, § 267 Rn. 76.

45 ▶ **Lösung des Beispielsfalls („Fingierte Schutzhaft"):**[126] Der BGH bejahte das Gebrauchen einer Urkunde durch Vorlage des gefälschten Schutzhaftbefehls. Die Kopie ermöglichte den Empfängern nämlich mittelbar die sinnliche Wahrnehmung der abgebildeten gefälschten Urkunden. Wer eine Fotokopie einer Urkunde vorgelegt bekommt, gehe eben davon aus, dass es ein entsprechendes Original gibt. ◀

46 **Anmerkung:** Dem BGH ist hier zu widersprechen.[127] Dem Opfer wurde keine Urkunde vorgelegt, sondern eine Fotokopie. Der Rechtsverkehr misst der Kopie gerade nicht denselben Beweiswert zu.

2. Subjektiver Tatbestand

47 Zunächst ist bei sämtlichen Varianten des § 267 Abs. 1 StGB **Vorsatz** bzgl. aller objektiven Tatbestandsmerkmale erforderlich, § 15 StGB, wobei dolus eventualis genügt.[128] Der Vorsatz muss sich also darauf beziehen, dass eine Urkunde vorliegt, wobei es sich um ein normatives Tatbestandsmerkmal handelt, sodass eine Parallelwertung in der Laiensphäre hinsichtlich der Bewertung als Urkunde ausreicht.[129] Klassisches Beispiel bilden die Striche auf dem Bierdeckel: Der Täter muss wissen, dass der Wirt mit diesen Strichen den Beweis erbringen will. Ferner muss sich der Vorsatz darauf beziehen, dass eine unechte Urkunde hergestellt, eine echte Urkunde verfälscht oder eine echte oder verfälschte Urkunde gebraucht wird.

48 Sodann verlangt der Tatbestand bei allen Varianten als **überschießende Innentendenz** aber auch noch ein Handeln „**zur Täuschung im Rechtsverkehr**".[130] Insofern ist es irrelevant, ob beim Gegenüber tatsächlich ein Irrtum hervorgerufen wird.[131] Die Handlung „zur Täuschung im Rechtsverkehr" hat zwei Bestandteile: Das Ziel der Täuschung und die Rechtserheblichkeit des anvisierten Verhaltens des Opfers.[132] Streitig ist allerdings die erforderliche Vorsatzform. Teilweise wird i.H.a. den Wortlaut insgesamt dolus directus I gefordert,[133] teilweise wird auch differenziert und bzgl. der Täuschungskomponente dolus directus I, bzgl. des rechtserheblichen Verhaltens des Opfers nur dolus eventualis verlangt.[134] Die h.M. lässt hingegen in beider Hinsicht – neben der Absicht – auch dolus directus II genügen.[135] Dem ist zuzustimmen, denn gerade professionellen Fälschern kommt es nicht unbedingt darauf an, dass die gefälschte Urkunde auch verwendet wird, sie wissen dies aber regelmäßig sicher. Wenn teilweise jedoch gefordert wird, insgesamt dolus eventualis ausreichen zu lassen,[136] um die

---

126 BGHSt 5, 291.
127 Wie hier MK-*Erb*, § 267 Rn. 198 ff.; SK-*Hoyer*, § 267 Rn. 88; *Klesczewski*, BT, § 17 Rn. 47; *Wessels/Hettinger/Engländer*, BT 1, Rn. 838; LK-*Zieschang*, § 267 Rn. 194.
128 BGH NStZ 1999, 619, 620; *Eisele*, BT I, Rn. 839; *Eisele/Heinrich*, BT, Rn. 473; MK-*Erb*, § 267 Rn. 201; *Rengier*, BT II, § 33 Rn. 67; *Zieschang*, BT 1, Rn. 856.
129 Sch/Sch-*Heine/Schuster*, § 267 Rn. 83; BeckOK-*Weidemann*, § 267 Rn. 31; vgl. dazu auch *Kaspar*, AT, § 7 Rn. 10.
130 MK-*Erb*, § 267 Rn. 202; Sch/Sch-*Heine/Schuster*, § 267 Rn. 84; *Klesczewski*, BT, § 17 Rn. 50; LK-*Zieschang*, § 267 Rn. 201.
131 BeckOK-*Weidemann*, § 267 Rn. 32.
132 Vgl. L/K/H-*Heger*, § 267 Rn. 25.
133 *Klesczewski*, BT, § 17 Rn. 51.
134 SK-*Hoyer*, § 267 Rn. 92.
135 BGH NStZ 1999, 619, 620; BayObLG NJW 1998, 2917; *Otto*, GK BT, § 70 Rn. 54; BeckOK-*Weidemann*, § 267 Rn. 32; LK-*Zieschang*, § 267 Rn. 208; *ders.*, BT 1, Rn. 861.
136 So aber MK-*Erb*, § 267 Rn. 209; Sch/Sch-*Heine/Schuster*, § 267 Rn. 91; NK-*Puppe/Schumann*, § 267 Rn. 103 f.

professionellen Fälscher sicher einzubeziehen, so geht dies zu weit, denn wenn schon das Herstellen einer unechten Urkunde oder das Verfälschen einer echten Urkunde für sich genommen den Tatbestand erfüllen, so kommt der Innentendenz eine Beschränkungsfunktion zu.[137]

§ 270 StGB stellt dem Merkmal „zur Täuschung im Rechtsverkehr" die **fälschliche Beeinflussung einer Datenverarbeitung** im Rechtsverkehr gleich. Die Vorschrift gilt für alle Tatbestände, die das Merkmal enthalten.[138]   49

III. Besonders schwere Fälle der Urkundenfälschung, § 267 Abs. 3 StGB

In Abs. 3 sind **besonders schwere Fälle** in der Form von Regelbeispielen als **Strafzumessungsregel**.[139] Zunächst nennt § 267 Abs. 3 Nr. 1 StGB die **gewerbs- und bandenmäßige Begehungsweise**.   50

Definition: Gewerbsmäßig handelt, wer sich durch eine wiederholte Tatbegehung eine fortlaufende Einnahmequelle von einiger Dauer und einigem Umfang verschaffen will.[140]   51

Hierbei genügen auch Vorteile, die der Täter durch andere Delikte erzielen will, wenn diese durch die Urkundenfälschung ermöglicht werden sollen.[141] Bei entsprechendem Vorsatz genügt bereits die erste Tat.[142] Hinsichtlich der Einzelheiten der gewerbsmäßigen Begehungsweise kann i.Ü. auf § 243 StGB verwiesen werden.[143]   52

Definition: Eine Bande ist ein Zusammenschluss von mindestens drei Personen, die sich zur fortgesetzten Begehung der genannten Delikte verbunden haben.[144]   53

Die **Bandendelikte** sind hierbei auf Betrug und Urkundenfälschung, also auf die §§ 263, 267 StGB beschränkt.[145]   54

In § 267 Abs. 3 Nr. 2 StGB ist ferner die Herbeiführung eines **Vermögensverlusts großen Ausmaßes** genannt. Ein solcher ist nach der Gesetzesbegründung ab einem Betrag von 50.000 € anzunehmen.[146]   55

Als weiteres Regelbeispiel ist in § 267 Abs. 3 Nr. 3 StGB angeführt, dass der Täter durch eine **große Zahl** von unechten oder verfälschten Urkunden die Sicherheit des Rechtsverkehrs erheblich gefährdet. Der BGH sieht die Mindestgrenze bei 25 Urkunden.[147] In der Literatur wird sie teilweise unterschiedlich bestimmt.[148]   56

Schließlich kommt nach § 267 Abs. 3 Nr. 4 StGB eine schärfere Strafe in Betracht, wenn der Täter seine Befugnisse oder seine Stellung als **Amtsträger** oder als **europäischer Amtsträger** missbraucht. Der Begriff des Amtsträgers ist in § 11 Abs. 1 Nr. 2   57

---

137 So mit Blick auf die Entstehungsgeschichte LK-*Zieschang*, § 267 Rn. 207, 209.
138 Sch/Sch-*Heine/Schuster*, § 270 Rn. 1.
139 Ausführlich zu Regelbeispielen und Klausurtechnik *Schramm*, BT II, § 2 Rn. 79 ff.
140 Sch/Sch-*Heine/Schuster*, § 267 Rn. 104; LK-*Zieschang*, § 267 Rn. 231.
141 BGH NStZ 2016, 28; LK-*Zieschang*, § 267 Rn. 232.
142 Sch/Sch-*Heine/Schuster*, § 267 Rn. 104.
143 S. dazu *Schramm*, BT II, § 2 Rn. 100 ff.
144 Vgl. BGHSt 46, 321, 328 ff.; LK-*Zieschang*, § 267 Rn. 233; s. zu § 244 Abs. 1 Nr. 2 StGB ausführlich *Schramm*, BT II, § 2 Rn. 133 ff.
145 LK-*Zieschang*, § 267 Rn. 233.
146 BT-Drs. 13/8587, 43 (100.000 DM).
147 BGH NStZ-RR 2019, 11, 13.
148 Vgl. nur *Fischer*, § 267 Rn. 54: ab 20 Urkunden; LK-*Zieschang*, § 267 Rn. 241: ab 50 Urkunden; anders Sch/Sch-*Heine/Schuster*, § 267 Rn. 108: Unübersehbarkeit des Empfängerkreises.

StGB, der europäische Amtsträger in § 11 Abs. 1 Nr. 2a StGB legaldefiniert. Ein Missbrauch der Befugnisse liegt vor bei einem Handeln innerhalb der Zuständigkeit bei Verstoß gegen die Dienstpflichten; ein Missbrauch der Stellung, wenn der Täter die tatsächlichen Möglichkeiten der Stellung ausnutzt.[149]

IV. Qualifikation, § 267 Abs. 4 StGB

58 § 267 Abs. 4 StGB bildet einen echten **Qualifikationstatbestand**, wenn gewerbsmäßige und bandenmäßige Begehungsweise zusammentreffen.

WIEDERHOLUNGSFRAGEN

1. Wie bestimmt sich der Aussteller einer Urkunde? (Rn. 12)
2. Wie unterscheiden sich Beweiszeichen und Kennzeichen? (Rn. 16)
3. Unter welchen Voraussetzungen sind Fotokopien als Urkunden anzusehen? (Rn. 19)
4. Kann auch der Aussteller seine eigene Urkunde verfälschen? (Rn. 35)
5. Liegt ein Gebrauchmachen einer Urkunde vor, wenn der Täter eine Fotokopie einer unechten oder verfälschten echten Urkunde vorlegt? (Rn. 44 ff.)

---

[149] MK-*Erb*, § 267 Rn. 228; LK-*Zieschang*, § 267 Rn. 244.

§ 27 Fälschung technischer Aufzeichnungen, § 268 StGB, und Fälschung beweiserheblicher Daten, § 269 StGB

Literaturempfehlungen:
Freund, Grundfälle zu den Urkundendelikten, JuS 1994, 207; *Kudlich*, Urkundendelikte und Straßenverkehr, JA 2019, 272; *Petermann*, Die Einrichtung gefälschter Internetaccounts – ein Anwendungsfall des § 269 StGB?, JuS 2010, 774; *Puppe*, Die Datenurkunde im Strafrecht, JuS 2012, 961.

Übungsfälle:
Peters, Konflikte mit der „BRD-GmbH", JuS 2019, 33; *Schrott*, Digitales Kleinvieh im kontaktlosen Nahfeld, JuS 2022, 138.

I. Einleitung

Bei den §§ 268, 269 StGB geht es darum, Lücken zu schließen, die daraus resultieren, dass im Zuge des technischen Fortschritts zunehmend **technische Geräte** statt Menschen Aufzeichnungen herstellen, es also an einer menschlichen Gedankenerklärung fehlt, und bei Daten keine unmittelbare Wahrnehmbarkeit gegeben ist, sodass keine Urkunde vorliegt.[1] Insofern schützt § 268 StGB die Sicherheit und Zuverlässigkeit des Beweisverkehrs mit technischen Aufzeichnungen[2] und § 269 StGB die Sicherheit und Zuverlässigkeit des Rechts- und Beweisverkehrs beim Umgang mit beweiserheblichen Daten.[3]

II. Tatbestand des § 268 StGB

▶ **Beispielsfall („Kilometerzähler"):**[4] A schraubt an dem von der Firma C gemieteten Lkw die Tachowelle los und verhindert auf diese Weise ein Weiterlaufen des Kilometerzählers, sodass dieser statt der tatsächlich gefahrenen ca. 160 km nur 58 km ausweist. ◀

§ 268 Abs. 1 StGB entspricht vom Aufbau her § 267 Abs. 1 StGB, wobei die **technische Aufzeichnung** an die Stelle der Urkunde tritt. In § 268 Abs. 3 StGB ist hingegen die Beeinflussung des Ergebnisses der Aufzeichnung durch störende Einwirkung auf den Aufzeichnungsvorgang erfasst, der in § 267 StGB keine Entsprechung findet.

1. Objektiver Tatbestand

a) Tatobjekt

Das **Tatobjekt** wird in Abs. 2 legaldefiniert als **Darstellung** von Daten, Mess- oder Rechenwerten, Zuständen oder Geschehensabläufen, die durch ein technisches Gerät ganz oder zum Teil selbsttätig bewirkt wird, den Gegenstand der Aufzeichnung allgemein oder für Eingeweihte erkennen lässt und zum Beweis einer rechtlich erheblichen Tatsache bestimmt ist, gleichviel ob ihr die Bestimmung schon bei der Herstellung oder erst später gegeben wird. Dabei steht die Darstellung anstelle der menschlichen

---

[1] *Kindhäuser/Schramm*, BT I, § 56 Rn. 1, 16.
[2] *Eisele*, BT I, Rn. 851; A/W/H/H-*Heinrich*, § 32 Rn. 1; *Hilgendorf/Valerius*, BT 1, § 10 Rn. 53; *Rengier*, BT II, § 34 Rn. 1; *Wessels/Hettinger/Engländer*, BT 1, Rn. 846; LK-*Zieschang*, § 268 Rn. 1 – a.A. MK-*Erb*, § 268 Rn. 1; SK-*Hoyer*, § 268 Rn. 1: Dispositionsfreiheit des Einzelnen.
[3] Sch/Sch-*Heine/Schuster*, § 269 Rn. 4; BeckOK-*Weidemann*, § 269 Rn. 3; LK-*Zieschang*, § 269 Rn. 1 – a.A. MK-*Erb*, § 269 Rn. 1; SK-*Hoyer*, § 269 Rn. 1; NK-*Puppe/Schumann*, § 269 Rn. 7: Dispositionsfreiheit des Einzelnen.
[4] BGHSt 29, 204.

Gedankenerklärung. Eine Darstellung setzt eine Verkörperung von gewisser Dauerhaftigkeit voraus.[5] Die Art der Verkörperung ist dabei irrelevant, d.h. sie muss nicht optisch wahrnehmbar sein, sondern kann auch erst unter Zuhilfenahme eines Gerätes zugänglich sein.[6] Klassisches Beispiel sind Aufzeichnungen eines Fahrtenschreibers.[7] Nicht erfasst sind bloße Anzeigegeräte, die immer wieder in ihren Ursprungszustand zurückgehen,[8] wie etwa ein Tachometer oder eine Waage. Umstritten ist jedoch die Einordnung von Anzeigegeräten, die zunehmend mehr anzeigen. Ebendieses Problem stellte sich im Beispielsfall „Kilometerzähler".

5 ▶ **Lösung des Beispielsfalls („Kilometerzähler"):**[9] Der BGH verneinte das Vorliegen einer technischen Aufzeichnung. Dem folgt auch die h.L.[10] Als Begründung wird angeführt, dass diese einerseits nicht in einem vom Gerät abtrennbaren Medium geschehe, was angesichts des Oberbegriffs Aufzeichnung erforderlich sei,[11] und andererseits, dass der einzelne Wert nicht erhalten bleibe.[12] ◀

6 **Anmerkung:** Die Voraussetzung der Abtrennbarkeit des Aufzeichnungsmediums erscheint aber nicht zwingend, da nicht ersichtlich ist, warum die Speicherung auf dem Gerät selbst nicht gleichermaßen den Tatbestand erfüllt wie eine Speicherung auf einem USB-Stick.[13] Problematischer ist eher die Frage der Dauerhaftigkeit der Speicherung, denn die einzelnen Werte fließen zwar in den Endwert ein, sind aber für sich genommen nicht mehr zu Beweiszwecken verfügbar.[14] Allerdings ist der Endwert als solcher eine technische Aufzeichnung, in welche die bisherigen Ergebnisse einfließen und die auch länger erhalten bleibt, bis das Fahrzeug wieder in Bewegung gesetzt wird.[15] Daher ist der abweichenden Ansicht zu folgen, die § 268 StGB hier als erfüllt ansieht.[16]

7 **Gegenstand** der Darstellung müssen nach der Legaldefinition Daten, Mess- oder Rechenwerte, Zustände oder Geschehensabläufe sein. Die Darstellung muss dabei zumindest teilweise durch das technische Gerät selbstständig bewirkt werden. Das bedeutet, dass das Gerät eine eigene Leistung erbringen, d.h. neue Informationen erstellen und nicht nur vorhandene darstellen, muss.[17] Der automatische Vorgang ersetzt hier die menschliche Gedankenerklärung. Schlichte Fotokopien fallen daher nicht darunter.[18]

---

5 *Eisele,* BT I, Rn. 859; *Fischer,* § 268 Rn. 4; Sch/Sch-*Heine/Schuster,* § 268 Rn. 9; SK-*Hoyer,* § 268 Rn. 10, 12; NK-*Puppe/Schumann,* § 268 Rn. 24; *Rengier,* BT II, § 34 Rn. 5; LK-*Zieschang,* § 268 Rn. 14; *ders.,* BT 1, Rn. 876.
6 *Eisele,* BT I, Rn. 859; MK-*Erb,* § 268 Rn. 9; L/K/H-*Heger,* § 268 Rn. 3; A/W/H/H-*Heinrich,* § 32 Rn. 1a; SK-*Hoyer,* § 268 Rn. 10; *Kindhäuser/Schramm,* BT I, § 56 Rn. 7; NK-*Puppe/Schumann,* § 268 Rn. 24; *Rengier,* BT II, § 34 Rn. 5; LK-*Zieschang,* § 268 Rn. 13.
7 BGHSt 28, 300.
8 Sch/Sch-*Heine/Schuster,* § 268 Rn. 9; A/W/H/H-*Heinrich,* § 32 Rn. 1b; *Rengier,* BT II, § 34 Rn. 9; *Wessels/Hettinger/Engländer,* BT 1, Rn. 849; LK-*Zieschang,* § 268 Rn. 15; *ders.,* BT 1, Rn. 876.
9 BGHSt 29, 204.
10 MK-*Erb,* § 268 Rn. 11; *Fischer,* § 268 Rn. 4; L/K/H-*Heger,* § 268 Rn. 3; *Kindhäuser/Schramm,* BT I, § 56 Rn. 8; NK-*Puppe/Schumann,* § 268 Rn. 24; *Rengier,* BT II, § 34 Rn. 9; LK-*Zieschang,* § 268 Rn. 19.
11 BGHSt 29, 204, 206.
12 *Zieschang,* BT 1, Rn. 880.
13 Gegen das Erfordernis der Abtrennbarkeit auch SK-*Hoyer,* § 268 Rn. 10; *Zieschang,* BT 1, Rn. 880.
14 So i.E. auch MK-*Erb,* § 268 Rn. 11; *Rengier,* BT II, § 34 Rn. 9.
15 OLG Frankfurt NJW 1979, 118, 119.
16 OLG Frankfurt NJW 1979, 118, 119; Sch/Sch-*Heine/Schuster,* § 268 Rn. 9; SK-*Hoyer,* § 268 Rn. 10 ff.; wohl auch *Freund,* JuS 1994, 207, 208.
17 Sch/Sch-*Heine/Schuster,* § 268 Rn. 16; *Kindhäuser/Schramm,* BT I, § 56 Rn. 5 f.; *Rengier,* BT II, § 34 Rn. 11; LK-*Zieschang,* § 268 Rn. 27; vgl. auch *Wessels/Hettinger/Engländer,* BT 1, Rn. 855.
18 BGHSt 24, 140, 142; *Fischer,* § 268 Rn. 10; *Wessels/Hettinger/Engländer,* BT 1, Rn. 855; *Zieschang,* BT 1, Rn. 883 – a.A. *Freund,* JuS 1994, 207, 208; SK-*Hoyer,* § 268 Rn. 21.

II. Tatbestand des § 268 StGB § 27

Anders ist dies bei Fotos, die bei einer automatisierten Geschwindigkeitsmessung im „Blitzer" entstehen,[19] denn dessen Eigenleistung ist hier darin zu sehen, dass der Messwert „Geschwindigkeit" oder „rote Ampel" mit einbezogen wird.

Die Darstellung muss den Gegenstand der Aufzeichnung **erkennen lassen**. Dabei ist es nach der Legaldefinition ausreichend, wenn Eingeweihte den Sinn und die Bedeutung erkennen. Sie muss ferner zum Beweis einer rechtlich erheblichen Tatsache bestimmt sein, gleichviel ob ihr die Bestimmung schon bei der Herstellung oder erst später gegeben wird; vgl. zu den Absichts- und Zufallsurkunden bei § 267 StGB oben Rn. 11). 8

b) Tathandlungen

Die **Tathandlungen** des § 268 Abs. 1 StGB entsprechen § 267 Abs. 1 StGB. Anders als bei § 267 StGB geht es bei § 268 StGB aber nicht um einen Schutz des Rechtsverkehrs vor Täuschungen über die Identität des Herstellers, sondern um den Schutz des Vertrauens in den ordnungsgemäßen Ablauf des Aufzeichnungsprozesses.[20] 9

Definition: Eine technische Aufzeichnung ist unecht, wenn sie den falschen Eindruck erweckt, das Ergebnis eines ungestörten selbsttätigen Aufzeichnungsvorganges zu sein.[21] 10

Erfasst sind damit insb. Fälle der **Imitation**, wenn die Aufzeichnung gar nicht durch das Gerät hervorgebracht wurde, sowie Fälle, in denen der Täter störend auf den Ablauf eingewirkt hat,[22] was durch Abs. 3 zum Ausdruck kommt. Nach Abs. 3 sind störende Einwirkungen auf den Aufzeichnungsvorgang, die das Ergebnis der Aufzeichnung beeinflussen, der Herstellung der unechten Urkunde gleichgestellt. Dabei handelt es sich nur um eine Klarstellung.[23] Außer in den Imitationsfällen muss der Täter also in den ungestörten Ablauf des Geräts eingreifen.[24] Daher sind sog. **Input-Manipulationen**, bei denen der Täter in einem ordnungsgemäß arbeitenden Gerät unrichtige Informationen eingibt, nicht erfasst,[25] so etwa beim falschen Abwiegen von Gemüse im Supermarkt.[26] Ebenso wenig greift § 268 Abs. 1 Nr. 1 Alt. 1 StGB, wenn der Täter eine vorhandene Gerätestörung ohne eigene Manipulation, ausnutzt.[27] 11

Definition: Eine echte technische Aufzeichnung wird verfälscht, wenn die vom Aufzeichnungsgerät selbsttätig hervorgebrachten Zeichen durch nachträgliche Änderung einen anderen Erklärungswert erhalten.[28] 12

---

19 A/W/H-*Heinrich*, § 32 Rn. 1c; *Rengier*, BT II, § 34 Rn. 12; *Wessels/Hettinger/Engländer*, BT 1, Rn. 855; LK-*Zieschang*, § 268 Rn. 31.
20 A/W/H-*Heinrich*, § 32 Rn. 12.
21 A/W/H-*Heinrich*, § 32 Rn. 12; Sch/Sch-*Heine/Schuster*, § 268 Rn. 31; *Kindhäuser/Schramm*, BT I, § 56 Rn. 11; *Rengier*, BT II, § 34 Rn. 13; *Wessels/Hettinger/Engländer*, BT 1, Rn. 858; LK-*Zieschang*, § 268 Rn. 40; *ders.*, BT 1, Rn. 885.
22 Sch/Sch-*Heine/Schuster*, § 268 Rn. 29a; A/W/H-*Heinrich*, § 32 Rn. 12a; *Rengier*, BT II, § 34 Rn. 13.
23 A/W/H-*Heinrich*, § 32 Rn. 12a; *Rengier*, BT II, § 34 Rn. 13.
24 *Eisele*, BT I, Rn. 871.
25 Sch/Sch-*Heine/Schuster*, § 267 Rn. 32; *Kindhäuser/Schramm*, BT I, § 56 Rn. 13; *Wessels/Hettinger/Engländer*, BT 1, Rn. 861.
26 *Fischer*, § 268 Rn. 20; *Rengier*, BT II, § 34 Rn. 16.
27 BT-Drs. V/4094, S. 37; MK-*Erb*, § 268 Rn. 45; *Kindhäuser/Schramm*, BT I, § 56 Rn. 13; *Rengier*, BT II, § 34 Rn. 17.
28 A/W/H-*Heinrich*, § 32 Rn. 14; *Rengier*, BT II, § 34 Rn. 19.

13 Bei § 268 Abs. 1 Nr. 1 Alt. 2 StGB kommt als Tatobjekt sowohl eine echte als auch eine unechte technische Aufzeichnung in Betracht,[29] deren Inhalt später verändert wird, da der Wortlaut nicht differenziert. Regelmäßig entsteht jeweils auch eine unechte technische Aufzeichnung i.S.d. Alt. 1.[30]

14 Das **Gebrauchen** gem. § 268 Abs. 1 Nr. 2 StGB ist wie bei § 267 Abs. 1 Var. 3 StGB zu verstehen.[31]

2. Subjektiver Tatbestand

15 Im subjektiven Tatbestand ist auch bei § 268 StGB **Vorsatz** hinsichtlich der objektiven Tatbestandsmerkmale und ein Handeln zur Täuschung im Rechtsverkehr erforderlich. Hier kann auf § 267 StGB verwiesen werden (s.o. § 26 Rn. 47 ff.).

III. Tatbestand des § 269 StGB

1. Objektiver Tatbestand

a) Tatobjekt

16 Da die Vorschrift wie dargestellt die Strafbarkeitslücke schließen soll, die daraus entsteht, dass bei Urkunden eine unmittelbare Wahrnehmbarkeit erforderlich ist (s.o. § 26 Rn. 9), kommen als Tatobjekt hier nur solche **Daten** in Betracht, die nicht unmittelbar visuell wahrnehmbar sind.[32] Dies folgt auch aus dem Wortlaut des § 269 StGB, wonach Daten gemeint sind, bei deren Wahrnehmung eine Urkunde vorliegen würde.[33]

17 **Definition:** Daten sind daher Informationen, die von einer Datenverarbeitungsanlage in codierter Form bearbeitet werden können oder das Ergebnis einer solchen Bearbeitung sind.[34]

18 Da § 269 StGB nicht auf die Beschränkungen des § 202a Abs. 2 StGB verweist, ist der Begriff weiter zu verstehen und erfasst auch nicht unmittelbar wahrnehmbare Informationen, die erst noch gespeichert werden sollen.[35] Dabei ist insb. an Informationen, die in einem Computersystem gespeichert sind oder an die Geheimnummer einer Bankkarte zu denken.[36] Da nach dem Wortlaut der Vorschrift nur Daten erfasst sind, die bei Wahrnehmbarkeit eine (unechte oder verfälschte) Urkunde darstellen würden, müssen hypothetisch – mit Ausnahme der unmittelbaren visuellen Wahrnehmbarkeit – sämtliche Merkmale einer Urkunde vorliegen.[37] Man spricht insofern von einer **Datenurkunde**.[38] Daher weist die Beschränkung auf „beweiserhebliche" Daten nur deklaratorisch auf etwas dem Urkundenbegriff Immanentes hin.[39]

---

29 *Eisele*, BT I, Rn. 876; *Eisele/Heinrich*, BT, Rn. 500; *Kindhäuser/Schramm*, BT I, § 56 Rn. 14.
30 *Rengier*, BT II, § 32 Rn. 19.
31 *Eisele*, BT I, Rn. 877.
32 *Kindhäuser/Schramm*, BT I, § 56 Rn. 19; LK-*Zieschang*, § 269 Rn. 7, 9.
33 LK-*Zieschang*, § 269 Rn. 9.
34 LK-*Zieschang*, § 269 Rn. 8.
35 LK-*Zieschang*, § 269 Rn. 8.
36 Zu diesen und weiteren Beispielen Sch/Sch-*Heine/Schuster*, § 269 Rn. 10a; LK-*Zieschang*, § 269 Rn. 10.
37 *Kindhäuser/Schramm*, BT I, § 56 Rn. 18 ff.
38 *Kindhäuser/Schramm*, BT I, § 56 Rn. 18; LK-*Zieschang*, § 269 Rn. 15.
39 LK-*Zieschang*, § 269 Rn. 11.

WIEDERHOLUNGSFRAGEN § 27

Klausurtipp: Stellen Sie sich vor, dass die gespeicherten Daten ausgedruckt wären und der Täter diesen Ausdruck verändern würde; wäre dann § 267 StGB anzunehmen, so ist § 269 StGB erfüllt.[40]   19

b) Tathandlungen

Auch die **Tathandlungen** sind entsprechend § 267 StGB zu bestimmen.[41] So entspricht das Speichern dem Herstellen einer unechten Urkunde gem. § 267 Abs. 1 Var. 1 StGB[42] und das Verändern dem Verfälschen einer echten Urkunde gem. § 267 Abs. 1 Var. 2 StGB.[43] Die Speicherung setzt eine gewisse Dauerhaftigkeit voraus.[44]   20

2. Subjektiver Tatbestand

Auch hier gelten die Ausführungen zu § 267 StGB entsprechend (s.o. § 26 Rn. 47 ff.).   21

IV. Besonders schwere Fälle und Qualifikationen

Durch den Verweis in § 268 Abs. 5 StGB und in § 269 Abs. 3 StGB gelten die besonders schweren Fälle des § 267 Abs. 3 StGB sowie die Qualifikation des § 267 Abs. 4 StGB für beide Delikte entsprechend.   22

WIEDERHOLUNGSFRAGEN

1. Welche Lücken des § 267 StGB sollen durch die §§ 268, 269 StGB geschlossen werden? (Rn. 1)
2. Ist der Kilometerstand, der am Kilometerzähler im Auto angezeigt wird, eine technische Aufzeichnung? (Rn. 5 f.)
3. Fallen auch Input-Manipulationen unter § 268 Abs. 3 StGB? (Rn. 11)
4. Welche Art von Daten schützt § 269 StGB und wie können sie definiert werden? (Rn. 16 ff.)
5. Was versteht man unter einer Datenurkunde? (Rn. 18)

---

40 A/W/H/H-*Heinrich*, § 32 Rn. 8.
41 *Kindhäuser/Schramm*, BT I, § 56 Rn. 23.
42 A/W/H/H-*Heinrich*, § 32 Rn. 8a.
43 A/W/H/H-*Heinrich*, § 32 Rn. 8a.
44 LK-*Zieschang*, § 269 Rn. 34.

§ 28 Urkundenunterdrückung, § 274 StGB

Literaturempfehlungen:
Freund, Grundfälle zu den Urkundendelikten, 3. Teil, JuS 1994, 207; *Geppert*, Zum Verhältnis der Urkundendelikte untereinander, insbesondere zur Abgrenzung von Urkundenfälschung und Urkundenunterdrückung, JURA 1988, 158.

Übungsfälle:
Linke/Hacker, Beim Geld hört die Freundschaft auf, JA 2009, 347; *Preuß*, Parkfreuden, JA 2013, 433; *Zieschang*, Urkundentricks, JA 2008, 192.

I. Einleitung

1. Grundlagen

1 Bei § 274 StGB handelt es sich um einen **Sonderfall der Sachbeschädigung** nach § 303 StGB bzw. der Datenunterdrückung nach § 303a StGB, der diese Vorschriften als lex specialis verdrängt.[1] Geschütztes **Rechtsgut** ist das Recht, mit echten Urkunden, technischen Aufzeichnungen, Daten oder Grenzsteinen Beweis zu erbringen, also ein Individualrechtsgut.[2] Insofern ist auch eine rechtfertigende Einwilligung des Berechtigten möglich.[3] Aus Gründen des Sachzusammenhangs findet sie sich im 23. Abschnitt und wird auch hier behandelt. Die Vorschrift ergänzt die §§ 267, 268 StGB insofern, als sie echten Urkunden und technischen Aufzeichnungen auch Bestandsschutz gewährt und vor der Vernichtung, Zerstörung und Unterdrückung schützt.[4] Wie in diesen Vorschriften geht es dann aber auch hier darum, ein echtes Beweismittel zu sichern.[5]

2 **Klausurtipp:** Wegen des konkurrenzrechtlichen Verhältnisses des § 274 Abs. 1 StGB zu den §§ 303, 303a StGB ist er auch in der Klausur vorrangig zu prüfen.

3 In § 274 Abs. 1 StGB sind drei unterschiedliche Tatbestände geregelt:
(1) die Unterdrückung von Urkunden und technischen Aufzeichnungen, Abs. 1 Nr. 1
(2) die Unterdrückung beweiserheblicher Daten, Abs. 1 Nr. 2 sowie
(3) die Grenzverschiebung, Abs. 1 Nr. 3.

4 Die Ausführungen werden sich hier ausgerichtet an der Klausurrelevanz auf die Unterdrückung von Urkunden nach § 274 Abs. 1 Nr. 1 StGB konzentrieren.

2. Prüfungsschema

5 Für § 274 Abs. 1 Nr. 1 StGB kann dieses Prüfungsschema zugrunde gelegt werden:
▶ I. Tatbestand
    1. Objektiver Tatbestand

---

1 MK-*Erb*, § 274 Rn. 39.
2 MK-*Erb*, § 274 Rn. 1; A/W/H/H-*Heinrich*, § 33 Rn. 29; *Hilgendorf/Valerius*, BT 1, § 10 Rn. 71; *Kindhäuser/Schramm*, BT I, § 57 Rn. 1; LK-*Zieschang*, § 274 Rn. 1 ff.
3 Sch/Sch-*Heine/Schuster*, § 274 Rn. 11; *Wessels/Hettinger/Engländer*, BT 1, Rn. 874.
4 A/W/H/H-*Heinrich*, § 33 Rn. 28.
5 LK-*Zieschang*, § 274 Rn. 4.

II. Tatbestandsvoraussetzungen § 28

　　a) Tatobjekt: echte Urkunde (§ 267 StGB) oder technische Aufzeichnung (§ 268 StGB), die dem Täter nicht oder nicht ausschließlich gehört
　　b) Tathandlung: vernichten, beschädigen oder unterdrücken
2. Subjektiver Tatbestand
　　a) Vorsatz
　　b) Nachteilszufügungsabsicht; h.M.: dolus directus II genügt
II. Rechtswidrigkeit (ggf. Einwilligung)
III. Schuld ◄

II. Tatbestandsvoraussetzungen

1. Objektiver Tatbestand

a) Tatobjekt

▶ **Beispielsfall („Überklebter Stempel"):**[6] A zeigt am Grenzübergang Bad Reichenhall bei der Ausreise aus dem Bundesgebiet dem kontrollierenden Grenzbeamten seinen algerischen Reisepass, in dem er auf S. 21 einen dänischen Zurückweisungsstempelabdruck mit einem französischen Einreisevisum überklebt und damit unkenntlich gemacht hat. A legt seinen Pass ohne Hinweis auf diese Fälschung vor, weil er den kontrollierenden Beamten über das Vorhandensein des dänischen Zurückweisungsstempels hinwegtäuschen und sich hierdurch Unannehmlichkeiten ersparen will. ◄

Gemäß den obigen Ausführungen muss als **Tatobjekt** eine echte Urkunde i.S.v. § 267 StGB vorliegen,[7] also ein Dokument, das sämtliche Voraussetzungen einer Urkunde erfüllt und im o.g. Sinne auch echt ist, also von dem Aussteller stammt, der aus ihm hervorgeht. § 274 StGB kommt aber in Fällen in Betracht, in denen nur ein Teil der Urkunde echt ist, wenn dieser Teil vernichtet etc. wird.[8]

Des Weiteren muss es sich um eine Urkunde handeln, die dem Täter nicht oder nicht ausschließlich **gehört**. Damit ist das Recht gemeint, mit der Urkunde Beweis zu erbringen.[9] Denn geschütztes Rechtsgut ist nicht das Eigentum, sondern das **Beweisführungsrecht**.

▶ **Lösung des Beispielsfalls:**[10] Urkundenqualität kamen im Beispielsfall sowohl dem Reisepass insgesamt als auch dem dänischen Zurückweisungsstempelabdruck und dem französischen Einreisevisum zu. Das BayObLG musste also klären, wem diese Urkunden „gehörten", d.h. wem das Beweisführungsrecht zustand. Es stellte fest, dass der Reisepass und die in

---

6　BayObLG NJW 1990, 264.
7　*Eisele*, BT I, Rn. 899; *Eisele/Heinrich*, BT, Rn. 504; MK-*Erb*, § 274 Rn. 3; *Fischer*, § 274 Rn. 2; Sch/Sch-*Heine/Schuster*, § 274 Rn. 4; A/W/H/H-*Heinrich*, § 33 Rn. 28; *Hilgendorf/Valerius*, BT 1, § 10 Rn. 72; *Kindhäuser/Schramm*, BT I, § 57 Rn. 5; *Rengier*, BT II, § 36 Rn. 3; *Wessels/Hettinger/Engländer*, BT 1, Rn. 876; LK-*Zieschang*, § 274 Rn. 8; differenzierend BGH BeckRS 2007, 17605: Auch einer Fälschung könne Urkundenqualität i.S.d. § 274 StGB zuwachsen, wenn sie eine eigenständige Beweiserheblichkeit erlange, was dann der Fall sei, wenn die Fälschung Teil (einer dann echten) Gesamturkunde oder die Fälschung selbst zum Beweismittel geworden sei.
8　LK-*Zieschang*, § 274 Rn. 8.
9　BGHSt 29, 192, 194; BayObLG NJW 1968, 1896; NJW 1990, 264, 265; *Eisele*, BT I, Rn. 900; *Eisele/Heinrich*, BT, Rn. 505; MK-*Erb*, § 274 Rn. 5; Sch/Sch-*Heine/Schuster*, § 274 Rn. 5; *Kindhäuser/Schramm*, BT I, § 57 Rn. 6; *Rengier*, BT II, § 36 Rn. 4; *Wessels/Hettinger/Engländer*, BT 1, Rn. 877; LK-*Zieschang*, § 274 Rn. 10.
10　BayObLG NJW 1990, 264.

ihm enthaltenen Urkunden ausschließlich A gehörten, da sie allein dessen Gebrauchsbefugnis unterstünden. ◂

10 **Anmerkung:** Auch eine Urkundenfälschung nach § 267 StGB kam nicht in Betracht. Denn der dänische Vermerk war durch das Überkleben nicht verfälscht, sondern unkenntlich gemacht worden. Die einzelnen Dokumente bildeten zusammen auch keine Gesamturkunde, die dann möglicherweise i.S.v. § 267 StGB verfälscht wurde, da ihre Kombination keinen über ihren eigenen Inhalt hinausgehenden Gedankeninhalt bewirkte. Das zutreffende Ergebnis, dass der Reisepass nur A „gehörte", ist auch auf andere amtliche Dokumente, wie etwa den Führerschein oder den Personalausweis, zu übertragen.[11]

11 § 274 Abs. 1 Nr. 1 StGB kann auch durch den Eigentümer einer Urkunde begangen werden, wenn das **Beweisführungsrecht** einem anderen zusteht.[12] So kann etwa ein Autofahrer, der einen Unfall verursacht und nach einer gewissen Wartezeit einen Zettel an der Windschutzscheibe mit seinem Namen hinterlassen und sich entfernt hat, den Tatbestand verwirklichen, wenn er später zurückkehrt und diesen Zettel, der eine Urkunde i.S.d. § 267 StGB darstellt, wieder wegnimmt.[13]

b) Tathandlungen

12 Als **Tathandlungen** nennt § 274 Abs. 1 Nr. 1 StGB das Vernichten, das Beschädigen und das Unterdrücken der Urkunde. Auch diese müssen anhand des Rechtsguts Beweisführungsinteresse ausgelegt werden.

13 **Definition:** Eine Urkunde wird vernichtet, wenn ihre Brauchbarkeit zu Beweiszwecken vollständig aufgehoben wird.[14]

14 Das **Vernichten** kann auf verschiedene Art geschehen, z.B. durch physische Zerstörung der Urkunde, es ist aber auch möglich, dass der Urkundeninhalt vernichtet wird und der körperliche Gegenstand erhalten bleibt,[15] etwa durch Unkenntlichmachen des Inhalts oder der Unterschrift. Auch eine zusammengesetzte Urkunde kann dadurch vernichtet werden, dass die Verbindung von verkörperter Gedankenerklärung und Objekt zu einer Beweiseinheit aufgehoben wird,[16] etwa durch Abreißen des Preisschilds vom Ärmel einer Jacke im Rahmen eines Ladendiebstahls.[17]

15 **Definition:** Eine Urkunde wird beschädigt, wenn an ihr Veränderungen vorgenommen werden, die ihre Brauchbarkeit zu Beweiszwecken beeinträchtigen.[18]

---

11 *Eisele/Heinrich*, BT, Rn. 505; *Fischer*, § 274 Rn. 3; A/W/H/H-*Heinrich*, § 33 Rn. 31; *Kindhäuser/Schramm*, BT I, § 57 Rn. 11; *Rengier*, BT II, § 36 Rn. 6; *Wessels/Hettinger/Engländer*, BT 1, Rn. 877.
12 BGHSt 29, 192, 194; *Eisele*, BT I, Rn. 900; A/W/H/H-*Heinrich*, § 33 Rn. 31; *Kindhäuser/Schramm*, BT I, § 57 Rn. 7; *Rengier*, BT II, § 36 Rn. 5; *Wessels/Hettinger/Engländer*, BT 1, Rn. 877.
13 BayObLG NJW 1968, 1896.
14 Vgl. *Eisele/Heinrich*, BT, Rn. 506; MK-*Erb*, § 274 Rn. 12; Sch/Sch-*Heine/Schuster*, § 274 Rn. 7; A/W/H/H-*Heinrich*, § 33 Rn. 30; *Hilgendorf/Valerius*, BT 1, § 10 Rn. 73; *Rengier*, BT II, § 36 Rn. 9; BeckOK-*Weidemann*, § 274 Rn. 5; LK-*Zieschang*, § 274 Rn. 26.
15 *Eisele*, BT I, Rn. 901; MK-*Erb*, § 274 Rn. 12; Sch/Sch-*Heine/Schuster*, § 274 Rn. 7; LK-*Zieschang*, § 274 Rn. 26.
16 MK-*Erb*, § 274 Rn. 12; *Kindhäuser/Schramm*, BT I, § 57 Rn. 13; LK-*Zieschang*, § 274 Rn. 26.
17 OLG Köln NJW 1973, 1807.
18 RGSt 10, 43, 44; OLG Düsseldorf NJW 1983, 2341, 2342; *Eisele*, BT I, Rn. 901; Sch/Sch-*Heine/Schuster*, § 274 Rn. 8; *Hilgendorf/Valerius*, BT 1, § 10 Rn. 73; *Kindhäuser/Schramm*, BT I, § 57 Rn. 14; *Rengier*, BT II, § 36 Rn. 10; BeckOK-*Weidemann*, § 274 Rn. 6; *Wessels/Hettinger/Engländer*, BT 1, Rn. 880; LK-*Zieschang*, § 274 Rn. 27.

II. Tatbestandsvoraussetzungen § 28

Ganz unerhebliche Beschädigungen der Urkunde, etwa durch darüber verschütteten Kaffee, genügen noch nicht als Beschädigungen i.S.v. § 274 Abs. 1 Nr. 1 StGB, solange der Beweiswert dadurch nicht beeinträchtigt wird.[19]

16

Definition: Eine Urkunde wird unterdrückt, wenn es dem Berechtigten durch ein Vorenthalten oder Entziehen der Urkunde unmöglich gemacht wird, sie als Beweismittel zu benutzen.[20]

17

Heimlichkeit ist hierbei ebenso wenig erforderlich[21] wie eine Dauerhaftigkeit des Unterdrückens, sofern es sich nicht um eine ganz unerhebliche Zeitspanne handelt.[22]

18

2. Subjektiver Tatbestand

§ 274 StGB ist ein **Vorsatzdelikt**, § 15 StGB. Daher muss der Täter zunächst zumindest mit dolus eventualis bzgl. der Merkmale des objektiven Tatbestandes handeln.[23]

19

Daneben muss der Täter aber auch eine **Nachteilszufügungsabsicht** aufweisen. Der Nachteil ist hier grundsätzlich weit auszulegen.[24] Allerdings muss er aus Tätersicht aus der Beeinträchtigung fremder Beweisführungsrechte resultieren.[25] Da nur eine „Absicht" des Täters vorausgesetzt ist, muss ein solcher Nachteil nicht tatsächlich eintreten,[26] auch hier handelt es sich also um eine **überschießende Innentendenz**. Wie bei § 267 StGB ist umstritten, welche Vorsatzform diese erfordert. Während auch hier der Wortlaut dolus directus I naheliegt,[27] lässt die h.M. zu Recht wiederum dolus directus II ausreichen,[28] also sicheres Wissen des Täters, dass der Nachteil eine Konsequenz seines Handelns darstellt. Denn häufig wird der Täter eben einen eigenen Vorteil erstreben, während die Nachteile, die einem anderen aus der Beeinträchtigung der Beweisführungsrechte erwachsen, ihm nicht unbedingt erwünscht sein müssen.

20

Umstritten ist jedoch, ob auch die **Vereitelung eines staatlichen Straf- oder Bußgeldanspruchs** als Nachteil i.S.v. § 274 Abs. 1 StGB einzustufen ist. Teilweise wird auch in einem solchen Fall eine Nachteilszufügungsabsicht bejaht.[29] Als Argument wird angeführt, dass der Staat für die Allgemeinheit das Strafverfolgungsinteresse wahrnimmt und eine Vereitelung des Straf- und Bußgeldanspruchs wegen der damit verbundenen Unterminierung des durch Sanktionen stabilisierten Normgeltungsvertrauens für die Allgemeinheit nachteilig sei. Überwiegend wird in diesem Fall jedoch eine Nachteilszufügungsabsicht zu Recht abgelehnt.[30] Hier wird nämlich kein „anderer" benachteiligt,

21

---

19 A/W/H/H-*Heinrich*, § 33 Rn. 30; LK-*Zieschang*, § 274 Rn. 27.
20 *Eisele*, BT I, Rn. 902; Sch/Sch-*Heine/Schuster*, § 274 Rn. 9; *Hilgendorf/Valerius*, BT 1, § 10 Rn. 73; *Kindhäuser/Schramm*, BT I, § 57 Rn. 15; BeckOK-*Weidemann*, § 274 Rn. 7; *Wessels/Hettinger/Engländer*, BT 1, Rn. 881.
21 RGSt 10, 391; BeckOK-*Weidemann*, § 274 Rn. 7; LK-*Zieschang*, § 274 Rn. 31.
22 BeckOK-*Weidemann*, § 274 Rn. 7; LK-*Zieschang*, § 274 Rn. 29 f.
23 *Eisele*, BT I, Rn. 903; *Kindhäuser/Schramm*, BT I, § 57 Rn. 16; BeckOK-*Weidemann*, § 274 Rn. 10; LK-*Zieschang*, § 274 Rn. 59.
24 LK-*Zieschang*, § 274 Rn. 62.
25 *Eisele*, BT I, Rn. 904; MK-*Erb*, § 274 Rn. 16; LK-*Zieschang*, § 274 Rn. 62.
26 BGH NStZ 2010, 332, 333; *Fischer*, § 274 Rn. 9a; Sch/Sch-*Heine/Schuster*, § 274 Rn. 18.
27 Daher für dolus directus I MK-*Erb*, § 274 Rn. 18 ff.
28 BGH NStZ 2010, 332, 333; OLG Hamm NStZ 2021, 430; *Fischer*, § 274 Rn. 9a; *Kindhäuser/Schramm*, BT I, § 57 Rn. 16; LK-*Zieschang*, § 274 Rn. 60 – a.A. NK-*Puppe/Schumann*, § 274 Rn. 12: dolus eventualis.
29 *Krack*, NStZ 2000, 423; *Schneider*, NStZ 1993, 16, 18.
30 BGH NStZ-RR 2011, 276, 277; BayObLG NZV 1999, 213, 214; *Fischer*, § 274 Rn. 9; *Kindhäuser/Schramm*, BT I, § 57 Rn. 16; *Wessels/Hettinger/Engländer*, BT 1, Rn. 883; LK-*Zieschang*, § 274 Rn. 64.

es handelt sich vielmehr um eine Form der Selbstbegünstigung, die nicht pönalisiert werden sollte, was sich auch aus § 258 StGB ergibt.[31]

WIEDERHOLUNGSFRAGEN

1. Was ist unter dem Merkmal „gehören" zu verstehen? (Rn. 8 ff.)
2. Kann auch ein Eigentümer der Urkunde § 274 Abs. 1 Nr. 1 StGB verwirklichen? (Rn. 11)
3. Wem „gehört" i.S.v. § 274 Abs. 1 Nr. 1 StGB ein Führerschein? (Rn. 10)
4. Welche Vorsatzform erfordert die Nachteilszufügungsabsicht in § 274 Abs. 1 Nr. 1 StGB? (Rn. 20)

---

31 LK-*Zieschang*, § 274 Rn. 64.

§ 29 Mittelbare Falschbeurkundung, § 271 StGB

Literaturempfehlungen:
Freund, Grundfälle zu den Urkundendelikten, 3. Teil, JuS 1994, 305; *Kretschmer*, Mittelbare Täterschaft – Irrtümer über die tatherrschaftsbegründende Situation, JURA 2003, 535.

Übungsfälle:
Bürsch, Der Übungsschein, JuS 1975, 721; *Duttge/Burghardt*, Kreative Terroristen auf Abwegen, JURA 2016, 810; *Zieschang*, „Urkundentricks", JA 2008, 192.

I. Einleitung

1. Grundlagen

Die §§ 271, 348 StGB schützen den Rechtsverkehr vor inhaltlich unwahren öffentlichen Urkunden und damit das **Vertrauen in die Beweiskraft öffentlicher Urkunden**,[1] also ein **Allgemeinrechtsgut**.[2] Der entscheidende Unterschied zu den §§ 267, 274 StGB liegt darin, dass in diesem Fall die inhaltliche Wahrheit geschützt ist, d.h. bei öffentlichen Urkunden sind „**schriftliche Lügen**" strafbar.[3] Beide Vorschriften sind im Zusammenhang zu sehen. § 348 StGB ist ein echtes Amtsdelikt, Täter kann daher nur ein Amtsträger (§ 11 Abs. 1 Nr. 2 StGB) sein. Insofern ist auch eine **mittelbare Täterschaft** durch einen Dritten nicht möglich, der einen gutgläubigen Amtsträger durch Falschangaben zu einer inhaltlich unwahren Beurkundung bringt. Diese Lücke schließt § 271 StGB, der die mittelbare Falschbeurkundung unter Strafe stellt. Auf diesen konzentrieren sich hier die Ausführungen mit der Beschränkung auf öffentliche Urkunden. Täter kann hier jeder sein.[4] Hierbei bilden § 271 Abs. 1 und 2 StGB den Grundtatbestand, während § 271 Abs. 3 StGB eine Qualifikation enthält.

2. Prüfungsschema

In Klausuren kann für § 271 Abs. 1 und 2 StGB das folgende Prüfungsschema verwendet werden:

▶ I. Tatbestand
    1. Objektiver Tatbestand
       a) Tatobjekt: öffentliche Urkunde (§ 415 ZPO)
       b) Tathandlung: Bewirken einer falschen Beurkundung (oder Speicherung), Abs. 1, oder Gebrauchen einer falschen Beurkundung, Abs. 2
    2. Subjektiver Tatbestand
II. Rechtswidrigkeit
III. Schuld ◀

---

[1] BeckOK-*Weidemann*, § 271 Rn. 2; *Wessels/Hettinger/Engländer*, BT 1, Rn. 891; LK-*Zieschang*, § 271 Rn. 1; § 348 Rn. 1; vgl. aber auch *Eisele*, BT I, Rn. 915; *Eisele/Heinrich*, BT, Rn. 510; Sch/Sch-*Heine/Schuster*, § 271 Rn. 1, A/W/H/H-*Heinrich*, § 33 Rn. 1: daneben auch Schutz der Funktionsfähigkeit der Beurkundungsorgane – a.A. SK-*Hoyer*, § 271 Rn. 1: nur Dispositionsfreiheit des Einzelnen; wieder anders MK-*Erb*, § 271 Rn. 1: Dispositionsfreiheit des Einzelnen und das Vertrauen in das Beurkundungswesen als öffentliche Institution.
[2] LK-*Zieschang*, § 271 Rn. 1.
[3] A/W/H/H-*Heinrich*, § 33 Rn. 1; *Hilgendorf/Valerius*, BT 1, § 10 Rn. 82; *Kindhäuser/Schramm*, BT I, § 58 Rn. 1.
[4] LK-*Zieschang*, § 271 Rn. 10.

II. Tatbestandsvoraussetzungen

1. Objektiver Tatbestand

a) Tatobjekt

3 ▶ **Beispielsfall ("Zulassungsstelle"):**[5] A ist bei einer Zulassungsstelle beschäftigt, während B einen "Zulassungsdienst" leitet und Autohändlern anbietet, die Zulassungen der Fahrzeuge zu übernehmen. Einige Autohändler legen Wert darauf, dass in den Fahrzeugpapieren – den Zulassungsbescheinigungen Teil I und Teil II – als letzter Halter eine Privatperson eingetragen ist. In Fällen, in denen die Fahrzeuge zuvor auf einen gewerblichen Halter zugelassen waren, wollen sie, dass eine neue Zulassungsbescheinigung Teil II ausgestellt wird, aus der der gewerbliche Vorhalter nicht mehr ersichtlich ist. A erklärt gegenüber B, dass sie für einen üblichen "Bakschisch-Satz" von 20 € problematische Kfz-Zulassungen vornehme. Auf Bitte des B stellt A in 491 Fällen gegen Bezahlung Zulassungsbescheinigungen aus, in denen unbeteiligte Privatpersonen trotz ihrer fehlenden Haltereigenschaft und Verfügungsberechtigung als letzte Fahrzeughalter angegeben sind. Diese Personen haben die Fahrzeuge nie gesehen und stehen auch sonst in keiner Beziehung zu den Fahrzeugen. ◀

4 Tatobjekt der §§ 348, 271 StGB sind nur **öffentliche Urkunden**. Die ebenfalls genannten Bücher und Register sind Sonderformen der öffentlichen Urkunden.[6] Eine Legaldefinition der öffentlichen Urkunde findet sich in § 415 ZPO, die auch für § 271 StGB herangezogen wird:[7] Öffentliche Urkunden sind hiernach Urkunden, die von einer öffentlichen Behörde innerhalb der Grenzen ihrer Amtsbefugnisse oder von einer mit öffentlichem Glauben versehenen Person innerhalb des ihr zugewiesenen Geschäftskreises in der vorgeschriebenen Form aufgenommen sind. Einschränkend wird im Strafrecht aber gefordert, dass die Urkunde eine erhöhte Beweiskraft für und gegen jedermann (**öffentlicher Glaube**) entfalten muss.[8] Beispiele bilden etwa Abschlusszeugnisse, Personalausweise, Führerscheine oder die Beurkundungen eines Notars.[9]

5 Dabei ist allerdings angesichts des Schutzzwecks zu beachten, dass nicht unbedingt der gesamte Inhalt der Urkunde, sondern nur solche Feststellungen erfasst sind, auf die sich die **besondere Beweiskraft** bezieht, d.h. gerade die unrichtig festgehaltene Erklärung, Verhandlung oder Tatsache muss an ihr teilhaben, damit ihre falsche Beurkundung den Tatbestand erfüllt.[10] Auf welche Feststellungen sich der öffentliche Glaube bezieht, ist im Einzelfall unter Heranziehung der einschlägigen Vorschriften und der Verkehrsanschauung durch Auslegung i.H.a. den Sinn und Zweck der Vorschrift zu ermitteln.[11] So beweist ein notarieller Kaufvertrag nur die Abgabe der beurkundeten Erklärungen, nicht aber deren inhaltliche Richtigkeit.[12] Bei einem Führerschein

---

5 BGHSt 60, 66; vgl. dazu *Lück/Schreyer*, famos 4/2015.
6 MK-*Erb*, § 271 Rn. 45.
7 *Eisele*, BT I, Rn. 918; MK-*Erb*, § 217 Rn. 5; *Hilgendorf/Valerius*, BT 1, § 10 Rn. 84; *Rengier*, BT II, § 37 Rn. 15; *Wessels/Hettinger/Engländer*, BT 1, Rn. 894; LK-*Zieschang*, § 271 Rn. 12.
8 BGHSt 6, 380, 381; *Eisele*, BT I, Rn. 919; MK-*Erb*, § 271 Rn. 11; A/W/H/H-*Heinrich*, § 33 Rn. 7; *Kindhäuser/Schramm*, BT I, § 58 Rn. 4; LK-*Zieschang*, § 271 Rn. 12 f.; kritisch *Bock*, ZIS 2011, 330, 331 f.
9 Zu diesen und weiteren Beispielen A/W/H/H-*Heinrich*, § 33 Rn. 12 f.; *Kindhäuser/Schramm*, BT I, § 58 Rn. 6; BeckOK-*Weidemann*, § 271 Rn. 6; LK-*Zieschang*, § 348 Rn. 20.
10 BGHSt 22, 201, 203; MK-*Erb*, § 271 Rn. 16; L/K/H-*Heger*, § 271 Rn. 3; A/W/H/H-*Heinrich*, § 33 Rn. 6; *Kindhäuser/Schramm*, BT I, § 58 Rn. 8; *Rengier*, BT II, § 37 Rn. 16; LK-*Zieschang*, § 271 Rn. 12; *ders.*, BT 1, Rn. 959 – a.A. *Bock*, ZIS 2011, 330, 333 f.
11 BGHSt 22, 201, 203; A/W/H/H-*Heinrich*, § 33 Rn. 6; *Kindhäuser/Schramm*, BT I, § 58 Rn. 8; *Rengier*, BT II, § 37 Rn. 18.
12 BGH NStZ 1986, 550; BayObLG NJW 1955, 1567.

erstreckt sich die Beweiskraft auf die Erteilung der Fahrerlaubnis, nicht aber darauf, ob die Voraussetzungen der Erteilung erfüllt sind.[13] Bei einem Kraftfahrzeugschein wird nur bescheinigt, dass einer bestimmten Person ein Kraftfahrzeug zugeteilt wurde, die darin enthaltenen Angaben zur Person sind hingegen keine öffentliche Urkunde.[14] § 271 Abs. 1 StGB schützt als „Dateien" schließlich auch Datenurkunden.[15]

▶ **Lösung des Beispielsfalls ("Zulassungsstelle"):**[16] Der BGH lehnte eine Strafbarkeit der A nach § 348 StGB und damit auch eine Strafbarkeit des B gem. den §§ 348, 26 StGB ab. Die in der Zulassungsbescheinigung II eingetragenen Halterdaten und die Verfügungsberechtigung der die Zulassung beantragenden Person stellten keine Angaben dar, die mit besonderer Beweiskraft beurkundet werden. Der Begriff der öffentlichen Urkunde i.S.v. § 348 StGB umfasse nur solche Urkunden, die bestimmt und geeignet sind, Beweis für und gegen jedermann zu erbringen, also nur diejenigen Erklärungen, Verhandlungen und Tatsachen, auf die sich der öffentliche Glaube, d.h. die volle Beweiswirkung für und gegen jedermann, erstreckt. Da der BGH bereits für das Vorgängerdokument, den Fahrzeugbrief, entschieden hatte, dass es sich bei ihm um eine rein verwaltungsrechtliche Urkunde ohne öffentlichen Glauben handele, gelte dies auch für die Zulassungsbescheinigung Teil II. Sie dokumentiere zwar, auf welche Person ein Kraftfahrzeug zugelassen war; daraus könne aber weder zwingend auf den Halter des Fahrzeugs noch auf den Eigentümer geschlossen werden. In der Zulassungsbescheinigung Teil II werde die Verfügungsberechtigung nicht eingetragen. Zweck der Zulassungsbescheinigung Teil II sei der Nachweis der Verfügungsberechtigung über das Fahrzeug im Zulassungsverfahren, nicht aber der Nachweis der Identität des Fahrzeughalters oder des Verfügungsberechtigten mit Beweiskraft gegenüber jedermann. ◀

Anmerkung: Diese Entscheidung verdeutlicht, wie genau zu überprüfen ist, auf welche Angaben sich der öffentliche Glaube der Urkunde im Einzelfall bezieht, was also damit bewiesen werden kann. Im Fall stand § 348 StGB im Raum, bei einer Täuschung der A durch B hätten sich die gleichen Probleme aber auch i.H.a. § 271 StGB gestellt. Hier waren aber andere Amtsdelikte, nämlich eine Bestechung der A durch B gegeben (§§ 332, 334 StGB).

b) Tathandlungen

Tathandlung des Abs. 1 ist das **Bewirken einer falschen Beurkundung**. Es ist umstritten, ob dieses bei jeder Verursachung einer Falschbeurkundung durch einen Amtsträger anzunehmen ist oder ob es sich stets um eine mittelbare Täterschaft handeln muss. Bewirkt B etwa durch Vorlage eines gefälschten Dokuments, dass der bei der Stadtverwaltung angestellte Amtsträger A eine falsche Beurkundung vornimmt, so scheitert eine Strafbarkeit des gutgläubigen A nach § 348 StGB an dessen fehlendem Vorsatz; auch § 267 Abs. 1 StGB durch A ist nicht gegeben, da keine unechte Urkunde vorliegt, weil der aus der Urkunde erscheinende und der tatsächliche Aussteller identisch ist. B hingegen verwirklicht i.H.a. das gefälschte Dokument § 267 Abs. 1 Var. 1 und 3 StGB und i.H.a. die öffentliche Urkunde § 271 StGB.[17] Ändert man den Fall aber so ab, dass A bösgläubig ist und die Eintragung gegen ein Entgelt von B einträgt, so macht sich A

---

13 OLG Hamm NStZ 1988, 26; OLG Düsseldorf NZV 2000, 177, 178.
14 BGHSt 22, 201, 203.
15 Vgl. MK-*Erb*, § 271 Rn. 47.
16 BGHSt 66, 60; vgl. dazu *Kudlich*, JA 2015, 310; *Lück/Schreyer*, famos 4/2015.
17 Vgl. zu Beispielen mit Lösung *Rengier*, BT II, § 37 Rn. 9 ff.; *Zieschang*, BT 1, Rn. 967 ff.

gem. § 348 StGB strafbar. B begeht eine Anstiftung gem. den §§ 348, 26 StGB; fraglich ist aber, ob auch § 271 StGB gegeben ist.

9 Nach h.M. ist das **Bewirken** i.S.v. § 271 StGB weit zu verstehen als jedes Verursachen der Falschbeurkundung,[18] sodass auch Fälle erfasst sind, in denen sich der Amtsträger der falschen Beurkundung bewusst ist. Eine Beschränkung auf Fälle mittelbarer Täterschaft sei dem Wortlaut nämlich nicht zu entnehmen.[19] Treffen § 271 StGB und die §§ 348, 26 StGB zusammen, so soll § 271 StGB auf Konkurrenzebene zurücktreten.[20] Nach der vorzugswürdigen Gegenansicht ist § 271 StGB hingegen auf eine **mittelbare Täterschaft** des Hintermanns zu reduzieren.[21] Dies folgt aus der Systematik des Gesetzes, wonach § 271 StGB die Funktion zukommt, Strafbarkeitslücken in den Fällen zu schließen, in denen mangels Täterqualität eine mittelbare Täterschaft (§§ 348, 25 Abs. 1 Alt. 2 StGB) ausscheidet, weil der Hintermann kein Amtsträger ist. Das beweist auch die Überschrift des § 271 StGB.

10 Dieses Problem stellt sich insb. auch im Zusammenhang mit **Irrtümern** des Beteiligten über die Vorsätzlichkeit der Tat des Amtsträgers. Nimmt B im Beispiel etwa nur an, A handele vorsätzlich, während A sich hingegen der Falschbeurkundung nicht bewusst ist, so will B zu § 348 StGB anstiften, handelt objektiv aber als mittelbarer Täter. Eine Strafbarkeit des B gem. den §§ 348, 26 StGB scheidet hier aus, da es an der vorsätzlichen Haupttat fehlt. Die h.M. will B aber auch hier aus § 271 StGB bestrafen, da jedes Bewirken der Falschbeurkundung ausreiche.[22] Dem ist aus den genannten Gründen nicht zu folgen, da B keinen entsprechenden Vorsatz aufweist.[23] Da die versuchte Anstiftung zu einem Vergehen von § 30 StGB nicht erfasst ist, bleibt hier nur Straflosigkeit des B.[24] Will B hingegen im umgekehrten Fall A als gutgläubiges Werkzeug benutzen, während dieser in Wirklichkeit alles durchschaut und dennoch falsch beurkundet, so kann die h.M. auch diesen Fall als solchen des § 271 StGB behandeln,[25] während eigentlich nur ein Versuch nach § 271 Abs. 4 StGB vorliegt.[26] Es ließe sich zwar nach allgemeinen Grundsätzen erwägen, dass der Anstiftervorsatz im Vorsatz zur mittelbaren Täterschaft enthalten ist,[27] dies kann aber bei § 271 StGB nicht gelten, da dieser einen geringeren Strafrahmen aufweist als die §§ 348, 26 StGB.[28]

11 Die **Tathandlung** des Abs. 2, das Gebrauchen einer falschen Beurkundung entspricht § 267 Abs. 1 Var. 3 StGB.[29]

2. Subjektiver Tatbestand

12 Im subjektiven Tatbestand genügt für Abs. 1 grundsätzlich dolus eventualis.[30] Bzgl. Irrtümern s.o. Rn. 10. Bei Abs. 2 muss bzgl. des Gebrauchens ein Handeln zur Täuschung

---

18 BGHSt 8, 289, 294; MK-*Erb*, § 271 Rn. 50; *Fischer*, § 271 Rn. 15; L/K/H-*Heger*, § 271 Rn, 6; *Kindhäuser/Schramm*, BT I, § 58 Rn. 18 f.; *Rengier*, BT II, § 37 Rn. 12; BeckOK-*Weidemann*, § 271 Rn. 10.
19 MK-*Erb*, § 271 Rn. 50.
20 *Rengier*, BT II, § 37 Rn. 14.
21 A/W/H/H-*Heinrich*, § 33 Rn. 19a; LK-*Zieschang*, § 271 Rn. 27; *ders.*, BT 1, Rn. 969 f.
22 *Fischer*, § 271 Rn. 16; L/K/H-*Heger*, § 271 Rn. 7; *Rengier*, BT II, § 37 Rn. 13.
23 A/W/H/H-*Heinrich*, § 33 Rn. 21.
24 A/W/H/H-*Heinrich*, § 33 Rn. 21; LK-*Zieschang*, § 271 Rn. 37.
25 *Fischer*, § 271 Rn. 16; L/K/H-*Heger*, § 271 Rn. 7; *Rengier*, BT II, § 37 Rn. 12.
26 LK-*Zieschang*, § 271 Rn. 36.
27 Vgl. *Wessels/Beulke/Satzger*, AT, Rn. 864.
28 *Eisele*, BT I, Rn. 932; *Wessels/Beulke/Satzger*, AT, Rn. 864; LK-*Zieschang*, § 271 Rn. 36.
29 MK-*Erb*, § 271 Rn. 57.
30 LK-*Zieschang*, § 271 Rn. 32.

im Rechtsverkehr hinzutreten. Hier gilt das zu § 267 StGB Ausgeführte: Es genügt dolus directus II (s.o. § 26 Rn. 48).

III. Qualifikation, § 271 Abs. 3 StGB

§ 271 Abs. 3 StGB **qualifiziert** die Tat, wenn der Täter gegen Entgelt oder in der Absicht handelt, sich oder einen Dritten zu bereichern oder eine andere Person zu schädigen. Zum Begriff des Entgelts findet sich in § 11 Abs. 1 Nr. 9 StGB eine Legaldefinition als jede in einem Vermögensvorteil bestehende Gegenleistung. Bzgl. der Bereicherungsabsicht gilt grds. das Gleiche wie bei § 263 StGB,[31] insb. muss also dolus directus I hinsichtlich eines Vermögensvorteils vorliegen. Auch bei der Schädigungsabsicht muss der Täter hier mit dolus directus I handeln,[32] wobei als Schaden nicht nur Vormögens-, sondern auch andere Nachteile in Betracht kommen.[33]

13

WIEDERHOLUNGSFRAGEN

1. Wie definiert sich die öffentliche Urkunde in § 271 StGB? (Rn. 4)
2. Worauf bezieht sich der öffentliche Glaube bei einem Führerschein? (Rn. 5)
3. Erfasst § 271 StGB auch Fälle, in denen der Amtsträger vorsätzlich handelt? (Rn. 8 ff.)
4. Wie ist Hintermann B zu bestrafen, wenn er irrtümlich annimmt, der Amtsträger A nehme durch B veranlasst vorsätzlich eine falsche Beurkundung vor? (Rn. 10)

---

31 Vgl. dazu ausführlich *Schramm*, BT II, § 7 Rn. 166 ff.
32 LK-*Zieschang*, § 271 Rn. 54 – a.A. *Eisele*, BT I, Rn. 937: dolus directus II genügt.
33 LK-*Zieschang*, § 271 Rn. 54.

TEIL 7: BRANDSTIFTUNGSDELIKTE

§ 30 Einleitung

I. Rechtsgut

1   Der 28. Abschnitt des StGB ist überschrieben mit „Gemeingefährliche Straftaten". Von diesen werden hier zunächst die Brandstiftungsdelikte, §§ 306 ff. StGB, sodann die Straßenverkehrsdelikte, §§ 315b, c, d, 316 StGB, sowie im Anschluss der Vollrausch, § 323a StGB, und die unterlassene Hilfeleistung, § 323c StGB, behandelt. Das Wort „**gemeingefährlich**" impliziert dabei zweierlei: Einerseits geht es hier überwiegend um Gefährdungsdelikte, also solche, bei denen nicht (erst) die Verletzung eines Rechtsguts, sondern (bereits) die Gefährdung desselben unter Strafe gestellt ist, also eine bestimmte Gefährlichkeit des Verhaltens.[1] In diesem Sinne finden sich bei den Brandstiftungsdelikten sowohl abstrakte, z.B. § 306a Abs. 1 StGB, als auch konkrete Gefährdungsdelikte, z.B. § 306a Abs. 2 StGB, aber auch echte Verletzungsdelikte, z.B. § 306 StGB. Andererseits geht es aber nicht nur um die Gefahr für einen Einzelnen, sondern um „die Allgemeinheit", sodass auch diese Tatbestände zum größeren Bereich der Delikte gegen die Allgemeinheit gehören. Auch wenn sich in den §§ 306 ff. StGB ein Tatbestandsmerkmal der Gefahr für die Allgemeinheit nicht findet, wird diese gleichsam unterstellt, da der Täter bei einer Brandstiftung die Gefahr regelmäßig nicht kontrollieren kann.[2]

2   Die an dieser Stelle behandelten Brandstiftungsdelikte schützen dabei aber jeweils unterschiedliche Rechtsgüter. So ist § 306 StGB ein **spezielles Sachbeschädigungsdelikt**, welches das Eigentum schützt.[3] Eine insb. auch vom BGH vertretene Gegenansicht nimmt hingegen an, dass § 306 StGB daneben ein Gefährdungselement innewohnt und es sich daher auch um ein abstraktes Gefährdungsdelikt handelt,[4] das neben dem Eigentum auch Leib, Leben oder Eigentum Dritter schützt.[5] Das ist im Wortlaut indes nicht angelegt, auch wenn eine Gemeingefahr beim Inbrandsetzen der genannten Tatobjekte regelmäßig bestehen dürfte.[6] Der Gesetzgeber hat den strafrechtlichen Schutz hier aber auf fremde Tatobjekte begrenzt. § 306a StGB schützt in Abs. 1 Leben und Gesundheit, in Abs. 2 nur die Gesundheit der gefährdeten Personen,[7] in § 306b Abs. 1 und Abs. 2 Nr. 1 StGB sind wiederum Gesundheit und Leben geschützt.[8] Letzteres gilt auch für § 306c StGB.

II. Systematik

3   Die Systematik wird hier zum besseren Verständnis veranschaulicht.

---

1   Vgl. allgemein zu den Gefährdungsstraftaten M/S/M-*Schroeder*, § 50.
2   LK-*Valerius*, § 306 Rn. 2.
3   *Fischer*, § 306 Rn. 1; L/K/H-*Heger*, § 306 Rn. 1; *Kindhäuser/Schramm*, BT I, § 61 Rn. 1; *Otto*, GK BT, § 79 Rn. 6; *Rengier*, BT II, § 40 Rn. 2; SK-*Wolters*, § 306 Rn. 1; *Zieschang*, BT 1, Rn. 976.
4   BGHSt 63, 111, 113; BGH NJW 2001, 765; BeckOK-v. *Heintschel-Heinegg/Kudlich*, § 306 Rn. 2; MK-*Radtke*, § 306 Rn. 8; LK-*Valerius*, § 306 Rn. 6; vgl. auch AnwK-*Börner*, § 306 Rn. 1.
5   BeckOK-v. *Heintschel-Heinegg/Kudlich*, § 306 Rn. 2; LK-*Valerius*, § 306 Rn. 6.
6   Vgl. BT-Drs. 13/8587, 87.
7   LK-*Valerius*, § 306a Rn. 2.
8   MK-*Radtke*, § 306b Rn. 1.

II. Systematik § 30

▶ Übersicht 4

1. **Sachbeschädigungsdelikt**
   - § 306 StGB: Brandstiftung
2. **Gemeingefährliche Straftaten**
   - § 306a Abs. 1 StGB: abstraktes Gefährdungsdelikt (abstrakte Gefährlichkeit des Tuns)
   - § 306a Abs. 2 StGB: konkretes Gefährdungsdelikt (konkrete Gefahr der Gesundheitsschädigung)
   - § 306b Abs. 2 Nr. 1 StGB: konkretes Gefährdungsdelikt (konkrete Gefahr des Todes)
   - § 306b Abs. 2 Nr. 2/3 StGB: Ermöglichungs- oder Verdeckungsabsicht; Erschweren der Brandlöschung
3. **Erfolgsqualifikationen**
   - § 306b Abs. 1 StGB: Erfolgsqualifikation i.H.a. schwere Gesundheitsschädigung
   - § 306c StGB: Erfolgsqualifikation i.H.a. Todesfolge
4. **Fahrlässigkeit/Vorsatz-Fahrlässigkeits-Kombinationen**
   - § 306d StGB: Fahrlässige Brandstiftung
5. **Brandgefährdungsdelikt**
   - § 306f StGB: Herbeiführen einer Brandgefahr ◀

§ 31 Die einfache Brandstiftung, § 306 StGB

Literaturempfehlungen:
Cantzler, Die Neufassung der Brandstiftungsdelikte JA 1999, 474; *Geppert*, Die Brandstiftungsdelikte nach dem 6. StRG, JURA 1998, 597; *Kraatz*, Zur Systematik der Brandstiftungsdelikte, JURA 2012, 627; *Müller-Hönig*, Examensrelevante Probleme der Brandstiftungsdelikte, JA 2001, 517; *Rengier*, Die Brandstiftungsdelikte nach dem Sechsten Gesetz zur Reform des Strafrechts, JuS 1998, 397; *Wrage*, Typische Probleme einer Brandstiftungsklausur, JuS 2003, 985.

Übungsfälle:
Eisele, Obdachlos, AL 2013, 278; *Reinbacher*, Übungsklausur Strafrecht: Rassistischer Anschlag mit unerwartetem Ausgang, JURA 2007, 382; *Stief*, Heißer Abriss, JuS 2009, 716.

I. Einleitung

1. Grundlagen

1 Wie bereits ausgeführt (§ 30 Rn. 2) ist das **Rechtsgut** des § 306 StGB umstritten, nach zutreffender Ansicht aber allein im Eigentum zu sehen. Daher treten die §§ 303, 305 StGB hinter § 306 StGB zurück.[1] Wichtige Konsequenz der Einordnung ist die Möglichkeit einer rechtfertigenden Einwilligung durch den Eigentümer.[2] § 306 StGB bildet das Grunddelikt zu § 306b Abs. 1 und § 306c StGB, hinter denen es zurücktritt, nicht aber zum gemeingefährlichen Delikt des § 306a StGB.[3] § 306 StGB stellt ein Erfolgsdelikt dar, dessen Erfolg im Inbrandsetzen bzw. ganz oder teilweisen Zerstören des Tatobjekts liegt.[4] Der Versuch des § 306 StGB ist strafbar, da es sich um ein Verbrechen handelt, §§ 23 Abs. 1, 12 Abs. 1 StGB.

2. Prüfungsschema

2 In Klausuren kann das folgende Schema benutzt werden:
- I. Tatbestand
    1. Objektiver Tatbestand
        a) Tatobjekt i.S.d. Nr. 1–6: fremdes Gebäude, fremde Hütte etc.
        b) Tathandlung:
            aa) in Brand setzen oder
            bb) durch Brandlegung ganz oder teilweise zerstören
    2. Subjektiver Tatbestand
       Vorsatz; bei Fahrlässigkeit: § 306d I
- II. Rechtswidrigkeit, insb. Einwilligung des Eigentümers
- III. Schuld
- IV. Tätige Reue, § 306e

---

[1] L/K/H-*Heger*, § 306 Rn. 6; *Otto*, GK BT, § 79 Rn. 6.
[2] L/K/H-*Heger*, § 306 Rn. 1; *Kindhäuser/Schramm*, BT I, § 61 Rn. 1; *Zieschang*, BT 1, Rn. 976, 1002; so aber auch BGH NJW 2003, 1824, trotz dessen Annahme, § 306 StGB hafte auch ein Element der Gemeingefährlichkeit an.
[3] A/W/H/H-*Hilgendorf*, § 37 Rn. 10; SK-*Wolters*, § 306 Rn. 1.
[4] SK-*Wolters*, § 306 Rn. 10.

II. Tatbestandsvoraussetzungen

▶ **Beispielsfall („Bungalow"):**[5] A will in dem von ihm, seiner Lebensgefährtin B und deren beiden minderjährigen Kindern bewohnten, angemieteten Bungalow einen Brand legen, um Zahlungen aus der Hausratsversicherung zu erhalten. Daher zündet er in einem Schlafzimmer des vier Zimmer, Küche und Bad umfassenden, einstöckigen Gebäudes diverse Gegenstände an. Dabei nimmt er in Kauf, dass auch funktionswesentliche Teile des Gebäudes in Brand geraten oder dieses zumindest teilweise unbewohnbar wird. B und die Kinder sind zu diesem Zeitpunkt nicht im Haus. Um eine größere Ausbreitung des Schadens zu verhindern, schließt A die Schlafzimmertür und verlässt das Haus. Als er nach etwa einer Dreiviertelstunde zurückkehrt, hat das Feuer, das zwischenzeitlich von der Feuerwehr gelöscht worden ist, die Deckenverkleidung des Schlafzimmers erfasst und dort zu Putzabplatzungen, erheblichen Rußschäden und der teilweisen Zerstörung des Inventars geführt. Die übrigen Räume werden durch Löschwasser „in Mitleidenschaft genommen" und Textilien durch Rauchgas „beeinträchtigt". Das Haus ist „längere Zeit" nicht bewohnbar. ◀

1. Objektiver Tatbestand

a) Tatobjekte

§ 306 Abs. 1 StGB enthält in seinen Nummern 1–6 eine abschließende Aufzählung der **Tatobjekte**.[6] Als (auch für die Klausur) wichtigste Tatobjekte sind Gebäude und Hütten zu nennen.

Definition: Ein Gebäude ist ein durch Wände und Dach begrenztes, mit dem Erdboden – wenn auch nur durch die eigene Schwere – fest verbundenes Bauwerk, das den Zutritt von Menschen gestattet.[7]

Auch eine **Hütte** ist ein Gebäude, bei dem insgesamt geringere Anforderungen an Größe, Festigkeit und Dauerhaftigkeit zu stellen sind.[8] Als Beispiel sei eine Jahrmarktsbude[9] genannt. Bewegliche Sachen fallen grundsätzlich nicht unter den Begriff eines Gebäudes, da es bei ihnen an einer festen Verbindung zum Erdboden fehlt; allerdings genügt es, dass ein Bauwagen auf Blöcken steht.[10] Bei beiden Tatobjekten ist erforderlich, dass sie für den Täter fremd sind, also zumindest auch im Eigentum eines anderen stehen, wobei wie bei den §§ 242, 303 StGB die zivilrechtliche Lage Ausschlag gebend ist.[11]

Die Formulierung des § 306 Abs. 1 StGB ist insb. angesichts der hohen Strafdrohung zu weit geraten, sodass eine restriktive Auslegung zu befürworten ist.[12] In diesem Sinne finden sich verschiedene Bemühungen einer **teleologischen Reduktion** des Tatbestands. Diejenigen Stimmen, die auch § 306 StGB ein gemeingefährliches Element zuschreiben, können darauf verweisen und den Tatbestand dann verneinen, wenn im

---

5 BGH NStZ 2014, 404 mit Anm. *Nestler*.
6 NK-*Kargl*, § 306 Rn. 1; *Rengier*, BT II, § 40 Rn. 11.
7 RGSt 73, 204, 205; Sch/Sch-*Heine/Bosch*, § 306 Rn. 4; NK-*Kargl*, § 306 Rn. 2; *Kindhäuser/Schramm*, BT I, § 61 Rn. 4; MK-*Radtke*, § 306 Rn. 23; LK-*Valerius*, § 306 Rn. 14.
8 OLG Karlsruhe NJW 1981, 482; Sch/Sch-*Heine/Bosch*, § 306 Rn. 4; NK-*Kargl*, § 306 Rn. 2; BeckOK-v. *Heintschel-Heinegg/Kudlich*, § 306 Rn. 7; MK-*Radtke* § 306 Rn. 25; LK-*Valerius*, § 306 Rn. 16.
9 RGSt 73, 204, 205.
10 OLG Karlsruhe NJW 1981, 482.
11 BeckOK-v. *Heintschel-Heinegg/Kudlich*, § 306 Rn. 13; LK-*Valerius*, § 306 Rn. 46.
12 MK-*Radtke*, § 306 Rn. 17.

Einzelfall eine Gemeingefahr auszuschließen ist, etwa wegen der Umgebung oder der Größe des Objekts.[13] Im Übrigen bietet es sich an, wie bei § 303 StGB eine Bagatellgrenze zu ziehen,[14] welche sich bei etwa 1.000 Euro veranschlagen lässt.[15]

b) Tathandlungen

8 Der Tatbestand nennt als Tathandlungen das Inbrandsetzen sowie das durch eine Brandlegung ganz oder teilweise Zerstören.

aa) Inbrandsetzen

9 **Definition:** Ein Tatobjekt ist in Brand gesetzt, wenn ein wesentlicher Teil derart vom Feuer erfasst ist, dass er aus eigener Kraft (d.h. ohne Fortwirken des Zündstoffes) weiterbrennen kann.[16]

10 Die Rechtsprechung lässt es für ein Inbrandsetzen (in einigen Entscheidungen) genügen, dass sich der Brand auf Teile des Gebäudes ausbreiten kann, die für den bestimmungsgemäßen Gebrauch von wesentlicher Bedeutung sind.[17] Dies ist abzulehnen, da der Wortlaut ein Inbrandsetzen „des Gebäudes" etc., also des Tatobjekts, verlangt. Ist der wesentliche Bestandteil noch nicht vom Feuer erfasst, befindet sich das Delikt im Versuchsstadium, was die weite Auslegung umgehen und den Vollendungszeitpunkt zu weit vorverlagern würde.[18] Zu klären bleibt, was einen **wesentlichen Bestandteil** eines Gebäudes ausmacht. Dies ist nicht nach § 94 BGB, sondern nach der Verkehrsauffassung zu beurteilen.[19] Entscheidend ist dabei, ob der Teil ohne weiteres entfernt werden kann.[20] In diesem Sinne sind als wesentliche Bestandteile eines Gebäudes z.B. anzusehen: Fenster- und Türrahmen, Fußboden, Treppe und Zimmerwand, nicht aber eine Fußbodensockelleiste, Holzwände, die einzelne Kellerabteile trennen, Tapete oder Wandregale.[21]

11 Umstritten ist, ob und unter welchen Voraussetzungen ein bereits brennendes Gebäude in Brand gesetzt werden kann. Dies ist nach überwiegender Ansicht nur dann möglich, wenn es sich noch um ein taugliches Tatobjekt handelt, also etwa noch um eine Wohnung etc., und ein neuer **selbstständiger Brandherd** geschaffen wird,[22] weil sonst von einem initialen „Inbrandsetzen" nicht gesprochen werden könne. Nicht ausreichend sei daher das **Intensivieren** eines bereits bestehenden Brandes („Öl ins Feuer gießen").[23] In letzterem Fall sei jedoch eine sukzessive Beihilfe zur Tat des

---

13 BeckOK-v. *Heintschel-Heinegg/Kudlich*, § 306 Rn. 6.1; MK-*Radtke*, § 306 Rn. 20 ff.
14 Vgl. *Kindhäuser/Schramm*, BT I, § 61 Rn. 5.
15 L/K/H-*Heger*, § 306 Rn. 2; *Rengier*, BT II, § 40 Rn. 12.
16 L/K/H-*Heger*, § 306 Rn. 3; Sch/Sch-*Heine/Bosch*, § 306 Rn. 13; BeckOK-v. *Heintschel-Heinegg/Kudlich*, § 306 Rn. 14; A/W/H-*Hilgendorf*, § 37 Rn. 12; NK-*Kargl*, § 306 Rn. 17; *Kindhäuser/Schramm*, BT I, § 61 Rn. 8; *Rengier*, BT II, § 40 Rn. 14; *Wessels/Hettinger/Engländer*, BT 1, Rn. 948; *Zieschang*, BT 1, Rn. 989.
17 BGHSt 18, 363, 365 f.; 48, 14, 18; BGH NStZ 2014, 404.
18 LK-*Valerius*, § 306 Rn. 49.
19 BGHSt 16, 109, 110; BeckOK-v. *Heintschel-Heinegg/Kudlich*, § 306 Rn. 15; NK-*Kargl*, § 306 Rn. 19; MK-*Radtke*, § 306 Rn. 51; LK-*Valerius*, § 306 Rn. 51.
20 BGHSt 16, 109, 111; BeckOK-v. *Heintschel-Heinegg/Kudlich*, § 306 Rn. 15; *Wessels/Hettinger/Engländer*, BT 1, Rn. 948.
21 Vgl. zu diesen und weiteren Beispielen nur *Fischer*, § 306 Rn. 14a; MK-*Radtke*, § 306 Rn. 51.
22 Sch/Sch-*Heine/Bosch*, § 306 Rn. 14.
23 Sch/Sch-*Heine/Bosch*, § 306 Rn. 14; MK-*Radtke*, § 306 Rn. 53; *Rengier*, BT II, § 40 Rn. 17; LK-*Valerius*, § 306 Rn. 57; *Zieschang*, BT 1, Rn. 992.

II. Tatbestandsvoraussetzungen

Inbrandsetzens möglich.[24] Eine sukzessive Beihilfe nach Vollendung ist aber, außer bei den Dauerdelikten, grundsätzlich abzulehnen.[25] Es ist vielmehr entgegen der h.M. eine Täterschaft des Hinzutretenden anzunehmen, wenn noch ein taugliches Tatobjekt vorliegt und der zweite (Neben-)Täter den Brand intensiviert.[26] Ein Inbrandsetzen kann schließlich auch durch Unterlassen begangen werden, § 13 StGB.[27]

bb) Durch Brandlegung ganz oder teilweise Zerstören

Als Alt. 2 nennt § 306 Abs. 1 StGB das ganz oder teilweise Zerstören des Tatobjekts durch Brandlegung. Der Hintergrund ist darin zu sehen, dass Gebäude etc. durch Ruß, Gas oder Hitzeentwicklung auch dann zerstört werden können, wenn sie nicht in Brand geraten.[28] Insofern ist zweistufig zu prüfen: (1) Ist das Tatobjekt ganz oder teilweise zerstört, (2) ist dies auf die Brandlegung zurückzuführen?[29]

Definition: Ein Tatobjekt ist ganz zerstört, wenn es vernichtet ist oder seine bestimmungsgemäße Brauchbarkeit ganz verliert.[30]

Schwierig zu beurteilen ist indes, was unter einem **teilweisen Zerstören** zu verstehen ist. Angesichts der hohen Strafdrohung muss es sich i.S. einer restriktiven Auslegung um eine teilweise Zerstörung von Gewicht handeln.[31] Eine solche ist anzunehmen, (1) wenn einzelne Teile eines Tatobjekts, die für dessen bestimmungsgemäßen Gebrauch wesentlich sind, für einen nicht unerheblichen Zeitraum unbrauchbar gemacht werden oder wenn (2) infolge des Eingriffs eine von mehreren Zweckbestimmungen des Gesamtobjekts aufgehoben wird oder (3) wenn bei Gebäuden einzelne Bestandteile, die für einen selbstständigen Gebrauch bestimmt und eingerichtet sind, vollständig vernichtet werden.[32] Dies ist etwa bei einem Mehrfamilienhaus anzunehmen, wenn eine Untereinheit (eine Wohnung) für nicht unbeträchtliche Zeit unbewohnbar wird.[33]

Die Zerstörung muss „durch eine Brandlegung" geschehen. Damit ist gemeint, dass sich die (teilweise) Zerstörung kausal und objektiv zurechenbar auf die Brandlegung zurückführen lässt.[34] Da nur von einer Brandlegung die Rede ist, muss kein vollendetes Inbrandsetzen des Tatobjekts gegeben sein.[35] Ein ausreichender **spezifischer Zurechnungszusammenhang** besteht bei Schäden, die aus brandtypischen Gefahren

---

[24] RGSt 71, 193, 194; OLG Hamm NJW 1960, 1874; Sch/Sch-*Heine/Bosch*, § 306 Rn. 14; LK-*Valerius*, § 306 Rn. 57; *Wessels/Hettinger/Engländer*, BT 1, Rn. 949.
[25] *Kaspar*, AT, § 6 Rn. 100; *Reinbacher*, JZ 2020, 558, 560; LK-*Schünemann/Greco*, § 37 Rn. 43.
[26] A/W/H/H-*Hilgendorf*, § 37 Rn. 19; NK-*Kargl*, § 306 Rn. 20; LK-*Schünemann/Greco*, § 27 Rn. 45.
[27] A/W/H/H-*Hilgendorf*, § 37 Rn. 19; NK-*Kargl*, § 306 Rn. 21; *Kindhäuser/Schramm*, BT I, § 61 Rn. 11; LK-*Valerius*, § 306 Rn. 58; *Zieschang*, BT 1, Rn. 993.
[28] Vgl. Sch/Sch-*Heine/Bosch*, § 306 Rn. 15; A/W/H/H-*Hilgendorf*, § 37 Rn. 20; NK-*Kargl*, § 306 Rn. 22.
[29] BeckOK-v. *Heintschel-Heinegg/Kudlich*, § 306 Rn. 18.
[30] BeckOK-v. *Heintschel-Heinegg/Kudlich*, § 306 Rn. 19; *Kindhäuser/Schramm*, BT I, § 61 Rn. 13; *Rengier*, BT II, § 40 Rn. 21; *Zieschang*, BT 1, Rn. 997.
[31] BGHSt 48, 14, 20; 56, 94, 96; MK-*Radtke*, § 306 Rn. 56; LK-*Valerius*, § 306 Rn. 61; *Wessels/Hettinger/Engländer*, BT 1, Rn. 951.
[32] BGHSt 56, 94; MK-*Radtke*, § 306 Rn. 56.
[33] BGHSt 48, 14, 20. Ein teilweises Zerstören soll nach BGH NStZ 2022, 168, auch dann noch möglich sein, wenn die Wohnung zuvor schon durch eine vorangegangene Brandlegung unbenutzbar war; vgl. dazu *Eirich/Greb*, famos 8/2022, 43.
[34] Sch/Sch-*Heine/Bosch*, § 306 Rn. 17; LK-*Valerius*, § 306 Rn. 65.
[35] NK-*Kargl*, § 306 Rn. 23.

resultieren, wie etwa Rußbildung, Explosion des Brandsatzes oder Schäden durch Löschwasser.[36]

16 ▶ **Lösung des Beispielsfalls ("Bungalow"):**[37] Der BGH prüfte zunächst, ob ein Inbrandsetzen des Bungalows als Gebäude i.S.v. § 306 StGB vorlag. Ein Inbrandsetzen sei dann anzunehmen, wenn das Gebäude „so vom Feuer erfasst ist, dass es selbständig ohne Fortwirken des Zündstoffs weiterbrennt, wobei es erforderlich, aber auch ausreichend [sei], dass sich der Brand auf Teile des Gebäudes ausbreiten kann, die für dessen bestimmungsgemäßen Gebrauch von wesentlicher Bedeutung sind." Von dieser Tatsache vermochte das Gericht sich nicht zu überzeugen. Zwar sei eine Zimmerdecke regelmäßig wesentlicher Bestandteil des Gebäudes, eine Deckenverkleidung hingegen nur dann, „wenn sie so mit der Decke verbunden oder in sie eingearbeitet ist, dass sie als Bestandteil der Decke nicht entfernt werden kann, ohne dass hierdurch das Bauwerk selbst beeinträchtigt wird." Ob dies der Fall war, hatte das LG nicht mitgeteilt. Auch hatte es nicht erörtert, ob der Brand sich auf wesentliche Teile hätte ausdehnen können. Eine teilweise Zerstörung durch Brandlegung sah der BGH ebenso nicht als erwiesen an. Zwar könne die Vereitelung eines wesentlichen Zwecks des Gebäudes das Tatbestandsmerkmal des teilweisen Zerstörens erfüllen, sodass die brandbedingte Unbenutzbarkeit eines Zimmers eine teilweise Zerstörung des gesamten Einfamilienhauses darstelle, wenn dadurch die Nutzung des Wohnhauses zu einem der genannten Zwecke in unzumutbarer Weise beeinträchtigt werde. Die Feststellungen ergäben aber wiederum nicht, dass das Wohnhaus für die Bewohner nicht mehr in zumutbarer Weise als Schlafstätte genutzt werden konnte. Die übrigen Räume seien durch das Löschwasser nur „in Mitleidenschaft genommen" worden. Schließlich müsse die teilweise Zerstörung von Gewicht sein, was nur bei einer längerfristigen Unbenutzbarkeit der Fall sei. ◀

17 **Anmerkung:** Scheidet § 306 StGB aus, gilt dies auch für eine Strafbarkeit nach § 306a StGB (Wohnhaus) aus. Die weite Definition des Inbrandsetzens ist i.Ü. aus den genannten Gründen abzulehnen.

2. Subjektiver Tatbestand

18 Die Tat erfordert Vorsatz, § 15 StGB, wobei Eventualvorsatz genügt.[38] Die fahrlässige Begehung ist nach § 306d StGB unter Strafe gestellt.

III. Rechtswidrigkeit

19 Neben den allgemeinen Rechtfertigungsgründen kommt bei § 306 StGB insb. eine **rechtfertigende Einwilligung** durch den Eigentümer des Tatobjekts in Betracht. Dies folgt nach der auch hier vertretenen Konzeption schon daraus, dass das Delikt eine rein individualschützende Funktion im Hinblick auf das Eigentum hat.[39] Aber auch diejenigen Stimmen, die § 306 StGB zusätzlich eine gemeingefährliche Komponente zuerkennen, kommen überwiegend zu diesem Ergebnis mit der Begründung, dass die Einwilligung den Eigentumsteil des Unrechts beseitigt.[40]

---

36 BGH NStZ 2010, 452; NStZ 2014, 404, 405; Sch/Sch-*Heine/Bosch*, § 306 Rn. 17; NK-*Kargl*, § 306 Rn. 22 f.
37 BGH NStZ 2014, 404 mit Anm. *Nestler*.
38 LK-*Valerius*, § 306 Rn. 67; *Zieschang*, BT 1, Rn. 1001.
39 L/K/H-*Heger*, § 306 Rn. 1; Sch/Sch-*Heine/Bosch*, § 306 Rn. 1, 11; SK-*Wolters*, § 306 Rn. 9; *Zieschang*, BT 1, Rn. 976.
40 MK-*Radtke*, § 306 Rn. 61; für eine rechtfertigende Einwilligung auch BGH NJW 2003, 1824.

IV. Tätige Reue, § 306e StGB

Ein Rücktritt nach § 24 StGB ist nur bei einem versuchten Delikt möglich. Insofern würde es dem Täter einer vollendeten Brandstiftung nichts nützen, wenn er den Brand selbstständig wieder löscht. Da eine Brandstiftung aber bereits zu einem sehr frühen Zeitpunkt vollendet ist, sieht § 306e Abs. 1 StGB einen **persönlichen Strafaufhebungs- bzw. Strafmilderungsgrund** bei **tätiger Reue** vor.[41] § 306e Abs. 1 StGB gilt nur bei den §§ 306, 306a, 306b StGB, nicht aber bei den §§ 306c, 306f StGB. Erforderlich ist, dass der Täter den Brand löscht, bevor ein erheblicher Schaden eingetreten ist. Orientiert an den Rechtsgütern der §§ 306, 306a, 306b StGB kommen sowohl Personen- als auch Sachgüter in Betracht. Bei Personengütern (Leben, Gesundheit) ist ein erheblicher Schaden (bei §§ 306a, 306b StGB) erst bei Verursachung einer Körperverletzung mit erheblicher Verletzungsgefahr i.S.v. § 224 Abs. 1 Nr. 2 StGB anzunehmen.[42] Bei Sachschäden nimmt der BGH einen erheblichen Schaden an, wenn 2.500 € zur Schadensbeseitigung erforderlich sind.[43] Im Einzelfall sollte aber auch bei einem höheren Schaden die Anwendung des § 306e StGB noch möglich sein, da dies nach zutreffender Ansicht in Relation zum verhinderten Schaden zu setzen ist.[44] Ein eigenhändiges Löschen ist nicht erforderlich, sodass der Täter sich auch der Hilfe Dritter (z.B. der Feuerwehr) bedienen darf.[45] Hinsichtlich der Freiwilligkeit kann auf § 24 StGB verwiesen werden.[46] Abs. 2 enthält eine persönliche Strafaufhebungsgrund für die fahrlässige Brandstiftung nach § 306d StGB. Abs. 3 entspricht der Regelung des § 24 Abs. 1 S. 2 StGB.[47]

WIEDERHOLUNGSFRAGEN

1. Welches Rechtsgut schützt § 306 StGB? (Rn. 1)
2. Welche Möglichkeiten der restriktiven Auslegung und teleologischen Reduktion des Tatbestands werden vertreten? (Rn. 7)
3. Ist ein täterschaftliches Inbrandsetzen auch bei einem bereits brennenden Gebäude möglich? (Rn. 11)
4. Was versteht man unter einer teilweisen Zerstörung durch eine Brandlegung? (Rn. 14)
5. Ist eine rechtfertigende Einwilligung bei § 306 StGB möglich? (Rn. 19)

---

[41] NK-*Kargl*, § 306e Rn. 1; MK-*Radtke*, § 306e Rn. 1.
[42] *Eisele*, BT I, Rn. 1026; L/K/H-*Heger*, § 306e Rn. 2; Sch/Sch-*Heine/Bosch*, § 306e Rn. 7; *Rengier*, BT II, § 40 Rn. 101 – a.A. BGH NJW 2019, 243, 244: bereits bei einer konkreten Gefährdung von Personen oder einer tatsächlich eingetretenen Gesundheitsschädigung.
[43] BGHSt 48, 14, 23; BGH NJW 2019, 243, 244; zust. *Fischer*, § 306e Rn. 3; kritisch dazu *Marxen/Wendt/Pridik*, famos 2/2003, 1, 6.
[44] *Eisele*, BT I, Rn. 1026.
[45] Sch/Sch-*Heine/Bosch*, § 306e Rn. 11.
[46] NK-*Kargl*, § 306e Rn. 6; zur Freiwilligkeit bei § 24 StGB *Kaspar*, AT, § 8 Rn. 141 ff.
[47] Sch/Sch-*Heine/Bosch*, § 306e Rn. 15.

§ 32 Die schwere Brandstiftung, § 306a StGB

Literaturempfehlungen:
Geppert, Die Brandstiftungsdelikte nach dem 6. StRG, JURA 1998, 597; *Kraatz*, Brandstiftung bei gemischt-genutzten Gebäuden, JuS 2012, 691; *Kudlich*, Da kann doch kein Mensch mehr wohnen ..., JA 2018, 952; *Rengier*, Die Brandstiftungsdelikte nach dem Sechsten Gesetz zur Reform des Strafrechts, JuS 1998, 397; *Seitz/Nussbaum*, Brandstiftungsdelikte, JuS 2019, 1060.

Übungsfälle:
Mitsch, Brandreden, JA 2009, 115; *Murmann*, Eine Brandstiftungsklausur, JURA 2001, 258.

I. Einleitung

1. Grundlagen

1 § 306a StGB enthält in Abs. 1 und Abs. 2 zwei unterschiedliche Tatbestände. In § 306a Abs. 1 StGB ist ein **abstraktes Gefährdungsdelikt** normiert, das Leben und Gesundheit der potenziellen Opfer schützt (s.o. § 30 Rn. 2).[1] Die Gefährdung ist hier nur abstrakt, weil, anders als im Wortlaut des Abs. 2, eine konkrete Gefahr für einen anderen Menschen nicht vorausgesetzt ist. Die abstrakte Gefahr ist gesetzgeberisches Motiv,[2] der davon ausgeht, dass es abstrakt so gefährlich ist, ein Gebäude anzuzünden, in dem sich Menschen aufzuhalten pflegen, dass eine erhöhte Strafe von nicht unter einem Jahr (Verbrechen, § 12 Abs. 1 StGB), gerechtfertigt sei, auch wenn niemals ein Mensch wirklich in Gefahr geraten ist oder gar verletzt wurde. Auch wenn das Delikt eine höhere Strafe vorsieht und grundsätzlich selbstverständlich auch fremde Gebäude erfasst, handelt es sich wegen der unterschiedlichen Schutzrichtung nicht um eine Qualifikation des § 306 StGB, sondern um einen eigenständigen Tatbestand.[3] In Abs. 2 ist hingegen ein **konkretes Gefährdungsdelikt**, das dem Schutz der Gesundheit dient (s.o. § 30 Rn. 2).[4]

2. Prüfungsschemata

2 Für Abs. 1 kann das folgende Prüfungsschema benutzt werden:
- I. Tatbestand
  1. Objektiver Tatbestand
     a) Tatobjekt
        aa) Gebäude, Schiff, Hütte oder andere Räumlichkeit, die der Wohnung von Menschen dient
        bb) Kirche oder ein anderes der Religionsausübung dienendes Gebäude
        cc) Räumlichkeit, die zeitweise dem Aufenthalt von Menschen dient, zu einer Zeit, in der Menschen sich dort aufzuhalten pflegen
     b) Tathandlung:

---

[1] *Eisele*, BT I, Rn. 1031; Sch/Sch-*Heine/Bosch*, § 306a Rn. 1; *Kindhäuser/Schramm*, BT I, § 62 Rn. 1; MK-*Radtke*, §. 306a Rn. 3.
[2] *Eisele*, BT I, Rn. 1031.
[3] Sch/Sch-*Heine/Bosch*, § 306a Rn. 1; A/W/H/H-*Hilgendorf*, § 37 Rn. 10; MK-*Radtke* § 306a Rn. 1.
[4] NK-*Kargl*, § 306a Rn. 4; MK-*Radtke*, § 306a Rn. 3.

II. Tatbestandsvoraussetzungen des § 306a Abs. 1 StGB § 32

        aa) in Brand setzen oder
        bb) durch Brandlegung ganz oder teilweise zerstören
    2. Subjektiver Tatbestand
       Vorsatz; bei Fahrlässigkeit: § 306d I
II. Rechtswidrigkeit, insb. Einwilligung des Eigentümers
III. Schuld
IV. Tätige Reue, § 306e ◄

Für Abs. 2 ist hingegen das folgende Prüfungsschema zu verwenden: 3
► I. Tatbestand
    1. Objektiver Tatbestand
       a) Tatobjekt: in § 306 Abs. 1 Nr. 1–6 StGB bezeichnete Sache
       b) Tathandlung:
          aa) Inbrandsetzen oder
          bb) durch Brandlegung ganz oder teilweise zerstören
       c) konkrete Gefahr der Gesundheitsschädigung eines anderen Menschen
       d) spezifischer Gefahrzusammenhang
    2. Subjektiver Tatbestand
       Vorsatz bzgl. Tatobjekt, Tathandlung und konkreter Gefahr (Gefährdungsvorsatz)
       § 306d Abs. 1 Var. 3 StGB: Vorsatz-Fahrlässigkeits-Kombination
       § 306d Abs. 2 StGB: Fahrlässigkeits-Fahrlässigkeits-Kombination
II. Rechtswidrigkeit
III. Schuld
IV. Tätige Reue, § 306e Abs. 1 StGB ◄

II. Tatbestandsvoraussetzungen des § 306a Abs. 1 StGB

► **Beispielsfall („Leere Wohnung"):**[5] Da A von seiner Frau B verlassen wird, legt er im   4
Schlafzimmer ihrer Erdgeschosswohnung in einem Zweifamilienhaus einen Brand. Bevor
das Feuer gelöscht werden kann, verbrennen der Holzfußboden, die Türen mit Rahmen
und die Fensterrahmen im Schlafzimmer und im Kinderzimmer. In dieser Wohnung hat A
bis etwa einen Monat vor der Tat mit B und seinem Sohn C gewohnt. B hat sich seitdem
mit C in dem in der Nähe gelegenen elterlichen Wohngebäude aufgehalten, während A
ein Zimmer im Haus seines Arbeitgebers bezogen hat. Der Hausrat der Eheleute und ihre
persönliche Habe sind in der Wohnung verblieben. B, die täglich einmal nach der Wohnung
sieht, plant, sich mit C wieder ständig in der Wohnung aufzuhalten, sobald sie von A nichts
mehr zu befürchten hat. Die obere Wohnung im Haus steht seit etwa einem halben Jahr
leer. A steigt in der Tatnacht durch das offene Badezimmerfenster in die Wohnung ein.
Er vergewissert sich, bevor er eine Steppdecke im ehelichen Schlafzimmer anzündet, dass
keine Menschen im Haus sind: Die obere Etage ist abgeschlossen. Vor der Korridortür in der
oberen Etage stehen einige Eimer mit Farbe. A weiß, dass die obere Etage noch nicht wieder
vermietet ist. In seiner ehelichen Wohnung im Erdgeschoss geht A durch alle Räume. Es sind
keine Menschen anwesend. Das Kinderbett ist leer. ◄

---

5 BGH NStZ 1985, 408.

1. Objektiver Tatbestand

a) Tatobjekte

5   Für sämtliche Tatobjekte des Abs. 1 ist kennzeichnend, dass Menschen sich dort üblicherweise aufhalten.[6] Eine tatsächliche Anwesenheit ist aber gerade nicht erforderlich.[7] Anders als § 306 StGB setzt § 306a Abs. 1 StGB keine Fremdheit des Tatobjekts voraus, sodass auch der **Eigentümer** den Tatbestand verwirklichen kann.[8] Wiederum zählt § 306a Abs. 1 StGB die Tatobjekte abschließend auf.[9]

aa) Gebäude, Schiff, Hütte oder andere Räumlichkeit, die der Wohnung von Menschen dient, § 306a Abs. 1 Nr. 1 StGB

6   In Nr. 1 sind als Tatobjekte ein Gebäude, ein Schiff, eine Hütte oder eine andere Räumlichkeit, die der Wohnung von Menschen dient, genannt. Hinsichtlich Gebäude und Hütte kann auf die Ausführungen zu § 306 StGB verwiesen werden (s.o. § 31 Rn. 5 f.). Aus dem Wortlaut erschließt sich, dass die **Räumlichkeit** den **Oberbegriff** für alle anderen Tatobjekte des Abs. 1 darstellt, während Gebäude, Hütten und Schiffe als Beispiele angeführt sind.[10]

7   **Definition:** Eine Räumlichkeit ist ein abgeschlossener unbeweglicher oder beweglicher Raum.[11]

8   Die in Nr. 1 genannten Tatobjekte müssen der **Wohnung** von Menschen dienen.

9   **Definition:** Eine Räumlichkeit dient der Wohnung, wenn eine Person sie zumindest vorübergehend zum Mittelpunkt ihres Lebens gemacht hat.[12]

10 Dabei ist die tatsächliche **Widmung** als Wohnung im Tatzeitpunkt entscheidend. Dies ist ein Realakt, der nicht davon abhängt, ob die Person dazu berechtigt ist, sodass etwa auch Hausbesetzer eine Wohnung entsprechend widmen können.[13] Umgekehrt ist aber auch eine **Entwidmung** vor der Tat möglich, wenn der Wohnzweck durch sämtliche Bewohner aufgegeben wird.[14] Dies ist etwa der Fall beim Anzünden der Wohnung durch den einzigen Bewohner (oder durch alle),[15] bei Zustimmung aller Bewohner bzw. des einzigen Bewohners, bei Tod des einzigen Bewohners oder bei Auszug der Bewohner vor dem geplanten Abriss des Hauses. Eine zeitweilige Abwesenheit, z.B. bei einer Ferienwohnung, genügt nicht.[16]

---

6   *Rengier*, BT II, § 40 Rn. 29.
7   *A/W/H/H-Hilgendorf*, § 37 Rn. 22.
8   *Eisele*, BT I, Rn. 1034; *A/W/H/H-Hilgendorf*, § 37 Rn. 22.
9   *Kindhäuser/Schramm*, BT I, § 62 Rn. 3.
10 *Eisele*, BT I, Rn. 1035; *Sch/Sch-Heine/Bosch*, § 306a Rn. 4; *MK-Radtke*, § 306a Rn. 6.
11 *NK-Kargl*, § 306a Rn. 14.
12 *Sch/Sch-Heine/Bosch*, § 306a Rn. 5; *BeckOK-v. Heintschel-Heinegg/Kudlich*, § 306a Rn. 7; *Wessels/Hettinger/Engländer*, BT 1, Rn. 956.
13 *Sch/Sch-Heine/Bosch*, § 306a Rn. 5; *A/W/H/H-Hilgendorf*, § 37 Rn. 26; *NK-Kargl*, § 306a Rn. 10; *Kindhäuser/Schramm*, BT I, § 62 Rn. 6; *Zieschang*, BT 1, Rn. 1012 f.
14 *Eisele*, BT I, Rn. 1037; *Kindhäuser/Schramm*, BT I, § 62 Rn. 6.
15 Vgl. BGH NStZ-RR 2021, 48, 49, bei versuchter Selbsttötung der Bewohner.
16 *Eisele*, BT I, Rn. 1039; *BeckOK-v. Heintschel-Heinegg/Kudlich*, § 306a Rn. 9; *Rengier*, BT II, § 40 Rn. 33.

II. Tatbestandsvoraussetzungen des § 306a Abs. 1 StGB

bb) Kirche oder ein anderes der Religionsausübung dienendes Gebäude, § 306a Abs. 1 Nr. 2 StGB

Die hier genannten Tatobjekte sind unabhängig davon geschützt, ob die Tat zu einer Zeit, in der sich Menschen gewöhnlich darin aufhalten, begangen wird.[17] Dafür sprechen der Wortlaut und ein systematischer Vergleich zu Nr. 3.

cc) Räumlichkeit, die zeitweise dem Aufenthalt von Menschen dient, zu einer Zeit, in der Menschen sich dort aufzuhalten pflegen, § 306a Abs. 1 Nr. 3 StGB

In Nr. 3 sind **Räumlichkeiten** geschützt, die nur zeitweise **dem Aufenthalt von Menschen dienen**. Dies sind etwa Museen, Theater oder Räumlichkeiten einer Universität, Büros, Werkstätten, Einkaufszentren und Warenlager.[18] Allerdings muss die Räumlichkeit in dem Zeitpunkt in Brand gesetzt werden oder durch Brandlegung ganz oder teilweise zerstört werden, in dem sich Menschen dort aufzuhalten pflegen. Wie ausgeführt ist eine tatsächliche Anwesenheit von Menschen nicht erforderlich, die **abstrakte Gefahr** genügt auch hier.[19]

b) Tathandlungen

Die Tathandlungen entsprechen grundsätzlich denen des § 306 StGB (s.o. § 31 Rn. 8 ff.). Probleme bereiten indes **gemischt genutzte Gebäude**, die nur teilweise den besonderen Zwecken dienen, denen die abstrakte Gefährlichkeit innewohnt, wie etwa bei einem Gebäude, das im Erdgeschoss eine Gewerbeeinheit, z.B. einen Laden, im Übrigen aber Wohnungen beherbergt. Hier entstehen insb. dann Probleme, wenn nur der Teil vom Feuer erfasst oder zerstört wird, der nicht den jeweiligen Charakter ausmacht, also etwa nur der Laden im Erdgeschoss außerhalb der Geschäftszeiten. Hier ist fraglich, wann eine **Vollendung** des Inbrandsetzens bzw. des Zerstörens eintritt.[20]

Ein vollendetes Inbrandsetzen liegt nach h.M. bei einem **einheitlichen Gebäude** (bereits) dann vor, wenn der nicht geschützte Teil vom Feuer erfasst ist, sofern nicht auszuschließen ist, dass das Feuer auf eine der geschützten Räumlichkeiten übergreift.[21] Die Einheitlichkeit des Gebäudes soll nach der baulichen Beschaffenheit des Objekts zu beurteilen sein.[22] Indizien für eine Einheitlichkeit sollen gemeinsam für alle Teile des Objekts genutzte Bereiche (Treppenhäuser, Flure, Räume) bilden, Indizien dagegen etwa eine Brandschutzmauer, die ein Übergreifen des Brandes verhindert.[23] Diese Interpretation überdehnt jedoch das abstrakte Gefährdungsdelikt, bei dem die Strafbarkeit ohnehin schon sehr weit vorverlagert ist, noch weiter in den Versuchsbereich. Vorzugswürdig ist daher die Gegenansicht, die bei einem gemischt-genutzten Gebäude eine Strafbarkeit nach § 306a Abs. 1 StGB erst dann bejaht, wenn der geschützte Teil selbst, also etwa der Wohnungsteil des Gebäudes, vom Feuer erfasst ist.[24] Die abstrakte

---

17 NK-*Kargl*, § 306a Rn. 13.
18 Zu diesen und weiteren Beispielen LK-*Valerius*, § 306a Rn. 23.
19 *Geppert*, JURA 1998, 597, 599 f.
20 Vgl. MK-*Radtke*, § 306a Rn. 32 ff.
21 BGHSt 48, 14, 18 f.; BGH NJW 1987, 141, 141 f.; NJW 2019, 90, 91; *Eisele*, BT I, Rn. 1044; *Eisele/Heinrich*, BT, Rn. 542; *Rengier*, BT II, § 40 Rn. 38; *Seitz/Nussbaum*, JuS 2019, 1060, 1063.
22 BGH NStZ 2011, 214.
23 BGH NStZ 2011, 214.
24 NK-*Kargl*, § 306a Rn. 12; *Zieschang*, BT 1, Rn. 1020; in diese Richtung auch *Kudlich*, JA 2018, 952, 954.

Gefährlichkeit ergibt sich nämlich daraus, dass das betreffende Objekt brennt. Ist dies (noch) nicht der Fall, kommt nur ein Versuch in Betracht.

15 Ebenso ist auch ein (teilweises) Zerstören bei einem **gemischt-genutzten Gebäude** nur dann anzunehmen, wenn der Teil ganz oder teilweise zerstört ist, der den Charakter als Tatobjekt ausmacht.[25]

c) Teleologische Reduktion

16 § 306a StGB stellt die Schaffung einer abstrakten Gefahr unter Strafe, es muss nicht zu einer konkreten Gefährdung eines Menschen kommen. Wer also etwa eine Wohnung anzündet, in der sich zur Tatzeit keine Menschen aufhalten, verwirklicht den Tatbestand, auch wenn eine Gefährdung ausscheidet.[26] Einige Stimmen fordern angesichts der hohen Mindeststrafe und des Schuldprinzips indes eine restriktive Auslegung und eine teleologische Reduktion des Tatbestandes für Fälle, in denen eine **Gefahr** tatsächlich **ausgeschlossen** ist, insb. wenn der Täter sich vor der Tat vergewissert hat, dass eine Gefährdung nicht eintreten kann.[27]

17 Der überwiegende Teil der Literatur lehnt eine teleologische Reduktion hingegen grundsätzlich zu Recht ab, da dies der Natur des **abstrakten Gefährdungsdelikts** widerspricht.[28] Der BGH hat sich noch nicht abschließend dazu geäußert, aber ausgeführt, dass es jedenfalls Voraussetzung einer solchen Restriktion wäre, dass eine Gefährdung von Menschenleben nach der tatsächlichen Lage ausgeschlossen ist.[29] Dazu müsse sich der Täter „durch absolut zuverlässige lückenlose Maßnahmen vergewissert" haben, dass eine Gefährdung nicht eintreten kann. Dies sei aber nur bei kleinen, insb. bei einräumigen Hütten oder Häuschen möglich, bei denen auf einen Blick übersehbar ist, ob sich Menschen dort nicht aufhalten.[30] Das war in diesem Fall, in dem der Täter ein dreistöckiges Hotel angezündet hatte, nicht anzunehmen.[31] Einen entsprechenden Fall hat der BGH bislang noch gar nicht angenommen. Der Gesetzgeber hat diese Interpretation seitens des BGH jedoch gebilligt.[32]

18 ▶ **Lösung des Beispielsfalls („Leere Wohnung"):**[33] Dieses Problem stellte sich auch im Beispielsfall. Da B plante, sich mit C wieder ständig in der Wohnung aufzuhalten, sobald sie von A nichts mehr zu befürchten hätte, war die Wohnung noch nicht endgültig entwidmet, sodass es sich trotz des Auszugs um ein taugliches Tatobjekt handelte. Ein Inbrandsetzen ist anzunehmen, da hier die Türen mit Rahmen und den Fensterrahmen im Schlafzimmer und im Kinderzimmer als wesentliche Bestandteile des Tatobjekts vom Feuer erfasst waren. Dass A sich vor der Tat vergewissert hatte, dass keine Menschen im Haus waren, hielt

---

25 So auch BGHSt 48, 14, 20; BGH NJW 2011, 2148, 2149; NStZ-RR 2012, 309; NJW 2019, 90, 91 f.; NStZ 2021, 171 – a.A. *Rengier*, BT II, § 40 Rn. 43: Auch hier genüge es, wenn der Teil zerstört ist, der nicht zu den geschützten Räumlichkeiten gehört, wenn das Feuer auf diese hätte übergreifen können.
26 BGHSt 26, 121, 123.
27 *Haft*, BT II, S. 225; *Zieschang*, BT 1, Rn. 1009; Überblick über den Meinungsstand bei *Hillenkamp/Cornelius*, Probleme BT, 16. Problem, S. 87 ff.; MK-*Radtke*, § 306a Rn. 43 ff.
28 NK-*Kargl*, § 306a Rn. 3; *Kindhäuser/Schramm*, BT I, § 62 Rn. 16; MK-*Radtke*, § 306a Rn. 46; *Rengier*, BT II, § 40 Rn. 51; LK-*Valerius*, § 306a Rn. 40.
29 BGHSt 26, 121, 124 f.
30 BGHSt 26, 121, 125; zust. Sch/Sch-*Heine/Bosch*, § 306a Rn. 2; *Seitz/Nussbaum*, JuS 2018, 1060, 1062; *Wessels/Hettinger/Engländer*, BT 1, Rn. 963.
31 BGHSt 26, 121, 125.
32 BT-Drs. 13/8587, 47.
33 BGH NStZ 1985, 408.

III. Tatbestandsvoraussetzungen des § 306a Abs. 2 StGB

der BGH für unerheblich, da die zahlreichen Räume des Gebäudes keineswegs einfach zu überschauen gewesen seien. ◀

Anmerkung: Der Entscheidung ist i.E. zuzustimmen. Schon grds. widerspricht die genannte teleologische Reduktion wie ausgeführt der Natur des abstrakten Gefährdungsdelikts. Sie eröffnet zu viel Raum für (Schutz-)Behauptungen des Täters, er habe sich vorher vergewissert, dass kein Mensch da ist. Zudem sollen gerade Personen, die sich unbefugt und ohne Wissen des Eigentümers bzw. des Täters dort aufhalten, oder Nachbarn, die von sich aus nach dem Rechten sehen, geschützt sein.[34] Im konkreten Fall hätte es durchaus sein können, dass B plötzlich zurückkehrt. Der Gesetzgeber sollte seinen in der Billigung der Rechtsprechung zum Ausdruck kommenden Willen besser selbst umsetzen und dabei insb. auf objektive Kriterien abstellen.[35]

2. Subjektiver Tatbestand

Auch hier genügt dolus eventualis.[36] Dieser muss das Inbrandsetzen oder (teilweise) Zerstören der Tatobjekte erfassen, dabei aber auch die Eigenschaft, aus der sich die besondere Schutzwürdigkeit ergibt,[37] also bei § 306a Abs. 1 Nr. 3 StGB auch die Tatsache, dass es sich um einen Zeitpunkt handelt, zu dem sich Personen in der Räumlichkeit aufzuhalten pflegen.

III. Tatbestandsvoraussetzungen des § 306a Abs. 2 StGB

▶ **Beispielsfall („Kellerraum"):**[38] A setzt in einem Wohnblock in zwei Kellerräumen auf dem Boden liegende Textilien und andere herumliegende Gegenstände in Brand. Er weiß, dass sich Mieter im Haus aufhalten, die durch Rauchentwicklung gefährdet oder verletzt werden können, und nimmt dies billigend in Kauf. Er will das Gebäude zumindest teilweise zerstören. Tatsächlich kommt es zum Verschmoren von Stromleitungen im Keller, zur Zerstörung von Kellertüren und zur Verrußung von Kellerräumen. Dadurch entsteht ein Sachschaden im Wert von mehr als 10.000 €. Acht Personen in den Wohnräumen des Hauses erleiden Rauchvergiftungen und müssen behandelt werden. Ein konkretes Motiv des A kann nicht festgestellt werden. ◀

1. Objektiver Tatbestand

a) Tatobjekte

§ 306a Abs. 2 StGB verweist auf die Tatobjekte des § 306 StGB, allerdings nicht auf das Merkmal der „Fremdheit", sodass auch der **Eigentümer** als Täter in Betracht kommt.[39]

Klausurtipp: Insofern müssen Sie drei Arten von Gebäuden in den §§ 306 Abs. 1, § 306a Abs. 1 und Abs. 2 StGB unterscheiden: (1) fremde Gebäude, § 306 Abs. 1 StGB, (2) Gebäude, die zu Wohn- oder religiösen Zwecken oder zu sonstigen Zwecken genutzt werden, wenn

---

34 BGHSt 26, 121, 123.
35 Vgl. auch NK-*Kargl*, § 306a Rn. 3.
36 LK-*Valerius*, § 306a Rn. 41.
37 MK-*Radtke*, § 306a Rn. 55; LK-*Valerius*, § 306a Rn. 41 ff.
38 BGHSt 56, 94.
39 BGH NStZ 1999, 32, 33; NStZ-RR 2000, 209; A/W/H/H-*Hilgendorf*, § 37 Rn. 35; *Rengier*, BT II, § 40 Rn. 54; LK-*Valerius*, § 306a Rn. 45; *Zieschang*, BT 1, Rn. 1031.

sich zur Tatzeit üblicherweise Menschen dort aufhalten, § 306a Abs. 1 StGB und (3) als Auffangtatbestand alle sonstigen Gebäude, § 306a Abs. 2 StGB, bei dem weder Fremdheit erforderlich ist noch die Anforderungen des § 306a Abs. 1 StGB erfüllt sein müssen.

b) Tathandlungen

24 Die Tathandlungen des Inbrandsetzens oder ganz oder teilweise Zerstörens entsprechen wiederum denen des § 306 StGB.

c) Konkrete Gefährdung eines anderen Menschen

25 § 306a Abs. 2 StGB ist ein **konkretes Gefährdungsdelikt**. Es setzt voraus, dass ein anderer Mensch durch das Inbrandsetzen oder (teilweise) Zerstören des Gebäudes in die Gefahr einer Gesundheitsschädigung gebracht wird. Es geht also um eine kritische Situation für das geschützte Rechtsgut Gesundheit.[40] Hinsichtlich der Gesundheitsschädigung kann auf § 223 StGB verwiesen werden (s.o. § 8 Rn. 14 ff.).[41] Die konkrete Gefahr ist der vom Tatbestand vorausgesetzte Erfolg.[42]

26 **Definition:** Unter einer konkreten Gefahr ist ein Geschehensablauf zu verstehen, bei dem die Sicherheit des geschützten Rechtsguts so beeinträchtigt ist, dass der Eintritt des Verletzungserfolges lediglich vom Zufall abhängt.[43]

27 Dies bestimmt sich ex post objektiv und nach allgemeiner Lebenserfahrung.[44] Allein die räumliche Nähe von Menschen zur Gefahrenquelle (etwa im Nachbarhaus) ist nicht ausreichend.[45] Der Tatbestand erfordert ferner, dass die konkrete Gefahr durch das Inbrandsetzen oder (teilweise) Zerstören des Gebäudes bewirkt wurde („dadurch"). Dies setzt neben der allgemeinen Kausalität voraus, dass ein **spezifischer Gefahrzusammenhang** zwischen der Tathandlung und der konkreten Gefahr besteht.[46] Dies kann einmal bei typischen Brandgefahren der Fall sein (etwa Verbrennungen oder Rauchvergiftung), aber auch bei typischen Folgen (wie etwa einstürzenden Decken oder Explosionen).[47] Besonders problematisch ist die Zurechnung aber z.B. beim freiverantwortlichen Dazwischentreten des Opfers (siehe dazu noch unten die Ausführungen zu § 306c StGB (§ 34 Rn. 4).

28 **Klausurtipp:** Die Definition der konkreten Gefahr und das Erfordernis des spezifischen Gefahrzusammenhangs gelten für alle konkreten Gefährdungsdelikte. Ein spezifischer Gefahrzusammenhang ist ferner auch bei den erfolgsqualifizierten Delikten erforderlich (zu § 227 s.o. § 11 Rn. 5 ff.). Dabei handelt es sich um eine Frage der objektiven Zurechnung der schweren Folge.[48]

---

40 BGH NStZ 1999, 32, 33; BeckRS 2009, 4282; *Eisele/Heinrich*, BT, Rn. 550.
41 NK-*Kargl*, § 306a Rn. 19.
42 Vgl. allgemein NK-*Kargl*, Vor § 306 Rn. 19.
43 *Eisele/Heinrich*, BT, Rn. 550; BeckOK-v. *Heintschel-Heinegg/Kudlich*, § 306a Rn. 19; NK-*Kargl*, § 306a Rn. 17; LK-*Valerius*, § 306a Rn. 49; *Zieschang*, BT 1, Rn. 1032.
44 BGH NStZ 1999, 32, 33; BeckRS 2009, 4282; BeckOK-v. *Heintschel-Heinegg/Kudlich*, § 306a Rn. 19; LK-*Valerius*, § 306a Rn. 49.
45 BGH NStZ 1999, 32, 33; BeckRS 2009, 4282; *Eisele/Heinrich*, BT, Rn. 550; Sch/Sch-*Heine/Bosch*, § 306a Rn. 19.
46 MK-*Radtke*, § 306a Rn. 52; vgl. auch Sch/Sch-*Heine/Bosch*, § 306a Rn. 20; NK-*Kargl*, § 306a Rn. 18; LK-*Valerius*, § 306a Rn. 50: „Gefahrverwirklichungszusammenhang".
47 Sch/Sch-*Heine/Bosch*, § 306a Rn. 20; MK-*Radtke*, § 306a Rn. 52.
48 Vgl. dazu *Heinrich/Reinbacher*, JURA 2005, 743, 748.

Da es sich um einen „anderen Menschen" handeln muss, scheidet der Täter selbst 29
als Gefährdungsopfer aus.[49] Umstritten ist jedoch, ob **Tatbeteiligte** als Tatopfer in
Betracht kommen. Dies ist mit der h.M. grundsätzlich zu bejahen.[50] Allerdings kann
es hier an einer **objektiven Zurechenbarkeit** des Erfolgs unter dem Gesichtspunkt der
eigenverantwortlichen Selbstgefährdung oder der einverständlichen Fremdgefährdung
fehlen.[51]

▶ **Lösung des Beispielsfalls („Kellerraum"):**[52] Der BGH nahm an, dass im Fall mit dem Kel- 30
lerraum ein funktionaler Gebäudeteil für nicht unerhebliche Zeit nicht bestimmungsgemäß
gebraucht werden kann, sodass das Gebäude durch die Brandlegung teilweise zerstört war.
Wegen der konkreten Gefährdung der acht Menschen bejahte er § 306a Abs. 2 StGB. Sofern
Menschen konkret gefährdet werden, müsse nicht der Wohnungsteil eines Gebäudes in
Brand gesetzt oder (teilweise) zerstört sein, sondern das Inbrandsetzen oder (teilweise)
Zerstören von Kellerräumen genüge, da jedes Gebäude i.S.v. § 306 StGB geschützt ist. ◀

Anmerkung: Da § 306a Abs. 2 StGB auf die Räumlichkeiten des § 306 StGB und nicht auf 31
§ 306a Abs. 1 StGB verweist, überzeugt diese Auslegung.[53] § 306a Abs. 1 StGB ist in diesem
Fall hingegen abzulehnen, denn dazu müsste der besonders geschützte Gebäudeteil selbst
betroffen sein (s.o. Rn. 14).

2. Subjektiver Tatbestand

Zwar genügt auch hier dolus eventualis; dieser muss sich aber auch auf die Gefähr- 32
dung eines anderen Menschen beziehen.[54] Verursacht der Täter die Gefahr fahrlässig,
so gilt § 306d Abs. 1 Alt. 2 StGB; verursacht er sowohl das Inbrandsetzen bzw. (teilweise) Zerstören durch Brandlegung und den Gefahrerfolg fahrlässig, so gilt § 306
Abs. 2 StGB.

IV. Rechtswidrigkeit

Eine Einwilligung des Eigentümers ist nicht möglich, da es sich um ein **abstraktes** 33
bzw. konkretes Gefährdungsdelikt zum Schutz anderer Rechtsgüter handelt. Allerdings
kann das Gefährdungsopfer bei § 306a Abs. 2 StGB selbst in den Gefährdungsteil der
Tat einwilligen.[55]

V. Tätige Reue

Auch hier ist eine **tätige Reue** nach § 306e StGB möglich (s.o. § 31 Rn. 20). 34

---

49 BayObLG NJW 1999, 3570; Sch/Sch-*Heine/Bosch*, § 306a Rn. 21/22; BeckOK-v. *Heintschel-Heinegg/Kudlich*,
§ 306a Rn. 21; NK-*Kargl*, § 306a Rn. 17; LK-*Valerius*, § 306a Rn. 48.
50 Sch/Sch-*Heine/Bosch*, § 306a Rn. 21/22; BeckOK-v. *Heintschel-Heinegg/Kudlich*, § 306a Rn. 21; NK-*Kargl*,
§ 306a Rn. 17; *Rengier*, BT II, § 40 Rn. 59 – a.A. LK-*Valerius*, § 306a Rn. 48; auch L/K/H-*Heger*, § 306a Rn. 7:
Gefährdung der „Komplizen" genügt nicht.
51 Sch/Sch-*Heine/Bosch*, § 306a Rn. 21/22; NK-*Kargl*, § 306a Rn. 17; *Rengier*, BT II, § 40 Rn. 60.
52 BGHSt 56, 94.
53 Zust. auch *Eisele/Heinrich*, BT, Rn. 549; LK-*Valerius*, § 306a Rn. 47.
54 LK-*Valerius*, § 306a Rn. 54.
55 L/K/H-*Heger*, § 306a Rn. 7; *Kindhäuser/Schramm*, BT I, § 62 Rn. 23; *Rengier*, BT II, § 40 Rn. 60.

WIEDERHOLUNGSFRAGEN

1. Unter welchen Voraussetzungen ist eine Entwidmung als Wohnung möglich? (Rn. 10)
2. Unter welchen Voraussetzungen hält der BGH in Fällen, in denen eine Gefahr tatsächlich ausgeschlossen ist, eine teleologische Reduktion für möglich? (Rn. 16 ff.)
3. Ist eine solche teleologische Reduktion zu befürworten? (Rn. 19)
4. Ist eine rechtfertigende Einwilligung bei § 306a StGB möglich? (Rn. 33)

§ 33 Die besonders schwere Brandstiftung, § 306b StGB

Literaturempfehlung:
Geppert, Die Brandstiftungsdelikte nach dem 6. StRG, JURA 1998, 597.

Übungsfälle:
Harrendorf/Lagler, Ein Obdachloser in Not, JuS 2018, 1066; *Paul*, Der reuige Brandstifter, ZJS 2013, 94.

I. Einleitung

1. Grundlagen

§ 306b StGB enthält in Abs. 1 eine **Erfolgsqualifikation** für Fälle, in denen durch eine Brandstiftung nach § 306 oder § 306a eine schwere Gesundheitsschädigung eines anderen Menschen oder eine Gesundheitsschädigung einer großen Zahl von Menschen verursacht wird; Abs. 2 sieht hingegen eigenständige **Qualifikationstatbestände** vor.[1]

2. Prüfungsschema

Bei § 306b Abs. 1 StGB ist das folgende Prüfungsschema des erfolgsqualifizierten Delikts zu verwenden:

▶ I. Tatbestand
   1. Vorsätzliches Grunddelikt nach den §§ 306, 306a Abs. 1 oder Abs. 2 StGB
   2. Eintritt der schweren Folge: schwere Gesundheitsschädigung eines anderen Menschen oder Gesundheitsschädigung einer großen Zahl von Menschen
   3. Kausalität der Grunddeliktshandlung
   4. Objektive Zurechnung, insb. spezifischer Gefahrzusammenhang
   5. Mindestens Fahrlässigkeit, § 18 (oder Vorsatz)
II. Rechtswidrigkeit
III. Schuld
IV. Tätige Reue, § 306e ◀

II. Tatbestandsvoraussetzungen des § 306b Abs. 1 StGB

▶ **Beispielsfall („Lattenrost"):**[2] A bewohnt eine Wohnung in einem Haus, mit insgesamt acht Mietparteien. Dort setzt er unter Alkoholeinfluss gegen 2.30 Uhr im Keller einen Lattenrost in Brand. Er erkennt, dass sich ein Feuer über weitere Lattenroste, Holz und Unrat, die hölzerne Kellertür, eine Wandverkleidung aus Holz sowie eine Holztreppe im ganzen Hause ausbreiten kann, was er billigend in Kauf nimmt. Auch nimmt er billigend in Kauf, dass es als Folge des auf das Treppenhaus übergreifenden Feuers eventuell zu Gesundheitsschädigungen der Mitbewohner, auch zu panikartigen Reaktionen kommen kann. In Folge der Tat müssen eine schwangere Frau von der Feuerwehr mit Hilfe einer Drehleiter, eine ältere Dame und ein Kleinkind mit Atemschutzgeräten gerettet werden.

---

[1] *Eisele/Heinrich*, BT, Rn. 554; L/K/H-*Heger*, § 306b Rn. 1; *Kindhäuser/Schramm*, BT I, § 62 Rn. 24; LK-*Valerius*, § 306b Rn. 1.
[2] BGHSt 44, 175.

Durch Raucheinwirkung werden elf Personen so beeinträchtigt, dass sie zur Beobachtung ins Krankenhaus gebracht werden müssen. ◄

4 Die **Erfolgsqualifikation** erfordert zunächst ein vorsätzliches Grunddelikt nach § 306 StGB oder nach § 306a Abs. 1 oder Abs. 2 StGB.[3] Sodann muss die schwere Folge eingetreten sein. Diese besteht entweder im Eintritt einer schweren Gesundheitsschädigung eines anderen Menschen oder in einer Gesundheitsschädigung einer großen Anzahl von Menschen bestehen kann, jeweils also in einem Verletzungserfolg. Die in Abs. 1 Alt. 1 genannte **schwere Gesundheitsschädigung** ist weiter zu verstehen als in § 226 StGB, in dem einzelne schwere Folgen aufgezählt sind, welche § 306b StGB ebenfalls umfasst.[4] Daneben sind aber auch das Verfallen in eine ernsthafte und lang andauernde Krankheit sowie die erhebliche Beeinträchtigung der Arbeitskraft und anderer körperlicher Fähigkeiten schwere Folgen i.S.v. § 306b Abs. 1 Alt. 1 StGB.[5] Tatopfer muss ein „anderer Mensch" sein; diesbzgl. gilt das Gleiche wie im Rahmen des § 306a Abs. 2 StGB (s.o. § 32 Rn. 29). Als zweite schwere Folge nennt § 306b Abs. 1 StGB die Gesundheitsschädigung einer **großen Anzahl von Menschen**. Hier genügt zwar eine einfache Gesundheitsschädigung i.S.v. § 223 StGB; es muss aber eine „große Anzahl" von Menschen betroffen sein. Dieser Begriff wird vom Gesetz noch an anderen Stellen verwendet (vgl. etwa § 263 Abs. 3 Nr. 2 StGB[6]).

5 ▶ **Lösung Beispielsfall („Lattenrost"):**[7] Der BGH bejahte im Beispielsfall eine versuchte besonders schwere Brandstiftung nach § 306b Abs. 1 Alt. 2 StGB, da A versucht habe, eine Gesundheitsschädigung einer großen Anzahl von Menschen herbeizuführen. Dieser Begriff müsse tatbestandsspezifisch ausgelegt werden. Da die Qualifikation sich auch auf Objekte i.S.d. §§ 306, 306a StGB erstrecke, bei denen die Gefährdung unübersehbar großer Menschenmengen eher fern liege, im Strafmaß der schweren Gesundheitsschädigung nur eines Menschen gleichgesetzt und dabei gegenüber den §§ 306, 306a StGB nur geringfügig angehoben sei, folge, dass die Anzahl jedenfalls dann groß sei, wenn, wie hier, 14 Menschen betroffen seien. ◄

6 **Anmerkung:** Auch der Versuch einer Erfolgsqualifikation ist möglich (s.o. § 11 Rn. 12 ff. zu § 227 StGB). Die Bejahung der großen Anzahl bei 14 Menschen hat in der Literatur teilweise Zustimmung erfahren,[8] es werden aber auch höhere (20 Personen[9]) oder niedrigere Zahlen (10 Personen[10]) angeführt.

7 Im Übrigen müssen auch die weiteren Voraussetzungen des erfolgsqualifizierten Delikts erfüllt sein, insb. ein **spezifischer Gefahrzusammenhang** zwischen der Brandstiftung und der schweren Folgen bestehen.[11] Hier gilt das bereits zu § 306a Abs. 2 StGB Ausgeführte (s.o. § 32 Rn. 27; zu § 306c StGB s.u. § 34 Rn. 3). Hinsichtlich der Herbeiführung der schweren Folge genügt Fahrlässigkeit.[12]

---

3 *Kindhäuser/Schramm*, BT I, § 62 Rn. 24; LK-*Valerius*, § 306b Rn. 3.
4 LK-*Valerius*, § 306b Rn. 4; MK-*Radtke*, § 306b Rn. 7.
5 MK-*Radtke*, § 306b Rn. 7.
6 Siehe dazu *Schramm*, BT II, § 7 Rn. 204.
7 BGHSt 44, 175.
8 L/K/H-*Heger*, § 306b Rn. 2.
9 A/W/H/H-*Hilgendorf*, § 37 Rn. 38; MK-*Radtke*, § 306b Rn. 9a.
10 *Rengier*, BT II, § 40 Rn. 64; LK-*Valerius*, § 306b Rn. 8.
11 Sch/Sch-*Heine/Bosch*, § 306b Rn. 3 f.; BeckOK-v. *Heintschel-Heinegg/Kudlich*, § 306b Rn. 11; *Rengier*, BT II, § 40 Rn. 65; LK-*Valerius*, § 306b Rn. 10.
12 Sch/Sch-*Heine/Bosch*, § 306b Rn. 6; BeckOK-v. *Heintschel-Heinegg/Kudlich*, § 306b Rn. 13; LK-*Valerius*, § 306b Rn. 11.

III. Tatbestandsvoraussetzungen des § 306b Abs. 2 StGB

1. Gefahr des Todes eines anderen Menschen, § 306b Abs. 2 Nr. 1 StGB

§ 306b Abs. 2 Nr. 1 StGB sieht wiederum ein **konkretes Gefährdungsdelikt** vor, bei dem ein anderer Mensch in den Fällen des § 306a StGB in die konkrete Gefahr des Todes gebracht werden muss, sodass die Intensität der Gefahr gegenüber § 306a Abs. 2 StGB gesteigert ist und § 306b Abs. 2 Nr. 1 StGB insofern eine **Qualifikation** des § 306a StGB darstellt. § 306a Abs. 2 StGB bezieht aber auch die Tatobjekte des § 306 StGB mit ein, ohne dass es allerdings auf das fremde Eigentum ankäme.[13] Im Übrigen muss hier wie bei § 306a Abs. 2 StGB eine konkrete Gefahr vorliegen, also eine Situation, bei der der Eintritt des Todes nur noch vom Zufall abhängt (s.o. § 32 Rn. 26) und ein spezifischer Gefahrzusammenhang bestehen.[14] Wie bei § 306a Abs. 2 StGB ist hier zudem ein Gefährdungsvorsatz erforderlich.[15]

Klausurtipp: Wird ein Mensch tatsächlich getötet, so greift § 306b Abs. 2 Nr. 1 StGB erst recht; allerdings ist dann auch § 306c StGB einschlägig, hinter dem § 306b StGB zurücktritt.[16]

2. Ermöglichungs- und Verdeckungsabsicht, § 306b Abs. 2 Nr. 2 StGB

▶ **Beispielsfall („Warmabriss"):**[17] A setzt das Wohnhaus seiner Familie in Brand, das im Eigentum der von ihm adoptierten vier Kinder seiner Ehefrau steht. Er handelt dabei in der Absicht, seiner Schwiegermutter S – der Voreigentümerin des Hauses, die sich bei dessen Übereignung den lebenslangen Nießbrauch daran vorbehalten hat – Leistungen aus deren Wohn-Gebäudeversicherung und seiner Ehefrau E Leistungen aus der Hausratversicherung zu verschaffen, die sie für das in ihrem Alleineigentum stehende Inventar abgeschlossen hat. Hierdurch will er die Neuerrichtung des Gebäudes finanzieren sowie Barmittel zur Neuanschaffung des Inventars erlangen. Beide Versicherungsnehmerinnen sind in das Vorhaben nicht eingeweiht. Die Gebäudeversicherung zahlt ca. 289.000 € für den Wiederaufbau des bis auf die Grundmauern niedergebrannten Gebäudes. Die Hausratversicherung hat dagegen noch keine Zahlungen vorgenommen. Hat sich A nach § 306b Abs. 2 Nr. 2 Alt. 1 strafbar gemacht? ◀

§ 306b Abs. 2 Nr. 2 StGB sanktioniert einen gesteigerten Intentionsunwert, d.h. die subjektive Verknüpfung von Unrecht mit neuem Unrecht.[18] Bei der Ermöglichungs- und Verdeckungsabsicht handelt es sich um ein **besonderes persönliches Merkmal** nach § 28 Abs. 2 StGB[19] (zum Mord s.o. § 3 Rn. 119). Dabei muss eine Straftat i.S.v. § 11 I Nr. 5 StGB anvisiert sein, dies kann aber auch die Tat eines Dritten sein.[20] Im Grunde kann auf die Auslegung im Rahmen des § 211 StGB verwiesen werden (s.o. § 3 Rn. 102 ff.).[21] Insofern muss sich auch hier die Absicht i.S.v. dolus directus I nur auf den Einsatz der Brandstiftung zur Ermöglichung bzw. Verdeckung der anderen Tat beziehen, nicht aber auf den Delikserfolg, bzgl. dessen wiederum do-

---

13 BeckOK-v. *Heintschel-Heinegg/Kudlich*, § 306b Rn. 14; LK-*Valerius*, § 306b Rn. 13.
14 MK-*Radtke*, § 306b Rn. 14.
15 MK-*Radtke*, § 306b Rn. 30; LK-*Valerius*, § 306b Rn. 20.
16 MK-*Radtke*, § 306c Rn. 33.
17 BGHSt 51, 236.
18 BGHSt 44, 211, 217.
19 BGH NStZ 2000, 197, 198; *Eisele/Heinrich*, BT, Rn. 561.
20 L/K/H-*Heger* § 306b Rn. 4; NK-*Kargl*, § 306b Rn. 6.
21 A/W/H/H-*Hilgendorf*, § 37 Rn. 43.

lus eventualis genügt.²² Im Beispielsfall ist jedoch das besonders umstrittene Problem angesprochen, dass A mittels der Brandstiftung einen Versicherungsfall vortäuschen, also einen Betrug in einem besonders schweren Fall gem. § 263 Abs. 3 Nr. 5 StGB begehen will und dabei gleichzeitig auch § 265 StGB verwirklicht. Dabei stellen sich in zweierlei Hinsicht Probleme: (1) fragt sich, ob ein (Versicherungs-)Betrug eine **„andere Straftat"** i.S.v. § 306b Abs. 2 Nr. 2 StGB sein kann, sodass das Mindestmaß von fünf Jahren Freiheitsstrafe greift, während doch die §§ 263 Abs. 3 S. 2 Nr. 5, 265 StGB eine weitaus geringere Strafe vorsehen; (2) ist zu klären, in welchem Verhältnis die Brandstiftung und die andere Tat zueinander stehen müssen.

12 Eine Literaturansicht befürwortet zu Recht eine restriktive Auslegung, wonach der Täter die gemeingefährliche **Brandsituation** zu einer weiteren Straftat ausnutzen wollen muss,²³ was zumindest einen engen **sachlichen und zeitlichen Zusammenhang** mit der Brandstiftung erfordert,²⁴ der bei einem späteren Versicherungsbetrug nicht gegeben ist. Die h.M. nimmt hingegen – i.H.a. den Wortlaut und die Parallele zu § 211 StGB – an, dass auch ein Versicherungsbetrug eine „andere Straftat" i.S.v. § 306b Abs. 2 Nr. 2 StGB sein könne, die der Täter ermöglichen will.²⁵ Gilt das aber auch für § 265 StGB, der nur voraussetzt, dass der Täter eine gegen Untergang, Beschädigung, Beeinträchtigung der Brauchbarkeit, Verlust oder Diebstahl versicherte Sache beschädigt, zerstört, in ihrer Brauchbarkeit beeinträchtigt, beiseite schafft oder einem anderen überlässt, um sich oder einem Dritten Leistungen aus der Versicherung zu verschaffen?

13 ▶ **Lösung des Beispielsfalls („Warmabriss"):**²⁶ Der BGH hat i.H.a. diese Frage festgestellt, dass zumindest ein Versicherungsmissbrauch nach § 265 StGB keine andere Straftat sein könne, da die Taten nach § 265 StGB und § 306a Abs. 2 StGB nach Tathandlung und Tatobjekt deckungsgleich sind. Insofern kam es hier darauf an, ob A einen Versicherungsbetrug nach § 263 Abs. 3 S. 2 Nr. 5 StGB beabsichtigte, was nach Ansicht des Gerichts eine „andere Straftat" gewesen wäre. Dies verneinte der BGH jedoch, da die Versicherungsnehmerinnen nicht in den Plan eingeweiht waren und insofern berechtigtermaßen die Versicherungen in Anspruch nehmen konnten. ◀

14 **Anmerkung:** I.E. liegt der BGH hier durchaus richtig. Beifall verdient zunächst seine Feststellung, dass die Tat nach § 265 StGB keine „andere Straftat" i.S.v. § 306b Abs. 2 Nr. 2 StGB darstellen kann. Der Versicherungsbetrug wäre nach hier vertretener Ansicht aber auch dann nicht als solche „andere Straftat" in Betracht gekommen, wenn A's Absicht tatsächlich auf die Ermöglichung eines solchen gerichtet gewesen wäre.

15 **Klausurtipp:** Um eine inzidente Prüfung zu vermeiden, sollten Sie die mögliche „andere Straftat" vor § 306b Abs. 2 Nr. 2 StGB prüfen.

3. Verhindern oder erschweren der Brandlöschung, § 306b Abs. 2 Nr. 3 StGB

16 Wie die Nr. 1 stellt auch Abs. 2 Nr. 3 eine echte **Qualifikation** dar, die aus einem objektiven und einem subjektiven Tatbestand besteht. Der Taterfolg liegt darin, dass der Täter, der eine schwere Brandstiftung nach § 306a StGB begangen hat, die Lö-

---

22 BGHSt 44, 211, 217; BeckOK-v. *Heintschel-Heinegg/Kudlich*, § 306b Rn. 20; LK-*Valerius*, § 306b Rn. 30.
23 *Eisele/Heinrich*, BT, Rn. 562; L/K/H-*Heger*, § 306b Rn. 4; BeckOK-v. *Heintschel-Heinegg/Kudlich*, § 306b Rn. 20.2; NK-*Kargl*, § 306b Rn. 8.
24 BeckOK-v. *Heintschel-Heinegg/Kudlich*, § 306b Rn. 20.2; NK-*Kargl*, § 306b Rn. 8.
25 BGHSt 44, 211, 215; A/W/H/H-*Hilgendorf*, § 37 Rn. 44; MK-*Radtke*, § 306b Rn. 20; LK-*Valerius*, § 306b Rn. 32.
26 BGHSt 51, 236.

schung des Brandes selbst kausal und objektiv zurechenbar tatsächlich verhindert oder erschwert.[27] Daher ist der hypothetische Verlauf der Brandbekämpfung ohne Eingreifen des Täters zu untersuchen.[28]

Definition: Die Löschung ist verhindert, wenn die Brandbekämpfung tatsächlich ausgeschlossen ist.[29] Sie ist erschwert, wenn die Brandbekämpfung nur zeitlich verzögert oder weniger effektiv durchgeführt werden kann.[30]

17

Grds. kommen viele verschiedene Mittel in Betracht, das Löschen zu verhindern oder zu erschweren. Zu denken ist etwa an das Entfernen von Feuerlöschern[31] oder Rauchmeldern[32] oder das Abstellen von Wasserleitungen.[33] Wegen des hohen Strafmaßes ist aber auch hier eine restriktive Auslegung angezeigt, sodass die Erschwernis einen gewissen Grad an Erheblichkeit erreichen muss.[34] Insb. muss eine zeitlich relevante Verzögerung vorliegen.[35] Subjektiv muss der Täter zumindest dolus eventualis aufweisen.[36]

18

IV. Tätige Reue, § 306e StGB

Auch bei § 306b StGB kommt eine **tätige Reue** nach § 306e Abs. 1 StGB bei Löschen des Brandes in Betracht. Umstritten ist jedoch, ob eine **analoge Anwendung** der Vorschrift möglich ist, wenn der Täter zwar nicht den Brand löscht, dafür aber in Fällen des § 306b Abs. 2 Nr. 1 StGB die konkrete Gefahr für einen Menschen beseitigt, also diesen anderweitig rettet als durch Brandlöschung, bevor ein erheblicher Personenschaden eingetreten ist. Teilweise wird eine Analogie mit Hinweis auf den Wortlaut und das Fehlen einer planwidrigen Regelungslücke abgelehnt.[37] Die zutreffende Gegenansicht hält hingegen eine analoge Anwendung des § 306e Abs. 1 StGB für möglich.[38] Es wäre widersinnig, wenn der Täter die aufwendigere und u.U. sogar unsicherere Alternative der Brandlöschung ergreifen müsste, anstatt das Opfer aus dem Haus zu tragen. Andere Stimmen wollen hier stattdessen die §§ 314a Abs. 2, 3, 320 Abs. 2, 3 StGB entsprechend heranziehen.[39]

19

WIEDERHOLUNGSFRAGEN

1. Was versteht man unter einer „großen Anzahl von Menschen i.S.v. § 306b Abs. 1 StGB? (Rn. 6)
2. Kommt § 265 StGB als „andere Straftat" i.S.v. § 306b Abs. 2 Nr. 2 in Betracht? (Rn. 12)

---

27 NK-*Kargl*, § 306b Rn. 9.
28 BeckOK-v. *Heintschel-Heinegg/Kudlich*, § 306b Rn. 17; MK-*Radtke*, § 306b Rn. 26.
29 Sch/Sch-*Heine/Bosch*, § 306b Rn. 17; MK-*Radtke*, § 306b Rn. 25.
30 Sch/Sch-*Heine/Bosch*, § 306b Rn. 18; NK-*Kargl*, § 306b Rn. 9.
31 L/K/H-*Heger*, § 306b Rn. 5; NK-*Kargl*, § 306b Rn. 9.
32 BGH NStZ-RR 2013, 277, 278; L/K/H-*Heger*, § 306b Rn. 5.
33 L/K/H-*Heger*, § 306b Rn. 5; NK-*Kargl*, § 306b Rn. 9.
34 BGH NStZ-RR 2013, 277, 278; BeckOK-v. *Heintschel-Heinegg/Kudlich*, § 306b Rn. 17; *Rengier*, BT II, § 40 Rn. 91.
35 BGH NStZ-RR 2013, 277, 278; BeckOK-v. *Heintschel-Heinegg/Kudlich*, § 306b Rn. 17.
36 Sch/Sch-*Heine/Bosch*, § 306b Rn. 19; BeckOK-v. *Heintschel-Heinegg/Kudlich*, § 306b Rn. 19.
37 NK-*Kargl*, § 306e Rn. 5.
38 BGHSt 65, 20, 23 ff.; *Behringer/Vogt*, famos 11/2020, 61, 66; SK-*Wolters*, § 306e Rn. 15.
39 MK-*Radtke*, § 306e Rn. 12 f.

3. Ist § 306b Abs. 2 Nr. 2 StGB erfüllt, wenn der Täter einen Versicherungsbetrug gem. § 263 Abs. 1, 3 S. 2 Nr. 5 StGB ermöglichen will? (Rn. 11 f.)
4. Kommt eine analoge Anwendung des § 306e Abs. 1 StGB in Betracht, wenn der Täter zwar nicht den Brand löscht, aber die konkrete Gefahr für einen anderen Menschen beseitigt, bevor ein erheblicher Personenschaden eingetreten ist? (Rn. 19)

§ 34 Die Brandstiftung mit Todesfolge, § 306c StGB

Literaturempfehlung:
Geppert, Die Brandstiftungsdelikte nach dem 6. StRG, JURA 1998, 597.

Übungsfall:
Kreß/Weißer, Der nachlässige Brandstifter, JA 2006, 115.

I. Einleitung

1. Grundlagen

Als letztes und schwerstes Delikt soll § 306c StGB zur Sprache kommen. Es handelt sich wiederum um eine **Erfolgsqualifikation**, die gegenüber § 306b Abs. 1 StGB noch einmal verschärft ist, da die schwere Folge hier im Tod eines anderen Menschen liegt. Geschütztes Rechtsgut ist insoweit das Leben.[1] Unterschiede zu § 306b Abs. 1 StGB bestehen neben der konkreten schweren Folge in den erhöhten Anforderungen an die Fahrlässigkeit, da hier Leichtfertigkeit erforderlich ist, sowie in der nicht einschlägigen tätigen Reue. Zudem kommt § 306b StGB selbst als Grunddelikt in Betracht.

2. Prüfungsschema

Das Prüfungsschema ist daher nahezu identisch mit § 306b Abs. 1 StGB:

▶ I. Tatbestand
  1. Vorsätzliches Grunddelikt nach den §§ 306–306b StGB
  2. Eintritt der schweren Folge: Tod eines anderen Menschen
  3. Kausalität der Grunddeliktshandlung
  4. Objektive Zurechnung, insb. spezifischer Gefahrzusammenhang
  5. Wenigstens Leichtfertigkeit
II. Rechtswidrigkeit
III. Schuld ◀

II. Tatbestandsvoraussetzungen des § 306c StGB

Als Grunddelikt kommen § 306, § 306a Abs. 1, § 306a Abs. 2, § 306b Abs. 1 und § 306b Abs. 2 StGB in Betracht. Über § 306a Abs. 2 StGB sind auch hier nicht fremde Tatobjekte i.S.v. § 306 StGB einbezogen.[2] Die schwere Folge besteht im Tod eines anderen Menschen. Dabei stellen sich die bereits oben erörterten Probleme i.H.a. **Tatbeteiligte**, welche auch hier Tatopfer sein können (s.o. § 32 Rn. 29).[3] Wie bei § 227 StGB (s.o. § 11 Rn. 2) kommt es ferner auf die Kausalität der Grunddeliktshandlung an.[4] Besondere Bedeutung hat wiederum die objektive Zurechnung, insb. der erforderliche **spezifische Gefahrzusammenhang**. Der Tod muss also auf spezifische Brandlegungsge-

---

1 LK-*Valerius*, § 306c Rn. 1.
2 LK-*Valerius*, § 306c Rn. 2.
3 Sch/Sch-*Heine/Bosch*, § 306c Rn. 2; NK-*Kargl*, § 306c Rn. 3 – a.A. LK-*Valerius*, § 306c Rn. 5.
4 Sch/Sch-*Heine/Bosch*, § 306c Rn. 3.

fahren zurückzuführen sein.⁵ Die ist neben Rauchvergiftungen und Verbrennungen z.B. auch bei herabstürzenden Dachbalken der Fall.⁶

4 Schon unter allgemeinen **objektiven Zurechnungserwägungen** besonders problematisch sind aber sog. „**Retterschäden**", also Fälle, in denen der Tod bei einem Feuerwehrmann oder einem privaten Retter eintritt, der sich in das brennende Haus begeben hat. Hier könnte die objektive Zurechenbarkeit des Erfolgs wegen einer **eigenverantwortlichen Selbstgefährdung** ausgeschlossen sein.⁷ Bei berufsmäßigen Helfern ist dies jedoch abzulehnen, da sie zum Helfen verpflichtet sind, sodass die schwere Folge dem Täter zurechenbar ist,⁸ solange sie nicht völlig unvernünftig handeln.⁹ Umstritten ist die Beurteilung bei privaten Helfern, die sich selbst gefährden, indem sie sich etwa in ein brennendes Haus begeben, um andere Menschen zu retten, und dabei zu Schaden kommen. Hier gehen die Meinungen auseinander. Während Extrempositionen entweder alle Schäden Privater zurechnen¹⁰ oder die Zurechnung gänzlich verneinen wollen,¹¹ ist auch hier eine differenzierte Lösung zu befürworten, sodass es für eine Zurechnung darauf ankommt, ob die Rettungsaktion noch nachvollziehbar und vernünftig war.¹² Teilweise wird zur näheren Bestimmung auch auf § 35 StGB rekurriert und insofern auch bei privaten Rettern ein „unfreies" Verhalten angenommen, wenn diese handeln, um eine gegenwärtige Gefahr für Leben, Leib oder Freiheit eines Angehörigen oder einer anderen ihnen nahestehenden Person abzuwenden.¹³

5 **Klausurtipp:** Das Problem der eingreifenden Retter stellt sich ebenso bei den §§ 306a Abs. 2, 306b Abs. 2 Nr. 1 StGB.

6 Im Rahmen der inneren Tatseite muss mindestens **Leichtfertigkeit** vorliegen. Dabei handelt es sich um einen gesteigerten Grad der Fahrlässigkeit¹⁴ (zu § 239a Abs. 3 StGB s.o. § 17 Rn. 28). Bei vorsätzlicher Herbeiführung der schweren Folge ist der Tatbestand selbstverständlich ebenfalls erfüllt.¹⁵

---

5 Sch/Sch-*Heine/Bosch*, § 306c Rn. 4; *Heinrich/Reinbacher*, JURA 2005, 743, 750.
6 Sch/Sch-*Heine/Bosch*, § 306c Rn. 4; *Heinrich/Reinbacher*, JURA 2005, 743, 750; A/W/H/H-*Hilgendorf*, § 37 Rn. 49.
7 Allgemein zu dieser Fallgruppe der objektiven Zurechnung *Heinrich*, AT, Rn. 252.
8 *Heinrich/Reinbacher*, JURA 2005, 743, 750; NK-*Kargl*, § 306c Rn. 4; *Rengier*, BT II, § 40 Rn. 69.
9 *Eisele/Heinrich*, BT, Rn. 571; BeckOK-v. *Heintschel-Heinegg/Kudlich*, § 306c Rn. 9.1; LK-*Valerius*, § 306c Rn. 11; auch Sch/Sch-*Heine/Bosch*, § 306c Rn. 7: grob pflichtwidriges Handeln.
10 *Geppert*, JURA 1998, 602, 604.
11 So noch *Rengier*, JuS 1998, 397, 400.
12 BGHSt 38, 322, 324 (zu § 222 StGB); NK-*Kargl*, § 306c Rn. 4.
13 *Rengier*, BT II, § 40 Rn. 70.
14 *Heinrich/Reinbacher*, JURA 2005, 743, 747; LK-*Valerius*, § 306c Rn. 13.
15 A/W/H/H-*Hilgendorf*, § 37 Rn. 47; LK-*Valerius*, § 306c Rn. 14.

TEIL 8: STRASSENVERKEHRSDELIKTE

§ 35 Einleitung

I. Rechtsgut

Auch die hier behandelten Straßenverkehrsdelikte der §§ 315b, c, d, 316 StGB finden sich im 28. Abschnitt des StGB über **gemeingefährliche Straftaten**. Sie schützen als **Rechtsgut** jeweils jedenfalls auch die Sicherheit des Straßenverkehrs und damit ein Rechtsgut der Allgemeinheit,[1] daneben teilweise aber auch Individualinteressen der gefährdeten Personen. Aus Gründen des Sachzusammenhangs wird hier aber auch § 142 StGB behandelt, welcher sich im 7. Abschnitt bei den Straftaten gegen die öffentliche Ordnung findet, dabei aber ein Individualrechtsgut schützt, nämlich das private Feststellungsinteresse des Unfallbeteiligten, der seine Ersatzansprüche sichern bzw. unberechtigte Ansprüche abwehren können soll.[2] Auch bei den Straßenverkehrsdelikten bedeutet „Gemeingefährlichkeit", dass die §§ 315b ff. StGB als Gefährdungsdelikte nicht (erst) die Verletzung des Rechtsguts, sondern (bereits) die Gefährdung desselben unter Strafe stellen, also wiederum ein gefährliches Verhalten. Wie bei den Brandstiftungsdelikten finden sich in den §§ 315d, 316 StGB abstrakte und in den §§ 315b, c StGB konkrete Gefährdungsdelikte. § 142 StGB ist ein abstraktes Vermögensgefährdungsdelikt,[3] allerdings mit individualschützendem Charakter.

II. Systematik

§ 315b StGB betrifft Eingriffe in den Straßenverkehr, also Gefahren, die von Dritten von außen in den Straßenverkehr hineingetragen werden, während es bei den §§ 315c, 316 StGB um verkehrsinterne Vorgänge geht, also um Gefahren, die von den Fahrzeugführern selbst ausgehen.[4] § 316 StGB schützt dabei abstrakt vor den Gefahren von Trunkenheitsfahrten, ohne dass es zu einer konkret gefährlichen Situation kommen muss, während § 315c StGB als konkretes Gefährdungsdelikt den Eintritt einer konkreten Gefahr voraussetzt.

---

1 Zu § 315b StGB: *Eisele/Heinrich*, BT, Rn. 622; NK-*Zieschang*, § 315b Rn. 7; zu § 315c StGB: *Eisele/Heinrich*, BT, Rn. 599; LK-*König*, § 315c Rn. 3; *Rengier*, BT II, § 44 Rn. 1; zu § 315d StGB: *Eisele/Heinrich*, BT, Rn. 644; LK-*König*, § 315d Rn. 3; zu § 316 StGB: *Eisele/Heinrich*, BT, Rn. 580; LK-*König*, § 316 Rn. 3.
2 *Eisele/Heinrich*, BT, Rn. 657; LK-*Herb*, § 142 Rn. 1; *Rengier*, BT II, § 46 Rn. 1.
3 LK-*Herb*, § 142 Rn. 1; *Rengier*, BT II, § 46 Rn. 1.
4 A/W/H/H-*Hilgendorf*, § 38 Rn. 27.

§ 36 Trunkenheit im Verkehr, § 316 StGB

Literaturempfehlungen:

Buchholz, Trunkenheit im Verkehr (§ 316 StGB) – auch für Surfer?, JA 2017, 594; *Geppert*, Gefährdung des Straßenverkehrs (§ 315c StGB) und Trunkenheit im Verkehr (§ 316 StGB), JURA 2001, 559; *Satzger*, Die relevanten Grenzwerte der Blutalkoholkonzentration im Strafrecht, JURA 2013, 345; *Zieschang*, Die Straßenverkehrsdelikte gemäß §§ 315b, 315c StGB und § 316 StGB, AL 2015, 333.

Übungsfälle:

Brand/Strauß, „Eine Radtour, die ist lustig"... und manchmal auch strafbar, JuS 2015, 332; *Eisele*, Das misslungene Bremsmanöver, JA 2003, 40; *Haverkamp/Kaspar*, Der betrunkene Fahrlehrer, JA 2010, 780; *Reinbacher*, Übungsklausur Strafrecht: Rassistischer Anschlag mit unerwartetem Ausgang, JURA 2007, 382.

I. Einleitung

1. Grundlagen

1 § 316 StGB schützt die Sicherheit des öffentlichen Straßen- sowie Bahn-, Schiffs- und Luftverkehrs (gemeingefährliche Straftat)[1] gegen verkehrsinterne Bedrohungen von Fahrzeugführern. Dabei handelt es sich, wie ausgeführt, um ein **abstraktes Gefährdungsdelikt**[2] in der Form eines schlichten **Tätigkeitsdelikts**.[3] Das bedeutet, dass die abstrakte Gefährlichkeit hier wiederum nur gesetzgeberisches Motiv ist,[4] während es zu einer konkreten Gefahr für einen Menschen oder eine Sache nicht kommen muss. Ist dies der Fall, greift § 315c StGB. Sind dessen Voraussetzungen erfüllt, tritt § 316 StGB als formell subsidiär zurück.

2 **Klausurtipp:** Daher sollten Sie in der Klausur die Prüfung mit § 315c StGB beginnen. Ist er erfüllt, muss § 316 StGB nicht mehr geprüft werden. Ein Hinweis auf dessen formelle Subsidiarität (beim Ergebnis zu § 315c StGB) ist dann ausreichend.

3 § 316 StGB ist zudem ein **eigenhändiges Delikt**, sodass es nur vom Fahrzeugführer täterschaftlich verwirklicht werden kann.[5] Abs. 1 enthält ein Vorsatzdelikt, nach Abs. 2 ist aber auch Fahrlässigkeit strafbar.

2. Prüfungsschema

4 Als abstraktes Gefährdungsdelikt verlangt § 316 StGB nur das Führen eines Fahrzeugs im Zustand der Fahruntüchtigkeit, nicht aber den Eintritt einer konkreten Gefahr. Hier wird nur das Schema der Vorsatztat nach Abs. 1 dargestellt:
- I. Tatbestand
    1. Objektiver Tatbestand

---

[1] *Eisele*, BT I, Rn. 1096; *Eisele/Heinrich*, BT, Rn. 580; *Fischer*, § 316 Rn. 2, 3; LK-*König*, § 316 Rn. 3; MK-*Pegel*, § 316 Rn. 1.
[2] *Eisele*, BT I, Rn. 1096; *Eisele/Heinrich*, BT, Rn. 580; *Fischer*, § 316 Rn. 2, 3; A/W/H/H-*Hilgendorf*, § 38 Rn. 28; *Hilgendorf/Valerius*, BT 1, § 12 Rn. 34; *Rengier*, BT II, § 43 Rn. 1; *Zieschang*, BT 1, Rn. 1131.
[3] *Kindhäuser/Schramm*, BT I, § 64 Rn. 2; *Rengier*, BT II, § 43 Rn. 1.
[4] *Eisele*, BT I, Rn. 1096; *Eisele/Heinrich*, BT, Rn. 580.
[5] OLG Dresden NJW 2006, 1013, 1014; *Eisele*, BT I, Rn. 1102; *Eisele/Heinrich*, BT, Rn. 587; *Fischer*, § 316 Rn. 2, 3; *Kindhäuser/Schramm*, BT I, § 64 Rn. 2; *Rengier*, BT II, § 43 Rn. 1.s.

II. Tatbestandsvoraussetzungen

§ 36

      a) im Verkehr
      b) Führen eines Fahrzeugs
      c) Fahruntüchtigkeit
    2. Subjektiver Tatbestand
II. Rechtswidrigkeit
III. Schuld ◄

II. Tatbestandsvoraussetzungen

▶ **Beispielsfall („Fahrlehrer"):**[6] A unternahm in seiner Funktion als Fahrlehrer mit Fahrschülerin B eine Überlandfahrt mit einem als Fahrschulwagen umgebauten Kraftfahrzeug, welches auch auf der Beifahrerseite mit zusätzlichen Pedalen für Gas, Bremse und Kupplung ausgerüstet war. Das Fahrzeug wurde von B, die zu diesem Zeitpunkt etwa 20 Fahrstunden absolviert hatte, gesteuert. A gab B Anweisungen, die den Fahrtweg betrafen und wies sie in einem Fall an, nicht so weit rechts zu fahren. A war während der Fahrt alkoholisiert (BAK von 1,4 ‰). Strafbarkeit des A gem. § 316 StGB? ◄

1. Objektiver Tatbestand

a) Im Verkehr

§ 316 StGB verweist hinsichtlich der Tatsituation „im Verkehr" auf die §§ 315–315e StGB und betrifft damit nicht nur den Straßen-, sondern auch den Bahn-, Schiffs- und Luftverkehr.[7] Die Ausführungen werden sich hier auf den Straßenverkehr beschränken. Dabei ist bei diesem gemeingefährlichen Delikt aber nur der **öffentliche Straßenverkehr** erfasst.[8]

Definition: Eine Öffentlichkeit des Verkehrs liegt vor, wenn der Verkehrsraum, in dem sich Vorgänge abspielen, entweder ausdrücklich oder mit stillschweigender Duldung des Verfügungsberechtigten – wenn auch nur vorübergehend oder gegen Gebühr – für die Allgemeinheit zur Benutzung zugelassen ist.[9]

Als Beispiele lassen sich anführen: zum öffentlichen Verkehr gewidmete Straßen, der Parkplatz eines Supermarkts, ein Parkhaus (innerhalb der Öffnungszeiten) oder der Hof einer Gaststätte, wobei die Gäste als Ausschnitt der Allgemeinheit anzusehen sind, nicht aber der Hof einer Kaserne, ein abgegrenzter Privatparkplatz oder ein öffentlicher Verkehrsraum, der gesperrt und damit zeitweise entwidmet wurde.[10]

Klausurtipp: Beachten Sie, dass diese Beschränkung auf den öffentlichen Straßenverkehr auch bei den §§ 315b, 315c StGB gilt.

---

6 OLG Dresden NJW 2006, 1013.
7 *Eisele/Heinrich*, BT, Rn. 589; *Kindhäuser/Schramm*, BT I, § 64 Rn. 8; LK-*König*, § 316 Rn. 4.
8 *Fischer*, § 316 Rn. 4; *Kindhäuser/Schramm*, BT I, § 64 Rn. 9; BeckOK-*Kudlich*, § 316 Rn. 4; LK-*König*, § 316 Rn. 5; *Rengier*, BT II, § 43 Rn. 7.
9 *Eisele*, BT I, Rn. 1105; *Eisele/Heinrich*, BT, Rn. 590; *Kindhäuser/Schramm*, BT I, § 64 Rn. 9.
10 Vgl. zu diesen und anderen Beispielen *Eisele*, BT I, Rn. 1106; *Kindhäuser/Schramm*, BT I, § 64 Rn. 9; *Rengier*, BT II, § 43 Rn. 7 f.

b) Führen eines Fahrzeugs

10 Tathandlung des § 316 StGB ist das Führen eines Fahrzeugs. Als Fahrzeuge sind alle Kraftfahrzeuge anzusehen, also Pkw, Lkw, Omnibusse, motorbetriebene Zweiräder, auf Rädern bewegte Bagger, aber auch durch Muskelkraft betriebene Fahrzeuge wie Fahrräder. Bei sonstigen Geräten ist darauf abzustellen, ob sie aufgrund ihres geringeren Gefährdungspotentials eher dem Fußgängerverkehr zuzuordnen sind. Daher gelten Kinderschlitten, Kinderwagen, Tretroller oder klassische Rollschuhe nicht als Fahrzeuge.[11] Auch Inlineskates sind nach zutreffender Ansicht nicht als Fahrzeuge einzustufen.[12]

11 **Definition:** Ein Fahrzeug wird geführt, wenn es in Bewegung gesetzt oder gehalten wird.[13]

12 Dies ist noch nicht der Fall beim bloßen Einstecken des Zündschlüssels oder dem Anlassen des Motors.[14] In diesem Sinne ist als Fahrzeugführer diejenige Person anzusehen, die sich selbst aller oder wenigstens eines Teils der wesentlichen technischen Einrichtungen des Fahrzeugs bedient, die für seine Fortbewegung bestimmt sind, und das Fahrzeug in Bewegung setzt oder es während der Fahrtbewegung lenkt.[15]

13 ▶ **Lösung des Beispielsfalls („Fahrlehrer"):**[16] Im Beispielsfall stand in Frage, ob neben der Fahrschülerin B auch der Fahrlehrer A das Fahrzeug führte. Das OLG Dresden verneint dies. A habe keine wesentlichen technischen Einrichtungen des Fahrzeugs bedient. Das Gericht sah es auch als unerheblich an, dass der Beifahrer sich vorbehält, im Notfall einzugreifen und die Führung des Fahrzeugs zu übernehmen; auch die mündlichen Anweisungen durch A führten zu keiner anderen Bewertung. ◀

14 **Anmerkung:** Zu beachten ist, dass bei arbeitsteiligem Vorgehen mehrere Personen ein Fahrzeug gleichzeitig führen können, etwa, wenn einer Gas gibt und der andere lenkt. Ist eine solche geteilte Führereigenschaft nicht gegeben, so scheidet Mittäterschaft oder mittelbare Täterschaft des Beifahrers neben dem Fahrzeugführer aus, da es sich um ein eigenhändiges Delikt handelt, bei dem nur der Fahrzeugführer Täter sein kann.[17]

c) Im Zustand der Fahruntüchtigkeit

15 Ferner setzt eine Strafbarkeit nach § 316 StGB voraus, dass der Fahrzeugführer infolge des Genusses alkoholischer Getränke oder anderer berauschender Mittel nicht in der Lage ist, das Fahrzeug sicher zu führen. Bei Alkoholgenuss ist zwischen absoluter und relativer Fahruntüchtigkeit zu unterscheiden. Bei Kraftfahrzeugen liegt eine **absolute Fahruntüchtigkeit** ab einer Blutalkoholkonzentration (BAK) von 1,1 ‰ vor,[18] bei Fahrrädern ab 1,6 ‰.[19] Bei Krafträdern, Mofas, Mopeds und E-Scootern soll auch

---

[11] *Eisele/Heinrich*, BT, Rn. 586; *Rengier*, BT II, § 43 Rn. 3.
[12] *Eisele*, BT I, Rn. 1101; *Eisele/Heinrich*, BT, Rn. 586.
[13] L/K/H-*Heger*, § 315c Rn. 3; LK-*König*, § 315c Rn. 10.
[14] BGHSt 35, 390; *Eisele/Heinrich*, BT, Rn. 585; *Kindhäuser/Schramm*, BT I, § 64 Rn. 6.
[15] BGHSt 18, 6, 8 f.; 35, 390, 393; BGH NJW 1989, 723, 724; *Eisele*, BT I, Rn. 1103; *Eisele/Heinrich*, BT, Rn. 588; LK-*König*, § 316 Rn. 5.
[16] OLG Dresden NJW 2006, 1013.
[17] Vgl. auch BGHSt 18, 6, 8 f. zum Halter des Fahrzeugs.
[18] BGHSt 37, 89, 99.
[19] OLG Celle NJW 1992, 2169, 2170; OLG Karlsruhe NStZ-RR 1997, 356, 357 – anders noch BGHSt 34, 133, 137; OLG Düsseldorf NJW 1992, 992: 1,7 ‰.

1,1 ‰ gelten.[20] Liegt dieser Wert beim Führer eines entsprechenden Fahrzeugs vor, so wird die Fahruntüchtigkeit unwiderlegbar, d.h. ohne Möglichkeit eines „Gegenbeweises" vermutet.[21] **Relative Fahruntüchtigkeit** kann ab einem BAK-Wert von 0,3 ‰ vorliegen, wenn konkrete alkoholbedingte Ausfallerscheinungen hinzutreten, die den Schluss rechtfertigen, dass der Fahrzeugführer nicht in der Lage ist, das Fahrzeug sicher zu führen,[22] etwa Fahrfehler, Torkeln, Schwanken, Aggressivität o.ä.[23] In der Praxis wird zu Berechnung des konkreten BAK-Werts zur Tatzeit ein Abbauwert von 0,1 ‰ zugrunde gelegt und die ersten 2 Stunden nach Trinkende (Resorptionsphase) werden nicht mit berücksichtigt.[24] Bei sonstigen Rauschmitteln gibt es keinen absoluten Wert,[25] es kann also immer nur um eine relative Fahruntüchtigkeit aufgrund besonderer Anzeichen gehen.[26] Berauschung und Fahrunsicherheit müssen kausal verknüpft sein („infolge"), wobei eine Mitursächlichkeit des Rauschmittels genügt.[27]

2. Subjektiver Tatbestand

Der Vorsatz in § 316 StGB muss sich auf sämtliche Merkmale des objektiven Tatbestandes beziehen, d.h. auf das Führen eines Fahrzeugs im öffentlichen Verkehr und insb. auch auf die eigene Fahruntüchtigkeit. Eventualvorsatz ist ausreichend.[28] Liegt ein solcher nicht vor, kommt jedoch Fahrlässigkeit nach § 316 Abs. 2 StGB in Betracht.

III. Rechtswidrigkeit und Schuld

Eine rechtfertigende Einwilligung (seitens möglicherweise gefährdeter Insassen) scheidet aus, da § 316 StGB mit der Sicherheit des Straßenverkehrs ein Allgemeinrechtsgut schützt.[29] Ein rechtfertigender Notstand kommt in Betracht, etwa wenn ein Verletzter ins Krankenhaus gefahren werden muss.[30] Im Rahmen der Schuld ist zu bedenken, dass bei besonders hoher Intoxikation auch eine Schuldunfähigkeit nach § 20 StGB vorliegen kann.[31] Die Grundsätze der actio libera in causa können für § 316 StGB nicht herangezogen werden, da es sich um ein eigenhändiges, verhaltensgebundenes („führen") Delikt handelt.[32]

WIEDERHOLUNGSFRAGEN

1. Was versteht man unter dem Führen eines Fahrzeugs i.S.v. § 316 StGB? (Rn. 10)
2. Ist eine mittelbare Täterschaft bei § 316 StGB möglich? (Rn. 14)
3. Wann liegt absolute und wann relative Fahruntüchtigkeit vor? (Rn. 15)

---

20 BGH NStZ-RR 2023, 222, 223.
21 *Eisele*, BT I, Rn. 1110; BeckOK-*Kudlich*, § 315c Rn. 19; *Zieschang*, BT 1, Rn. 1109.
22 *Eisele/Heinrich*, BT, Rn. 595; L/K/H-*Heger*, § 315c Rn. 7; BeckOK-*Kudlich*, § 315c Rn. 22.
23 Vgl. *Eisele*, BT I, Rn. 1111; *Eisele/Heinrich*, BT, Rn. 595; *Kindhäuser/Schramm*, BT I, § 64 Rn. 16; *Rengier*, BT II, § 43 Rn. 17; *Zieschang*, BT 1, Rn. 1112.
24 BGHSt 25, 246.
25 BGHSt 44, 219, 221 ff.; vgl. ebd., 225 ff., auch zu den drogenbedingten Ausfallerscheinungen.
26 *Eisele*, BT I, Rn. 1114; *Kindhäuser/Schramm*, BT I, § 64 Rn. 13; *Zieschang*, BT 1, Rn. 1114.
27 *Fischer*, § 316 Rn. 8; *Kindhäuser/Schramm*, BT I, § 64 Rn. 12.
28 BeckOK-*Kudlich*, § 316 Rn. 8.
29 BeckOK-*Kudlich*, § 316 Rn. 17.
30 BeckOK-*Kudlich*, § 315c Rn. 73.
31 Vgl. *Kaspar*, AT, § 5 Rn. 352.
32 BGHSt 42, 235, 238 ff.; vgl. dazu *Kaspar/Reinbacher*, Casebook AT, Fall 13.

§ 37 Gefährdung des Straßenverkehrs, § 315c StGB

Literaturempfehlungen:
Eisele, Der Tatbestand der Gefährdung des Straßenverkehrs, JA 2007, 168; *Geppert*, Gefährdung des Straßenverkehrs (§ 315c StGB) und Trunkenheit im Verkehr (§ 316 StGB), JURA 2001, 559; *Schroeder*, Die Teilnahme des Beifahrers an der gefährlichen Trunkenheitsfahrt, JuS 1994, 846; *Zieschang*, Die Straßenverkehrsdelikte gemäß §§ 315b, 315c StGB und § 316 StGB, AL 2015, 333; *Zimmermann*, Die Straßenverkehrsgefährdung (§ 315c StGB), JuS 2010, 22.

Übungsfälle:
Berndt/Serbest, „Gute" Neujahrsvorsätze, JURA 2017, 587; *Großmann/Mennemann*, Die Tuner vom Königsplatz, JuS 2018, 779; *Harrendorf/Lagler*, Ein Obdachloser in Not, JuS 2018, 1066; *Niehaus*, Enthemmt, aber glücklos, AL 2008, 117.

I. Einleitung

1. Grundlagen

1 § 315c StGB schützt zunächst wie dargestellt ebenso die Sicherheit des öffentlichen Straßenverkehrs, daneben aber auch die Individualrechtsgüter Leib, Leben und Eigentum der gefährdeten Dritten.[1] Es handelt sich ebenfalls um ein **eigenhändiges Delikt**,[2] das nur vom Fahrzeugführer begangen werden kann. Es richtet sich gegen **verkehrsinterne** Bedrohungen, die von Fahrzeugführern ausgehen und ist insofern von § 315b StGB abzugrenzen, der von außen kommende Gefährdungen unter Strafe stellt (s.u. § 38 Rn. 1). Die Ausführungen werden sich i.H.a. die Klausurrelevanz hier auf § 315c Abs. 1 Nr. 1a StGB konzentrieren.

2 § 315c Abs. 1 Nr. 1a StGB stellt es – wie § 316 StGB – unter Strafe, wenn der Täter ein Fahrzeug führt, obwohl er infolge des Genusses alkoholischer Getränke oder sonstiger Rauschmittel nicht in der Lage ist, das Fahrzeug sicher zu führen. Der wesentliche Unterschied zu § 316 StGB liegt darin, dass eine konkrete Gefahr für Leib oder Leben eines anderen Menschen oder eine fremde Sache von bedeutendem Wert hinzutreten muss. § 315c StGB stellt daher ein **konkretes Gefährdungsdelikt** dar.[3] In Abs. 1 findet sich ein Vorsatzdelikt, in Abs. 3 Nr. 1 eine Vorsatz-Fahrlässigkeits- und in Abs. 3 Nr. 2 eine Fahrlässigkeits-Fahrlässigkeits-Kombination.

2. Prüfungsschema

3 Hier wird nur das Prüfungsschema des § 315c Abs. 1 Nr. 1a StGB dargestellt:
- I. Tatbestand
    1. Objektiver Tatbestand
        a) im Verkehr
        b) Führen eines Fahrzeugs
        c) Fahruntüchtigkeit

---

[1] BGHSt 23, 261, 262 f.; *Eisele*, BT I, Rn. 1118; *Eisele/Heinrich*, BT, Rn. 599; *Hilgendorf/Valerius*, BT I, § 12 Rn. 1, 7; *Rengier*, BT II, § 44 Rn. 1; *NK-Zieschang*, § 315c Rn. 6; *ders.*, BT I, Rn. 1099.

[2] *Eisele*, BT I, Rn. 1122; *Fischer*, § 315c Rn. 2; *A/W/H/H-Hilgendorf*, § 38 Rn. 28; *Hilgendorf/Valerius*, BT I, § 12 Rn. 4, 7; *Kindhäuser/Schramm*, BT I, § 65 Rn. 1; *Wessels/Hettinger/Engländer*, BT 1, Rn. 992; *NK-Zieschang*, § 315c Rn. 7; *ders.*, BT I, Rn. 1100.

[3] *Eisele*, BT I, Rn. 1118; *Eisele/Heinrich*, BT, Rn. 599; *A/W/H/H-Hilgendorf*, § 38 Rn. 28; *Hilgendorf/Valerius*, BT I, § 12 Rn. 7; *Kindhäuser/Schramm*, BT I, § 65 Rn. 1; *Rengier*, BT II, § 44 Rn. 1; *NK-Zieschang*, § 315c Rn. 1.

II. Tatbestandsvoraussetzungen des § 315c Abs. 1 Nr. 1a StGB

§ 37

   d) dadurch konkrete Gefährdung von Leib oder Leben eines anderen Menschen oder fremde Sachen von bedeutendem Wert
   e) spezifischer Gefahrzusammenhang
2. Subjektiver Tatbestand
   Abs. 1: Vorsatz
   Abs. 3 Nr. 1: Vorsatz-Fahrlässigkeits-Kombination
   Abs. 3 Nr. 2: Fahrlässigkeits-Fahrlässigkeits-Kombination

II. Rechtswidrigkeit

III. Schuld ◀

Klausurtipp: Wie bereits oben vorgeschlagen (§ 36 Rn. 2), sollte § 315c StGB vor § 316 StGB geprüft werden. Dabei sollte zunächst das Vorsatzdelikt gem. § 315c Abs. 1 Nr. 1a StGB untersucht werden. Handelte der Täter nicht vorsätzlich hinsichtlich der Gefahr, so ist eine Strafbarkeit nach Abs. 3 Nr. 1 zu prüfen; handelte er weder vorsätzlich bzgl. der eigenen Fahruntüchtigkeit noch bzgl. der Gefahr, kommt Abs. 3 Nr. 2 in Betracht. Wird die konkrete Gefahr oder der Gefahrzusammenhang abgelehnt, schließt sich die Prüfung des § 316 StGB an.

4

II. Tatbestandsvoraussetzungen des § 315c Abs. 1 Nr. 1a StGB

▶ **Beispielsfall („Tod auf der Autobahn"):**[4] A, der eine BAK von mindestens 1,39 ‰ aufweist, fährt mit seinem Pkw mit seiner Freundin B als Mitfahrerin auf der Autobahn. Im Bereich einer Ausfahrt hält er bei völliger Dunkelheit unter regem Verkehr mit eingeschaltetem Abblendlicht auf der mittleren Spur eine Geschwindigkeit von ca. 160 km/h ein, wobei er sich dem Verkehrsfluss anpasst, der Abstand zum vorausfahrenden Fahrzeug beträgt ca. 100 m. Der Führer eines etwa auf gleicher Höhe mit annähernd gleicher Geschwindigkeit auf der rechten Fahrspur fahrenden Fahrzeugs nimmt einen abrupten Fahrspurwechsel auf die mittlere Fahrspur vor, die zu einer Berührung der beiden Fahrzeuge und einer nicht mehr kontrollierbaren Driftbewegung des Fahrzeugs des A nach links führt, mit der Folge, dass der Pkw des A an die Leitplanke und von da aus auf die mittlere Fahrspur schleudert, wo der Pkw zum Stehen kommt. Ein anderer Pkw prallt in das stehende Fahrzeug, wodurch B, die bereits bei der Kollision mit der Leitplanke tödliche Hirnverletzungen erlitten hat, getötet wird. Bei Eintritt der kritischen Verkehrslage hätte A den Unfall auch dann nicht vermeiden können, wenn er nüchtern gewesen wäre. Wäre er 130 km/h gefahren, wäre es zwar zum Unfall, nicht jedoch zum Tod der B gekommen. ◀

5

1. Objektiver Tatbestand

a) Führen eines Fahrzeugs im öffentlichen Straßenverkehr im Zustand der Fahruntüchtigkeit

Hinsichtlich der ersten drei Tatbestandsmerkmale (im Verkehr, Führen eines Fahrzeugs und Fahruntüchtigkeit) kann auf die Ausführungen zu § 316 StGB verwiesen werden (s.o. § 36 Rn. 6 ff.). Auch § 315c Abs. 1 Nr. 1a StGB ist ein **eigenhändiges Delikt**, sodass Täter nur der Fahrzeugführer sein kann.[5]

6

---

4 BayObLG NStZ 1997, 388.
5 *Eisele/Heinrich*, BT, Rn. 603.

b) Konkrete Gefahr für eines der genannten Objekte

7 Entscheidender Unterschied zu § 316 StGB, der zu einem Anstieg des Strafmaßes von bis zu einem Jahr auf bis zu fünf Jahren Freiheitsstrafe führt, ist der Eintritt einer **konkreten Gefahr** für Leib oder Leben eines anderen Menschen oder eine fremde Sache von bedeutendem Wert. Hinsichtlich der konkreten Gefahr gilt das bereits zu § 306a Abs. 2 StGB Ausgeführte: Es muss sich um einen Geschehensablauf handeln, bei dem die Sicherheit des geschützten Objekts so beeinträchtigt ist, dass der Eintritt des Verletzungserfolges lediglich vom Zufall abhängt (s.o. § 32 Rn. 26). Hier lässt sich anschaulich auch von einem „**Beinahe-Unfall**" sprechen.[6] Die konkrete Gefahr muss von der abstrakten Gefahr abgegrenzt werden. Riskantes Überholen, Fahren in Schlangenlinien etc. genügt per se noch nicht für eine konkrete Gefahr. Kann aber etwa ein anderer Fahrer nur noch in letzter Sekunde das Steuer herumreißen, sodass ein Unfall vermieden wird, ist eine konkrete Gefahr anzunehmen.

8 Hinsichtlich der konkreten gefährdeten Objekte Leib oder Leben gilt wiederum, dass es sich um einen „**anderen Menschen**" handeln muss. Hier ist wie bei den §§ 306a Abs. 2, 306b Abs. 2 Nr. 1 und 306c StGB (s.o. § 32 Rn. 29, § 33 Rn. 4, § 34 Rn. 3) die Frage umstritten, ob auch ein **Tatbeteiligter** ein „anderer" sein kann. Während dies auch hier von einigen Stimmen, inklusive der Rechtsprechung, abgelehnt wird,[7] da die Tatteilnehmer der Tätersphäre zugerechnet werden, ist die Frage konsequenterweise auch hier zu bejahen,[8] aber wiederum mit der Einschränkung, dass die **objektive Zurechnung** i.H.a. eine eigenverantwortliche Selbstgefährdung bzw. eine einverständliche Fremdgefährdung ausscheiden kann. Zudem ist wiederum an eine Einwilligung (in den Gefährdungsteil der Tat) zu denken (s.u. Rn. 16). Wegen des Charakters als eigenhändiges Delikt wird es hier aber regelmäßig nur um Anstifter oder Gehilfen gehen.

9 Neben Leib und Leben eines anderen Menschen kommt auch eine **fremde Sache** von bedeutendem Wert als Gefährdungsobjekt in Betracht. Der **bedeutende Wert** wurde früher mit 1.500 DM beziffert und wird daher jetzt überwiegend bei 750 € angesetzt,[9] teilweise wird aber infolge der Preisentwicklung auch ein Wert von 1.300 € gefordert.[10] Dabei kommt es aber nur auf den drohenden Schaden, nicht auf die Höhe des tatsächlich bewirkten Schadens.[11] Es stellt sich v.a. die Frage, inwieweit das vom Täter **gesteuerte Fahrzeug** ein taugliches Gefährdungsobjekt darstellt. Klar ist zunächst, dass das im Eigentum des Täters stehende Fahrzeug nicht „fremd" ist und daher ausscheidet. Rammt A daher etwa infolge Trunkenheit mit seinem Wagen das parkende Auto des B, wobei bei A ein Schaden von 750 €, bei B hingegen „nur" ein Schaden von 500 € eintritt (und auch drohte), so scheidet § 315c Abs. 1 Nr. 1a StGB insgesamt aus, da der Schaden an B's Fahrzeug unter der Wertgrenze liegt und A's Fahrzeug keine „fremde Sache" darstellt. Umstritten ist jedoch, wie zu entscheiden ist, wenn A nicht sein eigenes Fahrzeug, sondern das der C gesteuert hat. Teilweise wird in diesem Fall

---

6 *Eisele*, BT I, Rn. 1134; *Eisele/Heinrich*, BT, Rn. 615; *Hilgendorf/Valerius*, BT 1, § 12 Rn. 22; *Kindhäuser/Schramm*, BT I, § 65 Rn. 18; MK-*Pegel*, § 315c Rn. 89; *Rengier*, BT II, § 44 Rn. 13.
7 BGHSt 6, 100, 102; BGH NStZ 2013, 167; *Fischer*, § 315c Rn. 2, 15b; L/K/H-*Heger*, § 315c Rn. 25; A/W/H-*Hilgendorf*, § 38 Rn. 37; *Hilgendorf/Valerius*, BT 1, § 12 Rn. 25; *Kindhäuser/Schramm*, BT I, § 65 Rn. 12.
8 *Eisele*, BT I, Rn. 1130; *Eisele/Heinrich*, BT, Rn. 611; Sch/Sch-*Hecker*, § 315c Rn. 31; MK-*Pegel*, § 315c Rn. 93; *Rengier*, BT II, § 44 Rn. 17.
9 BGHSt 48, 119, 121 (zu § 315b StGB); *Eisele*, BT I, Rn. 1132; *Fischer*, § 315 Rn. 16a; *Wessels/Hettinger/Engländer*, BT 1, Rn. 998; NK-*Zieschang*, § 315c Rn. 28; *ders.*, BT I, Rn. 1119.
10 Sch/Sch-*Hecker*, § 315c Rn. 31; *Kindhäuser/Schramm*, BT I, § 65 Rn. 10; *Rengier*, BT II, § 44 Rn. 21.
11 *Rengier*, BT II, § 44 Rn. 21.

II. Tatbestandsvoraussetzungen des § 315c Abs. 1 Nr. 1a StGB § 37

der Tatbestand bejaht, da wirtschaftlich gesehen eine fremde Sache betroffen ist.[12] Richtigerweise scheidet das vom Täter gesteuerte Fahrzeug aber unabhängig von den Eigentumsverhältnissen aus,[13] da es als Tatmittel nicht zugleich Tatobjekt sein kann.

c) Spezifischer Gefahrzusammenhang

Wie bei allen konkreten Gefährdungsdelikten müssen auch hier die Kausalität („dadurch") und ein **spezifischer Gefahrzusammenhang** zwischen dem Fehlverhalten des Täters (hier: der Trunkenheit im Straßenverkehr) und der konkreten Gefährdung[14] festgestellt werden, d.h. die konkrete Gefahr muss in typischer Weise gerade durch die Pflichtwidrigkeit der Trunkenheit am Steuer hervorgerufen worden sein. 10

▶ **Lösung des Beispielsfalls („Tod auf der Autobahn"):**[15] Eben hier lag auch das Problem des Falls. Das BayObLG verneinte eine Strafbarkeit nach § 315c Abs. 1 Nr. 1a, Abs. 3 Nr. 1 StGB, da A diesen Unfall mit seinen tödlichen Folgen auch dann nicht hätte vermeiden können, wenn er nüchtern gewesen wäre, sodass die Folge nicht auf der Trunkenheit beruhte. Dagegen bejahte das Gericht eine Strafbarkeit nach § 222 StGB. A hätte nämlich bei einer Geschwindigkeit von höchstens 130 km/h den Tod der B vermeiden können. Daher knüpfte es den Vorwurf daran, dass er seine Geschwindigkeit der Trunkenheit nicht angepasst habe. ◀ 11

Anmerkung: Die Entscheidung verdient nur i.H.a. § 315c StGB Zustimmung, nicht aber bzgl. § 222 StGB.[16] War es an dieser Stelle der Autobahn zulässig, mit der entsprechenden Geschwindigkeit zu fahren, so lässt sich ein Fahrlässigkeitsvorwurf daran nicht knüpfen. Es ist nicht überzeugend, eine der Trunkenheit angepasste Geschwindigkeit zu fordern (und in der Nicht-Einhaltung die Pflichtwidrigkeit zu sehen), denn im Zustand der Trunkenheit darf man gar nicht fahren. 12

2. Subjektiver Tatbestand

Abs. 1 Nr. 1a setzt Vorsatz sowohl bzgl. der Tathandlung des Führens eines Fahrzeugs im Zustand der Fahruntüchtigkeit als auch bzgl. der konkreten Gefährdung eines anderen Menschen oder einer fremden Sache von bedeutendem Wert voraus. Zwar genügt jeweils dolus eventualis,[17] jedoch dürften sich viele Fahrer einerseits noch für fahrtüchtig halten, andererseits aber jedenfalls darauf hoffen, dass „alles gut geht". Dem trägt Abs. 3 Rechnung, der in Nr. 1 als **Vorsatz-Fahrlässigkeits-Kombination** die Konstellation unter Strafe stellt, dass der Täter hinsichtlich des Handlungsteils vorsätzlich, hinsichtlich der Gefahr hingegen fahrlässig handelt, und in Nr. 2 die als **Fahrlässigkeit-Fahrlässigkeits-Kombination** den Fall, dass der Täter in beider Hinsicht fahrlässig handelt. 13

---

12 LK-*König*, § 315c Rn. 168 ff.
13 BGHSt 27, 40, 42 ff.; *Eisele/Heinrich*, BT, Rn. 614; Sch/Sch-*Hecker*, § 315c Rn. 31; L/K/H-*Heger*, § 315c Rn. 25; A/W/H-*Hilgendorf*, § 38 Rn. 37; *Kindhäuser/Schramm*, BT I, § 65 Rn. 14; *Rengier*, BT II, § 44 Rn. 22.
14 *Eisele*, BT I, Rn. 1136; Sch/Sch-*Hecker*, § 315c Rn. 35.
15 BayObLG NStZ 1997, 388.
16 So auch *Eisele*, BT I, Rn. 1136.
17 *Eisele*, BT I, Rn. 1139; Sch/Sch-*Hecker*, § 315c Rn. 38; *Hilgendorf/Valerius*, BT 1, § 12 Rn. 28.

III. Tatbestandsvoraussetzungen des § 315c Abs. 1 Nr. 2 StGB

14 In § 315c Abs. 1 Nr. 2 StGB sind die „**sieben Todsünden**" eines Fahrzeugführers festgehalten,[18] die bei grob verkehrswidriger und rücksichtsloser Verhaltensweise und bei Eintritt einer konkreten Gefahr für die genannten Rechtsgüter eine Kriminalstrafe nach sich ziehen und keine bloße Ordnungswidrigkeit (mehr) darstellen. Dabei ist die **grobe Verkehrswidrigkeit** ein objektives Tatbestandsmerkmal.[19] Sie ist anzunehmen bei einem objektiv besonders schweren (groben) Verstoß gegen eine Verkehrsvorschrift.[20] Die **Rücksichtslosigkeit** ist hingegen als subjektives Tatbestandsmerkmal zu verstehen.[21]

15 **Definition:** Rücksichtslos handelt derjenige, der sich aus eigensüchtigen Gründen bewusst über seine Pflichten gegenüber anderen Verkehrsteilnehmern hinwegsetzt, oder wer – im Falle unbewusster Fahrlässigkeit – aus Gleichgültigkeit von vornherein Bedenken gegen sein Verhalten gar nicht aufkommen lässt und unbekümmert um mögliche Folgen drauflosfährt.[22]

IV. Rechtswidrigkeit und Schuld

16 Im Rahmen der Rechtswidrigkeit stellt sich insb. die Frage, ob eine **Einwilligung** eines Fahrzeuginsassen möglich ist. So kann es sein, dass ein Mitfahrer ausdrücklich damit einverstanden ist, dass der stark alkoholisierte Fahrer ihn nach Hause fährt, auch wenn es dabei zu konkreten Gefahren kommen könnte. Insb. die Rechtsprechung hält eine Einwilligung nicht für möglich, da es sich bei der Sicherheit des öffentlichen Straßenverkehrs nicht um ein dispositives Rechtsgut handle.[23] Die vorzugswürdige Gegenansicht hält eine Einwilligung hingegen für möglich, da neben der Sicherheit des Straßenverkehrs i.H.a. den Gefährdungsteil der Straftat auch individuelle Rechtsgüter geschützt sind, die dispositiv sind, sodass eine insofern mögliche Einwilligung den Gefährdungsteil und damit einen Teil des Unrechts beseitigt.[24] Hinsichtlich der Schuld gilt auch hier, dass bei Schuldunfähigkeit die Grundsätze der actio libera in causa nicht herangezogen werden können.

WIEDERHOLUNGSFRAGEN

1. Welche Rechtsgüter schützt § 315c StGB? (Rn. 1)
2. Sind auch Tatbeteiligte (Anstifter oder Gehilfen) taugliche Gefährdungsopfer i.S.v. § 315c StGB? (Rn. 8)
3. Ist eine rechtfertigende Einwilligung bei § 315c StGB möglich? (Rn. 16)

---

[18] *Hilgendorf/Valerius*, BT 1, § 12 Rn. 15; *Kindhäuser/Schramm*, BT I, § 65 Rn. 6.
[19] *Hilgendorf/Valerius*, BT 1, § 12 Rn. 16; *Kindhäuser/Schramm*, BT I, § 65 Rn. 7.
[20] BGHSt 5, 392, 395; *Hilgendorf/Valerius*, BT I, § 12 Rn. 16; *Kindhäuser/Schramm*, BT I, § 65 Rn. 7; MK-*Pegel*, § 315c Rn. 78.
[21] BGHSt 5, 392, 395; *Kindhäuser/Schramm*, BT I, § 65 Rn. 8.
[22] BGHSt 5, 392, 395; *Hilgendorf/Valerius*, BT 1, § 12 Rn. 18; MK-*Pegel*, § 315c Rn. 82.
[23] BGHSt 23, 261, 262 ff.; OLG Stuttgart NJW 1976, 1904; L/K/H-*Heger*, § 315c Rn. 32.
[24] *Eisele*, BT I, Rn. 1142; *Hilgendorf/Valerius*, BT 1, § 12 Rn. 30; *Kindhäuser/Schramm*, BT I, § 65 Rn. 24; NK-*Zieschang*, § 315b Rn. 40; § 315c Rn. 59; vgl. aber MK-*Pegel*, § 315c Rn. 114: einverständliche Fremdgefährdung. Vgl. ferner NK-*Zieschang*, § 315b Rn. 41, zu der Frage, ob eine Einwilligung in eine Lebensgefahr möglich ist; vgl. zur Einwilligung insgesamt *Hillenkamp/Cornelius*, Probleme BT, 18. Problem, S. 98 ff.

§ 38 Gefährliche Eingriffe in den Straßenverkehr, § 315b StGB

Literaturempfehlungen:
Geppert, Der gefährliche Eingriff in den Straßenverkehr (§ 315b StGB), JURA 1996, 639; *Hecker*, Gefährlicher Eingriff in den Straßenverkehr, JuS 2013, 84; *Mitsch*, Gefährlicher Eingriff in den Straßenverkehr und Notwehr, JuS 2014, 593; *Zieschang*, Die Straßenverkehrsdelikte gemäß §§ 315b, 315c StGB und § 316 StGB, AL 2015, 333.

Übungsfälle:
Berndt/Serbest, „Gute" Neujahrsvorsätze, JURA 2017, 587; *Brodowski*, Garantenstellung – Notwehr gegen Forderungsentziehung durch Unfallflucht, JuS 2015, 430; *Ellbogen/Richter*: Der praktische Fall – Strafrecht: Der Zechpreller, JuS 2002, 1192.

I. Einleitung

1. Grundlagen

Ebenso wie § 315c StGB schützt auch § 315b StGB einerseits die Sicherheit des Straßenverkehrs sowie andererseits die Individualrechtsgüter Leben, Gesundheit und Eigentum.[1] Auch § 315b StGB stellt ein **konkretes Gefährdungsdelikt** dar.[2] Anders als bei § 315c StGB geht es grundsätzlich um verkehrsfremde Eingriffe in den Straßenverkehr von außen.[3] Insofern ist § 315b StGB auch **kein eigenhändiges Delikt**,[4] sodass Täter dieses Eingriffs von außen jeder sein kann.

§ 315b Abs. 1 StGB bildet das vorsätzliche Grunddelikt, während Abs. 4 auch hier – wie § 315c Abs. 3 StGB – sowohl eine Vorsatz-Fahrlässigkeits- und Abs. 5 eine Fahrlässigkeit-Fahrlässigkeits-Kombination vorsieht. § 315b Abs. 3 StGB i.V.m. § 315 Abs. 3 Nr. 1 StGB sieht eine Qualifikation vor, wenn der Täter in der Absicht handelt, einen Unglücksfall herbeizuführen oder eine andere Straftat zu ermöglichen oder zu verdecken (vgl. § 306b Abs. 2 Nr. 2 StGB, s.o. § 33 Rn. 11). In § 315b Abs. 3 StGB i.V.m. § 315 Abs. 3 Nr. 2 StGB ist ferner eine Erfolgsqualifikation enthalten, wenn der Täter durch die Tat eine schwere Gesundheitsschädigung eines anderen Menschen oder eine Gesundheitsschädigung einer großen Zahl von Menschen verursacht. Diesbzgl. kann inhaltlich auf § 306b Abs. 1 StGB verwiesen werden (s.o. § 33 Rn. 4). § 320 Abs. 2 Nr. 2 und Abs. 3 Nr. 1b) StGB sehen die Möglichkeit der tätigen Reue vor.

2. Prüfungsschema

Folgendes Prüfungsschema kann für § 315b Abs. 1 StGB zugrunde gelegt werden:
▶ I. Tatbestand
   1. Objektiver Tatbestand
      verkehrsfremder Angriff von außen, der die Sicherheit des Straßenverkehrs beeinträchtigt durch
   2. zerstören, beschädigen oder beseitigen von Anlagen oder Fahrzeugen,
   3. Hindernisse bereiten oder

---

1 Eisele/Heinrich, BT, Rn. 622; Sch/Sch-Hecker, § 315b Rn. 1; NK-Zieschang, § 315b Rn. 7.
2 Fischer, § 315b Rn. 2; Rengier, BT II, § 45 Rn. 1; NK-Zieschang, § 315b Rn. 2; ders., BT 1, Rn. 1069.
3 A/W/H/H-Hilgendorf, § 38 Rn. 27.
4 BGH BeckRS 2023, 41499; vgl. dazu Rüßmann/Schubert, famos 8/2024; ebenso NK-Zieschang, § 315b Rn. 8; ders., BT 1, Rn. 1076.

4. ähnlichen, ebenso gefährlichen Eingriff
   a) dadurch konkrete Gefährdung von Leib oder Leben eines anderen Menschen oder fremde Sachen von bedeutendem Wert
   b) spezifischer Gefahrzusammenhang
5. Subjektiver Tatbestand
   Abs. 1: Vorsatz
   Abs. 4: Vorsatz-Fahrlässigkeits-Kombination
   Abs. 5: Fahrlässigkeit-Fahrlässigkeits-Kombination

II. Rechtswidrigkeit
III. Schuld
IV. Tätige Reue, § 320 Abs. 2, 3 ◄

II. Tatbestandsvoraussetzungen des § 315b Abs. 1 StGB

4 ▶ **Beispielsfall („Polizeiflucht"):**[5] A, der nicht im Besitz einer Fahrerlaubnis ist, fährt mit seinem Pkw auf einer öffentlichen Straße. Er wird von einem Streifenwagen, besetzt mit den Polizeibeamten B und C, die einen Vollstreckungshaftbefehl gegen A vollziehen wollen, verfolgt und vergeblich zum Halten aufgefordert. B versucht, den Streifenwagen links neben den Pkw des A zu setzen, um ihn zu überholen und zum Halten zu bringen. Um das Überholen zu verhindern, zieht A sein Fahrzeug langsam nach links. Eine Kollision der Fahrzeuge kann – was A bewusst ist und worauf er auch vertraut – nur durch starkes Abbremsen des Streifenwagens verhindert werden. Hat sich A nach § 315b Abs. 1 StGB strafbar gemacht? ◄

1. Objektiver Tatbestand
a) Tatobjekte und Tathandlungen
aa) Abs. 1 Nr. 1: Zerstören, beschädigen oder beseitigen von Anlagen oder Fahrzeugen

5 Abs. 1 Nr. 1 stellt das Zerstören, Beschädigen oder Beseitigen von Anlagen oder Fahrzeugen unter Strafe. Als **Tatobjekte** sind dabei Anlagen und Fahrzeuge genannt.

6 **Definition:** Anlagen sind alle Einrichtungen, die dem Straßenverkehr dienen.[6]

7 Darunter fallen etwa Verkehrszeichen, Ampeln oder Absperrungen, aber auch die Straße selbst nebst Zubehör inklusive der Gullydeckel.[7]

8 **Definition:** Als Fahrzeuge sind sämtliche im öffentlichen Verkehr vorkommenden Fortbewegungsmittel zur Beförderung von Personen oder Gütern, ohne Rücksicht auf die Antriebsart, anzusehen.[8]

9 Insofern kann auf die Ausführungen zu § 316 StGB verwiesen werden (s.o. § 36 Rn. 10). In diesem Sinne gehören dazu etwa Straßenbahnen, Omnibusse, Kraftfahrzeuge oder Fahrräder,[9] nicht aber Inlineskates.[10]

---

5 BGHSt 48, 233; vgl. dazu *Marxen/Voigt,* famos 07/2003.
6 BGH NStZ 2002, 648; *Eisele,* BT I, Rn. 1152; Sch/Sch-*Hecker,* § 315b Rn. 5; *Hilgendorf/Valerius,* BT I, § 12 Rn. 55; *Rengier,* BT II, § 45 Rn. 4; NK-*Zieschang,* § 315b Rn. 18; *ders.,* BT 1, Rn. 1074.
7 BGH NStZ 2002, 648; Sch/Sch-*Hecker,* § 315b Rn. 5; *Rengier,* BT II, § 45 Rn. 4.
8 *Fischer,* § 315b Rn. 6; Sch/Sch-*Hecker,* § 315b Rn. 5; *Hilgendorf/Valerius,* BT I, § 12 Rn. 55.
9 Sch/Sch-*Hecker,* § 315b Rn. 5.
10 *Fischer,* § 315b Rn. 6 – a.A. Sch/Sch-*Hecker,* § 315b Rn. 5; NK-*Zieschang,* § 315b Rn. 18.

II. Tatbestandsvoraussetzungen des § 315b Abs. 1 StGB § 38

Hinsichtlich der **Tathandlungen** des Zerstörens oder Beschädigens kann auf die Definitionen zu § 303 StGB rekurriert werden.[11] Als Beispiele lassen sich nennen: das Durchtrennen eines Bremsschlauchs; das Lockern von Radmuttern oder die Sabotage einer Ampel.[12]

Definition: Ein Beseitigen ist anzunehmen, wenn das Tatobjekt an einen Ort gebracht wird, an dem es die ihm zugedachte Funktion nicht mehr erfüllen kann.[13]

Als Beispiel lässt sich das Beseitigen von Verkehrsschildern anführen.[14]

bb) Abs. 1 Nr. 2: ein Hindernis bereiten

Definition: Unter dem Bereiten eines Hindernisses ist jeder Vorgang zu verstehen, der geeignet ist, regelmäßigen Betrieb des Straßenverkehrs zu hemmen oder zu stören.[15]

Beispiele bilden Straßensperren oder das Spannen eines Drahtes über die Fahrbahn.[16] Die Tat kann auch durch ein pflichtwidriges Unterlassen begangen werden,[17] etwa wenn der Fahrer eines Lkw verlorene Ladung nicht von der Fahrbahn entfernt.

cc) Abs. 1 Nr. 3: ähnlicher ebenso gefährlicher Eingriff

Abs. 1 Nr. 3 stellt einen **Auffangtatbestand** dar. Er erfasst aber nur solche Verhaltensweisen, die unmittelbar auf einen Verkehrsvorgang einwirken und den in Nr. 1 und 2 genannten Tathandlungen der Art und Gefährlichkeit nach gleichwertig sind.[18] Zu denken ist hierbei etwa an falsche Zeichen oder Signale, z.B. durch das Anbringen eines Einbahnstraßenschildes in entgegengesetzter Richtung[19] oder durch das Herabwerfen von Gegenständen von einigem Gewicht von einer Brücke auf fahrende Kfz.[20]

dd) Verkehrsfremde Inneneingriffe

Grundsätzlich erfasst § 315b StGB in Abgrenzung zu § 315c StGB nur verkehrsfremde Eingriffe von außen in den Straßenverkehr (s.o. Rn. 1 sowie § 35 Rn. 2 und § 37 Rn. 1), d.h. das Fehlverhalten eines Verkehrsteilnehmers ist in § 315c Abs. 1 Nr. 2 StGB abschließend geregelt, sodass § 315b StGB ausscheidet.[21] § 315c StGB entwickelt insofern eine Sperrwirkung.[22] Allerdings ist anerkannt, dass in den Fällen der Nr. 2 und 3 auch ein „**verkehrsfremder Inneneingriff**" unter § 315b StGB fallen kann, wenn ein Fahrzeugführer einen Verkehrsvorgang zu einem Eingriff „pervertiert".[23] Ein solcher Fall kann etwa vorliegen, wenn der Täter einen Pkw bewusst zu einem

---

11 Vgl. dazu *Schramm*, BT II, § 6 Rn. 17, 26.
12 BeckOK-*Kudlich*, § 315b Rn. 9.1.
13 *Hilgendorf/Valerius*, BT I, § 12 Rn. 54; BeckOK-*Kudlich*, § 315b Rn. 10.
14 *Fischer*, § 315b Rn. 6.
15 Vgl. *Hilgendorf/Valerius*, BT I, § 12 Rn. 56; *Kindhäuser/Schramm*, BT I, § 66 Rn. 6.
16 BeckOK-*Kudlich*, § 315b Rn. 13.
17 Sch/Sch-*Hecker*, § 315b Rn. 6.
18 *Hilgendorf/Valerius*, BT I, § 12 Rn. 57; BeckOK-*Kudlich*, § 315b Rn. 15.
19 *Fischer*, § 315b Rn. 8a.
20 BGHSt 48, 119.
21 *Wessels/Hettinger/Engländer*, BT 1, Rn. 984, 987.
22 BGHSt 48, 233, 237.
23 BGHSt 41, 231, 234; 48, 233, 237; *Eisele*, BT I, Rn. 1146; *Eisele/Heinrich*, BT, Rn. 625 ff.; *Hilgendorf/Valerius*, BT I, § 12 Rn. 58; *Kindhäuser/Schramm*, BT I, § 66 Rn. 9; MK-*Pegel*, § 315b Rn. 14; *Rengier*, BT II, § 45 Rn. 16 ff., 33 ff.; *Wessels/Hettinger/Engländer*, BT 1, Rn. 987; *Zieschang*, BT 1, Rn. 1072.

Hindernis zweckentfremdet (Nr. 2) oder einen Pkw als Waffe zur Verletzung eines Menschen einsetzt (Nr. 3). Ein solcher verkehrsfeindlicher Inneneingriff hat objektive und subjektive Voraussetzungen. In objektiver Hinsicht ist erforderlich, dass eine **grobe Einwirkung von einigem Gewicht** vorliegt[24] und in subjektiver Hinsicht eine „**Pervertierungsabsicht**", d.h. dass es dem Täter darauf ankommen muss, den Verkehrsvorgang zu einem Eingriff zu pervertieren.[25] Während die Rechtsprechung als weitere subjektive Voraussetzung zunächst einen Gefährdungsvorsatz ausreichen ließ verlangt sie in jüngerer Zeit einen zumindest **bedingten Schädigungsvorsatz**.[26] Insofern können etwa Fälle nach § 315b StGB strafbar sein, in denen der Täter scharf abbremst, um einen Auffahrunfall zu provozieren, oder bei Angriffen auf Fußgänger, wenn er diese verletzen will.[27]

▶ **Lösung des Beispielsfalls ("Polizeiflucht"):**[28] Im Beispielsfall kam eine Strafbarkeit nach § 315b Abs. 1 Nr. 3 StGB in Betracht. Der BGH verneinte dies jedoch. Benutzt der Täter ein Fahrzeug als Fluchtmittel und fährt er bei der Flucht verkehrswidrig, scheide ein verkehrsfeindliches Verhalten aus, wenn er nur mit Gefährdungsvorsatz handelte. Soweit das primäre Ziel des Täters darin liegt, fortzukommen, könne allein das Vorliegen eines Nötigungselements in Form einer Behinderung anderer Verkehrsteilnehmer ein Verkehrsverhalten noch nicht zu einem gefährlichen Eingriff in den Straßenverkehr machen. Der Nötigungscharakter und die Inkaufnahme der Gefährdung anderer Verkehrsteilnehmer seien vielmehr nur Teil einer Vielzahl alltäglich bewusst regelwidriger Verhaltensweisen, ohne dass solche vorsätzlichen Verkehrsverstöße als „Pervertierung" gewertet würden. ◀

Anmerkung: In den auch besonders klausurrelevanten Nötigungskonstellationen ist also genau zu prüfen, ob der Täter tatsächlich (zumindest bedingten) Schädigungsvorsatz aufwies oder ob er nur den Weg freiräumen wollte und darauf vertraute, dass das Gefährdungsopfer rechtzeitig zur Seite springen würde. Schädigungs- und Gefährdungsvorsatz sind demnach voneinander zu unterscheiden.[29] In der Literatur hat diese Interpretation teilweise Zustimmung erfahren,[30] teilweise wird sie aber auch abgelehnt und (weiterhin) ein Gefährdungsvorsatz für ausreichend angesehen, da sonst das Gefährdungsdelikt in ein kupiertes Schädigungsdelikt uminterpretiert werde.[31] So recht überzeugt die Einschränkung in der Tat nicht; entscheidend sollte die Pervertierungsabsicht sein, also die Absicht, den Verkehrsvorgang zu entfremden. Und ebendies wollte A auch im Beispielsfall.

b) Beeinträchtigung der Sicherheit des Straßenverkehrs

Die Tathandlungen müssen zu einer **abstrakten Beeinträchtigung** der Sicherheit des Straßenverkehrs führen. Eine solche abstrakte Gefahr für die Sicherheit des Straßenverkehrs liegt vor, wenn der Eingriff geeignet ist, zu einer Steigerung der allgemeinen Verkehrsgefahr zu führen.[32]

---

24 BGHSt 28, 87, 89.
25 *Eisele*, BT I, Rn. 1147 f.; *Rengier*, BT II, § 45 Rn. 17; vgl. auch M/S/M-*Maiwald*, § 53 Rn. 19 zu Beispielen.
26 BGHSt 48, 233, 237.
27 *Hilgendorf/Valerius*, BT I, § 12 Rn. 59.
28 BGHSt 48, 233; vgl. dazu *Marxen/Voigt*, famos 07/2003.
29 Vgl. MK-*Pegel*, § 315b Rn. 19 – a.A. NK-*Zieschang*, § 315b Rn. 14.
30 HK-*Quarch*, § 315b Rn. 8 f.; *Saal*, JURA 2003, 838, 940; weitergehend SK-*Wolters*, § 315b Rn. 17, der sogar Schädigungsabsicht fordert.
31 *Kindhäuser/Schramm*, BT I, § 66 Rn. 10; vgl. zur Kritik auch LPK-*Hilgendorf*, § 315b Rn. 5.
32 *Eisele*, BT I, Rn. 1162; *Wessels/Hettinger/Engländer*, BT 1, Rn. 986.

c) Konkrete Gefahr für eines der genannten Objekte

Zudem muss es zu einer **konkreten Gefahr** für eines der genannten Objekte kommen. Insofern handelt es sich um eine dreistufige Prüfung:[33] (1) Tathandlung, (2) abstrakte Gefahr für die Sicherheit des Straßenverkehrs sowie (3) konkrete Gefahr für eines der genannten Objekte. Hinsichtlich der konkreten Gefahr und der Gefährdungsobjekte gilt das zu § 315c StGB Ausgeführte (s.o. § 37 Rn. 7 ff.). Insb. muss auch ein **spezifischer Gefahrzusammenhang** gegeben sein.[34]

2. Subjektiver Tatbestand

Auch hier verlangt § 315b Abs. 1 StGB zumindest bedingten **Vorsatz** bzgl. aller objektiven Tatbestandsmerkmale. Im Übrigen sehen Abs. 4 und Abs. 5 Vorsatz-Fahrlässigkeits- bzw. Fahrlässigkeit-Fahrlässigkeits-Kombinationen vor. Im Fall des verkehrsfeindlichen Inneneingriffs sind ferner Pervertierungsabsicht und nach Ansicht des BGH auch ein Schädigungsvorsatz erforderlich (s.o. Rn. 16).

III. Tätige Reue

Anders als bei § 315c StGB sieht § 320 Abs. 2 Nr. 2 und Abs. 3 Nr. 1b) StGB für § 315b StGB die Möglichkeit der **tätigen Reue** vor. Gemäß § 320 Abs. 2 Nr. StGB kann das Gericht die Strafe nach seinem Ermessen mildern (§ 49 Abs. 2 StGB) oder von Strafe absehen, wenn der Täter in den Fällen des § 315b Abs. 1, 3 oder 4, Abs. 3 in Verbindung mit § 315 Abs. 3 Nr. 1 freiwillig die Gefahr abwendet, bevor ein erheblicher Schaden entsteht; gemäß § 320 Abs. 3 Nr. 1 b) StGB wird nicht bestraft, wer im Falle des § 315b Abs. 5 StGB (Fahrlässigkeit-Fahrlässigkeit) freiwillig die Gefahr abwendet, bevor ein erheblicher Schaden entsteht. Hinsichtlich der Voraussetzungen kann auf § 306e StGB verwiesen werden (s.o. § 31 Rn. 20).

WIEDERHOLUNGSFRAGEN

1. In welchem Verhältnis stehen § 315b StGB und § 315c StGB zueinander? (Rn. 16)
2. Unter welchen Voraussetzungen ist ein „verkehrsfremder Inneneingriff" von § 315b StGB erfasst? (Rn. 16 ff.)
3. In welchen Fällen ist bei § 315b StGB eine tätige Reue vorgesehen? (Rn. 22).

---

33 *Wessels/Hettinger/Engländer*, BT 1, Rn. 985.
34 BGHSt 48, 119, 124; *Wessels/Hettinger/Engländer*, BT 1, Rn. 986.

§ 39 Verbotene Kraftfahrzeugrennen, § 315d StGB

Literaturempfehlungen:
Czimek, Polizeiflucht und die Absicht der Erreichung einer höchstmöglichen Geschwindigkeit, ZJS 2020, 337; *Kulhanek*, Verbotene Kraftfahrzeugrennen, § 315d StGB, JURA 2018, 561; *Zieschang*, Zur Strafbarkeit nicht genehmigter Kraftfahrzeugrennen im Straßenverkehr, JA 2016, 721.

Übungsfall:
Preuß, Ein Wettstreit unter Kollegen mit Folgen, ZJS 2023, 857.

I. Einleitung

1. Grundlagen

1 § 315d StGB gelangte im Zuge des 56. StÄG im Jahr 2017 in das StGB unter dem Eindruck der Zunahme besonders gefährlicher Kraftfahrzeugrennen, die – wie etwa der Berliner Raserfall – sogar Todesopfer gefordert hatten (zur Frage eines möglichen Tötungsvorsatzes s.o. § 2 Rn. 11). § 315d Abs. 1 StGB dient dabei allein dem Schutz der Sicherheit des öffentlichen Straßenverkehrs, während bei § 315d Abs. 2, 4 und 5 StGB der Schutz von Leben, Leib und Eigentum gleichrangig neben den Schutz der Sicherheit des Straßenverkehrs tritt.[1]

2 Abs. 1 StGB ist ein abstraktes, Abs. 2 hingegen ein konkretes Gefährdungsdelikt, das für die Tatbestände des Abs. 1 Nr. 2 und 3 eine Qualifikation darstellt, Abs. 5 ist ein erfolgsqualifiziertes Delikt, das auf das Grunddelikt nach Abs. 2 aufbaut.[2]

2. Prüfungsschemata

3 Für Abs. 1 gilt das folgende Prüfungsschema:
▶ I. Tatbestand
  1. Objektiver Tatbestand
     im Straßenverkehr
     a) ein nicht erlaubtes Kraftfahrzeugrennen ausrichten oder durchführen, Abs. 1 Nr. 1, oder
     b) als Kraftfahrzeugführer an einem nicht erlaubten Kraftfahrzeugrennen teilnehmen, Abs. 1 Nr. 2, oder
     c) sich als Kraftfahrzeugführer mit nicht angepasster Geschwindigkeit und grob verkehrswidrig und rücksichtslos fortbewegen, Abs. 1 Nr. 3
  2. Subjektiver Tatbestand
     a) Vorsatz
     b) bei Abs. 1 Nr. 3: Absicht, eine höchstmögliche Geschwindigkeit zu erreichen
II. Rechtswidrigkeit
III. Schuld ◀

---

1 *Eisele*, BT I, Rn. 1172; *Eisele/Heinrich*, BT, Rn. 644; MK-*Pegel*, § 315d Rn. 2; NK-*Zieschang*, § 315d Rn. 12 – a.A. LK-*König*, § 315d Rn. 3: nur Straßenverkehr, Individualrechtsgüter nur faktisch mitgeschützt.
2 *Hilgendorf/Valerius*, BT I, § 12 Rn. 41; *Kindhäuser/Schramm*, BT I, § 67 Rn. 3; MK-*Pegel*, § 315d Rn. 3; NK-*Zieschang*, § 315d Rn. 8 ff.

II. Tatbestandsvoraussetzungen des Abs. 1

Bei Abs. 2 müssen die konkrete Gefahr und der spezifische Gefahrzusammenhang hinzutreten. Daraus ergibt sich das folgende Prüfungsschema:

▶ I. Tatbestand
   1. Objektiver Tatbestand
      a) Grunddelikt des § 315d Abs. 1 Nr. 2 oder Nr. 3
      b) dadurch konkrete Gefährdung von Leib oder Leben eines anderen Menschen oder fremde Sachen von bedeutendem Wert
      c) spezifischer Gefahrzusammenhang
   2. Subjektiver Tatbestand
      a) Vorsatz bzgl. Grunddelikt
      b) Vorsatz bzgl. konkreter Gefährdung (ansonsten: Abs. 4: Fahrlässigkeit)
II. Rechtswidrigkeit
III. Schuld ◀

II. Tatbestandsvoraussetzungen des Abs. 1

▶ **Beispielsfall („Polizeiflucht II"):**[3] A flüchtet gegen vier Uhr morgens mit seinem Pkw vor einer Polizeistreife, die ihn einer Verkehrskontrolle unterziehen will und ihm deshalb das Haltesignal anzeigt. A beschleunigt sein Fahrzeug, um eine hohe Geschwindigkeit zu erreichen und dadurch die ihn verfolgende Streife „abzuhängen". Die zulässige Höchstgeschwindigkeit erheblich überschreitend und unter Missachtung der Sicherheitsinteressen anderer Verkehrsteilnehmer fährt er mit weit überhöhter Geschwindigkeit durch eine Ortschaft. Die Gegenfahrbahn nutzend überfährt er eine „rot" anzeigende Ampel und setzt seine Fahrt bei erlaubten 50 km/h mit mindestens 145 km/h fort. Nach dem Ortsausgang fährt er auf einer kurvenreichen und unübersichtlichen Straße – bei Geschwindigkeitsbeschränkung auf 70 km/h – mit mindestens 160–180 km/h. Ihm sind um des schnelleren Fortkommens willen die Belange anderer Verkehrsteilnehmer gleichgültig. ◀

1. Objektiver Tatbestand

a) Tathandlungen des Abs. 1 Nr. 1: Ausrichten oder durchführen eines nicht erlaubten Kraftfahrzeugrennens

§ 315d Abs. 1 Nr. 1 StGB stellt das Ausrichten oder Durchführen von nicht erlaubten Kraftfahrzeugrennen im Straßenverkehr unter Strafe. Der Begriff des **Straßenverkehrs** deckt sich mit dem der §§ 315b, 315c StGB, sodass auch hier nur der **öffentliche Verkehrsraum** erfasst ist.[4] Da der Wortlaut sich nur auf Kraftfahrzeuge bezieht, sind hier anders als bei § 316 StGB Fahrräder etc. nicht umfasst.[5]

Definition: Ein Kraftfahrzeugrennen ist ein Wettbewerb zwischen wenigstens zwei Kraftfahrzeugführern, bei dem es zumindest auch darum geht, über eine nicht unerhebliche Wegstrecke eine höhere Geschwindigkeit als der andere oder die anderen teilnehmenden Kraftfahrzeugführer zu erreichen.[6]

---

3 OLG Stuttgart NJW 2019, 2787; vgl. dazu *Joost/Kaiser*, famos 11/2019.
4 *Eisele*, BT I, Rn. 1173b; *Kindhäuser/Schramm*, BT I, § 67 Rn. 4; LK-*König*, § 315d Rn. 4; BeckOK-*Kulhanek*, § 315d Rn. 10; MK-*Pegel*, § 315d Rn. 5.
5 Einzelheiten bei LK-*König*, § 315d Rn. 6.
6 BGHSt 66, 294, 298; KG NStZ 2023, 44.

8 Diese Definition ist an das Begriffsverständnis zu § 29 Abs. 1 StVO a.F. angelehnt, auf das der Gesetzgeber zurückgreifen wollte.[7] Nach der Rechtsprechung macht es dabei keinen Unterschied, ob die Teilnehmer zueinander in Bezug auf die Höchstgeschwindigkeit, die höchste Durchschnittsgeschwindigkeit oder die schnellste Beschleunigung in Konkurrenz treten wollen.[8] Fahrzeugrennen können auch spontan und konkludent verabredet werden.[9] Sie sind unerlaubt, wenn sie nicht i.S.v. § 29 Abs. 2 StVO genehmigt wurden.[10]

9 **Definition:** Ausrichten bedeutet als geistiger und praktischer Urheber, Planer und Veranlasser die Veranstaltung vorzubereiten, zu organisieren oder eigenverantwortlich ins Werk zu setzen.[11]

10 **Definition:** Durchführen bedeutet daher, das Renngeschehen eigenverantwortlich vor Ort praktisch umzusetzen.[12]

11 Bei der Ausrichtung geht es also primär um organisatorische Tätigkeiten im Hintergrund, wie etwa Termin- und Streckenplanung.[13] Die Alternative des Durchführens soll aber sicherstellen, dass auch die Personen erfasst sind, die vor Ort tätig sind.[14] Schlichte Hilfstätigkeiten stellen aber nur eine Beihilfe dar.[15]

b) **Tathandlung des Abs. 1 Nr. 2: als Kraftfahrzeugführer an einem nicht erlaubten Kraftfahrzeugrennen teilnehmen**

12 Auch die Teilnehmer an einem nicht erlaubten Kraftfahrzeugrennen i.S.v. Abs. 1 Nr. 1 können nach Abs. 1 Nr. 2 bestraft werden. Der Begriff „**Teilnahme**" ist dabei nicht wie in den §§ 26, 27 StGB zu verstehen, sondern als Tätigkeit der Kraftfahrzeugführer, die das Rennen austragen.[16] Da aber nur die Kraftfahrzeugführer Täter sein können, handelt es sich bei Abs. 1 Nr. 2 um ein **eigenhändiges Delikt**.[17] Sonstige Beteiligte können dann nur Anstifter oder Gehilfen sein. Der Begriff des Fahrzeugführers ist wie bei den §§ 315c, 316 StGB zu verstehen (s.o. § 36 Rn. 10 ff.; § 37 Rn. 6). Damit scheidet auch hier der Beifahrer als Täter grds. aus.[18]

---

7 BT-Drs. 18/10145, 9.
8 BGHSt 66, 294, 298; KG NStZ 2023, 44.
9 BT-Drs. 18/10145, 9; BT-Drs. 18/12964, 5; BGHSt 66, 294, 298; *Kindhäuser/Schramm*, BT I, § 67 Rn. 5; BeckOK-*Kulhanek*, § 315d Rn. 13.
10 BT-Drs. 18/12964, 5. Nach h.M. handelt es sich um ein (negatives) Tatbestandsmerkmal; vgl. Sch/Sch-*Hecker*, § 315d Rn. 4; L/K/H-*Heger*, § 315d Rn. 3; MK-*Pegel*, § 315d Rn. 13 – a.A. LK-*König*, § 315d Rn. 13: Rechtfertigungsgrund.
11 BT-Drs. 18/10145, 9.
12 BeckOK-*Kulhanek*, § 315d Rn. 17; MK-*Pegel*, § 315d Rn. 17.
13 *Eisele/Heinrich*, BT, Rn. 647; MK-*Pegel*, § 315d Rn. 15.
14 BT-Drs. 18/12964, 5.
15 Sch/Sch-*Hecker*, § 315d Rn. 6; *Wessels/Hettinger/Engländer*, BT 1, Rn. 1010.
16 BT-Drs. 18/10145, 9; BT-Drs. 18/12964, 5.
17 BGHSt 66, 294, 300; Sch/Sch-*Hecker*, § 315d Rn. 7; *Kindhäuser/Schramm*, BT I, § 67 Rn. 9; LK-*König*, § 315d Rn. 21; BeckOK-*Kulhanek*, § 315d Rn. 28; MK-*Pegel*, § 315d Rn. 19; *Rengier*, BT II, § 44a Rn. 5.
18 Sch/Sch-*Hecker*, § 315d Rn. 7; BeckOK-*Kulhanek*, § 315d Rn. 28; MK-*Pegel*, § 315d Rn. 19 – a.A L/K/H-*Heger*, § 315d Rn. 4, für bestimmte Konstellationen.

II. Tatbestandsvoraussetzungen des Abs. 1 § 39

c) Tathandlung des Abs. 1 Nr. 3: sich als Kraftfahrzeugführer mit nicht angepasster Geschwindigkeit und grob verkehrswidrig und rücksichtslos fortbewegen

Abs. 1 Nr. 3 ist in der Vorschrift insofern ein „Fremdkörper"[19], als er auch ein „Alleinrennen" unter Strafe stellt, bei dem eine Einzelperson „objektiv und subjektiv ein Kraftfahrzeugrennen nachstellt".[20] Den Hintergrund bilden dabei Fälle, in denen sich der Fahrzeugführer bei der Raserei selbst filmt und dies im Internet live streamt oder die Aufnahme später hochlädt. Da auch hier nur der Fahrzeugführer Täter sein kann, ist auch Abs. 1 Nr. 3 ein **eigenhändiges Delikt**.[21] Mit dem Merkmal des Sich-Fortbewegens mit nicht angepasster Geschwindigkeit ist ein zu schnelles Fahren gemeint, „das Geschwindigkeitsbegrenzungen verletzt oder der konkreten Verkehrssituation zuwiderläuft".[22] Hierzu kann auf § 3 StVO abgestellt werden.[23] Es kommt insofern gem. § 3 Abs. 1 S. 2 StVO auch auf die Straßen-, Verkehrs-, Sicht- und Wetterverhältnisse,[24] somit auf den Einzelfall an.[25] Hinsichtlich der Merkmale „grob verkehrswidrig" und „rücksichtslos" kann auf § 315c Abs. 1 Nr. 2 StGB verwiesen werden (s. o. § 37 Rn. 14).[26] Das Merkmal, „um eine höchstmögliche Geschwindigkeit zu erreichen" beschreibt eine subjektive Komponente, eine „**Rennabsicht**" (s. u. Rn. 14 ff.).

13

2. Subjektiver Tatbestand

Für Abs. 1 und 2 genügt dolus eventualis bzgl. der objektiven Merkmale.[27] Besonderheiten bestehen jedoch bei Abs. 1 Nr. 3. Hier ist es nämlich erforderlich, dass der Täter auch subjektiv ein Rennen nachstellen will. Er muss daher nicht nur mit dolus eventualis bzgl. des Fahrens mit nicht angepasster Geschwindigkeit handeln,[28] sondern auch „**rücksichtslos**" und „**um eine höchstmögliche Geschwindigkeit zu erreichen**".[29] Letztere Komponente wirft einige Fragen auf. Das BVerfG hält Abs. 1 Nr. 3 jedoch für verfassungsgemäß.[30]

14

Vorsätzliche Geschwindigkeitsübertretungen genügen als solches noch nicht, sondern es muss dem Täter um das Erreichen einer höchstmöglichen Geschwindigkeit gehen, was dem Renncharakter der Fahrt Ausdruck verleihen soll.[31] I.H.a. die Formulierung „um zu" ist hinsichtlich des Erreichens der höchstmöglichen Geschwindigkeit zunächst **Absicht** i.S.v. dolus directus I erforderlich.[32] Da es sich nur um ein subjektives Merkmal handelt, muss diese nicht erreicht werden, es geht also um eine **überschießende Innentendenz**.[33] Hier stellt sich zunächst die Frage, ob die anvisierte „Höchstgeschwin-

15

---

19 BeckOK-*Kulhanek*, § 315d Rn. 31.
20 BT-Drs. 18/12964, 5.
21 *Eisele/Heinrich*, BT, Rn. 651; BeckOK-*Kulhanek*, § 315d Rn. 34.
22 BT-Drs. 18/12964, 5.
23 *Eisele/Heinrich*, BT, Rn. 652; NK-*Zieschang*, § 315d Rn. 39.
24 Vgl. BT-Drs. 18/12964, 5; BVerfGE 160, 284, 326.
25 *Eisele/Heinrich*, BT, Rn. 651.
26 BT-Drs. 18/12964, 5.
27 *Eisele/Heinrich*, BT, Rn. 648, 650; *Kindhäuser/Schramm*, BT I, § 67 Rn. 11; LK-*König*, § 315d Rn. 22; BeckOK-*Kulhanek*, § 315d Rn. 18, 29; MK-*Pegel*, § 315d Rn. 29.
28 LK-*König*, § 315d Rn. 27; BeckOK-*Kulhanek*, § 315d Rn. 38.
29 *Eisele/Heinrich*, BT, Rn. 653.
30 BVerfGE 160, 284, 316 ff.; vgl. dazu *Reitberger/Weipert*, famos 11/2022.
31 BT-Drs. 18/12964, 6.
32 KG DAR 2020, 149, 151; *Kindhäuser/Schramm*, BT I, § 67 Rn. 16; *Rengier*, BT II, § 44a Rn. 15; NK-*Zieschang*, § 315d Rn. 40.
33 *Kindhäuser/Schramm*, BT I, § 67 Rn. 16; BeckOK-*Kulhanek*, § 315d Rn. 41; MK-*Pegel*, § 315d Rn. 26; NK-*Zieschang*, § 315d Rn. 40.

digkeit" absolut oder relativ gemeint ist. Während teilweise angenommen wird, der Täter müsse das Fahrzeug an seine absoluten technischen und physikalischen Grenzen führen wollen,[34] ist mit Bezug auf die Motive des Gesetzgebers auch hier nur eine **relative Höchstgeschwindigkeit** abhängig von den Witterungsverhältnissen etc. zu fordern,[35] d.h. eine situationsbezogene Höchstgeschwindigkeit. Auch der Gesetzgeber wollte „viele relevante Komponenten" berücksichtigt wissen, neben der fahrzeugbedingten Höchstgeschwindigkeit auch „subjektives Geschwindigkeitsempfinden, Verkehrslage, Witterungsbedingungen und anderes".[36] Zu Recht fordert der BGH aber, dass sich die „Rennabsicht" auf eine nicht unerhebliche Strecke beziehen muss,[37] da sonst kaum von einem nachgestellten „Rennen" gesprochen werden kann. Fraglich ist jedoch ferner, ob die Absicht, eine höchstmögliche Geschwindigkeit zu erzielen, der einzige oder jedenfalls der Hauptbeweggrund des Täters sein muss. Dieses Problem stellt sich auch im Beispielsfall.

16 ▶ **Lösung des Beispielsfalls („Polizeiflucht II"):**[38] Das OLG Stuttgart bejahte eine Strafbarkeit nach § 315d Abs. 1 Nr. 3 StGB. Hierzu hielt es zunächst bzgl. der Absicht, eine höchstmögliche Geschwindigkeit zu erreichen, eine relative Höchstgeschwindigkeit für maßgeblich. Hier ging es A zwar in erster Linie darum, die Polizeistreife abzuhängen, sodass sich am Nachstellen eines Rennens zweifeln ließe. Das OLG stellte jedoch fest, dass Absicht, eine höchstmögliche Geschwindigkeit zu erreichen, nicht der Haupt- oder Alleinbeweggrund sein muss.[39] Sowohl der Gesetzeswortlaut als auch die Begründung sprächen dafür, auch eine Polizeiflucht als tatbestandsmäßig anzusehen. Schließlich sei auch sie von einem spezifischen Renncharakter geprägt, auch wenn das Ziel des Wettbewerbs hier nicht im bloßen Sieg, sondern in der gelungenen Flucht liege. Die risikobezogene Vergleichbarkeit mit den sportlichen Wettbewerben liege daher auf der Hand. ◀

17 **Anmerkung:** Diese Auslegung hat sich als h.M. durchgesetzt[40] und wurde auch vom BVerfG gebilligt.[41] Dafür spricht insb., dass es auch bei anderen Normen mit überschießender Innentendenz ausreicht, wenn die entsprechende Absicht ein notwendiges Zwischenziel betrifft.[42] Auch müssen die Motivation und die Absicht getrennt betrachtet werden.[43]

III. Tatbestandsvoraussetzungen des § 315d Abs. 2 StGB

18 § 315d Abs. 2 StGB ist ein **konkretes Gefährdungsdelikt**, das als Qualifikation auf den Grunddelikten nach Abs. 1 Nr. 2 und 3 aufbaut.[44] Es setzt wie § 315c StGB voraus, dass Leib oder Leben eines anderen Menschen oder fremde Sachen von bedeutendem

---

34 LG Stade BeckRS 2018, 14896.
35 BVerfGE 160, 284, 328; BGHSt 66, 27, 34; KG DAR 2020, 149, 152; OLG Stuttgart NJW 2019, 2787; *Eisele*, BT I, Rn. 1173i; *Kindhäuser/Schramm*, BT I, § 67 Rn. 16a; MK-*Pegel*, § 315d Rn. 26; *Rengier*, BT II, § 44a Rn. 15.
36 BT-Drs. 18/12964, 5 f.
37 BGHSt 66, 27, 34.
38 OLG Stuttgart NJW 2019, 2787; vgl. dazu *Joost/Kaiser*, famos 11/2019.
39 OLG Stuttgart NJW 2019, 2787, 2788.
40 BGHSt 66, 27, 35; BGH NStZ 2021, 615; KG DAR 2020, 149, 151; OLG Köln NStZ-RR 2020, 224, 226; *Eisele/Heinrich*, BT, Rn. 653; L/K/H-*Heger*, § 315d Rn. 5; *Kindhäuser/Schramm*, BT I, § 67 Rn. 16; LK-*König*, § 315d Rn. 29; BeckOK-*Kulhanek*, § 315d Rn. 42; MK-*Pegel*, § 315d Rn. 27; *Rengier*, BT II, § 44a Rn. 17; *Wessels/Hettinger/Engländer*, BT 1, Rn. 1010; i.E. auch *Joost/Kaiser*, famos 11/2019, 1, 6: sofern es kein ganz nebensächlicher Beweggrund ist – a.A. *Fischer*, § 315d Rn. 18; Sch/Sch-*Hecker*, § 315d Rn. 9.
41 BVerfGE 160, 284, 328 f.
42 BVerfGE 160, 284, 329; vgl. etwa *Schramm*, BT II, § 5 Rn. 24 (zu § 252 StGB).
43 BVerfGE 160, 284, 332 f.; BGHSt 66, 27, 35.
44 *Eisele/Heinrich*, BT, Rn. 654.

Wert konkret gefährdet werden, also einen „Beinahe-Unfall".[45] Inhaltlich kann auf § 315c StGB verwiesen werden (s.o. § 37 Rn. 7 ff.). Auch hier kommen also Beifahrer und sogar Tatbeteiligte als Gefährdungsopfer grds. in Betracht,[46] nicht aber das vom Täter geführte Fahrzeug.[47] Ferner muss – wie bei allen konkreten Gefährdungsdelikten – ein **spezifischer Gefahrzusammenhang** gegeben sein.[48] In subjektiver Hinsicht muss der Täter neben dem Vorsatz bzgl. der Tathandlungen nach Abs. 1 Nr. 2 oder 3 auch einen (zumindest bedingten) Gefährdungsvorsatz aufweisen.[49] In Abs. 4 findet sich eine Vorsatz-Fahrlässigkeits-Kombination für Fälle, in denen der Täter vorsätzlich hinsichtlich der Tathandlung und fahrlässig hinsichtlich der konkreten Gefährdung handelt.

IV. Erfolgsqualifikation nach § 315d Abs. 5 StGB

§ 315d Abs. 5 StGB enthält eine **Erfolgsqualifikation** für die Fälle des Abs. 2, in denen der Täter durch die Tat den Tod oder eine schwere Gesundheitsschädigung eines anderen Menschen oder eine Gesundheitsschädigung einer großen Zahl von Menschen verursacht. Das Grunddelikt bildet § 315d Abs. 2 StGB. Hierdurch können spektakuläre Fälle geahndet werden, in denen sich ein Tötungsvorsatz nicht nachweisen lässt. Hier genügt Fahrlässigkeit hinsichtlich der schweren Folge, § 18 StGB. Bei Vorsatz ist § 315d Abs. 5 StGB jedoch ebenfalls (erst recht) einschlägig. Auch hier muss aber – wie bei allen erfolgsqualifizierten Delikten – ein spezifischer Gefahrzusammenhang geprüft werden,[50] sodass die schwere Folge gerade typischerweise auf der Teilnahme an einem unerlaubten Kraftfahrzeugrennen (Abs. 2 i.V.m. Abs. 1 Nr. 2) oder auf dem grob verkehrswidrigen und rücksichtslosen Sich-Fortbewegen als Kraftfahrzeugführer mit nicht angepasster Geschwindigkeit und der Absicht, eine höchstmögliche Geschwindigkeit zu erreichen (Abs. 2 i.V.m. Abs. 1 Nr. 3), beruhen muss. Bzgl. der schweren Folgen gilt das zu § 315b Abs. 3 i.V.m. § 315 Abs. 3 Nr. 2 StGB Ausgeführte (s.o. § 38 Rn. 2).

19

V. Rechtswidrigkeit und Schuld

Bei Abs. 1 scheidet eine **Einwilligung** aus, da nur die Sicherheit des Straßenverkehrs als nicht dispositives Rechtsgut geschützt ist; bzgl. Abs. 2 gilt hingegen das bereits zu § 315c StGB Gesagte. Da auch Leib und Leben bzw. Eigentum geschützt sind, kommt insofern eine Einwilligung (eines Beifahrers) in den Gefährdungsteil in Betracht.[51] Bei Schuldunfähigkeit infolge von Alkoholisierung ist wiederum zu beachten, dass Abs. 1 Nr. 2 und 3 eigenhändige Delikte darstellen, die ein bestimmtes Verhalten im Straßenverkehr verlangen, sodass auch hier eine Bestrafung aus a.l.i.c. ausscheidet.

20

---

45 MK-*Pegel*, § 315d Rn. 36.
46 Sch/Sch-*Hecker*, § 315d Rn. 10; LK-*König*, § 315d Rn. 35.
47 Sch/Sch-*Hecker*, § 315d Rn. 10.
48 Sch/Sch-*Hecker*, § 315d Rn. 10; LK-*König*, § 315d Rn. 36 – a.A. BeckOK-*Kulhanek*, § 315d Rn. 46; MK-*Pegel*, § 315d Rn. 36 i.H.a. den von § 315c Abs. 1 StGB abweichenden Wortlaut.
49 BGH NStZ 2023, 108, 109; *Kindhäuser/Schramm*, BT I, § 67 Rn. 20; LK-*König*, § 315d Rn. 36; BeckOK-*Kulhanek*, § 315d Rn. 50.
50 *Eisele/Heinrich*, BT, Rn. 656.
51 Sch/Sch-*Hecker*, § 315d Rn. 15; MK-*Pegel*, § 315d Rn. 31; NK-*Zieschang*, § 315d Rn. 60 – a.A. LK-*König*, § 315d Rn. 44, der in der Sicherheit des öffentlichen Straßenverkehrs das alleinige Schutzgut sieht.

WIEDERHOLUNGSFRAGEN

1. Wann liegt ein Kraftfahrzeugrennen vor? (Rn. 7)
2. Bestimmt sich die Absicht i.S.v. § 315d Abs. 1 Nr. 3 StGB, die höchstmögliche Geschwindigkeit zu erreichen, abstrakt oder relativ? (Rn. 15)
3. Liegt die erforderliche „Rennabsicht" i.S.v. § 315d Abs. 1 Nr. 3 StGB auch dann vor, wenn der Täter sie nur als Zwischenziel verfolgt, etwa bei einer Polizeiflucht? (Rn. 16 f.).

§ 40 Unerlaubtes Entfernen vom Unfallort, § 142 StGB

Literaturempfehlungen:
Bosch, Grundprobleme des Unerlaubten Entfernens vom Unfallort (§ 142) – Auslegung im Spannungsfeld zwischen Schutzzweck, Wortlaut und rechtsstaatlicher Begrenzung, JURA 2011, 593; *Geppert*, Unerlaubtes Entfernen vom Unfallort, JURA 1990, 78; *Kudlich*, Männer im Baumarkt – keine Fahrerflucht beim Beschädigen fremder Fahrzeuge auf einem Parkplatz beim Einladen, JA 2009, 230; *Mitsch*, Unvorsätzliches Entfernen vom Unfallort, JuS 2010, 303.

Übungsfälle:
Brand/Strauß, „Eine Radtour, die ist lustig"… und manchmal auch strafbar, JuS 2015, 332; *Haverkamp/Kaspar*, Der betrunkene Fahrlehrer, JA 2010, 780; *Mitsch*, Rückkehr an den Ort des Unfalls, JuS 2009, 341.

I. Einleitung

1. Grundlagen

Das unerlaubte Entfernen vom Unfallort gem. § 142 StGB wird üblicherweise bei den Straßenverkehrsdelikten behandelt, und auch dieses Lehrbuch folgt dieser Vorgehensweise. Gleichwohl wurde bereits darauf hingewiesen (s.o. § 35 Rn. 1), dass die Vorschrift ein Individualrechtsgut schützt, nämlich das private Feststellungsinteresse des Unfallbeteiligten, der seine Ersatzansprüche sichern bzw. unberechtigte Ansprüche abwehren können soll.[1] Insofern stellt § 142 StGB ein **abstraktes Vermögensgefährdungsdelikt** dar.[2] In Abs. 1 ist das Entfernen vom Unfallort ohne Ermöglichung der Feststellung der Person und der Unfallbeteiligung unter Strafe gestellt, während Abs. 2 Fälle betrifft, in denen der Täter den Tatort nach Ablauf der Wartefrist (Nr. 1) oder berechtigt oder entschuldigt (Nr. 2) verlassen hat und die Feststellungen nicht nachträglich ermöglicht. Abs. 2 ist daher ein echtes Unterlassungsdelikt,[3] das nur anwendbar ist, wenn der Unfallbeteiligte nicht nach Abs. 1 strafbar ist und die notwendigen Feststellungen noch nicht ermöglicht hat.[4]

1

Klausurtipp: Insofern ist in der Klausur Abs. 1 zuerst zu prüfen.

2

2. Prüfungsschema

Hier werden Abs. 1 und Abs. 2 im Prüfungsschema zusammen dargestellt.

3

▶ I. Tatbestand
    1. Objektiver Tatbestand
        a) Unfall im Straßenverkehr
        b) Täter: Unfallbeteiligter, Abs. 5
        c) Tathandlung:
            aa) Abs. 1: Entfernen vom Unfallort

---

[1] BGHSt 24, 382, 385; *Eisele*, BT I, Rn. 1174; *Eisele/Heinrich*, BT, Rn. 657; LK-*Herb*, § 142 Rn. 1; *Rengier*, BT II, § 46 Rn. 1; *Wessels/Hettinger/Engländer*, BT 1, Rn. 1013; *Zieschang*, BT 1, Rn. 1066.
[2] LK-*Herb*, § 142 Rn. 1; A/W/H/H-*Hilgendorf*, § 38 Rn. 50; *Rengier*, BT II, § 46 Rn. 1; *Wessels/Hettinger/Engländer*, BT 1, Rn. 1013; *Zieschang*, BT 1, Rn. 1067.
[3] LK-*Herb*, § 142 Rn. 117; *Rengier*, BT II, § 46 Rn. 39.
[4] *Rengier*, BT II, § 46 Rn. 18.

- (1) Nr. 1: wenn feststellungsbereite Personen anwesend unter Verletzung der Feststellungsduldungs- und Vorstellungspflicht
- (2) Nr. 2: wenn keine feststellungsbereite Personen anwesend, ohne Wartezeit einzuhalten
- bb) Abs. 2: Feststellungen nicht unverzüglich nachträglich ermöglicht
  - (1) Nr. 1: nach Ablauf der Wartefrist oder
  - (2) Nr. 2: Täter hat sich berechtigt oder entschuldigt vom Unfallort entfernt
- 2. Subjektiver Tatbestand
- II. Rechtswidrigkeit
- III. Schuld (inkl. Zumutbarkeit)
- IV. Tätige Reue, Abs. 4 ◀

II. Tatbestandsvoraussetzungen

4 ▶ **Beispielsfall („Rollsplit"):**[5] A wirbelt mit seinem Pkw beim verbotswidrigen Überholen auf einem Baustellenabschnitt Rollsplitt auf, wodurch an dem überholten Fahrzeug des B Schäden in Höhe von knapp 1.900 € entstehen. B folgt A, bis dieser auf das Gelände einer circa 500 Meter entfernten Tankstelle einbiegt, wo er ihn auf den Unfall aufmerksam macht. A bestreitet den Überholvorgang und entfernt sich, ohne B die Feststellung der in § 142 Abs. 1 Nr. 1 StGB vorgesehenen Angaben zu ermöglichen. Es kann A nicht nachgewiesen werden, dass er das schadensverursachende Ereignis bemerkt hat. ◀

5 Die Taten nach Abs. 1 lassen sich danach unterscheiden, ob feststellungsbereite Personen am Unfallort anwesend sind (dann: Abs. 1 Nr. 1) oder nicht (dann: Abs. 1 Nr. 2).

1. Objektiver Tatbestand

a) Unerlaubtes Entfernen vom Unfallort bei feststellungsbereiten Personen, Abs. 1 Nr. 1

aa) Tatsituation: Unfall im Straßenverkehr

6 Voraussetzung sämtlicher Varianten des § 142 StGB ist, dass ein **Unfall** im Straßenverkehr vorliegt.

7 **Definition:** Ein Unfall ist ein plötzliches Ereignis im öffentlichen Verkehr, das mit dessen Gefahren in ursächlichem Zusammenhang steht und zu einem nicht völlig belanglosen Personen- oder Sachschaden führt.[6]

8 Wie bei den §§ 315b, c, d, 316 StGB ist nur der **öffentliche Straßenverkehr** erfasst (vgl. § 36 Rn. 6 ff.).[7] Dazu gehört aber auch der ruhende Verkehr bei Parkunfällen.[8]

---

[5] BVerfG NJW 2007, 1666; vgl. dazu *Marxen/Petzsche*, famos 5/2007.
[6] BGHSt 8, 263, 264 f.; 12, 253, 255; BayObLG NJW 1980, 299, 299 f.; *Eisele/Heinrich*, BT, Rn. 660; L/K/H-*Heger*, § 142 Rn. 5; *Kindhäuser/Schramm*, BT I, § 68 Rn. 2; BeckOK-*Kudlich*, § 142 Rn. 4; *Rengier*, BT II, § 46 Rn. 2; *Wessels/Hettinger/Engländer*, BT 1, Rn. 1016; MK-*Zopfs*, § 142 Rn. 25.
[7] *Eisele*, BT I, Rn. 1179; *Eisele/Heinrich*, BT, Rn. 661; BeckOK-*Kudlich*, § 142 Rn. 7; *Rengier*, BT II, § 46 Rn. 3; MK-*Zopfs*, § 142 Rn. 32.
[8] OLG Stuttgart NJW 1969, 1726; L/K/H-*Heger*, § 142 Rn. 6; BeckOK-*Kudlich*, § 142 Rn. 8; Sch/Sch-*Sternberg-Lieben*, § 142 Rn. 14.

II. Tatbestandsvoraussetzungen § 40

Die Grenze der Belanglosigkeit bei Sachschäden wird derzeit bei 20–25 € angesetzt,[9] teilweise i.H.a. die allgemeine Preissteigerung aber auch bei 50 €.[10] Bei Personenschäden kann man sich an § 223 StGB orientieren,[11] bei dem ebenfalls eine Bagatellgrenze überschritten werden muss, damit von einer körperlichen Misshandlung oder Gesundheitsschädigung gesprochen werden kann (s.o. § 8 Rn. 11, 14).

Umstritten ist, ob auch das **vorsätzliche Herbeiführen** eines Zusammenstoßes ein „Unfall" sein kann. Handeln beide Unfallbeteiligten kollusiv zusammen, so scheidet ein Unfall in jedem Fall aus.[12] Daher kann überhaupt nur dann von einem Unfall die Rede sein, wenn nur einer der beiden Unfallbeteiligten vorsätzlich handelt, während es für den anderen ein plötzliches Ereignis darstellt.[13] Allerdings ist auch dann problematisch, dass der Unfall mit den **typischen Gefahren** des Straßenverkehrs zusammenhängen muss. Der BGH differenziert hier danach, ob das Fahrzeug ausschließlich zu deliktischen Zwecken (als Waffe) oder auch als Fortbewegungsmittel benutzt wird, wobei nur in letzterem Fall § 142 StGB anwendbar sein soll.[14] In diesem Sinne kam § 142 StGB in dem Fall in Betracht, in dem der Täter ein ihn verfolgendes Polizeifahrzeug rammte,[15] oder im umgekehrten Fall das Polizeifahrzeug das Fahrzeug des flüchtenden Täters,[16] nicht aber in einem Fall, in dem der Beifahrer während der Fahrt eine Mülltonne ergriff und nach kurzer Zeit wieder losließ, sodass sie gegen ein parkendes Auto flog und dieses beschädigte, da sich hier kein verkehrstypisches Risiko verwirklicht habe.[17]

9

Auch wenn die Annahme, ein Unfall sei bei vorsätzlichem Verhalten eines der beiden Verkehrsteilnehmer möglich, in der Literatur vielfach geteilt wird,[18] erscheint es zumindest bei Absicht (dolus directus I) unter Verwendung des PKW als Waffe oder bei direktem Vorsatz (dolus directus II) hinsichtlich des Zusammenstoßes zweifelhaft, von einem verkehrstypischen Risiko zu sprechen, da sich hier ein allgemeines Lebensrisiko, Opfer von Straftaten zu werden, realisiert.[19] Anders mag dies bei dolus eventualis liegen, wenn der Täter also die Gefahr erkennt und billigend in Kauf nimmt, da dies noch als verkehrstypisches Verhalten qualifiziert werden kann.[20]

10

---

9 *Fischer*, § 142 Rn. 11; BeckOK-*Kudlich*, § 142 Rn. 4.2.
10 OLG Nürnberg NZV 2007, 535, 536; L/K/H-*Heger*, § 142 Rn. 7; LK-*Herb*, § 142 Rn. 28; deutlich höher *Kindhäuser/Schramm*, BT I, § 68 Rn. 5: 150 €; starre Grenzen abl. MK-*Zopfs*, § 142 Rn. 26 f., der stattdessen darauf abstellt, ob ein schutzwürdiges Beweissicherungsinteresse des Geschädigten besteht.
11 LK-*Herb*, § 142 Rn. 27.
12 SK-*Stein*, § 142 Rn. 8; Sch/Sch-*Sternberg-Lieben*, § 142 Rn. 19; MK-*Zopfs*, § 142 Rn. 35.
13 BGHSt 24, 382, 383; LK-*Herb*, § 142 Rn. 18; MK-*Zopfs*, § 142 Rn. 35.
14 BGHSt 24, 382, 384.
15 BGHSt 24, 382, 384 – a.A. *Roxin*, NJW 1969, 2038, 2038 f.
16 BGHSt 48, 233, 239.
17 BGHSt 47, 158, 159.
18 So etwa *Eisele*, BT I, Rn. 1182; *Eisele/Heinrich*, BT, Rn. 664; *Hilgendorf/Valerius*, BT I, § 12 Rn. 73; *Kindhäuser/Schramm*, BT I, § 68 Rn. 8; *Rengier*, BT II, § 46 Rn. 6; *Wessels/Hettinger/Engländer*, BT 1, Rn. 1017; *Zieschang*, BT 1, Rn. 1071.
19 Sch/Sch-*Sternberg-Lieben*, § 142 Rn. 19; vgl. bereits *Roxin*, NJW 1969, 2038, 2038 f., der einen Unfall bei vorsätzlichem Verhalten grds. ablehnt, da die Schäden hier nicht Auswirkung des Verkehrsrisikos, sondern einer deliktischen Planung seien.
20 SK-*Stein*, § 142 Rn. 13; Sch/Sch-*Sternberg-Lieben*, § 142 Rn. 19.

bb) Täter: Unfallbeteiligter

11 Täter des § 142 StGB kann nur ein Unfallbeteiligter sein, sodass es sich um ein **echtes Sonderdelikt** handelt.[21] Der Begriff ist in Abs. 5 legaldefiniert.

12 **Definition:** Unfallbeteiligter ist gem. § 142 Abs. 5 StGB jeder, dessen Verhalten nach den Umständen zur Verursachung des Unfalls beigetragen haben kann.

13 Hierfür genügt ein nicht ganz unbegründeter Verdacht, dass der Täter den Unfall in irgendeiner Art (mit-)verursacht hat.[22] Dies kann auch der Beifahrer sein.[23] Nach zutreffender herrschender Ansicht muss der Unfallbeteiligte zum Zeitpunkt des Unfalls am Unfallort anwesend gewesen sein,[24] während es nach a.A. ausreichend sein soll, wenn ein Unfallbeteiligter erst später am Unfallort erscheint, etwa derjenige, der sein Fahrzeug vorschriftswidrig geparkt hat und dadurch den Unfall (mit-)verursacht hat.[25] Für die h.M. spricht, dass die Vorschrift die Beweislage zum Zeitpunkt des Unfalls sichern soll.[26]

cc) Tathandlung: Sich-Entfernen vom Unfallort

14 **Tathandlung** des § 142 Abs. 1 StGB ist das Sich-Entfernen vom Unfallort.

15 **Definition:** Als Unfallort ist der Bereich anzusehen, an dem sich der Unfall ereignet hat und an dem die Fahrzeuge anhalten können, inklusive des näheren Umkreises, an den sich die Unfallbeteiligten begeben haben bzw. mussten.[27]

16 Die Rechtsprechung und Teile der Literatur ziehen diesen Kreis allerdings weiter und zählen auch den Bereich dazu, an dem feststellungsbereiten Personen noch vermutet und ggf. durch Befragen ermittelt würden.[28] Dies erscheint aber zu weit, da damit etwa auch die nahegelegene Wohnung einbezogen werden könnte.[29]

17 **Definition:** Das Sich-Entfernen besteht in einem willensgetragenen körperlichen Verlassen des Unfallorts.[30]

18 Damit ist eine **Ortveränderung** erforderlich, die über den Unfallort hinausgeht. Ein Sich-Entfernen vom Unfallort liegt nicht vor, wenn der Unfallbeteiligte ohne (etwa

---

21 A/W/H/H-*Hilgendorf*, § 38 Rn. 57; *Hilgendorf/Valerius*, BT I, § 12 Rn. 72; *Kindhäuser/Schramm*, BT I, § 68 Rn. 9; *Rengier*, BT II, § 46 Rn. 11; Sch/Sch-*Sternberg-Lieben*, § 142 Rn. 20; *Wessels/Hettinger/Engländer*, BT 1, Rn. 1018.
22 BGHSt 15, 1, 4; OLG Frankfurt NJW 1983, 2038, 2039; *Eisele/Heinrich*, BT, Rn. 668; L/K/H-*Heger*, § 142 Rn. 3; *Rengier*, BT II, § 46 Rn. 11.
23 *Eisele/Heinrich*, BT, Rn. 667; L/K/H-*Heger*, § 142 Rn. 4; A/W/H/H-*Hilgendorf*, § 38 Rn. 59; *Kindhäuser/Schramm*, BT I, § 68 Rn. 12; *Wessels/Hettinger/Engländer*, BT 1, Rn. 1018.
24 OLG Köln NJW 1989, 1683, 1684; OLG Stuttgart NStZ 1992, 384, 385; L/K/H-*Heger*, § 142 Rn. 4; *Kindhäuser/Schramm*, BT I, § 68 Rn. 11; *Rengier*, BT II, § 46 Rn. 14; Sch/Sch-*Sternberg-Lieben*, § 142 Rn. 21; *Wessels/Hettinger/Engländer*, BT 1, Rn. 1018; MK-*Zopfs*, § 142 Rn. 37.
25 LK-*Herb*, § 142 Rn. 32.
26 MK-*Zopfs*, § 142 Rn. 37.
27 Sch/Sch-*Sternberg-Lieben*, § 142 Rn. 42; MK-*Zopfs*, § 142 Rn. 47.
28 BayObLG NJW 1979, 436, 437; OLG Stuttgart NStZ 1992, 384, 385; *Rengier*, BT II, § 46 Rn. 28; *Wessels/Hettinger/Engländer*, BT 1, Rn. 1019.
29 MK-*Zopfs*, § 142 Rn. 48.
30 *Wessels/Hettinger/Engländer*, BT 1, Rn. 1020; MK-*Zopfs*, § 142 Rn. 49.

II. Tatbestandsvoraussetzungen

§ 40

bewusstlos ins Krankenhaus) oder gar gegen seinen Willen (etwa von der Polizei) vom Unfallort abtransportiert wird.[31]

Das Sich-Entfernen vom Unfallort muss dabei unter Verletzung der im Gesetz normierten **Pflichten** geschehen. Festgehalten sind (1) eine aktive Vorstellungspflicht („Angabe, daß er an dem Unfall beteiligt ist") sowie (2) eine passive Feststellungsduldungspflicht („die Feststellung seiner Person, seines Fahrzeugs und der Art seiner Beteiligung durch seine Anwesenheit"). Beides setzt voraus, dass feststellungsbereite Personen am Unfallort anwesend sind, die auch ein Interesse an der Feststellung haben.[32] Dies sind zunächst die Unfallbeteiligten, u.U. daneben aber auch die Polizei oder unbeteiligte Dritte.[33] Die feststellungsbereiten Personen können auf die Anwesenheit und die Feststellungen verzichten, sodass der Unfallbeteiligte den Unfallort verlassen darf.[34]

19

Die **aktive Vorstellungspflicht** umfasst nach dem Wortlaut der Vorschrift nur die Pflicht zur Angabe, am Unfall beteiligt gewesen zu sein, nicht aber eine Verpflichtung der Personalien.[35] Umstritten ist der Fall, dass der Täter den Unfallort als Letzter verlässt, ohne zuvor seine Unfallbeteiligung angezeigt zu haben. Da hier keine feststellungsbereiten Personen mehr anwesend sind, wird teilweise angenommen, Abs. 1 Nr. 1 sei nicht erfüllt;[36] stattdessen soll Abs. 1 Nr. 2 einschlägig sein.[37] Richtigerweise wird man jedoch Abs. 1 Nr. 1 annehmen können, denn auch derjenige, der den Unfallort verlässt, ohne zuvor seine Beteiligung mitgeteilt zu haben, verletzt seine Vorstellungspflicht und damit das Rechtsgut der Vorschrift in gleicher Weise.[38] Der Wortlaut („bevor er") steht dem nicht entgegen, sondern kann auch als „ohne zuvor" verstanden werden.[39]

20

Die **passive Feststellungsduldungspflicht** setzt hingegen keine aktive Mitwirkung oder gar Förderung der Aufklärung voraus.[40] Da der Unfallbeteiligte nur anwesend sein und dulden muss, dass seine Personalien, sein Fahrzeug und die Art seiner Beteiligung festgestellt werden, schadet es nicht, wenn er daneben Verdunklungshandlungen vornimmt, etwa Unfallspuren verwischt o.ä.[41]

21

b) Unerlaubtes Entfernen vom Unfallort vor Ablauf der Wartezeit, Abs. 1 Nr. 2

Strafbar ist auch nach Abs. 1 Nr. 2 das Sich-Entfernen vom Unfallort, sodass insofern das zu Abs. 1 Nr. 1 Gesagte gilt (s.o. Rn. 14 ff.). Abs. 1 Nr. 2 kommt indes nur in Betracht, wenn keine feststellungsbereiten Personen anwesend sind.[42] Der Unfallbeteiligte macht sich in einem Fall strafbar, wenn er nicht zuvor eine nach den Umständen

22

---

31 *Eisele/Heinrich*, BT, Rn. 671; *Rengier*, BT II, § 46 Rn. 29; *Zieschang*, BT 1, Rn. 1176.
32 MK-*Zopfs*, § 142 Rn. 53.
33 *Eisele/Heinrich*, BT, Rn. 673; *Fischer*, § 142 Rn. 24.
34 *Eisele*, BT I, Rn. 1191; *Fischer*, § 142 Rn. 30; Sch/Sch-*Sternberg-Lieben*, § 142 Rn. 30a. Zur umstrittenen Frage von Täuschung und Irrtum vgl. *Eisele*, BT I, Rn. 1200; *Fischer*, § 142 Rn. 30a; Sch/Sch-*Sternberg-Lieben*, § 142 Rn. 30c.
35 *Eisele/Heinrich*, BT, Rn. 675; *Fischer*, § 142 Rn. 28; *Rengier*, BT II, § 46 Rn. 26.
36 BayObLG NJW 1984, 1365, 1366; OLG Frankfurt NJW 1990, 1189, 1190; vgl. auch BGHSt 30, 160, 163.
37 BayObLG NJW 1984, 1365, 1366; OLG Frankfurt NJW 1990, 1189, 1190.
38 BGHSt 63, 121, 125 ff.; OLG Hamm NJW 1979, 438; *Eisele/Heinrich*, BT, Rn. 677; Sch/Sch-*Sternberg-Lieben*, § 142 Rn. 43; MK-*Zopfs*, § 142 Rn. 62.
39 BGHSt 63, 121, 125; *Eisele/Heinrich*, BT, Rn. 677; MK-*Zopfs*, § 142 Rn. 62.
40 *Eisele/Heinrich*, BT, Rn. 678; L/K/H-*Heger*, § 142 Rn. 17; Sch/Sch-*Sternberg-Lieben*, § 142 Rn. 29.
41 *Eisele/Heinrich*, BT, Rn. 678; *Fischer*, § 142 Rn. 29; L/K/H-*Heger*, § 142 Rn. 17; *Kindhäuser/Schramm*, BT I, § 68 Rn. 19; Sch/Sch-*Sternberg-Lieben*, § 142 Rn. 29; *Wessels/Hettinger/Engländer*, BT 1, Rn. 1021.
42 *Eisele/Heinrich*, BT, Rn. 681; *Rengier*, BT II, § 46 Rn. 32.

angemessene Zeit gewartet hat. Der Umfang der **Wartezeit** beurteilt sich nach dem Grad des Feststellungsinteresses sowie nach den Grundsätzen der Erforderlichkeit und Zumutbarkeit.[43] Als Kriterien lassen sich nennen: Art und Schwere des Unfalls sowie Schadenshöhe, Unfallort, Verkehrsdichte, Tageszeit oder Witterung.[44] Als Richtwert lässt sich eine Stunde Wartezeit zugrunde legen, bei geringeren Schäden 30 Minuten.[45] Das Hinterlassen einer Visitenkarte oder eines Zettels mit den Personalien entbindet grds. nicht von der gesetzlichen Wartepflicht.[46] Bei Bagatellschäden und/oder persönlichen Beziehungen kann jedoch eine mutmaßliche Einwilligung als Rechtfertigungsgrund angenommen werden.[47]

2. Subjektiver Tatbestand

23 Für Abs. 1 Nr. 1 und 2 ist jeweils dolus eventualis hinsichtlich der objektiven Tatbestandsmerkmale ausreichend.[48]

III. Tatbestandsvoraussetzungen nach Abs. 2

1. Objektiver Tatbestand nach Abs. 2 Nr. 1 und 2

24 Abs. 2 Nr. 1 regelt dabei den Fall, dass der Unfallbeteiligte die Wartefrist nach Abs. 1 Nr. 2 eingehalten und den Unfallort erst danach verlassen hat; Abs. 2 Nr. 2 betrifft den Fall, dass er den Unfallort berechtigt oder entschuldigt verlassen hat. Ein **berechtigtes Sich-Entfernen** liegt vor bei einem Eingreifen von Rechtfertigungsgründen.[49] Hierbei ist insb. an eine (mutmaßliche) Einwilligung oder an einen rechtfertigenden Notstand, § 34 StGB, zu denken, etwa wenn der Unfallbeteiligte einen Verletzten ins Krankenhaus bringt.[50] Ein **entschuldigtes Sich-Entfernen** liegt vor bei einem Handeln „ohne Schuld", also bei Schuldunfähigkeit, Eingreifen von Entschuldigungsgründen oder bei Entfallen der Vorsatzschuld durch einen Erlaubnistatbestandsirrtum.[51]

25 Umstritten ist die Frage, ob § 142 Abs. 2 StGB auch bei einem **unvorsätzlichen Sich-Entfernen** greifen kann, etwa wenn der Unfallbeteiligte den Unfall gar nicht bemerkt hat.[52] Die ältere Rechtsprechung bejahte dies.[53] Der Wortlaut „berechtigt oder entschuldigt" sei nicht „formal-dogmatisch auf die allgemein anerkannten strafrechtlichen Rechtfertigungs- oder Entschuldigungsgründe beschränkt," sondern könne auch die Fälle nicht tatbestandsmäßigen Verhaltens erfassen.[54] Dies entspreche auch dem Willen des Gesetzgebers, der die Erkenntnisse der früheren Rechtsprechung zu § 142 StGB a.F., die eine Rückkehrpflicht im Falle späterer Kenntniserlangung etabliert

---

43 *Rengier*, BT II, § 46 Rn. 33; *Wessels/Hettinger/Engländer*, BT 1, Rn. 1024.
44 *Fischer*, § 142 Rn. 36; *Hilgendorf/Valerius*, BT I, § 12 Rn. 82; *Rengier*, BT II, § 46 Rn. 33.
45 *Eisele/Heinrich*, BT, Rn. 682; *Rengier*, BT II, § 46 Rn. 34.
46 *Eisele/Heinrich*, BT, Rn. 682; *Rengier*, BT II, § 46 Rn. 34.
47 *Eisele/Heinrich*, BT, Rn. 682; *Kindhäuser/Schramm*, BT I, § 68 Rn. 30; *Rengier*, BT II, § 46 Rn. 34.
48 *Eisele/Heinrich*, BT, Rn. 684.
49 *Eisele/Heinrich*, BT, Rn. 687; *Rengier*, BT II, § 46 Rn. 41.
50 *Eisele/Heinrich*, BT, Rn. 687; *Rengier*, BT II, § 46 Rn. 41.
51 *Eisele/Heinrich*, BT, Rn. 687; *Rengier*, BT II, § 46 Rn. 43 f.
52 Vgl. *Hillenkamp/Cornelius*, Probleme BT, 19. Problem, S. 104 ff.
53 BGHSt 28, 129, 132 ff.
54 BGHSt 28, 129, 132 f.

III. Tatbestandsvoraussetzungen nach Abs. 2 § 40

hatte,[55] gekannt habe und habe einfließen lassen wollen.[56] Die Literatur lehnte dies überwiegend ab.[57]

▶ **Lösung des Beispielsfalls („Rollsplit"):**[58] Auch das BVerfG hat sich in unserem Beispielsfall einer solchen extensiven Sicht verwehrt. Der Auslegung des BGH stehe der Wortlaut des § 142 Abs. 2 Nr. 2 StGB und damit Art. 103 Abs. 2 GG entgegen. Auch ließen sich den Gesetzesmaterialien keine klaren Anhaltspunkte entnehmen, dass der Gesetzgeber alle Fälle des straflosen Sich-Entfernens mit einer nachträglichen Meldepflicht belegen wollte. Zudem sei in systematischer Hinsicht zu berücksichtigen, dass ansonsten die Pflichten aus Abs. 2 Nr. 2 weiter reichten als diejenigen aus Abs. 1. Allerdings hält das BVerfG ein „weiteres Sich-Entfernen" vom Unfallort nach Abs. 1 für möglich, wenn der Unfallbeteiligte erst später vom Unfall erfährt. Der Begriff des Unfallorts müsse durch die Rechtsprechung konkretisiert werden. ◀

Anmerkung: Die Entscheidung hat in dem Punkt, dass das unvorsätzliche dem gerechtfertigten oder entschuldigten Sich-Entfernen nicht gleichzusetzen ist, zu Recht viel Zustimmung erfahren.[59] Problematischer ist die „Hintertür"[60] einer Strafbarkeit nach Abs. 1.[61] Beim Sich-Entfernen von einer 500 Meter weiter gelegenen Tankstelle erscheint die Annahme, diese gehöre noch zum Unfallort, fernliegend. Es darf aber nicht übersehen werden, dass die o.a. Definition der Rechtsprechung Spielraum für sehr extensive Interpretation bietet. Jedenfalls ist das Sich-Entfernen von einem anderen Ort als dem Unfallort nicht von § 142 Abs. 1 StGB erfasst.[62]

In beiden Fällen des Abs. 2 besteht die Tathandlung in einem **Unterlassen** der unverzüglichen nachträglichen Ermöglichung der Feststellungen. § 142 Abs. 2 StGB stellt, wie ausgeführt (Rn. 1), ein **echtes Unterlassungsdelikt** dar, das nur dann in Betracht kommt, wenn eine Strafbarkeit nach Abs. 1 abzulehnen ist. Unverzüglich bedeutet grds., dass der Unfallbeteiligte ohne vorwerfbares Zögern tätig wird.[63] Konkretisiert wird dies durch Abs. 3, der Beispiele für Verhaltensweisen nennt, in denen der Unfallbeteiligte seiner Pflicht genügt,[64] nämlich dann, wenn er dem Berechtigten oder einer nahe gelegenen Polizeidienststelle mitteilt, dass er an dem Unfall beteiligt gewesen ist, und wenn er seine Anschrift, seinen Aufenthalt sowie das Kennzeichen und den Standort seines Fahrzeugs angibt und dieses zu unverzüglichen Feststellungen für eine ihm zumutbare Zeit zur Verfügung hält.

2. Subjektiver Tatbestand

Auch im Fall des Abs. 2 genügt dolus eventualis.[65]

---

55 Vgl. BGHSt 18, 114, 120.
56 BGHSt 28, 129, 133.
57 Vgl. etwa *Beulke*, NJW 1979, 400; *Eisenberg*, JURA 1983, 267, 268 f.; MK-*Zopfs*, 1. Aufl. 2005, § 142 Rn. 105.
58 BVerfG NJW 2007, 1666; vgl. dazu *Marxen/Petzsche*, famos 5/2007.
59 Zust. etwa L/K/H-*Heger*, § 142 Rn. 25; *Hilgendorf/Valerius*, BT I, § 12 Rn. 84; *Zieschang*, BT 1, Rn. 1194; MK-*Zopfs*, § 142 Rn. 105; so jetzt auch: BGH NStZ 2011, 209, 210; kritisch aber *Rengier*, BT II, § 46 Rn. 51: weite Auslegung teleologisch sinnvoll.
60 Vgl. *Jahn*, JuS 2007, 689, 691: „Hintertürchen".
61 Kritisch auch *Rengier*, BT II, § 46 Rn. 52.
62 BGH NStZ 2011, 209, 210.
63 L/K/H-*Heger*, § 142 Rn. 26; LK-*Herb*, § 142 Rn. 152; *Hilgendorf/Valerius*, BT I, § 12 Rn. 86; BeckOK-*Kudlich*, § 142 Rn. 36.
64 *Wessels/Hettinger/Engländer*, BT 1, Rn. 1029.
65 MK-*Zopfs*, § 142 Rn. 118.

IV. Rechtswidrigkeit und Schuld

30 Als Rechtfertigungsgründe kommen wie bereits angeführt insb. der rechtfertigende Notstand, § 34 StGB, oder die (mutmaßliche) Einwilligung des Berechtigten in Betracht.[66] Auf der Schuldebene kommen ebenfalls die allgemeinen Entschuldigungsgründe, ein Verbotsirrtum oder ein Erlaubnistatbestandsirrtum in Betracht. Zudem könnte an eine Unzumutbarkeit normgemäßen Verhaltens (der Selbstbelastung) zu denken sein. Ein solcher Entschuldigungsgrund kommt aber jedenfalls bei fahrlässig herbeigeführten Unfällen nicht in Betracht, weil das Gesetz gerade dann eine Vorstellungs- und Feststellungsduldungspflicht normiert.[67] Bei vorsätzlichem Verhalten kommt es darauf an, ob überhaupt ein Unfall vorliegt (s.o. Rn. 9 f.).[68]

V. Tätige Reue, § 142 Abs. 4 StGB

31 In Abs. 4 ist die Möglichkeit der **tätigen Reue** vorgesehen. Dabei handelt es sich um einen obligatorischen Strafmilderungs- und fakultativen Strafaufhebungsgrund. Voraussetzung ist jeweils, dass der Unfallbeteiligte innerhalb von 24 Stunden nach einem Unfall außerhalb des fließenden Verkehrs, der ausschließlich nicht bedeutenden Sachschaden zur Folge hat, freiwillig die Feststellungen nachträglich ermöglicht. Damit betrifft Abs. 4 nur Unfälle, die sich im ruhenden Verkehr ereignet haben, also insb. Unfälle beim Ein- und Ausparken.[69] Die Grenze des nicht bedeutenden Sachschadens wird derzeit mit 1.300 € beziffert.[70] Bzgl. der Freiwilligkeit kann auch hier auf den Rücktritt nach § 24 StGB verwiesen werden.[71]

WIEDERHOLUNGSFRAGEN

1. Kann auch das vorsätzliche Herbeiführen eines Zusammenstoßes ein „Unfall" i.S.v. § 142 StGB sein? (Rn. 9 f.)
2. Kann auch derjenige sich als ein Unfallbeteiligter nach § 142 Abs. 1 StGB strafbar machen, der durch sein Verhalten zum Unfall beigetragen hat, aber erst nach dem Unfall am Unfallort erschienen ist? (Rn. 13)
3. Wie bestimmt sich der Unfallort i.S.v. § 142 StGB? (Rn. 15 f.)
4. Macht auch derjenige sich nach § 142 Abs. 1 Nr. 1 oder Nr. 2 StGB strafbar, der sich nicht als ein Unfallbeteiligter vorstellt und dann als Letzter den Unfallort verlässt? (Rn. 20)
5. Erfasst § 142 Abs. 2 Nr. 2 StGB auch denjenigen Unfallbeteiligten, der den Unfallort unvorsätzlich verlassen und erst später vom Unfall bzw. seiner Beteiligung erfahren hat? (Rn. 25 ff.)

---

[66] LK-*Herb*, § 142 Rn. 194; *Hilgendorf/Valerius*, BT I, § 12 Rn. 89; Sch/Sch-*Sternberg-Lieben*, § 142 Rn. 75 ff.; *Wessels/Hettinger/Engländer*, BT 1, Rn. 1032; MK-*Zopfs*, § 124 Rn. 120.
[67] LK-*Herb*, § 142 Rn. 196.
[68] Vgl. dazu ausführlich LK-*Herb*, § 142 Rn. 197.
[69] Vgl. Sch/Sch-*Sternberg-Lieben*, § 142 Rn. 88a; MK-*Zopfs*, § 142 Rn. 130, die aber auch Unfälle einbeziehen wollen, wenn der Täter aus dem fließenden Verkehr heraus auf ein parkendes Auto oder einen feststehenden Gegenstand auffährt – a.A. OLG Köln VRS 98, 122; *Fischer*, § 142 Rn. 63.
[70] *Fischer*, § 142 Rn. 64; *Kindhäuser/Schramm*, BT II, § 68 Rn. 46; *Rengier*, BT II, § 46 Rn. 69.
[71] *Rengier*, BT II, § 46 Rn. 69; s. zur Freiwilligkeit bei § 24 StGB *Kaspar*, AT, § 8 Rn. 141 ff.

TEIL 9: VOLLRAUSCH UND UNTERLASSENE HILFELEISTUNG

§ 41 Vollrausch, § 323a StGB

Literaturempfehlungen:
Fahl, Der strafbare Vollrausch (§ 323a), JuS 2005, 1076; *Geppert*, Die Volltrunkenheit (§ 323a StGB), JURA 2009, 40; *Otto*, Der Vollrauschtatbestand (§ 323a), JURA 1986, 478; *Satzger*, Die objektive Bedingung der Strafbarkeit, JURA 2006, 108.

Übungsfälle:
Hamm, Fahrer unbekannt, JuS 1992, 1031; *Mitsch*, Der rachsüchtige Student, JURA 1989, 485; *Safferling*, Hörig, aber mutlos, JA 2007, 183.

I. Einleitung

1. Grundlagen

Als weitere im 18. Abschnitt des StGB aufgeführte Straftaten werden hier i.H.a. ihre Klausurrelevanz nun noch der Vollrausch nach § 323a StGB sowie die unterlassene Hilfeleistung und die Behinderung hilfeleistender Personen nach § 323c StGB behandelt. Gemäß § 323a StGB wird derjenige bestraft, der sich vorsätzlich oder fahrlässig berauscht hat und in diesem Zustand eine Straftat begeht und ihretwegen nicht bestraft werden kann, weil er infolge des Rausches schuldunfähig war oder weil dies nicht auszuschließen ist. Damit greift der Tatbestand nur in Fällen ein, in denen eine Bestrafung aus der im Rausch begangenen Tat (Rauschtat) nicht in Betracht kommt.

Klausurtipp: Daher muss diese Rauschtat immer zuerst geprüft werden, wobei die Strafbarkeit dort erst an der Schuld scheitern darf. Denken Sie aber auch an die Prüfung einer a.l.i.c. Denn nur, wenn auch eine Bestrafung nach den Grundsätzen der a.l.i.c. ausscheidet, greift § 323a StGB.[1]

§ 323a StGB soll die fehlende Schuld bei der Rauschtat ausgleichen. Die Vorschrift gerät dadurch in problematischer Weise in einen Konflikt mit dem Schuldprinzip, da sie von dem Prinzip nulla poena sine culpa insofern eine Ausnahme macht, als sie denjenigen bestrafen will, der im Tatzeitpunkt schuldunfähig war, den aber (wie bei der a.l.i.c.) ein **Vorverschulden** trifft, weil er sich vorsätzlich oder fahrlässig berauscht hat.[2] Dabei ist v.a. die **Deliktsnatur** umstritten. Teilweise wird angenommen, § 323a StGB sei eine Ausnahmevorschrift zu § 20 StGB, sodass es sich um eine Zurechnungsnorm handle, die der Vermeidung von Freisprüchen dient.[3] Dagegen spricht jedoch, dass die Vorschrift als Tatbestand formuliert und im BT eingestellt wurde.[4]

---

[1] *Eisele*, BT I, Rn. 1229; *Eisele/Heinrich*, BT, Rn. 703.
[2] Vgl. dazu ausführlich BeckOK-*Kudlich*, § 323a Rn. 1.2 ff.
[3] *Kindhäuser/Schramm*, BT I, § 69 Rn. 6; *Streng*, JZ 1984, 114, 118.
[4] Vgl. LK-*Popp*, § 323a Rn. 33.

4   Die h.M. sieht in § 323a StGB ein **abstraktes Gefährdungsdelikt**.⁵ § 323a StGB schützt insofern die Allgemeinheit vor den Gefahren, die durch einen Volltrunkenen entstehen,⁶ und damit alle strafrechtlich relevanten Rechtsgüter, die durch den berauschten Täter angegriffen werden können.⁷ Man kann dies als Vorfeldschutz bezeichnen, weil bereits das Herbeiführen eines Vollrauschs, der einen gemeingefährlichen Zustand darstellt,⁸ unter Strafe steht.⁹ Hiernach erschöpft sich der objektive Tatbestand auch in diesem Sich-Versetzen in einen Vollrausch, sodass sich der Vorsatz bzw. die Fahrlässigkeit des Täters auch nur darauf beziehen müssen, während die Rauschtat eine objektive Bedingung der Strafbarkeit darstellt.¹⁰ Die Berauschung bis zur Schuldunfähigkeit erscheine dem Gesetzgeber nicht mehr als sozialadäquat.¹¹ Durch diese Interpretation soll die Vorschrift nicht gegen das Schuldprinzip verstoßen, da die Rauschtat die Strafbarkeit als zusätzliche objektive Bedingung einschränkt.¹² Die Schuld bezieht sich hiernach allein auf das abstrakt gefährliche Sich-Berauschen.¹³ Problematisch bleibt, dass das Sich-Berauschen an sich kaum strafwürdig erscheint und erst die Rauschtat das Unrecht ausmacht, während sich die Schuld des Täters darauf nicht beziehen muss.¹⁴

5   Andere Stimmen sehen in § 323a StGB daher ein **konkretes Gefährdungsdelikt**, das den Schutz der strafrechtlich relevanten Rechtsgüter vor der konkreten Gefahr des Rauschs schützen soll.¹⁵ Da erst das Hinzutreten der im Rausch verübten Tat das Unrecht entscheidend präge, komme der Rauschtat eine strafbegründende Funktion zu.¹⁶ Insofern müsse sie für den Täter aber vorwerfbar, d.h. insb. vorhersehbar gewesen sein,¹⁷ wobei allerdings der Grad der Vorhersehbarkeit streitig ist und entweder auf das konkrete Delikt bzw. jedenfalls auf die mögliche Begehung vergleichbarer Straftaten¹⁸ oder zumindest auf die Gefahr der Begehung von irgendwelchen Straftaten¹⁹ bezogen wird. Dies führt allerdings zu einer Verwischung der Grenzen zur a.l.i.c., wonach der Täter bestraft werden kann, der bei der Berauschung vorsätzlich oder

---

5   *Eisele/Heinrich*, BT, Rn. 699; *Fischer*, § 323a Rn. 2; L/K/H-*Heger*, § 323a Rn. 1; BeckOK-*Kudlich*, § 323a Rn. 2; *Otto*, GK BT, § 81 Rn. 1; *Rengier*, BT II, § 41 Rn. 6, 9; *Wessels/Hettinger/Engländer*, BT 1, § 22 Rn. 1042; SK-*Wolters*, § 323a Rn. 2.
6   BGHSt 20, 284, 285; *Eisele*, BT I, Rn. 1223; *Eisele/Heinrich*, BT, Rn. 699; *Fischer*, § 323a Rn. 2; BeckOK-*Kudlich*, § 323a Rn. 2; *Wessels/Hettinger/Engländer*, BT 1, § 22 Rn. 1042.
7   BGHSt 1, 275, 277; *Eisele*, BT I, Rn. 1223; *Eisele/Heinrich*, BT, Rn. 699; *Hilgendorf/Valerius*, BT I, § 12 Rn. 96; BeckOK-*Kudlich*, § 323a Rn. 2; kritisch NK-*Paeffgen*, § 323a Rn. 5.
8   *Otto*, GK BT, § 81 Rn. 1.
9   BeckOK-*Kudlich*, § 323a Rn. 2.
10 BGHSt 1, 275, 277; 20, 284, 285; 62, 247, 268; *Eisele*, BT I, Rn. 1223; L/K/H-*Heger*, § 323a Rn. 1, 5; *Rengier*, BT II, § 41 Rn. 1; *Wessels/Hettinger/Engländer*, BT 1, Rn. 1047.
11 BGHSt 62, 247, 268.
12 BGHSt 16, 124, 125 f.
13 L/K/H-*Heger*, § 323a Rn. 1.
14 Vgl. A/W/H/H-*Hilgendorf*, § 40 Rn. 11 f.; ausführlich zur Kritik an der herrschenden Position LK-*Popp*, § 323a Rn. 19 ff.
15 Sch/Sch-*Hecker*, § 323a Rn. 1; ähnlich MK-*Geisler*, § 323a Rn. 9a, und LK-*Popp*, § 323a Rn. 37: konkretes Gefährlichkeitsdelikt; vgl. auch *Ranft*, JA 1983, 193, 194: konkretes Gefährdungsdelikt eigener Art; wohl auch *Geppert*, JURA 2009, 40, 41.
16 MK-*Geisler*, § 323a Rn. 9; Sch/Sch-*Hecker*, § 323a Rn. 1.
17 MK-*Geisler*, § 323a Rn. 10, 57 ff.; Sch/Sch-*Hecker*, § 323a Rn. 1.
18 MK-*Geisler*, § 323a Rn. 57: Tat „im Unrechtsspektrum der konkret verwirklichten Tat"; Sch/Sch-*Hecker*, 323a Rn. 1: „Übereinstimmung sowohl in der Art des verletzten Rechtsgutes als auch im Handlungsunrecht"; dazu tendierend auch *Geppert*, JURA 2009, 40, 41.
19 BGHSt 10, 247, 250 f., allerdings mit der Einschränkung, dass eine solche Voraussehbarkeit sich in aller Regel derart von selbst verstehe, „daß im allgemeinen davon abgesehen werden kann, vom Tatrichter besondere Urteilsfeststellungen hierüber zu verlangen" (S. 251).

fahrlässig hinsichtlich der späteren Rauschtat handelt,[20] sodass die Bedeutung der Vorschrift stark reduziert wäre (immerhin bliebe sie z.b. bei verhaltensgebundenen Delikten oder bei solchen ohne Fahrlässigkeitsstrafbarkeit anwendbar) oder eben die Anforderungen an die Vorhersehbarkeit gegenüber der (fahrlässigen) a.l.i.c. deutlich herabgesetzt sein müssen.[21] Insgesamt überzeugt die Vorschrift aus dem Blickwinkel des Schuldstrafrechts wenig.[22]

2. Prüfungsschema

Folgt man der herrschenden Interpretation, so ergibt sich daraus folgendes Prüfungsschema:

▶ I. Tatbestand
   1. Objektiver Tatbestand
      a) Rausch
      b) Sich-Versetzen in Rauschzustand
   2. Subjektiver Tatbestand/Vorwerfbarkeit
      Vorsatz bzgl. der objektiven Tb-Merkmale; aber auch Fahrlässigkeit ausreichend
   3. Objektive Bedingung der Strafbarkeit: rechtswidrige Tat, wegen der der Täter nicht bestraft werden kann, weil er infolge des Rausches schuldunfähig war oder weil dies nicht auszuschließen ist
II. Rechtswidrigkeit
III. Schuld (bzgl. des Sich-Berauschens)
IV. Strafantrag, § 323a Abs. 3 StGB ◀

II. Tatbestandsvoraussetzungen

1. Objektiver Tatbestand

▶ **Beispielsfall („Lichtmast"):**[23] A, der erhebliche Mengen Alkohol getrunken hat, kommt mit seinem Pkw infolge des Alkoholgenusses und möglicherweise infolge überhöhter Geschwindigkeit in einer Linkskurve nach rechts von der Fahrbahn ab und beschädigt Verkehrszeichen und einen Lichtmast. Die ihm entnommene Blutprobe ergibt einen Mittelwert von 2,20 ‰. Sein BAK beträgt zur Tatzeit mindestens 2,15 ‰ in Anflutung auf sicher zu erreichende 2,3 ‰, möglicherweise aber auch auf 2,75 ‰. Das Gericht geht bei einem BAK-Wert von 2,3 ‰ von einer erheblich verminderten Schuldfähigkeit aus, bei 2,75 ‰ kann es eine Schuldunfähigkeit des A nicht ausschließen. ◀

Der objektive Tatbestand des § 323a StGB setzt nur voraus, dass der Täter sich durch Alkohol oder andere berauschende Mittel in einen Rausch versetzt.

Definition: Ein Rausch ist ein Zustand der Enthemmung, der nach seinem ganzen Erscheinungsbild als durch den Genuss von Rauschmitteln hervorgerufen anzusehen ist.[24]

---

20 *Rengier*, BT II, § 41 Rn. 9.
21 Vgl. *Geppert*, JURA 2009, 40, 41. Eine andere Konstruktion verfolgt NK-*Paeffgen*, § 323a Rn. 14 ff., der § 332a StGB als Doppeltatbestand begreift.
22 Für Streichung *Kindhäuser/Schramm*, BT I, § 69 Rn. 8; zu Reformbestrebungen LK-*Popp*, § 323a Rn. 54 ff.
23 BGHSt 32, 48.
24 BGHSt 32, 48, 53; *Kindhäuser/Schramm*, BT I, § 69 Rn. 9; *Rengier*, BT II, § 41 Rn. 10.

10 Dementsprechend besteht die **Tathandlung** in einem täterschaftlichen Sich-Versetzen in einen solchen Rauschzustand.[25] § 323a StGB ist insofern ein **eigenhändiges Delikt**, sodass nur derjenige Täter sein, der sich selbst berauscht.[26] Teilnahme bleibt aber möglich.[27] Neben dem Alkohol kommen auch andere berauschende Mittel in Betracht, namentlich Drogen und Medikamente.[28] Eine Mitursächlichkeit des Alkohols bzw. der berauschenden Mittel für den Rausch neben anderen Faktoren ist ausreichend.[29] Da der Rausch dazu geführt haben muss, dass der Täter wegen der später begangenen Tat nicht bestraft werden kann, ist die nicht auszuschließende Schuldunfähigkeit bereits notwendiges Element des Rauschs selbst (Schweregrad).[30] Beim Alkoholrausch gelten die aus dem AT bekannten Werte:[31] ab 2 ‰ ist eine verminderte Schuldfähigkeit möglich, ab 3,0 ‰ ein Ausschluss der Schuldfähigkeit regelmäßig anzunehmen.

11 Steht die Schuldunfähigkeit sicher fest, so ist § 323a StGB einschlägig, ist Schuldunfähigkeit sicher auszuschließen, scheidet eine Strafbarkeit nach § 323a StGB aus. Besonders problematisch sind aber Konstellationen, in denen, wie im Beispielsfall „Lichtmast", die Schuldunfähigkeit nicht sicher festgestellt ist. Das Gesetz sieht eine Strafbarkeit jedenfalls für Fälle vor, in denen die Schuldunfähigkeit „nicht auszuschließen ist".

12 ▶ **Lösung des Beispielsfalls ("Lichtmast"):**[32] Der BGH bekräftigte zunächst, dass eine Wahlfeststellung zwischen der Rauschtat (hier: § 316 StGB) und § 323a StGB nicht in Betracht kommt, wenn zweifelhaft ist, ob eine Schuldunfähigkeit vorlag, sodass Bestrafung bzgl. der Rauschtat ausscheidet. Sodann hielt er fest, dass der Rausch i.S.v. § 323a StGB nicht zur Voraussetzung habe, dass eine Schuldunfähigkeit des Täters der Rauschtat erwiesen oder zumindest festgestellt ist, dass er den sicheren Bereich des § 21 StGB zu § 20 StGB hin verlassen hat. Ob ein tatbestandsmäßiger Rausch i.S.v. § 323a StGB auch bei möglicher voller Schuldfähigkeit (aber nicht ausgeschlossener Schuldunfähigkeit) vorliegen kann, bedürfe hier keiner Entscheidung. Es sei jedenfalls unbedenklich, die Tatbestandsmäßigkeit des Rauschs zu bejahen, wenn dieser einen Schweregrad erreicht, der zu einer erheblich verminderten Schuldfähigkeit des Täters bzgl. der Rauschtat führt. ◀

13 **Anmerkung:** Zu beachten ist, dass eine Bestrafung aus § 316 StGB hier in dubio pro reo ausschied, weil die Schuldunfähigkeit nicht auszuschließen war. Auch eine (fahrlässige) a.l.i.c. kam nicht in Betracht, da es sich bei § 316 StGB um ein eigenhändiges und verhaltensgebundenes Delikt handelt (s.o. § 36 Rn. 3, 10 ff.).[33]

14 Der BGH ließ die Frage offen, wie zu verfahren ist, wenn nicht einmal klar ist, ob der Täter vermindert schuldfähig (§ 21 StGB) war, also möglicherweise auch **volle**

---

25 LK-*Popp*, § 323a Rn. 80.
26 *Eisele*, BT I, Rn. 1226; L/K/H-*Heger*, § 323a Rn. 17; *Hilgendorf/Valerius*, BT I, § 12 Rn. 97; SK-*Wolters*, § 323a Rn. 10; *Zieschang*, BT 1, Rn. 1209 – a.A. LK-*Popp*, § 323a Rn. 80.
27 BGHSt 10, 247; *Eisele*, BT I, Rn. 1226; SK-*Wolters*, § 323a Rn. 10; ebenso auf der Grundlage ihres abweichenden Konzepts MK-*Geisler*, § 323a Rn. 70; Sch/Sch-*Hecker*, § 323a Rn. 23.
28 *Eisele/Heinrich*, BT, Rn. 706; *Kindhäuser/Schramm*, BT I, § 69 Rn. 11; LK-*Popp*, § 323a Rn. 88.
29 A/W/H/H-*Hilgendorf*, § 40 Rn. 31; *Rengier*, BT II, § 41 Rn. 11; *Wessels/Hettinger/Engländer*, BT I, § 23 Rn. 1044.
30 BGHSt 32, 48, 53 ff.; *Eisele*, BT I, Rn. 1236; *Eisele/Heinrich*, BT, Rn. 706; *Rengier*, BT II, § 41 Rn. 10; vgl. auch *Kindhäuser/Schramm*, BT I, § 69 Rn. 12 ff., die die (mögliche) Schuldunfähigkeit im objektiven Tatbestand prüfen.
31 Vgl. dazu *Kaspar*, AT, § 5 Rn. 352.
32 BGHSt 32, 48.
33 BGHSt 42, 235, 238 ff.; vgl. ausführlich zur Figur der a.l.i.c. *Kaspar*, AT, § 5 Rn. 358 ff.

II. Tatbestandsvoraussetzungen § 41

Schuldfähigkeit vorlag. Hinsichtlich der Rauschtat scheidet auch dann in dubio pro reo eine Bestrafung aus. Teilweise wird angenommen, dass in einem solchen Fall eine Bestrafung aus § 323a StGB möglich sei.[34] Der Wortlaut des § 323a StGB erfordere nicht, dass der Bereich des § 21 StGB sicher erreicht ist und die Vorschrift habe eine Auffangfunktion für alle Fälle, in denen der Täter in dubio pro reo nicht für die Rauschtat bestraft werden kann. Die h.M. folgt dem jedoch zu Recht nicht.[35] Denn, wenn nicht einmal sicher ist, dass der Täter den Bereich verminderter Schuldfähigkeit erreicht hat, dann ist auch nicht sicher, dass er in einen für die Allgemeinheit gefährlichen Rauschzustand geraten ist.[36] Damit ist der Rausch ein Zustand, in dem die Schuldunfähigkeit § 20 StGB nicht auszuschließen und jedenfalls der Bereich verminderter Schuldfähigkeit nach § 21 StGB erreicht ist.[37]

2. Subjektiver Tatbestand / Vorwerfbarkeit

Erschöpft sich der objektive Tatbestand im gerade beschriebenen Sich-Versetzen in einen Rausch, so müssen sich **Vorsatz** bzw. **Fahrlässigkeit** auch nur auf diese Tathandlung und den Rauschzustand beziehen.[38] Bedingter Vorsatz genügt.[39] Das bedeutet, dass der Täter auch Kenntnis von den sonstigen Faktoren haben muss, die in Kombination mit dem Alkohol oder den anderen berauschenden Mitteln zum Rauschzustand führen.[40] Hier wirkt sich der oben (Rn. 3 ff.) beschriebene Streit aus. Da die Allgemeingefährlichkeit des Rauschs ausschlaggebend für den Tatbestand ist, wäre es konsequent, immerhin ein Bewusstsein des Täters zu fordern, dass er in einen gefährlichen Rauschzustand gerät.[41] Demgemäß verlangt der BGH für einen bedingten Vorsatz, dass der Täter es bei dem Genuss von Rauschmitteln für möglich hält und billigend in Kauf nimmt, dass er sich dadurch in einen Rauschzustand versetzt, der seine Einsichtsfähigkeit oder sein Hemmungsvermögen jedenfalls erheblich vermindert, wenn nicht ganz ausschließt.[42] Fahrlässigkeit liegt vor, wenn der Täter dies hätte erkennen können.[43] Nach den abweichenden Konstruktionen ist eine subjektive Zurechnung i.H.a. die Rauschtat erforderlich (s.o. Rn. 3 ff.).

15

3. Objektive Bedingung der Strafbarkeit

Weitere Voraussetzung der Strafbarkeit ist die Begehung einer rechtswidrigen Tat, für welche der Täter mangels nachgewiesener Schuldfähigkeit nicht bestraft werden kann (**Rauschtat**). Dies ist eine **objektive Bedingung der Strafbarkeit**.[44] Daher müssen sich Vorsatz und Fahrlässigkeit des Täters darauf **nicht** beziehen.[45] Der Begriff „rechtswidrige Tat" ist i.S.v. § 11 Abs. 1 Nr. 5 StGB zu verstehen, sodass alle Verhaltensweisen

16

---

34 *Fischer*, § 323a Rn. 11c; *Geppert*, JURA 2009, 40, 43; SK-*Wolters*, § 323a Rn. 18.
35 OLG Karlsruhe NJW 2004, 3356, 3357; *Eisele*, BT I, Rn. 1237; *Eisele/Heinrich*, BT, Rn. 707; Sch/Sch-*Hecker*, § 323a Rn. 7; A/W/H-*Hilgendorf*, § 40 Rn. 30.
36 *Eisele*, BT I, Rn. 1237; *Eisele/Heinrich*, BT, Rn. 707.
37 *Eisele*, BT I, Rn. 1236; *Rengier*, BT II, § 41 Rn. 10.
38 Vgl. *Eisele*, BT I, Rn. 1238; *Kindhäuser/Schramm*, BT I, § 69 Rn. 18; *Rengier*, BT II, § 41 Rn. 12a.
39 BGH NStZ-RR 2011, 15; NStZ-RR 2022, 184; L/K/H-*Heger*, § 323a Rn. 13; *Zieschang*, BT 1, Rn. 1214.
40 *Rengier*, BT II, § 41 Rn. 12a.
41 Vgl. *Otto*, GK BT, § 81 Rn. 1.
42 BGH NStZ-RR 2011, 15; NStZ-RR 2022, 184; vgl. auch *Fischer*, § 323a Rn. 16; L/K/H-*Heger*, § 323a Rn. 13.
43 Sch/Sch-*Hecker*, § 323a Rn. 9.
44 *Hilgendorf/Valerius*, BT I, § 12 Rn. 103; *Kindhäuser/Schramm*, BT I, § 69 Rn. 20; BeckOK-*Kudlich*, § 323a Rn. 9; *Rengier*, BT II, § 41 Rn. 13; *Wessels/Hettinger/Engländer*, § 23 Rn. 1047; *Zieschang*, BT 1, Rn. 1216.
45 *Eisele/Heinrich*, BT, Rn. 709; L/K/H-*Heger*, § 323a Rn. 14.

erfasst sind, die den Tatbestand eines Strafgesetzes verwirklichen. Bei Ordnungswidrigkeiten greift § 122 OWiG. Zu den Rauschtaten gehören auch Beteiligung, Versuch und Unterlassen,[46] auch ein echtes Unterlassen nach § 323c StGB.[47] Dabei muss der Täter den objektiven und subjektiven Tatbestand erfüllen und rechtswidrig handeln.[48]

17 Bzgl. des subjektiven Tatbestands der Rauschtat stellt sich insb. die Frage nach der Behandlung von **Irrtümern**. Insofern gilt, dass Irrtümer auf Tatbestandsebene nicht nur die Bestrafung aus der Rauschtat, sondern auch nach § 323a StGB ausschließen,[49] da es dann an einer tatbestandsmäßigen und rechtswidrigen Rauschtat fehlt. Dies gilt selbst dann, wenn der Irrtum auf den Rausch zurückzuführen ist.[50] In diesem Sinne müssen auch Absichtsmerkmale erfüllt sein, etwa die Zueignungsabsicht bei § 242 StGB oder die Bereicherungsabsicht bei § 263 StGB.[51] Auch wenn der Täter im Rausch einem Erlaubnistatbestandsirrtum unterliegt, scheidet (neben der Rauschtat) § 323a StGB aus.[52] In beiden Fällen kommt aber Fahrlässigkeit in Betracht, sofern diese strafbar ist.[53] Die Rauschtat darf nur deshalb nicht strafbar sein, weil der Täter aufgrund des Rausches schuldunfähig war.[54] Beim unvermeidbaren Verbotsirrtum nach § 17 StGB ist hingegen zu differenzieren:[55] Hätte der Täter sich auch in nüchternem Zustand entsprechend geirrt, scheidet § 323a StGB aus, irrte er sich hingegen wegen des Rauschs, greift § 323a StGB, weil ihm dann rauschbedingt die Unrechtseinsicht fehlte (§ 20 StGB).

WIEDERHOLUNGSFRAGEN

1. Welche Deliktsnatur hat § 323a StGB? (Rn. 3 ff.)
2. Welche Anforderungen sind an den Rausch i.S.v. § 323a StGB zu stellen (Mindestschweregrad)? (Rn. 10 ff.)
3. Müssen sich Vorsatz oder Fahrlässigkeit auch auf die Rauschtat beziehen? Inwiefern muss diese für den Täter vorhersehbar sein? (Rn. 15)
4. Wie wirkt es sich aus, wenn der Täter rauschbedingt einem Tatbestandsirrtum unterliegt? (Rn. 17)

---

46 *Sch/Sch-Hecker*, § 323a Rn. 13; *BeckOK-Kudlich*, § 323a Rn. 9.
47 *Eisele/Heinrich*, BT, Rn. 709; MK-*Geisler*, § 323a Rn. 33; *Sch/Sch-Hecker*, § 323a Rn. 13; *Kindhäuser/Schramm*, BT I, § 69 Rn. 21; *Zieschang*, BT 1, Rn. 1216 – a.A. L/K/H-*Heger*, § 323a Rn. 6, da der Täter wegen des Rauschs zur Hilfe unfähig sei.
48 *Eisele/Heinrich*, BT, Rn. 710; *Sch/Sch-Hecker*, § 323a Rn. 13 ff.; *Kindhäuser/Schramm*, BT I, § 69 Rn. 22; *Rengier*, BT II, § 41 Rn. 13 ff.
49 *Eisele/Heinrich*, BT, Rn. 711; MK-*Geisler*, § 323a Rn. 39; *Geppert*, JURA 2009, 40, 45; *Sch/Sch-Hecker*, § 323a Rn. 15; LK-*Popp*, § 323a Rn. 66 – a.A. noch BGHSt 18, 235, 236.
50 LK-*Popp*, § 323a Rn. 66.
51 BGHSt 18, 235, 237.
52 *Geppert*, JURA 2009, 40, 45; *Sch/Sch-Hecker*, § 323a Rn. 15.
53 *Sch/Sch-Hecker*, § 323a Rn. 15; LK-*Popp*, § 323a Rn. 69.
54 *Kindhäuser/Schramm*, BT I, § 69 Rn. 22.
55 LK-*Popp*, § 323a Rn. 76; *Rengier*, BT II, § 41 Rn. 17.

§ 42 Unterlassene Hilfeleistung und Behinderung hilfeleistender Personen, § 323c StGB

Literaturempfehlungen:
Geilen, Probleme des § 323c StGB, JURA 1983, 78, 138; *Geppert*, Die unterlassene Hilfeleistung (§ 323c), JURA 2005, 39; *Lenk*, Die Strafbarkeit des „Gaffers" gem. § 323c II StGB, JuS 2018, 229; *Seelmann*, „Unterlassene Hilfeleistung" oder: Was darf das Strafrecht?, JuS 1995, 281.

Übungsfälle:
v. Danwitz, Reden ist Silber, Schweigen ist Gold?, JURA 2000, 486; *Ellbogen/Stage*, Die S-Bahn-Fahrt, JA 2005, 353.

I. Einleitung

1. Grundlagen

Seit der Reform des Jahres 2017[1] umfasst § 323c StGB **zwei Tatbestände**: die unterlassene Hilfeleistung und die Behinderung hilfeleistender Personen. Er schützt nach h.M. die **Individualrechtsgüter** der in Not geratenen Person,[2] nachdem früher eine rein überindividuelle Schutzrichtung i.S.d. öffentlichen Sicherheit bzw. des Allgemeininteresses, dass bei Unglücksfällen Hilfe geleistet wird, angenommen wurde.[3] Insofern kann also der Rechtsgutträger, also der in Not Geratene, auch auf die Hilfe verzichten (s.u. Rn. 21).[4] Hinter der Strafbarkeit steckt ein allgemeiner Gedanke der Solidarität der Rechtsgemeinschaft.[5] Dabei stellt § 323c Abs. 1 StGB ein **echtes Unterlassungsdelikt** dar, bei dem es auf die Voraussetzungen des § 13 StGB nicht ankommt.[6] Besteht hingegen eine Garantenpflicht zur Hilfe bzgl. des in Not Geratenen, so tritt § 323c StGB als subsidiär zurück.[7]

Klausurtipp: Daher sind die in Betracht kommenden unechten Unterlassungsdelikte, etwa die §§ 223, 13 StGB, zuerst zu prüfen. Sind sie erfüllt, so genügt ein kurzer Hinweis, dass § 323c StGB dahinter zurücktritt.

Abs. 2 ist hingegen ein **aktives Begehungsdelikt**.[8]

2. Prüfungsschemata

Insofern kommen zwei unterschiedliche Schemata zur Anwendung:

▶ **Prüfungsschema § 323c Abs. 1 StGB**

I. Tatbestand

---

1 52. Gesetz zur Änderung des Strafgesetzbuches – Stärkung des Schutzes von Vollstreckungsbeamten und Rettungskräften – vom 23.5.2017, BGBl. I, 1226.
2 *Eisele*, BT I, Rn. 1246; *Eisele/Heinrich*, BT, Rn. 713; MK-*Freund/Koch*, § 323c Rn. 2; NK-*Gaede*, § 323c Rn. 2; Sch/Sch-*Hecker*, § 323c Rn. 1; L/K/H-*Heger*, § 323c Rn. 1; BeckOK-*v. Heintschel-Heinegg*, § 323c Rn. 1; *Kindhäuser/Schramm*, BT I, § 70 Rn. 1; *Rengier*, BT II, § 42 Rn. 1; *Wessels/Hettinger/Engländer*, BT 1, § 22 Rn. 1057; vgl. auch BGH NJW 2002, 1356, 1357: „jedenfalls auch".
3 Vgl. dazu BGH NJW 2002, 1356, 1357; LK-*Popp*, § 323c Rn. 21 m.w.N.
4 *Kindhäuser/Schramm*, BT I, § 70 Rn. 1; LK-*Popp*, § 323c Rn. 116.
5 Vgl. L/K/H-*Heger*, § 323c Rn. 1; *Kindhäuser/Schramm*, BT I, § 70 Rn. 2; *Rengier*, BT II, § 42 Rn. 1.
6 *Eisele*, BT I, Rn. 1246; *Eisele/Heinrich*, BT, Rn. 713; LK-*Popp*, § 323c Rn. 29.
7 LK-*Popp*, § 323c Rn. 167.
8 *Eisele*, BT I, Rn. 1268; *Eisele/Heinrich*, BT, Rn. 713.

1. Objektiver Tatbestand
   a) Tatsituation: Unglücksfall / gemeine Gefahr / gemeine Not
   b) Tathandlung: Unterlassen der Hilfeleistung
      aa) Möglichkeit der Hilfeleistung
      bb) Erforderlichkeit der Hilfeleistung
      cc) Zumutbarkeit der Hilfeleistung
2. Subjektiver Tatbestand
II. Rechtswidrigkeit
III. Schuld ◄

▶ **Prüfungsschema § 323c Abs. 2 StGB**
I. Tatbestand
   1. Objektiver Tatbestand
      a) Tatsituation: Unglücksfall / gemeine Gefahr / gemeine Not
      b) Tathandlung: Behindern einer Person, die Hilfe leisten will
   2. Subjektiver Tatbestand
II. Rechtswidrigkeit
III. Schuld ◄

II. Tatbestandsvoraussetzungen nach Abs. 1

1. Objektiver Tatbestand

a) Tatsituation

5 ▶ **Beispielsfall ("Insulinspritzen"):**[9] Zum Sachverhalt s.o. § 4 Rn. 22. ◄

6 Der objektive Tatbestand setzt als **Tatsituation** einen Unglücksfall, eine gemeine Gefahr oder Not voraus.

7 **Definition:** Ein Unglücksfall ist ein plötzliches Ereignis, das erhebliche Gefahren für Personen oder bedeutende Sachwerte mit sich bringt oder zu bringen droht.[10]

8 Umstritten ist, ob dies ex ante oder ex post zu beurteilen ist. Während insb. der BGH von einer Ex-ante-Perspektive ausgeht,[11] sodass also aus der Sicht eines objektiven Beobachters in der konkreten Situation zu beurteilen ist, ob ein Unglücksfall vorlag, stellt die vorzugswürdige Gegenansicht auf eine **Ex-post-Sicht** ab,[12] d.h. es nachträglich zu prüfen, ob objektiv tatsächlich Unglücksfall vorlag. Dafür spricht, dass der Versuch nicht strafbar ist, was nicht durch eine Annahme eines Unglücksfalls ex ante, der aber tatsächlich gar nicht gegeben war, umgangen werden darf.[13] Ist der zu verhindernde

---

[9] BGH NJW 2022, 3021.
[10] *Eisele*, BT I, Rn. 1249; *Hilgendorf/Valerius*, BT I, § 2 Rn. 187; *Kindhäuser/Schramm*, BT I, § 70 Rn. 4; MK-*Freund/Koch*, § 323c Rn. 18; *Rengier*, BT II, § 42 Rn. 3.
[11] BGHSt 14, 213, 216; BGH NStZ 2021, 236, 237; so auch *Eisele/Heinrich*, BT, Rn. 716; *Fischer*, § 323c Rn. 9; MK-*Freund/Koch*, § 323c Rn. 29 ff.; differenzierend Sch/Sch-*Hecker*, § 323c Rn. 2.
[12] *Eisele*, BT I, Rn. 1249; L/K/H-*Heger*, § 323c Rn. 2; *Kindhäuser/Schramm*, BT I, § 70 Rn. 10; *Rengier*, BT II, § 42 Rn. 4; *Zieschang*, BT 1, Rn. 1224.
[13] *Kindhäuser/Schramm*, BT I, § 70 Rn. 10.

II. Tatbestandsvoraussetzungen nach Abs. 1 § 42

Schaden bereits eingetreten, so liegt kein Unglücksfall mehr vor,[14] so etwa, wenn das Unfallopfer bereits verstorben ist. Als klassische Beispiele für Unglücksfälle sind zu nennen: Unfälle, insb. Verkehrsunfälle, oder Folgen von Gewalttaten.[15] **Krankheiten** sind zwar i.d.R. kein „plötzliches Ereignis" und daher noch keine Unglücksfälle, jedoch dann erfasst, wenn sie einen plötzlichen, sich rasch verschlimmernden Verlauf nehmen.[16] Schließlich können erhebliche Gefahren für das Eigentum können nach zutreffender Meinung einen Unglücksfall darstellen, sofern es sich um bedeutende Sachwerte, also keine drohenden Bagatellschäden, handelt.[17]

Umstritten ist jedoch die im Beispielsfall angesprochene Behandlung eines **Suizids**. 9

▶ **Lösung des Beispielsfalls („Insulinspritzen"):**[18] Der BGH hielt in der Entscheidung an dem schon zuvor von ihm vertretenen Grundsatz fest, dass auch ein Suizid grds. einen Unglücksfall darstellt. Dies hat er zuvor schon damit begründet, dass das Selbstbestimmungsrecht des Suizidenten nicht das § 323c StGB zugrunde liegende Erfordernis menschlicher Solidarität nicht ausschließe.[19] Allerdings sei es A nicht zumutbar gewesen, eine Hilfeleistung vorzunehmen, die dem Willen des B zuwiderliefe. ◀ 10

Anmerkung: In der Literatur wird die Einstufung des freiverantwortlichen Suizids als Unglücksfall indes vielfach zu Recht abgelehnt.[20] Wenn dafür angeführt wird, dass sonst die Straflosigkeit der Teilnahme am Suizid unterlaufen werde, so lässt sich noch entgegen, dass auch der BGH zu einer Verneinung der Tatbestandsmäßigkeit kommt, indem er eine Unzumutbarkeit eines Handelns gegen den Willen des Suizidenten annimmt. Es erscheint aber schon begrifflich problematisch, von einem „Unglück" zu sprechen, wenn es um die Ausübung des Selbstbestimmungsrechts geht.[21] 11

Definition: Eine gemeine Gefahr ist ein Zustand, bei dem die Möglichkeit eines erheblichen Schadens für unbestimmt viele Personen (an Leib oder Leben oder an bedeutenden Sachwerten) nahe liegt.[22] 12

Beispiele bilden etwa Überschwemmungen, Wald- oder Hausbrände.[23] 13

Definition: Eine gemeine Not ist eine die Allgemeinheit betreffende Notlage.[24] 14

---

14 *Eisele*, BT I, Rn. 1250; *Rengier*, BT II, § 42 Rn. 4a.
15 NK-*Gaede*, § 323c Rn. 4; *Hilgendorf/Valerius*, BT I, § 2 Rn. 188; *Rengier*, BT II, § 42 Rn. 5 f.
16 BGH NStZ 1983, 313; MK-*Freund/Koch*, § 323c Rn. 25; LK-*Popp*, § 323c Rn. 58; *Rengier*, BT II, § 42 Rn. 6; *Wessels/Hettinger/Engländer*, BT 1, § 22 Rn. 1059.
17 *Eisele*, BT I, Rn. 1249; *Kindhäuser/Schramm*, BT I, § 70 Rn. 6 – a.A. LK-*Popp*, § 323c Rn. 53: Sachgefahren nicht erfasst; anders auch Sch/Sch-*Hecker*, § 323c Rn. 5: nur bei gemeiner Gefahr.
18 BGH NJW 2022, 3021.
19 BGHSt 64, 121, 133.
20 MK-*Freund/Koch*, § 323c Rn. 59; NK-*Gaede*, § 323c Rn. 5; L/K/H-*Heger*, § 323c Rn. 2; A/W/H-*Hilgendorf*, § 39 Rn. 13; *Hilgendorf/Valerius*, BT I, § 2 Rn. 189; *Kindhäuser/Schramm*, BT I, § 70 Rn. 8; LK-*Popp*, § 323c Rn. 63 ff.; *Rengier*, BT II, § 8 Rn. 40.
21 Vgl. LK-*Popp*, § 323c Rn. 63; *Rengier*, BT II, § 8 Rn. 40.
22 Vgl. *Eisele/Heinrich*, BT, Rn. 720; NK-*Gaede*, § 323c Rn. 8; *Kindhäuser/Schramm*, BT I, § 70 Rn. 12; LK-*Popp*, § 323c Rn. 73; *Rengier*, BT II, § 42 Rn. 7.
23 Zu diesen und weiteren Beispielen MK-*Freund/Koch*, § 323c Rn. 71; BeckOK-v. *Heintschel-Heinegg*, § 323c Rn. 13; LK-*Popp*, § 323c Rn. 74.
24 *Eisele/Heinrich*, BT, Rn. 720; Sch/Sch-*Hecker*, § 323c Rn. 10; *Kindhäuser/Schramm*, BT I, § 70 Rn. 12; *Rengier*, BT II, § 42 Rn. 7.

15 Diese Definition ist bei näherer Betrachtung zirkulär.[25] Eine gemeine Not besteht etwa beim Ausfall der örtlichen Trinkwasserversorgung oder längerer Brennstoffknappheit bei niedrigen Temperaturen.[26]

b) Tathandlung

16 **Tathandlung** des Abs. 1 ist das Unterlassen der Hilfeleistung, also die Nicht-Vornahme einer auf die Abwendung der drohenden Schäden gerichteten Tätigkeit.[27] Die Hilfeleistung muss dabei möglich, erforderlich und zumutbar sein. Die Hilfspflicht ist nicht auf Personen in der Nähe beschränkt, sodass auch Ärzte, Polizei etc., die per Hilferuf angerufen wurden, erfasst sind, wenn sie nichts unternehmen.[28] Die Formulierung „bei Unglücksfällen" etc. ist demnach als „**anlässlich**" zu verstehen.

17 Da von einem Menschen nichts ihm Unmögliches strafbewehrt gefordert werden darf, muss der Unterlassende physisch in der Lage dazu sein, die geforderte Hilfe zu erbringen.[29] Fehlen ihm hierfür die erforderlichen Kenntnisse, Fähigkeiten oder Hilfsmittel, so scheidet der Tatbestand aus.[30] So kann etwa ein Nicht-Schwimmer einem Ertrinkenden nicht Hilfe leisten, indem er selbst ins Wasser springt; allerdings kann es ihm im konkreten Fall z.B. möglich sein, Hilfe herbeizurufen.[31]

18 Die **Erforderlichkeit** beurteilt sich aus einer objektiven **Ex-ante-Perspektive** aus der Sicht eines verständigen Beobachters.[32] An einer Erforderlichkeit fehlt es, wenn aus dieser Sicht das Opfer sich selbst helfen kann, bereits von anderer Seite ausreichend Hilfe erhält oder die Hilfe offensichtlich aussichtslos ist.[33] Hierbei muss jeder unter den möglichen und zur Verfügung stehenden Mitteln und unter Beurteilung seiner Fähigkeiten das wirksamste Mittel wählen.[34]

19 Schließlich muss die Hilfeleistung für den Unterlassenden auch **zumutbar** sein. Dabei geht es darum, ihn nicht unangemessen zu überfordern. Das Gesetz nennt selbst zwei Fälle: die erhebliche eigene Gefahr und die Verletzung anderer wichtiger Pflichten. Eine **erhebliche eigene Gefahr** ist anzunehmen bei der Bedrohung eines Rechtsgutes, etwa Leben, Gesundheit, Freiheit oder Eigentum des Unterlassenden.[35] Hinsichtlich der **anderen wichtigen Pflichten** ist daran zu denken, dass eine Garantenpflicht i.S.v. § 13 StGB der allgemeinen Hilfspflicht nach § 323c StGB vorgeht,[36] sodass es einem Vater, der das eigene Kind vor dem Ertrinken retten muss, unzumutbar ist, vorranging Dritten zu helfen. Wie sich aus dem Wort „insbesondere" ergibt, handelt es sich nur um Beispiele, sodass auch andere Konstellationen zur Unzumutbarkeit der Hilfeleistung führen können.[37] Die Zumutbarkeit ist im Rahmen einer umfassenden Güter- und Interessenabwägung zu ermitteln, bei welcher u.a. der Grad der eigenen Gefährdung,

---

25 Kritisch auch A/W/H/H-*Hilgendorf*, § 39 Rn. 16: „nichtssagend".
26 Zu diesen und weiteren Beispielen LK-*Popp*, § 323c Rn. 77.
27 Vgl. LK-*Popp*, § 323c Rn. 82.
28 *Rengier*, BT II, § 42 Rn. 8.
29 *Eisele/Heinrich*, BT, Rn. 722; *Zieschang*, BT 1, Rn. 1228.
30 *Eisele/Heinrich*, BT, Rn. 722; *Rengier*, BT II, § 42 Rn. 12.
31 *Eisele/Heinrich*, BT, Rn. 722; *Rengier*, BT II, § 42 Rn. 12.
32 BeckOK-v. *Heintschel-Heinegg*, § 323c Rn. 20; *Kindhäuser/Schramm*, § 70 Rn. 15; *Rengier*, BT II, § 42 Rn. 9.
33 *Fischer*, § 323c Rn. 12; A/W/H/H-*Hilgendorf*, § 39 Rn. 17; *Rengier*, BT II, § 42 Rn. 10.
34 BGHSt 14, 213, 216; *Eisele/Heinrich*, BT, Rn. 725.
35 LK-*Popp*, § 323c Rn. 99.
36 LK-*Popp*, § 323c Rn. 110.
37 *Eisele/Heinrich*, BT, Rn. 729.

II. Tatbestandsvoraussetzungen nach Abs. 1 § 42

die Erfolgs-aussichten der Rettung, die Schwere der dem Opfer drohenden Gefahr und die Nähe zum Unglücksfall als wesentliche Kriterien zu berücksichtigen sind.[38]

Fraglich ist, was gilt, wenn der Unterlassende sich bei Hilfeleistung der **Gefahr der Strafverfolgung** aussetzen würde. Zu denken ist etwa an den Fall, dass der Täter den Unglücksfall selbst (mit-)verursacht hat. So wie in einem solchen Fall eine Garantenpflicht besteht, bleibt auch die Hilfspflicht aus § 323c StGB bestehen,[39] was sich auch mit der Wertung des § 35 Abs. 1 S. 2 StGB begründen lässt.[40] Anders soll dies in Fällen zu beurteilen sein, in denen die Straftat mit dem Unglücksfall nichts zu tun hat, weil hier der Nemo-tenetur-Grundsatz für eine Unzumutbarkeit spreche, wobei wiederum danach differenziert wird, wie schwerwiegend die zu erwartenden Schäden und die begangene Tat sind.[41] Auch in einem solchen Fall bleibt aber zu berücksichtigen, dass es zumutbar bleibt, anonym Hilfe zu rufen.[42]

20

Umstritten ist schließlich die Behandlung eines **Verzichts** des in Not Geratenen auf eine Rettung. Wie bereits festgestellt (Rn. 1), ist ein solcher grds. möglich, da der Tatbestand nach der zutreffenden h.M. Individualrechtsgüter schützt. Uneinigkeit besteht jedoch bzgl. der **dogmatischen Verortung**. Während teilweise über die Grundsätze der rechtfertigenden Einwilligung (erst) die Rechtswidrigkeit der Tat abgelehnt wird,[43] spricht mehr für einen **Ausschluss des Tatbestandes**, da in einem solchen Fall keine Hilfspflicht besteht, sondern im Gegenteil der Helfer sich nicht über den Willen des in Not Geratenen hinwegsetzen darf. Insofern lässt sich entweder sagen, dass die Hilfe in einem solchen Fall nicht erforderlich ist,[44] oder jedenfalls die Zumutbarkeit ablehnen.[45]

21

Vollendung tritt bereits ein, wenn der Täter die sich ihm bietenden Rettungschance nicht wahrnimmt. Hierzu muss er nach h.M. unverzüglich handeln, sodass die Tat vollendet ist, wenn er nicht sofort handelt oder erklärt, dass er nicht helfen will,[46] wobei dem Täter eine gewisse „Schrecksekunde" zugebilligt wird.[47] Die Gegenansicht stellt hingegen auf die Rechtzeitigkeit der Hilfeleistung ab und verneint Vollendung, solange die Erfolgschancen nicht gemindert sind.[48] Da Vollendung also zu einem sehr frühen Zeitpunkt eintritt, mehren sich Stimmen, die eine analoge Anwendung der Vorschriften über die **tätige Reue** befürworten,[49] etwa wenn der Täter zunächst am Unfallort vorbeifährt, dann aber zurückkehrt, um Hilfe zu leisten. Nimmt man in einem solchen Fall bereits Tatvollendung bei Weiterfahrt an, so erscheint eine Strafbarkeit überzogen. Gleichwohl dürfte es hier an einer planwidrigen Regelungslücke fehlen, zumal der Gesetzgeber die Vorschrift in jüngerer Zeit reformiert hat.[50]

22

---

38 L/K/H-*Heger*, § 323c Rn. 7; BeckOK-v. *Heintschel-Heinegg*, § 323c Rn. 22; *Kindhäuser/Schramm*, BT I, § 70 Rn. 18.
39 BGHSt 11, 353, 355 ff.; *Eisele*, BT I, Rn. 1264; *Eisele/Heinrich*, BT, Rn. 731; BeckOK-v. *Heintschel-Heinegg*, § 323c Rn. 23; *Kindhäuser/Schramm*, BT I, § 70 Rn. 19.
40 *Eisele*, BT I, Rn. 1264; *Eisele/Heinrich*, BT, Rn. 731.
41 Vgl. *Eisele/Heinrich*, BT, Rn. 731; *Zieschang*, BT, 1, Rn. 1235.
42 Vgl. *Eisele*, BT I, Rn. 1265; *Kindhäuser/Schramm*, BT I, § 70 Rn. 19.
43 SK-*Stein/Wolters*, § 323c Rn. 46.
44 *Eisele*, BT I, Rn. 1260; *Eisele/Heinrich*, BT, Rn. 727; NK-*Gaede*, § 323c Rn. 10.
45 Vgl. *Rengier*, BT II, § 42 Rn. 17.
46 BGHSt 14, 213, 216; *Eisele*, BT I, Rn. 1258; Sch/Sch-*Hecker*, § 323c Rn. 21, 26; L/K/H-*Heger*, § 323c Rn. 10; *Rengier*, BT II, § 42 Rn. 19; *Zieschang*, BT 1, Rn. 1238.
47 Sch/Sch-*Hecker*, § 323c Rn. 21.
48 NK-*Gaede*, § 323c Rn. 15; LK-*Popp*, § 323c Rn. 137.
49 So etwa *Kindhäuser/Schramm*, BT I, § 70 Rn. 29; *Rengier*, BT II, § 42 Rn. 20.
50 BGHSt 14, 213, 217; *Zieschang*, BT 1, Rn. 1238.

2. Subjektiver Tatbestand

23 Subjektiv verlangt Abs. 1 dolus eventualis, sodass der Täter erkennen muss, dass eine Notsituation vorliegt und sofortige Hilfe möglich, erforderlich und zumutbar ist.[51]

III. Tatbestandsvoraussetzungen nach Abs. 2

1. Objektiver Tatbestand

a) Tatsituation

24 Die **Tatsituationen** entsprechen Abs. 1 („in diesen Situationen").[52] Hinzukommen muss, dass ein anderer bereits Hilfe leistet oder Hilfe leisten will.[53] Dies können sowohl professionelle als auch private Helfer sein.[54]

b) Tathandlung

25 Abs. 2 ist als **aktives Begehungsdelikt** ausgestaltet. Hiernach macht sich strafbar, wer bei einem Unglücksfall etc. eine Person behindert, die einem Dritten Hilfe leistet oder leisten will. Dabei handelt es sich zudem um ein **abstraktes Gefährdungsdelikt**,[55] die Lage des Opfers muss sich durch das Behindern insofern nicht verschlechtern.[56] Der die Rettung Behindernde ist auch dann nach § 323c Abs. 2 StGB strafbar, wenn das Opfer trotzdem gerettet wird.[57] Der Hintergrund liegt darin, dass jede Verzögerung der Hilfeleistung die Gefahr für das Opfer (abstrakt) erhöht und § 323c Abs. 1 StGB wie gesehen ein sofortiges Tätigwerden erfordert.[58] Der Gesetzgeber erläuterte zudem, dass aus den genannten Gründen eine Strafbarkeit auch dann in Betracht komme, wenn die Rettung gar nicht mehr möglich ist.[59] Dies mag zwar dem Charakter als abstraktes Gefährdungsdelikt entsprechen, allerdings ist dagegen zu erinnern, dass jedenfalls in den Fällen, in denen das Opfer bereits verstorben ist, kein Unglücksfall und damit keine „Situation" i.S.v. § 323c Abs. 2 StGB (mehr) vorliegt, sodass der Tatbestand ausscheidet.[60]

26 **Klausurtipp:** Tritt eine Verschlechterung des Zustands oder gar der Tod des Opfers erst später ein und ist dies kausal und zurechenbar auf die Behinderung der Rettungskräfte zurückzuführen, so ist ein Strafbarkeit nach den §§ 223 ff. StGB oder gar den §§ 211 ff. StGB zu prüfen.

27 **Definition:** Ein Behindern besteht in jeder spürbaren, nicht nur unerheblichen Störung der Rettungstätigkeit.[61]

28 Beispiele bilden die Beschädigung von technischem Gerät, das Versperren des Wegs, das Nicht-beiseite-Treten, das Blockieren von Notfallgassen oder die Beeinträchtigung

---

[51] Sch/Sch-*Hecker*, § 323c Rn. 25.
[52] NK-*Gaede*, § 323c Rn. 19; Sch/Sch-*Hecker*, § 323c Rn. 32; *Kindhäuser/Schramm*, BT I, § 70 Rn. 23.
[53] NK-*Gaede*, § 323c Rn. 19.
[54] *Eisele*, BT I, Rn. 1268b; *Eisele/Heinrich*, BT, Rn. 737; *Kindhäuser/Schramm*, BT I, § 70 Rn. 24.
[55] *Eisele*, BT I, Rn. 1268; *Eisele/Heinrich*, BT, Rn. 735; *Lenk*, JuS 2018, 229, 230; LK-*Popp*, § 323c Rn. 143.
[56] BT-Drs. 18/12153, 7; *Eisele/Heinrich*, BT, Rn. 738; *Wessels/Hettinger/Engländer*, BT, § 23 Rn. 1069.
[57] BT-Drs. 18/12153, 7.
[58] BT-Drs. 18/12153, 7.
[59] BT-Drs. 18/12153, 7.
[60] *Eisele*, BT I, Rn. 1268c; BeckOK-v. *Heintschel-Heinegg*, § 323c Rn. 30; LK-*Popp*, § 323c Rn. 144; *Rengier*, § 42a Rn. 6; *Zieschang*, BT 1, Rn. 1245 – a.A. *Wessels/Hettinger/Engländer*, BT 1, Rn. 1069.
[61] BT-Drs. 18/12153, 7; vgl. auch *Eisele/Heinrich*, BT, Rn. 738.

der Tätigkeit von Ärzten und Krankenhauspersonal in der Notaufnahme.[62] Die obige Definition (des Gesetzgebers) ist insofern zu ergänzen, dass durch diese Störung die Hilfsmaßnahmen wenigstens erschwert werden müssen.[63] Das bloße „Gaffen" am Unfallort genügt dazu per se noch nicht.[64] Fraglich ist, ob eine Strafbarkeit nach Abs. 2 auch für Helfer in Betracht kommt, was der Wortlaut jedenfalls nicht ausschließt. In diesem Fall kollidiert die Pflicht, andere bei der Hilfstätigkeit nicht zu behindern aber mit der eigenen Hilfspflicht aus Abs. 1, sodass eine Strafbarkeit nach Abs. 2 verfehlt erscheint. Umstritten ist jedoch die dogmatische Konstruktion. Teilweise wird hier eine rechtfertigende Pflichtenkollision angenommen.[65] Vorzugswürdig ist es aber, bereits den objektiven Tatbestand restriktiv auszulegen,[66] zumal der selbst Rettungswillige den Schutzzweck der Norm nicht erfüllt.

2. Subjektiver Tatbestand

Auch bei § 323c Abs. 2 StGB genügt bedingter **Vorsatz**.[67] Der Täter muss daher zumindest erkennen und billigend in Kauf nehmen, dass sein Handeln rettungswillige Personen behindert.[68]

WIEDERHOLUNGSFRAGEN

1. Ist das Vorliegen eines Unglücksfalls i.S.v. § 323c StGB ex ante oder ex post zu beurteilen? (Rn. 8)
2. Ist auch ein Suizidversuch ein Unglücksfall i.S.v. § 323c Abs. 1 StGB? (Rn. 9 ff.)
3. Wirkt ein Verzicht des in Not Geratenen tatbestandsausschließend oder rechtfertigend? (Rn. 21)
4. Ist eine Hilfeleistung i.S.v. § 323c Abs. 1 StGB zumutbar, wenn der Helfende sich der Gefahr einer Strafverfolgung aussetzen würde? (Rn. 20)
5. Kommt eine tätige Reue in Betracht, wenn der Hilfspflichtige zunächst weiterfährt, dann aber an den Unfallort zurückkehrt und nun doch hilft? (Rn. 22)

---

62 BT-Drs. 18/12153, 7.
63 *Eisele/Heinrich*, BT, Rn. 738; *Lenk*, JuS 2018, 229, 231; LK-*Popp*, § 323c Rn. 146; *Zieschang*, BT 1, Rn. 1244.
64 *Kindhäuser/Schramm*, BT I, § 70 Rn. 25.
65 *Rengier*, BT II, § 42a Rn. 5.
66 BeckOK-v. *Heintschel-Heinegg*, § 323c Rn. 33; *Kindhäuser/Schramm*, BT I, § 70 Rn. 26; *Lenk*, JuS 2018, 229, 232; LK-*Popp*, 323c Rn. 148.
67 *Eisele/Heinrich*, BT, Rn. 739; *Fischer*, § 323c Rn. 28; NK-*Gaede*, 323c Rn. 22.
68 *Eisele/Heinrich*, BT, Rn. 739; *Fischer*, § 323c Rn. 31; NK-*Gaede*, 323c Rn. 22.

TEIL 10: STRAFTATEN GEGEN DIE RECHTSPFLEGE

§ 43 Einleitung

I. Grundlagen

1 Der 9. Teil dieses Lehrbuchs behandelt Straftaten gegen die Rechtspflege, also ein öffentliches Interesse und somit ein weiteres **Rechtsgut der Allgemeinheit**. Diesem Bereich ist eine Vielzahl an Normen zuzuordnen, die sich teilweise auch an verschiedenen Stellen des StGB finden. Dabei sind unterschiedliche Aspekte der Rechtspflege geschützt. Da dieses Lehrbuch sich auf die besonders klausurrelevanten Delikte fokussiert, wird wiederum nur ein Ausschnitt dieses Bereichs behandelt. Es folgen zunächst die im 9. Abschnitt des StGB geregelten Aussagedelikte, §§ 153 ff. StGB, und im Anschluss die falsche Verdächtigung, § 164 StGB, die sich im kurzen 10. Abschnitt des StGB findet, sowie das Vortäuschen einer Straftat, § 145d StGB, das zu den Straftaten gegen die öffentliche Ordnung des 8. Abschnitts gehört, aber im Zusammenhang mit § 164 StGB zu sehen ist.

2 Die Aussagedelikte der §§ 153 ff. StGB schützen die staatliche Rechtspflege, die eine wahrheitsgemäße Tatsachenfeststellung benötigt.[1] Bei § 164 StGB ist hingegen umstritten, welches Rechtsgut geschützt ist. Während teilweise angenommen wird, dass auch hier nur die staatliche Rechtspflege vor einer ungerechtfertigten Inanspruchnahme geschützt ist,[2] stellen andere Stimmen einzig auf das Individualrechtsgut des Schutzes des Einzelnen vor einer ungerechtfertigten staatlichen Verfolgung ab.[3] Die h.M. legt hingegen beide Schutzrichtungen alternativ zugrunde.[4] Auch § 145d StGB dient dem Schutz der staatlichen Rechtspflege vor einer ungerechtfertigten Inanspruchnahme.[5]

---

1 BGHSt 8, 301, 309 (GS); *Eisele*, BT I, Rn. 1343; *Hilgendorf/Valerius*, BT I, § 8 Rn. 2; *Kindhäuser/Schramm*, BT I, § 46 Rn. 1; *Kleszewski*, BT, § 19 Rn. 5; MK-*Müller*, Vor § 153 Rn. 7; LK-*Wolters/Ruß*, Vor § 153 Rn. 2; *Zieschang*, BT 1, Rn. 649; inzwischen treten aber auch Untersuchungsausschüsse als „Stelle" hinzu; vgl. *Otto*, GK BT, § 97 Rn. 1; SK-*Zöller*, Vor § 153 Rn. 3.
2 SK-*Rogall*, § 164 Rn. 1; MK-*Zopfs*, § 164 Rn. 4.
3 NK-*Vormbaum*, § 164 Rn. 10.
4 *Kindhäuser/Schramm*, BT I, § 52 Rn. 1; *Rengier*, BT II, § 50 Rn. 1; BeckOK-*Valerius*, § 164 Rn. 1; *Wessels/Hettinger/Engländer*, BT 1, Rn. 665 ff.; LK-*Wolters/Ruß*, § 164 Rn. 1 ff. – a.A. *Kleszewski*, BT, § 19 Rn. 163; *Zieschang*, BT 1, Rn. 723: kumulativ.
5 BGHSt 6, 251, 255; 19, 305, 307 f.; BGH NStZ 2015, 514; *Eisele*, BT I, Rn. 1478; *Kindhäuser/Schramm*, BT I, § 53 Rn. 1; *Rengier*, BT II, § 51 Rn. 1; *Wessels/Hettinger/Engländer*, BT 1, Rn. 685.

II. Systematik

▶ **Übersicht Straftaten gegen die Rechtspflege** 3

Nichtanzeige geplanter Straftaten, §§ 138, 139 StGB

Vortäuschen einer Straftat, § 145d StGB

Aussagedelikte, §§ 153–162 StGB

Falsche Verdächtigung, §§ 164, 165 StGB

Strafvereitelung, §§ 258, 258a StGB

Rechtsbeugung, § 339 StGB

Aussageerpressung, § 343 StGB

Verfolgung Unschuldiger, Vollstreckung gegen Unschuldige, §§ 344, 345 StGB

Verbotene Mitteilungen über Gerichtsverhandlungen, § 353d StGB

Parteiverrat, § 356 StGB ◀

§ 44 Falsche uneidliche Aussage, § 153 StGB

Literaturempfehlungen:
Geppert, Grundfragen der Aussagedelikte (§§ 153 ff. StGB), JURA 2002, 173; *Hettinger/Bender*, Die Aussagedelikte (§§ 153–162 StGB), JuS 2015, 577; *Otto*, Die Aussagedelikte, §§ 153–163 StGB, JuS 1984, 161; *ders.*, Die falsche Aussage i.S.d. §§ 153 ff. StGB, JURA 1985, 389; *Wolf*, Falsche Aussage, Eid und eidesgleiche Beteuerungen, JuS 1991, 177.

Übungsfälle:
Bünzel, „Echte Fründe!", AL 2023, 126; *Eisele*, Das misslungene Bremsmanöver, JA 2003, 40; *ders.*, Obdachlos, AL 2013, 278; *Mitsch*, Teilnahme, Versuch und Rücktritt bei Aussagedelikten, JuS 2005, 340.

I. Einleitung

1. Grundlagen zu den Aussagedelikten

1 Die **Aussagedelikte** der §§ 153 ff. StGB schützen wie gesehen die staatliche Rechtspflege. § 153 StGB stellt dabei die uneidliche Falschaussage unter Strafe und bildet das **Grunddelikt** der Aussagedelikte, welches bei Vereidigung des Aussagenden als Meineid gem. § 154 StGB qualifiziert wird.[1] Dem Eid stellt § 155 StGB eidesgleiche Bekräftigungen gleich. Falsche Versicherungen an Eides statt sind in § 156 StGB selbstständig unter Strafe gestellt. Es handelt sich bei den Aussagedelikten jeweils um schlichte **Tätigkeits-** und **abstrakte Gefährdungsdelikte**,[2] da die geschützte Rechtspflege nicht tatsächlich beeinträchtigt sein muss. Schließlich stellen die §§ 153, 154, 156 und 161 StGB **eigenhändige Delikte** dar,[3] die nur durch denjenigen begangen werden können, der als Zeuge oder Sachverständiger selbst falsch aussagt, schwört etc. Bei mittelbarer Täterschaft ist jedoch § 160 StGB zu beachten. Versuch und Fahrlässigkeit sind bei § 153 StGB nicht unter Strafe gestellt; beim Meineid und der eidesgleichen Bekräftigung ist hingegen der Versuch wegen des Verbrechenscharakters strafbar. Im Falle der §§ 154, 155 und 156 StGB ist zudem die fahrlässige Begehungsweise in § 161 StGB unter Strafe gestellt. § 159 StGB verweist hinsichtlich der versuchten Anstiftung zur Falschaussage und zur falschen Versicherung an Eides statt auf § 30 StGB.

2 ▶ **Übersicht Aussagedelikte, §§ 153–162 StGB:**

Falsche uneidliche Aussage, § 153 StGB

Meineid, § 154 StGB

Falsche Versicherung an Eides Statt, § 156 StGB

Versuchte Anstiftung zur Falschaussage, § 159 StGB

Verleitung zur Falschaussage, § 160 StGB

Fahrlässige Begehung, § 161 StGB ◀

---

1 A/W/H/*Hilgendorf*, § 47 Rn. 24; *Rengier*, BT II, § 49 Rn. 1.
2 A/W/H/*Hilgendorf*, § 47 Rn. 11 f.; *Hilgendorf/Valerius*, BT I, § 8 Rn. 3; *Kindhäuser/Schramm*, BT I, § 46 Rn. 2; *Klesczewski*, BT, § 19 Rn. 67; *Rengier*, BT II, § 49 Rn. 2.
3 Sch/Sch-*Bosch/Schittenhelm*, Vor §§ 153 ff. Rn. 2a; A/W/H/*Hilgendorf*, § 47 Rn. 14; *Hilgendorf/Valerius*, BT I, § 8 Rn. 3; *Kindhäuser/Schramm*, BT I, § 46 Rn. 2; *Rengier*, BT II, § 49 Rn. 3.

II. Tatbestandsvoraussetzungen § 44

2. Prüfungsschema

Für § 153 StGB kann das folgende Prüfungsschema verwendet werden: 3

▶ I. Tatbestand
    1. Objektiver Tatbestand
        a) Täter: Zeuge oder Sachverständiger
        b) Adressat: Gericht oder andere zur eidlichen Vernehmung von Zeugen oder Sachverständigen zuständige Stelle; intern. Gerichte und Untersuchungsausschüsse (§ 162 Abs. 1, 2 StGB)
        c) Tathandlung: falsch aussagen
    2. Subjektiver Tatbestand
  II. Rechtswidrigkeit
  III. Schuld
  IV. Strafaufhebungs- bzw. Strafmilderungsgründe, §§ 157, 158 StGB ◀

II. Tatbestandsvoraussetzungen

▶ **Beispielsfall ("Verkehrsschilder"):**[4] B fährt mit seinem Pkw auf der Autobahn, A ist sein 4 Beifahrer. Als sie sich einer Baustelle mit einer Fahrbahnverengung nähern, bemerken weder B noch A die dort aufgestellten insgesamt 22 Schilder, die eine Geschwindigkeitsbeschränkung auf 60 km/h anordnen. B bremst erst ab, als er die Fahrbahnverengung wahrnimmt, und wird mit einer Geschwindigkeit von 92 km/h geblitzt. Da er sich gegen das Bußgeld wehrt, kommt es zu einer Hauptverhandlung. B behauptet, es seien keine Schilder aufgestellt gewesen. Auch A, der als Zeuge vernommen wird, bekundet entsprechend seiner auf seinem Erinnerungsbild beruhenden Überzeugung, es seien vor Beginn der Engstelle keine die Geschwindigkeit beschränkenden Zeichen aufgestellt gewesen. Auf die Frage des Vorsitzenden, ob er die Schilder möglicherweise übersehen habe, antwortet A mit Bestimmtheit, es hätten dort keine Schilder gestanden, und beschwört diese Aussage. Strafbarkeit des A? ◀

1. Objektiver Tatbestand

a) Täterkreis

Täter der §§ 153 ff. StGB kann nur ein Zeuge (vgl. §§ 48 ff. StPO) oder Sachverständiger (vgl. §§ 72 ff. StPO) sein, sofern sie im Rahmen einer Vernehmung in dieser Eigenschaft aussagen.[5] Nicht erfasst sind damit der Beschuldigte, der Angeklagte im Strafprozess oder die Parteien im Zivilprozess.[6] **Zeugen** sind alle Person, die eine Tatsache bekunden sollen, die sie selbst wahrgenommen haben und die nicht Beschuldigte in diesem konkreten Verfahren sind.[7] **Sachverständige** sind Personen, die auf einem Gebiet über besondere Sachkunde verfügen und vom Gericht bestellt werden.[8]

---

[4] OLG Koblenz JR 1984, 422.
[5] MK-*Müller*, § 152 Rn. 4; M/R-*Norouzi*, § 153 Rn. 2; näher dazu NK-*Vormbaum*, § 153 Rn. 23 ff.
[6] A/W/H/H-*Hilgendorf*, § 47 Rn. 25; *Hilgendorf/Valerius*, BT I, § 8 Rn. 12; *Kindhäuser/Schramm*, BT I, § 46 Rn. 4; *Wessels/Hettinger/Engländer*, BT 1, Rn. 731; *Zieschang*, BT 1, Rn. 654.
[7] Vgl. *Heinrich/Reinbacher*, Examinatorium StPO, Problem 36 Rn. 4.
[8] Vgl. *Heinrich/Reinbacher*, Examinatorium StPO, Problem 36 Rn. 5.

b) Adressatenkreis

6   Die Aussage muss vor Gericht oder einer anderen zur eidlichen Vernehmung von Zeugen oder Sachverständigen zuständigen Stelle getätigt werden. Ein **Gericht** ist jede inländische, staatliche Behörde, die Aufgaben der Rechtsprechung wahrnimmt.[9] Entscheidend ist, dass es generell zur Vereidigung zuständig ist, ohne dass es auf das konkrete Verfahren ankommt.[10] § 162 StGB erweitert den Adressatenkreis auf internationale Gerichte und Untersuchungsausschüsse des Bundes oder eines Landes. **Sonstige zur Abnahme von Eiden zuständige Stellen** sind etwa das Patentamt, Notare oder ein parlamentarischer Untersuchungsausschuss.[11] **Nicht** dazu gehören Staatsanwaltschaft oder Polizei (vgl. §§ 161a Abs. 1 S. 3, 163 Abs. 3 S. 3 StPO),[12] sodass falsche Aussagen vor diesen Behörden straflos sind.

c) Tathandlung

7   **Tathandlung** des § 153 StGB ist die falsche Aussage. Eine **Aussage** ist eine Bekundung über das eigene Wissen im Rahmen einer Vernehmung, wobei sich diese bei Zeugen auf die Wiedergabe von Tatsachen bezieht.[13] Sie kann in einem Bericht des Vernommenen, aber auch in einer Antwort auf eine Frage bestehen.[14] Umstritten ist, ob dabei auch eine schriftliche Erklärung erfasst ist. Teilweise wird dies für den Fall bejaht, dass wie etwa im Zivilprozess auch schriftliche Gutachten zulässig sind.[15] Überwiegend wird hingegen i.H.a. den Wortlaut zutreffend angenommen, dass nur **mündliche Erklärungen** eine „Aussage" darstellen.[16] Eine Ausnahme bildet nur § 186 GVG.[17] Keine Aussage ist hingegen das bloße Schweigen.[18] Anders ist dies aber im Fall des **Verschweigens von Tatsachen** zu sehen, die zum Gegenstand der Vernehmung gehören.[19] Dabei handelt es sich nicht um ein Unterlassen, sondern um eine lückenhafte (aktive) Aussage.[20]

8   Die Reichweite der strafbewehrten **Wahrheitspflicht** bestimmt sich nach dem **Vernehmungsgegenstand**.[21] Im Zivilprozess wird dieser formal festgelegt durch den Beweisbeschluss, §§ 358 ff. ZPO, im Strafprozess ist er wegen des Amtsermittlungsgrundsatzes hingegen weit gefasst, sodass alle Tatsachen und Beweismittel, die für die Entscheidung von Bedeutung sind, erfasst sind,[22] inklusive der Vernehmung zur Person. Nach der

---

9   L/K/H-*Heger*, § 153 Rn. 3; BeckOK-*Kudlich*, § 153 Rn. 16.
10 *Eisele*, BT I, Rn. 1348.
11 *Hilgendorf/Valerius*, BT I, § 8 Rn. 13; *Kindhäuser/Schramm*, BT I, § 46 Rn. 7; BeckOK-*Kudlich*, § 153 Rn. 17; vgl. zu diesen und weiteren Stellen MK-*Müller*, § 153 Rn. 64 ff.; NK-*Vormbaum*, § 153 Rn. 48 ff.
12 *Eisele*, BT I, Rn. 1349; A/W/H/H-*Hilgendorf*, § 47 Rn. 28; *Kindhäuser/Schramm*, BT I, § 46 Rn. 8; *Rengier*, BT II, § 49 Rn. 5; NK-*Vormbaum*, § 153 Rn. 55; *Zieschang*, BT 1, Rn. 656.
13 S/S/W-*Sinn*, § 153 Rn. 6.
14 Sch/Sch-*Bosch/Schittenhelm*, § 153 Rn. 3; BeckOK-*Kudlich*, § 153 Rn. 5; NK-*Vormbaum*, § 153 Rn. 7.
15 Sch/Sch-*Bosch/Schittenhelm*, § 153 Rn. 22.
16 *Eisele*, BT I, Rn. 1355; *Eisele/Heinrich*, BT, Rn. 749; *Kindhäuser/Schramm*, BT I, § 46 Rn. 10; MK-*Müller*, § 153 Rn. 8; *Otto*, GK BT, § 97 Rn. 34; *Rengier*, BT II, § 49 Rn. 6; LK-*Wolters/Ruß*, § 153 Rn. 4a; *Zieschang*, BT 1, Rn. 657; SK-*Zöller*, § 153 Rn. 4.
17 MK-*Müller*, § 153 Rn. 8; LK-*Wolters/Ruß*, § 153 Rn. 4a; *Zieschang*, BT 1, Rn. 657.
18 *Kindhäuser/Schramm*, BT I, § 46 Rn. 13; MK-*Müller*, § 153 Rn. 9.
19 BeckOK-*Kudlich*, § 153 Rn. 6; M/R-*Norouzi*, § 153 Rn. 7; *Rengier*, BT II, § 49 Rn. 13; LK-*Wolters/Ruß*, § 153 Rn. 2.
20 *Rengier*, BT II, § 49 Rn. 13; LK-*Wolters/Ruß*, § 153 Rn. 2.
21 Sch/Sch-*Bosch/Schittenhelm*, Vor §§ 153 Rn. 14; *Eisele*, BT I, Rn. 1357; *Eisele/Heinrich*, BT, Rn. 751; *Kindhäuser/Schramm*, BT I, § 46 Rn. 11; *Otto*, GK BT, § 97 Rn. 16 ff.; NK-*Vormbaum*, § 153 Rn. 8.
22 A/W/H/H-*Hilgendorf*, BT, § 47 Rn. 35; *Rengier*, BT II, § 49 Rn. 11.

II. Tatbestandsvoraussetzungen

zutreffenden h.M. gilt dies unabhängig davon, ob die Aussage wegen eines **Verfahrensfehlers** (insb. wegen einer fehlenden Belehrung) prozessual **verwertbar** wäre;[23] allerdings kann dieser Umstand strafmildernd berücksichtigt werden.[24] Eine Ausnahme ist aber für verbotene Vernehmungsmethoden nach § 136a StPO zu machen.[25]

Umstritten ist jedoch, wann eine Aussage als **falsch** anzusehen ist.[26] Nach der herrschenden **objektiven Theorie** ist eine Aussage dann falsch, wenn sie objektiv nicht mit dem tatsächlichen Geschehen übereinstimmt; maßgeblich ist also das Auseinanderfallen von Aussage und Wirklichkeit.[27] Nach der **subjektiven Theorie** ist die Aussage hingegen falsch, wenn sie mit der Vorstellung und dem Wissen des Aussagenden nicht übereinstimmt; maßgeblich ist also allein das Vorstellungsbild des Aussagenden.[28] Dagegen spricht aber, dass eine Aussage, die objektiv richtig ist, als falsch und strafbare vollendete Tat gewertet werden müsste, während eigentlich ein (bei § 153 StGB sogar strafloser) Versuch vorliegt.[29] Ferner lassen sich die §§ 160, 161 StGB nicht erklären, da dort der Aussagende gerade von der Richtigkeit ausgeht.[30] Nach der **Pflichttheorie** ist eine Aussage schließlich falsch, wenn der Aussagende seine Aussagepflicht verletzt, d.h. wenn er das von „ihm reproduzierbare" Erlebnisbild entweder vorsätzlich nicht vollständig und objektiv richtig wiedergibt oder bei einem Widerspruch zwischen seiner Aussage und dem Wissen, das er bei pflichtgemäßem Verhalten hätte reproduzieren können.[31] Dem steht jedoch der Wortlaut, der eine falsche und keine pflichtwidrige Aussage verlangt, entgegen.[32] Zu folgen ist daher der objektiven Theorie.[33]

▶ **Lösung des Beispielsfalls („Verkehrsschilder"):**[34] Im Sinne dieser objektiven Theorie hat auch das OLG Koblenz den Beispielsfall beurteilt. A's Aussage sei falsch gewesen, weil er das Vorhandensein der Verkehrsschilder auf der Autobahn in Abrede stellte, obwohl sich dort tatsächlich solche befunden hatten. Nicht überzeugen konnte das Gericht sich jedoch von einem Vorsatz (§§ 153, 154 StGB) oder von einer Fahrlässigkeit (§ 161 StGB). Letzteres lag daran, dass das Ausgangsgericht keine ausreichenden Feststellungen zur Persönlichkeitsstruktur des A getroffen hatte, sodass sich die individuelle Vorwerfbarkeit, d.h. die subjektive Fahrlässigkeit im Rahmen der Schuld,[35] nicht beurteilen ließ. ◀

---

23 BGHSt 10, 142, 144; 16, 232, 235 f.; L/K/H-*Heger*, § 153 Rn. 2; *Zieschang*, BT 1, Rn. 666 – a.A. NK-*Vormbaum*, § 153 Rn. 32 ff.; SK-*Zöller*, § 153 Rn. 33 f.; differenzierend nach dem Schutzzweck der Verfahrensnorm MK-*Müller*, § 153 Rn. 30; auf die Erkennbarkeit der Verwertbarkeit für das Gericht abstellend *Otto*, GK BT, § 97 Rn. 28 f.
24 BGHSt 17, 128, 136; *Zieschang*, BT 1, Rn. 666.
25 Sch/Sch-*Bosch/Schittenhelm*, Vor §§ 153 ff. Rn. 23.
26 Vgl. *Hillenkamp/Cornelius*, Probleme BT, 11. Problem, S. 61 ff.
27 BGHSt 7, 147, 148; Sch/Sch-*Bosch/Schittenhelm*, Vor §§ 153 ff. Rn. 6; *Eisele*, BT I, Rn. 1360, 1364; A/W/H/H-*Hilgendorf*, § 47 Rn. 40; M/R-*Norouzi*, § 153 Rn. 4; *Rengier*, BT II, § 49 Rn. 7 f.; S/S/W-*Sinn*, § 153 Rn. 8; *Wessels/Hettinger/Engländer*, BT 1, Rn. 725 ff.; *Zieschang*, BT 1, Rn. 659.
28 RGSt 65, 22, 27; 68, 278, 281 ff.; RG HRR 1940, Nr. 523; OLG Bremen NJW 1960, 1827, 1828.
29 *Eisele*, BT I, Rn. 1364; *Eisele/Heinrich*, BT, Rn. 756.
30 *Eisele*, BT I, Rn. 1364; *Eisele/Heinrich*, BT, Rn. 756; *Rengier*, BT II, § 49 Rn. 8; *Zieschang*, BT 1, Rn. 659.
31 *Klesczewski*, BT, § 19 Rn. 22; *Otto*, GK BT, § 97 Rn. 7 ff.; NK-*Vormbaum*, § 153 Rn. 79 ff.; SK-*Zöller*, § 153 Rn. 26 f.
32 *Eisele*, BT I, Rn. 1364; *Eisele/Heinrich*, BT, Rn. 756.
33 Als weitere Theorie lässt sich die Wahrnehmungstheorie anführen, wonach nicht der objektive Wahrheitsgehalt entscheidend ist, sondern das Abweichen des Zeugen von seiner Wahrnehmung; vgl. MK-*Müller*, § 153 Rn. 50 ff.
34 OLG Koblenz JR 1984, 422, 423 ff.
35 Vgl. dazu *Kaspar*, AT, § 9 Rn. 63.

11 **Anmerkung:** Der sich auf die Falschheit der Aussage beziehende Teil der Entscheidung ist zutreffend gelöst, da einzig die objektive Theorie zu überzeugen vermag; nach der subjektiven Theorie wäre hier hingegen bereits nicht von einer falschen Aussage auszugehen, da A davon ausging, sich richtig zu erinnern. Hätte A hier auch mit Vorsatz gehandelt, so hätte neben einer falschen Aussage gem. § 153 StGB auch ein Meineid gem. § 154 StGB vorgelegen, hinter dem § 153 StGB i.H.a. dieselbe Aussage zurücktritt.[36] § 161 StGB gilt nur im Falle der §§ 154–156 StGB, nicht aber bei § 153 StGB.

12 **Tatvollendung** tritt bei der falschen uneidlichen Aussage erst dann ein, wenn die Vernehmung abgeschlossen ist.[37] Dies ist der Fall, (1) wenn das Gericht zu erkennen gibt, dass es von diesem Zeugen keine Aussage mehr erwartet, (2) mit Beginn der Vereidigung beim „Nacheid" und (3) mit Abschluss der Verhandlung in der jeweiligen Instanz.[38] Bis zum Abschluss der Vernehmung ist eine Berichtigung der Aussage möglich, mit der Folge, dass die Aussage nicht falsch ist; auch § 158 StGB ist dann (noch) nicht einschlägig (s.u. Rn. 14 ff.).[39] Zu beachten ist, dass eine Vernehmung über mehrere Vernehmungstage andauern kann.[40]

2. Subjektiver Tatbestand

13 Bei § 153 StGB ist **Vorsatz** erforderlich, vgl. § 15 StGB. Grds. genügt dolus eventualis.[41] Dieser muss sich insb. auch auf die Unwahrheit der Aussage beziehen.[42] Insofern lag im Beispielsfall „Verkehrsschilder" objektiv eine falsche Aussage vor, A fehlte jedoch der Vorsatz bzgl. dieses Tatumstands, § 16 StGB. Fahrlässigkeit ist bei einer falschen uneidlichen Aussage nicht strafbar. Im umgekehrten Fall, wenn der Täter nur meint, etwas Falsches auszusagen, das aber der Wahrheit entspricht, handelt es sich um einen untauglichen Versuch, der mangels Versuchsstrafbarkeit bei § 153 StGB straflos bleibt.

III. Strafaufhebungs- und Strafmilderungsgründe

1. Berichtigung einer falschen Angabe, § 158 StGB

14 Nach § 158 StGB kann das Gericht die Strafe wegen Meineids, falscher Versicherung an Eides Statt oder falscher uneidlicher Aussage mildern oder von Strafe absehen, wenn der Täter die falsche Angabe rechtzeitig berichtigt. Diese Regelung tätiger Reue wirkt als persönlicher **Strafmilderungs-** oder **Strafaufhebungsgrund**.[43] § 158 StGB ermöglicht insofern den „Rücktritt" vom vollendeten Delikt,[44] ohne dass es hierbei auf eine Freiwilligkeit ankommt.[45] Der Hintergrund ist darin zu sehen, dass bei abstrakter Rechtsgutsgefährdung bereits (früh) Vollendung eintritt.[46] Neben den genannten

---

36 Sch/Sch-*Bosch/Schittenhelm*, § 153 Rn. 16.
37 A/W/H/H-*Hilgendorf*, § 47 Rn. 53; *Hilgendorf/Valerius*, BT I, § 8 Rn. 15; *Rengier*, BT II, § 49 Rn. 15; *Wessels/Hettinger/Engländer*, BT 1, Rn. 733; *Zieschang*, BT 1, Rn. 667; SK-*Zöller*, § 153 Rn. 44.
38 *Eisele*, BT I, Rn. 1365; *Eisele/Heinrich*, BT, Rn. 757; *Klesczewski*, BT, § 19 Rn. 23; NK-*Vormbaum*, § 153 Rn. 17.
39 *Eisele*, BT I, Rn. 1365; M/R-*Norouzi*, § 153 Rn. 13; *Rengier*, BT II, § 49 Rn. 17; *Zieschang*, BT 1, Rn. 667.
40 A/W/H/H-*Hilgendorf*, § 47 Rn. 53; *Rengier*, BT II, § 49 Rn. 16.
41 *Eisele*, BT I, Rn. 1369; *Eisele/Heinrich*, BT, Rn. 759; *Kindhäuser/Schramm*, BT I, § 46 Rn. 26; *Zieschang*, BT 1, Rn. 669.
42 Vgl. dazu A/W/H/H-*Hilgendorf*, § 47 Rn. 50.
43 *Hilgendorf/Valerius*, BT I, § 8 Rn. 59.
44 Vgl. *Kindhäuser/Schramm*, BT I, § 50 Rn. 2; *Rengier*, BT II, § 49 Rn. 48.
45 BGHSt 4, 172, 175; *Eisele*, BT I, Rn. 1419; A/W/H/H-*Hilgendorf*, § 47 Rn. 125; *Rengier*, BT II, § 49 Rn. 49.
46 *Eisele*, BT I, Rn. 1416.

III. Strafaufhebungs- und Strafmilderungsgründe § 44

§§ 153, 154, 156 StGB gilt er in entsprechender Anwendung auch bei § 160 StGB,[47] da hier die gleichen Gründe für eine Straffreiheit bzw. Strafmilderung sprechen. § 158 StGB ist ferner auch dann anzuwenden, wenn das Delikt nur versucht ist, also etwa beim versuchten Meineid, §§ 154, 22 StGB, sofern kein Rücktritt nach § 24 StGB vorliegt, der vorrangig zu prüfen ist.[48] Da § 158 StGB keine Freiwilligkeit voraussetzt, ist er günstiger für den Täter als § 24 StGB.

Definition: Berichtigen bedeutet, die frühere Aussage zurückzunehmen und durch eine richtige neue Aussage zu ersetzen.[49]   15

Die **Berichtigung** kann gem. § 158 Abs. 3 StGB bei der Stelle vorgenommen werden, bei der die falsche Angabe gemacht wurde oder die sie im Verfahren zu prüfen hat, sowie bei einem Gericht, einem Staatsanwalt oder einer Polizeibehörde.   16

Die Berichtigung muss zudem **rechtzeitig** erfolgen, d.h. sie darf nicht verspätet i.S.v. § 158 Abs. 2 StGB sein. Hiernach ist sie verspätet, wenn sie bei der Entscheidung nicht mehr verwertet werden kann oder aus der Tat ein Nachteil für einen anderen entstanden ist oder wenn schon gegen den Täter eine Anzeige erstattet oder eine Untersuchung eingeleitet worden ist.   17

2. Aussagenotstand, § 157 StGB

Auch § 157 Abs. 1 StGB ermöglicht in den Fällen der §§ 153, 154 StGB eine Strafmilderung sowie im Falle des § 153 StGB sogar ein Absehen von Strafe, bildet also wiederum einen persönlichen **Strafmilderungs-** oder **Strafaufhebungsgrund**. Dieser sog. **Aussagenotstand** berücksichtigt die besondere Zwangslage von Zeugen oder Sachverständigen, wenn sie sich selbst oder einen Angehörigen durch eine wahre Aussage belasten müssten.[50]   18

Klausurtipp: Beachten Sie aber, dass Zeugen und Sachverständige bei entsprechenden Aussagen ein Zeugnisverweigerungs- und Aussageverweigerungsrecht nach den §§ 52, 55 StPO bzw. ein entsprechendes Gutachtenverweigerungsrecht nach § 76 StPO haben. Dies steht § 157 StGB aber nicht entgegen.[51]   19

Um in den Genuss der Strafmilderung bzw. Strafaufhebung nach Abs. 1 zu kommen, muss der Zeuge oder Sachverständige bei der Tat einen besonderen (nicht unbedingt den einzigen[52]) **Beweggrund** für sein Handeln aufweisen, nämlich falsch aussagen oder schwören, um von einem Angehörigen oder von sich selbst die Gefahr abzuwenden, bestraft oder einer freiheitsentziehenden Maßregel der Besserung und Sicherung unterworfen zu werden. Hierzu genügt es in weiter Auslegung des Begriffs „abwenden" aber bereits, wenn er eine mildere Strafe erreichen will.[53] Die Gefahr der Bestrafung aus einer Vortat muss aber vor der Aussage bestanden haben.[54] Daher greift § 157 StGB nicht, wenn der Zeuge zunächst falsch aussagt und diese Aussage sodann durch   20

---

47 Sch/Sch-*Bosch-Schittenhelm*, § 158 Rn. 3; *Eisele*, BT I, Rn. 1417; MK-*Müller*, § 158 Rn. 7.
48 BGHSt 4, 172, 175; Sch/Sch-*Bosch-Schittenhelm*, § 158 Rn. 3; vgl. auch A/W/H/H-*Hilgendorf*, § 47 Rn. 125.
49 Vgl. *Eisele*, BT I, Rn. 1418; *Kindhäuser/Schramm*, BT I, § 46 Rn. 4; *Rengier*, BT II, § 49 Rn. 50.
50 Vgl. BGHSt 29, 298, 299; *Eisele*, BT I, Rn. 1406; A/W/H/H-*Hilgendorf*, § 47 Rn. 18; *Rengier*, BT II, § 49 Rn. 40.
51 *Eisele*, BT I, Rn. 1412.
52 *Rengier*, BT II, § 49 Rn. 44.
53 BGHSt 29, 298, 299; *Eisele*, BT I, Rn. 1410; *Rengier*, BT II, § 49 Rn. 45.
54 *Kindhäuser/Schramm*, BT I, § 49 Rn. 7.

einen Eid bekräftigt, da Aussage (§ 153 StGB) und Meineid (§ 154 StGB) hier eine einheitliche Straftat bilden.[55]

21 § 157 Abs. 2 StGB sieht schließlich noch einen fakultativen Strafmilderungs- oder Strafaufhebungsgrund vor, wenn ein noch nicht Eidesmündiger uneidlich falsch ausgesagt hat.

WIEDERHOLUNGSFRAGEN

1. Erfasst § 153 StGB auch schriftliche Erklärungen? (Rn. 7)
2. Wann ist eine Aussage falsch i.S.d. §§ 153 ff. StGB? (Rn. 9 ff.)
3. Wann tritt bei § 153 StGB Vollendung ein? (Rn. 12)

---

55 BGHSt 8, 301, 319 (GS); *Eisele*, BT I, Rn. 1413; BeckOK-*Kudlich*, § 157 Rn. 10; *Rengier*, BT II, § 49 Rn. 46.

§ 45 Meineid, § 154 StGB

Literaturempfehlungen:
Siehe die Literatur zu § 44.

I. Einleitung

1. Grundlagen

§ 154 StGB stellt eine **Qualifikation** zu § 153 StGB dar, die diesen im Wege der Spezialität verdrängt, wenn ein Zeuge oder Sachverständiger seine falsche Aussage mittels eines Eides bekräftigt, also auch „falsch schwört" (s.o. § 44 Rn. 9). Da der Meineid aber, anders als § 153 StGB, nicht auf Zeugen und Sachverständige als taugliche Täter beschränkt ist, sondern auch andere Personen erfasst, sofern diese vereidigt werden können, handelt es sich in diesen Fällen um einen **eigenständigen Tatbestand**.¹ Wiederum anders als § 153 StGB ist § 154 StGB zudem ein Verbrechen, da er im Mindestmaß mit einem Jahr Freiheitsstrafe geahndet wird, vgl. § 12 Abs. 1 StGB. Daher ist beim Meineid auch der Versuch strafbar, § 23 Abs. 1 StGB. Wie die anderen Aussagedelikte (s.o. § 44 Rn. 1) ist auch § 154 StGB ein **Tätigkeits-** und **abstraktes Gefährdungsdelikt** sowie ein **eigenhändiges Delikt**, das nur durch denjenigen täterschaftlich begangen wird, der „falsch schwört"; bei Beteiligten ist jedoch § 160 StGB zu beachten (s.u. § 47). **1**

§ 155 StGB stellt dem Eid i.S.v. § 154 StGB die **Bekräftigung** und die **Berufung** auf einen früheren Eid oder eine frühere Bekräftigung gleich. Insofern ist § 155 StGB kein eigenständiger Tatbestand, sondern eine Erweiterung des § 154 StGB auf Fälle, in denen der Betreffende aus Glaubens- oder Gewissensgründen keinen Eid schwören kann.² **2**

2. Prüfungsschema

Für den Meineid bzw. die falsche eidesgleiche Bekräftigung kann folgendes Prüfungsschema verwendet werden: **3**

▶ I. Tatbestand
    1. Objektiver Tatbestand
        a) Täter: jedermann, der vereidigt werden kann
        b) Adressat: Gericht oder andere zur Vereidigung zuständige Stelle; internationale Gerichte (§ 162 Abs. 1 StGB)
        c) Tathandlung: falsch schwören oder falsche eidesgleiche Bekräftigung i.S.d. § 155 StGB
    2. Subjektiver Tatbestand
II. Rechtswidrigkeit
III. Schuld
IV. Strafaufhebungs- oder Strafmilderungsgrund, § 158 StGB
V. Strafmilderungsgrund: Aussagenotstand, § 157 StGB ◀

---

1 *Eisele*, BT I, Rn. 1371; *Kindhäuser/Schramm*, BT I, § 47 Rn. 1; *Otto*, GK BT, § 97 Rn. 38; NK-*Vormbaum*, § 154 Rn. 4; *Wessels/Hettinger/Engländer*, BT 1, Rn. 738.
2 BeckOK-*Kudlich*, § 155 Rn. 1; LK-*Wolters/Ruß*, § 155 Rn. 1.

II. Tatbestandsvoraussetzungen

4 ▶ **Beispielsfall („Dolmetscher"):**[3] A und B wirken auf D ein, um ihn dazu zu bewegen, im Verfahren gegen C als Dolmetscher mitzuwirken und bestimmte Aussagen des C falsch zu übertragen. ◀

1. Objektiver Tatbestand

a) Täterkreis

5 Der **Täterkreis** des Meineids und der falschen eidesgleichen Bekräftigung ist weiter als im Falle der falschen Aussage nach § 153 StGB, da er nicht auf Zeugen oder Sachverständige beschränkt ist. Grds. kann das Delikt von jeder Person begangen werden, die vereidigt werden kann. Dies betrifft insb. die Parteien im Zivilprozess.[4] **Eidesunfähige** Personen (§ 60 Nr. 1 Alt. 2 StPO) scheiden als Täter aus.[5] Umstritten ist jedoch, ob Personen, die **eidesunmündig** (§ 60 Nr. 1 Alt. 1 StPO) sind, den Tatbestand erfüllen können. Der BGH und einige Stimmen in der Literatur nehmen dies an.[6] Dafür mag sprechen, dass nach h.M. bei § 153 StGB Verfahrensfehler nur zu einer Strafmilderung, nicht aber zum Ausschluss der Strafbarkeit führen (s.o. § 44 Rn. 18), sodass sich annehmen ließe, dass sich auch ein Minderjähriger, der entgegen § 60 Nr. 1 Alt. 1 StPO vereidigt wird, trotz dieses Fehlers nach § 154 StGB strafbar macht, wenn er in der Lage ist, das Unrecht einzusehen. Das überzeugt im Falle des § 154 StGB jedoch nicht. Vielmehr ist davon auszugehen, dass eidesunmündige Personen keine tauglichen Täter sind.[7] Denn das Gesetz bringt unmissverständlich zum Ausdruck, dass Minderjährigen grundsätzlich die Einsicht in die Tragweite des Eides fehlt und diese daher vom Eid ausgeschlossen sind.[8] Zudem sieht § 157 Abs. 2 StGB im Falle der Falschaussage eines Eidesunmündigen nur eine Möglichkeit der Strafmilderung oder Strafaufhebung für § 153 StGB vor, nicht aber für § 154 StGB, was zeigt, dass der Gesetzgeber offenbar auch nur eine solche im Sinn hatte.[9]

b) Adressatenkreis

6 Der **Adressatenkreis** entspricht zwar grds. dem des § 153 StGB. Jedoch muss der Eid im konkreten Verfahren gesetzlich vorgesehen sein.[10]

---

[3] BGHSt 4, 154.
[4] *Eisele*, BT I, Rn. 1375; *Eisele/Heinrich*, BT, Rn. 763; BeckOK-*Kudlich*, § 154 Rn. 3; *Rengier*, BT II, § 49 Rn. 19; NK-*Vormbaum*, § 154 Rn. 26.
[5] Sch/Sch-*Bosch/Schittenhelm*, Vor §§ 153 ff. Rn. 26; *Eisele*, BT I, Rn. 1384; *Kindhäuser/Schramm*, BT I, § 47 Rn. 2; M/R-*Norouzi*, § 154 Rn. 5.
[6] BGHSt 10, 142, 144; L/K/H-*Heger*, § 154 Rn. 2; LK-*Wolters/Ruß*, § 154 Rn. 10; *Zieschang*, BT 1, Rn. 678.
[7] Sch/Sch-*Bosch/Schittenhelm*, Vor §§ 153 ff. Rn. 25; *Kindhäuser/Schramm*, BT I, § 47 Rn. 4; MK-*Müller*, § 154 Rn. 13; *Rengier*, BT II, § 49 Rn. 20; *Wessels/Hettinger/Engländer*, BT 1, Rn. 739; SK-*Zöller*, § 154 Rn. 4; vgl. auch *Eisele*, BT I, Rn. 1386; i.E. auch *Otto*, GK BT, § 97 Rn. 40, und NK-*Vormbaum*, § 154 Rn. 37 ff., die einen tatbestandsmäßigen „Eid" ablehnen; anders *Klesczewski*, BT, § 19 Rn. 42, der mangels Schuldfähigkeit die Schuld verneint.
[8] Sch/Sch-*Bosch/Schittenhelm*, Vor §§ 153 ff. Rn. 25; MK-*Müller*, § 154 Rn. 13.
[9] *Eisele*, BT I, Rn. 1386.
[10] *Eisele*, BT I, Rn 1374; *Kindhäuser/Schramm*, BT I, § 47 Rn. 5; BeckOK-*Kudlich*, § 154 Rn. 8; *Rengier*, BT II, § 49 Rn. 21.

II. Tatbestandsvoraussetzungen § 45

c) Tathandlung

Tathandlung ist das „falsche Schwören" bzw. über die Erweiterung in § 155 StGB die falsche eidesgleiche Bekräftigung. 7

aa) Falsch schwören, § 154 Abs. 1 StGB

Die Formulierung des Gesetzes ist verunglückt, denn genau genommen geht es nicht darum, dass der Täter eine falsche Eidesformel spricht, sondern dass er eine falsche Aussage i.S.v. § 153 StGB beschwört und damit bekräftigt.[11] Insofern ist bei Zeugen und Sachverständigen eine **falsche Aussage** i.S.v. § 153 StGB Bestandteil einer Strafbarkeit nach § 154 StGB.[12] Sie ist bereits nach § 153 StGB strafbar, der bei Ableisten eines Eides hinter § 154 StGB zurücktritt. Bei anderen Personen entsteht die Strafbarkeit erst durch das Beschwören ihrer falschen Angaben. Fraglich ist insoweit, ob auch falsche Übersetzungen eines **Dolmetschers** unter § 154 StGB fallen, wenn dieser vereidigt wird. Dieses Problem ist auch im Beispielsfall angesprochen. 8

▶ **Lösung des Beispielsfalls („Dolmetscher"):**[13] Der BGH konnte sich i.E. aus tatsächlichen Gründen nicht von einer Strafbarkeit von A und B wegen einer versuchten Anstiftung gem. § 159 i.V.m. § 30 Abs. 1 Alt. 1 StGB überzeugen, da das LG keine ausreichenden Feststellungen dazu getroffen hatte, welche Aussagen getätigt und wie sie übersetzt werden sollten. Gleichwohl stellte er klar, dass ein Dolmetscher sich nach § 154 StGB strafbar mache, wenn er vereidigt wird und danach Aussagen falsch übersetzt, da er nach § 189 GVG den Eid zu leisten hat, treu und gewissenhaft zu übertragen. Zwar liege nicht immer ein Meineid vor, wenn jemand unter Eid ein Versprechen abgibt und dieses Versprechen nicht hält. So falle etwa der Eid eines Schöffen nicht unter § 154 StGB. Der Dolmetscher habe aber im Verfahren eine Stellung, die der eines Sachverständigen ähnlich sei, da beide kraft ihrer Fachkenntnisse Gehilfen des Richters seien. ◀ 9

Anmerkung: Dolmetscher sind keine Sachverständigen, was sich auch aus § 191 GVG herleiten lässt. Damit scheiden sie als Täter des § 153 StGB aus.[14] Das bedeutet aber nicht, dass damit eine Strafbarkeit nach § 154 StGB ausgeschlossen ist, da dieser den Täterkreis wie gesehen weiter zieht als § 153 StGB und Tathandlung des § 154 StGB das „falsche Schwören" ist, das auch bei einem Dolmetschereid und anschließender falscher Übersetzung gegeben ist.[15] Nach a.A. soll es an einer „Aussage" fehlen, die auch bei § 154 StGB erforderlich sei.[16] 10

Schwören bedeutet Ableisten des Eides. Auch dies ist nur in mündlicher Form möglich.[17] Die Formel lässt sich den §§ 64 StPO und 481 ZPO entnehmen, worin religiöse und nicht religiöse Versionen vorgesehen sind. Jedenfalls sind aber die Worte „ich schwöre" erforderlich.[18] Möglich sind zwei Formen des Eides: Voreid und Nacheid. Der **Voreid** wird vor den Angaben geleistet, so etwa von Dolmetschern vor der Übersetzungstätigkeit. Der Zeugeneid sowie der Sachverständigeneid im Strafprozess sind 11

---

11 Vgl. *Rengier*, BT II, § 49 Rn. 22; NK-*Vormbaum*, § 154 Rn. 2.
12 NK-*Vormbaum*, § 154 Rn. 27.
13 BGHSt 4, 154.
14 MK-*Müller*, § 153 Rn. 5; LK-*Wolters/Ruß*, § 153 Rn. 9.
15 Sch/Sch-*Bosch/Schittenhelm*, § 154 Rn. 4; *Fischer*, § 154 Rn. 9; MK-*Müller*, § 154 Rn. 18; M/R-*Norouzi*, § 154 Rn. 2; *Rengier*, BT II, § 49 Rn. 19; LK-*Wolters/Ruß*, § 154 Rn. 5.
16 NK-*Vormbaum*, § 154 Rn. 28.
17 BeckOK-*Kudlich*, § 154 Rn. 5.
18 *Kindhäuser/Schramm*, BT I, § 47 Rn. 8; LK-*Wolters/Ruß*, § 154 Rn. 2a.

als **Nacheid** zu leisten, sodass der Eid erst nach Abschluss der Aussage abgelegt wird.[19] Insofern beginnt der Versuch beim Voreid erst mit dem unmittelbaren Ansetzen zur Falschaussage und Vollendung tritt hier mit dem Ende der Vernehmung ein.[20] Beim Nacheid beginnt der Versuch erst mit dem Sprechen der Eidesformel nach Vollendung der Falschaussage; Vollendung tritt hier mit dem vollständigen Ableisten des Eides ein.[21]

12 Der Eid, also die diesem zugrunde liegende Aussage, muss **falsch** sein. Es gelten die Ausführungen zu § 153 StGB (§ 44 Rn. 9 ff.), sodass auch hier ein objektiver Maßstab anzulegen ist.

bb) Eidesgleiche Bekräftigung, § 155 StGB

13 § 155 StGB erweitert den Anwendungsbereich des § 154 StGB. Hierbei eröffnet er zwei Möglichkeiten: (1) die falsche Bekräftigung und (2) das Sich-Berufen auf einen auf einen früheren Eid oder auf eine frühere Bekräftigung. Das Nähere zur Bekräftigung lässt sich § 65 Abs. 2 StPO bzw. § 484 Abs. 2 ZPO entnehmen.

2. Subjektiver Tatbestand

14 Auch für § 154 StGB ist **Vorsatz** erforderlich, § 15 StGB. Zwar genügt dolus eventualis,[22] dieser muss aber sämtliche Merkmale des objektiven Tatbestands und damit insb. die Falschheit der Angaben erfassen sowie die Tatsache, dass der Eid sich darauf bezieht.[23] Im Fall von **Fahrlässigkeit** gilt § 161 StGB.

III. Strafaufhebungs- und Strafmilderungsgründe

15 Die §§ 157, 158 StGB gelten auch bei § 154 StGB.

WIEDERHOLUNGSFRAGEN

1. Können sich auch eidesunmündige Personen nach § 154 StGB strafbar machen, wenn sie entgegen § 60 Nr. 1 Alt. 1 StPO vereidigt werden? (Rn. 5)
2. Erfasst § 154 StGB auch falsche Übersetzungen von Dolmetschern? (Rn. 8 ff.)
3. Wann beginnt beim Vor- bzw. Nacheid der Versuch und wann tritt Vollendung ein? (Rn. 11)

---

[19] LK-*Wolters/Ruß*, § 154 Rn. 3 f.
[20] *Eisele*, BT I, Rn. 1381; *Eisele/Heinrich*, BT, Rn. 767; *Fischer*, § 154 Rn. 13; A/W/H/H-*Hilgendorf*, § 47 Rn. 68; BeckOK-*Kudlich*, § 154 Rn. 13, 15; MK-*Müller*, § 154 Rn. 38 f.; *Rengier*, BT II, § 49 Rn. 24; *Wessels/Hettinger/Engländer*, BT 1, Rn. 743.
[21] Sch/Sch-*Bosch/Schittenhelm*, § 154 Rn. 15; *Eisele*, BT I, Rn. 1381; *Eisele/Heinrich*, BT, Rn. 767; *Fischer*, § 154 Rn. 13; A/W/H/H-*Hilgendorf*, § 47 Rn. 67; BeckOK-*Kudlich*, § 154 Rn. 14, 16; MK-*Müller*, § 154 Rn. 38 f.; *Rengier*, BT II, § 49 Rn. 24; *Wessels/Hettinger/Engländer*, BT 1, Rn. 743.
[22] LK-*Wolters/Ruß*, § 154 Rn. 20.
[23] NK-*Vormbaum*, § 154 Rn. 42 f.; LK-*Wolters/Ruß*, § 154 Rn. 20.

§ 46 Falsche Versicherung an Eides statt, § 156 StGB

Literaturempfehlungen:
Cramer, Falsche Versicherung an Eides Statt durch Verschweigen entscheidungserheblicher Tatsachen, JURA 1998, 337; *siehe i.Ü. die Literatur zu § 44.*

I. Einleitung

1. Grundlagen

§ 156 StGB ist, anders als § 155 StGB, als **selbstständiger Tatbestand** ausgestaltet.[1] Wiederum handelt es sich um ein **Tätigkeits-** und **abstraktes Gefährdungsdelikt** sowie um ein **eigenhändiges Delikt** (s.o. § 44 Rn. 1). Es gilt insofern das zu den §§ 153, 154 StGB Gesagte. Wie § 154 StGB ist § 156 StGB vom Täterkreis her nicht beschränkt. Unterschiede bestehen einerseits im Adressatenkreis, der hier in einer zur Abnahme einer Versicherung an Eides Statt zuständigen Behörde besteht, sowie andererseits in der Tathandlung, da hier das falsche Abgeben einer Versicherung an Eides statt und das falsche Aussagen unter Berufung auf eine solche Versicherung unter Strafe stehen.

2. Prüfungsschema

Daraus ergibt sich das folgende Prüfungsschema:
- I Tatbestand
    1. Objektiver Tatbestand
        a) Täter: jedermann, der Versicherung an Eides Statt abgeben kann
        b) Adressat: zur Abnahme einer Versicherung an Eides Statt zuständige Behörde
        c) Tathandlung: Versicherung falsch abgeben oder unter Berufung auf eine solche Versicherung falsch aussagen
    2. Subjektiver Tatbestand
- II. Rechtswidrigkeit
- III. Schuld
- IV. Strafaufhebungs- oder Strafmilderungsgrund, § 158 (nicht: § 157) ◀

II. Tatbestandsvoraussetzungen

1. Objektiver Tatbestand

a) Täterkreis

Täter kann jede Person sein, die eine Versicherung an Eides statt abgeben kann.[2]

b) Adressatenkreis

Adressat ist eine zur Abnahme von eidesstattlichen Versicherungen zuständige Behörde. Diese Zuständigkeit muss sowohl allgemein als auch im konkreten Verfahren

---
1 *Kindhäuser/Schramm*, BT I, § 47 Rn. 17; NK-*Vormbaum*, § 156 Rn. 5.
2 BeckOK-*Kudlich*, § 156 Rn. 3.

bestehen.³ Auch ein Gericht ist eine Behörde, § 11 Abs. 1 Nr. 7 StGB. Die eidesstattliche Versicherung hat v.a. im Zivilrecht große Bedeutung. Im Strafverfahren kommt nur ein Gericht in Betracht, nicht aber die Staatsanwaltschaft oder die Polizei.⁴ Zu bedenken ist aber, dass die eidestaatliche Versicherung kein Beweismittel des Strengbeweisverfahrens (betreffend Schuld und Rechtsfolgen der Tat) ist.⁵ Insofern kann es sich nur um eidesstattliche Versicherungen von Zeugen oder Sachverständigen zur Glaubhaftmachung von Tatsachen, die Nebenentscheidungen des Gerichts betreffen, handeln.⁶ Bei Beschuldigten ist sie ausgeschlossen.⁷

c) Tathandlung

5 Die eidesstattliche Versicherung ist keine Sonderform des Eids, sondern eine eigenständige bindende Bekräftigungsform.⁸ Die Tathandlung besteht in der „falschen Abgabe" oder in der Falschaussage unter Berufung auf eine solche Versicherung.

aa) Falsche Abgabe, Abs. 1 Alt. 1

6 **Definition:** Eine Abgabe ist erfolgt, wenn die Versicherung so in den Machtbereich der zuständigen Stelle gelangt ist, dass eine Kenntnisnahme möglich ist.⁹

7 Eine besondere Form ist gesetzlich **nicht** vorgeschrieben. Die Abgabe einer eidesstattlichen Versicherung kann mündlich oder schriftlich erfolgen.¹⁰ Falschaussage (§ 153 StGB) und eidesstattliche Versicherung fallen hier zeitlich zusammen.¹¹ Auch hier gilt, dass die Aussage falsch sein muss, nicht die Formel der Versicherung. Zur Falschheit gilt das oben Gesagte (§ 44 Rn. 9). Wiederum muss sich die falsche Angabe auf den Bereich beziehen, der von der Wahrheitspflicht umfasst ist.¹²

bb) Falsche Aussage unter Berufung auf eidesstattliche Erklärung, Abs. 1 Alt. 2

8 Bei Abs. 1 Alt. 2 ist die Abgabe der eidesstattlichen Versicherung der Falschaussage vorgeschaltet, die neue Aussage wird dabei unter eine bereits zuvor abgegebene Beteuerung gestellt.¹³

2. Subjektiver Tatbestand

9 Auch bei § 156 StGB ist **Vorsatz** erforderlich, wobei dolus eventualis ausreicht.¹⁴ Im Falle von Fahrlässigkeit gilt § 161 Abs. 1 StGB.

---

3 *Eisele/Heinrich*, BT, Rn. 777; *Hilgendorf/Valerius*, BT I, § 8 Rn. 31; *Kindhäuser/Schramm*, BT I, § 47 Rn. 22; *Rengier*, BT II, § 49 Rn. 26; *Wessels/Hettinger/Engländer*, BT 1, Rn. 753.
4 *Eisele*, BT I, Rn. 1400; *Eisele/Heinrich*, BT, Rn. 778; *Kindhäuser/Schramm*, BT I, § 47 Rn. 24; *Rengier*, BT II, § 49 Rn. 27.
5 Vgl. dazu *Heinrich/Reinbacher*, Examinatorium StPO, Problem 36, Rn. 2, 4 ff.
6 *Eisele*, BT I, Rn. 1400; *Eisele/Heinrich*, BT, Rn. 778; LK-*Wolters/Ruß*, § 156 Rn. 11.
7 *Kindhäuser/Schramm*, BT I, § 47 Rn. 24; LK-*Wolters/Ruß*, § 156 Rn. 11.
8 LK-*Wolters/Ruß*, § 156 Rn. 1.
9 *Eisele*, BT I, Rn. 1403; *Wessels/Hettinger/Engländer*, BT 1, Rn. 754.
10 LK-*Wolters/Ruß*, § 156 Rn. 3; SK-*Zöller*, § 156 Rn. 4.
11 M/R-*Norouzi*, § 156 Rn. 3.
12 *Kindhäuser/Schramm*, BT I, § 47 Rn. 26.
13 *Kindhäuser/Schramm*, BT I, § 47 Rn. 21; M/R-*Norouzi*, § 156 Rn. 3.
14 LK-*Wolters/Ruß*, § 156 Rn. 26.

III. Strafaufhebungs- und Strafmilderungsgründe

Bei **rechtzeitiger Berichtigung** kann das Gericht die Strafe gem. § 158 Abs. 1 StGB mildern oder sogar von Strafe absehen. § 157 StGB gilt jedoch nicht.

WIEDERHOLUNGSFRAGEN

1. Was ist eine eidesstattliche Versicherung? (Rn. 5)
2. In welchen Fällen kommt sie im Strafprozess in Betracht? (Rn. 4)

§ 47 Verleitung zur Falschaussage, § 160 StGB, und versuchte Anstiftung, § 159 StGB

Literaturempfehlungen:
Bartholme, Beihilfe zur Falschaussage durch Unterlassen, JA 1993, 220; JA 1998, 204; *Eschenbach*, Verleiten i.S.d. § 160 – eine Verführung zur Überbetonung teleologischer Interpretation?, JURA 1993, 407; *Heinrich*, Die strafbare Beteiligung des Angeklagten an falschen Zeugenaussagen, JuS 1995, 115; *Kudlich/Henn*, Täterschaft und Teilnahme bei den Aussagedelikten, JA 2008, 510; s. i.Ü. die Literatur zu § 44.

Übungsfall:
Nicolai, „Vom Beschimpfen, Lügen und einem Mordsvergnügen", JA 2018, 825.

I. Einleitung

1 Die Beteiligung bei den Aussagedelikten stellt ein besonderes Problem dar. Da die §§ 153 ff. StGB **eigenhändige Delikte** sind (s.o. § 44 Rn. 1), können sie nur durch denjenigen als Täter begangen werden, der selbst falsch aussagt, falsch schwört etc., Mittäterschaft oder mittelbare Täterschaft scheidet aus. § 160 StGB schließt Lücken i.H.a. die mittelbare Täterschaft, indem er es unter Strafe stellt, einen anderen zur Ableistung eines falschen Eides, einer falschen eidesstattlichen Versicherung oder einer falschen uneidlichen Aussage zu verleiten. Anstiftung, 26 StGB, und Beihilfe, § 27 StGB, sind hingegen grds. nach den allgemeinen Regeln möglich. Da es sich bei § 154 StGB um ein **Verbrechen** handelt, kommt zudem eine versuchte Beteiligung nach § 30 StGB in Betracht. Dies gilt für die §§ 153, 156 StGB als **Vergehen** hingegen nicht. Insofern verweist § 159 StGB für Fälle einer versuchten Anstiftung jedoch auf § 30 Abs. 1 StGB.

II. Verleitung zur Falschaussage, § 160 StGB

2 ▶ **Beispielsfall** („Verleitung zum vorsätzlichen Falscheid"):[1] A soll bei einem Prozess als Zeuge wegen eines Unfalls aussagen. Der Unfallverursacher B will ihn zu einer Falschaussage bewegen, indem er versucht, ihm weiszumachen, er sei an dem betreffenden Tag aus einer anderen Richtung gekommen. A durchschaut diesen Plan des B, sagt aber dennoch entsprechend falsch aus, was B nicht erkennt. Anschließend wird A vereidigt. ◀

3 § 160 StGB kommt eine **Auffangfunktion** zu, wenn eine Bestrafung wegen einer vollendeten oder versuchten Anstiftung scheitert.[2] Es handelt sich um einen **Spezialfall der mittelbaren Täterschaft**, wodurch der Tatsache Rechnung getragen wird, dass eine solche bei den §§ 153 ff. StGB nicht in Betracht kommt.

4 Folgendes Schema kann in Klausuren für § 160 Abs. 1 StGB verwendet werden.
▶ I Tatbestand
  1. Objektiver Tatbestand

---

[1] Fall nach BGHSt 21, 116.
[2] *Eisele*, BT I, Rn. 1430; *Eisele/Heinrich*, BT, Rn. 801; *Hilgendorf/Valerius*, BT I, § 8 Rn. 47; *Rengier*, BT II, § 49 Rn. 54; *Wessels/Hettinger/Engländer*, BT 1, Rn. 768.

II. Verleitung zur Falschaussage, § 160 StGB § 47

      a) Verwirklichung des objektiven Tatbestands der §§ 153, 154 oder 156 StGB durch einen anderen
      b) Verleiten
   2. Subjektiver Tatbestand
II. Rechtswidrigkeit
III. Schuld ◀

Damit § 160 Abs. 1 StGB greifen kann, muss zunächst eine Person den Tatbestand der §§ 153, 154 oder 156 StGB verwirklichen, d.h. es muss ein Zeuge oder Sachverständiger falsch aussagen (§ 153 StGB) oder ein tauglicher Täter falsch schwören (§ 154 StGB) oder eine falsche eidesstattliche Versicherung abgeben (§ 156 StGB). Eine Strafbarkeit des Hintermannes ist gegeben, wenn er den Vordermann dazu **verleitet** hat. Da es sich wie dargestellt um eine Spezialregelung der mittelbaren Täterschaft handelt, muss ein Defizit beim Vordermann vorliegen (s.u. Rn. 7 ff.), etwa wegen Täuschung oder Bedrohung seitens des Hintermanns.[3]

Definition: Unter Verleiten ist daher jedes Einwirken auf die Beweisperson zu verstehen, durch das der Vordermann zu einer unvorsätzlichen (oder gerechtfertigten) Tat nach den §§ 153, 154 oder 156 StGB veranlasst wird.[4]

Das **Verleiten** durch Täuschung kann dabei sowohl dadurch geschehen, dass ein Irrtum erst hervorgerufen wird, als auch dadurch, dass ein bereits vorhandener Irrtum bestärkt wird.[5] Hätte etwa der Vordermann A im obigen Beispielsfall gutgläubig die falsche Aussage getätigt und beeidigt, so käme wegen des eigenhändigen Charakters der Aussagedelikte eine mittelbare Täterschaft des B nach den §§ 154, 25 Abs. 1 Alt. 2 StGB nicht in Betracht. In diesem Fall wäre aber § 160 Abs. 1 StGB einschlägig, wenn B dem A tatsächlich weisgemacht hätte, dass er aus einer anderen Richtung gekommen ist. Problematisch sind aber Fälle, in denen der Vordermann – wie in unserem Beispielsfall – **tatsächlich bösgläubig** war, also vorsätzlich falsch ausgesagt hat, dem Hintermann dies aber nicht bekannt war, also ein **Irrtum** des Hintermanns vorlag. Hier hat sich A selbst aus § 154 StGB strafbar gemacht, weil er vorsätzlich falsch geschworen hat. Für B scheitert eine Strafbarkeit wegen einer Anstiftung zum Meineid, §§ 154, 26 StGB, daran, dass er selbst keinen Vorsatz zu Anstiftung hatte, da er A für gutgläubig hielt. Zwar könnte man erwägen, nach allgemeinen Grundsätzen den Anstiftervorsatz als im Vorsatz zur mittelbaren Täterschaft enthalten anzusehen.[6] Dies kann aber – wie bei § 271 StGB – auch hier nicht gelten, da § 160 Abs. 1 StGB einen geringeren Strafrahmen aufweist als die §§ 154, 26 StGB.[7] Insofern sei auf die parallele Problematik bei § 271 StGB verwiesen (s.o. § 29 Rn. 10). Damit stellt sich – wie bei § 271 StGB – die Frage, ob § 160 Abs. 1 StGB auch solche Fälle abdeckt, in denen der Hintermann mittelbarer Täter sein will, in Wahrheit aber zur Tat anstiftet.

---

3 *Eisele*, BT I, Rn. 1443; *Eisele/Heinrich*, BT, Rn. 805 – a.A. A/W/H/H-*Hilgendorf*, § 47 Rn. 131: Bei Bedrohung Anstiftung nach § 26 StGB.
4 Vgl. BeckOK-*Kudlich*, § 160 Rn. 3; *Wessels/Hettinger/Engländer*, BT 1, Rn. 769 – a.A. *Kindhäuser/Schramm*, BT I, § 48 Rn. 9 f.; SK-*Zöller*, § 160 Rn. 7: auch vorsätzliche Tat; s.u. Rn. 7 zu diesem Streit.
5 Sch/Sch-*Bosch/Schittenhelm*, § 160 Rn. 7; M/R-*Norouzi*, § 160 Rn. 5; SK-*Zöller*, § 160 Rn. 7 – a.A. BeckOK-*Kudlich*, § 160 Rn. 4; MK-*Müller*, § 160 Rn. 12.
6 Vgl. *Wessels/Beulke/Satzger*, AT, Rn. 864.
7 *Eisele*, BT I, Rn. 1441; *Eisele/Heinrich*, BT, Rn. 812; *Rengier*, BT II, § 49 Rn. 56; *Zieschang*, BT 1, Rn. 696.

§ 47 § 47 Verleitung zur Falschaussage, § 160 StGB, und versuchte Anstiftung, § 159 StGB

8 ▶ **Lösung des Beispielsfalls („Verleitung zum vorsätzlichen Falscheid"):**[8] Der BGH hält eine Bestrafung gem. § 160 Abs. 1 StGB auch in einem solchen Fall für möglich. Zwar wolle der Täter des § 160 StGB eine unbewusst falsche Aussage herbeiführen. Sein Tun sei aber nicht weniger strafwürdig, weil entgegen seiner Vorstellung der Verleitete nicht gutgläubig ist. Denn auch bei dieser Sachlage trete „der vom Verleitenden gewollte, die Rechtspflege gefährdende äußere Erfolg ein". Es komme dafür, ob die Verleitung zum Falscheid vollendet ist, nur auf die Vorstellung und den Willen des Täters, sowie darauf an, dass die Verleitung eine objektiv falsche Aussage des Verleiteten zur Folge hat, nicht jedoch darauf, ob dieser unbewusst oder bewusst falsch aussagt. ◀

9 **Anmerkung:** Zwar haben sich auch hier viele Stimmen dieser Entscheidung angeschlossen.[9] Diese h.M. ist aber – wie im Falle des § 271 StGB – abzulehnen.[10] Denn § 160 StGB verfolgt den Zweck, Strafbarkeitslücken zu schließen, die daraus entstehen, dass eine mittelbare Täterschaft wegen des Charakters als eigenhändige Delikte bei den §§ 153 ff. StGB nicht möglich ist. Will der Täter eine solche mittelbare Täterschaft begehen und gelingt ihm dies wegen der Bösgläubigkeit des Vordermanns nicht, so stellt dies einen Versuch nach § 160 Abs. 2 StGB dar,[11] der (nochmals) milder zu bestrafen ist.

10 **Klausurtipp:** In der Klausur ist der Vordermann zuerst zu prüfen. Handelt er gutgläubig, also ohne Vorsatz, so scheitert seine Strafbarkeit im subjektiven Tatbestand. Für den Hintermann kann sogleich § 160 Abs. 1 StGB geprüft werden. Handelt der Vordermann bösgläubig, so macht er sich nach § 154 StGB strafbar; dahinter tritt § 153 StGB zurück. Beim Hintermann können in letzterem Fall dann zuerst die §§ 154, 26 StGB geprüft und abgelehnt werden, wenn ihm die Bösgläubigkeit nicht bekannt war, bevor auf § 160 StGB eingegangen wird.

11 Im umgekehrten Fall, wenn A **unerkannt gutgläubig** gehandelt, also dem B geglaubt hätte, während B selbst davon ausgegangen wäre, dass A bösgläubig falsch schwört, weil er alles durchschaut, würde B Anstifter sein wollen, objektiv ist er aber mittelbarer Täter. Auch hier scheidet eine Strafbarkeit nach § 160 Abs. 1 StGB aus, weil es am entsprechenden Vorsatz des B fehlen würde; es liegt vielmehr eine versuchte Anstiftung zum Meineid vor, die gem. § 30 Abs. 1 StGB strafbar ist, da § 154 StGB ein Verbrechen ist.[12]

III. Versuchte Anstiftung, § 159 StGB

12 ▶ **Beispielsfall („Unzuständige Stelle"):**[13] A überredet die B, vor der Staatsanwaltschaft und dem Strafrichter eine falsche eidesstattliche Versicherung mit dem Inhalt abzugeben, dass er zum fraglichen Zeitpunkt nicht am Tatort gewesen sein kann. ◀

13 Bei den §§ 153 und 156 StGB kommt eine Strafbarkeit wegen einer **versuchten Anstiftung** nach § 30 Abs. 1 StGB hingegen nicht in Betracht, weil es sich um Vergehen

---

8 BGHSt 21, 116.
9 L/K/H-*Heger*, § 160 Rn. 4; A/W/H/H-*Hilgendorf*, § 47 Rn. 132; *Kindhäuser/Schramm*, BT I, § 48 Rn. 10, 21; *Rengier*, BT II, § 49 Rn. 57.
10 BeckOK-*Kudlich*, § 160 Rn. 6; MK-*Müller*, § 160 Rn. 16; NK-*Vormbaum*, § 160 Rn. 18 f.; *Wessels/Hettinger/Engländer*, BT 1, Rn. 769 f.; *Zieschang*, BT 1, Rn. 696.
11 BeckOK-*Kudlich*, § 160 Rn. 6; *Zieschang*, BT 1, Rn. 696.
12 *Eisele*, BT I, Rn. 1440; *Eisele/Heinrich*, BT, Rn. 811; L/K/H-*Heger*, § 160 Rn. 5; *Kindhäuser/Schramm*, BT I, § 48 Rn. 17; *Rengier*, BT II, § 49 Rn. 59; *Zieschang*, BT 1, Rn. 698; vgl. aber auch A/W/H/H-*Hilgendorf*, § 47 Rn. 132.
13 Nach BGHSt 24, 38.

III. Versuchte Anstiftung, § 159 StGB

handelt. Diese Strafbarkeitslücke schließt nun § 159 StGB, der in diesen Fällen auf § 30 Abs. 1 StGB verweist. Auch die Rücktrittsregelungen gem. § 31 Abs. 1 Nr. 1 und Abs. 2 StGB erklärt er für anwendbar. Eine Strafbarkeit kommt etwa in Betracht, wenn die Anstiftung daran scheitert, dass der Zeuge das Ansinnen entrüstet ablehnt, oder wenn der Zeuge zur Tat bereits fest entschlossen (sog. omnimodo facturus) war und deshalb nicht mehr angestiftet werden konnte,[14] oder aber auch dann, wenn der Hintermann anstiften will, der Vordermann aber gutgläubig ist.

▶ **Lösung des Beispielsfalls („Unzuständige Stelle"):**[15] Auch im Beispielsfall kam eine versuchte Anstiftung zu einer eidesstattlichen Versicherung gem. den §§ 156, 159 StGB in Betracht. Selbst wenn B diese abgegeben hätte, wäre es nämlich nicht zu einer Vollendung gekommen, weil weder die Staatsanwaltschaft noch der Strafrichter eine solche im Strafverfahren hätten abnehmen dürfen. Kam aber ein Versuch der Anstiftung in Betracht, weil A annahm, dass Staatsanwaltschaft oder Gericht zuständig wären, obwohl der Versuch des § 156 StGB selbst nicht unter Strafe steht? Der BGH verneinte dies. Zwar sei die Zuständigkeit der Behörde zur Entgegennahme der eidesstattlichen Versicherung Tatbestandsmerkmal des § 156 StGB, sodass die irrige Annahme der Zuständigkeit begrifflich einen untauglichen Versuch begründe. Dies führe aber nicht zu einer Strafbarkeit des untauglichen Versuchs nach § 159 StGB. Zwar sei § 30 StGB auch anwendbar, wenn die Tätigkeit, die der Angestiftete nach dem Willen des Anstifters entfalten soll, nur zu einem untauglichen Versuch führen kann. Dies beruhe aber darauf, dass diese Vorschrift nur für Verbrechen gilt, deren Versuch stets strafbar ist. Es sei deshalb keine „entsprechende" Anwendung des § 30 StGB mehr, wenn die „gelungene" Anstiftung zu einer nicht strafbaren Tat der Strafdrohung des § 159 StGB unterstellt würde. ◀ 14

Anmerkung: Der BGH hat in der Literatur teilweise Zustimmung erfahren,[16] denn es erscheint tatsächlich wertungswidersprüchlich, den Täter, der § 156 StGB nur versucht, wegen des Vergehenscharakters straflos zu lassen, dann aber denjenigen zu bestrafen, der die Anstiftung dazu nur versucht, obgleich es nie zu einer Vollendung kommen kann. In einer älteren Entscheidung hatte der BGH diese Frage aber noch anders beurteilt.[17] Dieser Einschätzung folgt die h.L.[18] Letztlich ist trotz der genannten Bedenken dieser h.L. zuzustimmen, die § 159 StGB auch beim untauglichen Versuch anwendet. Dafür spricht zum einen, dass auch derjenige nach § 159 StGB bestraft werden kann, dem es nicht gelingt, bei der anderen Person den Vorsatz hervorzurufen; zum anderen entsteht der Wertungswiderspruch nun einmal daraus, dass der Gesetzgeber die versuchte Anstiftung hier für ein Vergehen für entsprechend anwendbar erklärt, sodass immer die Situation besteht, dass der Versuch des Haupttäters nicht bestraft wird, die versuchte Anstiftung hingegen schon.[19] Dies müsste der Gesetzgeber korrigieren. Im konkreten Fall des Irrtums über die Zuständigkeit dürfte 15

---

14 *Eisele*, BT I, Rn. 1425; *Eisele/Heinrich*, BT, Rn. 798; A/W/H/H-*Hilgendorf*, § 47 Rn. 137; *Kindhäuser/Schramm*, BT I, § 48 Rn. 3; NK-*Vormbaum*, § 159 Rn. 18.
15 BGHSt 24, 38.
16 So i.E. auch BeckOK-*Kudlich*, § 159 Rn. 9; MK-*Müller*, § 159 Rn. 15; weitergehend NK-*Vormbaum*, § 159 Rn. 20 ff.: § 159 StGB für alle Fälle des untauglichen oder tauglichen Versuchs des Angestifteten abzulehnen.
17 BGHSt 17, 303, 305.
18 Sch/Sch-*Bosch/Schittenhelm*, § 159 Rn. 4; *Eisele*, BT I, Rn. 1427; *Eisele/Heinrich*, BT, Rn. 798; L/K/H-*Heger*, § 159 Rn. 3; A/W/H/H-*Hilgendorf*, § 47 Rn. 137; M/R-*Norouzi*, § 159 Rn. 4; *Rengier*, BT II, § 49 Rn. 65; LK-*Wolters/Ruß*, § 159 Rn. 1a; SK-*Zöller*, § 159 Rn. 4.
19 *Eisele*, BT I, Rn. 1427.

sich die Straflosigkeit aber daraus ergeben, dass nur ein Wahndelikt handelt, da A über die rechtliche Zuständigkeit irrte.[20]

16 **Klausurtipp:** In der Klausur ist eine vollendete Anstiftung nach den §§ 153, 26 StGB vorrangig zu prüfen.

WIEDERHOLUNGSFRAGEN

1. Warum kommt bei den §§ 153 ff. StGB eine mittelbare Täterschaft nicht in Betracht? (Rn. 1)
2. Wie ist der Fall zu lösen, dass B mittelbarer Täter eines Meineids sein will, der Vordermann A aber alles durchschaut und vorsätzlich falsch aussagt und schwört? (Rn. 7 ff.)
3. Wie ist der umgekehrte Fall zu lösen, wenn B den A zu einem Meineid anstiften will, B hingegen gutgläubig ist, ohne dass B dies erkennt? (Rn. 11)
4. Ist auch die versuchte Anstiftung zu einem untauglichen Versuch strafbar? (Rn. 14 f.)

---

20 *Rengier*, BT II, § 49 Rn. 65a; *Zieschang*, BT 1, Rn. 691.

§ 48 Falsche Verdächtigung, § 164 StGB

Literaturempfehlungen:
Deutscher, Falsche Verdächtigung eines Schuldigen durch falsche Beweismittel, BGH NJW 1988, 81, JuS 1988, 526; *Geerds*, Kriminelle Irreführung der Strafrechtspflege, JURA 1985, 17; *M. Heinrich*, Die Delikte gegen den öffentlichen Frieden und die öffentliche Ordnung im Lichte des Medienstrafrechts – Teil 4: §§ 164 und 166 StGB, ZJS 2018, 129; *Otto*, Die Beteiligung des Betroffenen an der falschen Verdächtigung, JURA 1985, 443; *ders.*, Falsch Verdächtigen – Zur Bedeutung des geschützten Rechtsguts für die Auslegung eines Tatbestandes, JURA 2000, 217; *Piatkowski/Saal*, Examensprobleme im Rahmen der Straftatbestände zum Schutz der Rechtspflege, JuS 2005, 979.

Übungsfälle:
Kuhlen, Der Platztausch, JuS 1990, 396; *Peters*, Konflikte mit der „BRD-GmbH", JuS 2019, 33.

I. Einleitung

1. Grundlagen

Die falsche Verdächtigung findet sich im StGB in einem eigenen, nämlich dem 10. Abschnitt. Nach zutreffender h.M. hat § 164 StGB einen **doppelten Schutzzweck** und schützt neben der Rechtspflege alternativ die Individualrechtsgüter der betroffenen Person.[1] Wer einzig einen Individualschutz als verfolgt ansieht, kann zu einer rechtfertigenden Einwilligung gelangen.[2] Von der **Systematik** her enthalten Abs. 1 und Abs. 2 StGB jeweils das Grunddelikt, Abs. 3 S. 1 eine Qualifikation und Abs. 3 S. 2 minder schwere Fälle. Bei den Grunddelikten bildet Abs. 1 den Grundfall, dass jemand einer rechtswidrigen Tat verdächtigt wird, während Abs. 2 nur eine Ergänzungsfunktion (für sonstige Behauptungen) hat.[3] Ein tatsächliches Tätigwerden des Adressaten ist nicht erforderlich, jedoch die Eignung dazu. Daher handelt es sich um **potenzielle Gefährdungsdelikte**.[4]

2. Prüfungsschema

Hier wird nur das Prüfungsschema für § 164 Abs. 1 StGB dargestellt:
- I. Tatbestand
    1. Objektiver Tatbestand
        a) Adressat: bei einer Behörde oder einem zur Entgegennahme von Anzeigen zuständigen Amtsträger oder militärischen Vorgesetzten oder öffentlich
        b) Tathandlung: einen anderen verdächtigen
        c) Gegenstand der Verdächtigung: rechtswidrige Tat oder Verletzung einer Dienstpflicht
        d) Unwahrheit der Verdächtigung
    2. Subjektiver Tatbestand

---

1 *Kindhäuser/Schramm*, BT I, § 52 Rn. 1; *Rengier*, BT II, § 50 Rn. 1; BeckOK-*Valerius*, § 164 Rn. 1; *Wessels/Hettinger/Engländer*, BT 1, Rn. 665 ff.; LK-*Wolters/Ruß*, § 164 Rn. 1 ff. – a.A. *Klesczewski*, BT, § 19 Rn. 163; *Zieschang*, BT 1, Rn. 723: kumulativ (d.h. beide Rechtsgüter müssen verletzt sein).
2 Vgl. NK-*Vormbaum*, § 164 Rn. 66; so aber auch *Zieschang*, BT 1, Rn. 723 i.H.a den kumulativen Schutz.
3 LK-*Wolters/Ruß*, § 164 Rn. 4.
4 SK-*Rogall*, § 164 Rn. 4 f.

a) Vorsatz bzgl. der objektiven Tatbestandsmerkmale
b) „wider besseres Wissen" bzgl. der Unwahrheit
c) Absicht, behördliches Verfahren oder andere behördliche Maßnahme gegen den Verdächtigen herbeizuführen oder fortdauern zu lassen
II. Rechtswidrigkeit
III. Schuld ◄

II. Tatbestandsvoraussetzungen des Abs. 1

1. Objektiver Tatbestand

3 ▶ **Beispielsfall („Vater und Sohn"):**[5] Auf das Haus des C ist ein Anschlag mit Sprengstoff verübt worden. Der Verdacht fällt auf A. Bei einer Hausdurchsuchung bei A wird Sprengstoff gefunden. A behauptet der Polizei gegenüber jedoch wahrheitswidrig, dieser gehöre seinem Sohn B. Daraufhin wird nun (auch) gegen B ermittelt. Strafbarkeit des A gem. § 164 StGB? ◄

a) Adressat / öffentliche Begehungsweise

4 § 164 Abs. 1 StGB nennt verschiedene **Adressaten**, gegenüber denen die falsche Verdächtigung geäußert werden kann: eine Behörde oder ein zur Entgegennahme von Anzeigen zuständiger Amtsträger oder militärischer Vorgesetzten. Alternativ kann sie auch öffentlich begangen werden. Angaben gegenüber einer Privatperson genügen per se nicht.[6]

5 **Definition:** Eine Behörde ist eine in den Organismus der Staatsverwaltung eingeordnete, organisatorische Einheit von Personen und sächlichen Mitteln, die mit einer gewissen Selbständigkeit ausgestattet dazu berufen ist, unter öffentlicher Autorität für die Erreichung der Zwecke des Staates oder von ihm geförderter Zwecke tätig zu sein.[7]

6 Dazu gehören nach § 11 Abs. 1 Nr. 7 StGB wiederum auch Gerichte. Nach der zutreffenden h.M., die alternative Schutzzwecke verwirklicht sieht, sind auch ausländische Behörden erfasst.[8] Der Begriff des **Amtsträgers** ist in § 11 Abs. 1 Nr. 2 StGB legaldefiniert. Hinsichtlich der **öffentlichen** Begehungsweise kann auf die Ausführungen zu § 185 HS. 2 StGB verwiesen werden (s.o. § 20 Rn. 32). Sie liegt demnach vor, wenn die falsche Verdächtigung von einem größeren, nach Zahl und Zusammenhang nicht bestimmbaren Personenkreis zur Kenntnis genommen werden kann.

b) Tathandlung: einen anderen verdächtigen

7 Die **Tathandlung** nach Abs. 1 besteht darin, einen anderen einer rechtswidrigen Tat zu verdächtigen. Da sich die Tat auf **„einen anderen"** als Tatopfer bezieht, ist die Selbstverdächtigung straflos.[9] Wegen der doppelten Schutzrichtung des Tatbestandes, der auch Individualschutz bezweckt, muss es sich bei der bezichtigten um eine be-

---

[5] BGHSt 60, 198, 202 ff.; vgl. dazu *Lüders/Seulberger*, famos 6/2015.
[6] Vgl. aber auch *Eisele*, BT I, Rn. 1451; *Eisele/Heinrich*, BT, Rn. 817: Angaben genügen, wenn eine Weitergabe an die Strafverfolgungsorgane erfolgt.
[7] BVerfGE 10, 20, 48; LK-*Wolters/Ruß*, § 164 Rn. 23.
[8] LK-*Wolters/Ruß*, § 164 Rn. 24a.
[9] *Eisele/Heinrich*, BT, Rn. 818.

II. Tatbestandsvoraussetzungen des Abs. 1 § 48

stimmte lebende Person handeln.[10] Eine namentliche Nennung ist nicht unbedingt erforderlich, solange die Person identifizierbar ist.[11] Damit scheiden aber Anzeigen gegen Unbekannt sowie gegen fiktive Personen aus.[12]

Definition: Verdächtigen ist das Hervorrufen, Verstärken oder Umlenken eines Verdachts.[13]   8

Das Verdächtigen kann **ausdrücklich** oder **konkludent** erfolgen.[14] Umstritten ist jedoch, ob es ausreicht, wenn der Verdächtigende nicht mit dem Adressaten kommuniziert, sondern eine **falsche Beweislage** schafft, etwa durch das Hinterlassen falscher Spuren am Tatort. Dies wird teilweise mit dem Argument abgelehnt, dass in Abs. 2 von „sonstigen Behauptungen" die Rede ist, sodass daraus zu schließen sei, dass auch bei Abs. 1 nur „Behauptungen" erfasst sind.[15] Diese Einschränkung macht die h.M. zu Recht nicht,[16] da in Abs. 1 ein „Verdächtigen" und nicht nur das „Behaupten" unter Strafe gestellt ist. Zudem ist gerade das Schaffen einer kompromittierenden Beweislage besonders gefährlich, da hier Beweismittel mit scheinbar „objektivem" Charakter geliefert werden. Die Tat ist **vollendet**, wenn dem Adressaten die Verdächtigung zugeht.[17] Eine Tatbegehung durch **Unterlassen** ist möglich.[18]   9

Die Strafbarkeit der falschen Verdächtigung eines anderen kann jedoch in einen Konflikt mit dem **Nemo-tenetur-Grundsatz** geraten, der sich aus Art. 2 Abs. 2 i.V.m. Art. 1 Abs. 1 GG und aus Art. 6 Abs. 1 S. 1 EMRK ableiten lässt.[19] Der Konflikt kann daraus entstehen, dass das grds. zulässige Ableugnen der eigenen Täterschaft zu einer Verdächtigung eines anderen führen kann.[20] Dabei gilt es, einzelne Konstellation auseinanderzuhalten, die an dem Fall veranschaulicht seien, dass zwei Personen als Täter des alkoholbedingten Verursachens eines Autounfalls in Betracht kommen:[21] Der tatsächliche Täter A und ein Dritter B. Zulässig ist es zunächst, wenn A zum Tatvorwurf **schweigt**,[22] auch wenn dies dazu führt, dass der Verdacht auf B fällt, da in diesem Fall die Verdächtigung nur Folge des Schweigerechts des Beschuldigten ist; vgl. § 136 Abs. 1 S. 2 StPO. Auch wenn A die Tat **leugnet**, ergibt sich kein ande-   10

---

10 BGHSt 13, 219, 220; *Eisele/Heinrich*, BT, Rn. 818; *Kindhäuser/Schramm*, BT I, § 52 Rn. 6; *Rengier*, BT II, § 50 Rn. 5; SK-*Rogall*, § 164 Rn. 29.
11 *Eisele*, BT I, Rn. 1452; *Eisele/Heinrich*, BT, Rn. 818; *Kindhäuser/Schramm*, BT I, § 52 Rn. 7; *Rengier*, BT II, § 50 Rn. 5; *Wessels/Hettinger/Engländer*, BT 1, Rn. 669.
12 *Eisele*, BT I, Rn. 1452; *Eisele/Heinrich*, BT, Rn. 818; *Kindhäuser/Schramm*, BT I, § 52 Rn. 7; *Rengier*, BT II, § 50 Rn. 5.
13 BGHSt 60, 198, 202; *Fischer*, § 164 Rn. 3; *Kindhäuser/Schramm*, BT I, § 52 Rn. 8; *Kleszczewski*, BT, § 19 Rn. 166; *Otto*, GK BT, § 95 Rn. 4; SK-*Rogall*, § 164 Rn. 10; NK-*Vormbaum*, § 164 Rn. 12 f.; LK-*Wolters/Ruß*, § 164 Rn. 4a.
14 *Eisele*, BT I, Rn. 1455; LK-*Wolters/Ruß*, § 164 Rn. 6.
15 *Kleszczewski*, BT, § 19 Rn. 167; BeckOK-*Valerius*, § 164 Rn. 4; NK-*Vormbaum*, § 164 Rn. 20 f.
16 BGHSt 9, 240, 241; *Sch/Sch-Bosch/Schittenhelm*, § 164 Rn. 8; *Eisele*, BT I, Rn. 1456; *Eisele/Heinrich*, BT, Rn. 822; L/K/H-*Heger*, § 164 Rn. 4; *Rengier*, BT II, § 50 Rn. 7; SK-*Rogall*, § 164 Rn. 12; *Wessels/Hettinger/Engländer*, BT 1, Rn. 674; LK-*Wolters/Ruß*, § 164 Rn. 5; *Zieschang*, BT 1, Rn. 713; MK-*Zopfs*, § 164 Rn. 21 f.
17 *Eisele*, BT I, Rn. 1467; *Hilgendorf/Valerius*, BT I, Rn. 75; *Kindhäuser/Schramm*, BT I, § 52 Rn. 29.
18 Umstritten ist, ob sich aus einer unvorsätzlichen falschen Verdächtigung eine Garantenstellung (aus Ingerenz) ergibt; dafür BGHSt 14, 240, 246; LK-*Wolters/Ruß*, § 164 Rn. 14 – a.A. NK-*Vormbaum*, § 164 Rn. 22; zweifelnd BeckOK-*Valerius*, § 164 Rn. 17.
19 Vgl. dazu *Heinrich/Reinbacher*, Examinatorium StPO, Problem 5 Rn. 10.
20 Vgl. dazu *M. Heinrich*, ZJS 2018, 129, 134 f.; *Lüders/Seulberger*, famos 6/2015, 1, 3 ff.
21 Fall nach OLG Düsseldorf NJW 1992, 1119.
22 *Eisele*, BT I, Rn. 1464; *Eisele/Heinrich*, BT, Rn. 829; *Kindhäuser/Schramm*, BT I, § 52 Rn. 13; *Rengier*, BT II, § 50 Rn. 17.

res Ergebnis,²³ da A weiterhin nur sein Verteidigungsrecht ausübt. Schwieriger wird es, wenn A den B direkt der Tat **bezichtigt**. Aber auch dann kann man noch von einer zulässigen und **straflosen Selbstbegünstigung** ausgehen, da kein Unterschied zum Leugnen besteht, wenn nur A oder B als Täter in Betracht kommen (**modifizierendes Leugnen**).²⁴ Der Tatbestand des § 164 Abs. 1 StGB ist aber erfüllt, wenn A zusätzliche falsche Tatsachen erfindet oder die Beweislage verfälscht.²⁵ Die Konstellation in unserem Beispielsfall unterscheidet sich von den bisher geschilderten Varianten dadurch, dass hier mit dem Sohn ein bislang Unverdächtiger in den Verdacht der Tat geriet.

11 ▶ **Lösung des Beispielsfalls („Vater und Sohn"):**²⁶ Der BGH nahm eine Strafbarkeit des A gem. § 164 Abs. 1 StGB an. Eine auf zulässiges Verteidigungsverhalten eines Beschuldigten im Strafverfahren oder dessen Selbstbelastungsfreiheit gestützte Einschränkung des Tatbestands komme hier nicht in Betracht. Jedenfalls dann, wenn eine Person konkret verdächtigt wird, für deren Tatbegehung bzw. Tatbeteiligung bis dahin keine Anhaltspunkte bestanden, komme im Hinblick auf das durch § 164 StGB auch gewährleistete Rechtsgut des Schutzes der innerstaatlichen Strafrechtspflege vor unberechtigter Inanspruchnahme eine Tatbestandseinschränkung nicht in Betracht. Ein Selbstbegünstigungsprivileg wie in § 258 Abs. 5 StGB sei für § 164 StGB eben nicht vorgesehen. Aus dem Schweigerecht des Beschuldigten lasse sich kein „Recht zur Lüge" ableiten. ◀

12 **Anmerkung:** Dieser Sichtweise ist zuzustimmen.²⁷ Denn hier beschränkte A sich nicht auf ein bloßes Schweigen oder Leugnen der Tat, sondern zog eine bislang unverdächtige Person in die Ermittlungen hinein. So weit kann ein zulässiges Verteidigungsverhalten nicht gehen.

c) **Gegenstand der Verdächtigung: rechtswidrige Tat oder Verletzung einer Dienstpflicht**

13 Die Verdächtigung muss sich auf eine rechtswidrige Tat oder auf die Verletzung einer Dienstpflicht richten. Eine **rechtswidrige Tat** ist gem. § 11 Abs. 1 Nr. 5 StGB nur eine solche, die den Tatbestand eines Strafgesetzes verwirklicht; Ordnungswidrigkeiten genügen nicht. Da (auch) die Rechtspflege vor einer überflüssigen Inanspruchnahme geschützt ist, muss der Sachverhalt aber so geschildert werden, dass der Tatbestand erfüllt wäre und keine Rechtfertigungs- oder Entschuldigungsgründe greifen, sodass eine Strafverfolgung in Betracht kommt.²⁸

---

23 OLG Düsseldorf NJW 1992, 1119; *Eisele*, BT I, Rn. 1464; *Eisele/Heinrich*, BT, Rn. 829; *Fischer*, § 164 Rn. 3a; *M. Heinrich*, ZJS 2016, 129, 134; *Kindhäuser/Schramm*, BT I, § 52 Rn. 14; *Rengier*, BT II, § 50 Rn. 18; NK-*Vormbaum*, § 164 Rn. 25; LK-*Wolters/Ruß*, § 164 Rn. 6; *Zieschang*, BT 1, Rn. 707.
24 OLG Düsseldorf NJW 1992, 1119; *Eisele*, BT I, Rn. 1464; *M. Heinrich*, ZJS 2016, 129, 135; *Kindhäuser/Schramm*, BT I, § 52 Rn. 14; *Rengier*, BT II, § 50 Rn. 19; SK-*Rogall*, § 164 Rn. 15; NK-*Vormbaum*, § 164 Rn. 28; LK-*Wolters/Ruß*, § 164 Rn. 6 – a.A. OLG Hamm NJW 1965, 62; zweifelnd auch *Fischer*, § 164 Rn. 3a; offen gelassen in BGHSt 60, 198, 203.
25 *Eisele/Heinrich*, BT, Rn. 829; *M. Heinrich*, ZJS 2016, 129, 135; *Rengier*, BT II, § 50 Rn. 20; SK-*Rogall*, § 164 Rn. 15; LK-*Wolters/Ruß*, § 164 Rn. 6.
26 BGHSt 60, 198; vgl. dazu *Lüders/Seulberger*, famos 6/2015.
27 *Lüders/Seulberger*, famos 6/2015, 1, 6; *Rengier*, BT II, § 50 Rn. 20; LK-*Wolters/Ruß*, § 164 Rn. 6; MK-*Zopfs*, § 164 Rn. 26.
28 *Eisele*, BT I, Rn. 1454; *Eisele/Heinrich*, BT, Rn. 820; *Kindhäuser/Schramm*, BT I, § 52 Rn. 19; *Rengier*, BT II, § 50 Rn. 9; MK-*Zopfs*, § 164 Rn. 30.

III. Tatbestandsvoraussetzungen des Abs. 2

d) Unwahrheit der Verdächtigung

Bereits aus der Überschrift, aber auch aus dem Vorsatzerfordernis des Handelns wider besseres Wissen folgt, dass die Verdächtigung **objektiv falsch** sein muss,[29] d.h. der Verdacht muss in seinem **wesentlichen Inhalt** unzutreffend sein.[30] Übertreibungen genügen grds. nicht, sondern erst dann, wenn durch das **Aufbauschen** der Charakter der Tat verändert wird.[31] Umstritten ist, ob § 164 StGB auch den Fall erfasst, dass eine **objektiv richtige Beschuldigung** durch das Unterschieben falscher Beweise überführt werden soll. Insb. die Rechtsprechung lehnt eine Strafbarkeit aus § 164 StGB ab, wenn die Beschuldigung als solche richtig ist, da der Tatbestand nur der Verfolgung „Unschuldiger" diene und nur dann eine Täuschung über eine „rechtswidrige Tat" anzunehmen sei.[32] Die h.L. hält § 164 StGB hingegen zu Recht für anwendbar,[33] da im Rechtsstaat auch der Schuldige einen Anspruch darauf hat, nicht aufgrund falscher Beweise verurteilt zu werden und die Strafverfolgungsbehörden auch durch falsche Beweise zu Unrecht in Anspruch genommen werden können.

2. Subjektiver Tatbestand

In subjektiver Hinsicht ist zu differenzieren. Grds. genügt dolus eventualis bzgl. der objektiven Tatbestandsmerkmale.[34] Bzgl. der Unwahrheit der Verdächtigung ist jedoch ein Handeln „wider besseres Wissen" erforderlich, also dolus directus II.[35] Daneben muss der Täter in der Absicht vorgehen, ein behördliches Verfahren oder andere behördliche Maßnahmen gegen ihn herbeizuführen oder fortdauern zu lassen. Auch hier genügt nach h.M. aber dolus directus II.[36]

III. Tatbestandsvoraussetzungen des Abs. 2

Unter Abs. 2 fallen „sonstige tatsächliche Behauptungen", d.h. solche, die keine Verdächtigung i.H.a. eine Straftat darstellen. In Betracht kommt hier z.B. die Verdächtigung wegen einer Ordnungswidrigkeit.[37] Die Behauptung muss geeignet sein, ein behördliches Verfahren oder eine behördliche Maßnahme einzuleiten, etwa die Entziehung einer Approbation oder Konzession.[38] Bei Abs. 2 sind im Gegensatz zu Abs. 1 nur Äußerungen erfasst.[39] Die Erläuterungen zum subjektiven Tatbestand gelten entsprechend.

---

29 *Eisele*, BT I, Rn. 1458; *Eisele/Heinrich*, BT, Rn. 824; *Kindhäuser/Schramm*, BT I, § 52 Rn. 21; *Rengier*, BT II, § 50 Rn. 10; SK-*Rogall*, § 164 Rn. 25; LK-*Wolters/Ruß*, § 164 Rn. 9.
30 *Eisele*, BT I, Rn. 1459; *Eisele/Heinrich*, BT, Rn. 825; *Kindhäuser/Schramm*, BT I, § 52 Rn. 21; *Rengier*, BT II, § 50 Rn. 10.
31 *Zieschang*, BT 1, Rn. 718; näher dazu Sch/Sch-*Bosch/Schittenhelm*, § 164 Rn. 17; LK-*Wolters/Ruß*, § 164 Rn. 11; MK-*Zopfs*, § 164 Rn. 35 f.
32 BGHSt 35, 50, 52 ff.; zust. *Klesczewski*, BT, § 19 Rn. 169; *Zieschang*, BT 1, Rn. 716.
33 Sch/Sch-*Bosch/Schittenhelm*, § 164 Rn. 16; *Eisele*, BT I, Rn. 1462; *Eisele/Heinrich*, BT, Rn. 828; L/K/H-*Heger*, § 164 Rn. 7; *Kindhäuser/Schramm*, BT I, § 52 Rn. 27; *Otto*, GK BT, § 95 Rn. 7; *Rengier*, BT II, § 50 Rn. 12; SK-*Rogall*, § 164 Rn. 26 f.; BeckOK-*Valerius*, § 164 Rn. 10; NK-*Vormbaum*, § 164 Rn. 54; LK-*Wolters/Ruß*, § 164 Rn. 10; MK-*Zopfs*, § 164 Rn. 34.
34 LK-*Wolters/Ruß*, § 164 Rn. 28.
35 *Eisele/Heinrich*, BT, Rn. 834.
36 L/K/H-*Heger*, § 164 Rn. 9; *Rengier*, BT II, § 50 Rn. 24; SK-*Rogall*, § 164 Rn. 44; MK-*Zopfs*, § 164 Rn. 43 – a.A. *Klesczewski*, BT, § 19 Rn. 176; NK-*Vormbaum*, § 164 Rn. 64: Absicht.
37 *Rengier*, BT II, § 50 Rn. 22.
38 *Rengier*, BT II, § 50 Rn. 22a; BeckOK-*Valerius*, § 164 Rn. 20.
39 *Kindhäuser/Schramm*, BT I, § 52 Rn. 33; BeckOK-*Valerius*, § 164 Rn. 18.

IV. Strafaufhebungs- und Strafmilderungsgründe

17 Nach h.M. ist § 158 StGB auf die falsche Verdächtigung analog anzuwenden, da die Situation vergleichbar ist, wenn der Täter seine unzutreffenden Angaben rechtzeitig berichtigt.[40] Das ist zweifelhaft, weil es an einer planwidrigen Regelungslücke fehlen dürfte.[41] Jedenfalls gelten aber § 258 Abs. 5 und 6 StGB nicht entsprechend, da § 164 StGB auch dem Individualschutz dient.[42]

V. Qualifikation, Abs. 3

18 § 164 Abs. 3 sieht eine **Qualifikation** für den Fall vor, dass der Täter handelt, um in den Genuss einer Kronzeugenregelung zu gelangen.[43] Dies setzt dolus directus I voraus.[44]

WIEDERHOLUNGSFRAGEN

1. Ist ein Verdächtigen i.S.v. § 164 StGB auch durch das Schaffen einer falschen Beweislage möglich? (Rn. 9)
2. Liegt ein Verdächtigen i.S.v. § 164 StGB auch dann vor, wenn der wahre Täter einen anderen bezichtigt, der schon vorher neben ihm verdächtig war? (Rn. 10)
3. Liegt ein Verdächtigen i.S.v. § 164 StGB auch dann vor, wenn der wahre Täter einen anderen bezichtigt, der vorher noch nicht verdächtig war? (Rn. 11 f.).

---

40 *Rengier*, BT II, § 50 Rn. 26.
41 SK-*Rogall*, § 164 Rn. 49; LK-*Wolters/Ruß*, § 164 Rn. 33.
42 *Eisele*, BT I, Rn. 1476; *Eisele/Heinrich*, BT, Rn. 837; *Rengier*, BT II, § 50 Rn. 26a.
43 *Eisele/Heinrich*, BT, Rn. 838.
44 MK-*Zopfs*, § 164 Rn. 47.

§ 49 Vortäuschen einer Straftat, § 145d StGB

Literaturempfehlungen:
Fahl, Zur Strafbarkeit der Falschmeldung im Internet über den Tod eines Asylsuchenden, JURA 2016, 735; *Geerds*, Kriminelle Irreführung der Strafrechtspflege, JURA 1985, 617; *Geppert*, Zu einigen immer wiederkehrenden Streitfragen im Rahmen des Vortäuschens einer Straftat (§ 145d StGB), JURA 2000, 383; *Krümpelmann*, Grenzen der Vortäuschung bei Entstellung einer begangenen Straftat, JuS 1985, 763.

I. Einleitung

1. Grundlagen

§ 145d StGB schützt die staatliche Rechtspflege vor einer ungerechtfertigten Inanspruchnahme,[1] genauer geht es in Abs. 1 Nr. 1 und Abs. 2 Nr. 1 um den Schutz der inländischen staatlichen Rechtspflege und in Abs. 1 Nr. 2 und Abs. 2 Nr. 2 um den Schutz der Präventivorgane.[2] Zu beachten ist die formelle Subsidiarität gegenüber den §§ 164, 258, 258a StGB, die sowohl für Abs. 1 als auch für Abs. 2 gilt.[3] Insofern kommt § 145d Abs. 1 StGB insb. eine Ergänzungsfunktion für die Fälle zu, in denen § 164 StGB nicht greift,[4] etwa bei Anzeigen gegen Unbekannt, die § 164 StGB nicht erfasst (s.o. § 48 Rn. 7). Nach der Systematik der Vorschrift bilden Abs. 1 und 2 jeweils die **Grundtatbestände**, während Abs. 3 Nr. 1 eine **Qualifikation** vorsieht. Abs. 3 Nr. 2 und 3 enthalten **eigenständige Tatbestände**. Es handelt sich nach h.M. um **abstrakte Gefährdungsdelikte**,[5] da ein Tätigwerden des Adressaten nicht notwendig ist, genauer um **potenzielle Gefährdungsdelikte**.[6] Der Versuch ist straflos.

2. Prüfungsschema

§ 145d Abs. 1 und 2 StGB werden im Folgenden zusammen dargestellt, so auch im Prüfungsschema:
- ▶ I. Tatbestand
    1. Objektiver Tatbestand
        a) Adressat: Behörde, zur Entgegennahme von Anzeigen zuständige Stelle
        b) Tathandlung:
            aa) Vortäuschen, dass rechtswidrige Tat begangen wurde (Abs. 1 Nr. 1) oder
            bb) Vortäuschen, dass Katalogtat des § 126 Abs. 1 StGB bevorsteht (Abs. 1 Nr. 2) oder
            cc) über Beteiligten an rechtswidriger Tat zu täuschen suchen (Abs. 2 Nr. 1) oder
            dd) Täuschen über Beteiligten an bevorstehender Katalogtat des § 126 Abs. 1 StGB (Abs. 2 Nr. 2)
    2. Subjektiver Tatbestand

---
[1] BGHSt 6, 251, 255; 19, 305, 307 f.; BGH NStZ 2015, 514; *Eisele*, BT I, Rn. 1478; *Kindhäuser/Schramm*, BT I, § 53 Rn. 1; *Rengier*, BT II, § 51 Rn. 1; *Wessels/Hettinger/Engländer*, BT 1, Rn. 685.
[2] *Eisele*, BT I, Rn. 1478.
[3] *Eisele*, BT I, Rn. 1478; LK-*Münzner*, § 145d Rn. 28.
[4] *Eisele*, BT I, Rn. 1478.
[5] BGH NStZ 2015, 514; *Kindhäuser/Schramm*, BT I, § 53 Rn. 1; BeckOK-*Valerius*, § 145d Rn. 10.
[6] SK-*Rogall*, § 145d Rn. 6; vgl. ausführlich zur Deliktskategorie MK-*Zopfs*, § 145d Rn. 6 ff.

    a) Vorsatz
    b) wider besseres Wissen
 II. Rechtswidrigkeit
 III. Schuld
 IV. Strafaufhebungs- oder Strafmilderungsgrund ◄

II. Tatbestandsvoraussetzungen

1. Objektiver Tatbestand

3 ▶ **Beispielsfall („Beifahrer"):**[7] A fährt ohne Fahrerlaubnis und alkoholisiert mit dem Auto. Es kommt zu einem Unfall. Vor dem Eintreffen der Polizei überredet er seinen Beifahrer B, auszusagen, er sei gefahren, da er davon ausgeht, dass B keinen Alkohol getrunken hat und auch im Besitz einer Fahrerlaubnis ist. ◄

a) Adressat

4 **Adressat** des Vortäuschens einer Straftat ist eine Behörde oder eine sonstige zur Entgegennahme von Anzeigen zuständige Stelle. Hier kann auf die Ausführungen zu § 164 StGB verwiesen werden (s.o. § 48 Rn. 4 ff.). Sonstige Stellen sind insb. Staatsanwaltschaft und Polizei, vgl. § 158 Abs. 1 StPO. Eine öffentliche Begehungsweise erfüllt den Tatbestand nur dann, wenn der Täter billigend in Kauf nimmt, dass die Äußerung der Stelle zugeht.[8]

b) Tathandlung

aa) Vortäuschen der Begehung einer rechtswidrigen Tat, Abs. 1 Nr. 1

5 **Definition:** Vortäuschen ist jedes Verhalten, durch das ein Verdacht erregt oder bestärkt wird.[9]

6 Es gelten insofern ähnliche Grundsätze wie bei § 164 StGB. So sind auch hier ausdrückliche und **konkludente** Erklärungen ebenso erfasst wie das Schaffen einer entsprechenden Beweislage.[10] Abweichend von § 164 StGB fallen aber auch **Selbstbelastungen**[11] und **Anzeigen gegen Unbekannt**[12] unter den Tatbestand, da nur die Rechtspflege, nicht aber ein individuelles Opfer geschützt ist. Wie auch bei § 164 StGB ist ein tatsächliches Tätigwerden der Behörde nicht erforderlich. Gleichwohl muss auch hier das Vortäuschen der Begehung einer rechtswidrigen Tat dazu geeignet sein, eine solche Tätigkeit zu veranlassen.[13] Tatgegenstand ist eine rechtswidrige Tat, also gem. § 11 Abs. 1 Nr. 5 StGB eine solche, die den Tatbestand eines Strafgesetzes verwirklicht. Diese darf aber tatsächlich nicht begangen worden sein.[14] Wiederum stellt sich die Frage, inwieweit das **Aufbauschen** einer Tat unter die Vorschrift fällt. Dies ist der Fall, wenn

---

[7] BGHSt 19, 305.
[8] BeckOK-*Valerius*, § 145d Rn. 7.
[9] Vgl. *Eisele*, BT I, Rn. 1482; *Eisele/Heinrich*, BT, Rn. 843; *Kindhäuser/Schramm*, BT I, § 53 Rn. 5.
[10] *Eisele/Heinrich*, BT, Rn. 843; *Kindhäuser/Schramm*, BT I, § 53 Rn. 6.
[11] *Eisele/Heinrich*, BT, Rn. 843; *Kindhäuser/Schramm*, BT I, § 53 Rn. 6.
[12] NK-*Kretschmer*, § 145d Rn. 11; *Wessels/Hettinger/Engländer*, BT 1, Rn. 686.
[13] L/K/H-*Heger*, § 145d Rn. 4; BeckOK-*Valerius*, § 145d Rn. 5.
[14] *Kindhäuser/Schramm*, BT I, § 53 Rn. 10; BeckOK-*Valerius*, § 145d Rn. 10.

II. Tatbestandsvoraussetzungen § 49

die Tat dadurch im Kern ein anderes Gepräge erhält,[15] sodass die Angaben geeignet sind, eine erhebliche Mehrarbeit der Behörde zu bewirken,[16] etwa beim Hinzudichten eines Raubs zu einer Körperverletzung.[17]

bb) Über den Beteiligten an einer rechtswidrigen Tat zu täuschen suchen, Abs. 2 Nr. 1

Aus der Formulierung „zu täuschen suchen" ist zu schließen, dass die Täuschung selbst nicht erfolgreich sein muss, sondern (daneben) auch der Versuch erfasst ist.[18] Auch hier kommt eine **Selbstbelastung** in Betracht.[19] Umstritten ist allerdings, ob die rechtswidrige Tat in diesem Fall **tatsächlich begangen** sein muss. Teilweise wird angenommen, § 145d Abs. 2 Nr. 1 StGB sei auch dann erfüllt, wenn der Täuschende irrtümlich annimmt, dass eine rechtswidrige Tat begangen wurde, da auch dann die Behörden zu Unrecht in Anspruch genommen werden.[20] Dem widerspricht die h.M. aber zu Recht, da nach dem Wortlaut nur die Beteiligung Gegenstand der Täuschung ist, sodass die Tat begangen sein muss.[21]

▶ **Lösung des Beispielsfalls („Beifahrer"):**[22] Im Beispielsfall war problematisch, dass A den Verdacht auf B lenken wollte, welcher selbst gar keine Straftat begangen haben konnte, da er nicht alkoholisiert und im Besitz einer Fahrerlaubnis war. Der BGH lehnte eine Strafbarkeit des A nach § 145d Abs. 2 Nr. 1 StGB ab, da A die Strafverfolgungsbehörden nicht unnütz in Anspruch genommen habe, zumal er die Polizei nicht zur Verfolgung einer falschen Spur habe bewegen wollen, da die Verfolgung des B (jedenfalls nach seiner Vorstellung) von vornherein ausschied. ◀

Anmerkung: Auch in diesem Fall ging es um eine Selbstbegünstigung. Diese kann neben § 164 StGB auch § 145d StGB erfüllen, wenn ein zuvor Unverdächtiger beschuldigt wird. Insofern gelten die gleichen Grundsätze wie bei § 164 StGB (s.o. § 48 Rn. 11 f.).[23] Der BGH hielt jedoch zu Recht fest, dass eine Strafbarkeit ausscheidet, wenn der Dritte straflos wäre.

cc) Über das Bevorstehen einer Katalogtat i.S.v. § 126 Abs. 1 StGB täuschen, Abs. 1 Nr. 2

Nach Abs. 1 Nr. 2 ist es strafbar, darüber zu täuschen, dass eine Straftat bevorsteht, wobei es sich um eine Katalogtat i.S.v. § 126 Abs. 1 StGB handeln muss. Insofern müssen nach dem Wortlaut Tatbestandsmäßigkeit und Rechtswidrigkeit behauptet werden, nicht unbedingt eine Schuldhaftigkeit der Tat,[24] sodass es auch strafbar ist, vorzutäuschen, ein Schuldunfähiger werde eine Tat begehen. Ein **Bevorstehen** der Tat bedeutet, dass die Tat sofort, alsbald oder jedenfalls in Kürze begangen werden soll.[25]

---

15 BGH NStZ 2015, 514; OLG Hamm NJW 1971, 1324, 1325; *Eisele/Heinrich*, BT, Rn. 849; *Kindhäuser/Schramm*, BT I, § 53 Rn. 11; Sch/Sch-*Sternberg-Lieben*, § 145d Rn. 9.
16 *Eisele/Heinrich*, BT, Rn. 849; Sch/Sch-*Sternberg-Lieben*, § 145d Rn. 9; BeckOK-*Valerius*, § 145d Rn. 10.
17 OLG Hamm NJW 1971, 1324, 1325; Sch/Sch-*Sternberg-Lieben*, § 145d Rn. 9.
18 *Kindhäuser/Schramm*, BT I, § 53 Rn. 14.
19 *Kindhäuser/Schramm*, BT I, § 53 Rn. 16.
20 Sch/Sch-*Sternberg-Lieben*, § 145d Rn. 13.
21 *Eisele/Heinrich*, BT, Rn. 851; *Kindhäuser/Schramm*, BT I, § 53 Rn. 20 – a.A. LK-*Münzner*, § 145d Rn. 16: Anfangsverdacht genügt.
22 BGHSt 19, 305.
23 Vgl. *Eisele*, BT I, Rn. 1495.
24 LK-*Münzner*, § 145d Rn. 14.
25 NK-*Kretschmer*, § 145d Rn. 23; LK-*Münzner*, § 145d Rn. 14; Sch/Sch-*Sternberg-Lieben*, § 145d Rn. 18.

Auch die angebliche eigene Tatbegehung ist erfasst.²⁶ Bei einem **Aufbauschen** einer tatsächlich bevorstehenden Tat kommt es wiederum darauf an, ob ein wesentlicher und ungerechtfertigter Mehraufwand an Präventionsmaßnahmen provoziert wird.²⁷

dd) Über den Beteiligten an einer bevorstehenden Tat zu täuschen suchen, Abs. 2 Nr. 2

11 Hier gilt sinngemäß das zu Abs. 1 Nr. 2 Ausgeführte, insb. muss nach zutreffender Ansicht eine Straftat **tatsächlich bevorstehen**.²⁸

2. Subjektiver Tatbestand

12 Subjektiv genügt bzgl. des Adressaten des Vortäuschens dolus eventualis.²⁹ I.Ü. setzt der Tatbestand in allen vier Varianten aber ein Handeln **wider besseres Wissen** voraus, also dolus directus II bzgl. der Täuschung über eine Tat oder deren Bevorstehen oder die Beteiligung.³⁰

III. Qualifikation nach Abs. 3 Nr. 1

13 Abs. 3 Nr. 1 enthält eine **Qualifikation** für Fälle, in denen der Täter in der Absicht handelt, eine Strafmilderung oder ein Absehen von Strafe nach den **Kronzeugenregelungen** zu erlangen. Dies erfordert dolus directus I.³¹ Die bei der anderen Tat wegen der Aussage als Kronzeuge zu Unrecht erlangte Strafmilderung soll dadurch ausgeglichen werden, dass eine qualifizierte Strafe ausgesprochen wird.

IV. Tatbestände nach Abs. 3 Nr. 2 und 3

14 Eigenständige Tatbestände finden sich in Abs. 3 Nr. 2 und 3, durch die eine Erweiterung auf das Vortäuschen der Verwirklichung oder der Beteiligung an einer der in § 46b Abs. 1 S. 1 Nr. 2 StGB, in § 31 S. 1 Nr. 2 BtMG oder in § 4a S. 1 Nr. 2 AntiDopG genannten Katalogtaten.

WIEDERHOLUNGSFRAGEN

1. Wann erfüllt das Aufbauschen einer tatsächlich begangenen Tat den Tatbestand des § 145d Abs. 1 Nr. 1 oder Abs. 2 Nr. 1 StGB? (Rn. 6, 10)
2. Ist es nach § 145d Abs. 2 Nr. 1 StGB strafbar, einen Dritten zu bezichtigen, wenn dieser straflos wäre? (Rn. 8 f.)
3. Muss bei § 145d Abs. 2 Nr. 1 und Abs. 2 Nr. 2 die Straftat tatsächlich begangen sein oder bevorstehen? (Rn. 7, 11)

---

26 LK-*Münzner*, § 145d Rn. 14.
27 LK-*Münzner*, § 145d Rn. 14; vgl. auch MK-*Zopfs*, § 145d Rn. 29.
28 *Eisele*, BT I, Rn. 1496 – a.A. LK-*Münzner*, § 145d Rn. 22.
29 *Fischer*, § 145d Rn. 13.
30 *Kindhäuser/Schramm*, BT I, § 53 Rn. 29; LK-*Münzner*, § 145d Rn. 23.
31 LK-*Münzner*, § 145d Rn. 25.

TEIL 11: WIDERSTANDSDELIKTE

§ 50 Widerstand gegen Vollstreckungsbeamte, § 113 StGB

Literaturempfehlungen:
Bosch, Der Widerstand gegen Vollstreckungsbeamte (§ 113 StGB), JURA 2011, 268; *Zöller/Steffens*, Grundprobleme des Widerstandes gegen Vollstreckungsbeamte (§ 113 StGB), JA 2010, 161.

Übungsfälle:
Morgenstern, Immer auf die Kleinen – Das teure Benzin und die ungerechte Kampfhundeverordnung, JURA 2002, 568; *Timpe*, Die Rockband, JURA 2009, 465.

I. Grundlagen

Im 10. Teil des Lehrbuchs werden die Widerstandsdelikte behandelt, die als Straftaten gegen die Staatsgewalt im 6. Abschnitt des StGB zu finden sind. Dabei schützen sie jedoch unterschiedliche **Rechtsgüter**. § 113 StGB dient jedenfalls dem Schutz **staatlicher Vollstreckungshandlungen**.[1] Die h.M. sieht traditionell daneben auch den einzelnen Amtsträger als geschützt an.[2] Dafür sprach bis zur Reform des Jahres 2017 durch das 52. StÄG,[3] dass der Tatbestand auch den tätlichen Angriff auf den Vollstreckungsbeamten unter Strafe stellte. Dieser findet sich nun in § 114 StGB, sodass wohl mehr dafür spricht, in § 113 StGB nur (noch) den Schutz der Vollstreckungshandlung verwirklicht zu sehen, während die einzelnen Beamten nur mittelbar geschützt sind.[4] Konsequenterweise ist dieses Verhältnis der Schutzgüter bei § 114 StGB umgekehrt, sodass dieser primär dem Schutz der **Individualperson** dient.[5] Zwar privilegiert § 113 StGB die Nötigung gegenüber § 240 StGB nach Anhebung des Strafmaßes nur noch teilweise i.H.a die Irrtumsregelungen in den Abs. 3 und 4, jedoch soll weiterhin von Spezialität des § 113 StGB auszugehen sein, sodass § 240 StGB zurücktritt.[6]

1

II. Prüfungsschema

Für § 113 Abs. 1 StGB wird folgendes Prüfungsschema vorgeschlagen:

2

▶ I. Tatbestand
   1. Objektiver Tatbestand

---

1 Sch/Sch-*Eser*, § 113 Rn. 2; LK-*Rosenau*, § 113 Rn. 3.
2 Vor der Reform: RGSt 41, 82, 85; BGHSt 21, 334, 365; Sch/Sch-*Eser*, 29. Aufl. 2014, § 113 Rn. 2; auch jetzt noch: M/R-*Dietmeier*, § 113 Rn. 1; L/K/H-*Heger*, § 113 Rn. 1; A/W/H/H-*Hilgendorf*, § 45 Rn. 10; *Eisele/Heinrich*, BT, Rn. 860; *Kindhäuser/Schramm*, BT I, § 36 Rn. 1; *Rengier*, BT II, § 53 Rn. 2; *Wessels/Hettinger/Engländer*, BT 1, Rn. 593.
3 BGBl. I S. 1226.
4 Sch/Sch-*Eser*, § 113 Rn. 2; LK-*Rosenau*, § 113 Rn. 3 (Schutz des Beamten nur noch Reflex); für ausschließlichen Schutz des Vollstreckungsakts auch: *Bolender*, Das neue Widerstandsstrafrecht, 2021, S. 90 ff.; *Hilgendorf/Valerius*, § 9 Rn. 5; NK-*Paeffgen*, § 113 Rn. 5 ff.; kritisch SK-*Wolters*, § 113 Rn. 2 f.
5 MK-*Bosch*, § 114 Rn. 2; Sch/Sch-*Eser*, § 114 Rn. 1.
6 BGHSt 48, 233, 238 f.; *Eisele*, BT I, Rn. 1546b; *Eisele/Heinrich*, BT, Rn. 887; *Rengier*, BT II, § 53 Rn. 40 – a.A. *Bolender*, Das neue Widerstandsstrafrecht, 2021, S. 153 ff.: Tateinheit. Ein Sonderproblem liegt darin, ob § 113 StGB auch Nötigungen i.S.v. § 240 StGB unterhalb der Schwelle der Gewalt i.S.v. § 113 StGB sperrt; nach h.M. bleibt § 240 StGB dann anwendbar; vgl. *Eisele*, BT I, Rn. 1546b; *Eisele/Heinrich*, BT, Rn. 887; *Rengier*, BT II, § 53 Rn. 41 – a.A *Kindhäuser/Schramm*, BT I, § 36 Rn. 75: Sperrwirkung des § 113 StGB.

- a) Tatobjekt: Vollstreckungsbeamter (oder Soldat der Bundeswehr)
- b) Tatsituation: bei einer Vollstreckungshandlung
- c) Widerstand leisten mit Gewalt oder durch Drohung mit Gewalt
2. Subjektiver Tatbestand
3. Objektive Bedingung der Strafbarkeit (str.): Rechtmäßigkeit der Diensthandlung
Zu Irrtümern: besondere Regelungen in Abs. 3 S. 3 und Abs. 4
II. Rechtswidrigkeit
III. Schuld
IV. Besonders schwere Fälle, Abs. 2 ◄

III. Tatbestandsvoraussetzungen

1. Objektiver Tatbestand

▶ **Beispielsfall („Fackelzug"):**[7] A führt mit einigen Gesinnungsgenossen einen Fackelzug durch die Innenstadt durch. Aufgrund von „verkehrspolizeilichen Erwägungen" wird die Auflösung des Zuges angeordnet. A wehrt sich auch mit Gewalt gegen seine Festnahme, die nach polizeilichem Ermessen wegen vorangegangener wörtlicher und tätlicher Beleidigungen in einigen Fällen notwendig ist. ◄

a) Tatobjekt: Vollstreckungsbeamter

Tatopfer des § 113 StGB muss ein Amtsträger oder Soldat der Bundeswehr, der zur Vollstreckung von Gesetzen, Rechtsverordnungen, Urteilen, Gerichtsbeschlüssen oder Verfügungen berufen ist, sein. Hinsichtlich des **Amtsträgerbegriffs** gilt § 11 Abs. 1 Nr. 2 StGB, hinsichtlich des Soldatenbegriffs § 1 Abs. 1 S. 1 SoldG. Dabei muss es zu Aufgaben des Betreffenden gehören, dem Staatswillen im Einzelfall gegenüber Personen oder Sachen, notfalls durch Zwang, zur Durchsetzung zu verhelfen.[8] Zu den **Vollstreckungsbeamten** gehören insb. die Polizeibeamten oder Gerichtsvollzieher.[9]

b) Tatsituation: bei einer Vollstreckungshandlung

Von der Vorschrift ist aber nur die **konkrete Vollstreckungstätigkeit** der genannten Personen im Einzelfall erfasst.[10] Insofern muss der Beamte konkret zu diesem Zeitpunkt die Handlung vornehmen („bei"). Daher muss die Vollstreckungshandlung unmittelbar bevorstehen oder bereits begonnen haben und noch nicht beendet sein.[11] Es muss sich aber um eine Vollstreckungshandlung zur Regelung eines bestimmten Falls handeln, notfalls unter Einsatz von Zwangsmitteln.[12] Beispiele bilden klassische repressive Zwangsmaßnahme wie die zwangsweise Blutentnahme oder die Hausdurchsuchung,[13] **nicht** aber eine bloße Streifenfahrt oder präventiv-beobachtende Maßnahmen.[14]

---

[7] BGHSt 4, 161.
[8] LK-*Rosenau*, § 113 Rn. 15.
[9] Zu weiteren Beispielen BeckOK-*Dallmeyer*, § 113 Rn. 4; LK-*Rosenau*, § 113 Rn. 16.
[10] BeckOK-*Dallmeyer*, § 113 Rn. 5; LK-*Rosenau*, § 113 Rn. 18.
[11] MK-*Bosch*, § 113 Rn. 13; BeckOK-*Dallmeyer*, § 113 Rn. 6; L/K/H-*Heger*, § 113 Rn. 4; NK-*Paeffgen*, § 113 Rn. 18; *Rengier*, BT II, § 53 Rn. 10.
[12] Vgl. LK-*Rosenau*, § 113 Rn. 18.
[13] Vgl. zu weiteren Beispielen MK-*Bosch*, § 113 Rn. 12; LK-*Rosenau*, § 113 Rn. 19.
[14] MK-*Bosch*, § 113 Rn. 11; *Rengier*, BT II, § 53 Rn. 8; LK-*Rosenau*, § 113 Rn. 18.

III. Tatbestandsvoraussetzungen § 50

c) Tathandlungen

Die Tathandlung besteht im **Leisten von Widerstand**. Ein **Nötigungserfolg** ist nicht erforderlich, § 113 StGB ist als **unechtes Unternehmensdelikt** ausgestaltet, das insofern auch den Versuch erfasst.[15]

Definition: Widerstandleisten ist jede aktive Tätigkeit gegenüber Vollstreckungsbeamten zu verstehen, mit der die Vollstreckung verhindert oder erschwert werden soll.[16]

aa) durch Gewalt

Dies kann geschehen durch Gewalt oder durch Drohung mit Gewalt. Der Begriff der **Gewalt** wird nicht kongruent zu § 240 StGB (s.o. § 16 Rn. 9 ff.), sondern **enger** ausgelegt.[17]

Definition: Als Gewalt i.S.v. § 113 StGB ist eine durch tätiges Handeln gegen die Person des Vollstreckenden gerichtete Kraftäußerung anzusehen, die zu einer Verhinderung oder Erschwerung der Diensthandlung geeignet ist.[18]

Gewalt gegen Sachen ist nur erfasst, wenn sie sich auch mittelbar gegen Vollstreckungsbeamten richtet.[19] Entscheidend ist, dass der Amtsträger seine Amtshandlung nicht ausführen kann, ohne seinerseits eine nicht ganz unerhebliche Kraft aufwenden zu müssen.[20] Rein „**passiver Widerstand**" genügt nicht,[21] auch nicht das Hinsetzen bei einer Demo.[22] Beispiele bilden das Zufahren auf einen Beamten, der dadurch gezwungen wird, zur Seite zu springen,[23] oder das Hindern am Überholvorgang bei einer Verfolgungsfahrt[24] oder das aktive Sich-zur-Wehr-Setzen der Festzunehmenden durch heftiges Sträuben oder das Sich-Festhalten an Gegenständen.[25]

bb) durch Drohung: hier nur Drohung mit Gewalt

Daneben kann der Tatbestand auch durch **Drohung mit Gewalt** verwirklicht werden.

Definition: Drohung ist hier die ausdrückliche oder konkludente Ankündigung von Gewalt im definierten Sinne.[26]

---

15 MK-*Bosch*, § 113 Rn. 3, 16; M/R-*Dietmeier*, § 113 Rn. 2.
16 BGHSt 65, 36, 37; *Eisele/Heinrich*, BT, Rn. 867; *Klesczewski*, BT, § 20 Rn. 18; LK-*Rosenau*, § 113 Rn. 22; *Wessels/Hettinger/Engländer*, BT 1, Rn. 600; vgl. auch BGHSt 18, 133, 134 f.
17 *Eisele/Heinrich*, BT, Rn. 868; MK-*Bosch*, § 113 Rn. 18; *Rengier*, BT II, § 53 Rn. 12; LK-*Rosenau*, § 113 Rn. 23.
18 BGHSt 65, 36, 37; *Eisele/Heinrich*, BT, Rn. 868; MK-*Bosch*, § 113 Rn. 18; LK-*Rosenau*, § 113 Rn. 23; vgl. auch *Rengier*, BT II, § 53 Rn. 12.
19 BGHSt 18, 133, 134; MK-*Bosch*, § 113 Rn. 21.
20 BGHSt 18, 133, 135; *Rengier*, BT II, § 53 Rn. 12.
21 MK-*Bosch*, § 113 Rn. 17; LK-*Rosenau*, § 113 Rn. 23.
22 *Eisele/Heinrich*, BT, Rn. 866; MK-*Bosch*, § 113 Rn. 17; anders soll es beim Festkleben auf der Fahrbahn sein; vgl. KG NJW 2023, 2792, 2794; dabei kommt es aber auf das Überschreiten einer Erheblichkeitsschwelle an, also darauf, ob der Beamte selbst erhebliche Kraft aufwenden muss; vgl. zutreffend *Rengier*, BT II, § 53 Rn. 14.
23 BGHSt 25, 313, 314.
24 BGHSt 48, 233, 238.
25 LK-*Rosenau*, § 113 Rn. 24.
26 BGHSt 65, 36, 37; vgl. auch MK-*Bosch*, § 113 Rn. 23; LK-*Rosenau*, § 113 Rn. 25.

2. Subjektiver Tatbestand

13 § 113 StGB erfordert **Vorsatz**, § 15 StGB. Dolus eventualis ist ausreichend.[27] Irrtümer über die tatsächlichen Voraussetzungen des Tatbestands sind wie stets über § 16 StGB zu lösen. Der Vorsatz bezieht sich nach h.M. aber nicht auf die Rechtmäßigkeit der Diensthandlung (siehe sogleich Rn. 14 ff.). Dafür existieren **spezielle Irrtumsregelungen**.

3. Rechtswidrigkeit der Diensthandlung

14 Die **dogmatische Einordnung** der Rechtmäßigkeit der Diensthandlung ist umstritten. Teilweise wird darin ein objektives Tatbestandsmerkmal gesehen, da der Tatbestand das typische Unrecht beschreibe.[28] Insb. die Rechtsprechung interpretiert die Rechtmäßigkeit der Diensthandlung als **objektive Bedingung der Strafbarkeit**,[29] mit der Folge, dass sich der Vorsatz nicht darauf beziehen muss. Dafür spricht, dass nach Abs. 3 S. 2 die irrige Annahme der Rechtmäßigkeit, also der Irrtum über die Rechtswidrigkeit, gerade nicht zur Strafbarkeit führt. In der Literatur wird vielfach angenommen, dass es sich um einen speziellen Rechtfertigungsgrund handelt,[30] der aber i.H.a. Abs. 3 S. 2 ohne subjektives Rechtfertigungselement ausgestaltet ist. Ebendiese Regelung minimiert aber die Auswirkungen des Meinungsstreits.[31]

15 Besondere Probleme bereitet jedoch der **Maßstab** der Rechtmäßigkeit der Diensthandlung. Die h.M. beurteilt diese Frage nach einem **strafrechtlichen Rechtmäßigkeitsbegriff**.[32] Ein Beamter handelt hiernach rechtmäßig, wenn er sein Eingreifen nach pflichtgemäßer Prüfung der gesamten Umstände für sachlich gerechtfertigt halten durfte (**Irrtumsprivileg des Staates**). Hierfür wird angeführt, Vollstreckungsbeamte müssten bei Gefahr schnell entscheiden. Wäre bei Fehlern sofort Widerstand erlaubt, würden Beamte im Zweifel nicht eingreifen, was die staatliche Vollstreckungstätigkeit lähmen würde. Außerdem wird der Schutz des Vollstreckungsbeamten angeführt. Folgende **Voraussetzungen** müssen demnach erfüllt sein:

(1) Sachliche und örtliche Zuständigkeit des Beamten
(2) Wahrung der wesentlichen Förmlichkeiten
(3) Pflichtgemäße Ausübung des Ermessens.

16 Zutreffend ist mit dem **materiellen Rechtmäßigkeitsbegriff** hingegen eine tatsächliche Rechtmäßigkeit nach der jeweiligen Ermächtigungsgrundlage zu fordern.[33] Dafür spricht, dass Bürger sich gegen unrechtmäßige Eingriffe des Staates wehren dürfen sollten. Ein Irrtumsprivileg des Staates zulasten der Bürger würde letztlich Eingriffsrechte außerhalb des Gesetzes statuieren. Ist der staatliche Hoheitsakt vollstreckbar, so

---

27 *Eisele/Heinrich*, BT, Rn. 871; LK-*Rosenau*, § 113 Rn. 64.
28 Sch/Sch-*Eser*, § 113 Rn. 20; *Kindhäuser/Schramm*, BT I, § 36 Rn. 44.
29 BGHSt 4, 161, 163; 21, 334, 365; *Hilgendorf/Valerius*, BT I, § 9 Rn. 4, 16; *Wessels/Hettinger/Engländer*, BT 1, Rn. 604.
30 MK-*Bosch*, § 113 Rn. 30; M/R-*Dietmeier*, § 113 Rn. 9; *Fischer*, § 113 Rn. 10; *Klesczewski*, BT, § 20 Rn. 34; LK-*Rosenau*, § 113 Rn. 31.
31 Vgl. *Eisele*, BT I, Rn. 1529; *Eisele/Heinrich*, BT, Rn. 872; A/W/H/H-*Hilgendorf*, § 45 Rn. 31; *Wessels/Hettinger/Engländer*, BT 1, Rn. 605.
32 BGHSt 4, 161, 164; 21, 334, 363; 60, 253, 257 ff. (zu § 32 StGB); M/R-*Dietmeier*, § 113 Rn. 10; L/K/H-*Heger*, § 113 Rn. 7; *Klesczewski*, BT, § 20 Rn. 28 ff.
33 *Eisele*, BT I, Rn. 1536; *Eisele/Heinrich*, BT, Rn. 879.

ist jedoch für die Rechtmäßigkeit diese **Vollstreckbarkeit** entscheidend (**vollstreckungsrechtlicher Rechtmäßigkeitsbegriff**).[34]

▶ **Lösung des Beispielsfalls:**[35] In dieser Entscheidung stellte der BGH auf den strafrechtlichen Rechtmäßigkeitsbegriff ab und verurteilte A gem. § 113 Abs. 1 StGB. Lagen die genannten Voraussetzungen, insb. eine pflichtgemäße Ermessensausübung vor, komme es auf die sachliche Rechtmäßigkeit der Vollziehungshandlung und auf einen Irrtum des Widerstand Leistenden darüber nicht mehr an. ◀

Anmerkung: Der Streit verläuft parallel zu § 32 StGB, bei dem ebenfalls umstritten ist, wann ein rechtswidriger Angriff seitens eines Staatsträgers vorliegt, gegen den dann ein Notwehrrecht besteht.[36]

Das Gesetzt sieht **spezielle Irrtumsregelungen** bzgl. der Rechtmäßigkeit der Vollstreckungshandlung vor. Nach Abs. 3 S. 2 ist der Täter auch bei **irriger Annahme der Rechtmäßigkeit** nicht strafbar. Dies ist nur konsequent, weil der Versuch nicht strafbar ist und bei einer Rechtswidrigkeit der Dienstandlung Straflosigkeit vorliegt, der Täter die Tat hier also nur versuchen würde.[37] Im umgekehrten Fall der **irrigen Annahme der Rechtswidrigkeit** enthält Abs. 4 S. 1 im Falle der Vermeidbarkeit des Irrtums die Möglichkeit einer Strafmilderung oder des Absehens von Strafe. Bei Unvermeidbarkeit des Irrtums und Unzumutbarkeit, sich mit Rechtsbehelfen gegen die vermeintlich rechtswidrige Diensthandlung zu wehren, ordnet Abs. 4 S. 2 Alt. 1 Straflosigkeit an; bei Zumutbarkeit besteht nach Abs. 4 S. 2 Alt. 2 wiederum die Möglichkeit einer Strafmilderung oder des Absehens von Strafe.

IV. Besonders schwere Fälle, Abs. 2

In Abs. 2 sind **besonders schwere Fälle** als **Strafzumessungsregel** vorgesehen, wenn der Täter oder anderer Beteiligter eine Waffe oder ein anderes gefährliches Werkzeug bei sich führt, Nr. 1; wenn der Täter den Angegriffenen durch eine Gewalttätigkeit in die Gefahr des Todes oder einer schweren Gesundheitsschädigung bringt sowie bei einer gemeinschaftlichen Begehung mit einem anderen Beteiligten.

WIEDERHOLUNGSFRAGEN

1. Wie ist der Gewaltbegriff in § 113 StGB auszulegen? (Rn. 8 ff.)
2. Wie ist die Rechtmäßigkeit der Diensthandlung dogmatisch einzuordnen? (Rn. 14)
3. Nach welchem Maßstab bestimmt sich die Rechtmäßigkeit der Diensthandlung? (Rn. 15 ff.)

---

34 *Eisele*, BT I, Rn. 1537; *Eisele/Heinrich*, BT, Rn. 881; *Kindhäuser/Schramm*, BT I, § 36 Rn. 39.
35 BGHSt 4, 161.
36 Vgl. dazu etwa LK-*Rönnau/Hohn*, § 32 Rn. 117; vgl. auch BGHSt 60, 253; dazu *Cremer/Humbert*, famos 11/2015.
37 *Kindhäuser/Schramm*, BT I, § 36 Rn. 28: nur klarstellende Bedeutung.

§ 51 Tätlicher Angriff auf Vollstreckungsbeamte, § 114 StGB

Literaturempfehlung:
Schermaul, Der „tätliche Angriff" im Rahmen des § 114 StGB, JuS 2019, 663.

I. Grundlagen

1 § 114 StGB schützt primär die **Individualperson** des Amtsträgers.[1] Auch § 114 StGB ist ein **unechtes Unternehmensdelikt**.[2] Der Täter muss das Opfer nur „tätlich angreifen", nicht aber verletzen.

II. Prüfungsschema

2 Folgendes Prüfungsschema kann zugrunde gelegt werden:
▶ I. Tatbestand
    1. Objektiver Tatbestand
        a) Tatobjekt: Vollstreckungsbeamter (oder Soldat der Bundeswehr)
        b) Tatsituation: bei einer Vollstreckungshandlung oder sonstigen Diensthandlung
        c) Tätlich angreifen
    2. Subjektiver Tatbestand
    3. Bei Vollstreckungshandlung: objektive Bedingung der Strafbarkeit (str.): Rechtmäßigkeit der Vollstreckungshandlung, § 114 Abs. 3 i.V.m. § 113 Abs. 3 StGB
    Zu Irrtümern: besondere Regelungen gem. § 114 Abs. 3 i.V.m. § 113 Abs. 3 S. 3, Abs. 4
II. Rechtswidrigkeit
III. Schuld
IV. Besonders schwere Fälle, § 114 Abs. 2 i.V.m. § 113 Abs. 2 ◀

III. Tatbestandsvoraussetzungen

1. Objektiver Tatbestand

a) Vollstreckungsbeamter

3 Zum Begriff des Vollstreckungsbeamten gilt das zu § 113 StGB Gesagte (s.o. § 51 Rn. 4). Auch hier erfolgt eine Erweiterung der geschützten Personen durch § 115 StGB.

b) Tatsituation: Bei einer Vollstreckungshandlung oder sonstigen Diensthandlung

4 Da § 114 StGB auf Diensthandlungen abstellt, ist nicht nur die konkrete Vollstreckungstätigkeit der genannten Personen erfasst, sondern als Diensthandlungen auch Handlungen, die eine schlichte Ausübung des Dienstes darstellen und bei denen staatlicher Willen nicht mit Mitteln des hoheitlichen Zwangs durchgesetzt wird.[3] Als Bei-

---

[1] MK-*Bosch*, § 114 Rn. 2; Sch/Sch-*Eser*, § 114 Rn. 1; vgl. auch *Bolender*, Das neue Widerstandsstrafrecht, 2021, S. 170 ff.; *Kindhäuser/Schramm*, BT I, § 36 Rn. 59: alleiniger Schutz der körperlichen Unversehrtheit des Vollstreckungsbeamten – a.A. L/K/H-*Heger*, § 114 Rn. 1; LK-*Rosenau*, § 114 Rn. 1; SK-*Wolters*, § 114 Rn. 2: doppelter Schutzzweck.
[2] NK-*Paeffgen*, § 114 Rn. 9a; LK-*Rosenau*, § 114 Rn. 8.
[3] Vgl. dazu LK-*Rosenau*, § 114 Rn. 11.

III. Tatbestandsvoraussetzungen § 51

spiele nannte der Gesetzgeber Streifenfahrten oder -gänge, Befragungen von Straßenpassanten, Radarüberwachungen, Reifenkontrollen, Unfallaufnahmen, Beschuldigtenvernehmungen und andere bloße Ermittlungstätigkeiten.[4]

c) Tathandlung: tätlich angreifen

Tathandlung des § 114 StGB ist das tätliche Angreifen. 5

Definition: Ein tätliches Angreifen besteht in einer in feindseliger Absicht unmittelbar auf den Körper des Vollstreckungsbeamten abzielenden Einwirkung.[5] 6

Ein Körperverletzungserfolg ist **nicht** erforderlich (s.o. Rn. 1).[6] Beispiele bilden das Treten und Schlagen oder das Zufahren auf einen Polizeibeamten, damit er zur Seite springt und den Weg freigibt.[7] Wegen der Erhöhung des Strafmaßes wird i.H.a. eine verhältnismäßige und schuldangemessene Bestrafung zu Recht eine **restriktive Auslegung** des tätlichen Angriffs befürwortet.[8] Daher muss es sich um Handlungen **von einigem Gewicht** handeln, also eine gewisse Erheblichkeitsschwelle überschritten werden.[9] Insofern kommt es etwa beim Anhusten oder Anspucken auf den Einzelfall an, etwa welcher Teil des Körpers getroffen wird.[10] 7

2. Subjektiver Tatbestand

Der Tatbestand erfordert **Vorsatz**, § 15 StGB. Es genügt dolus eventualis.[11] Der Vorsatz muss dabei auf das tätliche Angreifen des Beamten, nicht aber auf das Verletzen des Opfers gerichtet sein.[12] 8

3. Rechtswidrigkeit der Vollstreckungshandlung

Geht es um eine **Vollstreckungshandlung**, die vom Begriff der Diensthandlung umfasst ist, so muss diese für eine Strafbarkeit wiederum rechtswidrig sein, da § 114 Abs. 3 insofern auf § 113 Abs. 3 StGB verweist.[13] Hier gelten die diesbezüglichen Erwägungen entsprechend (s.o. § 51 Rn. 14 ff.). Auch auf die Irrtumsregelungen in § 113 Abs. 3 S. 2 und Abs. 4 StGB wird verwiesen. 9

---

4 BT-Drs. 18/11161, 9.
5 BGHSt 65, 36, 37 f.; BeckOK-*Dallmeyer*, § 114 Rn. 5; *Eisele*, BT I, Rn. 1547d; *Eisele/Heinrich*, BT, Rn. 892; L/K/H-*Heger*, § 114 Rn. 2; *Hilgendorf/Valerius*, § 9 Rn. 26; LK-*Rosenau*, § 114 Rn. 14; *Wessels/Hettinger/Engländer*, BT 1, Rn. 622.
6 *Wessels/Hettinger/Engländer*, BT 1, Rn. 622.
7 Zu diesen und weiteren Beispielen LK-*Rosenau*, § 114 Rn. 14.
8 *Busch/Singelnstein*, NStZ 2018, 510, 512 f.; BeckOK-*Dallmeyer*, § 114 Rn. 5; NK-*Paeffgen*, § 114 Rn. 8 – a.A. BGHSt 65, 36, 38 ff.; L/K/H-*Heger*, § 114 Rn. 2.
9 BeckOK-*Dallmeyer*, § 114 Rn. 5; NK-*Paeffgen*, § 114 Rn. 8; vgl. auch M/R-*Dietmeier*, § 114 Rn. 3: nicht völlig unerheblich; *Schermaul*, JuS 2019, 663, 665: gewisse Intensität; enger *Busch/Singelnstein*, NStZ 2018, 510, 513: Handlung muss auch konkret geeignet sein, das geschützte Rechtsgut der körperlichen Unversehrtheit tatsächlich zu beeinträchtigen.
10 BeckOK-*Dallmeyer*, § 114 Rn. 7.
11 MK-*Bosch*, § 114 Rn. 9; BeckOK-*Dallmeyer*, § 114 Rn. 8; *Eisele/Heinrich*, BT, Rn. 893; LK-*Rosenau*, § 114 Rn. 17.
12 BGHSt 65, 36, 38; *Wessels/Hettinger/Engländer*, BT 1, Rn. 622; vgl. aber auch MK-*Bosch*, § 114 Rn. 9: Auch die Eignung, erhebliche Verletzungen zu verursachen, muss vom Vorsatz umfasst sein.
13 LK-*Rosenau*, § 114 Rn. 16.

§ 51 § 51 Tätlicher Angriff auf Vollstreckungsbeamte, § 114 StGB

WIEDERHOLUNGSFRAGEN

1. Was versteht man unter einem tätlichen Angriff i.S.v. § 114 StGB? (Rn. 6)
2. Ist § 114 StGB restriktiv auszulegen? (Rn. 7)
3. Sind auch Vollstreckungshandlungen von § 114 StGB erfasst? (Rn. 4)

§ 52 Widerstand gegen oder tätlicher Angriff auf Personen, die Vollstreckungsbeamten gleichstehen, § 115 StGB

§ 115 Abs. 1 und 2 StGB sind **keine eigenständigen Tatbestände**, sondern Erweiterungen der §§ 113, 114 StGB auf sonstige Personen.[1] Anders ist dies bei § 115 Abs. 3 StGB, der einen selbstständigen Tatbestand bildet[2] und als lex specialis § 323c Abs. 2 StGB vorgeht.[3]

Abs. 1 **erweitert** die §§ 113, 114 StGB auf Personen, die die Rechte und Pflichten eines Polizeibeamten haben sowie auf Ermittlungsbeamte der Staatsanwaltschaft, vgl. § 152 GVG. Diese sind i.d.R. aber ohnehin Amtsträger.[4] Durch die Erweiterung sind aber etwa Jagd- und Fischereiaufseher einbezogen.[5] Abs. 2 bezieht ferner die zur Unterstützung bei der Diensthandlung hinzugezogenen Personen mit ein, die keine Amtsträger sind. Hier ist z.B. an Zeugen bei einer Wohnungsdurchsuchung oder das medizinische Personal bei der Blutabnahme zu denken oder ein privater Abschleppunternehmer.[6]

---

1 MK-*Bosch*, § 115 Rn. 1; LK-*Rosenau*, § 115 Rn. 1.
2 MK-*Bosch*, § 115 Rn. 2; LK-*Rosenau*, § 115 Rn. 2.
3 *Rengier*, BT II, § 53 Rn. 52 – a.A. MK-*Bosch*, § 115 Rn. 16; L/K/H-*Heger*, § 114 Rn. 4: Idealkonkurrenz.
4 Vgl. MK-*Bosch*, § 115 Rn. 4.
5 MK-*Bosch*, § 115 Rn. 4.
6 Zu diesen und weiteren Beispielen MK-*Bosch*, § 115 Rn. 8.

Stichwortverzeichnis

Die Angaben verweisen auf die Paragrafen des Buches (**fette Zahlen**) sowie die Randnummern innerhalb der einzelnen Paragrafen (magere Zahlen).
Beispiel: § 9 Rn. 10 = **9** 10

Aussagedelikte **44**, 1 ff., 14 ff., **45**, 1 ff., 13, **46**, 1 ff., **47**, 1 ff.
– Aussagenotstand **44**, 18 ff.
Aussagenotstand **44**, 18 ff.
Aussetzung
– Abgrenzung der Alternativen **6**, 18
– Begehungsdelikt **6**, 10
– Deliktscharakter **6**, 2
– Erfolgsqualifikation **6**, 28
– Erfolgsqualifizierter Versuch **6**, 30
– Freiverantwortliche Selbstgefährdung **6**, 13
– Hilflose Lage **6**, 7 f.
– Im-Stich-Lassen **6**, 14 ff.
– Obhuts- und Beistandspflicht **6**, 16
– Objektiver Tatbestand **6**, 5 ff.
– Qualifikation **6**, 27
– Rechtsgut **6**, 1 ff.
– Spezifischer Gefahrenzusammenhang **6**, 22 ff.
– Subjektiver Tatbestand **6**, 26
– Taterfolg **6**, 20 f.
– Unterlassungsdelikt **6**, 15
– Versetzen **6**, 9 ff.
– Zweistufiges Delikt **6**, 24 f.

Bedrohung **18**, 1 ff.
– Bedrohen **18**, 6 ff.
– Bedrohungstatbestand **18**, 4 ff.
– Deliktscharakter **18**, 2
– Objektive Eignung **18**, 7
– Qualifikation **18**, 12
– Rechtsgut **18**, 1
– Sache von bedeutendem Wert **18**, 9
– Subjektiver Tatbestand **18**, 11
– Tathandlung **18**, 5
– Tatobjekt **18**, 4
– Tatopfer **18**, 8
– Vortäuschungstatbestand **18**, 10
Behinderung hilfeleistender Personen **42**, 1 ff., 24 ff.
– Behindern **42**, 27 f.
– Objektiver Tatbestand **42**, 24 ff.

– Rechtsgut **42**, 1
– Subjektiver Tatbestand **42**, 29
– Tathandlung **42**, 25
– Tatsituation **42**, 24
Beleidigung **20**, 1 ff.
– Abgrenzung Tatsachenbehauptungen und Meinungsäußerungen **20**, 10
– Abwägung von Grundrechten **20**, 27 f.
– Auslegung der Äußerung **20**, 12
– Äußerungen in sozialen Medien **20**, 15, **20**, 28 f., 32
– Beleidigung gegen eine im politischen Leben des Volkes stehende Person **20**, 33
– Formalbeleidigung im verfassungsrechtlichen Sinn **20**, 27
– Interessenabwägung **20**, 26 f.
– Kundgabe-Erfolg **20**, 20
– Kundgabe-Handlung **20**, 8
– Meinungsäußerungsfreiheit **20**, 12
– Miss- oder Nichtachtung **20**, 11
– Objektiver Tatbestand **20**, 5 ff.
– Öffentliche Beleidigung **20**, 32
– Passive Beleidigungsfähigkeit **20**, 5
– Qualifikationen **20**, 31 ff.
– Rechtswidrigkeit **20**, 22 ff.
– Schmähkritik **20**, 27
– Sexualbeleidigung **20**, 13
– Subjektiver Tatbestand **20**, 21
– Systematik **20**, 1 f.
– Täterschaft und Teilnahme **20**, 14 f.
– Tathandlung **20**, 6 ff.
– Tätliche Beleidigung **20**, 31
– Tatobjekt **20**, 5
– Tatsache **20**, 16 f.
– Tatsachenbehauptung **20**, 9
– Unterlassen **20**, 8
– Verbreiten eines Inhalts **20**, 32
– Versammlung **20**, 32
– Wahrnehmung berechtigter Interessen **20**, 22 ff.

371

- Werturteil 20, 9
Berichtigung einer falschen Angabe 44, 14
- Berichtigen 44, 15 f.
- Rechtzeitig 44, 17
Besondere persönliche Merkmale 3, 119 ff.
Besonders schwere Brandstiftung 33, 1 ff.
- Andere Straftat 33, 12 ff.
- Erfolgsqualifikation 33, 4
- Ermöglichungsabsicht 33, 10 f.
- Erschweren der Löschung 33, 17
- Qualifikation 33, 16 ff.
- Tätige Reue 33, 19
- Verdeckungsabsicht 33, 10 f.
- Verhindern der Löschung 33, 17
- Versuch 33, 6
Beteiligung an einer Schlägerei 13, 1 ff.
- Angriff mehrerer 13, 10 f.
- Beteiligung 13, 12 f.
- Objektive Bedingung der Strafbarkeit 13, 2, 15 ff.
- Objektiver Tatbestand 13, 5
- Objektive Zurechnung 13, 20
- Schlägerei 13, 6
- Schwere Folge 13, 2
- Subjektiver Tatbestand 13, 14
- Vorwerfbarkeit 13, 22
- Zeitpunkt der Beteiligung 13, 21
Brandstiftung
- Einwilligung 31, 1, 19
- Gebäude 31, 5
- Hütte 31, 6
- Inbrandsetzen 31, 9 ff.
- Objektiver Tatbestand 31, 4 ff.
- Rechtsgut 31, 1
- Rücktritt 31, 20
- Subjektiver Tatbestand 31, 18
- Tathandlungen 31, 8 ff.
- Tätige Reue 31, 20
- Tatobjekte 31, 4 ff.
- Teleologische Reduktion 31, 7
- Zerstören durch Brandlegung 31, 12 ff.
- Zurechnungszusammenhang 31, 15

Brandstiftung mit Todesfolge 34, 1 ff.
- Eigenverantwortliche Selbstgefährdung 34, 4
- Erfolgsqualifikation 34, 1
- Leichtfertigkeit 34, 6
- Objektive Zurechnung 34, 3 ff.
- Retterschäden 34, 4
- Spezifischer Gefahrzusammenhang 34, 3
Brandstiftungsdelikte 30, 1 ff.
- Rechtsgüter 30, 2
- Systematik 30, 3
Dauerdelikt 15, 20, 24, 18, 25
Ehrdelikte 19, 1 ff.
- Beleidigung durch eine Kollektivbezeichnung 19, 16 ff.
- Beleidigungsfreie Sphäre 19, 27 f.
- Ehrbegriff 19, 2 ff.
- Grunddelikt 19, 6
- Kundgabe 19, 25 ff.
- Passive Beleidigungsfähigkeit 19, 11 ff.
- Pauschalbeschimpfung 19, 21
- Personengemeinschaften 19, 12 ff.
- Qualifikationen 19, 7
- Rechtsgut 19, 1 ff.
- Rechtsgutträger 19, 10
- Systematik 19, 6 ff.
- Tatobjekt 19, 9 ff.
- Übersicht 19, 8 f.
Eidesgleiche Bekräftigung 45, 13
Eigenhändiges Delikt 36, 3, 37, 1, 6, 39, 12, 13, 41, 10, 44, 1, 45, 1, 46, 1, 47, 1
Erfolgsqualifiziertes Delikt 6, 4, 28 f., 10, 1 ff., 11, 1 ff., 15, 4 f., 25, 17, 28 f., 33, 1 ff., 34, 1 ff., 39, 19
- Erfolgsqualifizierter Versuch 6, 30
- Versuch der Erfolgsqualifikation 11, 12 ff.
Ermöglichungsabsicht 3, 102 ff.
- Andere Tat 3, 104
- Definiton 3, 102
- Zusammentreffen mit Eventualvorsatz 3, 105

Stichwortverzeichnis

Erpresserischer Menschenraub 17, 1 ff.
- Ausnutzungstatbestand 17, 26 f.
- Bemächtigungstatbestand 17, 8
- Einverständnis 17, 16
- Entführen 17, 11 f.
- Entführungstatbestand 17, 8
- Erfolgsqualifikation 17, 28
- List 17, 13
- Rechtsgut 17, 1
- Scheinwaffe 17, 15 f.
- Sich-Bemächtigen 17, 14 f.
- Stabilisierte Zwangslage 17, 22
- Subjektiver Tatbestand 17, 18 ff., 27
- Systematik 17, 2 f.
- Tathandlungen 17, 10 ff.
- Tatobjekt 17, 9
- Teleologische Reduktion 17, 22
- Überschießende Innentendenz 17, 19 f.
- Zwei-Personen-Verhältnisse 17, 17, 22

Fahrlässige Körperverletzung 12, 1 f.
Fahrlässige Tötung 5, 1 ff.
Fahruntüchtigkeit
- Absolute 36, 15
- Relative 36, 15
Fahrzeug
- Führen 36, 10 ff., 37, 6
Fake News 22, 2
Falsche uneidliche Aussage 44, 1 ff.
- Adressatenkreis 44, 6
- Falsche Aussage 44, 7 ff.
- Gericht 44, 6
- Objektiver Tatbestand 44, 5 ff.
- Sachverständige 44, 5
- Sonstige zur Abnahme von Eiden zuständige Stelle 44, 6
- Strafaufhebungsgründe 44, 14 ff.
- Strafmilderungsgründe 44, 14 ff.
- Subjektiver Tatbestand 44, 13
- Täterkreis 44, 5
- Tathandlung 44, 7 ff.
- Tatvollendung 44, 12
- Zeuge 44, 5
Falsche Verdächtigung 48, 1 ff.
- Adressatenkreis 48, 4 f.
- Nemo-tenetur-Grundsatz 48, 10

- Objektiver Tatbestand 48, 3 ff.
- Öffentliche Begehungsweise 48, 6
- Qualifikation 48, 18
- Rechtsgut 48, 1
- Rechtswidrige Tat 48, 13
- Sonstige tatsächliche Behauptungen 48, 16
- Strafaufhebungsgrund 48, 17
- Strafmilderungsgrund 48, 17
- Subjektiver Tatbestand 48, 15
- Tathandlung 48, 7 ff.
- Unterlassen 48, 9
- Unwahrheit der Verdächtigung 48, 14
- Verdächtigen 48, 7 ff.
Falsche Versicherung an Eides statt 46, 1 ff.
- Adressatenkreis 46, 4
- Deliktscharakter 46, 1
- Falsche Abgabe 46, 6 f.
- Falsche Aussage unter Berufung auf eidesstattliche Erklärung 46, 8
- Objektiver Tatbestand 46, 3
- Strafaufhebungsgrund 46, 10
- Strafmilderungsgrund 46, 10
- Subjektiver Tatbestand 46, 9
- Täterkreis 46, 3
- Tathandlung 46, 5 ff.
Fälschliche Beeinflussung einer Datenverarbeitung 26, 49
Fälschung beweiserheblicher Daten
- Daten 27, 16 ff.
- Datenurkunde 27, 18
- Objektiver Tatbestand 27, 16 ff.
- Qualifikation 27, 22
- Strafzumessungsregel 27, 22
- Subjektiver Tatbestand 27, 21
- Tathandlungen 27, 20
- Tatobjekt 27, 16 ff.
Fälschung technischer Aufzeichnungen 27, 2 ff.
- Imitation 27, 11
- Input-Manipulation 27, 11
- Objektiver Tatbestand 27, 4 ff.
- Subjektiver Tatbestand 27, 15
- Tathandlungen 27, 9 ff.
- Tatobjekt 27, 4 ff.
- Technische Aufzeichnung 27, 3 ff.

Stichwortverzeichnis

Feststellungsduldungspflicht 40, 21
Freiheitsberaubung 15, 1 ff.
- Aktuelle Fortbewegungsfreiheit 15, 2
- Auf andere Weise 15, 11 ff.
- Deliktscharakter 15, 20
- Einsperren 15, 8 ff.
- Einverständnis 15, 21
- Erfolgsqualifikationen 15, 25
- List 15, 14
- Objektiver Tatbestand 15, 6 ff.
- Potenzielle Fortbewegungsfreiheit 15, 2
- Psychische Barriere 15, 13
- Qualifikation 15, 25
- Rechtsgut 15, 1
- Subjektiver Tatbestand 15, 24
- Taterfolg 15, 16 ff.
- Tathandlungen 15, 7 ff.
- Tatobjekt 15, 6
- Unterlassen 15, 15

Freiheitsdelikte 14, 1 ff.
- Rechtsgut 14, 1

Gefährdung des Straßenverkehrs 37, 1 ff.
- Beinahe-Unfall 37, 7
- Deliktscharakter 37, 1
- Eigenhändiges Delikt 37, 6
- Einwilligung 37, 16
- Fremde Sache von bedeutendem Wert 37, 9
- Führen eines Fahrzeuges 37, 6
- Grobe Verkehrswidrigkeit 37, 14
- Konkrete Gefahr 37, 7
- Objektiver Tatbestand 37, 6 ff.
- Objektive Zurechnung 37, 8
- Rücksichtslosigkeit 37, 14
- Sieben Todsünden 37, 14
- Spezifischer Gefahrzusammenhang 37, 10
- Subjektiver Tatbestand 37, 13
- Tatopfer 37, 8
- Vorsatz-Fahrlässigkeits-Kombination 37, 13

Gefährdungsdelikt
- Abstraktes 13, 1, 17, 18, 2, 5, 32, 1, 17, 33, 36, 1, 39, 2, 40, 1, 41, 4, 42, 25, 44, 1, 45, 1, 46, 1, 49, 1
- Konkretes 6, 2, 20, 32, 1, 25, 33, 33, 8, 37, 2, 38, 1, 39, 2, 18, 41, 5
- Potenzielles 48, 1, 49, 1

Gefährliche Eingriffe in den Straßenverkehr 38, 1
- Ähnlicher Eingriff 38, 15 ff.
- Anlagen 38, 5 ff.
- Beeinträchtigung der Sicherheit des Straßenverkehrs 38, 19
- Beschädigen 38, 10
- Fahrzeuge 38, 5 ff.
- Hindernis bereiten 38, 13 f.
- Konkrete Gefahr 38, 20
- Objektiver Tatbestand 38, 5 ff.
- Pervertierungsabsicht 38, 16
- Spezifischer Gefahrzusammenhang 38, 20
- Subjektiver Tatbestand 38, 21
- Tathandlungen 38, 5
- Tätige Reue 38, 22
- Tatobjekte 38, 5 ff.
- Verkehrsfremder Inneneingriff 38, 16 f.
- Zerstören 38, 10

Gefährliche Körperverletzung 9, 1 ff.
- Beibringen 9, 12 ff.
- Das Leben gefährdende Behandlung 9, 46 ff.
- Erheblichkeit 9, 10
- Flüssigkeiten 9, 23
- Gefährliches Werkzeug 9, 20 ff.
- gemeinschaftliche Begehung 9, 39 ff.
- Gesundheitsschädlicher Stoff 9, 8 ff.
- Gift 9, 6 f.
- Hinterlist 9, 34 ff.
- Hinterlistiger Überfall 9, 30 ff.
- Körperteile 9, 22
- Medizinische Instrumente 9, 26
- Mittels 9, 27, 50
- Objektiver Tatbestand 9, 4 ff.
- Subjektiver Tatbestand 9, 53
- Überfall 9, 32 f.
- Unbewegliche Gegenstände 9, 24
- Waffe 9, 18 f.

Geiselnahme 17, 1 ff.
- Ausnutzungstatbestand 17, 26 f.
- Bemächtigungstatbestand 17, 8
- Einverständnis 17, 16

Stichwortverzeichnis

- Entführen **17**, 11 f.
- Entführungstatbestand **17**, 8
- Erfolgsqualifikation **17**, 28
- List **17**, 13
- Rechtsgut **17**, 1
- Scheinwaffe **17**, 15 f.
- Sich-Bemächtigen **17**, 14 f.
- Stabilisierte Zwangslage **17**, 22
- Subjektiver Tatbestand **17**, 18 ff., 27
- Systematik **17**, 2 f.
- Tathandlungen **17**, 10 ff.
- Tatobjekt **17**, 9
- Teleologische Reduktion **17**, 22
- Überschießende Innentendenz **17**, 19 f.
- Zwei-Personen-Verhältnisse **17**, 17, 22

Gekreuzte Mordmerkmale **3**, 120 ff., 127

Gemeingefährliche Mittel **3**, 52 ff.
- Mehrfachtötung **3**, 57
- Objektive Komponenten **3**, 55 ff.
- Subjektive Komponenten **3**, 63
- Unterlassen **3**, 59

Gemeingefährliche Straftaten **30**, 1, **35**, 1

Grausam **3**, 42 ff.
- Objektive Komponenten **3**, 45
- Subjektive Komponenten **3**, 50 ff.

Habgier **3**, 79 ff.
- Beispiele **3**, 83
- Motivbündel **3**, 87
- Rechtmäßiger Vermögensvorteil **3**, 84

Hausfriedensbruch **23**, 1 ff., **24**, 1 ff.
- Abgeschlossene, zum öffentlichen Dienst oder zum öffentlichen Verkehr bestimmte Räume **24**, 10 ff.
- Aufforderung zum Entfernen **24**, 28
- Befriedetes Besitztum **24**, 7 ff.
- Deliktscharakter **24**, 18, 25 f.
- Eindringen **24**, 17 ff.
- Einverständnis **24**, 19 ff.
- Geschäftsräume **24**, 5 f.
- Hausrecht mehrerer Personen **24**, 20
- Mutmaßliche Einwilligung **24**, 32
- Objektiver Tatbestand **24**, 2 ff.
- Offene Zubehörflächen **24**, 9
- Qualifikation **24**, 33
- Rechtsgut **23**, 1
- Rechtswidrigkeit **24**, 32
- Schwerer Hausfriedensbruch **24**, 33
- Subjektiver Tatbestand **24**, 31
- Systematik **23**, 2
- Taterfolg **24**, 16 ff.
- Tathandlungen **24**, 16 ff.
- Unterlassen **24**, 23 ff.
- Verweilen trotz Aufforderung **24**, 26 ff.
- Widerrechtlichkeit **24**, 32
- Wohnung **24**, 3 f.

Heimtücke **3**, 11 ff.
- Arglosigkeit **3**, 14 ff.
- Ausnutzungsbewusstsein **3**, 32 ff.
- Bewusstlose **3**, 19
- Feindliche Willensrichtung **3**, 36 f.
- Hinterhalt **3**, 24
- Kleinkinder **3**, 17 ff.
- Normative Beurteilung **3**, 26 ff.
- Rechtsfolgenlösung **3**, 39 ff.
- Restriktive Auslegung **3**, 35
- Schlafende **3**, 20
- Schutzbereite Dritte **3**, 21
- Wehrlosigkeit **3**, 29

Hemmschwellentheorie **2**, 7 ff.

Körperverletzung
- Ärztlicher Heileingriff **8**, 20 ff.
- Einfache **8**, 1 ff.
- Einwilligung **8**, 25 ff.
- Erheblichkeitsschwelle **8**, 10
- Fahrlässige **12**, 1 f.
- Gefährliche **9**, 1 ff.
- Gesundheitsschädigung **8**, 14 ff.
- Hypothetische Einwilligung **8**, 33
- Körperliche Misshandlung **8**, 9 ff.
- Mit Todesfolge **11**, 1 ff.
- Mutmaßliche Einwilligung **8**, 33
- Objektiver Tatbestand **8**, 3 ff.
- Psyche **7**, 1 f., **8**, 10, 16
- Schwere **10**, 1 ff.
- Selbstschädigung **8**, 5
- Strafantrag **8**, 34 f.
- Subjektiver Tatbestand **8**, 18
- Taterfolg **8**, 7 ff.

Stichwortverzeichnis

- Tathandlung 8, 7 ff.
- Tatobjekt 8, 4

Körperverletzung mit Todesfolge 11, 1 ff.
- Erfolgsqualifizierter Versuch 11, 12 ff.
- Fahrlässigkeit 11, 4
- Letalitätstheorie 11, 7
- Spezifischer Gefahrzusammenhang 11, 5 ff.
- Versuch 11, 12 ff.

Körperverletzungsdelikte
- Rechtsgut 7, 1 ff.

Meineid 45, 1 ff.
- Adressatenkreis 45, 6
- Bekräftigung 45, 2
- Berufung auf früheren Eid 45, 2
- Deliktscharakter 45, 1
- Eidesunfähigkeit 45, 5
- Eidesunmündigkeit 45, 5
- Falsches Schwören 45, 7 ff.
- Nacheid 45, 10
- Objektiver Tatbestand 45, 5
- Strafaufhebungsgründe 45, 15
- Strafmilderungsgründe 45, 15
- Subjektiver Tatbestand 45, 14
- Täterkreis 45, 5
- Tathandlung 45, 7 ff.
- Voreid 45, 10

Mittelbare Falschbeurkundung
- Bewirken 29, 8 f.
- Irrtümer 29, 10
- Objektiver Tatbestand 29, 3 ff.
- Öffentliche Urkunde 29, 4 ff.
- Qualifikation 29, 13
- Rechtsgut 29, 1
- Subjektiver Tatbestand 29, 12
- Tathandlungen 29, 8 ff.
- Tatobjekt 29, 3 ff.

Mord
- Akzessorietätslockerung 3, 124
- Beteiligung 3, 119 ff.
- Ermöglichungsabsicht 3, 102 ff.
- Gekreuzte Mordmerkmale 3, 120 ff., 127
- Gemeingefährliche Mittel 3, 52 ff.
- Grausam 3, 42 ff.
- Habgier 3, 79 ff.
- Heimtücke 3, 11 ff.
- Mittäterschaft 3, 130
- Mordlust 3, 65 ff.
- Mordmerkmale 3, 9 ff.
- Rechtsfolgenlösung 3, 39 ff.
- Sonstige niedrige Beweggründe 3, 89 ff.
- Verdeckungsabsicht 3, 108 ff.
- Verfassungskonforme Auslegung 3, 4 ff.
- Zur Befriedigung des Geschlechtstriebs 3, 71 ff.

Mordlust 3, 65 ff.

Nötigung 16, 1 ff.
- Abgrenzung zur Warnung 16, 22
- Besonders schwere Fälle 16, 44
- Dreiecks-Nötigung 16, 33 f.
- Drohung mit einem empfindlichen Übel 16, 20 ff.
- Drohung mit einem Unterlassen 16, 26 ff.
- Drohung mit rechtmäßigem Verhalten 16, 25
- empfindliches Übel 16, 24 ff.
- Fernziele 16, 41 ff.
- Gesamtabwägung 16, 39 ff.
- Gewalt 16, 8 ff., 18 f.
- Gewaltbegriff 16, 9 ff.
- Kausalität 16, 35
- Konkludente Drohung 16, 22
- Mittel-Zweck-Relation 16, 40 ff.
- Nötigungserfolg 16, 32 ff.
- Nötigungsmittel 16, 5 ff.
- Nötigungsspezifischer Zusammenhang 16, 35
- Objektiver Tatbestand 16, 4 ff.
- Objektive Zurechnung 16, 35
- Rechtsgut 16, 1
- Rechtswidrigkeit 16, 37 ff.
- Sitzblockade 16, 13 f.
- Subjektiver Tatbestand 16, 36
- Systematik 16, 2
- Tathandlung 16, 5 ff.
- Tatobjekt 16, 4
- Verwerflichkeit 16, 38 ff.
- Verwerflichkeitsprüfung, zweistufig 16, 39

Stichwortverzeichnis

- Vis absoluta 16, 9
- Vis compulsiva 16, 9, 22
- „Zweite-Reihe"-Rechtsprechung 16, 15 ff.

Objektive Bedingung der Strafbarkeit 21, 16, 41, 16, 50, 14

Rechtspflegedelikte 43, 1 ff., 44, 1 ff., 14 ff., 45, 1 ff., 13, 46, 1 ff., 47, 1 ff., 48, 1 ff., 49, 1 ff.
- Aussagenotstand 44, 18 ff.

Schwere Brandstiftung 32, 1 ff.
- Einwilligung 32, 33
- Entwidmung 32, 10
- Gemischt genutzte Gebäude 32, 13 ff.
- Große Anzahl von Menschen 33, 4 ff.
- Konkrete Gefahr 32, 26
- Objektiver Tatbestand 32, 5 ff., 22
- Räumlichkeit 32, 6 f.
- Schwere Gesundheitsschädigung 33, 4
- Spezifischer Gefahrzusammenhang 32, 27
- Subjektiver Tatbestand 32, 20, 32
- Tathandlungen 32, 13 ff., 24
- Tätige Reue 32, 34
- Tatobjekte 32, 5 ff., 22
- Tatopfer 32, 29
- Teleologische Reduktion 32, 16 f.
- Todesgefahr 33, 8
- Wohnung 32, 8 ff.

Schwere Körperverletzung 10, 1 ff.
- Dauerhaftigkeit 10, 4 ff.
- Entstellung 10, 33 f.
- Fortpflanzungsfähigkeit 10, 17
- Gebrauchsunfähigkeit 10, 28 f.
- Gehör 10, 13 f.
- Geistige Krankheit 10, 39 f.
- Lähmung 10, 37 f.
- Qualifikation 10, 47
- Sehvermögen 10, 11 ff.
- Siechtum 10, 35 f.
- Spezifischer Gefahrzusammenhang 10, 46
- Sprechvermögen 10, 15 f.
- Subjektiver Tatbestand 10, 45, 47

- Verfallen 10, 41
- Verlust 10, 18 f., 26 f.
- Wichtiges Glied 10, 23 ff.

Selbsttötung 4, 1 ff.
- Abgrenzung zur Fremdtötung 4, 21 ff.
- Abgrenzung zur Fremdtötung in mittelbarer Täterschaft 4, 28 ff.
- Beteiligung 4, 21 ff.
- Freiverantwortlichkeit 4, 28 ff.
- Garantenpflicht 4, 36 ff.
- Irrtum 4, 32 f.
- Selbstbestimmungsrecht 4, 38
- Tatherrschaft 4, 24 f.
- Unterlassen 4, 36 ff.
- Verantwortungsprinzip 4, 38

Sich-Entfernen
- Berechtigt 40, 24
- Entschuldigt 40, 24
- Unvorsätzlich 40, 25

Sonderdelikt
- Echtes 6, 16, 40, 11

Sonstige niedrige Beweggründe 3, 89 ff.
- Beispiele 3, 95
- Definition 3, 90
- Kultureller Hintergrund 3, 96 f.
- Motivbündel 3, 95
- Verwerflichkeit 3, 94

Sterbehilfe 4, 1 ff., 41 ff.
- Aktive Sterbehilfe 4, 45
- Direkte Sterbehilfe 4, 45 f.
- Indirekte Sterbehilfe 4, 43 f.
- Passive Sterbehilfe 4, 45
- Patientenverfügung 4, 46
- Selbstbestimmungsrecht 4, 42

Straßenverkehr
- Öffentlich 36, 6 ff., 39, 6, 40, 8

Straßenverkehrsdelikte 35, 1 ff.
- Rechtsgut 35, 1
- Systematik 35, 2

Tätige Reue 31, 20, 32, 34, 33, 19, 38, 22, 40, 31

Tätlicher Angriff auf Vollstreckungsbeamte 51, 1 ff.
- Deliktscharakter 51, 1
- Objektiver Tatbestand 51, 3

- Rechtswidrigkeit der Vollstreckungshandlung 51, 9
- Sonstige Diensthandlung 51, 4
- Subjektiver Tatbestand 51, 8
- Tathandlung 51, 5 ff.
- Tätlicher Angriff 51, 5 ff.
- Tatsituation 51, 4
- Vollstreckungsbeamter 51, 3
- Vollstreckungshandlung 51, 4

Totschlag
- Rechtsgut 2, 1
- Tathandlung 2, 6
- Tatobjekt 2, 5

Tötung auf Verlangen 4, 1 ff.
- Absoluter Lebensschutz 4, 2
- Bestimmtsein 4, 15 ff.
- Einsichtsfähigkeit 4, 14
- Ernstlich 4, 13 f.
- Objektiver Tatbestand 4, 7 ff.
- Omnimodo facturus 4, 16
- Patientenautonomie 4, 3
- Rechtsgut 4, 4 f.
- Selbstbestimmungsrecht 4, 3
- Subjektiver Tatbestand 4, 20
- Tötungsverlangen 4, 8 ff.
- Verfassungskonforme Auslegung 4, 27

Tötungsdelikte 1, 1 ff.
- Hemmschwellentheorie 2, 7 ff.
- Rechtsgut 1, 1 f.
- Systematik 1, 12
- Zeitpunkt des Schutzes 1, 3 ff.

Trunkenheit im Verkehr 36, 1 ff.
- Deliktscharakter 36, 3
- Einwilligung 36, 17
- Fahruntüchtigkeit 36, 15 ff.
- Führen eines Fahrzeuges 36, 10 ff.
- Objektiver Tatbestand 36, 6 ff.
- Öffentlicher Straßenverkehr 36, 6 ff.
- Rechtsgut 36, 1
- Subjektiver Tatbestand 36, 16

Üble Nachrede 21, 1 ff.
- Behaupten 21, 6 ff.
- Distanzierung von Gerüchten 21, 10
- Grunddelikt 21, 3 ff.
- Kundgabe einer ehrenrührigen Tatsache 21, 5
- Kundgabe-Erfolg 21, 14
- Objektive Bedingung der Strafbarkeit 21, 16
- Objektiver Tatbestand 21, 4 ff.
- Passive Beleidigungsfähigkeit 21, 4
- Qualifikationen 21, 18 f.
- Rechtswidrigkeit 21, 17
- Schaffung einer kompromittierenden Sachlage 21, 13
- Subjektiver Tatbestand 21, 15
- Systematik 21, 1
- Tathandlung 21, 5 ff.
- Tatobjekt 21, 4
- Verbreiten 21, 6 ff.
- Wahrnehmung berechtigter Interessen 21, 17

Unerlaubtes Entfernen vom Unfallort 40, 1 ff.
- Deliktscharakter 40, 11
- Einwilligung 40, 30
- Feststellungsduldungspflicht 40, 21
- Objektiver Tatbestand 40, 6, 24
- Öffentlicher Straßenverkehr 40, 8
- Pflichten 40, 19 ff.
- Sich-Entfernen 40, 14 ff.
- Sich-Entfernen, berechtigt 40, 24
- Sich-Entfernen, entschuldigt 40, 24
- Sich-Entfernen, unvorsätzlich 40, 25
- Subjektiver Tatbestand 40, 23, 29
- Tathandlung 40, 14
- Tätige Reue 40, 31
- Tatsituation 40, 6
- Unfall 40, 6 ff.
- Unfallbeteiligter 40, 12 f.
- Unfallort 40, 14 ff.
- Unterlassen 40, 28
- Vorsätzliches Herbeiführen eines Zusammenstoßes 40, 9
- Vorstellungspflicht 40, 20
- Wartezeit 40, 22

Unfall 40, 6 ff.

Unterlassene Hilfeleistung 42, 1 ff.
- Erforderlichkeit 42, 18
- Gefahr der Strafverfolgung 42, 20
- Gemeine Gefahr 42, 12 f.
- Gemeine Not 42, 14 f.
- Objektiver Tatbestand 42, 5 ff.
- Rechtsgut 42, 1

Stichwortverzeichnis

- Selbsttötung 42, 9
- Subjektiver Tatbestand 42, 23
- Tathandlung 42, 16 ff.
- Tätige Reue 42, 22
- Tatsituation 42, 6 ff.
- Unglücksfall 42, 6 ff.
- Unterlassen der Hilfeleistung 42, 16 ff.
- Verzicht auf Rettung 42, 21
- Vollendung 42, 22
- Zumutbarkeit 42, 19 ff.

Unterlassungsdelikt
- Echtes 6, 15, 24, 26, 40, 28, 42, 1

Urkunde 26, 5 ff.
- Abschrift 26, 19
- Absichtsurkunde 26, 11
- Augenscheinsobjekt 26, 9
- Beweisfunktion 26, 10 f.
- Beweiszeichen 26, 16
- Durchschrift 26, 19
- Garantiefunktion 26, 12
- Gesamturkunde 26, 18
- Kennzeichen 26, 16
- Kopie 26, 19
- Öffentliche 29, 4 ff.
- Perpetuierungsfunktion 26, 9
- Spezialfälle 26, 15 ff.
- Unechte Urkunde 26, 26 f.
- Zufallsurkunde 26, 11
- Zusammengesetzte Urkunde 26, 17

Urkundendelikte 25, 1 ff.
- Rechtsgut 25, 1

Urkundenfälschung
- Amtsträger 26, 57
- Bande 26, 53 f.
- Gebrauchen 26, 39 ff.
- Gewerbsmäßig 26, 51 f.
- Große Zahl 26, 56
- Herstellen 26, 22 ff.
- Objektiver Tatbestand 26, 5 ff.
- Qualifikation 26, 58
- Strafzumessungsregel 26, 50 ff.
- Subjektiver Tatbestand 26, 47
- Systematik 26, 3
- Tathandlungen 26, 22 ff.
- Tatobjekt 26, 5 ff.
- Überschießende Innentendenz 26, 48
- Verfälschen 26, 30 ff.

- Vermögensverlust großen Ausmaßes 26, 55

Urkundenunterdrückung
- Beschädigen 28, 15 f.
- Einwilligung 28, 1
- Gehören 28, 8 ff.
- Nachteilszufügungsabsicht 28, 20
- Objektiver Tatbestand 28, 6 ff.
- Rechtsgut 28, 1
- Subjektiver Tatbestand 28, 19 ff.
- Tathandlungen 28, 12 ff.
- Tatobjekt 28, 6 ff.
- Überschießende Innentendenz 28, 20
- Unterdrücken 28, 17 f.
- Vernichten 28, 13 f.

Verbotene Kraftfahrzeugrennen 39, 1 ff.
- Alleinrennen 39, 13
- Ausrichten 39, 9
- Deliktscharakter 39, 12 f.
- Durchführen 39, 10 f.
- Einwilligung 39, 20
- Erfolgsqualifikation 39, 19
- Konkrete Gefahr 39, 18
- Kraftfahrzeugrennen 39, 7 f.
- Objektiver Tatbestand 39, 6 ff.
- Öffentlicher Straßenverkehr 39, 6
- Rennabsicht 39, 15
- Rücksichtslos 39, 14
- Spezifischer Gefahrzusammenhang 39, 18
- Subjektiver Tatbestand 39, 14 ff.
- Tathandlungen 39, 6
- Teilnahme 39, 12
- Überschießende Innentendenz 39, 15
- Um eine höchstmögliche Geschwindigkeit zu erreichen 39, 14 ff.

Verdeckungsabsicht 3, 108 ff.
- Abgrenzung Vortat 3, 111
- Fremdbegünstigung 3, 111
- Irrtum 3, 114
- restriktive Auslegung 3, 110, 118
- Unterlassen 3, 113
- Vorsatzwechsel 3, 112
- Zusammentreffen mit Eventualvorsatz 3, 117

Stichwortverzeichnis

Verleitung zur Falschaussage 47, 1 ff.
- Unerkannte Bösgläubigkeit 47, 7
- Unerkannte Gutgläubigkeit 47, 11
- Verleiten 47, 5, 6 ff.

Verleumdung 22, 1 ff.
- Fake News 22, 2
- Handeln wider besseres Wissen 22, 4
- Objektiver Tatbestand 22, 4
- Qualifikationen 22, 6
- Rechtsgut 22, 1
- Rechtswidrigkeit 22, 5
- Subjektiver Tatbestand 22, 4
- Systematik 22, 1
- Unwahrheit der Tatsache 22, 4

Versuchte Anstiftung 47, 1, 12 ff.

Vollrausch 41, 1 ff.
- Deliktscharakter 41, 3 ff., 10
- Fahrlässigkeit 41, 15
- Irrtümer 41, 17
- Objektive Bedingung der Strafbarkeit 41, 16
- Objektiver Tatbestand 41, 7 ff.
- Rausch 41, 9 ff.
- Rauschtat 41, 16
- Sich-Versetzen 41, 10
- Subjektiver Tatbestand 41, 15
- Tathandlung 41, 10

Vorstellungspflicht 40, 20

Vortäuschen einer Straftat 49, 1 ff.
- Adressat 49, 4
- Handeln wider besseres Wissen 49, 12
- Kronzeugenregelung 49, 13
- Objektiver Tatbestand 49, 3 ff.
- Qualifikation 49, 13
- Selbstbelastung 49, 6, 7
- Subjektiver Tatbestand 49, 12
- Tathandlung 49, 5 ff.
- Über Beteiligten zu täuschen suchen 49, 11
- Über Bevorstehen einer Katalogtat täuschen 49, 10
- Vortäuschen 49, 5 ff.
- Zu Täuschen suchen 49, 7

Widerstand gegen Vollstreckungsbeamte 50, 1 ff.
- Deliktscharakter 50, 6
- Drohung mit Gewalt 50, 11 f.
- Gewalt 50, 8 ff.
- Irrtumsprivileg des Staates 50, 15
- Irrtumsregelungen 50, 19
- Materieller Rechtmäßigkeitsbegriff 50, 16
- Objektive Bedingung der Strafbarkeit 50, 14
- Objektiver Tatbestand 50, 3 ff.
- Rechtsgut 50, 1
- Rechtswidrigkeit der Diensthandlung 50, 14 ff.
- Strafrechtlicher Rechtmäßigkeitsbegriff 50, 15
- Strafzumessungsregel 50, 20
- Subjektiver Tatbestand 50, 13
- Tathandlungen 50, 6
- Tatopfer 50, 4
- Tatsituation 50, 5
- Vollstreckungsbeamter 50, 4
- Vollstreckungshandlung 50, 5
- Vollstreckungsrechtlicher Rechtmäßigkeitsbegriff 50, 16
- Widerstandleisten 50, 6 ff.

Widerstandsdelikte 50, 1 ff., 51, 1 ff.

Zur Befriedigung des Geschlechtstriebs 3, 71 ff.
- Auslegung 3, 77
- Varianten 3, 74